Die Geschichte des alten Ägypten ist geprägt durch die Geschichte seiner Pharaonen. Die altägyptischen Könige waren sakrosankt, sie sorgten für den Bestand der göttlichen Ordnung und Gerechtigkeit. Die Faszination, die von Namen wie Kleopatra, Tutʿanchamun, Cheops oder Ramses ausgeht, ist ungebrochen. Neben diesen großen Namen sind rund 520 Regenten durch historische Zeugnisse wie Grabdenkmäler, Papyri oder Skarabäen belegt. Thomas Schneider stellt alle bekannten und auch allerjüngst erst wiederentdeckten Pharaonen vor. Er beschreibt ihr Leben, ihr Wirken in Politik und Religion sowie ihr kulturelles Erbe. Dabei reicht der zeitliche Rahmen von der Frühzeit bis zur Spätantike, vom ersten namentlich erwähnten König Skorpion bis zum römischen Kaiser Maximinus Daia. Fremdherrscher, die das Nilland regierten, wie Perser, Ptolemäer und Römer, sind in den alphabetisch geordneten Herrscherkatalog einbezogen. Literaturhinweise zu den einzelnen Einträgen, Angaben zur Quellen- und Forschungslage sowie eine chronologische Übersicht runden dieses Nachschlagewerk ab.

Dr. Thomas Schneider, geb. 1964, studierte Geschichte und Ägyptologie. Der Assistent am Basler ägyptologischen Seminar hat mehrere Publikationen zur ägyptischen Geschichte verfaßt und reist regelmäßig zu Studienzwecken nach Ägypten.

W0191781

Thomas Schneider:
Lexikon der Pharaonen

Mit einem Vorwort von Prof. Dr. Arne Eggebrecht

Deutscher
Taschenbuch
Verlag

Bearbeitete, aktualisierte Ausgabe
Dezember 1996
© Deutscher Taschenbuch Verlag GmbH & Co. KG, München
© 1994, 1996 Artemis & Winkler Verlag, Düsseldorf und Zürich
ISBN 3-7608-1102-7
Umschlaggestaltung: Jorge Schmidt
Umschlagbild: Echnaton (Amenhotep IV.), Amarna-Zeit, um 1355 v. Chr. (© AKG, Berlin)
Gesamtherstellung: C. H. Beck'sche Buchdruckerei, Nördlingen
Printed in Germany · ISBN 3-423-03365-7

Inhalt

Abb. 1: Amenemhe³t III. oder ein König der Ptolemäerzeit (Ny Carlsberg Glyptothek Kopenhagen, NCG 924).

Vorwort

Keine der antiken Hochkulturen hat sich vor allem in den letzten Jahrzehnten größerer Beliebtheit erfreut als das alte Ägypten. Seit seiner eigentlichen Wiederentdeckung durch die napoleonische Expedition in den Jahren 1798 bis 1801 und der ihr folgenden preußischen unter Richard Lepsius in den Jahren 1842 bis 1845 hat sich die Wissenschaft mit ständig wachsender Intensität darum bemüht, Details der Geschichte und Zivilisation des Pharaonenstaates zu ermitteln und ihn mit seiner Jahrtausende während Kontinuität in seiner ganzen Besonderheit zu erfassen. Entscheidend trug dazu die 1822 erfolgte Entzifferung der Hieroglyphen durch den Franzosen Jean François Champollion bei, die es möglich machte, nun auch originale Texte als zentrales Informationsmaterial zu verwenden. Darüber hinaus förderte die erfolgreiche Arbeit der Archäologen, die zu immer neuen Entdeckungen führte – so spektakulären wie die Ausgrabungen der Deutschen Orientgesellschaft von 1911 bis 1914 in Tell el Amarna oder die Auffindung der Grabanlage des Tutanchamun, des einzigen weitgehend unberaubten Königsgrabes in Ägypten, durch den Engländer Howard Carter im Jahre 1922 – das Interesse auch der Allgemeinheit für das Land am Nil und dies in stetig wachsendem Umfang.

Die kontinuierlichen Forschungsaktivitäten, vor allem der internationalen Ägyptologie, haben bis heute den Informationsstand derart vermehrt, daß in der Tat die Herausgabe eines Lexikons wie des vorliegenden, das sich ausschließlich mit dem Leben und Wirken der einzelnen Herrscher beschäftigt, sinnvoll erschien. In diesem Werk des Basler Ägyptologen und Hornung-Schülers Thomas Schneider, das in alphabetischer Reihenfolge mit einem gewissen »Abaj« beginnt, »der bisher mit keinem Herrscher der Denkmäler identifiziert werden kann« und mit »Xerxes II.« endet, hat der Verfasser, basierend auf dem jetzigen Forschungsstand, rund dreieinhalb Jahrtausende und damit auch die Ptolemäer und Römer »bis zu dem letzten in Ägypten in einheimischer Sprache belegten Kaiser Maximinus Daia (310–313 n. Chr.)« berücksichtigt. Letzteres erscheint besonders verdienstvoll, da die am besten erhaltenen Tempel wie in Dendera, Edfu oder auf der Insel Philae unter Ptolemäern und Römern angelegt wurden und zu den Hauptattraktionen eines jedes Ägyptenbesuchs gehören. Neben den rund 520 Stichwortartikeln gibt der Autor in seiner Einführung ausführlich Auskunft über die Denkmäler und Quellen, denen wir »die Entdeckung der Könige« verdanken, über die Überlieferungsgeschichte, »das Amt der Könige«, ihre »Geschichtlichkeit« und »Größe«. Damit wird der Leser auch über die Grundaspekte ägyptischen Königtums unter Nennung der wichtigsten gegenwärtig greifbaren Fachliteratur ins Bild gesetzt.

1994 erstmals erschienen, erfreute sich das Lexikon so großer Nachfrage, daß nun der Deutsche Taschenbuch Verlag eine preiswerte Ausgabe herausgibt. Da demgemäß ein kleineres Format gewählt und auf den schweren Hardcover-Einband verzichtet wurde, eignet sich dieser Band als idealer Reisebegleiter für Fragen vor Ort, aber auch als Nachschlagewerk für Schüler und Studenten sowie für die vielen Ägyptenfreunde, die sich, angeregt durch die so erfolgreichen Ausstellungen der letzten Jahrzehnte, auch weiterhin noch mehr in ihr Hobby vertiefen wollen.

Professor Dr. Arne Eggebrecht
Leitender Direktor des
Roemer- und Pelizaeus-Museums
Hildesheim

Hinweise zur Benutzung

Ein vollständiges Lexikon der ägyptischen Könige oder Pharaonen (ein historisch gesehen später Begriff, der erst im 1. Jahrtausend v. Chr. für den ägyptischen König verwendet wird) existiert bisher nicht. Der vorliegende Band behandelt nach einer Einführung in das Thema in rund 520 Stichwortartikeln Person, Politik und Überlieferung jedes einzelnen Herrschers und gibt knappe bibliographische Hinweise. Einige Bemerkungen zu Aufbau und Benutzung seien vorausgeschickt:

Umfang
Der berücksichtigte Zeitraum sind die dreieinhalb Jahrtausende von dem ersten namentlich greifbaren vorgeschichtlichen König »Skorpion« (I.) aus seinem erst 1988 entdeckten Grab (U-j) in Abydos (um 3150 v. Chr.) bis zu dem letzten in Ägypten in einheimischer Sprache belegten römischen Kaiser Maximinus Daia (310–313 n. Chr.). Auch die Ptolemäer und die römischen Kaiser mit einzubeziehen lag schon deshalb nahe, weil sie nicht nur in Ägypten als Pharaonen in der alten Tradition auftreten, sondern durch ihre Bautätigkeit und politischen Maßnahmen für Ägypten oft bedeutender waren als viele der kaum bezeugten ephemeren Könige und Regenten aus den Zwischenzeiten resp. der Spätzeit.

Als Grundlagen für die Zusammenstellung der uns bekannten Herrscher diente das *Handbuch der ägyptischen Königsnamen* von J. von Beckerath (1984), für die römischen Kaiser die *Römische Kaisertabelle* von D. Kienast (1990). Über J. von Beckerath hinaus wurden jedoch auch die Fürsten der durch die politische Zersplitterung nach dem Neuen Reich entstehenden Fürstentümer des Deltas und Mittelägyptens während der 3. Zwischenzeit aufgenommen und die in Theben amtierenden Hohenpriester des Amun und Gottesgemahlinnen dieser Zeit. Als Referenzwerk diente hier *The Third Intermediate Period in Egypt* von K. A. Kitchen (²1986). Dank der Bereitschaft der Herren Prof. Dr. M. Bietak (Wien) und Prof. Dr. Z. Szafrański (Warschau) konnten als »neueste« uns bekannte Könige auch schon der Hyksos *Sikruhaddu* und ein Herrscher *Heqa³ptah* aus der 2. Zwischenzeit Aufnahme finden, deren Denkmäler noch nicht publiziert sind.

Ebenfalls berücksichtigt sind die Herrscher der assyrischen Besetzung Ägyptens im 7. Jahrhundert und die über Ägypten herrschenden persischen Großkönige, die ägyptischen Gegenkönige der Perser- und Ptolemäerzeit und die in Ägypten anerkannten Gegenkaiser der Römerzeit. Ausgeschlossen wurden zerstörte oder bisher nicht lesbare Namen von Herrschern sowie die Könige von Napata oder Meroë.

Anordnung und Wiedergabe der Namen

Ein Problem bei der alphabetischen Anordnung der Stichwortartikel stellen die unterschiedlichen in Gebrauch befindlichen Namensformen dar. Da die konsequente Anwendung einheitlich ägyptischer Namensformen (etwa *Chuiefui-Chnum* statt *Cheops; Nachtharhebit* statt *Nektanebos II.)* nicht praktikabel ist, wurden in der Regel die üblichen in der Literatur verwendeten Namen beibehalten, bei Namen der Spätzeit damit häufig die griechischen (*Achoris* statt *Hakor*; *Bokchoris* statt *Bakenrenef*). Wo für die frühere Zeit in der Literatur sowohl griechische als auch ägyptische Formen in Gebrauch sind, habe ich letztere bevorzugt (*Amenhotep* statt *Amenophis*). Konsequent wird in den Namen nicht nur das ägyptische ʿAjin (ʿ) notiert, sondern für alle Namen bis zum Ende der 2. Zwischenzeit auch das sog. *Aleph* (ꜣ), das bis zu dieser Zeit den Lautwert ›r/l‹ aufwies.

Die einzelnen Namen der Titulatur der Könige gebe ich in Übersetzung wieder, um die in ihnen vorliegenden programmatischen Aussagen verständlich zu machen. Bei der Interpretation der sog. *Thronnamen* schließe ich mich dabei H. Buchberger an (s. unten S. 34). In vielen Fällen war es hier nötig, *ad hoc* Lösungen zu finden (die Übersetzungen von W. Barta, *ZÄS 116* [1989], 113–135, konnten nur in wenigen Fällen übernommen werden).

Literaturhinweise

In der am Ende der einzelnen Stichwortartikel genannten weiterführenden Literatur war eine Beschränkung auf neuere Arbeiten, durch die die ältere Forschung leicht erschlossen werden kann, geboten. In der Regel habe ich aus Platzgründen auch darauf verzichtet, hier auf die einschlägigen Artikel im *Lexikon der Ägyptologie* zu verweisen oder auf Seitenzahlen in den umfassenden Darstellungen zur ägyptischen Geschichte (s. die Liste S. 20).

Namen von Forschern, die nur in den Stichwortartikeln, aber nicht in den Literaturhinweisen aufgeführt sind, beziehen sich auf die Autoren der Artikel im *Lexikon der Ägyptologie* bzw. der Darstellungen ägyptischer Geschichte oder können über die angegebene Literatur mit ihren relevanten Arbeiten eruiert werden.

Es versteht sich von selbst, daß ein Lexikon wie das vorliegende eine Auswahl an Informationen treffen muß und nicht alle für die einzelnen

Herrscher bekannten Fakten und Vermutungen darlegen kann. Ich hoffe jedoch, daß alle *relevanten* Angaben Aufnahme fanden, mir nicht zuviel Wichtiges – auch an Literatur – entgangen ist, und bitte ausdrücklich um die Mitteilung von Fehlern und Ergänzungen.

Für die vorliegende Taschenbuchausgabe konnte ich einige Berichtigungen vornehmen und verschiedene Ergänzungen – v.a. einige seit Sommer 1994 erschienene Literatur – hinzufügen.

Verschiedenen Personen möchte ich meinen Dank für ihre Hilfe bei der Entstehung dieses Buches sagen:

Herrn Prof. Dr. E. Hornung danke ich für verschiedene Diskussionen über strittige Fragen.

Ein ganz besonderer Dank geht an Herrn Dr. G. Hölbl, der mir die Druckfahnen seiner zur Zeit der Abfassung des Lexikons noch nicht erschienenen *Geschichte des Ptolemäerreiches* auf meine Anfrage hin bereitwillig zusandte; die Artikel über die Ptolemäer beruhen auf diesem künftigen Standardwerk.

Frau Dr. P. Piacentini, Herrn lic. phil. B. Geiger und Herrn Dr. P. Froschauer danke ich für die Zusendung eigener einschlägiger Untersuchungen.

Ich widme dieses Buch meiner Frau und meinem Sohn, die durch ihre ständige Ermunterung und Unterstützung viel zu seinem Zustandekommen beigetragen haben.

Basel, im Herbst 1996
Thomas Schneider

Einführung

Die Geschichte Ägyptens ist für uns noch fast ausschließlich eine Geschichte der ägyptischen Könige.[1] Nicht zufällig sprechen wir vom ›pharaonischen Ägypten‹ oder der ›pharaonischen Kultur‹, wenngleich das geschichtliche Leben der Bevölkerungsmehrheit am Nil im Altertum nicht das der Pharaonen war. Geprägt ist diese Sichtweise von den Zeugnissen, die für uns das Erbe Ägyptens ausmachen und die nun gerade überwiegend Dokumente des Königtums und der Oberschicht – und damit ihres Selbstverständnisses sind. Andere Geschichten als die der Könige, etwa die Geschichte der ägyptischen Beamten, sind noch nicht geschrieben oder sie sind, wie jene der ägyptischen Bauern oder Fischer, für uns verloren. Nicht allein von der Sache her, sondern schon durch die beschränkte Art des Zugangs stellt sich ägyptische Königsgeschichte damit für uns anders dar als etwa die Geschichte römischer oder mittelalterlicher Kaiser. Dieses reduzierte Geschichtsbild ist kein Zufall, sondern Absicht. Nach ägyptischer Vorstellung ist der König die geschichtswirksame Macht, Träger und Bewahrer der Geschichte. Ohne ihn gibt es keine Geschichte im Sinne eines geordneten Geschehens. Er agiert in einer festen Rolle, die er zur Bewahrung und Erweiterung der geschaffenen Welt bekleiden muß und an die er kultisch und religiös gebunden ist. Grund und Ziel seines Handelns sind dem König somit vorgegeben, nur die Art der Umsetzung dieses Programms ist ihm überantwortet. Texte und Darstellungen geben überwiegend diese Rolle, nicht die konkrete historische Umsetzung wieder. Damit ist es uns auf weite Strecken verwehrt, zu den Persönlichkeiten, dem Denken und Charakter der Pharaonen selbst vorzudringen. Nach der Königsideologie besitzen die ägyptischen Herrscher weder Vergangenheit[2] noch Individualität[3], sondern ordnen sich dem Typus des idealen Königs auch dann unter, wenn sie ihm tatsächlich gar nicht entsprechen. Es scheint daher nötig, den Artikeln zu den einzelnen Königen einige Bemerkungen vorauszuschicken, die diesen Hintergrund und unser Wissen von den Königen beleuchten: wie kam die Ägyptologie zu den Königen *(Die Entdeckung der Könige)*, welche Zeugnisse hat sie über, welche von den Königen *(Die Überlieferung der Könige)*, welchen ideologischen und religiösen Hintergrund besaß das Königtum *(Das Amt der Könige)*, wie standen die Könige in ihrer Zeit

(Die Geschichtlichkeit der Könige), schließlich: Was heißt ›historische Größe‹, und wie können wir die Könige in ihrem Handeln beurteilen *(Die Größe der Könige)*?

1. Die Entdeckung der Könige

Noch vor hundert Jahren, 1891, mußte Heinrich Brugsch in seiner Darstellung *Die Aegyptologie. Abriß der Entzifferungen und Forschungen auf dem Gebiete der aegyptischen Schrift, Sprache und Alterthumskunde* feststellen:»Es ist eine unleugbare Thatsache, daß über die Zeit des Pyramidenkönigs Snfrw [Snofru, 1. König der 4. Dynastie, um 2600 v. Chr.] hinaus, uns keine zuverlässige Spur gleichzeitiger Denkmäler seiner Vorgänger auf dem Throne Aegyptens erhalten geblieben ist«, ja man besitze von dieser Epoche nur»die geschichtliche Sage aus einer denkmallosen Zeit« in Form späterer Namen und Legenden.[4] Und ein halbes Jahrhundert vor Brugsch, 1843, urteilte Friedrich Steger in seiner *Allgemeinen Weltgeschichte für das deutsche Volk* sogar:»Bis hierher, etwa bis zum Jahr 714 v. Chr., beruht die ägyptische Geschichte auf Sagen und Erzählungen der Priester, die natürlich keinen unbedingten Glauben verdienen. Von jetzt an beginnt aber die geschichtliche Zeit, in der sich bestimmte Thatsachen und Ereignisse mit Gewißheit unterscheiden lassen.«[5] In diesen Jahrzehnten war der geschichtliche Horizont somit um anderthalb Jahrtausende zurückgeschoben worden, seitdem die Erschließung der autochthonen Denkmäler die zuvor einzigen Zeugen altägyptischer Geschichte – die antiken Berichte – nach und nach ersetzt hatte. Das Jahrhundert ägyptologischer Forschung von Brugsch bis zur Gegenwart hat diesen Horizont nochmals wesentlich zurückversetzt und unsere Kenntnis der einzelnen Epochen erweitert und vertieft.

Die griechische Tradition, insbesondere die Ägyptenbeschreibungen Herodots, Strabos und Diodors, war maßgebend geblieben, seit Altägypten selbst in der Spätantike verstummte und bis im Gefolge der napoleonischen Expedition 1798, der Entzifferung der Hieroglyphen und der dann einsetzenden Auswertung der Denkmäler die Kultur selber wieder zu Wort kam.

Vor allem der Bericht im 2. Buch der *Historien* des Herodot war eines der ganz wenigen Hilfsmittel, die bis in die erste Hälfte des 19. Jahrhunderts zum Verständnis der fremden Wirklichkeit Ägyptens herangezogen werden konnten und Daten zur ägyptischen Königsgeschichte mitteilten. Gerade die Überlieferung der Geschichte der Könige ist aber bei Herodot, der nach der traditionellen Auffassung um 450 v. Chr. Ägypten besuchte – vielleicht aber auch nie selber am Nil war, sondern sein Wissen über Gewährsleute oder aus älteren Berichten bezog[6] – quellenbedingt und verzerrt, oft überhaupt falsch. Wie gliedert Herodot die Geschichte, welche Quellen erwähnt er?

»Bis hierher« konstatiert er nach einer Beschreibung der zu seiner Zeit am Nil üblichen Bräuche, »ist es meine Augenschau, mein Urteil und meine Forschung, die das sagt; bei dem folgenden werde ich die ägyptischen Geschichten erzählen, wie ich sie hörte.« Er berichtet dann von der Gründung der Städte Memphis durch Mis, den ersten König des Landes (→ Menes), um fortzufahren: »Nach diesem zählten die Priester aus einem Buch die Namen von dreihundertdreißig anderen Königen auf ... An den andern Königen [neben einer Königin Nitokris, zu der er eine Legende mitteilt] – denn keinen Erweis großer Werke brachten sie – sei in keiner Hinsicht etwas Glanzvolles gewesen.« Denkwürdiges sollen erst der letzte dieser Könige Moiris und seine elf Nachfolger Sesostris, Pheron, Proteus, Rhampsinitos, Cheops, Chephren, Mykerinos, Asychis, Anysis, Sabakos und Sethon vollbracht haben – etwa Eroberungszüge oder den Bau der Pyramiden. »Bis zu diesem Punkt meines Berichtes haben die Ägypter und die Priester erzählt. Sie zeigten dabei auf, daß vom ersten König bis zu diesem Priester des Hephaistos (Sethon), dem letzten König, dreihunderteinundvierzig Menschenalter [eine irrige Annahme] vergangen sind.« Nicht anders sieht das Schema aus, in dem Diodor 400 Jahre später die Könige Ägyptens vorstellt: Auf den ersten König Mis, den Begründer des ägyptischen Staates, folgen Hunderte unbedeutender Regenten, und erst das unmittelbar der eigenen Gegenwart vorangehende letzte Dutzend Herrscher kann geschichtswürdige Taten vorweisen. Das Wesentliche dieser Gliederung der antiken Berichte wurde bisher noch nicht erkannt: sie spiegeln das Bild wieder, das sich *mündliche Überlieferung* von der Vergangenheit macht und das sich so nicht nur in schriftlosen Kulturen, sondern etwa auch in der Tradition zur Frühzeit Roms nachweisen läßt: die Dreiteilung der Darstellung entspricht dem Interesse der Gegenwart, für welche die früheste Zeit der Kulturbegründung (hier Mis/Menes) und die der Gegenwart unmittelbar vorangehende Epoche wichtig sind, während sie die dazwischenliegende Vergangenheit praktisch übergeht.[7] Zu dieser *mündlichen Überlieferung* gehören mehrere weitere Nachrichten zu Königen der ägyptischen Frühzeit, die keine historische Authentizität beanspruchen können, auch wenn sie in modernen Abrissen der ägyptischen Geschichte gelegentlich als durchaus plausibel Erwähnung finden.[8]

Inwieweit beruhen die durch Herodot bis in die Neuzeit vermittelten Nachrichten zur Geschichte Ägyptens nun auf authentischer Tradition? Die Gliederung in zwei Sektionen beruft sich auf ägyptische Quellen – von Mis/Menes bis Sethos – und zusätzlich griechische – von den zwölf Herrschern (Dodekarchen) bis hin zu Psammenitos.[9] Die Anordnung erfolgte nach der chronologischen Abfolge, die Herodot für korrekt hielt: So wurden etwa die Pyramiden in die Spätzeit datiert – da das vorgegebene Schema der mündlichen Überlieferung für die Zeit zwischen dem Kulturgründer und den der Gegenwart vorangehenden Dodekarchen nur unbedeutende Geschehnisse postulierte, die Pyramiden aber überragend waren, blieb für sie nur eine späte Ansetzung. Die Universalgeschichten des frühen 19. Jahrhunderts haben, soweit sie nur die griechische Überlieferung verwerten, diesen chronologischen Hauptfehler Herodots übernommen – etwa die genannte *Allgemeine Weltgeschichte für das deutsche Volk* von Friedrich Steger von 1843. Eine Frühansetzung wird außerhalb der ägyptologischen Forschung m. W. zuerst in der *Weltgeschichte für das deutsche Volk* von Friedrich Christoph Schlosser in der Neubearbeitung von 1844 zur Diskussion gestellt.[10]

Es ist deutlich, daß die geschichtlichen Informationen Herodots (die damit nicht auf allenfalls eigener Anschauung beruhen können – wie etwa die Exkurse über Buto und seine Tempel, die königliche Nekropole und das Osirisfest in Sais, das Labyrinth und der Moirissee[11]) meist fehlgehen, wenn man von der eigentlichen Spätzeit absieht. A. B. Lloyd bemerkt zu Recht, daß es oft derart schwierig ist, das Zustandekommen einer bestimmten Information plausibel zu machen, daß man meinen könnte, die Angabe von Informanten diene nur der Vorspiegelung einer nicht vorhandenen Authentizität.[12] Als Quellen nennt Herodot denn auch nur ›Ägypter‹ (d. h. Dolmetscher und Führer) – von denen solch groteske Nachrichten stammen wie der Inhalt der Aufschrift am Fuß der großen Pyramide von Gisa (II, 125, 6) – und ›Priester‹. Aber letztere hatten einen sehr unterschiedlichen Bildungsstand, und es ist auszuschließen, daß sie für den griechischen Reisenden – falls er überhaupt je mit ihnen sprach – große Nachforschungen in alten Aufzeichnungen betrieben.

Es blieb dem 19. Jahrhundert vorbehalten, die Geschichte Ägyptens und seiner Könige nach Jahrtausenden wiederherzustellen und zu begreifen. Nach der Entzifferung der Hieroglyphen durch Jean-François Champollion 1822 und der folgenden allmählichen Erschließung der Originalquellen war es das Verdienst von Christian Carl Josias Bunsen (1791–1860), in seinem Monumentalwerk *Ägyptens Stellung in der Weltgeschichte* (Bände 1–3, 1845; 4, 1856; 5, 1857) als erster eine synthetische Darstellung ägyptischer Geschichte zu liefern.[13] Das geschah noch vor dem Erscheinen der ersten ›ägyptischen Geschichte‹ eines Fachägyptologen, der 1859 französisch publizierten *Histoire d'Egypte* von Heinrich Brugsch.

Vorarbeiten waren noch kaum vorhanden. Vorgängig zu jeder Rekonstruktion der ägyptischen Geschichte mußten die ägyptischen Denkmäler, die Primärquellen, publiziert und erklärt werden. Sieht man einmal von der durch Gelehrte des napoleonischen Ägyptenzuges angefertigten und seit 1809 herausgegebenen *Description de l'Egypte* ab, geschah dies systematisch erst durch die Edition der ägyptischen Monumente, die von Champollion und seinem Schüler Rosellini 1828–30 in Ägypten selbst aufgenommen worden waren, in den *Monuments de l'Egypte et de la Nubie, 4 vols, 1835*ff., und den *Monumenti dell'Egitto e della Nubia, 3 Teile,* 1832ff. Schon 1832 war Champollion gestorben, ohne seine Ergebnisse auch nur annähernd publiziert zu haben. Die von Richard Lepsius (1810–1884) geleitete Expedition der Preußischen Akademie der Wissenschaften (1842–45) vermehrte das Material dann erheblich (*Denkmäler Ägyptens und Nubiens; 1849ff.).* Lepsius publizierte schließlich 1849 die *Chronologie der Ägypter* und 1858 das *Königsbuch der alten Ägypter,* das erst in den Jahren 1907–1917 durch das *Livre des rois* Henri Gauthiers ersetzt wurde und eine erste Grundlage für den chronologischen und historischen Rahmen lieferte. Für das Alte Reich war Emmanuel De Rougé (1811–1872) mit seiner Untersuchung *Recherches sur les monuments qu'on peut attribuer aux six premières dynasties de Manéthon* (1866) ein Durchbruch gelungen.

Das Einsetzen einer regen Ausgrabungstätigkeit, die hier nicht skizziert werden kann, förderte den Wissenszuwachs bis zum Ende des 19. Jahrhunderts auf sämtlichen Einzelgebieten der ägyptischen Geschichte. Genannt seien hier nur Auguste Mariette (1821–1881), Gaston Maspero (1846–1916) und W. M. F. Petrie (1853–1942). Mit dem letztgenannten verbindet sich auch die Entdeckung der Vorgeschichte und Frühzeit Ägyptens um 1900. Wegweisend für die Historiographie über Ägypten waren dann Heinrich Brugsch (1827–1894) mit der schon erwähnten, 1859 publizierten *Histoire d'Egypte* (eine deutschsprachige *Geschichte Ägyptens* erschien von ihm 1877), Gaston Maspero mit der *Histoire ancienne des peuples de l'orient classique* (1875) und schließlich Eduard Meyer mit seiner gewaltigen *Geschichte Ägyptens* von 1884 (spätere Auflagen innerhalb seiner *Geschichte des Altertums*). Meyer war es auch, der die Chronologie auf eine neue Grundlage stellte (1904). Genannt werden muß auch die erste umfassende Darstellung der ägyptischen Kulturgeschichte, wie sie Adolf Erman (1854–1937) in seinem Werk *Ägypten und ägyptisches Leben im Altertum* (1886) leistete, A. Wiedemanns *Ägyptische Geschichte* von 1890 und W. M. F. Petries *A History of Egypt* (1894–1905).

Bei den Universalhistorikern des 19. Jahrhunderts ist dieser Wissensumbruch mit einiger Verzögerung rezipiert worden (s. oben die Bemerkungen zu *Steger* und *Schlosser*), am deutlichsten zuerst wohl in der *Weltgeschichte in Umrissen und Ausführungen. Erster Band* (Leipzig 1846) von Johann Wilhelm Loebell (1786–1863),[14] der die Untersuchungen Rosellinis, Lepsius', Champollions und Wilkinsons zitiert, dann bei Max Duncker (1811–1886),[15] Conrad Wernickel[16] oder auch Friedrich von Raumer (1781–1873).[17] Nach Loebell besonders zu erwähnen ist aber Georg Weber (1808–1895), der in seiner *Allgemeinen Weltgeschichte* von 1857[18] – bis anhin unüblich – einen »Nachweis der Quellen und Literaturwerke« gibt, in dem seine Vertrautheit mit der ägyptologischen Forschung zutage tritt, und offenbar als erster Universalhistoriker etwa die Amarnazeit beschreibt.[19] Demgegenüber muß der entsprechende Teil von Leopold von Rankes *Weltgeschichte* von 1881[20] – der Zeit also, in der Eduard Meyer seine grundlegende *Geschichte Ägyptens* verfaßte – in seiner Ignorierung der altorientalischen Forschungen[21] als anachronistisch betrachtet werden.

In archäologischer Hinsicht war das herausragende Ereignis des 19. Jahrhunderts mit Blick auf die Könige die Entdeckung der Verstecke (Cachette von Deir el-Bahari, 1871/1881; Grab Amenhoteps II., 1898) mit den in der 21. Dynastie hier in Sicherheit gebrachten Königsmumien des Neuen Reiches.

Das 20. Jahrhundert hat unser Wissen über die ägyptischen Könige in jeder Epoche außerordentlich vermehrt. Die stetige Ausgrabungs-, Dokumentations- und Publikationstätigkeit der ägyptischen Altertümerverwaltung und der in Ägypten tätigen wissenschaftlichen Institute (im Jahr 1993 wurden an etwa 130 Ortslagen Ägyptens und des Sudans rund 200 wissenschaftliche Kampagnen durchgeführt) sowie die Auswertung der vorhandenen Quellen (durch gegenwärtig weltweit mehrere hundert Wissenschaftler) liefern jährlich eine Vielzahl neuer Einsichten, Korrekturen und Ergänzungen. Grundlegende neuere Hilfsmittel sind: J. von Beckerath, *Handbuch der ägyptischen Königsnamen* (1984; schon 1907–1917 erschien das umfassende *Livre des rois d'Egypte* H. Gauthiers) und, für die römischen Kaiser: D. Kienast, *Römische Kaisertabelle* (1990, [2]1996).

Einige wichtige Punkte der Erforschung der Königsgeschichte im 20. Jahrhundert sollen im folgenden kurz erwähnt werden.

Für die vordynastischen Herrscher (»Dynastie 0«) und die Könige der Frühzeit (1.–2. Dynastie), die gerade am Beginn des 20. Jahrhunderts wieder aus der Vergessenheit in das historische Bewußtsein traten, ist die Freilegung der archaischen Königsnekropolen in Abydos (É. Amélineau, 1894–98; W. M. F. Petrie, 1899–1901; Nachgrabungen des Deutschen Archäologischen Instituts seit 1977) und Saqqara (J. E. Quibell 1912; W. B. Emery, 1936–1956) an erster Stelle zu nennen. An weiteren Funden sind etwa das sog. Königsgrab von Naqada (J. J. M. De Morgan, 1897) und die Naʿrmerpalette (J. E. Quibell, 1897) zu nennen. Die inschriftliche Überlieferung hat P. Kaplony (Die Inschriften der ägyptischen Frühzeit, 1963) erschlossen; die maßgebende Publikation des Palermosteins durch H. Schäfer erschien 1902. Eine zusammenfassende Darstellung der Zeit existiert nur in den allgemeinen Geschichten Ägyptens.

Das Verständnis der Geschichte der Könige des Alten Reichs (3.–6. Dynastie) wurde im 20. Jahrhundert v.a. durch die archäologische Freilegung und Aufnahme der Pyramidenbezirke und Nekropolen von Giza, Saqqara, Dahschur und Abusir geprägt. In Giza arbeiteten insbesondere G. Reisner (1902–1933; Entdeckung des Schatzes der Hetepheres, Mutter des Cheops, 1925), H. Junker (1912–14; 1925–1929), S. Hassan (1929–1939) und Abu Bakr (1949–50). 1954 wurde hier die eine der Sonnenbarken des Cheops entdeckt. In Saqqara begann die Freilegung des Djoserbezirkes 1923 (C. M. Firth und J. E. Quibell; dann J.-Ph. Lauer), 1951–1955 wurde die unvollendete Stufenpyramide des Sechemchet entdeckt und freigelegt. Neue Erkenntnisse zum ausgehenden Alten Reich wurden durch die Arbeiten einer französischen Mission in Saqqara-Süd (u.a. Pepi I.) seit 1951 gewonnen. In Dahschur ist die Freilegung der Pyramidenanlagen des Snofru (A. Fakhry, 1951–1955; R. Stadelmann, seit 1980) bedeutsam. Die Freilegung der Pyramidenanlagen und Sonnenheiligtümer der 5. Dynastie in Abusir erfolgte durch F. W. von Bissing und L. Borchardt (1898–1908) sowie H. Ricke und H. Stock (1955–1957). Herausragende Neufunde und historische Erkenntnisse erbringen die tschechischen Grabungen seit 1968 (seit 1976 M. Verner; seit 1980/82 Pyramidenbezirk des Neferefreʿ). Auch zur Geschichte des Alten Reiches existieren über eine Fülle von Spezialuntersuchungen hinaus keine umfassenden Darstellungen.

Für die Erste Zwischenzeit (8.–11. Dynastie) gibt F. Gomaà (*Ägypten während der Ersten Zwischenzeit,* 1980) drei Jahrzehnte nach der umstrittenen Arbeit *Die erste Zwischenzeit Ägyptens* von H. Stock (1949) einen Überblick über die Forschung.[22] In archäologischer Hinsicht ist mit Blick auf die Geschichte der Könige die Publikation der Grabanlagen Antefs I.–III. in Theben-West durch D. Arnold (1976) hervorzuheben. 1950 publizierte J. Vandier die wichtige historische Inschrift des Gaufürsten ʿAnchtifi von Moʿalla; 1965 gab W. Schenkel *(Memphis – Herakleopolis – Theben)* eine Übersetzung aller inschriftlichen Quellen heraus.

Für die Königsgeschichte des Mittleren Reiches (11.–13. Dynastie) ist die Ausgrabung und Aufnahme des Totentempels Mentuhoteps II. in Deir el-Bahari (H. E. Winlock; D. Arnold), der Pyramidenanlagen der Herrscher der 12. Dynastie am Eingang zum Fajjum (Lischt, Hawara; W. M. F. Petrie seit 1888; D. Arnold seit 1984) sowie der Grenzfestungen in Nubien wichtig, dazu die Auswertung der Expeditionsinschriften im

Wadi Hammamat. Abgesehen von vielen Einzeluntersuchungen (u. a. von L. Gestermann zum Anfang und von I. Matzker zum Ende der 11./12. Dynastie) und den allgemeinen Geschichtsdarstellungen gibt es seit H. E. Winlock (*The Rise and Fall of the Middle Kingdom at Thebes,* 1947) keine umfassende Geschichte des Mittleren Reiches (v. a. Kunst und Kultur vermittelt D. Wildung, *Sesostris und Amenemhet. Ägypten im Mittleren Reich,* 1984), jedoch Monographien über einzelne Herrscher.

Für die Zweite Zwischenzeit (13./14.–17. Dynastie) ist J. von Bekkerath (*Untersuchungen zur politischen Geschichte der Zweiten Zwischenzeit in Ägypten,* 1965) die Grundlage jeglicher weiterer Forschung. Wichtige Impulse gingen hier von dem Fund der verschiedenen Textzeugnisse des Berichtes des Ka³mose über seinen Feldzug gegen die Hyksos aus (1908; 1932/35; 1954) sowie von den österreichischen Ausgrabungen unter M. Bietak auf Tell el-Dabʿa im Ostdelta seit 1967.

Am besten bekannt ist – auch dank der breitesten Quellenbasis – die Geschichte der Könige des Neuen Reiches (18.–20. Dynastie). Die Entdeckung der Verstecke mit den Königsmumien noch im 19. Jahrhundert (1871/1881; 1898), die Freilegung der Residenz und Gräber von Amarna (v. a. W. M. F. Petrie, 1891/2; N. de Garis Davies, 1901–1907; L. Borchardt, 1911–1914; Egypt Exploration Society, 1921–1936; B. Kemp, seit 1977; Entdeckung der Amarnabriefe 1887), der Fund des unberaubten Grabes des Tutʿanchamun (H. Carter, 1922), die Publikation der großen Tempel mit ihren historischen Inschriften (Medinet Habu, Abu Simbel, Karnak usw.) sowie die Lokalisierung der Deltaresidenz der Ramessiden im Gebiet von Tell el-Dabʿa/Qantir und dortige Ausgrabungen seit den 1960er Jahren bilden im Bereich der Archäologie Höhepunkte einer umfangreichen Forschung. Die Quellen sind in den *Urkunden der 18. Dynastie* (seit 1906) und K. A. Kitchens *Ramesside Inscriptions* (1968–1989) gesammelt. Nach den älteren Darstellungen von F. Bilabel (*Geschichte Vorderasiens und Ägyptens vom 16. bis 11. Jahrhundert v. Chr.,* 1927) und G. Steindorff/K. C. Seele (*When Egypt Ruled the East,* 1942, ²1963) gibt nun C. Lalouette (*Thèbes ou la naissance d'un empire,* 1986; *L'empire des Ramsès,* 1985) eine neue Übersicht. Zu einigen Königen des neuen Reiches existieren Monographien.

Für die 3. Zwischenzeit (21.–24. Dynastie) nimmt die Untersuchung K. A. Kitchens (*The Third Intermediate Period in Egypt,* ²1986) die Stellung ein, die jener J. von Beckeraths für die 2. Zwischenzeit zukommt; hinzu treten F. Gomaàs Studie zu den libyschen Fürstentümern des Deltas (1974) und zwei Arbeiten M.-A. Bonhêmes zur geschichtlichen Überlieferung dieser Zeit (1987). Einen archäologischen Markstein setzte die Entdeckung der Königsgräber der 21. Dynastie in Tanis durch P. Montet (1939).

Für die Spätzeit (25.–31. Dynastie) schließlich sind weiterhin die Arbeiten von F. K. Kienitz (*Die politische Geschichte Ägyptens vom 7. bis zum 4. Jahrhundert vor der Zeitwende,* 1953) und M. F. Gyles (*Pharaonic Policies and Administration,* 1959) grundlegend. In archäologischer Hinsicht sei exemplarisch auf die Entdeckung des Grabes des Udjahorresnet, des Hauptzeugen der Perserherrschaft (→ Kambyses) 1980 in Abusir hingewiesen (M. Verner).

Die überaus umfangreiche Forschung zu den Ptolemäern hat nun erschöpfend G. Hölbl aufgearbeitet (*Geschichte des Ptolemäerreiches,* 1994), während eine entsprechende Geschichte der römischen Kaiser in Ägypten noch nicht existiert. Eine ganze Reihe von allgemeinen Darstellungen der gesamten ägyptischen Geschichte versucht, einen Überblick über den jeweiligen Stand unserer Kenntnisse zu geben. In chronologischer Reihenfolge sind dies: J. H. Breasted (*A History of Egypt,* 1905; dt. 1910); die *Cambridge Ancient History* (seit 1925; 3. neubearbeitete Auflage seit 1970); E. Drioton/J. Vandier (*L'Egypte,* 1938, ⁴1962); A. Scharff/A. Moortgat (*Ägypten und Vorderasien im Altertum,* 1950); E. Otto (*Der Weg des Pharaonenreiches,* 1953, ⁴1966), W. C. Hayes (*The Scepter of Egypt,* 1953–1959), A. H. Gardiner (*Egypt of the Pharaohs,* 1961, dt. 1965), E. Hornung (Grundzüge der ägyptischen Geschichte, 1965, ²1978), *Fischer Weltgeschichte 2–4* (1965–1967), W. Helck (*Geschichte des Alten Ägyptens,* 1968, ²1981), W. Wolf (*Das alte Ägypten,* 1971), J. von Beckerath (*Abriß der Geschichte des Alten Ägypten,* 1971), N. Grimal (*Histoire de l'Egypte ancienne,* 1988), J. Vercoutter (*L'Egypte et la Vallée du Nil, 1: Des origines à la fin de l'Ancien Empire,* 1992), C. Vandersleyen (*L'Egypte et la Vallée du Nil, 2: De la fin de l'Ancien Empire à la fin du Nouvel Empire,* 1995).

2. Die Überlieferung der Könige

Unser Wissen über die Vergangenheit beruht auf Quellen, die zeitgenössisch sind oder später entstanden und in zwei grundsätzliche Kategorien eingeteilt werden: unabsichtliche, unwillkürliche Zeugnisse, die als einfache Produkte des Lebens nie selber direkt über ihre Epoche Auskunft geben sollten – Urkunden oder Briefe, Häuser oder Kleider, Namen oder Gebräuche usw. – und absichtliche, willkürliche Quellen, die gerade zum Zweck der Unterrichtung der Mit- oder Nachwelt geistig geformt wurden – etwa Berichte über geschichtliche Ereignisse, Autobiographien usw. Die direkt konkreten Lebenssituationen entstammenden – damit oft schwerer verständlichen, aber unveränderten, getreuen – sogenannten *Überreste* unterteilt man in die Untergruppen *schriftliche, Sach-* und *abstrakte Überreste.* Demgegenüber werden die geistiger Verarbeitung unterliegenden Zeugnisse unter dem Oberbegriff der *Tradition* zusammengefaßt; sie sind geformt, durch Auswahl, Darbietung und Bewertung aber auch verformt, und weisen eine größere Distanz zum historischen Ereignis auf.[23]

Wenden wir uns zuerst jenen Quellen zu, die rückblickend Auflistungen und Zusammenstellungen von Königen bieten, wie sie für Kult und Verwaltung benötigt wurden, und die daher zum Grundgerüst der Erforschung und chronologischen Gliederung der Geschichte Ägyptens (die hier nicht Thema sein kann[24]) wurden. Gleichzeitig zeigen sie ein Bewußtsein für die Geschichtlichkeit des Königtums, freilich nicht um der Geschichte selbst willen.

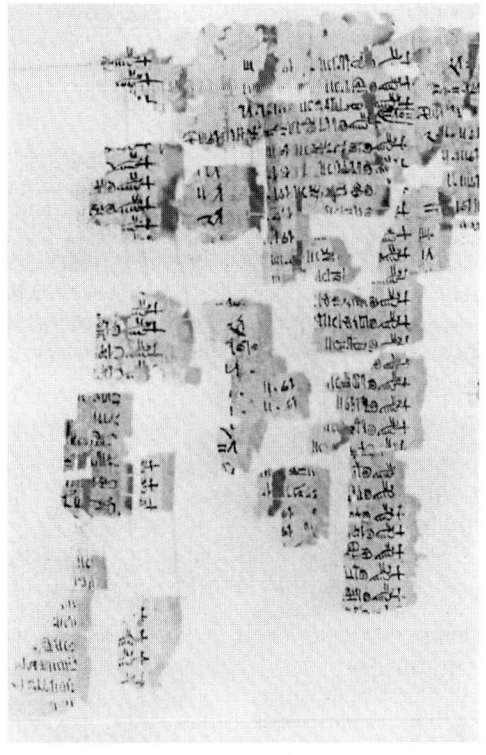

Abb. 2: Turiner Königspapyrus: 14. Dynastie
(Ausschnitt: Spalten VIII–IX).

Als drei Hauptgruppen lassen sich unterscheiden: *Königslisten* aus der Verwaltung (Referenzlisten) und dem Kult (Opferlisten) sowie *Annalen* (Ereignislisten nach Regierungsjahren). Mit Blick auf die Bedeutung, die ihnen in Ägypten zugekommen sein muß, sind sie nur selten überliefert (ein bzw. wenige Exemplare).

Eine offizielle Königsliste aus der Staatsverwaltung ist nicht erhalten, glücklicherweise aber mit dem *Turiner Königspapyrus* (Abb. 2) Fragmente einer privaten Abschrift aus der Zeit Ramses' II. Der ägyptischen Frühzeit – nach ägyptologischem Verständnis – vorangestellt sind zwei Dynastien von Göttern und Halbgöttern; dann folgten in 11 zumeist nur bruchstückhaft erhaltenen Spalten all jene Herrscher, die als legitim galten. Besonders für die Zwischenzeiten, aus denen das primäre Quellenmaterial spärlich fließt, liefert der Papyrus wichtige Informationen. Zu jedem König waren hier einst Name und Regierungszeit vermerkt.

Hinter dieses Dokument treten in ihrer Bedeutung die in Stein gemeißelten Königslisten, die sog. *Königstafeln,* zurück, die allesamt nur selektive Überlieferungen von Herrschern bieten. Hier wiederum am wichtigsten ist die Königstafel aus dem Totentempel Sethos' I. in Abydos (Abb. 3), die von Ramses II. kopiert wurde. Ihre 76 Namen von Menes bis zu Sethos I. verraten eine oberägyptische Tradition. Die Herakleopoliten der 1. Zwischenzeit etwa sind ebensowenig vertreten wie die gesamte 2. Zwischenzeit, so daß der Begründer des Neuen Reiches, ʿAhmose, direkt an Amenemheᵗt IV. aus der 12. Dynastie anschließt. Dagegen sind nach Pepi II. 18 zusätzliche Könige – gegenüber dem Turiner Papyrus – eingefügt worden.

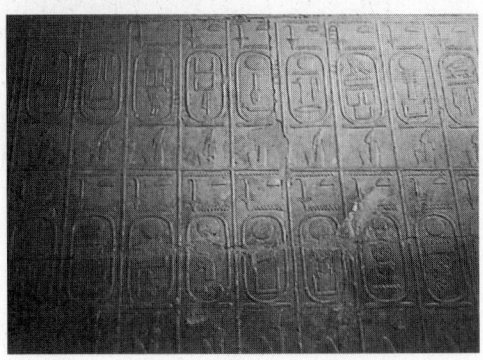

Abb. 3: Königstafel im Tempel Sethos' I. in Abydos (Ausschnitt).

In korrekter relativer Anordnung hat eine weitere Königstafel – aus dem Privatgrab des Sulaj in Saqqara aus der Zeit Ramses' II. (jetzt in Kairo) – 58 Königsnamen von Ramses bis zurück zu ʿAnedjib in der 1. Dynastie aufgelistet; auch hier ohne Berücksichtigung der Zwischenzeiten.

Die jetzt im Louvre befindliche Königstafel aus der Festhalle Thutmosis' III. in Karnak ist insbesondere wegen der Auflistung von Königen der 11., 13. und 17. Dynastie bedeutsam; die insgesamt 61 Namen, die bis zur 17. Dynastie reichen (also den Beginn des Neuen Reichs ausschließen), sind aber nicht chronologisch geordnet, was die historische Verwertbarkeit stark einschränkt.

Abb. 4: Annalenstein in Palermo.

Der aufgrund seiner jetzigen Aufbewahrung in Palermo so genannte *Palermostein* (Abb. 4), eine zum Sarkophagdeckel der ῾Anchnespepi (→Pepi II.) umgearbeitete Platte (M. Baud/V. Dobrev, BIFAO 95 [1995], 23–92) und neuerdings ein Annalenfragment aus der Regierungszeit Amenemhe³ts II. sind die drei einzigen auf uns gekommenen Vertreter der Quellengattung *Annalen.*

Auch der Palermostein ist nur als Bruchstück erhalten, zu dem sechs weitere Fragmente in Kairo und London gehören dürften. Weder die Frage nach der ursprünglichen Größe des Steines noch jene nach der Plazierung der Fragmente ist bisher sicher beantwortet. Der Stein selbst ist als solcher vielleicht eine Kopie der Spätzeit; die auf ihm festgehaltenen Annalen jedoch reichen bis zu Neferirka³re῾ in der 5. Dynastie, offenbar die Zeit der Redaktion des Textes. Die oberste Zeile zeigt Könige mit der unterägyptischen Krone und ihren Namen aus der Zeit vor der ›Reichseinigung‹. Die folgenden Streifen geben überschriftartig den Königsnamen an, darunter in einzelnen Feldern, die Regierungsjahren entsprechen, bestimmte Ereignisse und die Höhe der in dem betreffenden Jahr eingetretenen Nilüberschwemmung. Noch werden die Jahre nicht gezählt, sondern durch ein herausragendes Ereignis gekennzeichnet. Erst ab der 4. Dynastie (Snofru im 6. Querstreifen) orientiert man sich nach den alle zwei Jahre vorgenommenen Viehzählungen, während die Datierung nach Regierungsjahren erst mit der 11. Dynastie üblich wird.

Ein wichtiges Dokument anderer Art ist der sog. *Memphitische Priesterstammbaum,* der 60 Ahnen aufführt und in 27 Fällen den zeitgenössischen König verzeichnet.

Von kardinaler Bedeutung für unsere Kenntnis der ägyptischen Könige sind die *Aigyptiaka* des Priesters *Manetho* aus der Zeit Ptolemaios' II., denen eine Königsliste bzw. Annalen vorgelegen haben müssen. Dieser erste auf ägyptischem Boden entstandene historiographische Versuch ist uns aber nicht erhalten, sondern nur bestimmte Fragmente bei dem jüdischen Historiker Flavius Josephus, die für ihn im Hinblick auf den Aufenthalt Israels in Ägypten von Interesse waren. Vor allem aber besitzen wir Exzerpte der *Epitome,* also der zusammenfassenden Inhaltsangabe mit den Listen der Dynastien und kurzen Notizen zu herausragenden Königen oder wichtigen Ereignissen, bei verschiedenen christlichen Chronographen.

Dokumente *über* einen bestimmten König sind selten und dann ganz spezifischer Art. In der *Lehre für König Merika³re῾* bzw. der *Lehre des Königs Amenemhe³t* aus dem Ende der ersten Zwischenzeit und dem beginnenden Mittleren Reich treten die Könige Cheti und Amenemhe³t mit einer kritischen, auch ihr Fehlverhalten mit einbeziehenden Bestandsaufnahme ihrer Herrschaft und Empfehlungen an ihre Nachfolger Merika³re῾ und Sesostris I. auf. Von eigentlichen Rechenschaftsberichten kann aber nicht die Rede sein; es handelt sich bei beiden Lehren um politische Legitimationsschriften, die Cheti und Amenemhe³t I. in den Mund gelegt wurden. Dasselbe gilt für den historischen Abschnitt des großen Papyrus Harris, auch er in einer Krisensituation (Korruption, Ermordung Ramses' III.) zur Legitimation (in diesem Fall Ramses' IV.) abgefaßt. Verfehlung und Abweichen von dem Ideal des Königsamtes haben hier für den Zweck ihrer politischen Nutzbarmachung also einmal ihren Platz in der Überlieferung. Sie haben es auch, auf gänzlich anderer

Abb. 5: Israel-Stele des Merenptah (Ägyptisches Museum Kairo).

Grundlage, in der volkstümlichen Überlieferung, wie wir sie aus Erzählungen und Märchen kennen, wo der König gerade mit seinen menschlichen Schwächen und Fehlern Thema ist, etwa in der Beschreibung des betrunkenen Königs Amasis. Politische Tendenzschriften zum Königtum, die nach W. Huß eine Oppositionsform darstellen, stammen aus den letzten Jahrhunderten v. Chr. (Demotische Chronik, Prophezeiung des Lammes, Töpferorakel usw.).[25]

Das Gegenbild dazu bieten dann die offiziellen Zeugnisse des Königs selber, die den Großteil aller überhaupt aus Ägypten auf uns gekommenen Quellen darstellen. Der Vollzug seiner Rolle als Feldherr, Bauherr und guter Herrscher produziert Überlieferung. Gleichzeitig bewirkt das Prinzip der ›Erweiterung des Bestehenden‹ (E. Hornung), der Bau zahlreicherer und größerer Denkmäler als unter den bisherigen Königen, das Vorschieben der Grenzen, die mit Regierungsantritt von ihm vorzunehmende ›Neuschöpfung‹ der Welt (siehe unten, *Das Amt der Könige*) und die Ungewißheit der eigenen Regierungslänge häufig eine Konzentration der Überlieferung in den ersten Regierungsjahren. Die königlichen Quellen – nicht nur die architektonischen – werden mit einem ihnen vorbehaltenen, Privatpersonen verwehrten Ausdruck als ›Denkmäler‹ *(menu)* bezeichnet, und die Schaffung solcher ›bleibender‹ (nach dem eigentlichen Wortsinn) Zeugnisse ist eine der Hauptaufgaben des Königs.[26] Die geschichtliche Überlieferung ist damit nicht eigentlich erst Folge, sondern von Beginn an immanente Forderung des Königtums, dessen Ideologie auch das selektioniert, was überhaupt der Mit- und Nachwelt überliefert werden *soll*. Biographisch ist daher der König weit weniger faßbar als der Beamte mit seiner Karriere, der Erfüllung königlicher Aufträge usw. Texte, die die Biographie ägyptischer Könige schreiben – etwa in der Art der Kaiserbiographien Suetons – gibt es nicht.

Königliche Dokumente wollen auch rituell Wirklichkeit schaffen. Grenzstelen oder Bildnisse des Königs etwa bei den Sinaisteinbrüchen nehmen als solche ein Gebiet in Besitz oder wehren Feinde ab. Königliche Texte – etwa die literarischen Tendenzschriften des Mittleren Reichs, die das ideologische Kernthema ›Ordnung versus Chaos‹ thematisieren[27] – propagieren[28] das Königtum zwar nicht gegenüber anderen Institutionen, streichen aber seine Funktion als Ordnungsmacht, deren Fehlen den Untergang bedeuten würde, heraus.

Von magischer Wirksamkeit sind auch die Darstellungen des Königs als Feldherr an den Außenwänden der Tempel. Mit den *Berichten über Kriegszüge* (bzw. entsprechenden Darstellungen) ist eine Hauptgruppe der königlichen schriftlichen Überlieferungen angesprochen, die vom Beginn des Neuen Reiches bis zur Israelstele des Merenptah (Abb. 5) ihre Blütezeit erlebt, dann aussetzt und erst in der Spätzeit wieder aufgenommen wird.

Neben Feldzugsschilderungen im eigentlichen Sinn besitzen wir in den (fälschlich so genannten) *Annalen Thutmosis' III.* Auszüge aus dem Kriegstagebuch seiner Palästinafeldzüge. Integrierender Bestandteil vieler historischer Inschriften – nicht nur der Kriegsberichte – ist die *Königsnovelle,* eine literarische Kompositionsform, die entsprechende Texte in die Abschnitte *Vorfall, gegen den der König einschreiten muß – Beratung des Königs mit seinem Hofstaat – Ausführung des Beschlusses* gliedert. Die weise Entscheidung über das weitere Vorgehen und ihre erfolgreiche Umsetzung werden dabei für den König monopolisiert, der sich gegenüber seinen Beratern durchsetzt. An wichtigen Feldzugsinschriften können aus dem Neuen Reich etwa die Siegesstele des Ka³mose, die Feldzugsberichte Thutmosis I., III. und Amenhoteps II., der Bericht Ramses' II. über die Schlacht bei Quadesch, die Israelstele des Merenptah und die Berichte Ramses' III. über die Abwehr der Seevölker genannt werden, aus der Spätzeit etwa die Siegesinschrift des Pije. Zu der königlichen Funktion ›Kriegsherr‹ gehören auch die Grenzstelen, die die Grenze zwischen Ägypten und dem feindlichen Ausland markieren, bei deren Überschreiten Krieg droht: so die Grenzstelen Sesostris' III. im nubischen Semneh, der Denkstein Thutmosis' III. am Gebel Barkal am 4. Nilkatarakt oder seine Grenzstelen am anderen Ende des ägyptischen Reiches, am Euphrat.

Historische Inschriften, die den König nicht als Kriegsherrn, sondern als Erbauer und Kultverantwortlichen zeigen, sind die Bau- und Weihinschriften: etwa die Berliner Lederhandschrift mit dem Bericht über die Gründung des Atumtempels von Heliopolis durch Sesostris I. (ebenfalls in der Form der Königsnovelle), die Inschrift der Hatschepsut über die Errichtung der zwei Karnak-Obelisken, die Bauinschrift des Schabaka in Dendera oder die Restaurierungsinschrift des Taharqa. Dagegen sind Berichte über Steinbruchexpeditionen (im Gegensatz zu solchen über Handelsfahrten, etwa nach Punt) im wesentlichen eine Domäne der Beamten, vor allem im Mittleren Reich. Königliche Inschriften sind in diesem Bereich selten – allenfalls kurze Notizen oder Darstellungen vor Ort treten zur Abwehr von Feinden und als Zeichen des Besitzanspruches auf. Königlicher Provenienz sind im Zusammenhang mit Expeditionen allerdings Berichte über Wunder, die sich am Expeditionsort ereigneten.

Geschichtliche Ereignisse verschiedenster Art sind ebenfalls zumeist auf Stelen verewigt: etwa die Heirat Ramses' II. mit zwei hethitischen Prinzessinnen, das Hochwasser des Nil unter Taharqa, sportliche Höchstleistungen des Königs (Amenhotep II., Laufstele des Taharqa), Landschenkungen (Satrapenstele Ptolemaios' I.) usw. Diese Ereignisse können aber auch auf Gedenkskarabäen Erwähnung finden, etwa unter Amenhotep III.

Eine besondere Untergruppe bilden Berufungs- und Orakeltexte, etwa die Sphinxstele Thutmosis' IV., die Traumstele des Tanwetamani, die Stele der Verbannten (→ Amenemnesu), der Bericht über die Einsetzung der Gottesgemahlin Nitokris durch Psammetich I. oder die Wahlstele des meroitischen Herrschers Aspelta.

Im Bereich des Rechtes stellen die ›Königsdekrete‹ (ägyptisch *udjnesu*) eine wichtige Untergruppe königlicher Schriftquellen dar – Erlasse des Herrschers, die normative Bedeutung erlangen.[29] Andererseits werden auch Briefe des Königs u. a. als *udj-nesu* bezeichnet; die Spannweite des Begriffs ist im einzelnen sehr groß. Gemeinsamer Nenner ist die Herkunft vom König, insbesondere von der königlichen Kanzlei.

›Dekrete‹ im engeren Sinn sind dann diejenigen Bestimmungen, die die rechtliche Situation etwa einer Institution betreffen: das Dekret Schepseska³fs zum Schutz des Pyramidenbezirks des Mykerinos (wodurch, nebenbei bemerkt, die Überlieferungschance des Pyramidenbezirks erhöht wurde) etwa oder Immunitätsdekrete zur Befreiung der Priester von bestimmten Arbeiten und Steuern.

Unter dem Begriff *königliche Briefe* – z. T. vom König selber verfaßt – wird konkret ganz verschiedenes Schriftgut subsumiert: Privatbriefe im eigentlichen Sinn (etwa Pepis II. an den Expeditionsleiter Herchuef, der ihm einen Pygmäen aus Afrika mitbringt; Amenhoteps II. an seinen ehemaligen Weggefährten Usersatet), Dekrete, die in Briefform erlassen wurden (etwa die Koptosdekrete), schließlich die diplomatische Korrespondenz der Amarnatafeln, die im Grunde Schriftgut der Verwaltung ist, oder die Korrespondenz des Hofes Ramses' II. mit den Hethitern.

In den weiteren Bereich königlicher Quellen gehören auch Dokumente aus Wirtschaft und Verwaltung, die zwar nicht unmittelbar mit der Person des Herrschers verknüpft sind, aber über das Funktionieren seiner Regierung Zeugnis ablegen. Hauptquelle für die Bau- und Religionspolitik der Herrscher sind schließlich die noch erhaltenen Bauten, die archäologischen Überreste und Erwähnungen von Bauwerken in schriftlichen Quellen.

Ausdrücklich sei zum Schluß des Abschnitts unterstrichen, daß gerade auch nichtkönigliche Quellen für unsere Kenntnis der Geschichte von Königen von größter Bedeutung sind, etwa die Biographien königlicher Beamten. Ohne diese Quellen hier näher behandeln zu können, sei als Beispiel nur an die Expeditionsberichte des Herichuef aus seinem Grab in Assuan (→ Pepi II.), an die Inschrift des ꜤAhmose aus seinem Grab in Elkab über die Vertreibung der Hyksos (→ ꜤAhmose) oder den Rechenschaftsbericht des ›Kollaborateurs‹ Udjahorresnet (→ Kambyses) erinnert.

Schließlich sind – in geringem Ausmaß – ägyptische Regenten auch Gegenstand alttestamentlicher und mesopotamischer Überlieferung.

3. Das Amt der Könige

Beim Vergleich von Darstellungen des Königs aus dem Beginn der geschichtlichen Überlieferung Altägyptens, dem Anfang des 3. Jahrtausends v. Chr., und solchen aus dem römischen 2. Jh. n. Chr. drängt sich der Eindruck der Kontinuität auf. Hier wie dort schlägt der Herrscher Feinde nieder[30] oder opfert er vor Göttern, trägt er den Königsschurz und die Doppelkrone, hat er den Thron des Horus inne als Vereiniger der beiden Länder, Ober- und Unterägypten. Von mancherlei Umständen – v. a. der geographischen Lage – begünstigt, blieb die Institution als solche trotz aller geschichtlichen Krisen wenn auch nicht unverändert, so doch unangetastet. Erst eine zunehmend negative Einstellung zum Königtum seit der Ptolemäerzeit – vgl. etwa die Reduktion Ptolemaios' XII. in Philae und Edfu auf einen rein rituellen König[31] – und die Übertragung ideologischer Züge des Pharaos auf Christus in einer gänzlich veränderten Welt ließen das Amt obsolet werden.[32]

Auf welcher Grundlage hatte es die Jahrtausende unangefochten überstehen können?

Anhand eines exemplarischen Textes sollen im folgenden das Selbstverständnis des ägyptischen Königtums, Amt und Aufgaben des Herrschers sowie seine Stellung zu Göttern und Menschen aufgezeigt werden: des *Dekretes des Ptah-Tatenen* auf einer Stele in der Eingangshalle des großen Tempels Ramses' II. in Abu Simbel, das auch in weiteren Versionen erhalten ist und später von Ramses III. kopiert und für seine Situation adaptiert wurde (Abb. 6).[33]

Stelengiebel: Dem Gott Ptah-Tatenen gegenüber steht der König, der mit der Linken zwei Gefangene am Haarschopf gepackt hält und in der Rechten die Keule erhebt, um sie zu erschlagen. Bekleidet ist er mit einem Schurz mit hinten angebundenem Ritualschwanz; auf dem Kopf trägt er eine Doppelfederkrone mit Widdergehörn und Sonnenscheibe, an seiner Stirn eine Uräusschlange, am Kinn den umgebundenen Zeremonialbart. Vor ihm stehen, in zwei Kartuschen eingeschrieben, sein Thron- und Geburtsname, hinter ihm die Standarte seines Ka (die Lebenskraft; Doppelnatur des Königs) mit dem Horusfalken auf der Palastfassade und dem Namen *Starker Stier, der die Fremdländer niederzwingt.* Die Ka-Standarte hat zwei Arme; der linke hält eine weitere Standarte, der rechte die Symbole des Lebens und der Maʿat (Gerechtigkeit), die auch in der Zeile über der Szene, neben der Flügelsonne genannt wird.

Verschiedene Bereiche werden hier angesprochen: Erscheinung und Name des Königs, seine Stellung zu dem Gott, seine Aufgaben als Kriegsherr und Bewahrer der bestehenden Ordnung. Der *Ornat* kenn-

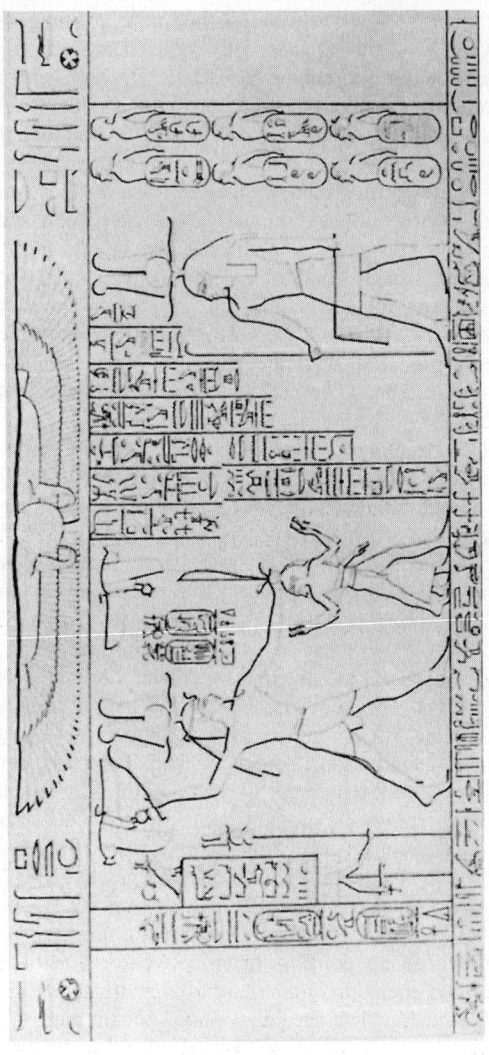

Abb. 6: Stele mit Dekret des Ptah-Tatenen in Abu Simbel (Giebelfeld; Umzeichnung von R. Lepsius, LD III, 194).

zeichnet den König in seiner Stellung. Wichtige Teile dieser Tracht bleiben über die Jahrtausende unverändert, da sie für den Herrscher Macht und Schutz bedeuten. In ihrer Entstehung gehen sie häufig auf die archaische Zeit zurück; so weist der Stierschwanz auf die Tiermächte der Frühzeit zurück und auf die Stiernatur des Königs (neben Falke und Löwe). Der König trägt verschiedene Schurze; am häufigsten – wie in unserem Beispiel – den Schendut-Schurz, je nach Zeit und Anlaß aber auch Mäntel, Hemden, bestimmte Umhänge oder ein Pantherfell. Von größter Bedeutung sind die vom König getragenen Kronen, an deren Stelle aber auch Kappen (Abb. 29), das gestreifte Nemes-Kopftuch (Abb. 7, 8, 9, 17, 23, 25, 31) oder die bloße Perücke (Abb. 27) treten. Als Herrscher des vereinten Landes charakterisiert den König die Doppelkrone (Abb. 11, 19), zusammengefügt aus der weißen Krone Oberägyptens (Abb. 1, 14) und der roten Unterägyptens (Abb. 33). Von den vielen belegten Typen, zu denen im Neuen Reich der blaue Kriegshelm (Abb. 12) hinzukommt, trägt Ramses auf der Stele des Dekretes eine Kompositkrone aus Doppelfeder, Sonnenscheibe und Widdergehörn. Um die Perücke hat er ein Kopfband gebunden mit der von seiner Stirn abstehenden Uräusschlange, die feindliche Mächte vom König abwehrt. Insignien der Macht des Königs sind gewöhnlich der Krummstab und die Geißel. Die Darstellung als Pharao, der die Feinde erschlägt, bringt die Machtfülle ebenso zum Ausdruck, will aber hier – in Nubien, somit außerhalb des eigentlichen Ägypten – mehr sein: Anspruch auf die Kontrolle der Fremdländer und, durch die bloße Darstellung und Fixierung der Handlung, ewige Realität.

Grundlage des Handelns des Königs ganz allgemein ist die *Maat* als Grundkonzept des ägyptischen Weltbildes: sie soll er erhalten und zur Geltung bringen, ihr ist er aber auch verpflichtet. Sie wird Ramses II. auf der Darstellung der Stele von der Hand der Standarte entgegengehalten und erscheint programmatisch in seiner Titulatur. Übersetzungen als Wahrheit, Gerechtigkeit, Recht oder Weltordnung erfassen nur Teilaspekte. Sie ist auch die gesellschaftliche Solidarität,[34] Rechtmäßigkeit und Verantwortlichkeit in der menschlichen Gemeinschaft, die deren Bestand erst ermöglicht; das richtige Gefüge des Lebens. Mit den Worten von R. Anthes: »Die Maat hält diese kleine Welt zusammen und macht sie zum Bestandteil der Weltordnung. Sie ist die Ablieferung der Ernte; sie ist die Rechtschaffenheit des Menschen in Gedanken, Wort und Tat; sie ist die treue Führung der Verwaltung; sie ist Gebet und Opfer des Königs an den Gott; sie durchdringt Wirtschaft, Verwaltung, Gottesdienst, Recht.«[35] Nach einer Aussage des königlichen Morgenrituals hat der Sonnengott den König gerade zu dem Zweck auf Erden eingesetzt, um die Maat zu verwirklichen und ihr Gegenteil, die *Isfet,* zu vernichten. »Tue die Maat, damit du auf Erden dauerst«, empfiehlt in der Lehre für

König Merika³re῾ der Vater.[36] Götter, Könige und Menschen leben von der Maat; in einer wichtigen Kulthandlung bringt der König dem Gott eine Figur der Maat dar (so auch Ramses II. dem Ptah[37]). ›König‹ ist hier durchaus im Sinne von ›Königtum‹ gemeint; der individuelle König tritt hinter dieser ewigen Aufgabe zurück und ist grundsätzlich in erster Linie jener, der in der langen Reihe seiner Vorgänger und Nachfolger gerade dazu bestimmt ist, für die Bewahrung der geschaffenen Welt zu sorgen.

»Rede des Ptah-Tatenen, der mit hohen Federn und spitzen Hörnern, der die Götter erzeugte.

Ich bin dein Vater, der dich erzeugt hat als Gott, um als König beider Ägypten zu amten auf meinem Thronsitz. Ich überantworte dir die Länder, die ich geschaffen habe. Ihre Fürsten tragen für dich ihre Abgaben herbei; sie kommen zu dir, mit ihren Tributen beladen, um der Größe deiner Hoheit willen. Die Fremdländer sind vereint unter deinen Sohlen, sie gehören deinem Ka für alle Zeit, du agierst auf ihnen in Ewigkeit.

Regierungsjahr 35, erster Wintermonat, 13. Tag, unter der Majestät des HORUS *Starker Stier, den die Ma῾at liebt, Herr von Sedfesten wie sein Vater Ptah-Tatenen,* NEBTI (DIE ZWEI HERRINNEN) *Beschützer Ägyptens, der die Fremdländer niederzwingt, Re῾, der die Götter erschafft, der die beiden Länder begründet,* GOLD *Reich an Jahren, groß an Siegen,* KÖNIG VON OBER- UND UNTERÄGYPTEN, HERR DER BEIDEN LÄNDER, *Reich an Ma῾at, ein Re῾, den Re῾ erwählt hat,* SOHN DES RE῾ *Der aus Tatenen hervorging, den Sachmet gebar, Ramessu [Re῾ ist es, der ihn geboren hat], geliebt von Amun,* versehen mit Leben.«

Nach der Vorrede, die den Beginn des Haupttextes vorwegnimmt, beginnt der Text mit dem Datum wie jede gewöhnliche historische Inschrift. Dabei wird die fünfgliedrige Königstitulatur angeführt, die sich im Laufe der Frühzeit und des Alten Reiches herausbildete und bis in die römische Zeit hinein kanonisch blieb. Mit der Thronbesteigung wird der König ›Mensch in der Rolle Gottes‹, dabei wird ihm die Titulatur beigelegt, die ihn als gegenwärtigen Vertreter der Königsherrschaft benennt und Grundprinzipien seiner Herrschaft darlegt.

Titulatur und Namen machen den König individuell und verfügbar, haben aber auch magische Macht über die Wirklichkeit.

In der kanonischen Abfolge der Königsnamen an erster Stelle und auch historisch gesehen am ältesten ist der *Horusname,* der dem König als irdischem Repräsentanten des Gottes Horus zukommt, der an ihn die irdische Herrschaft delegiert hat. Unter dem Horusnamen sind uns die Herrscher der Frühzeit bekannt, in deren Zeugnissen der Name in die Darstellung der Palastfassade (*serech*) eingeschrieben ist, auf der der Horusfalke sitzt. Von der 18. bis zur 23. Dynastie steht am Beginn des Horusnamens selbst immer der Ausdruck *ka nechet* »starker Stier«, der auf das Königstier ›Stier‹ Bezug nimmt. Ramses II. nennt sich in der hier benutzten Variante »den die Maᶜat liebt« – wegen der rechtmäßigen Ausübung seines Amtes – und bezeichnet sich als Herr von Regierungsjubiläen wie sein göttlicher Vater (dazu unten). An zweiter Stelle steht der *Herrinnenname* (ägypt. nebti = die beiden Herrinnen), der die oberägyptische Geiergöttin Nechbet und die unterägyptische Schlangengöttin Wadjet als Schutzgottheiten des Königs anspricht. Beide sind in der Abbildung im Stelengiebel gegenwärtig: Wadjet als Uräusschlange an der Stirn des Königs, Nechbet mit dem Dauer verheißenden Amulett des Schen-Rings in den Krallen über dem König. Die Geschichte dieses Teils der Titulatur ist kompliziert und muß uns hier nicht weiter beschäftigen. Ramses II. bezeichnet sich durch den Nebti-Namen als derjenige, der Ägypten beschützt, die Feinde zurückschlägt und Ägypten sicher begründet.

Der dritte Teil der königlichen Titulatur ist der *Goldname* (früher *Goldhorusname* gelesen), dessen genaue Erklärung noch nicht gesichert ist. Möglicherweise meint *Gold* hier den »sonnendurchglühten ägyptischen Tageshimmel«[38] oder auch das Material, aus dem Götter und ihre Statuen gebildet sind.[39]

Der vierte Name der Titulatur stellt wiederum die Maat in den Mittelpunkt, die Ramses reichlich besitze, und die eigene Legitimierung durch die Erwählung durch den Gott Reᶜ: es ist der mit dem Titel *König von Ober- und Unterägypten (Nesubit,* ursprünglich vielleicht zwei eigenständige Titel »Der, der zuerst kommt; Fürst« bzw. »großer, starker Mann«[40]) eingeleitete eigentliche *Thronname,* der hier bezeichnenderweise gerade die Verantwortung des Königs für das Land Ägypten hervorhebt. Er ist in einen Namensring (Kartusche) eingeschlossen wie der die Titulatur beschließende *Geburtsname,* der den eigentlichen Eigennamen des Königs darstellt und ihm im Gegensatz zu den übrigen also nicht erst bei der Thronbesteigung verliehen wurde. Seit der 4. Dynastie gilt der König offiziell als Sohn des Sonnengottes Reᶜ, und es ist daher folgerichtig der Ausdruck *sa Re*ᶜ, »Sohn des Reᶜ«, der dem Geburtsnamen in der Titulatur immer vorangeht. In der in der Inschrift von Abu Simbel vorliegenden Version erfolgt hier allerdings ein Einschub, der Ramses in Übereinstimmung mit der in seiner Zeit aktuellen Vorstellung und der Intention des Stelentextes als Sohn des Tatenen (der sich mit Ptah zu Ptah-Tatenen verband) und der Sachmet betrachtet.

Die Frage des korrekten Verständnisses der Thronnamen stellte bisher eines der ungelösten Probleme im Zusammenhang mit der königlichen Titulatur dar. Zur Wahl stand, die Aussage auf den König oder auf den

Gott Re ' zu beziehen, und für den letzteren Fall ergaben sich meist nochmals zwei Übersetzungsmöglichkeiten. Für den hier vorliegenden Thronnamen *User-ma'at-Re'* Ramses' II. bestanden so traditionellerweise die Versionen: »Stark/reich an der Ma'at des Re'« (auf den König bezogen) bzw. »Reich an Ma'at ist Re'« oder »Stark/reichlich ist die Ma'at des Re'« (bezogen auf den Gott Re'). Diese Interpretationsmöglichkeiten ließen sich jedoch nicht auf alle Thronnamen anwenden und ergaben häufig kaum sinnvolle Wortketten. Einen Durchbruch zu einem korrekten Verständnis scheint nun H. Buchberger[41] erzielt zu haben, nach dem der vorliegende Name als »Reich an Ma'at, ein Re'« zu verstehen ist, wonach eine Aussage über den König vorliegt und er in der Rolle des Sonnengottes (fallweise anderer Götter) gesehen wird, was gut bezeugt ist. Im Rahmen des vorliegenden Lexikons habe ich daher alle Thronnamen nach diesem neuen Ansatz übersetzt.

Der Begriff *Pharao* (per-'a³) existiert seit ältester Zeit, bezeichnet jedoch bis ins Neue Reich hinein den königlichen Palast, nicht den König selbst. Der erste Herrscher, der den Ausdruck als Königstitel trägt, ist Siamun (978–959 v. Chr.). Uns ist der Ausdruck als Synonym für ›ägyptischer König‹ über das Alte Testament vermittelt, das den Sprachgebrauch der Spätzeit widerspiegelt. Obwohl auch in der Fachliteratur häufig anachronistisch etwa vom ›Pharao Cheops‹ gesprochen wird, verwende ich die Bezeichnung im vorliegenden Lexikon in der Regel für Könige vor dem 1. vorchristlichen Jahrtausend nicht.

»Rede des Ptah-Tatenen, der mit hohen Federn und spitzen Hörnern, vor seinem Sohn, den er liebt, seinem Erstgeborenen, dem göttlichen Gott, dem Fürsten der Götter, der an Sedfesten groß wie Tatenen ist, der König beider Ägypten, *Reich-an-Ma'at-ein Re'*, *Erwählter des Re'*, *Sohn des Re'*, *Re'-ist-es-der-ihn-geboren-hat-Geliebter-des-Amun*.

Ich bin dein Vater, der dich als Gott (Götter) erzeugte, so daß alle deine Glieder Götter sind. Ich vollzog eine Verwandlung in den Widder, den Herrn von Mendes; ich ergoß dich in deine ehrwürdige Mutter. Ich weiß: du bist mein Beschützer, und du tust Nützliches für meinen Ka. Ich brachte dich hervor um aufzugehen wie Re'; ich erhöhte dich vor den Göttern, König beider Ägypten, *Reich-an-Ma'at-ein Re'*, *Erwählter des Re'*, *Sohn des Re'*, *Re'-ist-es-der-ihn-geboren-hat-Geliebter-des-Amun*.

Die Gefährten des Ptah sind im Jubel, deine Mesechenet (Personifizierung der Geburtsstätte) ist froh im Jauchzen – seit sie dich sehen, wie du meinem edlen, großen und mächtigen Körper gleichst. Die großen Damen des Ptah-Tempels und die Hathoren des Atum-Tempels sind in Feststimmung, ihr Herz ist in Freude, ihre Arme schlagen in Festfreude die Handpauke, seit sie dein schönes Aussehen erblickt haben. Die Liebe zu dir ist wie (die zu) der Majestät des Reᶜ. Götter und Göttinnen preisen deine Schönheit, verehren (dich) und entbieten mir ihre Lobpreisungen, indem sie sagen: ›Du bist der, der für uns einen Gott deinesgleichen hervorgebracht hat, den König beider Ägypten *Reich-an-Maᶜat-ein Reᶜ, Erwählter des Reᶜ, Sohn des Reᶜ, Reᶜ-ist-es-der-ihn-geboren-hat-Geliebter-des-Amun, versehen mit Leben.*‹«

Die Eröffnung des Haupttextes ist ganz auf die göttliche Abstammung des Königs konzentriert, der nach einer häufigen Aussage anderer Texte »schon im Ei« erwählt wurde. In zwei Bildzyklen – für Hatschepsut in ihrem Totentempel in Deir el-Bahari, für Amenophis III. im Tempel von Luxor, dazu fragmentarisch für Ramses II. im Ramesseum – ist uns seine Geburtslegende in Darstellungen überliefert, zu denen häufige textliche Aussagen hinzutreten: Die irdische Königin empfängt den künftigen König von einem Gott – im Alten Reich Horus oder Reᶜ, im Neuen Reich Amun, in der Ramessidenzeit Ptah als Widder von Mendes –, das Kind wird von dem Schöpfergott Chnum geformt, geboren, benannt, von göttlichen Ammen betreut und schließlich als König anerkannt. In einem Märchen des Papyrus Westcar wird die Abstammung der Könige der 5. Dynastie von Reᶜ geschildert; hier ist es Isis, die die Namen der drei Kinder festlegt, während die Geburtsgöttin Mesechenet (die auch im obigen Text auftritt) ihnen ihr Schicksal ankündigt. Weitere Formen der Legitimation sind für den König die Vererbung des Königsamtes von seinem Vater, so wie im Mythos das Königtum des Osiris auf seinen Sohn Horus übergeht, oder die Erwählung durch den Gott, so wie Reᶜ-Harachte dem schlafenden Prinzen Thutmosis verkündet, er werde König sein. Besonders die im Mittleren Reich eingeführte Regelung, einen Sohn für einige Jahre zum Mitregenten zu erheben, bis er selber die Herrschaft übernahm, war ein Instrument, um die Stabilität der Herrschaft zu gewährleisten.

Neben dem Hauptaspekt der Gottessohnschaft werden in dem obigen Abschnitt auch die weiteren Kategorien angesprochen, in denen das Verhältnis des Königs zu den Göttern gesehen wurde (und die das Dekret später noch ausführlicher aufnimmt): der König ist selber ein Gott; der König ist das Bild eines Gottes; der König genießt das Vertrauen und die Liebe der Götter zu ihm.[42] Angetönt wird aber auch das Vertrauen und Wirken des Königs für die Götter in Erfüllung seiner Rolle, die ihm zugewiesen wurde.

»Sehe ich dich, so jubelt mein Herz. Ich nehme dich an mich in einer Umarmung von Gold, ich umfasse dich mit Bestand, Dauer und Herrschaft. Ich versehe dich mit Gesundheit und Freude, ich erfülle dich mit Frohlocken, Freude, Herzensglück, Jubel und Entzücken. Ich lasse dein Herz göttlich wie meines sein; ich erwähle dich, erkenne dich an, statte dich aus. Dein Herz ist scharfsinnig, deine Aussprüche sind trefflich, es gibt überhaupt nichts, was du nicht weißt. Ich vollende dich am heutigen Tag noch mehr als gestern, so daß du alle Welt leben läßt, König beider Ägypten, *Reich-an-Ma'at-ein Re', Erwählter des Re', Sohn des Re', Re'-ist-es-der-ihn-geboren-hat-Geliebter-des-Amun.*

Ich habe dich zum ewigen König gemacht und zum immerwährenden Herrscher. Ich habe deinen Körper aus Gold gebildet, deine Knochen aus Kupfer und deine Glieder aus Himmelserz (Eisen). Ich habe dir mein göttliches Amt übertragen, damit du die beiden Länder als König von Ober- und Unterägypten beherrschst.«

Die Anerkennung des neuen Herrschers und die Einsetzung zum König durch die Übertragung des Königsamtes – das hier ausdrücklich als göttlich charakterisiert ist – folgen konsequent der Geburt des erwählten Sohnes. Der Körper des Königs ist aus Gold, dem Metall der Götter, gegossen; der Gott umfaßt ihn schützend und überweist ihm jene Eigenschaften, die seine Person und Herrschaft kennzeichnen sollen: Bestand, Herrschaft, Gesundheit, Freude. Besonders aber ist der König wie Ptah selber verständig und weise: sein Herz, d.h. sein Denken und Wollen, ist göttlich, er ist überhaupt allwissend[43] und vollendet. Die ›trefflichen Aussprüche‹ deuten auf das konkrete Handeln des Königs, der politische Entscheidungen fällt und auch oberster Rechtsherr ist, dessen Wort aber auch wie jenes des Schöpfergottes Zaubermacht besitzt und Neues erschaffen kann. Gleichzeitig soll der König auch durch seine Rede überzeugen.[44] Der Amunhymnus des Papyrus Leiden I 344 sagt über den Gott Amun:»Dein Wesen ist das, was im Herzen des Königs von Oberägypten ist: gegen deine Feinde richtet er seinen Zorn. Du sitzt auf dem Mund des Königs von Unterägypten: seine Worte entsprechen deiner Weisung. Die beiden Lippen des Herrn sind dein Heiligtum, Deine Majestät ist in seinem Inneren: Er spricht auf Erden aus, was du bestimmt hast.«[45] Der Gott gibt dem König hier das richtige Handeln ein; der König handelt wie der Gott.

»Ich gebe dir reichliche Nilüberschwemmungen; ich versehe dir die beiden Länder mit Wohlstand, Nahrung und edler Versorgung. Speisen sind bestimmt für jeden Ort, an den du trittst. Ich gebe dir fortdauernd Getreide, um die beiden Ufer in deiner Zeit zu ernähren. Ihr Korn ist wie der Sand des Strandes; ihre Scheunen nähern sich dem Himmel, ihre Haufen sind wie Berge. Man freut sich und ist satt bei deinem Anblick, (denn) Nahrung, Fische und Vögel sind unter deinen Füßen; Ober- und Unterägypten nähren sich von deiner Versorgung. Der Himmel gibt dir das, was in ihm ist; (der Erdgott) Geb weist dir zu, was in ihm ist. Die Marschen kommen her zu dir mit ihren Vögeln; (die Himmelskuh) Sechat-Hor bringt ihre Ernte, die 14 Ka's des Reᶜ. Thot (Var.: ich) hat sie dir gegeben auf jeden deiner Wege. Du öffnest deinen Mund, um den reichlich zu versorgen, den du liebst, weil du ja der lebende Chnum bist. Deine Königsherrschaft ist Sieg und Reichtum wie (die des) Reᶜ, seit er die beiden Länder beherrscht, o König beider Ägypten, *Reich-an-Maᶜat-ein Reᶜ, Erwählter des Reᶜ, Sohn des Reᶜ, Reᶜ-ist-es-der-ihn-geboren-hat-Geliebter-des-Amun.*«

Von den Aufgaben und Verpflichtungen, die dem König als demjenigen zukommen, der die Maat auf Erden verwirklicht – Kriegsherr, Bauherr, Vollzieher des Kultes und gleichsam Patron des Landes Ägypten – ist es die letztgenannte, die hier zuerst thematisiert wird. Beiseite bleibt dabei der Aspekt der Gerechtigkeit, die der König unter den Menschen bewahren soll, sind doch nach der Lehre für Merikaᵌreᶜ Herrscher gerade zu dem Zweck auf Erden eingesetzt worden, um »den Rücken der Schwachen zu stützen«. Der Abschnitt behandelt den König als den Ernährer und Versorger des Landes, der aber dadurch die Menschen auch in ihrem gemeinschaftlichen Leben absichert, ihnen Hunger, Armut und daraus resultierende Gewalt erspart. Selbstredend entsprach dem die Wirklichkeit nur selten, doch zeigt auch diese Ausformulierung der Ideologie die Einheit von »Herrschaft und Heil«[46] – die Herrschaft des Pharaos ist *per definitionem* heilsbringend. Positiv formuliert finden wir diesen Gedanken etwa in den Hymnen auf die Thronbesteigung Merenptahs und Ramses' IV. – der neue König ist an der Regierung, und schon kehren die Flüchtlinge heim, sind die Hungernden satt und die Durstigen trunken, die Nackten gekleidet, die Streitenden friedfertig, das Unrecht besiegt und die Maat zurückgekehrt. Das negative Gegenbild liefern die politischen Tendenzschriften des Mittleren Reiches,[47] deren Beschreibung des Chaos herrscherloser Zeiten um so eindringlicher das Königtum als Instanz des Heils erscheinen läßt.

»Ich lasse die Berge dir große, gewaltige und erhabene Denkmäler hervorbringen. Ich lasse die Bergländer dir alle edlen Steine schaffen, um zu Denkmälern, die auf deinen Namen lauten, behauen zu werden. Ich lasse alle Arbeiten dir zu Nutzen sein und dir zu Diensten jedes Handwerk; alles, was auf zwei Beinen und auf vier Beinen geht, alles was fliegt und flattert. Ich richtete sie (so) ein inmitten jeden Landes, um sich dir selbst darzubringen und zu dienen – Fürsten, Vornehme und Geringe, mit einmütigem Herzen, das deinem Ka nützlich ist, König beider Ägypten, *Reich-an-Ma ͑at-ein-Re ͑, Erwählter des Re ͑, Sohn des Re ͑, Re ͑-ist-es-der-ihn-geboren-hat-Geliebter-des-Amun.«*

Die Verfügbarkeit der ganzen Erde, der gesamten belebten und unbelebten Welt, für den König ist uneingeschränkt. Diese Verfügbarkeit – hier nach dem Willen Ptah-Tatenens – geschieht aber im Dienste der Verpflichtungen, die die Rolle des Königs einfordert. Auf der Qubbân-Stele Ramses' II. heißt es »Wenn du zum Wasser sprichst: ›Komm heraus auf den Berg!‹ dann tritt der Urozean eilends hervor auf dein Wort.«[48] Allerdings hat diese Verfügbarkeit auch ihre Grenzen: als in den Wundererzählungen des Papyrus Westcar der König Snofru wünscht, daß der Zauberer Djedi sein Bravourstück – die Wiederanfügung eines abgetrennten Kopfes – an einem Menschen vorführt, erhebt der Zauberer Einspruch. Die Verfügbarkeit hat aber eine viel konkretere Auswirkung im Bereich von Recht, Verwaltung und Wirtschaft: der König ist Herr des Landes, das ihm von den Göttern überantwortet wurde, und somit im Grunde alleiniger Eigentümer von Grund und Boden mit ihren Produkten.[49] Er hat königliche Vorrechte (Expeditionswesen und Handel), eine wirtschaftliche Monopolstellung, verfügt über die Beute aus Kriegszügen und über die Bodenschätze der Fremdländer; er ist die Instanz, die alle entscheidenden Ämter in der Verwaltung besetzt, schließlich auch die oberste rechtliche Gewalt, die um die Durchsetzung der Gesetze in Ägypten besorgt ist.[50]

»Ich mache für dich eine edle Residenz, um die Grenze der beiden Länder zu befestigen [namens] ›Haus des *Re ͑-ist-es-der-ihn-geboren-hat-Geliebter-des-Amun*‹. Es steht fest auf der Erde wie die Stützen des Himmels. Ich baute dir die Mauer-Stadt (Memphis), in der die Häuser des Herrschers sind, damit du die Sedfeste feierst, die auch ich in ihm vollzog. Ich setzte (dir) deine Krone *(cha ͑)* mit meinen eigenen Händen fest auf, als du auf dem großen Doppelthron erschienen *(cha ͑)* warst. Menschen und Götter sind am Jubeln ob deines Namens wie bei mir, als ich die Sedfeste feierte. Du bildest Bildnisse, du baust ihre Kapellen so wie ich es tat in der Urzeit. Ich gab dir Jahre an Jubiläen und die Herrschaft auf meinem Sitz und meinem Thron. Ich versehe deine Glieder mit Leben und Kraft, mein Schutz ist um dich als Leben, Wohlergehen und Gesundheit. Ich beschütze Ägypten unter deiner Aufsicht, während die beiden Länder mit Leben und Kraft versehen sind, König beider Ägypten, *Reich-an-Ma ͑at-ein-Re ͑, Erwählter des Re ͑, Sohn des Re ͑, Re ͑-ist-es-der-ihn-geboren-hat-Geliebter-des-Amun.«*

Hauptsächlich geht es in diesem Abschnitt um die eigentliche Inthronisation Ramses' II. durch Ptah-Tatenen, doch wird daneben in einem Satz die Zuständigkeit des Königs für den Kult angetönt, die ausführlicher erst in der abschließenden Antwort des Pharaos zur Sprache kommt, obwohl sie ganz wesentlich ist.

Der König erscheint auf dem Thron, Ptah-Tatenen ›befestigt‹ auf seinem Haupt die Doppelkrone. Damit ist die eigentliche Inthronisation vollzogen, der König in die Rolle Gottes eingesetzt. Zu der Ausstattung Ramses' II., die der Gott dem Herrscher als für sein Amt notwendig zuteil werden läßt, gehört auch ganz konkret die neue, im Ostdelta gelegene Residenz (im Gegenzug baut der König Tempel und Kapellen für die Götter usw.). Zu seiner Herrschaft gehören aber auch die Erneuerungsfeste (ägyptisch *Sed*-Feste), die der ägyptische Herrscher gewöhnlich nach 30 Regierungsjahren zum erstenmal und dann erneut nach je drei Jahren begeht. Ramses II. feierte in seiner 67 Jahre dauernden Regierung 14 dieser Feste, die die Regeneration des alten Pharaos bewirken sollten. Am Vorabend wurde eine Statue des Königs begraben, die symbolisch seinen Tod bedeutete, während am folgenden Tag der König wieder verjüngt auf dem Thron ›erschien‹ – wie die sich jede Nacht regenerierende Sonne –, erneut gekrönt wurde und einen Kultlauf vor den Göttern vollzog.

Der Vollzug des Kultes und das Errichten von Kultbauten waren dem König allein vorbehalten, der in der Praxis kultische Funktionen an Priester übertrug. Denn nach dem schon zitierten königlichen Morgenritual sollte der König die Maat nicht nur durch die Erhaltung der rechten Ordnung unter den Menschen bewahren – also durch Durchsetzung des Rechts und Politik –, sondern auch »die Götter zufriedenstellen« und »den Göttern Gottesopfer und den verklärten Toten Totenopfer darbringen« – also durch den Vollzug des Kultes.[51] Dem König als ›Bild‹ Gottes auf Erden (so auch in diesem Dekret formuliert) fällt es zu, Vermittler zu sein zwischen den Göttern und den Menschen. Denn seit sich die Menschen gegen ihren Schöpfer, den Sonnengott, empört hatten – wie im *Buch von der Himmelskuh* berichtet – und dieser sich an den fernen Himmel zurückgezogen hatte, ist die ideale Welt der Schöpfung zerstört und sind die Götter auf Erden nurmehr mittelbar in ihren Tempeln und Kultstätten gegenwärtig.[52] Damit aber ist der Gang der Welt zutiefst bedroht, nur durch den Vollzug des Kultes kann die lebenswichtige Kommunikation mit den Göttern aufrechterhalten werden. Eindrücklich schildert die Restaurationsstele Tut'anchamuns mit Blick auf die Zeit Echnatons, was die Abwendung von den Göttern in letzter Konsequenz heißt: »Als seine Majestät [Tut'anchamun] als König erschien, da waren die Tempel der Götter und der Göttinnen von Elephantine bis zu den

Sümpfen des Deltas [. . .] im Begriff, vergessen zu werden, ihre Heiligtümer fingen an zu vergehen, indem sie Schutthügel geworden waren, mit Unkraut bewachsen, und ihre Kultbildräume waren, als wären sie nie gewesen, ihre Hallen ein Fußweg. So machte das Land eine Krankheit durch, und die Götter kehrten diesem Land den Rücken. Wenn man Soldaten nach Syrien schickte, die Grenzen Ägyptens zu erweitern, so hatten sie keinerlei Erfolg. Wenn jemand einen Gott anflehte, etwas von ihm zu erbitten, so kam er gar nicht. Wenn man ebenso eine Göttin anflehte, so kam auch sie gar nicht. Ihre Herzen waren schwach geworden in ihren Gestalten, und sie zerstörten das Geschaffene.«[53] Die Zerstörung der Welt ist somit Folge der Vernachlässigung des Kultes, der die Götter besänftigen und ihre dann segensreiche Macht dem Lande sichern soll.

»Ich gab dir Tapferkeit und Sieg; dein Arm ist machtvoll in jedem Lande. Ich versetze in Furcht vor dir die Herzen aller Länder; ich gab sie unter deine Sohlen. Täglich erscheinst du, um die Beute der Neun Bogen an dich zu nehmen. Die Fürsten und Notabeln jedes Landes beschenken dich mit ihren Kindern. Ich überantworte sie deinem starken Arm, um mit ihnen zu tun, was du willst, König beider Ägypten, *Reich-an-Maʿat-ein-Reʿ, Erwählter des Reʿ, Sohn des Reʿ, Reʿ-ist-es-der-ihn-geboren-hat-Geliebter-des-Amun*.

Ich gebe Achtung vor dir in alle Herzen und Liebe zu dir in jeden Leib. Ich lege Erschrecken vor dir über jedes Fremdland, Angst vor dir umgibt die Berge; die Fürsten erzittern bei der Erinnerung an dich. Deine Majestät (aber) steht fest, du bleibst auf ihnen. Sie kommen zu dir (gleichsam) mit dem Ruf von einem, um vor dir Gnade zu erbitten. Du läßt leben, wen du willst, und tötest, wen du willst. Ja, der Thron jeden Landes ist dir untertan. Ich lasse jedes Wunder hervorkommen für dich und jede Wohltat für dich geschehen. Die beiden Länder sind unter dir in Jubel, Ägypten preist dich fortwährend, König beider Ägypten *Reich-an-Maʿat-ein-Reʿ, Erwählter des Reʿ, Sohn des Reʿ, Reʿ-ist-es-der-ihn-geboren-hat-Geliebter-des-Amun*.«

Der König als Beherrscher der Welt, der das Chaos in Gestalt der Feinde Ägyptens, der »Neun Bogen«, bezwingt, die Fremdvölker »niedertrampelt« oder in der Symbolszene das »Niederschlagen der Feinde« vollzieht, ist ein Topos der Königsideologie. Gleich zu Beginn seiner Regierung muß der König dieser Rolle Genüge tun: viele Feldzüge besaßen so weniger politischen denn rituellen Sinn, und auch Pharaonen, die nachweislich keine Kriegszüge unternahmen, ließen sich in dieser Funktion darstellen. Ein krasses Beispiel ist der in Edfu als Kriegsheld dargestellte Ptolemaios XII., der »als historische Person kaum je einen Feind besiegt hat, sondern froh war, wenn er im Haus des Pompeius Quartier finden konnte«.[54] Der König bekämpft die (ideologisch geforderte) Rebellion der ausländischen Feinde und ist gleichzeitig bestrebt, im Rahmen der »Erweiterung des Bestehenden«, der Ausweitung der Schöpfung, die Grenzen Ägyptens in Asien und Afrika weiter vorzuschieben. Seinen Höhepunkt findet dies im Reich der Thutmosiden, das vom 5. Katarakt im Gebiet des heutigen Sudan bis an den Euphrat reicht. Der König ist Weltherrscher, der »alle Länder und alle Fremdländer« unter sich hat; er regiert ein Reich, dessen »südliche Grenze so weit reicht wie der Wind und dessen nördliche vorrückt bis zum Ende des Ozeans«.[55]

In den Kontext des Vorgehens gegen feindliche Mächte gehört auch die dem König vorbehaltene Jagd auf Großwild wie etwa Löwen: auch hiermit wird der chaotischen Welt außerhalb der Schöpfung ein Stück abgerungen (→ Amenemhe³t II., Psammetich II., Thutmosis III.).

»Ich verkünde dir große und herrliche Wunder; Himmel und Erde zittern vor Freude; die in ihnen sind, freuen sich über das, was dir geschieht. Berge, Wasser, Mauern und die, die auf Erden sind, sie erbeben vor deinem vollkommenen Namen, seit sie diese Verfügung erblickt haben: Ich habe dir das Land von Hatti [das Hethiterreich] zu Leibeigenen deines Palastes gemacht. Ich veranlaßte in ihrem Herzen, daß sie sich selbst in Demut deinem Ka darbringen, beladen mit ihren Abgaben, der Beute ihrer Fürsten und all ihren Sachen – als Gabe des Landes für die Macht deiner Majestät – er lebe, sei heil und gesund. Seine (des Hethiterkönigs) älteste Tochter ist an ihrer Spitze, um zu befriedigen das Herz des Herrn der beiden Ländern, des Königs beider Ägypten, *Reich-an-Maʿat-ein-Reʿ, Erwählter des Reʿ, Sohn des Reʿ, Reʿ-ist-es-der-ihn-geboren-hat-Geliebter-des-Amun*.

Ein Wunder (ist es), groß an Geheimnis, das man nicht kannte; eine weise Tat, die ich für dein Herz machte und deinen Namen; Größe, die für ewig nützlich ist; ein gelungenes Werk von siegreicher Stärke. Es ist ein großes Geheimnis. Es wurde erbeten, aber es ist nicht erhört worden seit den Göttern, (seit) den verborgenen Annalen im Haus der Schriften aus dem Zeitalter des Reʿ bis zu deiner Majestät – sie lebe, sei heil und gesund. Man wußte nicht, daß das Planen der Hethiter eines Herzens mit Ägypten ist. Siehe, ich befehle, daß sie niedergestreckt sind unter deine Füße, um deinen Namen ewig leben zu lassen, König beider Ägypten, *Reich-an-Maʿat-ein-Reʿ, Erwählter des Reʿ, Sohn des Reʿ, Reʿ-ist-es-der-ihn-geboren-hat-Geliebter-des-Amun*.«

Das konkrete historische Ereignis der Aussöhnung mit den Hethitern (→ Ramses II.) wird hier wieder auf den Eingriff des Gottes Ptah-Tatenen zurückgeführt, bezeichnend für die Zeit Ramses' II., die den Göttern einen großen Handlungsspielraum einräumt (vgl. unten, *Die Geschichtlichkeit der Könige).* Betont wird die Erstmaligkeit des Geschehens, eine Kennzeichnung, die auch den Erfolg des Königs bei der Neuschaffung der Welt im Vergleich zu den Königen der Vergangenheit betont. Gleichzeitig ist, etwa im Vergleich zu der Formulierung des offiziellen Vertrages, die Gleichwertigkeit des hethitischen Partners zugunsten der traditionellen ideologischen Topoi in den Hintergrund gedrängt: die Feststellung der Einmütigkeit von Ägyptern und Hethitern als »Wunder« kontrastiert kraß damit, daß sie dennoch als Leibeigene unter die Füße Ramses' II. niedergestreckt sein sollen! Ramses ist es, der hier dennoch Anspruch auf Herrschaft über die ganze, vor seinem Namen in Schrecken erbebende Welt erhebt.

»Rede des göttlichen Königs, des Herrn der beiden Länder, der als Chepri entstand, in dessen Leib Reʿ ist (oder: dessen Leib Reʿ ist), der aus Reʿ hervorging, den Ptah-Tatenen erzeugt hat, des Königs beider Ägypten, *Reich-an-Maʿat-ein-Reʿ, Erwählter des Reʿ, Sohn des Reʿ, Reʿ-ist-es-der-ihn-geboren-hat-Geliebter-des-Amun,* vor seinem göttlichen Vater, aus dem er hervorgegangen ist, Tatenen, dem Vater der Götter.

Ich bin dein Sohn, den du auf deinen Thron gesetzt hast. Du hast mir dein Königtum überantwortet. Du hast mich geschaffen als dein Bild und deine Gestalt. Du hast mir übertragen (oder: für mich gedeihen lassen), was du erschaffen hast. Ich bin es, der nach deinem Willen (oder: für dein Herz) wieder und wieder alles Gute tut, denn ich bin der eine Herr, wie du es warst, der die Bedürfnisse des Landes erfüllt. Du hast Ägypten neu entstehen lassen; ich machte es, wie (es) am Anfang (war). Ich bildete die Götter, die aus deinem Körper entstehen, nach ihrer Farbe und ihrem Körper. Ich begründete Ägypten nach ihrem Willen, indem ich es aufbaute mit Tempeln. Ich vergrößerte dein Haus in ›Haus des Ka des Ptah‹ [in Memphis], gebaut als Arbeit für die Ewigkeit in herrlicher Bearbeitung aus Steinen, verziert mit Gold und Edelsteinen. Ich öffnete deinen nördlichen Temenos gegenüber deinem Antlitz mit einem prächtigen *Sanktuar* (?); seine beiden Torflügel sind wie der Horizont des Himmels, um das Volk dich verehren zu lassen.

Ich machte dir einen prächtigen Tempel innerhalb der göttlichen Mauern. Du wurdest (als Statue) in dem verborgenen Schrein gebildet, auf seinem großen Throne ruhend. Ich stattete ihn (den Tempel) aus mit Waʿb-Priestern, Gottesdienern, Hörigen, Äckern und Vieh; ich versah ihn reichlich mit Gottesopfern und Hunderttausenden an allen Dingen.

Ich feierte dein großes Fest der Jubiläen, du warst es, der sie vor mir anordnete. Ich schleppte dir alles herbei, was es gibt, als großes Opfer nach deinem Wunsch: Rinder und Bergwild außer ihnen. Ich führte sie alle in Millionen herbei. All ihre Masttiere zu Millionen, ihr Fettdampf, er erreichte den Himmel, und der im Himmel nahm ihn an.

Ich lasse jedes Land das Schöne an den Denkmälern erblicken, die ich für dich erstellt habe. Ich brandmarke die Ägypter, die Neun Bogen und die ganze Erde auf deinen Namen. Sie gehören deinem Ka auf ewig, denn du bist ja ihr Schöpfer zum Gedeihen dieses deines Sohnes, der auf deinem Throne sitzt, des Herrn der Götter und der Menschen, der Majestät, die Sedfeste vollzieht wie du, (dein) Bild, Träger der Doppelkrone, Sohn der weißen Krone, Erbe der roten Krone, der die beiden Länder in Frieden vereint, der König von Ober- und Unterägypten, *Reich-an-Maʿat-ein-Reʿ, Erwählter des Reʿ, Sohn des Reʿ, Reʿ-ist-es-der-ihn-geboren-hat-Geliebter-des-Amun, versehen mit Leben.*«

In diesem Schlußabschnitt, der viele Punkte der Gottesrede aufgreift, wird am klarsten ausformuliert, daß der König auf Erden die Rolle des Schöpfergottes übernimmt: er ist der Sonnengott Reʿ und er ist Ptah-Tatenen (die zwei Schöpfergottheiten *par excellence),* er hat Ägypten gemacht, wie es »am Anfang« – d. h. bei der Weltentstehung, dem vollkommenen Zustand der Schöpfung – war; er hat Ägypten neu gegründet. Er ist der »Einherr«, wie es der Schöpfergott war, bevor Götter und Menschen erschaffen waren, er ist in Gestalt und Wesen dem Gott gleich; er ist Herr aller Menschen und Götter; er hält die Welt in Gang durch Ausübung des Kultes; er verfügt über die Ressourcen der Erde und schafft unentwegt Gutes: Die *loyalistische Lehre* definiert: »Er ist die Erkenntnis dessen, was in den Herzen ist, seine Augen durchschauen alle Leiber. Er ist der Sonnengott, unter dessen Leitung man lebt, wer in seinem Schatten ist, wird reich an Hörigen. Er ist der Sonnengott, durch dessen Strahlen man sieht, der die beiden Länder mehr erleuchtet als die Sonne [. . .] Er läßt grünen mehr als eine hohe Nilüberschwemmung, und er füllt dabei Ägypten mit Fruchtbäumen.«[56]

Insbesondere präsentiert sich der König in seiner Antwort als Erbauer von Tempeln für den Gottesdienst, wozu er in seiner zentralen Rolle als Vollzieher des Kultes verpflichtet ist, er läßt Götterstatuen herstellen, Opfer darbringen in riesigem Ausmaß und das Sedfest des Gottes Ptah-Tatenen in dessen dazu vergrößertem Tempel durchführen.

Überaus deutlich zeigt der Text die unlösliche Verzahnung von Gott und König in ihrem Wirken: der Gott hat den König eingesetzt und ermöglicht erst seine Herrschaft, der König erfüllt seine Verpflichtungen, auch gegenüber dem Gott, die ihm damit auferlegt sind.

In der konkreten Ausprägung der Königsideologie ist der Text ebenso geschichtlich zeitgebunden wie die konkrete Person Ramses' II. gegenüber jener des idealen Herrschers des Dogmas (vgl. unten, *Die Geschichtlichkeit der Könige).*

4. Die Geschichtlichkeit der Könige

Nach dem Königsdogma ist dem Herrscher eine ewige Regentschaft und eine unendliche Zahl von Regierungsjubiläen zugewiesen. Kriegszüge, Bauvorhaben und Kulthandlungen dienen der immer wieder zu erneuernden Schöpfung, der Bewahrung der einst hervorgebrachten Welt in ihrem *status quo.* Der König steht gleichsam außerhalb der geschichtlichen Zeit als solcher. Nach Jan Assmann zielen in Ägypten alle Mechanismen der Kultur gerade auf die Vermeidung, nicht die Erinnerung von Veränderung ab.[57]

Die ägyptische Auffassung von »Geschichte als Fest«[58] meint das Sich-Wiederholende, Dauernde, Immer-schon-Dagewesene, nicht das Einmalige, Plötzliche, Neue. Geschichte als Abfolge unterschiedlicher Ereignisse und Entwicklungen zu sehen, wird vermieden. Die Königsideologie »steht der Ausbildung eines echten Handlungsbegriffs entgegen, der eine perspektivisch bezogene und begrenzte raumzeitliche Dimension erfordert«; sie leugnet die Begrenztheit der geschichtlichen Existenz des Herrschers.[59]

Dies ist aber nur die eine Seite. Die andere ist gerade die Geschichtlichkeit – d. h. die geschichtliche Verwurzelung – der Institution ›König‹. Geschichtliche Veränderungen führten zu einem veränderten Selbstverständnis, das im Mittleren und Neuen Reich Handlungen des Königs begründet und in eine zeitliche Perspektive stellt (dazu unten).[60] Die Taten des Königs sind nicht mehr selbstevident, sondern werden gerechtfertigt. Der Historiker – über den F. Braudel ausführte, daß er »in der Tat niemals aus der Dimension der geschichtlichen Zeit heraustritt; die Zeit klebt an seinem Denken wie die Erde am Spaten des Gärtners. Trotzdem träumt er davon, sich ihr zu entziehen«[61] – gerade er interessiert sich besonders für diese Geschichtsbezogenheit von Königtum und Königen. Wenn in einer allgemeinen Definition Menschen geschichtlich sind, weil sie eine Geschichte haben und von ihr betroffen sind,[62] gilt dies nicht für den göttlichen, überzeitlichen Pharao des ägyptischen Dogmas, aber für den in seiner Zeit lebenden der ägyptischen Geschichte.

Den ›Einbruch der Geschichte‹ erlebt auch Ägypten. Handlungen werden insbesondere im Neuen Reich als einmalige geschichtliche Taten charakterisiert (vgl. in dem oben vorgelegten Dekret des Ptah-Tatenen die Beschreibung der Aussöhnung mit den Hethitern); die in Form eines Historienbildes dargebotene Schlacht von Qadesch gibt in ihrem Bericht auch das Unvermögen des Königs und die Feigheit der Truppen wieder, die dem Ideal des Dogmas kraß widersprechen.[63] Gleichzeitig ist es vermehrt der Gott, der in die Geschichte eingreift, was die Bedeutung des Königtums absinken läßt und in der 21. Dynastie zum Gottesstaat des Amun führt. Der Kontrast zu den Königen des Alten Reiches, im Vergleich zu denen die Zeitgebundenheit deutlich wird, könnte nicht größer sein.

Der König ist also in seiner Zeit begrenzt und in seiner geschichtlichen Gegenwart verwurzelt. Der ganz offensichtliche Aspekt dieses Tatbestandes sind die konkrete Politik seiner Regierung, ihre historischen Rahmenbedingungen (man vergleiche etwa die Gegebenheiten der 18. Dynastie mit dem Partikularismus der 3. Zwischenzeit) und die sich daraus ergebenden Möglichkeiten (s. unten, *Die Größe der Könige),* über die die einzelnen Stichwortartikel ein ungefähres Bild vermitteln. Hier sollen weder die konkrete Politik noch bestimmte historische Konstellationen, in die der König eingebunden war, angesprochen werden, sondern wie diese reale Geschichtlichkeit neben der ideellen Übergeschichtlichkeit ihren Platz im ägyptischen Denken erhielt.

Wie sieht sich der Herrscher selbst in dieser Zeit und Geschichte, die der moderne Historiker aus dem Abstand der Jahrtausende in einer Perspektive sieht, die nicht die seine gewesen sein kann – wo sich der Abstand auftut »zwischen erfahrener Geschichte und gewußter Geschichte«?[64] Unsere Zuordnung – Wa³dj ein König der Frühzeit, Amenemhe³t III. einer der Blütezeit des Mittleren Reiches; Antef V. ein Herrscher der Zweiten Zwischenzeit, Psammetich I. einer der Spätzeit – stellt die Könige in festgesetzte und bewertete Perioden, die aus ihrer Gegenwart heraus als solche in dem Bewußtsein von Vorher *und* Nachher gar nicht kenntlich waren.[65]

Die Zeit eines Königs ist zunächst dadurch charakterisiert, daß er der Bezugspunkt des öffentlichen Lebens ist: Akten, Urkunden, Inschriften werden nach ihm datiert. Sein Regierungsantritt – und nicht ein gleichbleibendes, absolutes Datum – gibt den zeitlichen Orientierungspunkt – jedenfalls für Hof, Verwaltung und Tempel; im Neuen Reich auch für die Arbeiter von Deir el-Medineh, die an den Königsgräbern arbeiteten. Der zeitliche Bezugshorizont einfacher Ägypter, der Bauern, Winzer, Handwerker, wird aber doch gewöhnlich ein anderer gewesen sein:[66] der ihres eigenen Lebens, ihrer näheren Umgebung. Ein Wanderschäfer aus dem Pyrenäendorf Montaillou um 1300 datiert Ereignisse seines Lebens weder in Jahren nach Christi Geburt noch nach der französischen oder spanischen Geschichte, sondern nach der Abfolge seiner Verträge, ein Müller aus der Normandie nach dem 3jährigen Turnus der Mühlenpacht, ein Salinenarbeiter aus Rom nach der Pest von 1348 usw.[67] Daß dies in

Ägypten ähnlich war, ist über die bloße Vermutung hinaus nachweisbar. So sagt in den Grabräuberprozessen der ausgehenden 20. Dynastie eine Frau vor dem Gericht aus, daß sie im Tausch gegen Weizen Silber erhalten habe, »im Jahr der Hyänen, als Hunger herrschte«.[68] Ein Antef errichtet seine Stele in dem »Jahr, in dem Thinis rebellierte«[69] oder, noch deutlicher: einem Briefadressaten wurde ein Esel »in dem Jahre der Truppe aus Djapet« gegeben.[70] Der geschichtliche Rahmen des eigenen Lebens und der eigenen Familie – mit einem Erinnerungshorizont von vielleicht 100 Jahren – wurde von ihnen kaum überschritten – im Gegensatz zu der oberen Schicht von Priestern und Beamten, die uns in einigen Fällen Stammbäume von erheblicher Länge mitteilen.[71]

Demgegenüber hat der König, durch eine entsprechende Erziehung und Ausbildung auf sein Amt vorbereitet, sich durchaus – zu verschiedenen Zeiten in unterschiedlicher Intensität – in der geschichtlichen Abfolge von Herrschergeschlechtern empfunden und war sich einer gewissen Einordnung seines Handelns mit Blick auf die Vergangenheit durchaus bewußt. Auch begrifflich unterscheiden Königsinschriften die eigene Zeit, die Zeit des unmittelbaren Vorgängers, die Zeit mittelbarer Vorgänger, die Zeit der Ahnenkönige oder eines bestimmten Königs der (ferneren) Vergangenheit und schließlich die mythische Zeit des Sonnengottes Reʿ.[72] Ein kurzer Gang durch die Überlieferung zu den altägyptischen Königen zeigt dies deutlich:[73]

Unter Neferirkaʾreʿ wird die heute in Palermo befindliche Königstafel redigiert, und das Bewußtsein für eine Abfolge von Regierungszeiten ist von der 5. Dynastie bis zum Ende des Alten Reiches faßbar. Im Mittleren Reich entsteht die eigentliche Tradition von Königslisten als eine Entwicklung, die vom König initiiert wird. Der Totenkult von Königen des Alten Reiches wird wieder aufgenommen, ihre Statuen und Denkmäler wiederhergestellt, ihre Pyramidentexte kopiert. Sesostris III. wird geradezu als »Bewahrer der Vergangenheit« bezeichnet, und es heißt: »Wie euphorisch sind deine Väter, die vorzeiten lebten, nun, da du ihre Opferzuteilungen vergrößert hast«. Der Aufbruch in neue Bereiche führt zu Beginn des Neuen Reiches zu der Frage des Verhältnisses der eigenen Taten zu denen der Vorfahren. Man forscht nun gründlich nach in den alten Schriften, um Vergleichbares zu finden – »sie durchforschten die Annalen von den ältesten Königen bis hin zu der Zeit der Ahnen«, wie es unter Ramses IV. heißt. Das Resultat ist gewöhnlich negativ (hat hier also auch den Zweck, die Unvergleichlichkeit des Handelns des betreffenden Königs gebührend zu unterstreichen). So heißt es zu den Eroberungen Thutmosis' I., daß solches »nicht festgestellt werden konnte in den Annalen der Vorgänger seit den Gefolgsleuten des Horus [den Frühzeitkönigen]«. Der Wesir Rechmireʿ sagt über Thutmosis III.

geradezu: »Führwahr, seine Majestät kannte die Geschichte/das Geschehene« (vgl. im Dekret des Ptah-Tatenen oben den Passus über die Allwissenheit des Pharaos); der König selbst vertieft sich in Schriften, die noch aus dem Alten Reich stammen, etwa aus der ein Jahrtausend zurückliegenden Zeit des Cheops. Amenhotep II. und Thutmosis IV. bezeugen ein Interesse für das Giza-Plateau, wo das Alte Reich gegenwärtig ist, während etwa Hatschepsut und Thutmosis III. sich besonders auf Thutmosis I. als Begründer ihrer Dynastie beziehen, sich aber auch mit dem legendären ersten König Menes zusammenstellen. Insbesondere knüpfen die ersten Könige der 18. Dynastie an das Vorbild des Mittleren Reiches an. Der Rückbezug auf die Vergangenheit äußert sich auch hier in der Erstellung von Königslisten, dem Vollzug des Opfers für die Vorfahren und der Erneuerung von Denkmälern. Thutmosis III. renoviert den Hypostylsaal des Mittleren Reiches zwischen dem 4. und 5. Pylon von Karnak, darauf bedacht, daß die Statuen alter Könige gut sichtbar bleiben, und bringt in seiner Festhalle eine Königstafel an. Einen anderen Akzent setzt Amenhotep III., der sich rühmt, das königliche Erneuerungsfest (Sedfest) als erster wieder »in Übereinstimmung mit den alten Schriften« begangen zu haben, denn »keine frühere Generation der Menschen seit der Zeit des Reʿ hatte das Sedfest (korrekt) vollzogen«. Einen Unterbruch in dieser Besinnung auf die Geschichtlichkeit bedeutet Echnaton, der – in den Worten Redfords – »die Vergangenheit nicht braucht«. Bei den Ramessiden ist dann ein ausgesprochener Ahnenkult feststellbar; Geschichte wird auch hier wie zuvor nie in rein historischem Interesse aufgegriffen. Ramses II. begutachtet alte Schriften zu den Ursprüngen und der theologischen Bedeutung Thebens, Merenptah konsultiert sie wegen der Libyerbedrohung, Ramses IV. sucht in ihnen nach geschichtlichen Parallelen eines Wunders. Schließlich wendet sich die Spätzeit in einem dezidierten Archaismus zurück zum Alten Reich – durch Ausbesserungen von Monumenten, Kopien von Texten (beides auch in der Ramessidenzeit durch einen Prinzen Ramses' II., Chaʿemwese, bezeugt) und eine entsprechende Ausprägung der Kunst, aber auch durch einen Rückgriff auf uralte Titel, etwa in der Verwaltung.

Der König ist also durchaus geschichtlich, in die Geschichte eingebunden – und er ist sich dessen bewußt. Er vereint in sich die zeitgebundene individuelle Herrscherpersönlichkeit und die überzeitliche Idealgestalt des Dogmas.

5. Die Größe der Könige

Die historische Bedeutung oder geschichtliche ›Größe‹ von Personen in ihrer Zeit zu ermessen, ist ein schwieriges Unterfangen. Ramses II. trägt schon etwa in der *Histoire d'Egypte* von Heinrich Brugsch den Zunamen ›der Große‹,[74] und es wurde nicht ganz glücklich formuliert, daß ihm die Geschichte diesen Beinamen verliehen habe.[75] In scharfem Gegensatz wandte demgegenüber Edouard Naville ein:»Wenige Könige haben die Augen der ersten Ägyptologen so stark geblendet wie Ramses II. [. . .] und es gibt auch wenige, deren Prestige und Ruhm so schnell vergangen sind, nachdem ihr Leben und Charakter genauer untersucht worden waren.«[76] Gelegentlich findet sich die Charakterisierung als ›großer‹ Herrscher auch in den alten Quellen selber. So heißt es in den Protokollen der thebanischen Grabräuberprozesse zu König Sebekemsa[3]f II. aus der 17. Dynastie:»Das war ein großer Herrscher, der zehn gewichtige Werke für Amun-Rasonther gemacht hatte; seine Denkmäler sind noch in seiner [des Tempels] Mitte an diesem Tag.«[77]

Für den Historiker ist es unerläßlich, Einschätzungen geschichtlicher Tatbestände zu leisten, und die Beurteilung der Bedeutung ägyptischer Könige an ihrem konkreten historischen Ort ist ein zentraler Bestandteil aller Darstellungen ägyptischer Geschichte. Die Problematik derartiger Urteile ist aber bisher in der Geschichtsschreibung über Ägypten kaum thematisiert worden. Was heißt überhaupt ›historische Größe‹ und wie können wir darüber urteilen – gerade auch mit Blick auf Ägypten, wo die Königsideologie so sehr das Allgemeine der grundlegenden Strukturen gegenüber dem Individuum hervorhebt?

Aus dem Blickwinkel des Historismus des 19. Jahrhunderts heraus, für den Geschichte vor allem die politische Geschichte war, die von historischen Persönlichkeiten getragen wurde, urteilte Jacob Burckhardt, daß»der Begriff unentbehrlich ist, und daß wir ihn uns nicht dürfen nehmen lassen; nur wird er ein relativer bleiben; wir können nicht hoffen, zu einem absoluten durchzudringen.«[78] Die Geschichtswissenschaft des 20. Jahrhunderts rückte die Bedeutung anderer geschichtswirksamer Kräfte an die Stelle des Individuums, forderte etwa, neben den Willensentscheidungen der großen Akteure auch die materiellen und geistigen Zustände als treibende Faktoren im historischen Prozeß anzuerkennen (K. Lamprecht[79]). Sie betonte andere Geschichten – die Sozial- und Wirtschaftsgeschichte, Strukturgeschichte, Alltags- und Mentalitätsgeschichte; die Geschichte langer Zeiträume –,[80] kann aber auf den Einbezug prägender Einzelgestalten nicht verzichten. Diese können»zwar meist weitgehend aus vorgegebenen, sich verändernden Strukturen erklärt, aber nicht aus diesen voll abgeleitet werden, während sie umgekehrt zur Veränderung der Strukturen beitragen. Auch in betont strukturgeschichtlichen Analysen des Kaiserreichs werden, wenn sie nicht unzulässig verkürzen, der Person Bismarcks ein gewisses Gewicht und eine relative Eigenständigkeit nicht abgesprochen. Jede zutreffende Erklärung des Nationalsozialismus wird auf die nicht auf seine strukturellen Bedingungen reduzierbare Person Hitlers zu sprechen kommen müssen.«[81] Unser Urteil über die ›Größe‹ gehört in den allgemeinen Rahmen der Beurteilung historischer Individuen, damit zur Bewertung ihres Handelns in seiner Wirksamkeit und mit seinen unmittelbaren und mittelbaren Folgen. Eine banal scheinende Voraussetzung dieser Bewertung ist die Überlieferung selber: Könige, von deren Bedeutung wir nichts wissen, sind für uns nicht bedeutend; eine andere die Urheberschaft wichtiger Ereignisse und Entwicklungen; eine dritte schließlich der Maßstab unserer eigenen Einschätzung.

Den ersten Punkt – die Abhängigkeit von der Überlieferung – formulierte etwa Friedrich Nietzsche am Anfang der vierten der *Unzeitgemäßen Betrachtungen* (1875): »An sich hat kein Ereignis Größe, und wenn schon ganze Sternbilder verschwinden, Völker zugrunde gehen, ausgedehnte Staaten gegründet und Kriege mit ungeheuren Kräften und Verlusten geführt werden – über vieles der Art bläst der Hauch der Geschichte hinweg, als handle es sich um Flocken. Es kommt aber auch vor, daß ein gewaltiger Mensch einen Streich führt, der an einem harten Gestein wirkungslos niedersinkt; ein kurzer scharfer Widerhall, und alles ist vorbei. Die Geschichte weiß auch von solchen gleichsam abgestumpften Ereignissen beinahe nichts zu melden.«[82]

Was auch durch bloßen Zufall der Überlieferung nicht auf uns gekommen ist, besitzt keinen Platz in unserer Argumentation.[83] Von der Mehrzahl der ägyptischen Könige wissen wir wenig, von wenigen so viel, um ein geschichtliches Urteil zu rechtfertigen. Aber auch bei letzteren ist die individuelle Urheberschaft und Verwurzelung in schon bestehenden Strukturen, überhaupt der individuelle Anteil an historischen Entscheidungen nur schwer in Rechnung zu stellen: war etwa Echnaton der große Denker und Rationalist oder nur die Marionette eines im Hintergrund agierenden Kollegiums? Der skeptische Einwurf Wolfgang Helcks – »wissen wir denn, ob diese Könige wirklich das gewesen sind, was uns die Inschriften glauben machen wollen?«[84] – kann nach dem getanen Blick auf die Intentionen von Ideologie und Propaganda sicher gutgeheißen werden und stellt eine Herausforderung an die kritische Interpretation historischer Texte: »Wir sollten nicht erwarten, mehr wissen zu können, als die alten Quellen wußten, aber wir können hoffen, mehr zu wissen, als was sie zu erzählen auswählten.«[85]

Schließlich: nach welchem Maßstab ist ein ägyptischer König für uns bedeutend oder geschichtlich ›groß‹ (eine positive Bewertung[86])? Ist Echnaton wegen seiner Religion groß und bedeutend – oder im Gegenteil nur folgenreich wegen der Konsequenzen Amarnas für die ägyptische kulturelle Entwicklung im weitesten Sinne? Ist Ramses II. groß durch seine Bauten und den Frieden mit den Hethitern – oder sind wir – mit dem anfangs zitierten Urteil Navilles – Opfer einer Überschätzung; der Frieden etwa nur aus dem Sachzwang einer politischen Pattsituation entstanden? Kann Thutmosis III. »zu Recht als größter Pharao der gesamten ägyptischen Geschichte betrachtet werden, so zahlreich und glänzend waren seine Eroberungen«[87]? Wie stark spielen überhaupt vorgegebene Strukturen und Sachverhalte in Entscheidungen und Handlungen hinein, die gern für eine geschichtliche Persönlichkeit beansprucht werden?

In dieser Hinsicht besonders lehrreich ist das Verhältnis von Macht und Ohnmacht, wie es der Althistoriker Christian Meier in seiner Studie *Die Ohnmacht des allmächtigen Dictators Caesar* (1980)[88] aufgezeigt hat, die mit der Erörterung des Phänomens historischer Größe einsetzt. Eine konkrete Biographie insbesondere prominenter Politiker (in unserem Zusammenhang: regierender Könige) erfordert dabei immer die Rückbesinnung auf die Strukturgeschichte. Sie liefert über den reinen historischen Hintergrund eine »Möglichkeitsbestimmung« dessen, was an konkreten Handlungsspielräumen offen war.[89] Jedes Urteil über historische Leistung muß sich Rechenschaft ablegen über die Möglichkeiten, in einer Zeit in bestimmter Art und Weise zu handeln, also über die Machtverhältnisse. »Dafür scheint die Unterscheidung zwischen Macht in den Verhältnissen und Macht über die Verhältnisse wichtig zu sein. [...] Jede Machtposition ist [...] als eigentümliche Mischung von vorhandener und fehlender Macht [...] zu definieren. [...] Diese Verteilung zwischen Macht und Ohnmacht kann sich zuspitzen auf ungeheure Macht in den Verhältnissen und geringe Macht über sie. Große Ohnmacht und große Macht können also nebeneinander zur gleichen Zeit die Stellung eines Mannes bestimmen, und dies besonders unter den Umständen einer Desintegration bisheriger Machtverhältnisse.«[90] Diese Überlegungen zur *Krise ohne Alternative* der späten römischen Republik sind von erheblicher Relevanz auch für die ägyptische Problematik – man denke an die bekannten größeren Krisenzeiten, aber auch an kurzfristige Momente des Umbruchs, wie sie seit der Frühzeit immer wieder feststellbar sind.

Das historische Gedankenspiel kann versuchsweise einmal Ramses II. in die ausgehende 20. Dynastie oder Thutmosis III. in die 3. Zwischenzeit versetzen und sich die historische Wirkung derselben Persönlichkeiten unter anderen Rahmenbedingungen vorzustellen versuchen.

Signifikant ist damit die Frage nach Alternativen konkreten geschichtlichen Handelns oder der geschichtlichen Entwicklung, nach dem Verhältnis von vorgegebenen Strukturen und dem eigenen Beitrag, nach der (als Gedankenexperiment legitimen) »ungeschehenen Geschichte«.[91] Wie hätte etwa die Geschichte der fortgeschrittenen 18. Dynastie auf der Basis der vorgegebenen Voraussetzungen und Strukturen ausgesehen, wenn der ältere Bruder Echnatons, ein Prinz Thutmosis, nicht früh gestorben, sondern als Thutmosis V. die Nachfolge Amenhoteps III. angetreten hätte – wenn also Echnaton nie zur Macht gelangt wäre, Ägypten kein Amarna gekannt hätte?

Wenn die Bewertung abhängig ist von Überlieferungsauswahl und -zufall, von dem, was wir überhaupt wissen, so ist sie es auch von der Interpretation der überlieferten Fakten. Zu der Willkür, aus wenigen gesicherten Fakten Ereignisgeschichte zu rekonstruieren,[92] kommt dabei der Umstand, daß auch diese Fakten meist nicht als solche, sondern selber nur als interpretierte zu haben sind.[93]

Persönlicher Werdegang, Einstellung und Zeitgeist können bei verschiedenen Forschern zu völlig divergierenden Einschätzungen historischer Tatbestände führen (vgl. im Lexikonteil die Beurteilung von Amenhotep IV., Hatschepsut, Ramses II. und Thutmosis III.).[94]

Sehr beschränkt ist nach all dem nicht nur die Möglichkeit eines absoluten Urteils – die Bedeutung eines bestimmten Königs für die ägyptische Zivilisation in ihrer Gesamtheit, wie wir sie rückblickend wahrnehmen –, sondern auch jene der relativen Beurteilung, etwa in Form eines Vergleichs zwischen Herrschergestalten.

Im Bewußtsein für die vielfältige Verflechtung auch ägyptischer Könige in ihrer konkreten historischen Situation und mit Blick auf die heutige Problematik, an die historische Wirklichkeit überhaupt heranzugelangen, kann es dann vielleicht eher gelingen, ebenso einem häufig glorifizierten Herrscher wie Sesostris III. oder Echnaton wie der »tragischen Figur«[95] Ramses IX. oder Psusennes II., dem »reinsten Schatten auf der Bühne der Geschichte« (K. A. Kitchen), gerecht zu werden.

1 E. HORNUNG, Der Pharao, in: S. DONADONI (Hg.), *Der Mensch des Alten Ägypten,* 1992, 329.

2 J. ASSMANN, Schrift, Tod und Identität. Das Grab als Vorschule der Literatur, in: DERS., *Stein und Zeit. Mensch und Gesellschaft im alten Ägypten,* 1991, 169–199: 187.

3 H. FRANKFORT, *Ancient Egyptian Religion,* [2]1949, 46 ff.

4 H. BRUGSCH, *Die Aegyptologie,* 1891, 44. 473.

5 FRIEDRICH STEGER, *Allgemeine Weltgeschichte für das deutsche Volk.* Erster Band, 1843. Zu dem Autor (1811–1874) s. ADB, Bd. 54, 453–456.

6 Vgl. die noch unpublizierte Untersuchung von P. FROSCHAUER, *Herodots ägyptischer Logos,* Diss. Innsbruck 1992.

7 Dazu J. VON UNGERN-STERNBERG, The Formation of the »Annalistic Tradition«: The Example of the Decemvirate, in: *Social Struggles in Archaic Rome,* ed. by K. A. RAAFLAUB, 1986; DERS., Überlegungen zur frühen römischen Überlieferung im Lichte

der Oral-Tradition-Forschung, in: DERS./H. REINAU (Hg.), *Vergangenheit in mündlicher Überlieferung* (Colloquium Rauricum I), 1988, 237–265. Diese Erklärung ist derjenigen bei D. B. REDFORD, *Pharaonic-King-lists, Annals and Day-books,* 1986, 127 ff. vorzuziehen.

8 Besonders kraß zuletzt die Fehleinschätzung von J. VERCOUTTER, *L'Egypte et la Vallée du Nil,* Tome 1: Des origines à la fin de l'Ancien Empire, 1992, 208 f. 217 f. 223 (Menes, ʿAha³, Hetepsechemui); vgl. auch 276. 355 (Cheops, Merenreʿ/Nitokris).

9 Das Folgende nach A. B. LLOYD, Herodotus' Account of Pharaonic History; in: *Historia 37* (1988), 22–53; S. DERS., *Herodotus, Commentary 1–98:* Introduction, 1975; *Commentary 1–98,* 1976; *Commentary 99–182,* 1987.

10 FRIEDRICH CHRISTOPH SCHLOSSER, *Weltgeschichte für das deutsche Volk,* unter Mitwirkung des Verfassers bearbeitet von Dr. G. L. Kriegk, 1844–1856; Band 1, 1844. Die erste Fassung ist die *Weltgeschichte in zusammenhängender Darstellung* aus den Jahren 1816–1824; die Geschichte des Altertums erschien neu bearbeitet 1826–1834 als *Übersicht der Geschichte der alten Welt und ihrer Cultur.*

11 HERODOT, *Historien II* 155/6, 169–171, 148 ff.

12 LLOYD (wie Anm. 9).

13 Dazu U. KAPLONY-HECKEL, Bunsen – der erste deutsche Herold der Ägyptologie, in: E. GELDBACH (Hg.), *Der gelehrte Diplomat – Zum Wirken Christian Carl Josias Bunsens,* 1980, 64–83; F. FOERSTER, *Geschichtsblätter für Waldeck 79* (1991), 161–193; A. REHBAUR-KELLER, *Geschichtsblätter für Waldeck 80* (1992), 197–205.

14 Zum Verfasser s. ADB Bd. 19, 35–38.

15 MAX(IMILIAN) DUNCKER, *Geschichte des Alterthums.* Erster Band, 1852; 2. verbesserte und vermehrte Auflage 1855; 3. vermehrte und verbesserte Auflage 1863. Erwähnt Brugschs Darstellung. Zum Autor s. ADB 48, 171–199 und E. FUETER, *Geschichte der neueren Historiographie,* 1911.

16 CONRAD WERNICKE, *Die Geschichte der Welt. Erster Theil: Die Geschichte des Alterthums,* 1855.

17 FRIEDRICH VON RAUMER, *Vorlesungen über die alte Geschichte.* Dritte, nochmals wesentlich verbesserte und vermehrte Auflage, Erster Band, 1861 (erwähnt Brugschs Darstellung).

18 G. WEBER, *Allgemeine Weltgeschichte mit besonderer Berücksichtigung des Geistes- und Culturlebens der Völker und mit Benutzung der neueren geschichtlichen Forschungen für die gebildeten Stände bearbeitet; erster Band: Geschichte des Morgenlandes,* 1857. Zum Autor s. ADB 41, 299–302.

19 Vgl. E. HORNUNG, The Rediscovery of Akhenaten and His Place in Religion, in: *JARCE 29* (1992), 43–49.

20 L. VON RANKE (1795–1886), *Weltgeschichte. Erster Theil: Die älteste historische Völkergruppe und die Griechen,* 1881.

21 Dieser liegt eine besondere geschichtstheologische Ausgangsposition zugrunde, s. E. SCHULIN, *Die weltgeschichtliche Erfassung des Orients bei Hegel und Ranke,* 1958, 202–205.

22 S. auch LÄ 6, 1437–1442.

23 Zu der Klassifizierung historischer Quellen s. A. VON BRANDT, *Werkzeug des Historikers. Eine Einführung in die Historischen Hilfswissenschaften* 1958, ¹³1992; und T. SCHNEIDER, Die Quellen der ägyptischen Geschichte, in einer in Vorbereitung befindlichen Neubearbeitung des *Grundrisses der ägyptischen Geschichte* von E. HORNUNG.

24 S. Dazu mit Literatur T. SCHNEIDER, Die Chronologie, Exkurs zu: Die Quellen der ägyptischen Geschichte (wie Anm. 23).

25 W. HUSS, *Der makedonische König und die ägyptischen Priester,* 1994, 129–180.

26 E. HORNUNG, Zum altägyptischen Geschichtsbewußtsein, in: *Archäologie und Geschichtsbewußtsein,* 1982, 13–30.

27 M. Lichtheim, *Ancient Egyptian Literature*, I, 1973, 134 f.; G. Posener, *Littérature et politique dans la XIIe dynastie*, 1956.

28 Vgl. E. Bleiberg, Historical Texts as Political Propaganda During the New Kingdom, *BES 7* (1985/6), 5–14.

29 P. Vernus, Les »décrets royaux« (w<u>d</u>-nsw), in: *Akten des Vierten Internationalen Ägyptologenkongresses München 1985*, 4, 1991, 239–246.

30 E. S. Hall, *The Pharao Smites his Enemies* (MÄS 44), 1986; Z. Kiss, Représentations de barbares dans l'iconographie romaine impériale, *Klio 71* (1989), 127–137, dort fig. 1–3.

31 G. Hölbl, *Geschichte des Ptolemäerreiches*, 1994, 183.

32 U. Rössler-Köhler, *Individuelle Haltungen zum ägyptischen Königtum der Spätzeit*, 1992 (dazu aber die Rezensionen von J. Osing, *OLZ 88* [1993], 486–489 und K. Jansen-Winkeln, *BiOr 50* [1993], 595–604).

33 Der Text bei K. A. Kitchen, *Ramesside Inscriptions. Historical and Biographical*, II, 1971, 258–281; J. Černy / E. Edel, *Le décret de Ptah*, 1960 (Abou Simbel. Centre de la documentation; mir dankenswerterweise von Prof. J. Yoyotte zugeschickt). Die vorliegende Übersetzung stammt von mir. Übersetzungen finden sich bei J. Breasted, *Ancient Records of Egypt, II*, 1906, §§ 394–414; G. Roeder, *Urkunden zur Religion des Alten Ägypten*, 1915, 158 ff. und jetzt KRI Translation, II, 1996, 99–110; ein Auszug bei M. Görg, *Gott-König-Reden in Israel und Ägypten*, 1975, 237–250. J. Assmann, *Stein und Zeit*, 1991, 129 f. Eine Übersetzung des streckenweise anderen Textes Ramses' III. mit Erläuterungen bei Edgerton/Wilson, *Historical Records of Ramses III.*, 123–129. Nicht zugänglich war mir die Erstbearbeitung von E. Naville, in: *TSBA 7* (1882), 119–138. Zum »Dekret des Ptah-Tatenen« s. noch O. Goelet, Jr., The Blessing of Ptah, in: E. Bleiberg / R. Freed (Edd.); *Fragments of a Shattered Visage: The Proceedings of the International Symposium of Ramesses the Great*, 1991, 28–37; P. Vernus, *Essai sur la conscience de l'Histoire dans l'Egypte pharaonique*, 1995, 140.

34 J. Assmann, *Maât. l'Egypte et l'idée de justice sociale*, 1989. Die gleich zu nennende Aussage des Morgenrituals dort 117.

35 R. Anthes, *Die Maat des Echnaton von Amarna*, 1952, 31.

36 H. Brunner, *Altägyptische Weisheit. Lehren für das Leben*, 1988, 144.

37 E. Hornung, *Der Eine und die Vielen*, 1971, 210; ders., Pharao ludens, in: *Eranos Jahrbuch 51* (1982), 479–516: 495. Zur Darbringung der Maat noch ders., Maat – Gerechtigkeit für alle? Zur altägyptischen Ethik, in: *Eranos Jahrbuch 56* (1987), 385–427; 385 ff.

38 J. von Beckerath, *Handbuch der ägypt. Königsnamen*, 1984, 24 f. unter Aufnahme einer Vermutung von W. Barta.

39 E. Hornung, Der Pharao, in: S. Donadoni (Hg.), *Der Mensch des alten Ägypten*, 1992, 330.

40 S. T. Schneider, Zur Etymologie der Bezeichnung »König von Ober- und Unterägypten«, *ZÄS 120* (1993), 166–181.

41 H. Buchberger, *Transformation und Transformat. Sargtextstudien I*, 1993 (ÄgAbh 52), 588–632.

42 E. Hornung (wie Anm. 39) 347.

43 Dazu v. a. R. Moftah, *Studien zum ägyptischen Königsdogma im Neuen Reich*, 1985, Teil 1: Die Allwissenheit des Königs.

44 H. Brunner (wie Anm. 36), 142; J. F. Quack, *Studien zur Lehre für Merikare*, 1992, 25; dazu Assmann (wie Anm. 45), 45.

45 Pap. Leiden I 344 vso. IX.9–X.1; J. Zander, *Der Amunhymnus des Papyrus Leiden I. 344 Verso*, 3 Bände, 1992, III Tf. 9–10; zitiert nach J. Assmann, *Politische Theologie zwischen Ägypten und Israel*, Carl Friedrich von Siemens Stiftung (Themen 52), 1992, 52.

46 J. Assmann (wie Anm. 45), 40 ff.

47 S. dazu oben, S. 16 f.

48 Nach J. ASSMANN, *Ägyptische Hymnen und Gebete,* 1975, Nr. 237, 29–31; DERS., Politik zwischen Ritual und Dogma (wie Anm. 89), 239.

49 K. ZIBELIUS-CHEN, Das Alte Ägypten, in: *Pipers Handbuch der politischen Ideen,* hg. v. I. FETSCHER u. H. MÜNKLER, Band 1, 1989, 113–134; 120 f.

50 M.-A. BONHÊME / A. FORGEAU, *Pharao, Sohn der Sonne,* 1989, 145–162.

51 J. ASSMANN (wie Anm. 45).

52 J. ASSMANN, *Ägypten. Theologie und Frömmigkeit einer frühen Hochkultur,* 1984, 58 ff.

53 Zitiert nach H. BRUNNER, *Grundzüge der altägyptischen Religion,* 1983, 43 f.

54 G. HÖLBL, *Geschichte des Ptolemäerreiches,* 1994, 185.

55 Stele Sethos' I. und des Vizekönigs von Kusch Amenemope in Qasr Ibrim: R. A. CAMINOS, *The Shrines and Rock-Inscriptions of Ibrim,* 1968, 86.

56 Nach H. BRUNNER, *Altägyptische Weisheit. Lehren für das Leben,* 1988, 179 f.

57 J. ASSMANN, *Stein und Zeit. Mensch und Gesellschaft im Alten Ägypten,* 1991, 237.

58 E. HORNUNG, *Geschichte als Fest,* 1966; J. ASSMANN, Königsdogma und Heilserwartung, in: DERS., *Stein und Zeit,* 1991, 259 ff.

59 J. ASSMANN (wie Anm. 58), 250 f.

60 J. ASSMANN (wie Anm. 58), 251–258.

61 F. BRAUDEL, Histoire et sciences sociales: La longue durée, in: *Annales 13* (1958), 725–753: 748, zitiert nach: W. SCHULZE (wie Anm. 66), 6.

62 R. BUBNER, *Geschichtsprozesse und Handlungsnormen,* 1984, 26.

63 J. ASSMANN (wie Anm. 58), 257 f.

64 A. ESCH, Zeitalter und Menschenalter. Die Perspektiven historischer Periodisierung, in: *HZ 239* (1984), 309–351: 309. 315.

65 Vgl. D. FRANKE, Erste und Zweite Zwischenzeit – ein Vergleich, in: *ZÄS 117* (1990), 119–129 (traditionelle Fehlbeurteilung der Zwischenzeiten als Epochen des Niedergangs zwischen Blütezeiten).

66 Zur Problematik verschiedener historischer Zeiten und der ›relativen‹ oder ›inneren Zeit‹ s. W. SCHULZE, *Soziologie und Geschichtswissenschaft,* 1974. Vgl. noch V. RITTNER, Ein Versuch systematischer Aneignung von Geschichte: die »Schule der Annales«, in: I. GEISS / R. TAMCHINA (Hg.), *Ansichten einer künftigen Geschichtswissenschaft. Band I: Kritik – Theorie – Methode,* 2. Aufl. 1980, 153–172: 163 f. (Theorie der sozialen Zeit).

67 A. ESCH (wie Anm. 64). 338–341.

68 P. BM 10052, 11, 7–8; *KRI VI* 791, 6 f.; T. E. PEET, *The Great Tomb-Robberies of the Twentieth Egyptian Dynasty,* 1930, 153.

69 W. SCHENKEL, *Memphis – Herakleopolis – Theben,* 1965, 227.

70 W. SPIEGELBERG, Varia 9. Zur ägyptischen Jahresdatierung, in: *ZÄS 53* (1917), 106 f. Vgl. aus dem Alten Testament etwa Amos 1, 1 »Die Worte des Amos, eines der Schafzüchter von Thekoa (die an ihn ergingen) zwei Jahre vor dem Erdbeben« (dazu H. W. WOLFF, *BK XIV,* 2, 146); oder die Festlegung »einst im ersten Monat, als der Jordan überall seine Ufer überschwemmte« in 1 Chr 12, 15 (vgl. 11, 22).

71 Memphit. Priesterstammbaum (s. oben, S. 16); vgl. auch L. MONTAGNO LEAHY / A. LEAHY, *JEA 72* (1986), 133–147.

72 D. B. REDFORD (wie Anm. 59), 137 f.; M. SCHADE-BUSCH, *Zur Königsideologie Amenophis' III.* (HÄB 35), 1993, 112 f.

73 Das folgende nach D. B. REDFORD, *Pharaonic King-Lists, Annals and Day-Books. A Contribution to the Study of the Egyptian Sense of History,* 1986, 127–202.

74 H. BRUGSCH, *Histoire d'Egypte dès les premiers temps de son existence jusqu'à nos jours. Première partie: l'Egypte sous les rois indigènes,* 1859, 137.

75 H. SCHLÖGL, *Ramses II.,* 1993, 7. 133.

76 E. NAVILLE, *Bubastis,* 2. Aufl. 1891, 40 (»Few kings have dazzled so strongly as R. II the eyes of the first Egyptologists [. . .] there are few also, whose prestige and glory have vanished so rapidly, after their life and character had been studied more closely.«).

77 P. ABBOTT rto. 6, 3–4 = *KRI VI* 477, 8–10 (Hinweis P. VERNUS); s. P. VERNUS, *Affaires et scandales sous les Ramsès,* 1993, 33.

78 J. BURCKHARDT, *Weltgeschichtliche Betrachtungen. Über geschichtliches Studium. V. Das Individuum und das Allgemeine (Die historische Größe),* zitiert nach der Ausgabe in der Reihe ›Klassiker des modernen Denkens‹, hg. von JOACHIM FEST und WOLF JOBST SIEDLER, 275.

79 Nach R. BICHLER, Das Diktum von der historischen Singularität und der Anspruch des historischen Vergleichs. Bemerkungen zum Thema Individuelles versus Allgemeines und zur langen Geschichte des deutschen Historikerstreits, in: *Theorie der Geschichte. Beiträge zur Historik, Band 6: Teil und Ganzes. Zum Verhältnis von Einzel- und Gesamtanalyse in Geschichts- und Sozialwissenschaften,* hg. von K. ACHAM und W. SCHULZE, 1990, 169–192: 176.

80 Durch die französische Annales-Schule u. a. Vgl. die Essays in dem Band. J. LE GOFF (Hg.), *La nouvelle histoire,* 1988 (dt. erschienen 1990 unter dem Titel *Die Rückeroberung des historischen Denkens).*

81 JÜRGEN KOCKA, *Sozialgeschichte. Begriff – Entwicklung – Probleme,* 1977, 75.

82 Zitiert nach ARNO BORST, Das historische ›Ereignis‹, in: R. KOSELLECK / W.-D. STEMPEL, *Geschichte – Ereignis und Erzählung* (Poetik und Hermeneutik V), 1973, 536–540: 538 (ff.: zur Bedeutung des Individuums usw.).

83 Zum Problem der Überlieferung allgemein s. A. ESCH, Überlieferungs-Chance und Überlieferungs-Zufall als methodisches Problem des Historikers, in: *HZ 240* (1985), 529–570.

84 W. HELCK, Zur Lage der ägyptischen Geschichtsschreibung, in: *Akten des 4. Internationalen Ägyptologenkongresses,* 1985, Vol. IV, 1991, 1–13.

85 W. W. HALLO, The Limits of Skepticism, in: *JAOS 110/2* (1990), 187–199: 189; dazu J. K. HOFFMEIER, The Problem of »History« in Egyptian Royal Inscriptions, in: *Sesto Congresso Internazionale di Egittologia. Atti,* Vol. I, 1992, 291–299.

86 Vgl. dazu C. MEIER, *Die Ohnmacht des allmächtigen Dictators Caesar* (wie Anm. 88), 19 f. (zur Überschätzung und Verabsolutierung von Größe).

87 M. DELLA MONICA, *Thoutmosis III. Le plus grand des pharaons. Son époque, sa vie, sa tombe,* 1991, 7.

88 C. MEIER, *Die Ohnmacht des allmächtigen Dictators Caesar. Drei biographische Skizzen,* 1980 (1. Skizze); DERS., *Caesar,* 1982, 26–38.

89 Vgl. dazu C. MEIER, *Die Ohnmacht des allmächtigen Dictators Caesar* (wie Anm. 88), 10 f. (Einleitung); zur historischen Größe 19 ff. Vgl. zum Handlungsspielraum in Ägypten noch: J. ASSMANN, Politik zwischen Ritual und Dogma. Spielräume politischen Handelns im pharaonischen Ägypten. in: *Saeculum 35* (1984), 97–114 = DERS., *Stein und Zeit. Mensch und Gesellschaft im alten Ägypten,* 1991, 238–258.

90 C. MEIER, *Die Ohnmacht des allmächtigen Dictators Caesar* (wie Anm. 88), 26 f.

91 A. DEMANDT, *Ungeschehene Geschichte. Ein Traktat zur Frage: Was wäre geschehen wenn . . . ?* 1984.

92 S. DONADONI, *Der Mensch des Alten Ägypten,* 1992, 15.

93 »Das Vergangene kann rekonstruiert werden mit Hilfe eines Konstruktionsmodells, eines kategorialen Rahmens. Das historische ›Faktum‹ ist nicht anders als über solche Konstruktionen, die in der Praxis häufig nur undeutliche Vorverständnisse sind, anzueignen, d. h. es ist nicht als solches, sondern nur als interpretiertes zu haben.« (JÜRGEN OELKERS, Rekonstruktion und Theorie· Probleme der historischen Methodologie, in: I. GEISS / R. TAMCHINA [Hg.], *Ansichten einer künftigen Geschichtswissenschaft. Band I: Kritik – Theorie – Methode,* 1980, 120–139: 137.)

94 Dazu ausführlich bei T. SCHNEIDER (wie Anm. 23).

95 W. WOLF, *Das Alte Ägypten,* ²1978, 155.

A

Abaj
Nur im Memphitischen Priesterstammbaum – vor → ʿA³qen – genannter
König der 1. Hälfte der 13. Dyn. (um 1750 v. Chr.), der bisher mit kei-
nem Herrscher der Denkmäler identifiziert werden kann.
Lit.: BECKERATH, *Untersuchungen,* 28. 232.

Achoris (Hakoris)
3. König der 29. Dynastie (392–380), die Manetho als »4 Könige aus
Mendes« überschreibt; der bedeutendste Herrscher der Dynastie, wäh-
rend dessen Regierung Ägypten eine bedeutende politische Rolle im
Ostmittelmeerraum spielt. Vermutlich ist A. ein Sohn oder zumindest
Verwandter von → Nepherites I., nach dessen Tod und anschließenden
Thronwirren er 392 den Thron besteigt (im April dieses Jahres ist er
in Memphis anerkannt). Nach H. de Meulenaere wäre er dagegen
ein Usurpator zwischen den verwandten Königen Nepherites I. und
→ Nektanebis. Er nennt sich Horus *Mit großem Verstand, den die beiden
Länder lieben,* Nebti *Der Tapfere,* Gold *Der die Götter zufriedenstellt,*
Thronname *Versehen mit Maʿat, ein Reʿ,* Geburtsname *Hakoris.* Der
Geburtsname ›Hakoris‹ geht nach einer Vermutung G. Poseners offenbar
auf eine Bezeichnung für ›Beduine‹ zurück, die hier aber schon als ein-
gebürgerter ägyptischer Eigenname in Gebrauch wäre (jüngst bezweifelt
von W. Clarysse). Der Wille zur Eigenständigkeit des Landes läßt A. ein
dann von dem Athener Chabrias geführtes Söldnerheer (für das die ersten
ägyptischen Münzen geprägt werden) und eine Kriegsflotte aufbauen und
eine antipersische Bündnispolitik betreiben, die sich im Abschluß eines
Vertrages zwischen A. und Euagoras von Salamis – dem exilierten Herrscher Zyperns –, Verträgen mit griechischen Städten Kleinasiens und den
Barkäern und in guten Beziehungen zu den Pisidern zeigt. Schon 389 ist
ein Bündnis mit Athen geschlossen worden. Nicht machtpolitische Bedeutung, aber Prestige in der griechischen Welt kommt der Anerkennung
des Achoris durch Setechirdis, den Herrscher der Oase Siwa (der selber
den Titel »König von Ober- und Unterägypten« annimmt), zu. Nachdem
387 Euagoras Zypern zurückgewinnen kann, folgt ein Rückschlag durch
den Abschluß des *Königsfriedens* 386 zwischen den Griechen Europas
und den Persern am Ende des Korinthischen Krieges. Das persische

Hauptziel einer Isolierung des A. und Euagoras ist damit zwar erreicht, doch kann A. 385 einen persischen Versuch zur Wiedereroberung des Landes zurückschlagen und vielleicht sogar bis auf asiatisches Territorium vorstoßen, während Euagoras Tyros erobert und in Kilikien Fuß faßt. Eine Wende tritt 381 durch den persischen Vorstoß gegen Euagoras ein; kurz vor dem Fall Zyperns 380, der Ägypten allein den Persern gegenüber beläßt, stirbt A. und hinterläßt einen Sohn → Nepherites (II.). Als König ist dieser Nepherites aber durch Denkmäler ebenso wenig bezeugt wie ein in der manethonischen Überlieferung genannter König → Muthis. Dagegen begegnet als weiterer Regent ein → Psammuthis, der auch Denkmäler errichtete, dessen Stellung und Ansetzung aber umstritten sind. Traditionell wird er als Rivale aus dem Beginn der Regierung des A. betrachtet und etwa 393/2 angesetzt.

Verschiedene Umstände (demotisch nur 6 Regierungsjahre bezeugt; Auftreten des Titels *Der das Erscheinen (als König) wiederholt)* lassen dagegen auch die Möglichkeit zu, Psammuthis habe A. nach einigen Jahren verdrängen können, sei aber nach einer kurzen Herrschaft von einem Jahr von demselben A. wieder entmachtet worden. Nicht klar ist auch die Demotische Chronik, die eine gute und schlechte Regierungshälfte unterscheidet.

Denkmäler dieses »eigentlichen Begründers der ägyptischen Machtstellung im 4. Jahrhundert« (Kienitz) sind vom Isthmus von Suez bis nach Elkab belegt. U. a. vollendet er eine von → Nepherites I. (s. auch → Psammuthis) begonnene Kapelle in Karnak. Hier stammt von ihm auch der Hypostylsaal des Harpreʿ-Tempels. In Elkab errichtet er den Hypostylsaal des Tempels der Nechbet, in Medinet Habu den Kiosk vor dem äthiopischen Pylon (dazu Tor und Säulen im Tempel der 18. Dynastie), im Hibistempel der Oase Charga den ersten Hypostylsaal. Weiter ist seine Bautätigkeit in Letopolis/Ausim und Mendes (Torpfeiler), Saqqara (Architrav), Ahnes el-Medineh und Sohag (Naoi), Tôd und Elephantine bezeugt.

Lit.: Kienitz 80–89; P. Salmon, *La politique égyptienne d'Athènes (VIe et Ve siècles av. J.-C.),* 1965; Cl. Traunecker, *BIFAO 79* (1979), 395–436; Ders. / F. Le Saout / O. Masson, *La chapelle d'Achôris à Karnak,* 1981; D. Devauchelle, *ASAE 69* (1983), 176–179; A. Grimm, *GM 77* (1984), 14–18 u. *BSEG 9–10* (1984–5), 109–112; J. D. Ray, *JEA 72* (1986), 149–158; W. Clarysse, *AncSoc 22* (1991), 235–244; G. Shrimpton, *Phoenix (Toronto) 45* (1991), 1–20.

Achthoes/→ Cheti

ʿAdjib (ʿAnedjib)

Drittletzter König der 1. Dynastie (um 2910/2890 v. Chr.); Nachfolger des → Dewen, Vorgänger des → Semerchet, dessen Horusname *Der mit unversehrtem Herzen/Willen* bedeutet. Da seine Regierungszeit auf dem Palermostein nicht erhalten ist und von ihm auch keine Jahrestäfelchen bezeugt sind, ist von ʿA. wenig bekannt. Aus seinem Nebti-Namen Meri-pu-bi³ *Geliebter des ehernen (Himmels-)Thrones* (anders P. Kaplony) entstand die manethonische Form *Miebis*. In der Königsliste von Saqqara steht ʿA. statt → Menes am Anfang; da die Anordnung jedoch retrospektiv ist (ausgehend von der Zeit Ramses' II.), können dafür durchaus pragmatische Gründe verantwortlich sein (Platzmangel); er muß hier nicht als Begründer der 1. Dynastie aufgefaßt worden sein (gegen P. Kaplony). Das Verwandtschaftsverhältnis zu Dewen ist unbekannt. ʿA. dürfte etwa 10 Jahre regiert und mindestens ein Sedfest aus besonderem Anlaß (Alters-Sedfest?) begangen haben, das in Inschriften auf Steingefäßen überliefert ist (anders G. Dreyer).

Von ʿA. ist je ein Grabbau in Saqqara und Abydos bekannt. Von besonderer architektonischer Bedeutung ist die ganz im Norden der 1.-Dynastie-Königsgräber in Saqqara gelegene Anlage (S 3038), die eine flache Stufenpyramide als Abbild des Grabhügels darstellte. Unter diesem Hügel lag der vier Meter tiefe Grabschacht. Umgeben wurde der Bau dann mit einer Nischenmauer; die Zwischenräume wurden zwar zugeschüttet, sollten aber zumindest im Jenseits benutzt werden können. Die Nischen der Längsseiten waren als Scheintüren gedacht und von modellierten Stierköpfen mit echten Hörnern geschützt. Der Name dieses Baues, dessen nördlicher Teil eine Hofunterteilung aufweist, war vielleicht »Schutz des Horus« (J. Ph. Lauer, R. Stadelmann; den Namen bezieht P. Kaplony auf eine Palastanlage). Das Grab des Königs in Abydos ist dagegen einfacher strukturiert (zweigeteilte Grube).

Lit.: P. KAPLONY, *LÄ I*, 62 f.; A. GRIMM, *VA 1* (1985), 91–98; G. GODRON, *Etudes sur l'Horus Den et quelques problèmes de l'Egypte archaïque*, 1990, passim: STADELMANN, *Pyramiden*, 21–24 u. Taf. 2 b; W. HELCK, *Untersuchungen zur Thinitenzeit*, 1987, 124; G. DREYER, *MDAIK 47* (1991), 29 Anm. 5.

ʿAha³

(Der Kämpfer; Horusname): 1. König der 1. Dynastie (um 3000/2980 v. Chr.); Nachfolger des → Naʿrmer (vgl. → Menes, »Skorpion« I.). Bisweilen wird in ihm der Menes der späteren Überlieferung gesehen; der für einen Prinzen und Sohn des Naʿrmer belegte Name *Meni* wäre danach sein Geburtsname (s. jedoch → Menes). Ereignisse seiner Regierungszeit sind auf vier verschiedenen sog. Jahrestäfelchen (Etiketten von Ölamphoren mit Angabe von Ereignissen des Jahrgangs) bezeugt, deren Interpretation jedoch umstritten ist. Auf einem ersten Täfelchen ist erwähnt: Das ›Schlagen‹ Nubiens; die Herstellung einer Statue des Chontamenti sowie die Gründung einer Festung Har-pecher-ihu; auf

einem weiteren: das Zerhacken eines Gebietes (?), die Fahrt des ›Falken in der Barke‹, die Gründung des Kronenheiligtums und ein feierliches Opfer bei der Ablieferung der Abgaben von Oberägypten und der Versorgung von Unterägypten. Ein drittes Täfelchen nennt: die Herstellung des Anubis-Fetisches Imiut, eine Fahrt mit zwei Schiffen und den Aufenthalt im Neithtempel in Sais; das Einfangen und Erschießen eines Wüstenstieres (dem Apislauf vorangehende Zeremonie?); das Holen von Koniferenholz (frühe Beziehungen zum syrischen Raum?) aus ›Pesch‹ und die Ankunft eines Handelsschiffes (?). Ein viertes Täfelchen schließlich hat die Herstellung des Imiut (Fetisch des Anubis) und des Geleitfalken, das Erlangen von Ober- und Unterägypten und vielleicht ein Menschenopfer zum Thema (W. Helck). Aus den überlieferten Zeugnissen werden Außenhandel, die Besteuerung des Landes und Ansätze einer Verwaltung deutlich. In Memphis befindet sich zu der Zeit wohl eine der wichtigen Pfalzen des Königs, zwischen denen er in der Art eines mittelalterlichen Königs hin und her zieht; im Süden sind die Städte und Tempel von Hierakonpolis (Horus) bzw. Ombos/Neqade (Seth) die Zentren.

Gemahlin des ʿA. ist Neithhotep (Hetepui-Neith), der Thronfolger → Djer entstammt jedoch der Verbindung mit einer Nebenfrau. Weiter sind die Söhne Rechit, Het, Saʾiset und ein weiteres Kind Imaʾib belegt.

Zwei große Grabanlagen in Ombos/Neqade bzw. Saqqara sind mit ʿA. zu verbinden. Dem König selber bzw. der Neithhotep oder einem Prinzen gehörte die mit 53 × 26 m Umfang riesige Nischenmastaba von Neqade (größer ist nur noch das Grab des → Dewen in Saqqara), das vielleicht den Urtypus der Saqqara-Anlagen darstellt. Der Kernbau mit mittlerer Grabkammer und vier Seitenkammern bildete ein geschlossenes Gebäude, das (wie die Mastaba als Ganzes) nicht in den Untergrund eingetieft ist, sondern auf einem Sockel steht und daher eine unterägyptische Herkunft anzeigt. Die eigentliche Mastaba umgab eine Mauer; die Zwischenräume waren mit Sand und Geröll aufgefüllt. Das ʿA. in Saqqara zugeschriebene Grab (S 3357), das erste der hiesigen Königsgräber, war eine Mastaba von 41,6 × 15,55 m Fläche (bei einer Höhe von gegen 5 m), deren Außenwände eine Nischenarchitektur (als Scheintüren mit schützenden modellierten Stierköpfen) aufwiesen. In den Boden vertieft liegen die Grabkammer und vier Magazinräume (überdacht mit einer Holzdecke), nördlich der Grabstätte Anlagen für den Totenkult des Königs und – hier zuerst bezeugt – eine Grube für das Totenschiff von etwa 15 m Länge, das den verstorbenen Herrscher nach Saqqara gefahren hatte.

Lit.: W. Helck, *Untersuchungen zur Thinitenzeit,* 1987, 144–149; P. Kaplony, *LÄ I,* 94–96; S. Klug, *MDAIK 46* (1990), 81–86; Stadelmann, *Pyramiden,* 15–19. 28 f.

ʿA³hetepre
Nur auf Skarabäen belegter Kleinkönig der 16. Dynastie. Nach der Typo-logie der Skarabäen von W. Ward gehört er zeitlich zwischen → Nebuweserreʿ/Jaʿam und → Apopi.

Lit.: BECKERATH, *Untersuchungen*, 138. 278; W. WARD, in: *Studies on Scarab Seals II/1*, ed. by O. TUFNELL, 1984, 162 ff.

ʿAhmose (I.) (Amosis)
Nach altägyptischer Tradition und gemäß dem Schema der modernen Einteilung ägyptischer Geschichte der Begründer des Neuen Reiches (1530–1504 oder 1539–1514 v. Chr.). Verwandtschaftlich gehört er zu der 17. Dynastie, während die die 18. Dynastie konstituierende neue Herrscherfamilie erst mit → Thutmosis I. an die Macht kommt. ʿA. ist Sohn der ʿAhhotep (traditionell ›I.‹, doch ist eine zweite Königin dieses Namens zu streichen; → Amenhotep I.) und des → Seqenenreʿ, dessen Eltern → Senachtenreʿ und Tetischeri (letztere bürgerlicher Herkunft) waren. Ältere Brüder sind vermutlich ein weiterer ʿAhmose und → Ka³mose; seine Frau ist ʿAhmose-Nofretere (ʿAhmes-Nefertari), Kin-der ein Prinz ʿAhmose(-Sipair) sowie der Nachfolger → Amenhotep I. Eine Nebenfrau ist Inihaʿpi, deren Grab in der 21. Dynastie als Cachette für die Königsmumien verwendet wird (→ Pinudjem II.).

Manetho gibt ʿA. eine Regierungszeit von 25 Jahren und 4 Monaten, so daß aufgrund des Alters der ʿA. zugeschriebenen Mumie (35 Jahre; aus der Cachette von Deir el-Bahari) vermutet wurde, er habe sehr jung den Thron bestiegen. Zudem sind erst aus dem letzten Drittel seiner Regierungszeit Ereignisse (Kriegszug gegen Auaris) bekannt, und seine Mutter lebte noch im zehnten Jahr seines Nachfolgers → Amenhoteps I. Falls die ihm zugewiesene Mumie ʿA. abgesprochen werden muß, ist auch ein höheres Thronbesteigungsalter möglich. Damit entfiele aber auch die etwa von C. Vandersleyen betonte Ähnlichkeit des Aussehens von Gesicht und Darstellungen des Königs (Abydos-Reliefs, Uschebti im Britischen Museum).

Bei der Inthronisation nimmt ʿA. folgende Titulatur an: Horus *Mit großen Gestalten* (später: *Stier in Theben),* Nebti *Vollkommen an Geburt,* Gold *Der die beiden Länder zusammenbindet,* Thronname *Herr der Kraft, ein Reʿ,* Geburtsname *Der Mond ist geboren* (hier wie im Namen seiner Mutter erscheint der Mondgott ʿAh).

Eine offizielle Überlieferung zu der Politik des Königs gegenüber den Hyksos und zu der Weiterführung des Befreiungskrieges etwa in der Art der Ka³mose-Stele ist uns nicht erhalten. Allerdings fand eine amerikani-sche Mission 1993 im Pyramidentempel des ʿA. in Abydos Fragmente, die zu einer entsprechenden Inschrift bzw. Darstellung gehören könnten

(S. Harvey). Für die Grundlinien der Hauptereignisse sind wir auf den Bericht des Offiziers ʿAhmose aus der autobiographischen Inschrift seines Grabes in Elkab angewiesen, zu dem eine Notiz auf der Rückseite des mathematischen Papyrus Rhind, der Bericht des Manetho über die Vertreibung der Hyksos (bei Josephus, Contra Apionem), eine Stele zu Ehren der Königsmutter ʿAhhotep, die Inschrift eines Trommlers Emhab, der archäologische Befund in Auaris und ein Einzelfund (Lanzenspitze aus der Kriegsbeute) treten. Nach der Notiz des Papyrus Rhind sind in einem 11. Regierungsjahr, das sich (mit W. Helck, D. Franke u. a.; gegen C. Vandersleyen) auf den letzten Hyksos → Chalmudi (nicht ʿA., der als »jener vom Süden« bezeichnet wird) beziehen muß, Heliopolis und die Grenzfestung Sile am Rand des Ostdeltas erobert. Damit sind entscheidende Etappen für eine Eroberung der Hyksoskapitale Auaris getan. Daß Memphis ebenfalls in den Händen des ʿA ist, ergibt sich explizit aus dem Namen des Schiffes, auf das der Soldat ʿAhmose für den Angriff auf Auaris versetzt wird: »Erschienen in Memphis«. Eine Lanzenspitze aus der Auaris-Beute, deren Inschrift ein Datierungskriterium enthält, erlaubt die Festsetzung der Eroberung der Stadt in das 18./19. Jahr des ʿA. (= 11./12. Jahr des Chalmudi). Da nach dem archäologischen Befund jegliche Brandspuren fehlen, ist vielleicht eher mit einer Übergabe der Stadt an ʿA. zu rechnen. Es folgt nach dem Bericht des Offiziers ʿAhmose die 3jährige Belagerung und schließlich Eroberung der Stadt Scharuhen in Südpalästina. Aus der Beute stammen möglicherweise die »Rinder aus Fenchu«, die zum Ziehen der Steine nach der Öffnung der Steinbrüche von Tura im 22. Jahr des Königs zur Verfügung stehen.

Der König widmet sich der Restauration religiöser Zentren (etwa des Ptahtempels in Memphis). Reste seiner Bauten fanden sich dazu in Buhen (Torbau), Hermonthis/Armant (Monthtempel), Karnak (Amun-Reʿ-Tempel; neugefundener Türsturz) und v.a. Abydos (Pyramide und Pyramidentempel des ʿA.; Tempel und Kenotaph für Tetischeri; Terassentempel; neuentdeckter Tempel für ʿA. und ʿAhmes Nefertari). Dagegen konnte das thebanische Grab des ʿA. bisher nicht sicher identifiziert werden. Von der künstlerischen Qualität der Epoche zeugen v.a. der Grabschatz der Königin ʿAhhotep (→ Seqenenreʿ) und die Stelen des Königs aus Abydos und Karnak.

In Nubien stellt ʿA. die ägyptische Oberherrschaft wieder her durch einen Feldzug, in dessen Verlauf er den Aufstand eines ꜣAꜣataꜣ niederschlägt. Er erweitert die alten Festungen, v.a. Buhen am 2. Katarakt (noch weiter südlich ist er auf der Insel Sai belegt), um die für den wirtschaftlichen Aufbau Ägyptens unabdingbaren Rohstoffe Nubiens unter Kontrolle zu haben. Die Unabhängigkeit des noch wenig zuvor mit → Apopi paktierenden Fürstentums von Kusch ist damit beendet; neu schafft ʿA. das Amt des *Vizekönigs von Kusch,* das zuerst ʿAhmose-Satait ausübt.

Im Bereich der Innenpolitik sind schwere Konflikte deutlich, so erfahren wir in dem Bericht des Offiziers ʿAhmose auch von dem Aufstand »jenes Verbrechers mit Namen Tetiʿan«. Nach einer Hypothese W. Helcks handelt es sich dabei um einen Kommandanten, der putscht, um die Stellung der Königssöhne und Kommandanten zu erhalten; einen Vertreter des alten »Teti-Clans« gegenüber der neu aufgestiegenen (nach Helck aus Dendera stammenden) und die Macht übernehmenden Familie des → Senachtenreʿ und seiner Nachkommen. Möglicherweise würdigt der von ʿA. zu Ehren seiner Mutter ʿAhhotep errichtete Denkstein im Amuntempel von Karnak ihre Verdienste um die innere Stabilität des Landes. Der schwer zu interpretierende Text nennt ʿAhhotep auch die ›Herrin der Haʾunebut‹ (der Ägäis); nach ihm hat sie die ägyptischen Soldaten beschützt und die Flüchtlinge zurückgebracht. Spekulativ ist die Vermutung W. Wolfs: »Die Königin erscheint also als die Seele der ägyptischen Erhebung. Man möchte meinen, sie habe die ägyptischen Emigranten gesammelt, sie mit Hilfe der kretischen Flotte ins Delta gebracht und zum geeigneten Zeitpunkt in den Kampf gegen die Hyksos geworfen« (*Das alte Ägypten,* [2]1978, 97). Die Neuordnung der Verwaltung wird in der Regel mehr aus der späteren effektiven Situation erschlossen, als daß sie sich konkret aus zeitgenössischen Quellen belegen ließe. Dagegen sind Bemühungen zur Legitimierung der Herrschaft des ʿA. deutlich, etwa die auf göttlichen Willen zurückgeführte Residenznahme in Theben (Gewitterstele; nach W. Helck) und die Etablierung des Amtes der *Gottesgemahlin des Amun* zur Sicherung einer legitimen Thronfolge (der Thronfolger soll von einer Prinzessin abstammen, die Tochter und Schwestergemahlin eines Königs und Tochter einer Gottesgemahlin ist). Erste Trägerin des Titels ist ʿAhmose-Nofretere, doch wurde das Amt vielleicht schon von → Seqenenreʿ eingerichtet.

ʿA. s Frau ʿAhmose-Nofretere (ʿAhmes-Nefertari), die ihm das Amt eines 2. Propheten des Amun von Karnak überantwortet, wird seit der Ramessidenzeit zusammen mit → Amenhotep I. als Schutzheilige der thebanischen Nekropole verehrt. Aber auch an ʿA. knüpft sich eine gewisse kultische Verehrung (Erteilung von Orakeln unter Ramses II.; zahlreiche Skarabäen).

Neben Offizieren wie dem genannten ʿAhmose Sohn der Abn, einem weiteren Soldaten ʿAhmose Pennechbet und einem Vorsteher der Schiffe Neschi (→ Kaʾmose) sind als hohe Vertreter der Beamtenschaft die Vizekönige von Kusch ʿAhmose Satait und Turi, die Hohenpriester des Amun Djehuti und Min-Monthu, der Bürgermeister von Theben, Garnisonskommandant Tetiki (thebanisches Grab TT 15) und ein Siegelvorsteher

(Schatzmeister) Neferperet (der auch den Bau des genannten neuentdeckten Tempels in Abydos leitete) besonders hervorzuheben.
Die Lokalisierung des Grabes 'A.s ist äußerst umstritten. Nachdem bisher dafür meist Dira' Abu'l-Nag'a angesetzt wurde, hat A. Dodson jüngst KV 32 im Südarm des Tals der Könige vorgeschlagen (vgl. → Amenhotep I.).

Lit.: C. VANDERSLEYEN, RdE 19 (1967), 123–159 u. pls. 8–9; 20 (1968), 127–134; DERS., *Les guerres d'Amosis, fondateur de la 18ᵉ dynastie,* 1977; DERS., *SAK 8* (1980), 237–241 (s. auch *GM 47,* 15 ff.; 49, 17 f.; 54, 31 ff.; 60, 7 f; 56, 71–77; *Serapis 4* (1977–78), 31–40), DERS., *GM 63* (1983), 67–70; R. GUNDLACH, in: *GS Otto,* 1977, 217–240; S. HODJACHE / O. BERLEV, *CdE 52* (1977), 22–39; M. GITTON, *L'épouse du dieu Ahmes Néfertary,* 1975; B. SCHMITZ, *CdE 53* (1978), 207–221; C. BLANKENBERG-VAN DELDEN, *GM 54* (1982), 31–46; J. BAINES, *JEA 72* (1986), 41–53; W. HELCK, *SAK 13* (1986), 125–133; H. GOEDICKE, in: *FS R. A. Parker,* 1986, 37–47; F. LE SAOUT /A. MA'AROUF / T. ZIMMER, *Karnak VIII* (1987), 306 f.; I. MUNRO, *GM 101* (1988), 57–62; D. FRANKE, *Or 57* (1988), 262–266; A. M. DODSON, *ZÄS 115* (1988), 110–123; A. GRIMM, *JEA 75* (1989), 220–224; M. BIETAK, in: *High, Middle or Low?* Part 3, (1989), 91 f.; H. W. MÜLLER, *Der »Armreif« des Königs Ahmose,* 1989 (Sonderschrift 25 des DAI Kairo); M. EATON-KRAUSS, *CdE 65* (1990), 195–205; TH. STASSER, in: *Mél. Vandersleyen,* 1992, 367–373; E. F. WENTE / J. E. HARRIS, in: C. N. REEVES (Ed.), *After Tut'ankhamun,* 1992, 2–20; S. HARVEY, *Egyptian Archaeology 4* (1994), 3–5; K. POLINGER FOSTER / R. K. RITNER, *JNES 55* (1996), 5–7.

'Ahmose II. → Amasis

Aja (I.)

27. König der 13. Dynastie, unter seinem Thronnamen *Liebend und vollkommen (?), ein Re'* im Turiner Königspapyrus mit 13 Regierungsjahren, 8 Monaten und 28 Tagen erwähnt; der letzte Herrscher im Übergang zur Zweiten Zwischenzeit, der sowohl im Norden als auch im Süden bezeugt ist. Die zeitliche Ansetzung variiert beträchtlich (nach R. Krauss: 1669–1656; W. Barta: 1714–1701; J. von Beckerath: etwa um 1700–1690?). Von seiner Ziegelpyramide wohl in Saqqara wurde unter den Ramessiden das Pyramidion ins Ostdelta verschleppt. Weitere Denkmäler sind Blöcke eines Türsturzes aus Karnak und Skarabäen.

Lit.: BECKERATH, *Untersuchungen,* 59. 73. 220. 251 f.; D. FRANKE, *Or 57* (1988), 268; C. BENNETT, *GM 151* (1996), 19–22.

Aja (II.) (Eje)

der unmittelbare Nachfolger → Tut'anchamuns (1309–1305 oder 1323–1319 v. Chr.), der dessen Begräbnisfeierlichkeiten leitete (Darstellung im Grabe des Tut'anchamun im Tal der Könige). Historisch steht er zwar schon in der Nachamarnazeit mit ihrer politischen Restauration, wird jedoch von der späteren ägyptischen Tradition nicht als legitimer Herrscher betrachtet und in den ramessidischen Königslisten übergangen. Tatsächlich sind Leben und Laufbahn des A. mit Amarna verbunden. Seine Heimatstadt ist vermutlich Achmim, wo er etwa zur Zeit des Regierungsantritts → Amenhoteps III. geboren wird. Am Hof von Achetaton ist er »Vorsteher der Pferde« (Befehlshaber der Streitwagentruppe). Vor allem aber trägt er den Titel »Gottesvater« (den er später als König sogar in die Kartusche seines Geburtsnamens setzt), der häufig den Schwiegervater des Königs bezeichnet. Am meisten Plausibilität hat die These für sich, daß er der Vater der Nofretete war, die aus seiner ersten Ehe stammen würde; seine zweite Frau Tij ist ihre Amme. Möglicherweise ist A. darüber hinaus ein Sohn des Juja, damit ein Bruder der Teje (→ Amenhotep III.) und Onkel → Amenhoteps IV. Echnatons. In der Nekropole von Amarna besitzt er ein Beamtengrab, das die Versionen des Großen und des Kleinen Atonhymnus überliefert. Bezeichnend für seine Karriere ist die Anpassungsfähigkeit (O. Schaden) unter fortwährendem sozialen Aufstieg, von der Ausbildung unter Amenhotep III. über die Wende von Amarna bis zur Restaurationszeit. Nach der traditionellen Auffassung (O. Schaden u. a.) ist A. während der ersten Jahre des noch unmündigen → Tutʿanchamun der eigentliche Regent; er ist nun Wesir, »Wahrer Schreiber des Königs« (Privatsekretär) und trägt den Titel eines Festleiters der Neunheit; als solcher sei er mit anderen (→ Haremhab) sicher bestimmend in der Politik einer vorsichtigen Restauration nach dem Tode Echnatons gewesen. Als konsequent erschien so in der Forschung nach dem frühen Tode des Königs die auch formelle Übernahme der Herrschaft, die aber angesichts seines Alters von vornherein nur als Übergangslösung geplant gewesen sei und wohl auch die Taktik Haremhabs verrate. Dagegen legen die aus der Auffindung des memphitischen Grabes des → Haremhab gewonnenen Einsichten eine andere Rekonstruktion nahe (J. van Dijk): danach war Haremhab unter Tutʿanchamun eigentlicher Regent und designierter Thronfolger, während A. als Usurpator nach dem plötzlichen Tod Tutʿanchamuns in einem Staatsstreich die Macht übernahm anstelle des in Nordsyrien militärisch engagierten Haremhab. In dieselbe Zeit würde dann nach einigen auch die sogenannte »Dachamunzu-Episode«, die Bitte einer ägpyptischen Königin (ʿAnchesenamun?) um einen hethitischen Thronfolger, gehören (→ Tutʿanchamun, → Semenchkareʿ) sowie ein Ring, der nebeneinander A. und ʿAnchesenamun (gemeinsame Regentschaft?) nennt. Auch die erwähnte außergewöhnliche Einbeziehung des Titels »Gottesvater« in die Kartusche kann dann als Ausdruck der Bemühungen A. s um Legitimierung seiner Herrschaft gelten.

A. heißt als König Horus *Starker Stier, mit glänzenden Erscheinungen*, Nebti *Mit mächtiger Stärke, der die Asiaten bezwingt*, Gold *Der Ma'at besitzt, der die beiden Länder entstehen läßt*, Thronname *Der an Gestalt gestaltete, ein Re'*, der die Ma'at verwirklicht, Geburtsname *Aja*, Gott, Herrscher von Theben. Anstelle seines aufgegebenen Beamtengrabes in der Nekropole von Amarna läßt er sich in dem schon von → Amenhotep III. belegten Westtal in Theben ein Königsgrab anlegen. Von seiner weiteren Bautätigkeit sind ein Totentempel in Theben-West, eine von dem Hohenpriester des Min, Nachtmin, errichtete Felskapelle in Achmim, eine Kapelle in Abydos und Bauten in Karnak und Luxor bekannt. Zu »Erbprinzen« werden Naj und Nachtmin ernannt; letzterer wird auch oberster Heerführer und nimmt somit Haremhabs Position ein. Als höchstes Datum A.s ist ein 4. Regierungsjahr belegt. Ob jene Mutnedjmet, die (zweite) Gemahlin des Haremhab wird, mit der Schwester der Nofretete identisch (und damit vielleicht eine Tochter A.s) ist, wie die bisherige Forschung vermutete, ist fraglich (J. van Dijk). Die Verfemung A.s (Grab entweiht, Name z.T. ausradiert) ist vielleicht doch Haremhab zuzuschreiben (betroffen sind auch Nachtmin und 'Anchesenamun). Möglicherweise muß man in der bisher → Amenhotep III. zugeschriebenen Mumie, die gewaltsam schwer zerstört wurde, in Wirklichkeit A. sehen und in der Behandlung der Mumie einen Teil der *damnatio memoriae* des Königs (Wente/Harris).
Lit.: R. HARI, *Or 45* (1976), 265–268; O. J. SCHADEN, *The God's Father Ay*, Diss. 1977; DERS., *JARCE 21* (1984), 39–65; K. P. KUHLMANN, *MDAIK 35* (1979), 165–188; M. GABOLDE, *BSEG 11* (1987), 37–61; J. FREU, *Hethitica XI* (1992), 39–101; E. F. WENTE / J. E. HARRIS, in: C. N. REEVES (Ed.), *After Tut'ankhamun*, 1992, 2–20; J. VAN DIJK, *The New Kingdom Necropolis of Memphis. Historical and Iconographical Studies,* 1993, 47–64.

Akanosch: → **Iukanesch**

'A³ka³re'
Ein in der Turiner Königsliste genannter Regent der 14. Dynastie, vermutlich einer Stadt des Deltas. Der Name ist möglicherweise anders zu lesen ('Anchka³re', Nedjka³re'?).
Lit.: BECKERATH, *Untersuchungen,* 268.

Alara (Alul)
Nur in Quellen späterer Zeit bezeugter eigentlicher Begründer der Kuschitendynastie (25. Dynastie), als »Fürst, Sohn des Re'« und »König« (Stelen des → Taharqa aus Kawa; des Nastasen aus Dongola) bezeichnet, regiert vielleicht etwa 780–760 (K. A. Kitchen), allerdings noch nicht in

Ägypten selber. Verheiratet ist er mit einer Kasaqa; ihre Tochter ist Ta-
biry, die Frau des → Pije. Ein Bruder des Alara ist wohl → Kaschta, der
erste auch in Ägypten anerkannte kuschitische König, eine Schwester
dessen Frau Pabatma (beides neuerdings von S. Wenig angezweifelt).
Lit.: D. DUNHAM / M. F. L. MACADAM, *JEA 35* (1949), 139–149; *TIP* §§ 121 f.;
R. DRENKHAHN, *LÄ I*, 169; S. WENIG, in: D. APELT /E. ENDESFELDER /ST.
WENIG (Hg.), *Studia in honorem Fritz Hintze* (= Meroitica 12), 1990, 333–352.

Alexander der Große

Der Begründer einer »neuen Epoche der Weltgeschichte«, des Hellenismus (J. G. Droysen, 1833), Sohn Philipps II. von Makedonien und der
Olympias, *356 v. Chr., 343–340 von Aristoteles erzogen, Reitergeneral
in der Schlacht von Chaironeia (338 v. Chr.), übernimmt nach der Ermordung seines Vaters 336 v. Chr. die Herrschaft über Makedonien und
beseitigt innerhalb eines Jahres alle möglichen Thronprätendenten.
Nachdem ihm von den griechischen Staaten u. a. der Vorsitz der Delphi-
schen Amphiktyonie und der Oberbefehl des Korinthischen Bundes für
den vorgesehenen Krieg gegen die Perser übertragen wird, geht A. 335
gegen die Triballer an der Donau und die Illyrer vor; er zerstört das böo-
tische Theben, das den Widerstand gegen seine Herrschaft anführte. Der
Krieg gegen das Perserreich beginnt mit der Überschreitung des Helle-
sponts und dem Sieg über die Satrapen Kleinasiens am Granikos 334; es
folgt die Eroberung Westkleinasiens (Sardeis, Milet; Einsetzung makedonischer Satrapen). Über Mittel- und Südkleinasien stößt A. nach Syri-
en vor, wo 333 in der Ebene von Issos das persische Aufgebot
→ Dareios' III. geschlagen wird. Augenzeuge dieser Schlacht ist der
ägyptische Arzt und Vorsteher der Sachmetpriester Sematauitefnacht
(Stele in Neapel). Um die Überlegenheit des Großkönigs zur See zu
zerschlagen, wird 332 Phönikien erobert (siebenmonatige Belagerung
und Einnahme von Tyrus). Es folgt die zweimonatige Belagerung der
Stadt Gaza, nach deren Eroberung A. im Dezember 332 v. Chr. bei Pelusium ägyptischen Boden betritt; der persische Satrap Mazakes, dem
kaum Truppen zur Verfügung stehen, übergibt das Land kampflos. Von
Memphis aus, wo er Opfer und Agone durchführt und nach dem Alexan-
derroman zum Pharao gekrönt wird (bestritten von S. M. Burstein), zieht
A. den kanopischen Nilarm entlang Richtung Mündung, wo er an der
Stelle einer Siedlung Rhakotis Alexandria gründet, das zur Hauptstadt
des Ptolemäerreiches wird, dann über Paraitonion (Marsa Matruh;
Bündnis mit Kyrene) zu der Oase Siwa, wo er das Orakel des Ammon
aufsucht. Dieser libysche Ammon, zugleich der ägyptische Königsgott
Amun und in griechischem Verständnis Zeus, bestätigt Alexander als
Sohn Amuns und König über Ägypten seinen Anspruch auf Weltherr-

schaft. Über die Geschehnisse in Siwa ist viel geschrieben und gemutmaßt worden, daß sie »schon dadurch überbewertet [worden]« seien (E. Bayer, *Grundzüge der griechischen Geschichte,* ⁵1978, 123f., Anm. 5), kann aber kaum gesagt werden. Nach Erreichen dieses im voraus geplanten Ziels finden in Memphis Feierlichkeiten statt, in deren Verlauf A. seine Gottessohnschaft von Gesandten griechischer Orakel (des Apollon von Didyma, der Sibylle von Erythrai) bestätigt wird.

A. führt eine ägyptische Königstitulatur mit den Namen Horus *Beschützer Ägyptens,* (bzw. *Tapferer Herrscher, der sich den Fremdländern nähert),* Thronname *Geliebt von Re', Erwählter des Amun* (nach H. de Meulenaere), Geburtsname *Alexandros.*

Die ägyptische Satrapie wird in vier Verwaltungsbezirke unterteilt, die in konsequenter Umsetzung des Reichsgedankens dem Iraner Doloaspis und dem Ägypter Petisis (für Ober- und Unterägypten, Residenz Memphis), Apollonios (Libyen, Residenz Kerkesoure) und dem ägyptischen Griechen Kleomenes aus Naukratis (Arabien, Residenz Heroonpolis) unterstellt werden. Kleomenes übernimmt auch die Oberaufsicht über die reorganisierte Finanzverwaltung ganz Ägyptens und den Aufbau Alexandrias; die im Land stationierten Truppen unterstehen den Strategen Balakros und Peukestas.

Nach dem Verlassen Ägyptens und einem Zug durch Syrien nach Mesopotamien besiegt A. in der Entscheidungsschlacht um den Besitz Asiens → Dareios III. am 1. Oktober 331 in der Schlacht bei Gaugamela. Bis 330 zieht das Heer in Babylon, Susa, Persepolis (Plünderung; Niederbrennung des Achämenidenpalastes) und, in Verfolgung Dareios' III., der schließlich ermordet wird, in Ekbatana ein.

Nach der Einverleibung Persiens und Mediens beginnt die dritte Etappe des Alexanderzuges: die Eroberung Mittelasiens. 329 unterwirft A. Baktrien und Sogdianien (Usbekistan); die Befriedung beschließt er durch seine Heirat mit der iranischen Fürstentochter Roxane (327). Widerstand und Mißtrauen führen A. zur Ermordung mehrerer enger Vertrauter (330 Philotas, Parmenion; 328 Kleitos; 327 Kallisthenes). Die letzte Etappe des Alexanderzuges ist der Feldzug nach Indien, wo A. das Ende der bewohnten Welt erreichen will: 327 überschreitet er den Indus, schlägt 326 den Radscha Poros am Hydaspes, doch verweigern ihm seine Truppen am Hyphasis 326 die Gefolgschaft. Mit der Indusflotte fährt A. den Indus hinab bis in den Indischen Ozean. Eine Flotte unter Nearchos sucht den Seeweg zur Euphratmündung, während das in zwei Teile getrennte Heer südlich durch Belutschistan bzw. auf einer nördlicheren Route nach Persien zurückkehrt.

324 wird die Ordnung im Reich wiederhergestellt; A.s Politik der Versöhnung und Verschmelzung der Völker, die allein eine Zukunft des Rei-

ches gewähren konnte, wird durch die Hochzeit von 10000 Makedonen mit Perserinnen in Susa versinnbildlicht; A. heiratet dabei Stateira, eine Tochter des Dareios, und Parysatis. Ein Erlaß soll die Heimkehr aller griechischen politischen Flüchtlinge ermöglichen, ein anderer setzt seine Verehrung als Gott in den griechischen Stadtstaaten durch. Über weiteren Vorhaben (u. a. der Eroberung des westlichen Mittelmeerraumes) stirbt Alexander am 13. Juni 323 in Babylon mit knapp 33 Jahren. Die Nachfolgekämpfe der Diadochenzeit enden erst 281 mit dem Tode des Seleukos (→ Ptolemaios I.).

Der Satrap Ägyptens, Ptolemaios, fängt den Leichnam Alexanders auf der Überführung in die Nekropole der Makedonenkönige nach Aigai/ Vergina in Syrien ab und bringt ihn erst nach Memphis, dann nach Alexandria (hier sieht ihn noch → Augustus) – eine politisch-propagandistische Handlung. Das Grab A. s ist allerdings bisher nicht gefunden worden.

Bezüglich der Denkmäler seiner Regierungszeit in Ägypten ist neben dem Sanktuar im Luxortempel Bautätigkeit in Hermopolis magna (Thottempel), Armant und der Oase Bahrija (Tempel) nachzuweisen, hinzu kommen Restaurationsarbeiten in Karnak (4. Pylon; Festtempel Thutmosis III.; Pyloneingang des Chonstempels) und Luxor.

In späten ägyptischen Texten wird A. zum Sohn des letzten ägyptischen Königs → Nektanebos gemacht (»Trug des Nektanebos« im Alexander-Roman; Pseudo-Kallisthenes; demotische Chronik). In der gegen A. gerichteten politischen Propaganda des 4. Jahrhunderts dagegen wird er als »der große Hund« (der auf der Leiche sitzt) bezeichnet (A. B. Lloyd).

Lit.: F. SCHACHERMEYR, *Alexander der Große. Das Problem seiner Persönlichkeit und seines Wirkens,* 1973; G. WIRTH, *Alexander der Große,* [2]1975 u. weit. Aufl.; *Alexandre le Grand. Image et réalité.* Entretiens Fond. 1975, 1976 (bes. 47–79); J. SEIBERT, *Alexander der Große,* 1977; A. B. BOSWORTH, in: *Greece and the Eastern Mediterranean, Studies Pres. to F. Schachermayr,* 1977, 51–75; S. LAUFER, *Alexander der Große,* [2]1981, R. L. FOX, *Alexander der Große,* [3]1981; P. LANGER, *Ancient World 4* (1981), 109–127; W. L. ADAMS / E. N. BORZA (Hg.), *Philip II, Alexander the Great, and the Macedonian Heritage,* 1982; A. B. LLOYD, *Historia 31* (1982), 33–55; M. ABD EL-RAZIQ, *Die Darstellungen und Texte des Sanktuars Alexanders des Großen im Tempel von Luxor* (AV 16), 1984; G. WIRTH, *Studien zur Alexandergeschichte,* 1985; O. PERDU, *RdE 36* (1985), 89–113; J. SEIBERT, *Die Eroberung des Perserreiches durch Alexander den Großen auf kartographischer Grundlage* (BTAVO 68), 1985, 84–87; W. WILL, *Alexander der Große* (Geschichte Makedoniens, Band 2), 1986, 78–90 (Lit.); A. B. BOSWORTH, *Conquest and Empire. The Reign of Alexander the Great,* 1988; W. WILL (Hg.), *Zu Alexander dem Großen, FS G. Wirth,* 1988 (u. a. 309–333); S. M. BURSTEIN, *AncSoc 22* (1991), 139–145; H. DE MEULENAERE, in: *Mélanges Clère,* 1992, 57; M. DELLA MONICA, *Les derniers pharaons,* 1993, 5–21; N. G. L. HAMMOND,

Sources for Alexander the Great, 1993; G. HÖLBL, *Geschichte des Ptolemäerreiches*, 1994, 31–33; P. GUILHAUME, *Alexandre le Grand*, 1993; H. SCHLANGE-SCHÖNINGEN, *Antike Welt 27/2*, (1996), 109–119.

Alexander IV.

Sohn → Alexanders des Großen und der Roxane, seit 317 v. Chr. in Ägypten als König anerkannt. Nach der Ausübung der Herrschaft durch die Reichsverweser Perdikkas, Antipatros (ab 321) und Polyperchon (319) und der Verschwörung von Antipatros' Sohn Kassandros mit → Philipp III. Arrhidaios gegen Polyperchon und Olympias, die Mutter Alexanders des Großen, war Philipp III. 317 auf Veranlassung der Olympias ermordet worden. Schon 316 aber wurden A. und Roxane von Kassandros gefangengenommen und 311 hingerichtet. Aber noch bis zum Herrschaftsantritt → Ptolemaios' I. Soter 306/4 werden Dokumente nach A. datiert; das höchste belegte Jahr ist das 13. Seine Titulatur lautet: Horus *Jüngling, mit gewaltiger Macht,* Nebti *Liebling der Götter, dem das Amt seines Vaters gegeben wurde,* Gold *Herrscher auf der ganzen Erde,* Thronname *Das Herz des Reʿ jubelt; den Amun erwählt hat;* Geburtsname *Alexandros.* Von der Bautätigkeit Alexanders zeugen das Tor des Chnumtempels in Elephantine, Blöcke vom Tempel in Sebennytos und die kleine Grotte des Speos Artemidos.

Lit.: H. GOEDICKE, *BES 6* (1985), 33–54; M. ATZLER, *Antike Kunst 15* (1972), 120 f.; G. HÖLBL, *Geschichte des Ptolemäerreiches*, 1994, 33–37.

Amasis (ʿAhmose II.)

Nachfolger des → Apries, 5. König der 26. Dynastie (570–526). Er trägt die Titulatur Horus *Der die Maat befestigt;* Nebti *Sohn der Neith, der die beiden Länder trefflich macht,* Thronname *Versehen mit Willenskraft, ein Reʿ.*

Nach der Usurpation des königlichen Thrones gegen Apries und der Abwehr der Babylonier (dazu → Apries) unterwirft A. Teile Zyperns und schließt angesichts des aufstrebenden Perserreichs Bündnisse mit Kroisos von Lydien, Polykrates von Samos und Kyrene. Er heiratet Ladike, eine Griechin aus Kyrene, erteilt der griechischen Handelsniederlassung Naukratis im Delta Privilegien, die ihr zur Monopolstellung verhelfen, läßt griechische Siedlungen und Kultstätten im Delta zu und stiftet Weihgeschenke nach Kyrene, Samos und Rhodos. Ein Gefäß und ein Musikinstrument mit dem Namen des A. stammen aus Sidon (durch den Handel hierher gelangt?).

Ein demotischer Text erwähnt einen Zug nach Nubien im 41. Jahr des Amasis (Liste der beteiligten Soldaten), so daß auch eine aktive Außenpolitik im Süden bezeugt scheint.

Abb. 7: Sphinx des Amasis (Rom, Musei Capitolini, Inv. Nr. 35).

Eine Bautätigkeit des A. ist u. a. für Sais (Naos; Reinigungsbecken; Schenkungen), Athribis (Naoi; Osiristempel); Buto (Tempel), Memphis (ev. Torfassade des Spätzeitpalastes; nach Herodot Isistempel und Kolosse; Söldnerlager), Mendes (Naos), Abydos (Tempel, Obeliskenpaar), die Oase Bahrija (Tempel, Kapellen) und Philae (300 Blöcke eines Tempels des A. bei der Verlagerung der Tempel entdeckt) bezeugt; die Stele eines Djedatumiuef ͑anch nennt den Bau des Nilometers im Tempel des Sepa und eines Reinigungsbeckens, der Umfassungsmauer des Atumtempels und eines Sokartempels in Heliopolis. Bemerkenswert ist etwa der Sphinx des Amasis im Vatikan (Abb. 7). Ein demotischer Papyrus erwähnt im 13. Jahr eine Arbeitsniederlegung der Steinbrucharbeiter von Elephantine.

Aus der Ausstattung des im Tempelbereich von Sais gelegenen Grabes stammen einige Uschebtis des Königs. Von den hohen Beamten ist v. a. Ujahorresnet hervorzuheben, der dann unter → Kambyses (der das Andenken des A. verfolgt) prominent auftritt.

A. tritt insbesondere in der demotischen und griechischen Überlieferung hervor, wo er als Griechenfreund und trinkfreudig geschildert wird. Diodor beurteilt ihn als »von außergewöhnlicher Klugheit und in seinem Charakter maßvoll und gerecht«, er wird als einer der sechs ägyptischen Gesetzgeber betrachtet und genießt als »Weiser Amasis« sogar Gastrecht bei den 7 Weisen; Solon soll ihn besucht haben, Bias von Pyrene (und Thales?) sein Freund gewesen sein. Gewöhnlich werden diese Erzählun-

71

gen als volkstümliche Anekdoten erklärt, die hier einmal – in der Spätzeit – das offizielle Bild korrigieren können. Nach C. W. Müller handelt es sich bei der Amasis-Novellistik aber um das Motiv der »verkehrten Welt«. Der König, der die Züge eines endzeitlichen Volkskönigs trägt, Ägypten ein goldenes Zeitalter schenkt und neben dem Lyderkönig die für die Griechen populärste außergriechische Herrschergestalt war, ist niederer Herkunft, besitzt eine »pikareske Vergangenheit«, ist ein heruntergekommener Soldat und Schelm mit besonderer Standesweisheit.

Lit.: R. EL-SAYED, *Documents relatifs à Sais et ses divinités,* 1975, 53–72; B. RUSZCZYC, *Et Trav IX* (1976), 117–129; H. DE MEULENAERE / R. MACKAY, *Mendes II,* 1976; P. VERNUS, *Athribis,* 1978, 84–89, E. CRUZ-URIBE / G. R. HUGHES, *Serapis 5* (1979), 21–26; J.-P. CORTEGGIANI, in: *Hommages Sauneron,* 1979, 115–153; A. FARID, *MDAIK 36* (1980), 81–103, Tff. 27–29; W. KAISER, *MDAIK 43* (1986), 123 f.; P. HAIDER, *Griechenland-Nordafrika,* 1988, 184–211; J. LABARBE, *L'antiquité classique 53* (1984), 15–34; C. W. MÜLLER, in: *Akad. d. Wiss. u. Lit. Mainz 1949–1989,* 1989, 209–236; P. HÖGEMANN, *Das Alte Vorderasien und die Achämeniden,* 1992.

Amenemhe³t I. (Ammenemes)

Begründer der 12. Dynastie (1939/38–1909) und Vollender der Reichseinigung von → Mentuhotep II. Die Titulatur (Horus-, Nebti-, Goldname) nennt ihn programmatisch *Der die Geburt/Schöpfung wiederholt,* ein Epithet, das auch → Thutmosis III., → Tutʿanchamun, → Haremhab und → Sethos I. tragen und das unter → Ramses XI. (»Wiederholung der Schöpfung« im Sinne von »Renaissance«) eine neue Epoche bezeichnen soll. Der Turiner Königspapyrus beginnt mit A. die »Könige der Residenz Itj-Taʾui ›[Amenemhet ist es,] der die beiden Länder ergreift‹« – einer neuen, archäologisch noch nicht nachgewiesenen Hauptstadt zwischen Dahschur und Lischt am Ausgang des Fajjums. Möglicherweise lauten Horus- und Nebti-Name zuerst *Der den Willen der beiden Länder zufriedenstellt, der* Goldname *Vereiniger.* Thronname ist immer *Der den Willen des Reʿ zufriedenstellt;* der Geburtsname bedeutet *Amun ist an der Spitze.*

Über seine Herkunft und sein Ende unterrichten literarische Texte, die *Prophezeiungen des Neferti* bzw. die *Geschichte des Sinuhe* und die *Lehre des Königs Amenemhe³t.* Die Prophezeiungen *ex post* des Neferti sind eine Legitimationsschrift der 12. Dynastie, die von dem Kommen eines Retters Ameni (eine Kurzform des Namens Amenemhe³t) berichten, dessen Mutter Nofret aus dem 1. oberägyptischen Gau stamme und dessen Vater ein Sesostris sei. Sowohl Mutter als auch Vater (der den Titel *Gottesvater* trägt) sind durch nichtliterarische Zeugnisse (Opfertafeln aus Lischt und Karnak) bezeugt. Als Gemahlinnen sind eine Nefritatjenen und vielleicht eine Didit zu betrachten; Kinder sind der Nachfolger → Sesostris I., dessen Schwestergemahlin Nefru sowie zumindest zwei weitere Prinzen.

Wahrscheinlich ist A. mit dem Wesir und Expeditionsleiter → Mentuhoteps IV. zu identifizieren, der in dessen 2. Regierungsjahr eine Steinbruchexpedition von 10 000 Mann in das Wadi Hammamat führt (31 Inschriften; u.a. Berichte über das »Gazellenwunder« und »Brunnenwunder«) und u.a. seine eigene herausragende Leistung in fast königlicher Art schildert. Damit faktisch Kronprätendent, folgt er – vielleicht nach einer kurzen Mitregentschaft (Gefäßbruchstück aus Lischt mit den Namen beider Könige) – Mentuhotep IV. auf dem Thron nach.

Als Bau- und Kultherr ist A. bezeugt im Delta in Chataʿna-Qantir (Tordurchgang; Sitzstatue; Tempel und Statuen) und Bubastis (Türleibung), weiter südlich in Heliopolis (durch seinen Korregenten → Sesostris I. begonnener Atum-Tempel), Medinet el-Fajjum (Sitzstatue A.s und der Bastet), Memphis (Opfertafel; Statue und Scheintür [aus Tanis]) und im Wadi Natrun (Tordurchgang in Festungsanlage), in Oberägypten in Abydos (Opfertafel), Dendera (Türsturz; Säulenfragment; Gründungsplaquette), Koptos (Blöcke), Tôd (Architrav; Statue A.s und der Sachmet), Theben (Opfertafel; zwei Doppelsitzstatuen; Naos-Untersatz), Armant (Tempelbau), dazu im Sinai (Statuenbasis). Unter A. ist auch zuerst das *Schöne Fest vom Wüstental* als »Fahrt zum Tal des Nebhepetreʿ [= Deir el Bahari]« (→ Mentuhotep II.) inschriftlich bezeugt.

Von den verschiedenen Inschriften (Elephantine; zwischen Assuan und Kom Ombo u.a.) bezeugen jene in El Girgawi eine Kampagne in seinem 29. Jahr zur Eroberung Unternubiens. Mit Blick auf die Außenpolitik A.s von besonderer Bedeutung ist auch die vermutlich aus dem 24. Jahr (anders C. Obsomer) des Königs stammende Stele des Nesmonth (Louvre C 1), der von Kämpfen gegen asiatische Beduinen, möglicherweise auch solchen bei der Machtübernahme durch A. (L. M. Berman) berichtet.

Zur Sicherung einer ordentlichen Nachfolge führt A. die Mitregentschaft ein, die sein Sohn → Sesostris I. während 10 Jahren ausübt. Diese Korregentschaft ist in der Forschung großenteils anerkannt, während gerade das Ende A.s neuerdings wieder in Frage gestellt wird. Gewöhnlich wird das in der *Lehre des Königs Amenemhet* geschilderte Attentat auf A. und die Einleitung der *Geschichte des Sinuhe,* wonach auf die Meldung vom Tod A.s sein Sohn in die Residenz zurückeilt, miteinander verbunden: Ermordung A.s, rasche Machtübernahme durch Sesostris und Flucht des Sinuhe, der etwa die Verwicklung in das Attentat oder einen Putsch fürchtet.

Eine überzeugende andere Deutung – aufgrund der Neuinterpretation entscheidender Textstellen der *Lehre des Amenemhe³t* – stammt von K.

Jansen-Winkeln: danach dient die außergewöhnliche Schilderung eines mißglückten Anschlags zur Legitimierung der von nun an üblichen Institution der Mitregentschaft. Bei der Passage der *Sinuhe-Erzählung* würde es sich damit um die Erwähnung des normalen Todes A.s in dessen 30. Jahr – ohne Beziehung zum Attentat vor dem 20. Jahr – handeln.

Als Grabanlage errichtete sich A. einen Pyramidenbezirk in der Nähe der Residenzstadt Itjta³ui, an den sich Schachtgräber von Königinnen und Prinzessinnen und Mastabas der hohen Würdenträger (etwa des Antefoqer) anschließen. Die Pyramide (mit einem Böschungswinkel von 54° und einer Seitenlänge von etwa 55 m [160 Ellen]) besteht in ihrem Kern aus Steinmaterial des Alten Reichs, das durch den Abbruch von Taltempeln und Aufwegen in Memphis und Saqqara gewonnen wurde (u. a. des → Cheops, → Chephren), als Füllmaterial dienten Sand, Schutt und Ziegel; erst die darum herum gelegte Verkleidung war wieder aus Stein. In die Grabkammer führt ein senkrechter Schacht aus der Mitte der Pyramide (heute unter dem Grundwasserspiegel). Die Datumsangaben der Bauequipe der Pyramiden von Lischt lassen vermuten, daß A. nicht sofort mit Regierungsbeginn mit dem Bau beginnen konnte, sondern in den ersten Jahren mit der Konsolidierung seiner Herrschaft beschäftigt war, und daß aufgrund dieser Verzögerung auch → Sesostris I. erst verspätet (seit seinem 10. Jahr) mit der eigenen Anlage begann.

Lit.: W. J. MURNANE, *Ancient Egyptian Coregencies,* 1977; M. EATON-KRAUSS, *MDOG 112* (1980), 35–51; A. AWADALLA, J. L. FORSTER, *JEA 67* (1981), 35–47; R. D. DELIA, *BES 4* (1982), 55–69; E. BLUMENTHAL, *ZÄS 110* (1983), 104–121; D. WILDUNG, *Sesostris und Amenemhet. Ägypten im Mittleren Reich,* 1984; L. M. BERMAN, *Amenemhet I,* Diss. Yale University 1985; H. J. WILLEMS, *JEOL 28* (1985), 80–105; A. SCHÄFER, *ZÄS 113* (1986), 44–55; D. FRANKE, *Or 57* (1988), 113 ff.; H. GOEDICKE, *Studies in »The Instructions of King Amenemhet I for his Son«,* 1988; W. HELCK, *Or 58* (1989), 315 ff.; F. ARNOLD, *The Control Notes and Team Marks (The South Cemeteries of Lisht, II),* 1990, 30–32. 60–64; A. AWADALLA, *GM 115* (1990), 7–14; K. JANSEN-WINKELN, *SAK 18,* 1991, 241–264; STADELMANN, *Pyramiden,* 233 f. (Abb. 75, Taf. 76a); C. OBSOMER, *RdE 44* (1993), 103–140; E. N. HIRSCH, in: R. GUNDLACH / M. ROCHHOLZ (Hg.), *Ägyptische Tempel – Struktur, Funktion und Programm* (HÄB 37), 1994, 137–142; D. FAROUT, *BIFAO 94* (1994), 143–172; F. TIDEYMAN, *BACE 6* (1995), 103–110); N. GRIMAL, *BIFAO 95* (1995), 273–280.

Amenemhe³t II.

3. Herrscher der 12. Dynastie (1877/76–1843/42), Nachfolger seines Vaters → Sesostris I., dessen Korregent er während drei Jahren ist. Er trägt die Titulatur: Horus und Nebti *Der sich an der Maʿat erfreut,* Gold *Der (als Herr der beiden Länder) gerechtfertigte Goldfalke,* Thronname *Golden an Ka-Kräften, ein Reʿ*, Geburtsname *Amun ist an der Spitze.*

Bekannt ist aus seiner Regierung v. a. der *Schatz von Tôd,* kretische Silber- und Goldgefäße sowie Rollsiegel der mesopotamischen 3. Dynastie von Ur in Behältern mit seinem Namen aus dem Gründungsdepot des Tempels von Tôd. Im syrischen Qatna fand sich als Geschenk eine Sphinx seiner Tochter Ita³ (Ita³-weret; weitere Töchter sind Chnumit, Sa³t-Hathor, Mennebi). Beide Funde bezeugen zumindest intensive Handelsbeziehungen zwischen Ägypten und Syrien/Mesopotamien.

Die Bautätigkeit A. s ist auch in Hermopolis (Reste eines Pylons) bezeugt; ev. sind ihm zwei Kolossalsphingen zuzuordnen. Belegt ist durch eine Stele im Wadi Gasus eine Puntexpedition unter dem Beamten Werchenetcheti.

Wichtige neue Informationen zu seiner Regierungszeit enthält ein Ausschnitt seiner Annalen (letztes Jahr der Koregentschaft und erstes Jahr der Alleinherrschaft), der erst seit kurzem zugänglich ist und ursprünglich wohl im Ptah-Tempel in Memphis angebracht war. Die dort festgehaltenen Taten sollten vermutlich ein Legitimationsnachweis sein, indem sie seine Effizienz in der neu übernommenen Rolle als König herausstellen. Genannt wird u. a. eine militärische Expedition mit einer Kampftruppe nach Syrien, bei der zwei befestigte Städte eingenommen und mehr als 1500 Gefangene als Arbeitskräfte für die Pyramidenstadt des Königs zurückgebracht werden. Mit einem Staatsakt werden die Anführer und Soldaten belohnt. Aus Nubien, Asien und Zemparu bringen Delegationen Tribute (u. a. 1000 Asiaten), Expeditionen führen in den Sinai und Libanon. Stiftungen für die Götter Hapi, Sobek, Month, Amun und Igai sowie für den Totenkult → Sesostris' I. werden eingerichtet, ein Vogelfang (auch hier in ritueller Bedeutung) durchgeführt, Priester für Götter des 19. oberägyptischen Gaues eingesetzt und kultische Einrichtungen erbaut.

Die nach der Farbe des Turakalksteins so genannte »Weiße« Pyramide A. s in Dahschur ist durch Steinraub heute weitgehend zerstört und schlecht untersucht, so daß weder die Maße der Pyramide noch der Taltempel bekannt sind. In der Grabkammer befindet sich der Sandsteinsarkophag des Königs. Zwei der im Pyramidenbezirk liegenden Prinzessinnengräber (der Ita³ und der Chnumit) enthielten bei ihrer Entdeckung noch Schmuck.

Lit.: H. Altenmüller / A. M. Moussa, *SAK 18* (1991), 1–48; H. Altenmüller, *Ein Bruchstück der Annalen Amenemhets II. aus Memphis* (angekündigt); Stadelmann, *Pyramiden,* 237; G. Jánosi, *FS Thausing,* 1994, 94–101.

Amenemhe³t III.

6. König der 12. Dynastie (1818/17–1773/2), der »Ägypten auf den Höhepunkt seiner Blüte führte« (N. Grimal, *Histoire de l'Egypte ancienne,*

1988, 209), Nachfolger von → Sesostris III. (Abb. 8). Ob A. zu Beginn Korregent seines Vaters ist, ist umstritten (zuletzt dagegen D. Franke). Das höchste explizit für ihn bezeugte Regierungsjahr ist das 45., doch gehören zu ihm wohl auch ein ›Jahr 46‹ der Illahun-Papyri und die bei Manetho (der A. unter der aus dem Thronnamen entstandenen Form *Lamares* führt) offenbar fälschlich seinem Vorgänger zugewiesenen 48 Regierungsjahre. In seinem 30. Regierungsjahr feiert er das Sedfest (Schech-Farag-Stele; Türsturz aus Bubastis; Stele des Nebpu-Sesostris). Nicht sicher ist, ob sein Nachfolger → Amenemhe³t IV. sein Sohn oder Enkel ist.

Abb. 8: Amenemhe³t III. (Fitzwilliam Museum Cambridge, E. 2. 1946).

A. heißt: Horus *Mit großer Macht,* Nebti *Der das Erbe der beiden Länder packt,* Gold *Mit andauerndem Leben,* Thronname *Der zur Maat Gehörige, ein Reʿ,* Geburtsname *Amun ist an der Spitze.*

A. s erste Gemahlin ist die Königin ʿA³at, die mit etwa 35 Jahren stirbt, die zweite eine uns namentlich nicht bekannte Frau, die vermutlich nicht älter als 25 Jahre wurde; Töchter sind eine Neferu-Ptah (deren Schachtgrab unweit der zweiten Pyramide des Königs liegt), vielleicht auch eine Hetep-Hathor und Nebu-hetepti-chered.

Sie alle erhalten ein Begräbnis in bzw. bei der ersten Pyramide des Königs in Dahschur, die um das 15. Regierungsjahr A.s fertiggestellt worden sein dürfte. Sie war ein mit Turakalkstein verkleideter Ziegelbau mit einer Seitenlänge von 200 Ellen und einem gegen oben auf 55° verminderten Böschungswinkel von 59°, von einer inneren Nischenmauer umgeben. Unter der Pyramide liegen drei Gangsysteme, von denen das nördliche das Königsgrab (mit Granitsarkophag mit Nischensockel) einschließt, das westliche drei Königinnengräber (u.a. das der ʿA³at) aufweist und das südliche vielleicht als Südgrab aufzufassen ist. Der unter der Masse nachgebende Baugrund, der zu Beschädigungen des Baukörpers führte, vielleicht aber auch politische und administrative Überlegungen (Erschließung des Fajjums) lassen die Pyramide dann aber für das Königsbegräbnis selber als ungeeignet erscheinen, so daß eine Zweitpyramide in Hawara am Ostrand des Fajjums (mit fast der doppelten Fläche derjenigen von Dahschur) hochgezogen wird. Nach dem Tod des Königs erfolgen verschiedene Nachbestattungen von Mitgliedern der Königsfamilie, die Beraubung der Bestattungen durch Grabräuber und schließlich die Restaurationsarbeiten durch ³Auibreʿ → Hor (I.), der in einem unbenutzten Schachtgrab an der Nordseite der Pyramide beigesetzt wird. Die Zerstörung des Komplexes datiert von der 13. Dynastie an; aus dem auf dem Pyramidion eingeschriebenen Geburtsnamen A. wird unter Echnaton der Gottesname *Amun* getilgt.

Diese zweite Pyramide des Königs in Hawara (Seitenlänge 200 Ellen, Ziegelbauwerk mit Kalksteinverkleidung) besitzt ein mit einem Sicherungsmechanismus versehenes System von Kammern und Gängen, das zu der Grabkammer führt, die in einen 110 t schweren Quarzblock eingetieft ist. Das beraubte Grab enthielt bei seiner Entdeckung noch zwei Särge und zwei Kanopenkästen, so daß neben dem König vermutlich auch eine Königin hier bestattet worden war. Während die Pyramide selber in einer architektonischen Entwicklungsreihe steht, ist die Anlage des heute völlig zerstörten Pyramidenbezirkes, des »Labyrinthes« der antiken Berichte (die damit Hauptzeugnis der Rekonstruktion sind), singulär. Fast so groß wie der Bezirk der Djoserpyramide, umfaßte er sehr viele einzelne Kapellen und Krypten (vgl. O. K. Armayor, C. Obsomer). Kennzeichnend für die Regierung A.s scheint politische Stabilität und ein v.a. innenpolitisches Programm zu sein. Umstritten ist die innere soziale und wirtschaftliche Entwicklung, die etwa unter dem Begriff »Höhepunkt des Staatsabsolutismus« subsumiert wurde (Verarmung der Oberschicht; Privatbesitz und Ämtererblichkeit eingeschränkt). Die behauptete Massenflucht und dann Versklavung von Landleuten oder die Annahme einer gerade jetzt zunehmenden Einwanderung von Asiaten usw. beruhen häufig auf einer Fehlbeurteilung bzw. nicht legitimen

Extrapolierung weniger Dokumente (etwa des Papyrus Brooklyn 35. 1446).

Die Hauptleistung A.s ist die Erschließung des Fajjums (Urbarmachung; Dammbau zur Bewässerung), wo A. noch in griechisch-römischer Zeit als Schutzherr des Fajjums *Lamares* verehrt wird. Die Lage der Pyramide und des Labyrinths von Hawara, die zwei 18 m hohen Kolosse A.s in Biahmu, der Bau eines der Renenutet und dem Sobek von Krokodilopolis geweihten Tempels in Medinet Madi sowie Arbeiten am Sobek-Tempel von Krokodilopolis und Harsaphes-Tempel von Herakleopolis Magna/Ehnas unterstreichen die nun dem Fajjum zuerkannte Rolle.

Über die Pyramidenanlagen hinaus ist A. als Bauherr in Bubastis (Sedfest-Tempel), in Memphis (Türsturz), Lischt (Sedfest-Kapelle), Abydos und Qubân (Tempel für Amun und Upuaut) bezeugt.

Durch den letztgenannten Bau ist als weiteres Anliegen des Königs die Politik in Nubien angesprochen, wo zwischen → Sesostris I. und → Sesostris III. die großen Festungsanlagen errichtet worden waren. Vermutlich in die Regierung A.s sind die sog. *Semna dispatches* zu datieren (1896 gefunden), Akten des Personals der nubischen Grenzfestungen über die die Grenze überquerenden Nubier. Im Bereich der Grenzfestung Semna ist A. durch Felsinschriften und 17 Nilstandsmarken bezeugt.

In Vorderasien ist A. in Byblos belegt durch eine Obsidianvase aus dem Grab des Klientelfürsten Abischemu und ein Goldpektoral vielleicht aus dem Grab von dessen Vorgänger.

Zahlreiche Steinbruchexpeditionen sind durch Inschriften im Sinai (wo der Hathortempel in Serabit el-Chadim vergrößert wird; ab dem 9. Jahr), dem Wadi Hammâmat, aus Tura, Toschka und dem Wadi el-Hudi bekannt, neuerdings auch die Tätigkeit in den Bleiglanzminen des Gebel Zeit (Stele aus dem 10. Jahr).

Besonders hervorzuheben ist die Königsplastik A.s (Kolosse von Biahmu; Standfiguren bzw. kniende Figur aus Memphis und Karnak; zwei Gruppenstatuen aus Hawara; Figuren des thronenden A.; Kopf aus Kom el-Hisn; sechs Mähnensphingen aus Tanis/Elkab/Bubastis sowie A. als Fischopferer aus Tanis). Der z.T. (etwa H. G. Evers, J. Vandier, D. Wildung) A. zugeschriebene Kopf in Kopenhagen (Abb. 1) dürfte jedoch wohl ptolemäisch sein (W. Wolf, H. Altenmüller).

An wichtigen Beamten sind etwa ein Wesir Cheti und sechs aufeinander folgende »Vorsteher Unterägyptens« bekannt. Zu dem Offizier Chusobek → Sesostris III.

Aus der Zeit A.s stammen auch die 1896 von Quibell entdeckten 23 Ramesseum-Papyri (Geschichte des Sinuhe; Beredter Bauer; Semna-Dispatches; Dramatischer Ramesseumpapyrus u.a.).

Lit.: W. K. SIMPSON, *JARCE 2* (1963), 59–63; D. ARNOLD, *MDAIK 35* (1979), 1–9; R. J. LEPROHON, *The Reign of Amenemhat III,* Diss. Toronto 1980 (nicht gesehen); O. K. ARMAYOR, *Herodotus' Autopsy of the Fayoum. Lake Moeris and the Labyrinth of Egypt,* 1985; G. CASTEL / G. SOUKIASSIAN, *BIFAO 85* (1985), 288 u. pl. 61; I. MATZKER, *Die letzten Könige der 12. Dynastie,* 1986; D. ARNOLD, *Der Pyramidenbezirk des Königs Amenemhet III. in Dahschur. I. Die Pyramide,* AV 53; 1987; D. FRANKE, *Or 57* (1988), 113–138; CL. OBSOMER, in: *Mél. Vandersleyen,* 1992, 221–324 u. pls. I–IX; F. POLZ, *MDAIK 51* (1995), 227–254.

Amenemhe³t IV.

Letzter König der 12. Dynastie (1773/72–1764/63) vor der Königin → Nefrusobek, die möglicherweise als seine Schwestergemahlin angesehen werden kann. Während kurzer Zeit ist er vermutlich Mitregent seines Vaters → Amenemhe³t III.

Der Turiner Königspapyrus nennt eine Regierungszeit von 9 Jahren, 3 Monaten und 27 Tagen. Das höchste inschriftlich (auf dem Sinai) belegte Jahr ist das 9., vielleicht gehört zu ihm auch ein ›Jahr 10 (?)‹ der Illahun-Papyri. A. ist vermutlich für ein knappes Jahr Mitregent seines Vaters → Amenemhe³t III. Seine Titulatur lautet Horus *Mit gestalteten Erscheinungen,* Nebti *Der die beiden Länder festlich sein läßt,* Gold *Stärke der Götter,* Thronname *Gerechtfertigter, ein Re˚.*

A. unternimmt vier Sinaiexpeditionen (Bautätigkeit und Inschriften in Serabit el Chadim) und eine weitere in das Wadi el-Hudi. Sphingen des Königs sind in Abuqir im Delta, Heliopolis und Beirut gefunden worden. A. dekoriert Querraum und Portikus des von → Amenemhe³t III. begonnenen Tempels für Renenutet und Sobek von Krokodilopolis in Medinet Madi (wo vielleicht seine Mutter genannt ist). Was Syrien anbelangt, so ist A. in Byblos durch ein Kästchen aus Gold und Obsidian und ein Goldblatt mit seinem Thronnamen bezeugt, in Nubien dagegen nur durch einen Siegelabdruck in Serra und eine Nilstandsmarke in Semna.

Ob A. die südliche Pyramide von Masghuna zuzuweisen ist, muß vorderhand offen bleiben. Eine Mitregentschaft der Nefrusobek am Ende seiner Regierung läßt sich nicht feststellen.

Lit.: M. VALLOGIA, *RdE 21* (1969), 107–133; I. MATZKER, *Die letzten Könige der 12. Dynastie,* 1986; D. FRANKE, *Or 57* (1988), 113–138; A. M. MOUSSA, *Or 60* (1991), 158; STADELMANN, *Pyramiden,* 250 f.

Amenemhe³t V. / Amenemhe³tsenbef

Traditionellerweise wurden in diesen zwei Eigennamen der 2. bzw. 4. König der 13. Dynastie (nach dem Turiner Königspapyrus) gesehen, die den gleichen Thronnamen *Mit mächtigem Ka, ein Re˚* getragen und in den Jahren 1757–52 bzw. 1746–1743 (nach R. Krauss) regiert hätten (J. von Beckerath). Nach der neueren Untersuchung D. Frankes ist jedoch von einem einzigen König auszugehen (um 1750), dessen Eigenname in zwei Varianten *Amenemhe³t [Amun ist an der Spitze]* bzw. *Amenemhe³t-er-ist-gesund* erscheint. Sein Horusname ist *Vertrauter der beiden Länder.* Die Belege für einen zweiten König mit dem genannten Thronnamen, aber einem Horusnamen *Der die beiden Länder leben läßt,* sind zu streichen.

Damit entfällt auch die zuvor problematische Aufteilung der Denkmäler (Blöcke aus Tôd; Siegel, Skarabäus, Kai-Inschriften aus Semna und Askut; Statue aus dem Heqa³ib-Heiligtum auf Elephantine; Statue des Merire' aus Athribis; Illahun-Papyrus) auf zwei unterschiedliche Herrscher. Als Wesir A.s kann ein Chenmes betrachtet werden (Statue; Steinbruchinschrift in Assuan.

Lit.: BECKERATH, *Untersuchungen,* 31–33. 36–39. 72. 97. 227. 229 f.; L. HABACHI, *Elephantine IV: The Sanctuary of Heqaib,* 1985, 113 f. u. Tf. 198 c–200; S. QUIRKE, *DE 8* (1987), 109; B. FAY, *MDAIK 44* (1988), 67–77; D. FRANKE, *Or 57* (1988), 250 f.

Amenemhe³t VI.

7. König der 13. Dynastie (um 1740) mit dem Thronnamen *Der das Herz des Re' leben läßt,* der im Turiner Königspapyrus und auf der Tafel von Karnak aufgeführt wird. Auf einem Opfertisch aus Karnak ist seinem Eigennamen *Amun ist an der Spitze* innerhalb der Kartusche noch der Name seines Vaters (Antef) und seines gleichnamigen Großvaters *(Ameni* als Kurzform von *Amenemhe³t)* vorangestellt. Sein Horusname ist hier *Der die beiden Länder zufriedenstellt,* sein Nebti-Name *Mit mächtigen Erscheinungen,* sein Goldname *Der über Ma'at verfügt.*

Nicht ganz klar ist ein Architravblock (jetzt in Heliopolis/Matarije), der die Fürsorge des Grabinhabers für das Grab eines Königs mit dem Thronnamen *Der das Herz des Re' leben läßt,* aber einem unterschiedlichen Horusnamen *(Der das Herz der beiden Länder leben läßt)* hervorhebt. Der Thronname A.s begegnet noch auf Siegelzylindern und in einem privaten Personennamen *»Der das Herz der beiden Länder leben läßt« ist gesund / Er ist gesund für mich.*

Lit.: BECKERATH, *Untersuchungen,* 40 f. 43. 70. 181. 230 f.; D. FRANKE, *Or 57* (1988), 267 mit Anm. 57.

Amenemhe³t VII.

15. König der 13. Dynastie (etwa 1731–1724), der sich auf der Basis einer dem Month geweihten Statue aus Medamud als *Ka³j-Amenemhe³t* bezeichnet, wobei offenbar der Name des Vaters voransteht (vgl. → Amenemhe³t VI.). Hier steht sein Name zwischen den Namen des → Wega³f, des Begründers der 13. Dynastie, was sicher eine program-

matische politische Aussage ist oder eine verwandtschaftliche Beziehung bezeichnet. Von A. stammen darüber hinaus nur Rollsiegel für den Gott Sobek von Sumenu (bei Gebelein) und ein Skarabäus; er wird in einem Graffito an der Pyramide der Königin Chuit (→ Unas) in Saqqara genannt.

Lit.: BECKERATH, *Untersuchungen,* 30. 34. 38. 45 f. 67. 72. 176. 220. 235 f.; D. FRANKE, *Or 57* (1988), 268.

Amenemnesu

Eigenname *Amun ist König* des 2. Herrschers der 21. Dynastie (1043–1039). Die verwandtschaftlichen Beziehungen A.s sind unklar (Sohn des → Smendes und der Tanetamun; älterer Bruder → Psusennes' I.?). A. trägt den Thronnamen *Mit vollkommenem Ka, ein Re* ᶜ (ägypt. *Neferkare* ᶜ, daraus die griechische Form *Nephercheres* bei Manetho) und den Beinamen *Herrscher von Theben.*

Der einzige zeitgenössische Beleg des Königs ist eine Bogenkappe aus dem Grab Psusennes' I. in Tanis mit der Nennung der Titulaturen beider Könige. Im Memphitischen Priesterstammbaum erscheint er als Vorgänger → Psusennes' I., während Manetho, der ihm 4 Regierungsjahre zuschreibt, ihn nach → Psusennes I. einordnet. Am wahrscheinlichsten ist es, ihn als schon betagten und daher ephemeren Herrscher, der gegen Ende seiner Regierung Psusennes I. zum Mitregenten machte, anzusehen (gegen Manetho), der aber eine eigene Regierungszeit aufweist.

Zu Beginn der Regierung vielleicht des A. (K. A. Kitchen; nach K. Jansen-Winkeln bezieht sich das Datum auf den Hohenpriester → Mencheperre ᶜ) ordnet ein Orakel des Amun die Rückkehr der in die Oase Charge verbannten Gegner (s. auch → Pinudjem I.) an *(Stele der Verbannten).* Hoherpriester des Ptah in Memphis zur Zeit des A. ist ᶜAschachet.

Lit.: P. MONTET, *Tanis, Vol. II: Psousennes,* 105. 108, fig. 44; *TIP* §§ 3. 5. 18. 23 f. 27. 32. 41. 56. 61. 151–153. 214. 218 u. Anm. 101. 385. 417 u. Anm. 131. 431. 435. 441. 443, Tff. 1. 2. 7–9; BONHÊME, *Noms royaux,* 57–59; K. JANSEN-WINKELN, *ZÄS 119* (1992), 36; N. DAUTZENBERG, *GM 142* (1994), 61–66.

Amenemope (Amenemipet)

4. König der 21. Dynastie (993–984), Sohn → Psusennes' I. und der Mutnedjmet, Nachfolger seines Vaters. A. *(»Amun ist in Luxor«)* ist in Tanis auch Hoherpriester des Amun. Sein Thronname ist *Mächtig an Maᶜat, ein Re* ᶜ. Unklar ist, ob → Siamun ein Sohn A.s ist; direkter Nachfolger A.s ist jedoch → Osochor.

Manetho gibt A. 9 Jahre. Sehr unsicher ist eine zweijährige Mitregentschaft mit seinem Vater (bis 991) (etwa vertreten von K. A. Kitchen, abgelehnt von K. Jansen-Winkeln). Die Aufschrift einer Mumienbinde mit dem Regierungsjahr ›49‹ ist nicht auf A., sondern auf → Psusennes I. zu beziehen (K. A. Kitchen) oder (so K. Jansen-Winkeln) als letztes Jahr des Hohenpriesters → Mencheperre‘ aufzufassen. Nachfolger im thebanischen Oberpontifikat in der Regierungszeit A.s sind → Smendes II. und → Pinodjem II.

Außenpolitisch kann man lediglich das im Alten Testament (1 Könige 11, 14–22) berichtete Asyl für den edomitischen Kronprinzen Hadad in Ägypten möglicherweise in die Regierung A.s datieren.

Von einer Bautätigkeit des Königs sind lediglich Blöcke von der Kapelle der Isis, Herrin der Pyramiden, in Giza und ein Block aus Memphis (Ptah-Tempel; mit der Göttin Sachmet) bekannt. Bestattet zunächst im Königsfriedhof von Tanis in einer kleinen Kammer (Grab IV), wird A. dann – vermutlich durch → Siamun – in die ursprünglich für seine Mutter Mutnedjmet bestimmte Kammer des Grabes Psusennes’ I. umgebettet. Bei ihrer Öffnung durch P. Montet am 16. April 1940 fanden sich von der Grabausstattung u.a. eine Goldmaske, zwei Halskragen, zwei Pektorale, Armbänder und Ringe, Gold- und Silbergefäße sowie ein Brustschmuck in Gestalt eines Falken.

Lit.: P. MONTET, *Nécropole royale de Tanis II*, 1951, 159–175; *TIP* §§ 2–5 u. Anm. 30. 13. 18. 21–25. 27–35. 61. 64. 93. 221f. u. Anm. 135. 229. 231. 234. 371–378. 387f. 395. 417. 431–433. 445, Tff. 1. 2. 7–9; BONHÊME, *Noms royaux,* 77–82, H. STIERLIN / C. ZIEGLER, *Tanis. Trésors des pharaons,* 1987, passim; K. JANSEN-WINKELN, *ZÄS 119* (1992), 22–37.

Amenhotep I. (Amenophis[*])

2. König der 18. Dynastie (1504–1483 oder 1514–1493), Nachfolger des → ‘Ahmose. Manetho (nach Josephus) überliefert als Regierungszeit 20 Jahre und 7 Monate, während der Astronom und Erfinder einer Wasseruhr Amenemhet mitteilt, 21 Jahre unter A. gelebt zu haben. Das höchste Datum seiner Regierungszeit (Besuchergraffito aus dem Bereich der Stufenpyramide des → Djoser in Saqqara) ist das 20. Jahr. Bei seinem Tod dürfte A. nach Ausweis seiner Mumie etwa 50 Jahre alt gewesen sein.

A. stammt von der 17. Dynastie ab; der eigentliche Familienwechsel vollzieht sich erst mit seinem Nachfolger → Thutmosis I. Seine Eltern sind ‘Ahmes Nefertari und → ‘Ahmose. A. hat drei Brüder (‘Ahmose (-‘anch), Siamun, ‘Ahmose-Sipair’) und sechs Schwestern, von denen Meritamun seine Gemahlin ist. Eine von der älteren Forschung angesetzte zweite Frau ‘Ahhotep II. ist dagegen vermutlich zu streichen.

---

[*] Die korrekte griechische Form ist ›Amenothes‹; ›Amenophis‹ entspricht ägyptischem Amen(em)ope.

Ein zum Thronfolger ausersehener Prinz Amenemhet (in dessen Dienst ein in Deir el-Bahari bezeugter Güterverwalter Seniu steht) stirbt früh, so daß A. im Spätsommer 1514 oder 1504 (Krönung am 24. August?) zur Herrschaft gelangt und die Titulatur Horus *Der Stier, der die Länder niederzwingt,* Nebti *Groß an Schrecken,* Gold *Beständig an Jahren* und den Thronnamen *Mit heiligem Ka, ein Re* ʿannimmt.

A. orientiert sich an der Gründungszeit des Mittleren Reiches, insbesondere an → Mentuhotep II. und → Sesostris I./III., wie etwa die Baupolitik deutlich erkennen läßt. Verschiedene Denkmäler kennen wir aus Karnak, wo er, ausgehend von dem Kernbau des Mittleren Reiches, verschiedene Tempelbauten und Kapellen errichtet, u. a. einen Alabasterkiosk *Amun ist beständig an Denkmälern* und eine Kopie der *Weißen Kapelle* → Sesostris' I. Schräg zu dem Totentempel → Mentuhoteps II. in Deir el-Bahari entsteht wohl ein Barkenheiligtum für das *Schöne Fest vom Wüstentale,* den Besuch der thebanischen Westseite durch die Göttertriade von Karnak. Neben weiteren Bauten ist A. auch der (Aus)bau des Prozessionsheiligtums der ʿAhmes-Nefertari mit einem Sedfestkiosk zuzuschreiben. Im Nordbezirk von Abydos entsteht ein Tempel mit einer Kapelle für → ʿAhmose; in Elkab eine Kapelle für die Göttin Nechbet. Inschriften oder Fragmente stammen dazu aus Gebel es-Silsile, Schatt er-Rigal, Kom Ombo und Elephantine. Durch ihre Lage in Nubien besonders bedeutend sind ein kleiner Tempel in der Festung → Sesostris' III. in Uronarti am 2. Nilkatarakt (Inschrift des »Vorstehers der südlichen Fremdländer« Turi) sowie Stelen und eine Statue von der Insel Sai, zwischen dem 2. und 3. Katarakt. In Serabit el-Chadim im Sinai hat A. der Hathor einen Tempel errichtet. Die meisten rundplastischen Darstellungen A. s stammen aus späterer Zeit (zeitgenössisch ein Osirispfeiler in Deir el-Bahari, die Statue in Sai und zwei Statuetten); nur wenige Stelen sind bekannt.

Bis etwa zur genannten Insel Sai scheint die Südgrenze des Reiches vorgeschoben worden zu sein. Aus den biographischen Inschriften des Ahmose (Sohn des Abn, aus Elkab) und des ʿAhmose-Pennechbet sind militärische Vorstöße nach Nubien (u. a. gegen einen Nomadenchef) bezeugt. Entsprechende Nachrichten zu Palästina-Syrien fehlen. Vizekönig von Kusch ist Turi als Nachfolger seines Vaters ʿAhmose-Satait.

Im innenpolitischen Bereich ist die Konsolidierung des Staates und der Aufbau der Verwaltung (→ ʿAhmose) am wichtigsten. Der Inhaber des Wesirats unter A. ist nicht sicher bestimmt (Tetinefer, Imhotep, ʿAhmose-ʿAmas?). Als Siegelvorsteher (Schatzmeister) ist Jamu (Leiter der Arbeiten am Hathorheiligtum in Serabit el-Chadim, daher wohl auch Expeditionsleiter) belegt (zuvor amtiert vielleicht noch Neferperet). Von den Gü-

terverwaltern ist außer dem genannten Seniu nur der oberste Güterverwalter der ʿAhhotep, der Großmutter A.s, namens Kares bekannt. Bürgermeister von Theben ist Seni; Leiter der Bauarbeiten Ineni (→ Thutmosis I.).

Hohepriester des Amun sind vielleicht (die zeitliche Einordnung ist
nicht ganz gesichert) Minmonth und Parennefer.

Aus der Regierungszeit A.s stammt der medizinische Papyrus Ebers
(mit dem für die Chronologie wichtigen, umstrittenen Sothisdatum aus
seinem 9. Jahr).

In ramessidischer Zeit werden A. und seine Mutter ʿAhmes-Nefertari
als Schutzgottheiten der thebanischen Nekropole verehrt, besonders in
der Arbeitersiedlung von Deir el-Medineh.

Während die Mumie A.s sich in der Cachette von Deir el-Bahari fand
(→ Masaharta, Pinudjem I.), ist die Lokalisierung seines Grabes in
Theben-West umstritten, dies trotz der Beschreibung der Ortslage anläß-
lich der Inspektion im 16. Jahr → Ramses' IX. (Papyrus Abbott; gegen
die Verläßlichkeit dieses Berichts D. Polz). Möglicherweise ist es
das Grab KV 39, südlich von und höher über dem Südarm des Tals der
Könige gelegen (A. Dodson, anders C. N. Reeves [*ANB* über Diraʿ Abu'l
Nagʿa]).

Lit.: F. J. SCHMITZ, *Amenophis I.*, 1978 (HÄB 6); L. BRADBURY, *JARCE 22*
(1985), 73–95; A. M. DODSON, *ZÄS 115* (1988), 110–123; C. N. REEVES, *Valley
of the Kings*, 1990, 3–9; D. POLZ, in: R. H. WILKINSON (Ed.) *Valley of the Sun
Kings*, 1995, 8–21. Lit. zu ʿAhhotep → ʿAhmose.

Amenhotep II.

7. König des 18. Dynastie (1427–1401). (Abb. 9) Nachfolger seines Vaters → Thutmosis III., dessen Mitregent er während 2⅓ Jahren ist, nachdem er nach dem Tod des Thronerben Amenemhet Thronfolger geworden ist. Die Angaben zur Regierungslänge bei Manetho nach Josephus
(25 Jahre, 10 Monate) und in den inschriftlichen Belegen (höchstes belegtes Jahr 26) stimmen überein. Die Ausbildung des Königs erfolgt in Memphis (hier auch erste Verwaltungsaufgaben an den königlichen Werften).

A. nennt sich in seiner Titulatur Horus *Starker Stier, mit großer Kraft*
(und Varianten), Nebti *Reich an Macht, der in Theben inthronisiert ist*
(bzw. *Mit glänzenden Erscheinungen/Kronen in Karnak)*, Gold *Der mit
seiner Macht in allen Ländern erobert,* Thronname *Mit großen Gestalten,
ein Reʿ;* der Geburtsname *Amun ist gnädig* erhält den Zusatz *Gott, Herrscher von Heliopolis.* Mutter A.s ist Meritreʿ, seine Gemahlin Tiʿaʾ. Entgegen der älteren Forschung ist er nicht mit seiner Schwester Meritamun
verheiratet. An Kindern sind eine Tochter (fraglich) und bis zu neun
Söhne (darunter der Nachfolger → Thutmosis IV.) bekannt. Nach der Be-

urteilung etwa von N. Grimal (*Histoire de l'Egypte ancienne*) soll A. »weniger intellektuell« als sein Vater gewesen sein; er erscheine geradezu als »Soldatenkaiser«. In den königlichen Texten werden die außergewöhnliche physische Kraft und die sportlichen Leistungen – Bogenschießen, Pferdedressur, Rudern und Laufen – betont (Sphinxstele A. s); das Schießen von Pfeilen durch dicke Kupferscheiben etwa (ein auch bei Odysseus bezeugtes Motiv) wird auch bildlich dargestellt. Daneben wird gewöhnlich die Grausamkeit seiner Kriegsführung als besonders unägyptischer Charakterzug herausgestellt. Ein sprechendes Zeugnis ist ein Brief, den er im 23. Regierungsjahr an seinen ehemaligen Kameraden Usersatet, den Vizekönig Nubiens, richtet.

Im einzelnen sind Feldzüge für das Jahr 3 und die Jahre 7 und 9 bezeugt. Die erste Unternehmung fällt in den Beginn der Alleinherrschaft und kann daher auch als Kampagne verstanden werden, die eher den Erfordernissen des Dogmas als jenen der außenpolitischen Lage entspricht. Nur knapp auf Stelen in Amada und Elephantine erwähnt, führt sie nach Tachsi, ein Gebiet südlich von Qadesch am Orontes. Sieben erschlagene Fürsten werden kopfüber am Bug des Schiffes befestigt, sechs davon an der Stadtmauer von Theben, der siebte an der Mauer von Napata am 4. Nilkatarakt aufgehängt. Unklar ist, ob die Gefangenen lebendig in Gruben verbrannt werden (dagegen jetzt H. Goedicke).

Der Feldzug des Jahres 7 dürfte seinen Anlaß in einem Vorstoß des Mitanni-Königs Schauschtatar in Nordsyrien gehabt haben; er führt das ägyptische Heer weit nach Norden (Qadesch, Nija; ob auch nach Ugarit, ist zweifelhaft), wobei der Orontes überquert wird. Eine zeitliche Lücke im Feldzugsbericht, nach der A. nach Süden zurückkehrt, macht wahrscheinlich, daß er gegen Mitanni eine Niederlage erleidet (E. Edel, W. Helck; anders P. Der Manuelian); eine Rebellion wird niedergeschlagen. Da in der Tat viele der auf dem Rückzug als erobert genannten Ortslagen uns unbekannt sind, kann man mit W. Helck vielleicht feststellen, daß »für das Bild des maatgerechten, ewig siegenden ägyptischen Königs die Schilderung seines weiteren Zuges im palästinensischen Raum herhalten [muß], wo nur der Wissende bemerken kann, daß die dort genannten Städte mit ihren Fürsten, die erobert werden, kleine, sonst unbekannte Dörfer sind mit einfachen Dorfschulzen, denen man das Vieh wegtreibt, um die Soldaten zu versorgen« (W. Helck, in: *Akten des 4. Internationalen Ägyptologenkongresses München 1985, 4,* 1991, 8).

Die Kampagne des 9. Regierungsjahres ist von bescheidenerem Ausmaß; sie führt nur an die Küste Palästinas und in die Jezreel-Ebene. Im entsprechenden Bericht werden Mitanni, die Hethiter und Sangar (Babylonien) als Hauptfeinde Ägyptens genannt. Die unglaubhafte Zahl von 80 000 Gefangenen ist verschieden interpretiert worden (Summe der

Gefangenen der Feldzüge → Thutmosis' III. oder Zensuslisten, welche die *de facto* untergebene Bevölkerung des Gebietes beziffern). In der Zeit A.s finden auch wichtige syrisch-palästinensische Gottheiten (Ba'al-Tempel in Perunefer; Reschef, Hauron, Astarte; auch 'Anat?) Eingang in die ägyptische Götterwelt. Für das nubische Gebiet ist ein Feldzug größeren Ausmaßes im 8. Jahr durch eine Felsstele bei Konosso bezeugt.

Als Hauptbeamte der Administration fungieren z.T. persönliche Bekannte des Königs, etwa als Nachfolger des Wesirs Rechmire' Amenemope-Pairi (ein zweiter Wesir neben ihm ist nicht bekannt), als Vizekönig von Kusch Usersatet (an den der erwähnte Brief gerichtet ist), Qenamun, der Verwalter des Kriegshafens Perunefer, Sennefer, Amenemheb, Minmose, die Hohenpriester des Amun Meri und Amenemhet, der Schatzmeister Min, die Schatzhausvorsteher Thotnefer und Amenmessu, der Scheunenverwalter Mencheperre'seneb, der Obervermögensverwalter Ma'anechetef, schließlich der Hohepriester des Osiris von Abydos, Nebwai.

Abb. 9: Amenhotep II. Sphinxkopf (Paris, Louvre, Inv.-Nr. E 10 896).

Eine umfangreiche Bautätigkeit A. s ist bezeugt vom Delta bis in den Sudan, im einzelnen (von Norden nach Süden): Nebesheh und Tell Abu Sefa (inschriftliche Erwähnung von Denkmälern), Heliopolis (Obelisk; Blöcke), Giza (Sphinxtempel; Stelen), Memphis (Block mit A. vor Amun-Re⁽ von Perunefer), Medum (Erwähnung von Bautätigkeit), Hermopolis (Sanktuar; Palast), Dendera (Bau an Hathortempel), Koptos (Erwähnung von Tempelbau), Qamula (Blöcke von Tempel), Medamud (Blöcke), Luxor (Baufragmente), Karnak (Alabasterschrein; Granitkapelle; weitere Kapelle; Sedfest-Kapelle; verschiedene Blöcke, Szenen und Inschriften; topographische Listen u. a.), Theben-West (Grab und Totentempel u. a.), Armant, Tôd, Esna (je Name A. s bezeugt), Elkab (Tempel), Elephantine (Obeliskenpaar), Sehel (Felskapelle), Bigga (Sitzstatue), südlich des 1. Kataraktes in Kalabscha (in späterer Opferszene als Tempelgründer?), Amada (Tempel), Qasr Ibrim (Torleibung), Faras (Blöcke), Buhen (Nord- und Südtempel), Wadi Halfa (Ziegeltempel), Uronarti (Arbeit an Kapelle → Sesostris' III.), Kumma (Erweiterung des Chnumtempels), Sai (Kapelle), Argo (Blöcke), Gebel Barkal (Statuenfragment).

Das Grab A. s im Tal der Könige (KV 35), 1898 durch V. Loret entdeckt (60 m lang; nur die Sargkammer dekoriert: Götterszenen auf den Pfeilern, das Amduat auf den Wänden) wurde unter → Pinudjem I. als Versteck für die Königsmumien eingerichtet und barg bei seiner Entdeckung außer der Mumie A. s jene von → Thutmosis IV., → Amenhotep III., → Merenptah, → Siptah, → Sethos II., → Ramses IV./V./VI.

Lit.: C. M. ZIVIE, *SAK 8* (1980), 269–284; W. HELCK, *GM 53* (1982), 23–25; A. SPALINGER, *JSSEA 13* (1983), 89–101; C. C. VAN SICLEN III, *GM 82* (1984), 61–64; C. LALOUETTE, *Thèbes ou la naissance d'un empire,* 1986, 379–412; P. DER MANUELIAN, *Studies in the Reign of Amenophis II,* 1987 (HÄB 26) (mit der älteren Literatur; ABD EL HAMID ZAYED, *Mél. Mokhtar I,* 1985, 5–17 u. pl. I–II; DERS., *ASAE 66* (1987), 75–109; C. N. REEVES, *Valley of the Kings,* 1990, 192–199; H. GOEDICKE, *SAK 19* (1992), 133–150; E. F. WENTE / J. E. HARRIS, in: *After Tut⁽ankhamun,* ed. C. N. REEVES, 1992, 9 f.

Amenhotep III.

Der Sohn → Thutmosis' IV. und der Mutemwia und Vater → Amenhoteps IV. (Echnaton), 9. Herrscher der 18. Dynastie (1379–1340 oder 1379–1353 v. Chr.).

A. gilt häufig als Repräsentant der »morbiden Dekadenz« am Ende von Jahrzehnten der Verfeinerung und des Lebensgenusses, als welcher er »in tatenlosem Wohlleben [versank]« (W. Wolf, *Das alte Ägypten,* ²1978, 115). Er wird als »träger und apathischer, am Ende seines Lebens kränklicher Herrscher, als orientaler Despot« beschrieben, als nachsichtiger, ja schwacher König (B. von Bothmer, nach: *The Dazzling Sun,* 30), der der Selbstverherrlichung huldigte und dem Vergnügen anhing (W. C. Hayes,

Abb. 10: Amenhotep III. Statue aus der Cachette des Luxortempels (Ägyptisches Museum Luxor).

nach: *The Dazzling Sun,* 29 f.), als König, der »mehr repräsentierte als regierte« (H. Schlögl, *Echnaton – Tutanchamun,* ³1989, 2).

Alle diese Urteile, die meist prospektiv aus der Zeit der Thutmosiden oder retrospektiv aus der Reformation Echnatons heraus gefällt wurden, sind subjektiver Natur. In bewußtem Gegensatz formuliert etwa L. M. Berman: »In Tat und Wahrheit war (A.) ein Meisterdiplomat. Das allgemeine Bild, das sich zeigt, ist das eines Machtgleichgewichts, das sorgfältig beibehalten wurde, da alle Parteien von dem durch gegenseitige Bündnisse gesicherten und durch einen blühenden Güteraustausch unterstützten Frieden profitierten« (*The Dazzling Sun*, 59). Der gewaltige Umfang seiner architektonischen Hinterlassenschaft wird nur von der Bautätigkeit → Ramses' II. übertroffen und verweist auf den Wohlstand Ägyptens und eine funktionierende Verwaltung als dafür unabdingbare Voraussetzungen.

Zuerst ist der spätere König für uns als Kronprinz im thebanischen Grab 64 des Heqaerneheh greifbar. Sein Alter zum Zeitpunkt der Thronbesteigung wird bisher meist als 10–12 Jahre bestimmt, ausgehend von dem maximalen Todesalter der ihm zugeschriebenen Mumie (50 Jahre) und der Regierungsdauer von 38 Jahren (Manetho nach Josephus: 38 Jahre 7 Monate; Krugaufschriften aus Malqata bis an das Ende des 38. Jahres belegt) sowie unter Berücksichtigung der kurzen Lebensdauer seines Vaters Thutmosis IV., die wiederum aus der jenem zugeschriebenen Mumie abgeleitet ist (28 Jahre).

Ob die Zuweisung der Mumien an die beiden Könige unzutreffend ist (so Wente/Harris), so daß ein höheres Alter möglich wäre, zumal schon im 2. Jahr des Königs Teje als seine große königliche Gemahlin erscheint, muß sich erst noch bestätigen.

Teje ist nicht königlicher, sondern ungewöhnlicherweise »bürgerlicher« Herkunft; ihre Eltern Juja (Minpriester und Vorsteher der Pferde) und Tuja stammen aus dem oberägyptischen Achmim (→ Aja [II.]) und besitzen ein Korridorgrab im Tal der Könige (KV 46; mit dem Grabschatz 1905 durch Th. M. Davis entdeckt).

Die außergewöhnliche Bedeutung der Königin, die noch im 13. Jahr → Amenhoteps IV. lebt (Besuch in Amarna), wird etwa aus dem Brief 28 der Amarna-Korrespondenz (Schreiben des Tuschratta von Mitanni an Amenhotep IV.) deutlich; ihr Bruder ʿAnen ist 2. Prophet des Amun. Als Form der Hathor erhält sie einen Tempel im sudanesischen Sedeinga. An Kindern A.s und Tejes sind ein Kronprinz Thutmosis (als Hoherpriester des Ptah in Memphis Vollzieher des ersten Begräbnisses eines Apisstieres in Saqqara; Katzensarkophag als Zeugnis der Tierverehrung), der Thronfolger (nach dem Tod des Thutmosis) → Amenhotep IV. und vier Töchter (Satamun, Isis, Henuttaunebu, Nebetʿah) bekannt..

Der König heißt Horus *Starker Stier, der in/als Maʿat erscheint* (d.h. König wird), Nebti *Der den Gesetzen Bestand gibt, der die beiden Län-*

der beruhigt, Gold *Mit großer Schlagkraft, der die Asiaten schlägt,* Thronname *Herr der Maᶜat, ein Reᶜ,* Geburtsname *Amun ist gnädig, Herrscher von Theben.* Hinzu kommen Varianten, etwa auf der südlichen Sitzstatue seines Totentempels (Memnonskoloß): Horus *Herrscher der Herrscher, ruhmreicher König in Theben;* Nebti *Mit zahlreichen Monumenten, seiner Kraft gleichkommend, die aus dem unterägyptischen zu dem oberägyptischen Heliopolis gebracht wurden;* Gold *Der sein Haus der Ewigkeit vergrößert;* aber auch häufige Epitheta, etwa *Glänzende Sonnenscheibe (Aton) aller Länder.*

Für die religiöse Situation am Vorabend der Amarnazeit ist in jüngster Zeit die »Neue Sonnen-Theologie« (J. Assmann) als konstitutiv erkannt worden, wovon der durch Echnaton propagierte Glaube nur eine radikale Variante darstellt, während sie selber nach dem Ende Amarnas andauert. Sie läßt sich definieren »als die Auslegung und Darstellung des Sonnenlaufs in den nicht-konstellativen Kategorien der expliziten Theologie«. Der Sonnenlauf wird nicht mehr in mythischen Bildern und als Handlungen einer Götterwelt verstanden, sondern die kosmischen Phänomene werden theologisch aufgrund der wirklich sichtbaren Phänomene (Sonne, Licht, Bewegung) gedeutet. Der politische Hintergrund dieser Theologie ist der Universalismus, den die Erfahrung der historischen Situation Ägyptens als nur eines Teils einer viel weiteren Welt mit sich bringt. W. Helck hat für die Innenpolitik vermutet, daß sich gegen Ende der Regierungszeit A. s eine traditionalistische Partei (um die Person des Königs) und eine fortschrittliche Partei (um den Kronprinzen Amenhotep) gegenübergestanden hätten, von denen letztere nach dem Tode des Königs mit der Umsetzung ihres Programmes begonnen habe. Dem stehen jedoch der Zusammenhang der beiden Theologien und der traditionelle Regierungsbeginn → Amenhoteps IV. entgegen.

Für die Ereignisgeschichte und Außenpolitik der Zeit sind zwei besondere Quellengruppen zu nennen. Zum einen gibt es fünf Serien von Gedenkskarabäen, die besondere Ereignisse der Regierungszeit verewigen. Es sind dies: 1) der Heiratsskarabäus zur Vermählung A. s mit Teje, der ihre Eltern nennt und den König als Herrscher vom Sudan bis zur Euphratregion bezeichnet; 2) ein Skarabäus aus dem 2. Regierungsjahr über eine Wildstierjagd, der Teje als königliche Gemahlin nennt; 3) ein Skarabäus, der 102 vom König in den ersten 10 Jahren erlegte Löwen nennt, 4) historisch am wichtigsten der Skarabäus, der von der diplomatischen Heirat A. s mit Giluchipa, Tochter des Mitanni-Königs Schuttarna, berichtet, 5) der Bericht über die Anlage eines »Lustsees« für Teje im Jahre 11.

Bedeutender sind die Amarna-Briefe (1887 gefunden), Teile der diplomatischen Korrespondenz der Könige A. und Amenhotep IV. mit den

Herrschern der anderen orientalischen Großmächte (sog. »internationale Korrespondenz«) und den Stadtfürsten Syrien-Palästinas (dazu → Amenhotep IV.), die bei der Aufgabe Amarnas als nicht mehr benötigtes Kanzleischriftgut zurückgelassen wurden. Die internationale Korrespondenz geht nach C. Kühne für Mitanni bis in das 31./32. Jahr A.s zurück, bei der Babylon-Korrespondenz sogar vielleicht bis zum 25. Regierungsjahr. Sie enthält nur wenige im eigentlichen Sinn historische Informationen, sondern v.a. Freundschaftsbeteuerungen, Heiratsverhandlungen und Geschenklisten. Mit Schuttarna von Mitanni wird um die erwähnte Giluchipa, mit seinem Sohn Tuschratta um Taduchipa verhandelt, mit Burnaburiasch von Babylon um eine weitere Prinzessin, für die A. Geschenke aus mehr als einer halben Tonne Gold liefert. Auch Töchter Kurigalzus II. und Kadaschman-Charbes von Babylon finden Aufnahme in den Harem A.s (vgl. Darstellung auf Siegel [H. Schmidt]).

Die außenpolitische Lage in Syrien-Palästina scheint – vor der Ablösung des Mitanni-Reiches durch die Hethiter – noch derart zu sein, daß ein militärisches Eingreifen nicht erforderlich ist (zu den Ereignissen → Amenhotep IV.). Als Statthalter in diesem Gebiet sind Cha'emwaset und Penhet bekannt. Zu der Verbindung mit Asien ist weiter erwähnenswert, daß A. auf einer Statuette in asiatischer Tracht dargestellt ist und sich in seinem 36. Jahr angesichts einer Krankheit von Tuschratta das heilkräftige Bild der Ischtar von Ninive erbittet.

In Gegensatz zu Asien ist wenigstens für die Anfangsjahre A.s eine aktivere Nubienpolitik deutlich. Im 5. Jahr hören wir von einem Feldzug nach Kusch (3 Stelen bei Assuan und auf Sai; bis zum 5. Katarakt?), auf einer Stele in Semne von einer Expedition des Vizekönigs von Kusch, Merimose, gegen Ibhet (südöstlich des 2. Katarakts). Ob es sich dabei um eine einzige oder zwei verschiedene Kampagnen handelt, ist nicht sicher. Enge Beziehungen bestehen zur Ägäis; in Ortsnamenlisten aus seinem Totentempel in Theben-West werden etwa Mykene, Knossos, Kythera, Nauplia, sogar Ilios (=Troja VI) genannt.

A. feiert drei Sedfeste in seinem 30., 34. und 37. Regierungsjahr in seinem Palast in Malqata in West-Theben. Besonders hervorzuheben ist hier eine Sedfest-Empore mit ursprünglich 30 Stufen, auf denen liegende Vertreter von Fremdvölkern dargestellt sind. In einem Brief an Kadaschman-Enlil betont er, daß er »als erster das Sedfest (korrekt) feierte«. In der letzten Zeit seiner Regierung erhebt er durch Heirat seine Töchter Sitamun und Isis zu großen königlichen Gemahlinnen, vielleicht mit Blick auf die nichtkönigliche Herkunft Tejes. Hervorzuheben ist noch, daß die Regierungsjahre 12–19 bisher nicht belegt sind.

Die gewaltige Bautätigkeit A.s erstreckt sich vom Ostdelta bis nach Soleb nördlich des 3. Nilkataraktes. Die wichtigeren Ortslagen mit Bauten des Königs sind: Im Delta Bubastis (Tempel), Athribis (Tempelbau für Horus-Chenticheti; Granitlöwe), Letopolis; Heliopolis (Re^c-Tempel), Memphis (Relieffragmente von Tempel des A.-vereinigt-mit-Ptah; Kolossalstatuen Kairo) und Saqqara (Apiskatakomben); in Mittelägypten Hebenu (Türsturz) und Hermopolis (kolossale Pavianfiguren des Thotheiligtums von 4,5 m Höhe).

Der Totentempel A.s in Theben-West, von dem heute nur noch die sog. Memnonskolosse und wenige Reste (Krokodilsphinx; Stele mit Bericht über die Bauten A.s; Statuenbruchstücke) erhalten sind, stellte einst den größten Tempel Ägyptens dar. Hinter den Memnonskolossen erhob sich der 1. Pylon, dann der 2. und 3. Pylon je mit Kolossen bzw. Kolossal-Sphingen, es folgte eine Sphinxallee zum Tor des 4. Hofes (Sonnenhofes), der von Säulenhallen umgeben und mit Königsfiguren (auf ihren Sockeln die Listen fremder Ortsnamen, u.a. aus der Ägäis) ausgestattet war. Das dahinter liegende Tempelhaus diente dem Kult des Königs, des Amun-Re^c und des Ptah-Sokar-Osiris; hier befand sich vermutlich ein großer Sedfest-Zyklus). Im Tempelbereich lagen Nebengebäude, Gärten, Seen und ein Sokar-Tempel und fanden sich Stelen und Hunderte von Statuen (darunter Nilpferdstatue). Die Anlage wurde etwa um 1220 durch ein Erdbeben zerstört und abgetragen (Blöcke wiederverwendet im Totentempel des → Merenptah).

Im Karnaktempel stammt von A. der Mittelgang der großen Säulenhalle, der 3. und 10. (von → Haremhab vollendete) Pylon (beim 10. Pylon einst 18 m hohe Kolossalstatue), der große Skarabäus am Heiligen See; in Karnak-Nord der Tempel des Amun-Re^c und der Ma^{c}at sowie zwei rote Granitobelisken. Vielleicht geht auch eine frühe Anlage des Chonstempels auf A. zurück (zusätzlich ein ›Kornspeicher‹ beim 2. Pylon). Im Mut-Tempel läßt A. etwa 600 Statuen der Göttin Sachmet aufstellen (dazu J. Yoyotte).

In Luxor läßt A. den Hauptteil des heute erhaltenen Tempels unter der Oberaufsicht des Vorstehers der Arbeiten in Ipetresut (Luxortempel) und Schatzhausvorstehers Sobekmose und der Architekten Suti und Hor errichten. Die Hauptfunktionen des Tempels waren die Abhaltung des Opetfestes und der Königskult (hier Darstellung der göttlichen Geburt A.s), er bildete die »mythologische und theologische Machtgrundlage der regierenden Könige vom Neuen Reich an« (L. Bell). Die besondere Bedeutung wird deutlich durch die Ersetzung des Baldachins im Barkensanktuar durch einen steinernen Naos noch durch → Alexander den Großen und die Umwandlung des Achtsäulensaals in eine Kaiserkultstätte in römischer Zeit.

Der Luxortempel A.s gliedert sich in ein Tempelhaus (mit Barkensanktuar, hinterem Säulensaal, Statuensanktuar, Dreisäulen/Vierkapellen-

räumen), das gegen vorne durch einen offenen 32-Säulen-Saal abge-
schlossen war und dann durch einen davorgelegten Säulenhof erweitert
wurde. Am Ende der Regierungszeit A.s wurde davor die (unter
→ Tutʿanchamun und → Haremhab vollendete) Kolonnade angesetzt.

Südlich von Theben ist die Bautätigkeit A.s u.a. in Sumenu (bei Gebelein) (Sobektempel; Kolossalgruppe A.s mit Sobek), Elkab (Dekoration
der Kapelle für Nechbet), Elephantine (Schrein), el-Sebua (Kapelle; hier
A. selber vergöttlicht); Aniba (Blöcke von Horustempel); Quban (ge-
stempelte Ziegel), Soleb (Tempel für Amun-Reʿ von Karnak und den vergöttlichten A.) und Sedeinga (Tempel für vergöttlichte A. und Teje), Sai
(Blöcke) sowie Kawa (Bruchstück eines Granitwidders oder -löwen) bezeugt.

Von A. existieren über 1000 Monumentalstatuen als König oder Gott,
wovon 45 über 3 m hohe Kolossalstatuen sind – mehr als von jedem
anderen ägyptischen Herrscher. Davon sei hier besonders die 1989 zutage
gekommene, im Hof des Luxortempels vergrabene Statue A.s (auf einem
Schlitten) hervorgehoben (Abb. 10).

Aus der Verwaltung sind als wichtigere Beamte zu nennen: Amenophis Hapu aus Athribis (autobiographische Inschrift; Statuen; Grab in
Theben-West / Qurnet Murai,»eine der größten Gestalten in der ägyptischen Geschichte« (L. M. Berman), der als Rekrutenschreiber, Vorsteher
der Arbeiten des Königs (schließlich Verwalter der königlichen Tochter
und Gemahlin Sitamun) u.a. die Arbeit in den Quarzitsteinbrüchen des
Gebel Ahmar und die Fertigung der Kolossalstatue am 10. Pylon sowie
der Memnonskolosse leitet und als einmaliges Privileg einen eigenen
Totentempel nordwestlich jenes A.s erhält (daher der topographische
Name *Medinet Habu,* Stadt des Hapu). Er wird bis in ptolemäische Zeit
als Heiliger verehrt (Tempel für Amenophis Hapu und Imhotep in Deir
el-Medineh).

Die Wesire der Regierungszeit A.s sind: zu Beginn Ptahmose (auch
Hoherpriester des Amun, Vorsteher aller Arbeiten des Königs, Bürgermeister von Theben, Vorsteher der Priester von Ober- und Unterägypten),
dann Raʿmose (dessen Grabreliefs den Umbruch zu → Amenhotep IV.
zeigen), Amenhotep-Haj (beide Vorsteher der Priester von Ober- und Unterägypten; Amenhotep auch Vorsteher der Arbeiten des Königs in den
Gauen Ägyptens, bezeugt in Gebel Silsila, sein Grab 1978 entdeckt) und
der Syrer ʿAbdʾel (»ʿAperel«; großes Grab in Saqqara 1980 entdeckt).

Schatzhausvorsteher sind Sobekmose und sein Sohn Sobekhotep
(zuständig für die Arbeit in den Steinbrüchen von Hatnub [u.a. Statue
A.s mit Sobek] und am Luxortempel), Sebekhotep/Panehesi (der im
36. Regierungsjahr eine Expedition zu den Türkisminen des Sinai leitet),
Merimose und Meriptah.

Siegelvorsteher des Königs (Kanzler) sind Merireʿ (sein Grab 1982 in Saqqara entdeckt) und Ptahmose, Vorsteher der zwei Kornspeicher Chaʿemhat.

Güterverwalter A. s ist in Theben Amenemhat-Surar (Grab in Theben-West), in Memphis ein weiterer Amenhotep-Haj (auch Festleiter der memphitischen Götter; Vorsteher des Schatzhauses und der Kornspeicher; vielleicht Bruder des Wesirs Raʿmose), während Verwalter der Güter der Königin Teje Cheruef (Grab in Theben-West mit Szenen vom 1. und 3. Sedfest A. s) ist.

Die Verwaltung Nubiens untersteht dem Vizekönig von Kusch, Merimose, der durch Statuen, Stelen und Felsinschriften vom Wadi Kanais östlich von Edfu bis zum Gebel Barkal am 4. Katarakt bezeugt ist (s. oben zu den nubischen Feldzügen).

Letzte Hohepriester des Amun von Theben vor der Regierungszeit Echnatons sind zuerst der Wesir Ptahmose, dann Meriptah. Zu erwähnen ist hier noch der Schwager A. s, ʿAnen, der das Amt eines 2. Propheten des Amun bekleidet.

Eine oft behauptete Mitregentschaft A. s mit Amenhotep IV. während mehrerer Jahre kann ausgeschlossen werden. Nach dem Tod A. s in seinem 38. Jahr wird der König in seinem Grab, das nicht im eigentlichen Tal der Könige, sondern im Westtal (WV 22) angelegt wurde, bestattet. Dekoriert sind nur die Wände des Grabschachtes und ein Korridor (der König vor Gottheiten) sowie die Sarkophaghalle (Amduat; auf den Pfeilern der König vor Gottheiten). Von der Bestattung fand sich hier nur der Sarkophag, die Mumie dagegen in der zur Cachette umfunktionierten Grabanlage → Amenhoteps II.

Lit.: A. PIANKOFF / E. HORNUNG, *MDAIK 17* (1961), 111–127; C. F. ALING, *A Prosopographical Study of the Reigns of Thutmosis IV and Amenhotep III,* 1976; J. LECLANT, in: *Les Africains,* ed. C.-A. JULIEN et al., 1977, 83–111; J. YOYOTTE, *BSFE 87–88* (1980), 46–75; G. HAENY, *Untersuchungen im Totentempel Amenophis' III.,* Wiesbaden 1981; W. Helck, *Fortschritt und Reaktion,* 1983, 8–11; J. Assmann, *Ägypten. Theologie und Frömmigkeit einer früheren Hochkultur,* 1984, 235–243; D. DEHLER, *SAK 11* (1984), 77–83; *Malkata-South I–IV,* Waseda University Tokyo 1983–1992; C. LALOUETTE, *Thèbes ou la naissance d'un empire,* 1986, 419–503; J. LECLANT, *Journal des Savants,* Juillet-Déc. 1987, I–III; E. CLINE, *Or 56* (1987), 1–36; R. GUNDLACH, in: *FS Fecht,* 1987, 180–217; DERS., in: DERS./M. ROCHHOLZ (Hg.), *Ägyptische Tempel – Struktur, Funktion und Programm* (HÄB 37), 1994, 89–100; M. MÜLLER, *Die Kunst Amenophis' III. und Echnatons,* 1988; Z. TOPOZADA, *BIFAO 88* (1988), 153–164; A. GORDON, *JNES 48* (1989), 15–23; R. G. MARKOT, *JNES 49* (1990), 323–337; L. M. BERMAN (Ed.), *The Art of Amenhotep III: Art Historical Analysis,* Cleveland 1990; A. M. DODSON, *JEA 76* (1990), 87–96; F. J. E. BODDENS HOSANG, *JEA 76* (1990), 178 f.; B. GESSLER-LÖHR, *FS Beckerath,* 1990, 53–73; M. PANIC, *Akten Mün-*

chen, Bd. 4, 1991, 81–86; *Egypt's Dazzling Sun, Amenhotep III and His World, by* A. P. KOZLOFF and B. M. BRYAN with L. M. BERMAN and an essay by E. DELANGE, Cleveland 1992; M. SCHADE-BUSCH, *Zur Königsideologie Amenophis' III.* (HÄB 35), 1992; J. KONDO, in: C. N. REEVES (Ed.), *After Tut'ankhamun,* 1992, 41–54; E. F. WENTE / J. E. HARRIS, ebd., 2–20; H. GOEDICKE, *Problems Concerning Amenophis III,* 1992; D. ARNOLD, *Die Tempel Ägyptens,* 1992, passim; S. BICKEL, *BIFAO 92* (1992), 1–13; TH. SCHULLER-GÖTZBURG, *GM 135* (1993), 89–95; H. SCHMIDT, *RdE 44* (1993), 153–160; J. BERLANDINI, *BSFG 17* (1993), 11–28; P. PAMMINGER, *BSEG 17* (1993), 83–92; J. P. ALLEN, *GM 140* (1994), 7f.; S. YOSHIMURA / J. KONDO, *EA 7* (1995), 17f.; J. KONDO, in: R. H. WILKINSON (Ed.), *Valley of the Sun Kings,* 1995, 25–33; H. JARITZ / S. BICKEL, *BIFAO 94* (1994), 277–285; C. ZIEGLER, in: *Hommages à Jean Leclant,* Vol. 1, 1994, 531–548; D. WILDUNG, *Antike Welt* 26/4 (1995), 245–249. Weitere Lit.: → Amenhotep IV.

Amenhotep IV.

10. König der 18. Dynastie (1340–1324 oder 1353–1336), seit 1335 (1348) *Echnaton* (zeitgenössische Aussprache Amanchatpa, Achanjati), Sohn und Nachfolger von → Amenhotep III. (Abb. 11)

A., der in Mittelägypten als Residenzstadt *Achetaton* (Tell el-Amarna, danach Amarnazeit als Bezeichnung der Epoche) gründete und den Glauben an den Gott Aton als Monotheismus proklamierte, ist der am meisten und am kontroversesten diskutierte ägyptische König. Eigenart und Singularität dieser Episode der ägyptischen Geschichte bewirkten eine vielfältige Rezeption während des 19. und 20. Jahrhunderts.

Die Beurteilung von A. und seiner Zeit in der ägyptologischen Forschung und darüber hinaus ist äußerst gegensätzlich. Einerseits wurde er als eines der »geistigen Häupter der Antike« und einer der größten Führer der Menschheit betrachtet (P. Volz, *Mose und sein Werk,* ²1932, 12), als »erster Idealist« und »kühner Geist, der Gedanken [ausstreute], die unendlich weit über das Verständnis seiner Zeit hinausgingen« (J. H. Breasted, *Geschichte Ägyptens,* 1910, 232; ebenso W. Helck), als konsequenter Rationalist, der mit den Instrumenten seiner Macht virtuos umging (E. Hornung, *Der Eine und die Vielen,* 1971, 241) und einen »brillanten und entschiedenen Geist« besaß (R. W. Smith, in: *National Geographic 138/5* (1970), 638). Anderen galt er als großer Mystiker, seinem Volk durch seinen Fanatismus fremd, der »wie verloren in einem Traum« Ägypten und sein Reich sich auflösen ließ (J. Yoyotte, in: *Dictionnaire de la civilisation égyptienne,* 1959, 5), als »asthenischer Fanatiker« (W. Wolf, *Das alte Ägypten,* ²1978, 131), sogar als »kein intellektuelles Schwergewicht«, »ein ärmlicher Charakter mit einem Hang zum Angebertum« (D. B. Redford, in: *Biblical Archaeology Review 13/3* (1987), 28; ders., *Akhenaton,* 1984, 233). Gegenüber der früheren, häufig verklärenden Verzerrung Amarnas als »heiterer Welt voller Sonnenschein« (A. Erman, *Die Religion der Ägypter,* 1934, 126; auch C. Jacq, *Akhénaton et Néfertiti. Le couple solaire,* 1971, 1, 245 ff.) sieht man heute in ihr eher eine »Zeit religiöser Intoleranz, Verfolgung und Polizeikontrolle« (J. Assmann, *Ägypten,* 1984, 259; W. Helck, *Politische Gegensätze im Alten Ägypten,* 1986, 57).

Kronprätendent an Stelle seines früh verstorbenen Bruders Thutmosis geworden, besteigt A. nach dem Tode seines Vaters Amenhotep III. den Thron. Eine oft behauptete Mitregentschaft während mehrerer Jahre ist nicht nachweisbar. Schon vor der Thronbesteigung wurde A. mit Nofretete (zeitgenössische Aussprache Nafteta), wahrscheinlich einer Tochter des späteren Königs → Aja (II.) aus Achmim, verheiratet, von der er die Töchter Meretaton, Maketaton, Anchesenpaaton (die spätere Gemahlin → Tutʿanchamuns), Neferneruaton die Jüngere, Neferneferure und Setepenre hat. Als Schwestern sind Satamun und Baketamun bekannt. Möglicherweise sind → Semenchkareʿ und → Tutʿanchamun, die Nachfolger von A., als seine Söhne aus Ehen mit Nebenfrauen zu betrachten. Von letzteren ist insbesondere die durch Teile der Grabausstattung aus Grab 55 im Tal der Könige bekannte Ki'a bedeutsam, die aber nur bis ins 12. Jahr von A. bezeugt ist (→ Semenchkareʿ).

Der Beginn von A.s Regierung in Memphis oder Theben wird durch eine traditionelle Königstitulatur als Fortführung der Politik seiner Vorgänger charakterisiert. Der König heißt Horus *Starker Stier, mit hohem Federpaar,* Nebti *Mit großem Königtum in Karnak,* Goldhorus *Der die Kronen erhebt in Theben,* Thronname *Mit vollkommenen Gestalten, ein Reʿ, Einziger des Reʿ,* Geburtsname *Amun ist gnädig, Gott und Herrscher von Theben.* Zusätzlich führt der König den Beinamen *Der von der Maʿat lebt.*

Aus dieser Anfangszeit erfahren wir von der Aufstellung eines Obelisken in einem Tempel des Reʿ-Harachte-Aton östlich des Amuntempels und weiteren Bauten in Karnak, während er sich noch zu der bisherigen Religion bekennt (vor der Göttin Nechbet auf den Felsstelen von Zernik; opfernd vor seinem vergöttlichten Vater im Tempel Amenhoteps III. in Soleb; mit seiner Mutter Teje vor den alten Göttern im thebanischen Grab des Cheruef). Das erste Sedfest feiert er nach drei Regierungsjahren in Theben.

Die religiöse Umgestaltung A.s wächst aus der theologischen Bewegung der »Neuen Sonnen-Theologie« (J. Assmann) der Zeit → Amenhoteps III. als eine radikale Variante hervor. Sie wird als »Revolution von oben« (E. Hornung) im 4. Regierungsjahr umgesetzt und zwischen dem 6. und 9. Jahr vollendet. Wohl schon im 3. Jahr wird mit dem Bau eines Atontempels östlich des Amuntempels in Karnak begonnen, in dessen

Dekoration Nofretete prominent hervortritt; im 4. Jahr wird der Hohepriester des Amun Maj ausgeschaltet und Aton an die Spitze des Pantheons gesetzt.

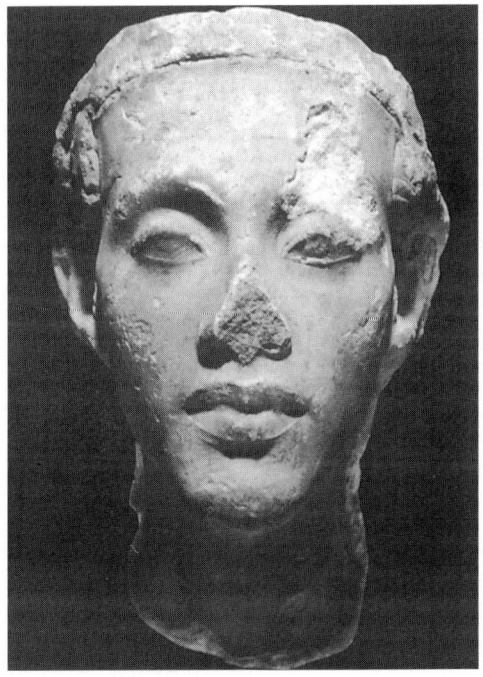

Abb. 11: Amenhotep IV. Abguß eines Kopfes (Ägyptisches Museum Berlin, Inv.-Nr. 21 348).

Vorderhand werden nur Totengottheiten eliminiert und im Gegenzug solare Götter bevorzugt. Der Gott Aton selber erhält einen lehrhaften, in Kartuschen eingeschriebenen Namen: *Es lebt Re'-Harachte, der im Horizont jubelt, in seinem Namen Schu (Licht), der (das) Aton (die Sonne) ist* (bzw. *in Aton ist / aus Aton kommt).* Die aus dieser Zeit stammenden Kolossalstatuen A.s aus Karnak sind wie die sonstige Kunst religiöse Propaganda; sie zeigen A. in der geschlechtslosen Gestalt des Urgottes. Der Gott Aton selber wird ausschließlich als Sonnenscheibe, deren Strahlen in lebensspendende Hände auslaufen, dargestellt; es gibt keine Kultbilder.

97

Im 5. Jahr gründet A. in Mittelägypten, gegenüber Hermopolis, auf unberührtem Boden, der »keinen Göttern und keinen Göttinnen gehört«, als neue Residenzstadt *Achetaton,* den »Horizont Atons«, dessen Gebiet durch 14 Grenzstelen markiert wird. Die von vielleicht 50 000–100 000 Einwohnern besiedelte Stadt dient als Hauptkultort und Residenz, während die staatliche Verwaltung großenteils in den bisherigen Metropolen Memphis und Theben bleibt. Noch im selben Jahr ändert A. seinen Geburtsnamen – ein singulärer Vorgang – in *Achanjati* (Echnaton) »Strahl/ Emanation des Aton«; er heißt nun Horus *Starker Stier, geliebt von Aton,* Nebti *Groß an Königtum in Achetaton,* Goldhorus *Der den Namen des Aton emporhebt,* Thronname *Mit vollkommenen Gestalten, ein Re˓, Einziger des Re˓,* Eigenname *Strahl des Aton.* Im 9. Jahr wird der lehrhafte Name des Aton nochmals geändert zu *Es lebt Re˓, der horizontische Herrscher, der im Lichtland jubelt, in seinem Namen als Re˓ der Vater, der als Aton kommt (bzw. Aton ist).*

Die nicht geoffenbarte, sondern gestiftete und verordnete Religion Amarnas verneint die bisherige Realität und will die Macht ihres Gottes in der sichtbaren Welt aufweisen. Sie ist geradezu eine »Theologie des Lichts«, die in dem wohl von Echnaton selbst verfaßten Kleinen und Großen Atonhymnus (überliefert im Beamtengrab des → Aja) ihre dogmatische Festlegung erfährt. Bilder der realen Natur ersetzen nun den Mythos; Nacht und Unterwelt als Aton feindliche Bereiche werden verdrängt. Die anfangs noch geduldete Existenz anderer Götter, über die Aton lediglich hinausragt (Henotheismus/Monolatrie) wird bestritten: Aton ist nun nicht nur der »Gott ohne seinesgleichen«, sondern der »Gott ohne einen anderen außer ihm«. Damit ist der Glaube an Aton zum ersten Monotheismus der Religionsgeschichte geworden.

Gleichzeitig stellt das Königspaar den zweiten Brennpunkt des Glaubens dar. An die Stelle bisheriger Mittler zwischen den Gläubigen und dem Gott oder des direkten Kontaktes treten Echnaton und Nofretete, die sogar die Funktion der traditionellen Schutzgöttinnen am Sarkophag des Königs übernimmt. Nur der König hat noch Zugang zu ihm, der belebt und herrscht, aber nicht – wie Amun – spricht, richtet oder in Prozessionen ausfährt. Im Sonnenhymnus formuliert A. entsprechend: »Es gibt keinen anderen, der dich kennt.« Diese königliche Monopolstellung findet Ausdruck in den Hausaltären aus Amarna mit der allein zu verehrenden Trias Aton-Echnaton-Nofretete.

Die Einsetzung des Monotheismus in einer Revolution, »die für wenige Jahre abendländische Denkformen vorweggenommen hat« (E. Hornung), hat ihren negativen Höhepunkt in der Verfolgung der alten Götter, deren Namen auf den Denkmälern ausgemeißelt werden, um sie so der Vernichtung preiszugeben. Gewisse versteckte Hymnen dieser Verfolgungszeit an Amun lassen die Repression politisch und religiös Oppositioneller erahnen.

In den Dienst der Religionspolitik wird die Kunst gestellt, die eine grundsätzliche Veränderung und Neuorientierung erfährt, indem sie den bisher in Stil und Thematik bestehenden Kanon durchbricht. Personen werden wirklichkeitsgetreuer und in ihrer Individualität dargestellt; Emotionen, Bewegung und Ansätze räumlicher Abbildung werden realisiert, die streng symmetrische und axiale Wiedergabe der Tradition teilweise aufgegeben. Neue Themen sind die propagandistische Darstellung der königlichen Familie, auch in intimen Szenen, von Nofretete als König oder von der Verleihung des Ehrengoldes; in der Malerei sind neben einem Fragment der Darstellung der ganzen Familie v. a. Naturdarstellungen erhalten. Besondere Stilmittel und ikonographische Elemente dienen der Umsetzung des Stiles, der auch für Privatleute bindend ist. Im thebanischen Grab des Raᶜmose (→ Amenhotep III.) aus der Übergangszeit Amenhotep III./IV. stehen der traditionelle und der neue Stil nebeneinander. Auf der Suche nach der Verbindlichkeit der neuen Ausdrucksformen ist die erste Phase von extremen Übersteigerungen und Verzerrungen etwa des Königsbildes geprägt, die sich in der Folge abschwächen und in den weichen Stil der späten Jahre übergehen.

Von der Architektur des Königs ist in erster Linie die Stadt Achetaton mit Tempeln des Aton, Kapellen, verschiedenen Palästen, Wohnvierteln für Beamte, Handwerker und Arbeiter und der königlichen und privaten Nekropole im Ostgebirge zu erwähnen, die bestehen sollte »bis der Schwan schwarz und der Rabe weiß wird, bis die Berge aufstehen zu wandern und das Wasser bergauf fließt«. Sie ist nach den Fundamenten rekonstruierbar, aber als solche ebensowenig erhalten wie die Aton-Heiligtümer in Karnak, die geschleift und deren modern »Talatat« genannte Blöcke als Füllmaterial etwa unter dem Hypostylsaal von Karnak sowie im 2., 9. und 10. Pylon wieder verbaut wurden. Verschiedene Szenenfolgen können heute aus den wiedergewonnenen Blöcken (etwa 120 000, davon 30 000 bis 40 000 dekoriert) rekonstruiert werden. Die Heiligtümer von Amarna sind »offene« Tempel, auf deren Tausende von Altären die Strahlen der Sonne fallen.

Neben Karnak ist eine Bautätigkeit Echnatons bezeugt in Athribis, Heliopolis, Memphis, Medum, Antinoë, Assiut, Illahun, Armant, Amada, Sesebi, Elephantine (Kopf einer Statue aus der späten Regierungszeit) und vielleicht an weiteren Orten. Ob sich der König vor der Reform in Theben-West ein Königsgrab (C. N. Reeves vermutet Grab 25 im sog. Westtal) und einen Totentempel anlegen läßt, ist nicht bekannt. Verwaltung und Wirtschaft funktionieren, wie es der Bau einer neuen Residenz und der neuen Tempel voraussetzt, wie zuvor, während die höheren Ämter des Staates auch mit Personen aus niederen sozialen Schichten und Ausländern (auch als Söldner) besetzt werden. Insbesondere ist hier der unterägyptische Wesir ꜥAbd'el (»ꜥAperel«, ein Syrer mit dem semitischen Namen »Diener des El«), zu nennen; die asiatische Herkunft des Kammerherrn und Schatzmeisters Tutu ist zweifelhaft. Oberägyptischer Wesir ist Nachtpaaton, Hoherpriester des Aton Merireꜥ, sein Stellvertreter Pentu (ein Ausländer), Prophetenvorsteher aller Götter ist Parennefer.

Echnaton besitzt in Amarna einen eigenen Kult; Vorsteher seiner Priesterschaft sind wiederum Tutu und der aus armen Verhältnissen aufgestiegene Panehsi. In der militärischen Führung sind die Generäle Maja und Raꜥmes bestimmend. Möglicherweise fällt auch der Beginn der militärischen Laufbahn des späteren Königs → Haremhab in die Regierungszeit Echnatons (auch → Aja).

Die Beurteilung der Außenpolitik des Königs auf der Grundlage des teilweise erhaltenen, 1887 gefundenen diplomatischen Briefwechsels mit den Königen Vorderasiens sowie den Stadtfürsten Syrien-Palästinas ist in einer tiefgreifenden Revision begriffen. Galt A. während Jahrzehnten als »von Anlage her völlig unpolitisch, aber auch bar jeglichen Gefühls der Verpflichtung gegenüber seinen außenpolitischen Aufgaben« (K. Lange, *König Echnaton und die Amarnazeit,* 1951), da er den Rufen der palästinensischen Stadtstaaten nach militärischer Hilfe aus Teilnahmslosigkeit oder wegen der angespannten innenpolitischen Lage nicht Folge geleistet und damit den Verlust des syrischen Einflußgebietes verschuldet habe, so ist heute nur eine wesentlich andere Beurteilung vertretbar. Sie berücksichtigt das in dem erhaltenen Schriftgut herrschende Ungleichgewicht der Überlieferung und erkennt die propagandistische Tendenz der in Achetaton eintreffenden Schreiben – bemüht sich damit um die von M. Liverani u. a. geforderte »Neulesung« der Korrespondenz. Gleichzeitig ist der militärische Charakter der Herrschaft Echnatons deutlich geworden, sind eine Razzia des Königs in Nubien und ein zumindest geplanter Feldzug nach Palästina ebenso bekannt geworden wie das Vorhaben von Bevölkerungsumsiedlungen aus Nubien und Palästina (neugefundene Briefe aus Kamid el Loz). Der Verlust der syrischen Besitzungen fällt – bei einer unumstritten sehr angespannten außenpolitischen Lage – erst in die Zeit nach dem Tod des Königs. Ein Gefäß A.s fand sich in Ugarit in Syrien.

Die letzten Jahre des Königs bleiben Spekulationen vorbehalten. Die offiziellen ägyptischen Quellen brechen mit dem Bericht über den Fremdvölkertribut im 12. Regierungsjahr ab. Lediglich die Amarnabriefe bezeugen eine energische Außenpolitik bis in das letzte – 17. – Regierungsjahr. An familiären Ereignissen ist noch bekannt, daß im 13. Jahr

Maketaton stirbt (bei der Geburt eines Kindes, ev. des → Tutʿanchamun) und die Königsmutter Teje Achetaton besucht. Nofretete wird nach dem 13. Jahr nicht mehr erwähnt, doch kann sie Echnaton überlebt haben. Nach der Hypothese von R. Krauss erhob A. in seinen letzten Jahren seine Tochter Meritaton zur Königsgemahlin, die nach seinem Tod für etwa ein Jahr weiterregierte und dann durch Heirat → Semenchkareʿ zum Thronfolger machte. Die vorsichtige Annäherung an Amun und Restauration der alten Kulte würde dann ganz in dessen Regierung fallen und wäre so nicht, wie oft behauptet, noch Echnaton selber zuzuschreiben, der gegen Ende seiner Regierung das Scheitern seiner Reform erkannt habe.

Das Ende des Königs bleibt im dunkeln; vermutlich wird er nach seinem Tod im Königsgrab von Amarna bestattet, wo Gegenstände der Grabausstattung – aber nicht die Mumie selber – gefunden wurden (anders etwa C. N. Reeves und A. Dodson, die in dem Toten aus Grab 55 im Tal der Könige A. sehen wollen; vgl. → Semenchkareʿ). Achetaton wird unter → Tutʿanchamun zugunsten von Memphis wieder aufgegeben, während die Tempel Achetatons von Haremhab abgetragen werden. Die Verfolgung Echnatons datiert erst in die beginnende 19. Dynastie, in der man von dem König in offiziellen Dokumenten nur als dem »Verbrecher von Amarna« spricht.

Trotzdem wirkte die Amarnazeit in bedeutsamer Weise fort, wobei allerdings vermutet werden kann, daß bestimmte Entwicklungen auch ohne Amarna, auf der Grundlage der schon zuvor bestehenden »Neuen Sonnen-Theologie« erfolgt wären. Der vor Amarna unangefochtene Reichsgott Amun muß seine Stellung nun mit Reʿ und Ptah teilen; Theben wird nicht wieder Residenzstadt. Die Sonnenscheibe nimmt in den theologischen Werken der 19. und 20. Dynastie (Höhlenbuch, Buch von der Erde) eine beherrschende Stellung ein. Die ramessidischen Königsgräber weisen eine gerade Achse auf und führen nicht mehr in die Tiefe, wie erstmals Echnatons Königsgrab in Amarna (direktes Einfallen der Sonnenstrahlen). Die Kunst übernimmt Elemente des Amarnastils. Schließlich bleibt das von Echnaton in diese Position gehobene Neuägyptische die Schriftsprache. Dagegen ist ein direkter Einfluß des Amarna-Monotheismus auf die Religion Israels zu verneinen.

Es dürfte schließlich nicht gerechtfertigt sein, in Echnaton denjenigen zu sehen, der der ägyptischen Kultur als solcher den Todesstoß versetzt habe und für das angeblich leblose und rückwärtsgewandte Ägypten des 1. Jahrtausends verantwortlich sei (K. Lange, am pronociertesten neuerdings W. Helck).

Eine bedeutende Rezeption erfuhr A. in der Neuzeit, nachdem Tell el-Amarna zuerst von Claude Sicard (1714) besucht und dann von Cham-

pollion, Wilkinson, Lepsius und systematisch von englischen (1891/92
W. M. F. Petrie, 1901 ff. N. de G. Davies, 1921–1936 Egypt Exploration
Society) und deutschen (1911 ff. L. Borchardt) Ägyptologen aufgenommen wurde.

Für die Literatur ist v. a. Th. Mann *(Joseph und seine Brüder)* zu
nennen, aber auch Agatha Christie *(Akhenaten. A Play in Three Acts),*
Simeon Strunsky *(King Akhnaton. A Chronicle of Ancient Egypt,* mit
weitgehenden Bezügen zum Ersten Weltkrieg) oder W. E. Schäfer
(Echnaton. Trauerspiel). Für die Musik seien Vertonungen des Sonnenhymnus' (etwa Kantate von H. Sutermeister) oder die Oper *Akhnaten* von
Philip Glass zu nennen (in einer Opern-Trilogie; A. neben Buddha
und Gandhi).

Lit.: G. TH. MARTIN, *A Bibliography of the Amarna Period and Its Aftermath,*
1990. Auswahl: C. ALDRED, *Echnaton. Gott und Pharao Ägyptens,* 1968, 1988; E.
HORNUNG, *Der Eine und die Vielen,* 1971, 240–246; H. W. MÜLLER, *Einführung
in die Kunst Amenophis' IV. Echnaton* (Ausstellungskatalog Nofretete-Echnaton),
1976, *17–*30; *The Akhenaten Temple Project, I,* 1976, II, 1988; H. BRUNNER,
Grundzüge der altägyptischen Religion, 1983, 35–46; J. ASSMANN, *Ägypten.
Theologie und Frömmigkeit einer frühen Hochkultur,* 1984, 232–285; DERS.,
Akhanyati's Theology of Light and Time, 1992; D. B. REDFORD, *Akhenaten. The
Heretic King,* 1984; B. J. KEMP, *Amarna Reports I–VI,* 1984–1995; W.
MURNANE, *The Road to Kadesh,* 1985; C. LALOUETTE, *Thèbes ou la naissance
d'un empire,* 1986, 505–546; H. A. SCHLÖGL, *Echnaton,* 1986; DERS., *Echnaton –
Tutanchamun. Fakten und Texte,* ⁴1993; M. MÜLLER, *Die Kunst Amenophis' III.
und Echnatons,* 1988; W. L. MORAN, *Les lettres d'El-Amarna,* 1989; M. EATON-
KRAUSS, *BiOr 47* (1990), 541–559; A. P. ZIVIE, *Découverte a Saqqara: Le vizier
oublié,* 1990; M. LIVERANI, in: *Lingering over Words, FS W. L. Moran,* 1990,
337–348; N. NA'AMAN, in: *Lingering over Words, FS W. L. Moran,* 1990, 397–
405; I. SINGER, in: SH. IZRE'EL, *Amurru Akkadian.* Vol. II (Harv. Semit. Stud.
41), 1991, 135–195; H. KLENGEL, *Syria 3000 to 300 B. C. A Handbook of Political History,* Berlin 1991, 100–175; F. JUNGE, *MDAIK 47* (1991), 191–194; J.
GOHARY, *Akhenaten's Sed-Festival at Karnak,* 1992; J. FREU, in: *Hethitica XI*
(1992), 39–101; E. HORNUNG, *JARCE 29* (1992) 43–49; W. J. MURNANE / C. C.
VAN SICLEN III, *The Boundary Stelae of Akhenaten,* 1993; A. DODSON, *GM 132*
(1993), 21–28; DERS., in: *Sesto Congresso Internazionale di Egittologia, Atti I,*
1993, 135 ff.; C. VANDERSLEYEN, *RdE 44* (1993), 192 ff; J. M. GALÁN, in: B. M.
BRYAN / D. LORTON (Edd.), *Essays in Egyptology in honor of Hans Goedicke,*
1994, 91–102; E. HORNUNG, *Echnaton. Die Religion des Lichts,* 1995.

Amenirdis I.

Gottesgemahlin des Amun in Theben, Tochter des → Kaschta und der
Pabatma, Schwester des → Pije und des → Schabaka. Von Pije wird sie
als Adoptivtochter → Schepenupets I. in ihr Amt eingesetzt (etwa 740–
720) und adoptiert selber → Schepenupet II.; sie ist auch Zeitgenossin

des → Schabaka und des → Schabataka (Darstellung in Kapelle im Areal des Monthtempels und der Kapelle des Osiris-Heqadjet in Karnak; Graffito des Wadi Hammamat). In einem Graffito im Wadi Gasus erscheint ihr Name mit dem Vermerk ›Jahr 12‹ (des Pije; 736), jener von Schepenupet I. mit dem Datum ›Jahr 19‹ (von → Iupet II.) nebeneinander (K. A. Kitchen; anders wieder zuletzt D. A. Aston, JEA 75 [1989], 153). Eine neu publizierte Steingefäßinschrift nennt A. als Tochter Kaschtas und Schepenupet I. als Tochter → Osorkons III. neben einem König → Namilt.

A. nimmt den Thronnamen *Erscheinung der Schönheit; eine Mut* an, ihr Eigenname bedeutet *Amun ist es, der sie gegeben hat.* Von ihr sind mehrere Statuen und eine Statuette (A. auf dem Schoß des Amun) erhalten. Ihre Grabkapelle (daraus Osirisstatuen, Opfertafeln) liegt im Tempelbezirk von Medinet Habu. Verwalter der A. (und Vollzieher ihres Begräbnisses) ist Harwa (Statuen; Grab in Theben-West).

Lit.: J. LECLANT, *Recherches sur les monuments thébaines de la XXVe dynastie dite éthiopienne,* 1965, 354–359; *TIP* §§ 121. 122 u. Anm. 289. 143–145. 320 f. 330. 344. 347. 450, Tf. 11. 13 B; L. BONGRANI FANFONI, *OrAnt 26* (1987), 65–71; K. JANSEN-WINKELN, DE 35 (1996), 39–48.

Amenirdis II.
Gottesgemahlin des Amun in Theben (670–640), Tochter des → Taharqa und Schwester des nubischen Königs Atlanersa (653–643), adoptiert von → Schepenupet II., mit der sie zusammen amtiert (Darstellungen der Kapelle Schepenupets II. und der A.; Adoptionsstele der Nitokris). Gutsverwalter der beiden Gottesgemahlinnen ist Achamenru.

656 installiert Psammetich I. zur Durchsetzung seines Herrschaftsanspruchs auf Oberägypten als Gottesgemahlin (ab 640 allein im Amt) seine Tochter → Nitokris (I.).

Lit.: J. LECLANT, *Recherches sur les monuments thébaines de la XXVe dynastie dite éthiopienne,* 1965, 363–368. 377; *TIP* §§ 120 f. 351. 364, Tf. 11. 13 B.

Ameni Qema³u ('A³mu)
König aus dem Anfang der 13. Dynastie, dessen Grabanlage mit Sarkophag 1957 in der Nekropole von Dahschur gefunden wurde. Der Name *Ameni* ist Kurzform von *Amenemhe³t;* der Beiname entweder *Qema³u* zu lesen (»Worfler«, von den Vertretern dieser Lesung im Sinne einer niederen Herkunft interpretiert; anders W. Barta: »Der Erschaffene (des Gottes NN)« oder, was weniger wahrscheinlich ist, *'A³mu,* »Asiat«.

Lit.: J. LECLANT, *Or 27* (1958), 81 f. (10); BECKERATH, *Untersuchungen* 41 f. 73. 91. 233; V. MURAGIOGLIO / C. RINALDI, *Or 37* (1968), 325–338; M. BIETAK, *SAK 11* (1984) 74 Anm. 56; A. DODSON, *ZÄS 114* (1987), 36–45; D. FRANKE, *Or 57* (1988), 257; S. QUIRKE, in: DERS. (Ed.), *Middle Kingdom Studies,* 1991, 129; W. HELCK, *Or 62* (1993), 61 mit Anm. 4.

Amenmesse

In der Forschung umstrittener König der 19. Dynastie, der bei Manetho als *Ammenemes* mit einer Regierungsdauer von 5 Jahren erscheint. Herkunft (Sohn der Tachaʿit, einer Tochter Ramses' II.?), Familie (Gemahlinnen Baketwerel und Tiʿa; Vater des → Siptah?) und Identität sind nicht gesichert. Als Usurpator gehört er in die Zeit → Sethos' II. Nach R. Krauss ist A. mit dem unter → Merenptah und kurz unter Sethos II. belegten Vizekönig von Kusch Messui identisch und habe von Nubien (mit dem Zentrum Buhen) aus seine Herrschaft über Oberägypten errichtet. Er wäre dann während vier Jahren (1203–1199) zeitgleich Gegenkönig zu Sethos II. gewesen, der die Dekoration des Grabes Amenmesses (KV 10) im Tal der Könige beseitigen ließ. Im Papyrus Salt 124 wird eine Kurzform seines Namens mit dem Zeichen des gefallenen Feindes determiniert.

Abb. 12: Amenmesse. Kopf einer Statue (New York, Metropolitan Museum of Arts, Rogers Fund, Acc. no. 34. 2. 2).

Diese These, insbesondere die Gleichsetzung A.s mit dem Königssohn von Kusch Messui, ist mehrfach bestritten worden (J. Osing, L. Habachi, M. Gutgesell / B. Schmitz) und nicht schlüssig beweisbar. Ansonsten wäre A. eine selbständige vierjährige Regierung zuzugestehen (so auch J. von Beckerath). L. Habachi vermutete in A. den vormaligen Wesir Amenmose, während A. Dodson in den bisher für Mutter und Frau A.s gehaltenen Tachaʿit und Baketwerel (aus KV 10) Mutter und Gemahlin → Ramses' IX. erkennen möchte. K. A. Kitchen führt einen Beleg für eine Herrschaft A.s auch im Norden an (Gefäß aus Riqqeh). Wesir des A. dürfte Chaʿemtore gewesen sein, dessen Andenken ebenfalls verfolgt wurde.

A. trägt die Titulatur: Horus *Geliebter der Maʿat, der die beiden Länder fest macht* (bzw. *Herr von Sedfesten wie Tatenen),* Nebti *Mit großen Wundertaten in Karnak,* Gold *Groß an . . . in . . .* (zerstört), Thronname *Dauernd wie Reʿ, Erwählter des Reʿ (geliebt von Amun),* Geburtsname *Amun ist es, der ihn erzeugt hat.*

Lit.: R. KRAUSS, *SAK 4* (1976), 161–199; DERS., *SAK 5* (1977), 131–174; DERS., *GM 45* (1981), 27–33; L. HABACHI, *MDAIK 34* (1978), 57–67; J. OSING, *SAK 7* (1979), 253–271; M. GUTGESELL / B. SCHMITZ, *SAK 9* (1981), 131–141; A. DODSON, *DE 2* (1985), 7–11; DERS., *JEA 73* (1987), 224–229; K. A. KITCHEN, *GM 99* (1987), 23–25; O. J. SCHADEN, in: B. M. BRYAN / D. LORTON (Edd.), *Essays in Egyptology in honor of Hans Goedicke,* 1994, 243–254; A. DODSON, *JEA 81* (1995), 115–128.

Ammeris
Erster Herrscher der saitischen 25. Dynastie nach Manetho, der ihm 12 (Variante: 18) Regierungsjahre zuschreibt und auf ihn → Stephinates folgen läßt. Nach der manethonischen Bezeichnung *Ammeris der Nubier* kann man in ihm vielleicht einen von → Schabaka nach der Beseitigung des → Bokchoris eingesetzten kuschitischen Gouverneur sehen (715/13–695 nach Kitchen, »protosaitische Dynastie«).
Lit.: *TIP* §§ 116–118. 422, Tf. 4. *4.

ʿA³mu
Auf Skarabäen belegter Fürst der 16. Dynastie, vermutlich ein lokaler Regent in Unterägypten. Der Name bedeutet entweder *Asiat* oder ist Kurzform eines mit semitisch ʿam »Onkel väterlicherseits, Schutzherr« gebildeten Satznamens. Nach Ward sind die entsprechenden Skarabäen typologisch denen des → Chaʿuserreʿ so ähnlich, daß beide Herrscher offenbar identisch sind.
Lit.: BECKERATH, *Untersuchungen* 139. 278; W. A. WARD, in: *Studies on Scarab Seals II/1,* ed. O. TUFNELL, 1984, 162 ff.; D. FRANKE, *Or 57* (1988), 260 ff.

Amyrtaios

Aus Sais, der einzige König der 28. Dynastie, wohl Enkel jenes Libyers Amyrtaios von Sais, der 465–463 den Aufstand des Inaros gegen den Satrapen → Artaxerxes I. mitgeführt hatte. Er regiert 6 Jahre (404–399), die allerdings auch die nur in Teilgebieten anerkannte Herrschaft umfassen. Im Westdelta baut A. seine Herrschaft seit 404 auf, doch wird in Elephantine noch Ende 402 der persische Großkönig → Artaxerxes als König betrachtet. Hier wird A. zuerst im Juni 400 genannt, nachdem die Stadt im Verlauf des Jahres 401 ihm zufällt. Der aramäische Papyrus Brooklyn 13 spielt aber schon für den Oktober 399 auf den Tod des Amyrtaios und seinen Nachfolger → Nepherites I. an.

Eine Bautätigkeit des A. ist nicht bekannt, sein Name daher nie hieroglyphisch belegt, sondern nur aramäisch auf Urkunden der jüdischen Gemeinde von Elephantine und demotisch in der sog.»Demotischen Chronik«, die seine Herrschaft negativ wertet.

Nach dem Tod → Darius' II. fällt 404 Ägypten unter A. von Persien ab, das durch innere Schwierigkeiten an einer Intervention gehindert wird; allerdings ist ein Psammetich (→ Psammetich IV.–VI.) weiterer Thronprätendent. Im Jahr 400 flüchtet nach einem Bericht Diodors der aus Ägypten stammende Tamos, Admiral des → Kyros und Unterstatthalter in Ionien, mit Sohn und Flotte nach Ägypten. Nach Diodor (so auch Kienitz) ist es Psammetich, der ihn ermorden läßt, nach H. de Meulenaere u. a. kommt jedoch nur Amyrtaios in Frage. Der Thronwechsel zu dem Begründer der 29. Dynastie, → Nepherites I., der schon 399 gleichzeitig mit Amyrtaios regiert, erfolgt offenbar gewaltsam.

Lit.: KIENITZ, 76–79; P. SALMON, *La politique égyptienne d'Athènes,* 1965, 238 f.; H. DE MEULENAERE, *LÄ I,* 252 f.; CL. TRAUNECKER, *BIFAO 79* (1979), 398 f. 401 f. 420. E. BRESCIANI, in: *The Cambridge Ancient History of Iran, II,* 1985, 502–528; J. D. RAY, *CAH² IV,* 1988, 254–286.

ʿAnathaddi (›ʿAnather‹)

Mit dem Titel Heqa³-chasut »Herrscher der Fremdländer« lediglich auf einem Skarabäus belegter Herrscher der 16. Dynastie; vielleicht ein Kleinfürst einer Stadt Südpalästinas unter der Oberherrschaft der 15. Dynastie. Der Name ist nordwestsemitisch (etwa »Zuwendung des (Gottes) Hadad« [eigener Vorschlag]).

Lit.: BECKERATH, *Untersuchungen,* 112. 279.

ʿAnchhor

Großfürst der Libu (Libyer) und Herrscher ihres Fürstentums im Westdelta (740–731), das aber 732 von → Tefnacht beansprucht und 731 von ihm zusammen mit dem Gebiet von Sais übernommen wird.

ʿA. und sein Sohn Harseb sind auf einer ins 37. Jahr → Scheschonqs V. datierten, zu ihren Gunsten durch einen memphitischen Priester zum Begräbnis des Apis-Stieres gestifteten Serapeum-Stele genannt, die als Beleg für den zunehmenden Einfluß des ʿA. in Memphis (vielleicht als Reaktion auf die Expansion → Tefnachtes) gilt. Zusätzlich wird der Fürst auf der Stele seiner Tochter Nebet-Imauemhat, die in der Zeit der Gottesgemahlinnen → Schepenupet I. und → Amenirdis I. Sängerin des Amun von Theben ist, erwähnt.

Nach F. Gomaà residierte ʿA. in Kom Abu Billo oder südlich davon bei Ausim, nach J. Yoyotte dagegen in Kom el-Hisn.

Lit.: GOMAÀ, *Fürstentümer,* 31–33; *TIP* §§ 316. 324. 429, Tf. 21 A.

ʿAnchkaꜣreʿ

Thronname *Mit lebendigem Ka, ein Re* ʿ des 26. Königs der 14. Dynastie nach dem Turiner Königspapyrus.

ʿAnchnesneferibre

Gottesgemahlin (595–525) und Hohepriesterin (595–560) des Amun von Theben; Tochter → Psammetichs II. und der Tachuit, adoptiert durch ihre Vorgängerin → Nitokris. Sie ist damit in ihrem Amt während der Regierungen von vier Pharaonen (→ Psammetich II., → Apries, → Amasis, → Psammetich III.), bis zum Beginn der Perserherrschaft. Sie ist in Karnak bezeugt in der Reliefdekoration mehrerer Kapellen und durch verschiedene weitere Blöcke. Ihre Grabkapelle liegt im Tempelareal von Medinet Habu; berühmt ist v. a. ihr (in ptolemäischer Zeit usurpierter) Sarkophag (heute im British Museum).

Die Verwalter der ʿA. (Grabpaläste in Theben-West/Assasif) sind Scheschonq, Padineith und zuletzt dessen Sohn Scheschonq.

Lit.: E. GRAEFE, *Untersuchungen zur Verwaltung und Geschichte der Institution der Gottesgemahlin des Amun,* 1981; J. LECLANT, *LÄ I,* 264–266.

ʿAnchwennefer

Gegenkönig von → Ptolemaios V. Epiphanes, Nachfolger (und Sohn?) des → Harwennefer (die Namen wurden früher ›Anchmachis‹ bzw. ›Harmachis‹ gelesen), regierte die Thebais von 200/199 (Jahr 1) bis 186 v. Chr. (griechisch *Chaonnophris*). Zusammen mit den Jahren seines Vorgängers ergibt sich ein Gegenkönigtum von 19 Jahren Dauer. ʿA. ist in demotischen Urkunden seit 194 belegt, dazu hieroglyphisch in Philae, wo sein Name allerdings bewußt entstellt ist. In seinem Namen *Wennefer (= Osiris) lebt* wird das wiedererstandene Königtum des Osiris proklamiert. Isis von Philae und Amun von Theben sind in bewußtem Gegensatz zu den Ptolemäern die Schutzgottheiten des ʿA., der vielleicht von den thebanischen Priestern gekrönt wird. Erbitterte Kämpfe gegen das ptolemäische Heer prägen seine Regentschaft, während in Nubien das meroïtische Reich vorstößt. Schon im August 199 wird Abydos belagert, Theben ist von etwa Herbst 199 bis 195 sogar wieder der ptolemäischen Zentralmacht unterstellt. Die gegen Alexandria aufständische Stadt Lykopolis im Delta wird erobert, die Rädelsführer während der Krönungsfeier Ptolemaios' V. hingerichtet.

ʿA. und meroïtische Hilfstruppen können jedoch 196/5 Assuan und Theben zurückerobern und in der Folge bis nach Mittelägypten in das Gebiet von Assiut vorstoßen. Diese Erfolge sind jedoch nur von kurzer Dauer: Die ptolemäischen Truppen unter der Führung des Komanos gewinnen zwischen 189 und 187 Assuan und die Thebais wieder für Ptolemaios V. und besiegen 186 ʿA. (an der Spitze der ägyptischen Truppen) und seinen Sohn (Befehlshaber der nubischen Einheiten). Der Aufstand im Delta dauert bis 185; von Polykrates von Argos besiegt, werden die Führer des Aufstands in Sais zu Tode gefoltert.

Eine Priestersynode in Alexandria erklärt ʿA. zum Götterfeind, doch wird er begnadigt; am 9. Oktober 186 erläßt Ptolemaios V. ein Dekret, das die durch den Bürgerkrieg und Steuerlast verursachte Lage der Landbevölkerung verbessern will und eine Amnestie für Straftaten verfügt. Hinzu kommen innenpolitische Maßnahmen (Ansiedlung griechischer Soldaten; Einführung des Amtes des Epistrategen).

Lit.: P. W. PESTMAN, *CdE 40* (1965), 157–170; W. CLARYSSE, *CdE 53* (1978), 243–253; K.-TH. ZAUZICH, *GM 29* (1978), 157 f.; G. HÖLBL *Geschichte des Ptolemäerreiches,* 1994, 113–116.

ʿA³netjerireʿ

Auf einem Skarabäus genannter Thronname *Groß und göttlich, ein Reʿ* eines Fürsten wohl der 16. (oder 14.?) Dynastie.

Ani

Durch einen Skarabäus bezeugter König der 13. (oder 14.?) Dynastie mit dem Thronnamen *Der die Zufriedenheit liebt, ein Reʿ* (mit → Sobekhotep VI., der denselben Thronnamen trägt, identisch?).

Lit.: BECKERATH, *Untersuchungen,* 60. 67. 70. 252 f.

Antef (An)

Ein an neun Orten in nubischen Felsinschriften belegter Gegenkönig oder Prätendent. Horus- und Nebtiname sind *Der seine beiden Länder schön macht,* Goldname *Der vollkommene Goldfalke,* Thronname *Mit erhabenem Ka, ein Reʿ.* Vermutlich gehört er an das Ende der 11. Dynastie nach dem Tod → Mentuhoteps III.

Lit.: T. SÄVE-SÖDERBERGH, *Ägypten und Nubien,* 1941, 47–50.

Antef (Intef, Anjotef)

Gaufürst von Theben und Ahne der 11. Dynastie, Vorgänger des → Mentuhotep (I.) Tepi-ᶜa (»Vorfahr«) nach der Königsliste von Karnak.

Die Identifizierung dieses A. mit einem auf zeitgenössischen oder späteren Denkmälern genannten Antef ist bisher nicht eindeutig zu vollziehen. Einige der bisherigen Ansätze sind: (1) der von seiner Grabstele her bekannte thebanische Fürst A. (der sich »Vertrauter des Königs«, d.h. eines Herrschers der ausgehenden 8. Dynastie nennt) ist mit dem Antef, Sohn der Iku, dem → Sesostris I. eine Statue stiftet und der auf einer Privatstele aus Diraᶜ Abu el-Nagᶜa genannt wird, identisch (H. E. Winlock; J. von Beckerath); (2) unter Aufnahme der These Winlocks weist W. C. Hayes diesem Fürsten A. noch ein aus Dendera stammendes Stelenfragment zu, das einen »Großen Vorsteher von Oberägypten« Antef nennt; A. H. Gardiner auch noch eine Stele in Straßburg, die offenbar denselben Vorsteher Antef aufführt (ähnlich W. Schenkel); (3) H. W. Fischer identifiziert den Vorsteher Oberägyptens von dem Dendera-Fragment mit dem Antef, Sohn der Iku, und jenem der Karnakliste. (4) F. Gomaà trennt zwischen dem von der Grabstele bekannten thebanischen Gaufürsten Antef und dem »Großen Oberhaupt des Südens« der Stele aus Dendera und in Straßburg und identifiziert letzteren mit dem Antef, Sohn der Iku, und dem späteren König → Antef I. (5) Diese letzte Gleichsetzung lehnt L. Gestermann ab, da dann Sesostris I. auf der Statue Antef als König, nicht Gaufürst bezeichnet hätte.

Lit.: GOMAÀ, *Zwischenzeit,* 136–141; L. GESTERMANN, *Kontinuität und Wandel in Politik und Verwaltung des frühen Mittleren Reiches in Ägypten,* 1987, 22–26.

Antef I.

1. König der 11. Dynastie, Nachfolger des Fürsten → Mentuhotep (I.), Vorgänger von → Antef II. und → Antef III. Die Abfolge dieser Herrscher ist unzweifelhaft nach Ausweis eines Reliefs aus dem Monthtempel in Tôd, auf dem → Mentuhotep II., eine Göttin, A., Antef II. und Antef III. dem Gott Month opfern. Nach F. Gomaà (vgl. E. Blumenthal) ist auch auf der Darstellung des Schatt er-Rigal A. (und nicht → Antef III.) dargestellt.

A., dem eine Regierungszeit von etwa 12 Jahren (2077–2065) zugewiesen werden kann, trägt als erster thebanischer Herrscher den Königstitel; damit ist Ägypten in zwei Königreiche gespalten. Der Horusname A.s ist *Der die beiden Länder zufriedenstellt.*

Von der Politik A.s ist wenig bekannt. Vermutet werden kann die Eroberung des zuvor von dem Gaufürsten ᶜAnchtifi von Moᶜalla beherrschten Gebietes südlich der Thebais, vielleicht bis nach Elephantine, und die

Reorganisation des Herrschaftsgebietes. Nach einem Stelenfragment aus Dendera, das einen »Großen Vorsteher Oberägyptens« Antef nennt, erstreckt sich die thebanische Herrschaft bis nach Dendera, umfaßt also den 1.–6. oberägyptischen Gau. Allerdings ist die genaue zeitliche Einordnung dieser Quelle oder gar die Gleichsetzung dieses Vorstehers Antef mit A. (so F. Gomaà; → Antef) nicht gesichert.

    A. gehört das früheste der drei Saff[Pfeilerfront]-Gräber in der Nekropole von El-Tarif in West-Theben (Saff el-Dawaba).

Lit.: J. VANDIER, in: *Studies Polotsky,* 1964, 9–16; D. ARNOLD, *Gräber des Alten und Mittleren Reiches in El-Tarif,* 1976, 10–22. 45–49. 50; GOMAÀ, *Zwischenzeit,* 141–144. 146–148; L. GESTERMANN, *Kontinuität und Wandel in Politik und Verwaltung des frühen Mittleren Reiches in Ägypten,* 1987, 22 f. 26 f.; E. BLUMENTHAL, *ZÄS 114* (1987), 18 f.; D. FRANKE, *Or 57* (1988), 134.

Antef II.

2. König der 11. Dynastie, Nachfolger → Antefs I. mit dem Horusnamen *Mit dauerndem Leben.* Er erscheint mit seinem Vorgänger → Antef I. und seinen Nachfolgern → Antef III. und → Mentuhotep II. auf einem Relief aus dem Monthtempel von Tôd. Er trägt die Epitheta *Der Ältere, Der Starke* (Säule aus Karnak) und die Filiation *Den Neferu geboren hat.*

    A. ist der bedeutendste der Antef-Könige der 11. Dynastie mit einer Regierungszeit von annähernd 50 Jahren (2065–2016). Seine Politik ist einerseits von der Sicherung des oberägyptischen Gebietes bis nach Elephantine, das erobert wird (Felsinschrift), geprägt – aus der Kapelle des Heqa³ib stammen zwei Statuen A.s, von denen die zweite ihn in der Tracht des Sed-Festes zeigt –, andererseits von der Auseinandersetzung mit den Herakleopoliten und der Expansion nach Norden. Nach der Stele eines Hetepi aus Elkab untersteht A. in der ersten Phase seiner Regierung das Gebiet des 1.–7. oberägyptischen Gaues sowie die Stadt Abydos im 8. Gau, bevor er die Hauptstadt des 8. oberägyptischen Gaues, Thinis, erobert. Nach der Lehre für → Merika³re᷄ kann erst dessen Vater → Cheti – nach dem erfolglosen Versuch eines Vorgängers Mr[. . .]-Re᷄ – mit Unterstützung des Gaufürsten von Assiut die Stadt wieder für die Herakleopoliten zurückgewinnen (vermutlich erwähnt in der Stele des Itiabi aus Assiut).

    Die thebanische Expansion ist damit jedoch nur kurzfristig gebremst, da A. Thinis erneut – endgültig – einnimmt, seine Oberherrschaft bis in den 10. oberägyptischen Gau von Antaiopolis ausdehnt (sog. »Hundestele des A.«, Stele des »Führers der Fremdsprachigen« Dja³ri) und dieses Territorium neu organisiert (Stele des Antefoqer aus der Zeit Sesostris' I.). Die biographische Inschrift des Gaufürsten Cheti II. von

Assiut zeigt, daß unter → Merika³re' die Herakleopoliten alle Macht südlich des 11. oberägyptischen Gaues verloren hatten.

Das Grab A.s, dessen Grabstele durch ihre Darstellung von Hunden mit libyschen Namen bekannt wurde, ist in der westthebanischen Nekropole von El-Tarif das mittlere der drei Saff (Pfeilerfront)-Gräber (Saff el-Qisasija; erwähnt auch in den Protokollen der Grabräuber-Kommission im Papyrus Abbott aus der 20. Dynastie).

1970 fanden sich in den Gründungsbeigaben unter den vier Ecken des Kernbaus des Totentempels → Mentuhoteps II. in Deir el-Bahari erstaunlicherweise auch mit dem Namen A.s beschriftete Leintücher.

Schließlich wurde 1985 eine in Karnak wiederverbaute oktogonale Säule A.s gefunden, deren Inschrift den ersten Beleg für den Königsgott Amun liefert und die Erbauung »seines Denkmals für diesen Gott« nennt. A.s Bautätigkeit ist auch im Satistempel von Elephantine belegt.

Lit.: W. KAYSER u.a., *MDAIK 31* (1975), 46; D. ARNOLD, *Gräber des Alten und Mittleren Reiches in El-Tarif,* 1976, 25–32. 50–57; DERS., *Der Tempel des Königs Mentuhotep von Deir el-Bahari,* III, 1981, 53 f. 57. 59. 62; G. GABRA, *MDAIK 32* (1976), 45–56; GOMAÀ, *Zwischenzeit,* 148–152; L. HABACHI, *Elephantine IV. The Sanctuary of Heqaib,* 1985, 110 f. (Nos. 98. 99) und pls. 189–192; E. BLUMENTHAL, *ZÄS 114* (1987), 16–19; L. GESTERMANN, *Kontinuität und Wandel in Politik und Verwaltung des frühen Mittleren Reiches in Ägypten,* 1987, 27 f.; F. LE SAOUT / A. MA'AROUF / T. ZIMMER, in: *Karnak VIII* (1987), 294–297; D. FRANKE, *Or 57* (1988), 134; C. BENNETT, *GM 147* (1995), 19–27.

Antef III.

3. König der 11. Dynastie mit dem Horusnamen *Starker, Herr des richtigen Handelns,* nach Ausweis eines Reliefs in Tôd (und der Darstellung im Wadi Schatt er Rigal [anders F. Gomaà; → Antef I.]) Vater des Reichseinigers → Mentuhotep II., Sohn und Nachfolger → Antefs II. (gemäß der Stele eines Tjetji).

Nach dem Turiner Papyrus regiert er 8 Jahre (2016–2008). Aussagen über seine Politik sind kaum möglich. Die Stele eines Beamten Reduchnum aus Dendera erwähnt eine – nicht sicher einzuordnende – Königin Nefruka³it, die Oberägypten vom 1.–10. Gau organisiert habe, und seine Versetzung nach Dendera. Aus seiner Herkunft und Resten einer zweiten Stele kann vielleicht geschlossen werden, daß A. (oder → Mentuhotep II. zu Beginn seiner Regierung) die Herrschaft bis zum 16. oberägyptischen Gau ausdehnt. Die Versorgung Oberägyptens mit Lebensmitteln ist offenbar von entscheidender Bedeutung (Stele des Tjuti/Idinacht).

A. ist Eigentümer des dritten Saff(Pfeilerfront)-Grabes in der Nekropole von El-Tarif (Saff el-Baqar); er baut am Satistempel von Elephantine.

Lit.: W. KAYSER u. a., *MDAIK 31* (1975), 46; D. ARNOLD, *Gräber des Alten und Mittleren Reiches in El-Tarif* (AV 17), 1976, 33–38. 45–49. 57–59; GOMAÀ, *Zwischenzeit,* 149; L. GESTERMANN, *Kontinuität und Wandel in Politik und Verwaltung des frühen Mittleren Reiches in Ägypten,* 1987, 29; D. FRANKE, *Or 57* (1988), 134.

Antef IV.

19. König der 13. Dynastie (nach R. Krauss um 1710), der außer der Nennung im Turiner Papyrus nur noch durch eine Statue aus Medinet Madi und Skarabäen bekannt ist. Sein Thronname ist *Mit zufriedengestelltem Ka, ein Re˓.*

Lit.: BECKERATH, *Untersuchungen,* 52 f. 220. 239; D. FRANKE, *Or 57* (1988), 268 mit Anm. 61.

Antef V.

vermutlich Begründer der 17. Dynastie (anders A. Dodson: zwischen → Antef VI. und → Antef VII.), damit Zeitgenosse des → Salitis und Vorgänger des Re˓hotep, mit einer Regierungszeit von etwa 3 Jahren (1625–1622 v. Chr.; nach R. Krauss). Der Vorschlag W. Helcks, in ihm den direkten Vorgänger → Senachtenre˓s und den letzten Herrscher seiner Familie vor dem Wechsel zu der Familie des Senachtenre˓ zu sehen (mit einer Abfolge Antef VII. – Antef VI. – Antef V. – Senachtenre˓!), ist nicht auf Zustimmung gestoßen (D. Franke).

Er trägt die Titulatur Horus *Mit vollkommenen Gestalten* (bzw. *Mit gestalteten Erscheinungen),* Nebti *Zufrieden auf seinem Thron,* (Goldname zerstört) Thronname *Mit goldener Gestalt, ein Re˓.*

Das auch im Protokoll der Kommission zur Untersuchung der Grabräubereien aus der 20. Dynastie (Papyrus Abbott) genannte Grab A. s in Theben-West/Dira˓ Abu el-Nag˓a wurde 1860 von A. Mariette gefunden; die zwei Obelisken vom Eingang versanken 1881 im Nil. A. kann vermutlich ein 1827 gefundener Sarkophag (jetzt in London) zugewiesen werden (damals offenbar Beraubung des Grabes).

Gemahlin A. s ist eine in Edfu bestattete Königin Sebekemsa³f, deren Grab zu Beginn des Neuen Reiches restauriert (Stele des Iuef) und erst Ende des letzten Jahrhunderts ausgeraubt wurde (Schmuck mit ihrem und A. s Namen). Nach dem Bruchstück einer Stele ist sie möglicherweise die Tochter des Stadtfürsten von Edfu und, über ihre Mutter, Nachfahrin eines Königs.

Denkmäler A. s sind, von seinem Grab abgesehen (Sarkophag; Obelisken; Mumie [bei Entdeckung zerfallen]; Leinenbinden; Amulett), aus Koptos (Blöcke; Dekret), Abydos (Säulenbruchstücke aus Osiris-Tempel; Block) und Karnak (Stele; Statuette) bezeugt. Im Sanktuar des Totentempels → Mentuhoteps II. in Deir el-Bahari fand sich von einem von A.

gestifteten, dem Amun geweihten Holzschrein mit Königsstatue noch der als Sockel dienende Holzrost.

Das Koptosdekret A. s aus seinem 3. Jahr (einziges belegtes Regierungsjahr) verfügt die Absetzung eines Teti (Bürgermeister von Koptos und hoher Angestellter des Min-Tempels), der »Feinde« A. s unterstützt habe, und setzt statt seiner einen Minemhe³t ein, unter expliziter Garantie der Erblichkeit des Amtes. Vielleicht demselben Minemhe³t ist eine im Stelendepot der Bleiglanzminen des Gebel Zeit am Roten Meer gefundene (ihm vom König gewährte) Stele zuzuschreiben.

Lit.: BECKERATH, *Untersuchungen,* 27. 76. 90. 167–176. 186. 189. 193–197. 221. 280–283; D. ARNOLD, *Der Tempel des Königs Mentuhotep von Deir el-Bahari, I,* 1974, 44; G. CASTEL / G. SOUKIASSIAN, *BIFAO 85* (1985), 290f. u. pl. 63; W. HELCK, *SAK 13* (1986), 126ff.; DERS., *SAK 19* (1992), 193; P. VERNUS, in: *FS G. Fecht,* 1987, 450f.; D. FRANKE, *Or 57* (1988), 263; E. MARTIN-PARDEY, *FS Beckerath,* 1990, 185–197; A. DODSON, *GM 120* (1991), 33–38.

Antef VI.

11. König der 17. Dynastie (zwischen 1570 und 1560 v. Chr.), Zeitgenosse des Hyksos → Apopi. Er trägt den Horusnamen *Der die Ma'at zur Geltung bringt,* den Thronnamen *Ein Mächtiger, ein Re', der die Ma'at vollzieht* und den Geburtsnamen *Antef, der Ältere.*

Das (von der Grabraub-Kommission der 20. Dynastie untersuchte) Grab A. s in Theben-West/Dira' Abu el-Nag'a wurde um 1850 ausgeraubt; erhalten haben sich das Pyramidion und der vergoldete Sarg (London bzw. Paris), ein weiterer Sarg sowie ein Kanopenkasten. Nach der Aufschrift auf dem Königssarg ist → Antef VII. der Bruder A. s und Stifter des Sarges, der das Begräbnis seines Vorgängers ausrichtet. A. selber ist nach der Inschrift des Pyramidions Sohn einer königlichen Gemahlin (Name verloren). Ein neuentdecktes Inschriftfragment nennt nun einen »Antef, erzeugt von dem *Sohn des Re'* Sebekemsa³f«; dabei könnte es sich um A. (oder → Antef VII.) und seinen Vorgänger → Sebekemsa³f II. handeln.

Lit.: BECKERATH, *Untersuchungen,* 167f. 171–175. 178. 180. 194–196. 221. 292f.; D. FRANKE, *Or 57* (1988), 261; J. COLEMAN DARNELL / D. DARNELL, in: *The Oriental Institute 1992–1993 Annual Report,* 1994, 51 mit fig. 4.

Antef VII.

12., vermutlich nur sehr kurz (bis um 1560 v. Chr.) regierender König der 17. Dynastie, der seinen Bruder und Vorgänger (anders A. Dodson, → Antef V.) → Antef VI. bestatten läßt (Inschrift auf dessen Sarg), unerwartet rasch selber stirbt (J. von Beckerath denkt an eine Ermordung) und in einem behelfsmäßigen Sarg (jetzt in Paris) beigesetzt wird. Vielleicht kann → Sebekemsa³f II. als sein Vater betrachtet werden

(→ Antef VI.). A. trägt den Thronnamen *Ein Mächtiger, ein Reʿ, der mit der Maʿat zufrieden ist.*
Lit.: BECKERATH, *Untersuchungen,* 167 f. 170–172. 174. 178. 194–196. 221. 292 f.; D. FRANKE, *Or 57* (1988), 261.

ʿAntiemsa³f I.

4. König der 6. Dynastie (um 2250), Sohn und Nachfolger → Pepis I., Vorgänger seines Halbbruders → Pepi II. Er wird häufig nach seinem Thronnamen als Merenreʿ I. gegenüber »Merenreʿ II.« (→ ʿAntiemsa³f II.) geführt. Mutter ʿA. s ist ʿAnchnesmerireʿ I. (anders J. Vercoutter, der die erste, in Ungnade gefallene Gemahlin Pepis I. als Mutter ʿA. s betrachtet), eine Schwester die Prinzessin Neith.

Für ʿA. ist sicher nur eine kurze Regierung zu veranschlagen, da nach ihm Pepi II. als Sohn Pepis I. mit nur 6 Jahren auf den Thron kommt (die gemeinsame Nennung ihrer Namen auf einem Rollsiegel belegt daher keine Mitregentschaft).

Die höchsten für ʿA. überlieferten Jahreszahlen sind das Jahr der 5. Zählung und das Jahr danach, so daß auf der Basis einer jährlich abgehaltenen Zählung sich 6 Regierungsjahre ergäben, auf der Grundlage des Zweijahresrhythmus dagegen 10. Der erste Ansatz von 6 Jahren und einigen (nach dem Turiner Papyrus vielleicht 4) Monaten wird durch Manetho (7 Jahre) gestützt und überwiegend akzeptiert (W. Helck, J. von Beckerath, E. Hornung u. a.; 9 oder 10 Jahre bei N. Grimal). Die These einer längeren Regierungszeit von 14 Jahren (so M. Baud / V. Dobrev 1995) oder 44 Jahren (Emendation des Turiner Papyrus), wie sie etwa von W. S. Smith (CAH) und J. Vercoutter vertreten wird, ist abzulehnen, da sie unwahrscheinliche Sachverhalte voraussetzen muß (lange Mitregentschaft des Königs mit seinem Vater wegen eines Goldanhängers mit den Namen → Pepis I. und ʿA. s; ʿA. nicht Sohn der ʿAnchnesmerireʿ). Daß ʿA. in noch jugendlichem Alter starb, wird auch durch die in seiner Pyramide noch vorgefundene Mumie bestätigt, falls es sich hierbei nicht um eine Neben- oder Sekundärbestattung handelt, sowie um die nicht fertiggestellte Pyramidenanlage.

ʿA. trägt die Titulatur: Horus und Nebti *Mit lebendigen Erscheinungen,* Gold *Gold der beiden Falken* (oder: *Der mit den zwei goldenen Falken?),* Thronname *Der von Reʿ geliebt wird,* Eigenname *(Der Falkengott) ʿAnti (oder »Nemti«?) ist sein Schutz.*

Insbesondere die Nubienpolitik ʿA. s ist für uns durch königliche und private Zeugnisse deutlich. Im Sommer des Jahres der 5. Zählung nimmt ʿA. nach Felsinschriften in Elephantine, an der Straße von Assuan nach Philae und südlich des 1. Kataraktes die Unterwerfung der unternubischen Fürsten entgegen, vermutlich nach einem vorangehenden Feldzug, der das Gebiet befriedet. Damit ist der Zugang zu den nubischen Steinbrüchen gesichert. Der schon unter → Pepi I. amtierende Uni, von ʿA. zum Vorsteher Oberägyptens ernannt, berichtet in seiner autobiographischen Inschrift von einem Zug zu den Steinbrüchen von Ibhat (zwischen dem 1. und 2. Katarakt), um dort für die Grabanlage ʿA.s Sarkophag, Sarkophagdeckel und Pyramidion zu beschaffen. Aus den Granitbrüchen von Assuan bringt er eine Scheintür und weitere Bauelemente, aus den Alabastersteinbrüchen von Hatnub (hier auch Graffito des ʿA.) eine Opfertafel. In Oberägypten gräbt er fünf Kanäle und baut für den Transport des Granits mehrere Schiffe, deren Bauholz aus Nubien geliefert wird. ʿA. ist durch Graffiti bei Tômas in Unternubien und in der Ostwüste im Wadi Hammamat (hier auch eine neuentdeckte Inschrift) bezeugt, in Elephantine durch einen Naos.

Der Statthalter von Elephantine Herchuef unternimmt unter ʿA. drei Expeditionen in das Land Ja³m im Sudan und bringt von dort Güter nach Ägypten mit (auf der dritten Expedition Begleitung des Herrschers von Ja³m auf einem Zug gegen die Tjemehu-Libyer; zu dem Tanzzwerg → Pepi II.). Aus Byblos in Syrien stammt ein Gefäß mit dem Namen ʿA.s.

Bruchstücke eines Dekrets ʿA.s (oder nach H. Goedicke vielleicht → ʿAntiemsaʾfs II.) zugunsten der Pyramidenanlage des → Mykerinos fanden sich in dessen Totentempel in Giza. Nach N. Kanawati läßt sich während der Regierung ʿA.s als Hauptpunkt einer Verwaltungsreform eine Dezentralisierung feststellen, indem Gaufürsten und der Vorsteher Oberägyptens nicht mehr in der Hauptstadt, sondern in den Provinzen residieren und sich begraben lassen. Jedenfalls steht einer Reduktion der Beamtenschaft an der Residenz eine gleichzeitige Zunahme von Provinzbeamten gegenüber (N. Strudwick). Das Wesirat bekleiden vermutlich dieselben Personen wie am Ende der Regierung Pepis I. bzw. zu Beginn jener Pepis II.

Die Pyramidenanlage ʿA.s in Saqqara-Süd namens *Vollkommene Erscheinung des Merenre*ʿ, südwestlich derjenigen → Pepis I. gelegen, ist nicht fertiggestellt und durch Steinraub sehr zerstört worden. Anlage und Dekoration mit Pyramidentexten (Fund von Hunderten weiterer Fragmente durch französische Mission) folgen dem Vorbild der Pyramide → Pepis I.; die Pyramide besitzt einen Totentempel (Ostseite) und eine Nordkapelle. In der Sargkammer fand sich bei der Öffnung der Pyramide 1880 der Basaltsarkophag und die erwähnte Mumie.

Lit.: H. GOEDICKE, *Königliche Dokumente aus dem Alten Reich,* 1967, 78–80; W. KAISER u.a., *MDAIK 31* (1975), 56; DIES., *MDAIK 32* (1976), 78ff.; N. KANAWATI, *Governmental Reforms in Old Kingdom Egypt,* 1980, 44–61; H. GOEDICKE, *JNES 40* (1981), 1–20; DERS., *GM 101* (1988), 35–42 (Ja³m);

A. ROCCATI, *La littérature historique sous l'Ancien Empire Égyptien,*1982, 187–207; A. GASSE, *GM 101* (1988), 89; N. STRUDWICK, *The Administration of Egypt in the Old Kingdom,* 1985, passim; D. O'CONNOR, *JARCE* 23 (1986), 27–50; DERS., *JEA 73* (1987), 99–136 (Ja³m); STADELMANN, *Pyramiden,* 195; A. SPALINGER, *SAK 21* (1994), 275–319; M. BAUD / V. DOBREV, *BIFAO 95* (1995). 23–92.

ʿAntiemsa³f II.

6. König der 6. Dynastie, Sohn → Pepis II. und der Neith, der gemäß Turiner Königspapyrus und Manetho nur ein Jahr regiert, ʿA. wird zwar häufig neben → ʿAntiemsa³f / Merenreʿ I. als »Merenreʿ II.« geführt (so zuletzt N. Grimal, J. Vercoutter), doch dürfte dieser angebliche Thronname ein Kopierfehler eines Schreibers sein (vgl. → Senachtenreʿ, Seqenenreʿ). Der antiken Tradition gemäß Gemahl der → Nitokris, soll ʿA. ermordet und von Nitokris, bevor diese Selbstmord beging, gerächt worden sein. Dabei handelt es sich sicher um Legenden (gegen J. Vercoutter). Einziges Dokument der Regierung ʿA.s ist wahrscheinlich das Schutzdekret für den Kult der Königsmütter ʿAnchenesmerireʿ und Neith von der Pyramidenanlage der Königin Neith in Saqqara-Süd.

Lit.: G. GOEDICKE, *Königliche Dokumente aus dem Alten Reich,* 1967, 158–162.

Antoninus Pius

Titus Aelius Hadrianus Antoninus Augustus Pius, römischer Kaiser, geboren am 19. 9. 86 n. Chr. in Lanuvium als Sohn des Aurelius Fulvus und der Arria Fadilla, »ein äußerst gewissenhafter Mensch von strengster Pflichtauffassung« (A. Heuss, Zitat nach H. Bengtson), der ein Friedenskaiser sein will. Unter Antoninus herrscht im Reich die *felicitas temporis;* in zwei Graffiti aus Ägypten wird der Kaiser als ›guter Genius Ägyptens‹ betrachtet durch die Gleichsetzung mit dem Gott Schai.

Während etwa E. Gibbon in der Zeit des A. und seines Nachfolgers → Marc Aurel das »glücklichste Zeitalter des Menschengeschlechtes« sah *(History of the Decline and Fall of the Roman Empire,* 1776–1788), urteilt H. Bengtson, daß »in der Antoninenzeit die Keime des künftigen Niedergangs (liegen), und zwar vor allem infolge der schwächlichen Außenpolitik, die nichts anderes als eine ununterbrochene Kette schwerer Versäumnisse gewesen ist. A. war nicht die Persönlichkeit, die das Reich nötig gehabt hätte«.

Proconsul Asiens 135/6, wird A. am 25. Februar 138 n. Chr. von → Hadrian adoptiert und zum Caesar erhoben und dann bei dessen Tod am 10. 7. 138 n. Chr. mit schon 52 Jahren zum Augustus. Er führt seit dem Beginn des Jahres 139 n Chr. den Titel *Pater patriae.*

In Nordengland tritt der kaiserliche Legat Q. Lollius Urbicus den Einfällen der Briganten (139–142) entgegen; im Jahre 142 wird 120 km nördlich des Hadrianwalls der 60 km lange Antoniuswall errichtet, der aber schon 166/7 aufgegeben werden muß. Der germanische Limes wird durch eine ihm 10–35 km vorgelagerte zweite Befestigungslinie ergänzt; auch in anderen Reichsteilen wird die Befestigung erweitert.

Die folgenden Jahre sind geprägt vom Krieg in Mauretanien (144–150), Aufständen in Judaea und Griechenland und einem Bauernaufstand in Ägypten (152/3; im Jahr 153/4 zeigen Münzen wieder die Eintracht von Tiber und Nil).

Am 21. 4. 148 n. Chr. wird die 900-Jahr-Feier Roms begangen, das 10- bzw. 20 jährige Regierungsjubiläum 148 und 158.

Am 7. März 161 stirbt der Kaiser in Lorium bei Rom. Neben zwei Töchtern hat er zwei Söhne von Annia Galeria Faustina, die allerdings schon vor 138 sterben, doch adoptiert er am Tag seiner Adoption und Erhebung zum Caesar durch Hadrian 138 selber zwei Söhne, M. Aelius Aurelius Verus (→ Marc Aurel) und L. Aelius Aurelius → Commodus.

Lit.: W. HÜTTEL, *Antoninus Pius,* 2 Bde, 1936, ND 1975; *RAC I,* 1950, 477 ff.; H. BENGTSON, *Grundriß der römischen Geschichte, I,* 1982, 369–373; KIENAST, *Kaisertabelle,* 134–36; H. JUCKER, *ANRW II,* 12. 2, 1981, 667–725; J.-CL. GRENIER, *CdE 63* (1988), 57–76: 59–61.

Apachnan

nach der Überlieferung Manethos der 3. Hyksos der 15. Dynastie. Nach J. von Beckerath wäre er mit → Jaꜥqabhaddu und dem Meriuserreꜥ (Thronname) der Skarabäen identisch, während die Typologie W. Wards nur → ꜥAᵌmu zuläßt.

Vielleicht sind in der griechischen Namensform aber der Name eines Hyksosprinzen *Apaq* und der später *Chajan* gesprochene (griechisch zu *Chnan verlesene*) Name des → Chijaran/Chajran verschmolzen (eigener Vorschlag).

Seine Regierung kann vielleicht mit 8 Jahren 3 Monaten (statt der 36 Jahre 7 Monate Manethos) und auf 1602–1594 (D. Franke) angesetzt werden.

Lit.: BECKERATH, *Untersuchungen,* 14 f. 135; W. WARD, in: *Studies on Scarab Seals II/1,* ed. O. TUFNELL, 1984, 162 ff.; D. FRANKE, *Or 57* (1988), 260 ff. 270 f.; N. DAUTZENBERG, *GM 135* (1993), 9–25.

³Aped

Offenbar fiktiver Königsname (»Vogel«; oder anders zu lesen: *saᵌ, geb?)* in der Auflistung der 14. Dynastie des Turiner Papyrus.

Lit.: BECKERATH, *Untersuchungen,* 82.

Apopi (Apophis)

Bedeutendster und bestbezeugter König der sog. »großen Hyksos« der 15. Dynastie, der etwa 1574–1534 (D. Franke) regiert. Die Regierungslänge entspricht etwa der bei Manetho nach Josephus gegebenen Zahl (36 Jahre, 7 Monate), während die anderen Versionen erheblich abweichen (61 Jahre; 14 Jahre), und ist in einer sonst nicht zuweisbaren Jahreszahl des Turiner Papyrus (40 + x Jahre) wiederzuerkennen.

Die Überlieferung des Turiner Papyrus umfaßte für diese Dynastie sechs Herrscher (so auch Manetho), deren Regierungszeit sie mit insgesamt 108 Jahren beziffert. Da von diesen sechs Herrschern neben A. weitere vier Herrscher feststehen (vgl. → Apachnan, Archles, Chalmudi, Chijaran/Chajran, Iannas, Sikruhaddu), ist sicher nur ein einziger König A. anzusetzen. Er führt die Thronnamen: (a) *Mit großer Stärke, ein Re ᶜ*, (b) *Mit großer Macht, ein Re ᶜ* (Variante *Herrscher von Auaris, mit großer Macht, ein Re ᶜ*), (c) *Herr an Schlagkraft, ein Re ᶜ*.

J. von Beckerath *(Untersuchungen)* wollte davon allenfalls (a) einem Kleinkönig der 16. Dynastie zuweisen, sonst jedoch aufgrund einer möglichen Imitation seiner Thronnamen durch jene von → Senachtenreᶜ, → Seqenenreᶜ und → Ka³mose eine Reihenfolge (a)/(b)–(c) ansetzen. Demgegenüber bevorzugt er nun *(Handbuch)* die Abfolge (c)–(a)–(b). D. Franke hat die Reihenfolge (b)–(a)–(c). N. Grimal *(Histoire de l'Egypte Ancienne)* dagegen betrachtet (c) als Vasallenkönig der 16. Dynastie und unterscheidet zwei Herrscher Apopi I. und Apopi II. der 15. Dynastie.

Von A. mit dem Thronnamen (b) ist im mathematischen Papyrus Rhind das 33. Jahr belegt. Derselbe Thronname erscheint im Siegesbericht des → Ka³mose, auf einem Architrav aus Gebelein, einer Granitschale, zwei Gefäßen (eines gefunden in Spanien) und Skarabäen sowie einer (einem Schreiber Atju geschenkten) Schreibpalette. Als einziges Zeugnis für das Selbstverständnis des A., das von ihm selber stammt, beschreibt diese Palette den König als »in Künsten gebildet, eher dem Verstand als der rücksichtslosen Gewalt zugetan und Anhänger der Traditionen, auf denen das ägyptische Königtum basierte« (H. Goedicke). Aus der Hyksosresidenz Auaris stammen tatsächlich mehrere wichtige Papyri (mathematischer Papyrus Rhind; die medizinischen Papyri Smith und Ebers). Name, Titulatur und die erkennbare Kultpolitik A. s zeigen ihn entgegen der thebanischen Propaganda als ägyptisierten Herrscher.

Der Thronname (a) des A. ist belegt durch eine dem Seth von Auaris geweihte Opferplatte, einen Dolch, eine Gefäßinschrift sowie die Usurpationsinschriften auf den Kolossen des → Mermeschaᶜ und den Mähnensphingen → Amenemhe³ts III. aus Tanis. Die Opferplatte nennt auch den Horusnamen des A. *Der die beiden Länder zufriedenstellt.*

Der Thronname (c) findet sich auf einem dem Gefolgsmann Nahman geschenkten, mykenischen Dolch sowie einem Gefäßfragment, dazu auf einem Skarabäus.

Nur unter seinem Geburtsnamen A. (ein ägyptischer Kosename wie *Pepi*) erscheint der König in der Erzählung von A. und → Seqenenreᶜ im Papyrus Sallier I, im memphitischen Priesterstammbaum, auf einer von → Sesostris III. usurpierten Sphinx, in einer Bauinschrift aus Bubastis und weiteren Denkmälern (Opferständer, Türpfosten, Skarabäen). In einer Krypta des Hathor-Tempels von Dendera ist ein von einem (König oder Privatmann?) ›Apopi‹ gestiftetes Sistrum dargestellt; ein Steingefäß (British Museum) trägt eine Weihinschrift des A. an Reᶜ.

Von der Verwandtschaft des A. sind zwei Schwestern Tani und Tja³rudjet (Tja³wa³t?) und eine Tochter Harta bekannt.

Zunächst besteht zwischen Hyksos und Thebanern eine Koexistenz unter der Oberherrschaft des A.; Theben etwa bezieht Getreide aus dem Delta und läßt dort Viehherden weiden, während es im Gegenzug A. Handel und den Zugang zu den oberägyptischen Steinbrüchen ermöglicht. Das von A. direkt beherrschte Gebiet leistet Abgaben und Frondienst.

Nur zwei Quellen erlauben Einblicke in die Auseinandersetzung zwischen den thebanischen Herrschern und A. Der in einer Schülerhandschrift der 19. Dynastie erhaltene Anfang der Erzählung von *A. und Seqenenreᶜ* führt den Beginn des Streites auf eine Provokation des nur als Fürst Thebens bezeichneten → Seqenenreᶜ durch den als König titulierten A. zurück, der sich durch das Gebrüll der thebanischen Nilpferde gestört fühlt (religiöser Hintergrund, Grenzstreitigkeiten? Anders, aber unrichtig, H. Goedicke).

Nachdem Seqenenreᶜ offenbar im Kampf gegen A. fällt (Kopfverletzungen der Mumie), führt → Ka³mose den Krieg gegen A. fort, der in der Ka³mose-Stele sogar abwertend *Fürst von Retjenu (Palästina)* genannt wird. Mit einem Heer, einer Flotte und nubischen Bogenschützen erobert Ka³mose zuerst das von einem Vasallen des A., Teti, gehaltene Neferusi (nördlich von Hermopolis) und stößt dann auf die Hyksosresidenz Auaris vor, dessen Frauen von den Dächern »hervorgucken, mit der Nase[nspitze] auf ihren Mauern, wie junge Mäuse in ihren Löchern«. Ka³mose kann verschiedene mit A. verbündete Städte erobern sowie die Oase Bahriya und fängt einen Brief des A. an den Herrscher von Kusch ab, den A. als Verbündeten gewinnen will. Der Fall von Auaris und die Vertreibung der Hyksos erfolgt jedoch erst unter → ᶜAhmose und dem Hyksos → Chalmudi.

Lit.: BECKERATH, *Untersuchungen,* 14–16. 28. 109–111. 127–131. 146. 148 f. 151–153. 160. 185. 190. 197–199. 202. 204. 206. 208. 210. 272–275; H.

GOEDICKE, *JSSEA 7* (1977), 10–12; DERS., *The Quarrel of Apophis and Seqenenre*ʿ, 1986; DERS., *CdE 73* (1988), 42–56; *TUAT I/6:* Historisch-chronologische Texte III, 1985, 525–534; J. PADRÓ / F. MOLINA, in: *Hommages Daumas II,* 1986, 517–524; D. FRANKE, *Or 57* (1988), 260 ff. 270 f.; S. QUIRKE, in: DERS. (Ed.), *Middle Kingdom Studies,* 1991, 126 f.

Apriës

Der Nachfolger und Sohn → Psammetichs II., 4. König der 26. Dynastie (589–570 v. Chr.). Er führt die Titulatur: Horus *Mit beständigem Willen,* Nebti *Herr an Kraft,* Gold *Der die beiden Länder gedeihen läßt,* Thronname *Mit jubelndem Herzen, ein Re*ʿ, Eigenname *Mit beständigem Willen, ein Re*ʿ (Wah-ib-Reʿ; keilschriftlich *Uchpara,* griechisch *Uaphres,* hebräisch *Chophra).*

Seine Bewertung vollzieht sich in der Regel auf der Grundlage der gegen ihn siegreichen Seite des → Amasis und der negativen antiken Überlieferung (Herodot). Neuere Untersuchungen haben das Bild in einigen Punkten korrigiert.

In Abwendung von der konzilianten Politik seines Vaters gegenüber Babylonien, das gegen den palästinensischen Raum vorgeht und seit 588 v. Chr. das abgefallene Jerusalem unter Zedekia belagert, sucht A., »ein ungestümer König, nur allzu begierig, sich in palästinische Angelegenheiten einzumischen« (K. A. Kitchen), die Konfrontation mit Nebukadrezzar. Das ägyptische Landheer rückt nach Palästina vor, während die ägyptische Flotte phönizische Städte der Küstenregion angreift (Sidon, Seeschlacht gegen Tyrus). Das Vorgehen bewirkt einen Unterbruch der babylonischen Belagerung Jerusalems. Ob A. gegen Nebukadrezzar eine Niederlage erleidet, ist unklar, jedenfalls zieht er sich wieder aus Palästina zurück, wo Jerusalem im Juli 586 fällt. Nach der Ermordung des Jerusalemer Statthalters Gedalja ziehen Flüchtlinge nach Ägypten, unter ihnen der Prophet Jeremia und sein Sekretär Baruch. 585–573 muß Nebukadrezzar Tyrus belagern, das infolge der ägyptischen Erfolge offenbar illoyal geworden war. An eine weitergehende Invasion Ägyptens wird aber zu diesem Zeitpunkt nicht gedacht.

Im 4. Jahr des A. wird → ʿAnchnesneferibreʿ, Tochter → Psammetichs II., als Gottesgemahlin des Amun in Theben eingesetzt. Im 12. Jahr des Königs stirbt der Apisstier in Memphis und wird feierlich beigesetzt.

Die Jahre bis 571 sind militärisch ruhig; ein Umschwung von ganz anderer Seite erfolgt erst in dem genannten Jahr, als sich der libysche Fürst Adikran zum Schutz gegen die Griechenkolonie von Kyrene dem ebenfalls aus einer libyschen Familie stammenden A. unterwirft. Die Oberhoheit über die Oasen besteht zu dieser Zeit, wie der Bau eines kleinen Tempels durch zwei Fürsten der Oase Bahrija unter A. und Amasis zeigt.

Allerdings ist etwa in Siwa, wo sich der Oasengouverneur Setechirdis als *König von Ober- und Unterägypten* bezeichnen kann, keine direkte ägyptische Kontrolle vorhanden. Die ägyptischen Truppen werden von den Kyrenern jedoch vernichtend geschlagen, worauf das Heer meutert und den von A. zur Schlichtung entsandten General → Amasis zum Gegenkönig erhebt. Flotte und Heer des A. (mit griechischen und karischen Söldnerkontingenten) müssen sich 570 in der Schlacht bei Andropolis/Momemphis Amasis stellen, der siegreich ist. Die inneren Wirren dauern bis 569 [oder 567], als A. fällt oder (nach Herodot) ermordet wird; 569 marschiert Nebukadrezzar in Ägypten ein. Die Chronologie und Interpretation der Ereignisse ist im einzelnen umstritten.

Nach Spalinger fällt die Adrikan-Angelegenheit auf 572/1 v. Chr., die Expedition gegen Kyrene in den Sommer 571, die Meuterei der Truppen in die folgenden Wochen (bis Herbst 571); die Sendung des Amasis und seine Erhebung wäre dann im Herbst/Winter 571 erfolgt. Der erste datierte Text des Amasis stammt danach aus dem Beginn des Jahres 570 v. Chr. Zwischen Frühjahr und Sommer 570 habe A. die Kontrolle über das westliche Delta verloren, sei aber von den griechischen Söldnern weiter unterstützt worden. Die letzte datierte Inschrift des A. vom 10. Oktober 570 würde dann nur um weniges seiner Gefangennahme durch Amasis und der Gefangenhaltung in Sais (Herbst-Winter 570) vorangehen. Es folgt die babylonische Invasion, wobei A. am 22. 3. 569 v. Chr. in der Schlacht des Amasis gegen Nebukadrezzar – offenbar auf babylonischer Seite kämpfend – fällt. Auf der Siegesstele des Amasis wird der günstige Ausgang einem Sturm zugeschrieben. Dieser Tatbestand ist vielleicht als Versuch des A. zu interpretieren, die Macht zurückzuerobern. Möglicherweise war er an den babylonischen Hof geflüchtet, hatte Nebukadrezzar für einen Einmarsch in Ägypten gewonnen und dann auf seiner Seite gekämpft (vergleichbar wäre die Flucht → Psammetichs I. zu → Assurbanipal; E. Edel).

Zuletzt hat A. Leahy folgende Interpretation vorgeschlagen: Am 13. Januar 570 beginnt das 20. Regierungsjahr des A., am 12. Februar ist aber Amasis in Scharuna anerkannt, im Juli/August im gesamten Westdelta. Die Installation des Amasis in dem von ihm eroberten Sais wäre die Folge eines ersten Aufeinandertreffens der beiden Könige gewesen. Davon zu unterschieden wäre dann die genannte Entscheidungsschlacht bei Momemphis (Mitte Oktober bis Mitte November 570), die sich durch das Vorrücken des A. nach Sais ergeben hätte. Danach sei A. nach Babylon geflüchtet und mit dem babylonischen Heer erst im 4. Jahr des Amasis wieder in Ägypten erschienen. Der letzte Bezug auf A. als König ist demnach der 19. Oktober 570 (am 9. Dezember ist Amasis in Pharbaitos anerkannt); während der Jahre 1–4 des Amasis ist von einem anderen König nie die Rede. In der Schlacht gegen Nebukadrezzar in dessen 37. Jahr standen Amasis vielleicht auch griechische Truppen aus Kyrene zu Verfügung, da er eine Kyrenin heiratete; nach Spalinger dagegen fällt diese Verbindung erst in die Zeit nach dem Tod des A. im Frühjahr 569. Nach Leahy ist für A. entgegen der traditionellen Meinung auch eine größere Machtbasis anzunehmen, besonders im Süden (Elephantine). In Memphis hat W. M. F. Petrie einen Festungsbau des A. nachgewiesen. Weitere Bauten sind in Athribis, Sais und Bahrija (s. oben) bezeugt. Überlieferte Vorstöße gegen Zypern und die Phönizier wären eher gegen Ende seiner Regierung anzusetzen. Für die Verbindung des A. zu den Griechen ist eine einmal belegte Darstellung des Königs mit korinthischem Helm zu erwähnen.

An hohen Offiziellen sind die Generäle Amasis und Neshor und die Verwaltungsbeamten Harero und Peftjauneith zu nennen.

Nach dem Bericht Herodots wird A. von Amasis in den Tempelgräbern der saitischen Dynastie in Sais regulär beigesetzt.

Lit.: KIENITZ 26–30. 44 f; E. EDEL, *GM 29* (1978), 13–20; A. J. SPALINGER, in: *Acts 1st ICE,* 593–604; A. LEAHY, *JEA 74* (1988), 183–199; P. HÖGEMANN, *Das Alte Vorderasien und die Achämeniden,* 1992.

ʿA³qen

Nur im Memphitischen Priesterstammbaum der 22. Dyn. belegter König aus der 1. Hälfte der 13. Dyn. (um 1740 v. Chr.). Der merkwürdige Name (»Tapferer Esel«) dürfte in der Zeit nach der Verfemung des Gottes Seth aus einem ursprünglichen »Seth ist tapfer« absichtlich entstellt worden sein (Beckerath) oder ist die sekundäre Umformung eines Horusnamens ʿA³qenen-Reʿ *Groß und stark, ein Reʿ* (Gardiner).

Lit.: BECKERATH, *Untersuchungen,* 28. 53 f. 240 (identisch mit → Seth?); A. H. GARDINER, *Egypt of the Pharaohs,* 1961, 160 (so auch M. BIETAK, *LÄ 3,* 101 f. Anm. 14).

Archles

griechische Namensform eines Hyksos der 15. Dynastie; nach Africanus der 5. (bei Eusebius 3. bzw. 4.) König dieser Dynastie. Gewöhnlich wird die Form als Variante zu → Assis (Aseth) betrachtet und eine Identifizierung mit → Chalmudi vorgenommen (J. von Beckerath, W. Ward; → ʿA³sehreʿ). Doch kann *Archles* recht problemlos als Wiedergabe des Namens → *Sikruhaddu* (›Sakr-har‹) erklärt werden (eigener Vorschlag).

Lit.: BECKERATH, *Untersuchungen,* 14 ff. 131 ff. 137. 139; W. WARD, in: *Studies on Scarab Seals II/1,* ed by O. TUFNELL, 1984, 162 ff.; D. FRANKE, *Or 57* (1988), 262.

Arses

Von dem persischen Heerführer Bagoas als Nachfolger des vergifteten
→ Artaxerxes III. eingesetzter Großkönig (338–336), den jener aber 336
ebenso ermorden läßt.

Ein Krugdeckel mit dem Namen des A. befindet sich im University
College London (E. Bresciani; nach Beckerath, Handbuch, S. 117 wäre
er hieroglyphisch nicht belegt).

Nach einer Vermutung von H. Goedicke wäre als Gegner des
→ Chabbasch in der Satrapenstele A. genannt, nicht → Xerxes oder
→ Artaxerxes III. Ochos.

Lit.: E. BRESCIANI, in: *The Cambridge History of Iran, II,* 1985, 526; H. GOE-
DICKE, *BES 6* (1985), 33–54; A. DANDAMAEV, *A Political History of the Achaemenid Empire,* 1989.

Arsinoë IV. → **Kleopatra VII.**

Artaxerxes I.

4. Herrscher der 27. Dynastie, der ersten Perserherrschaft; persischer
Großkönig (465/4–425), Nachfolger von → Xerxes I. (ein Thronfolger
Artabanos regierte nicht).

Unmittelbar nach Beginn seiner Herrschaft erhebt sich der libysche
Fürst → Inaros, Sohn des letzten Psammetich, mit dem Prinzen Amyr-
taios (I.) von Sais (→ Amyrtaios [II.]) gegen die Besatzungsmacht (463).
Nach der Eroberung der Festung Marea im nordwestlichen Delta wird
Unterägypten bis nach Memphis eingenommen. Athen beantwortet ein
Gesuch um militärische Unterstützung positiv und beordert 200 Schiffe
von Zypern nach Ägypten (460). In der Schlacht von Papremis kann das
Heer des persischen Satrapen Achaimenes, des Bruders → Artaxerxes' I.,
besiegt werden, wobei Achaimenes umkommt. Der Erfolg bleibt Episode, da der persische Satrap von Syrien, Megabyzos, Memphis zurückerobert und nach 18monatiger Belagerung die Insel Prosopis, auf der die
griechische Flotte blockiert hat, einnimmt. Die griechische Intervention
endet in einem Desaster, aus dem nur wenige entkommen; Inaros selber
wird 454 in Persien gekreuzigt. Mit dem Kalliasfrieden von 449 v. Chr.
verpflichtet sich Athen zur Nichteinmischung in den Konflikt Zyperns
und Ägyptens mit Persien.

Oberägypten hingegen verbleibt auch während des Aufstands unter
persischer Kontrolle, wie ein Graffito aus dem Wadi Hammamat mit
Nennung des persischen Beamten Atiyawrata aus dem 5. Jahr → Artaxerxes' I. und aramäische Papyri der jüdischen Gemeinde in Elephantine
(Jahre 6, 9, 10) zeigen.

Satrap Ägyptens wird nach dem Tode des Achaimenes Arsames, der durch griechische Quellen, Elephantine-Papyri und einen Fund von Lederbriefen bezeugt ist.

Lit.: KIENITZ, 69 ff.; E. BRESCIANI, in: *The Cambridge History of Iran, II,* 1985, 510 f.; E. BADIAN, *JHS 107* (1987), 1–39; H. J. WATKIN, *JHS 107* (1987), 154–163; A. J. HOLLADAY, *JHS 109* (1989), 176–182; J. D. RAY, *CAH² IV,* 1988, 254–286; A. DANDAMAEV, *A Political History of the Achaemenid Empire,* 1989.

Artaxerxes II. Memnon (Arsakes)

persischer Großkönig, seit 404 v. Chr. Nachfolger → Dareios' II., der nach Ausweis der Elephantine-Papyri im Süden Ägyptens noch bis 402 als legitimer Pharao anerkannt wird, bevor → Amyrtaios (II.) seine Herrschaft über das gesamte Land ausdehnen kann.

Lit.: E. BRESCIANI, in: *The Cambridge History of Iran II,* 1985, 502–528.

Artaxerxes III. Ochos

persischer Großkönig (358–338), der 343 Ägypten erneut erobert und damit die kurze zweite Perserherrschaft (343–332) begründet, die von einem christlichen Chronographen als 31. Dynastie an die manethonische Dynastieabfolge angeschlossen wurde.

Zuvor konnte → Nektanebos (II.) zwei persische Invasionsversuche zurückschlagen, zunächst (358) gegen ein persisches Heer noch unter dem Prinzen Artaxerxes, dann (351) gegen den König selber. Während der Aufstände in Zypern (349) und Syrien (346) verhält Nektanebos sich neutral, doch schickt er dann 346 viertausend Söldner an den König von Sidon. A. kann nach der Eroberung Zyperns und Sidons mit ganzer Macht gegen Ägypten vorrücken und stößt 343 nach Pelusium vor. Die ägyptische Verteidigungslinie wird durch Verrat bekannt; der Heerführer A. s', Bagoas, erobert schließlich ganz Unterägypten; Nektanebos flieht nach Nubien. Satrap Ägyptens wird Pharendotes. 338 wird A. durch Bagoas vergiftet, der → Arses als Nachfolger einsetzt.

Wie im Falle des → Kambyses zeichnet die antike Überlieferung von Artaxerxes III. Ochos das Bild eines Religionsfrevlers, der den Apis-Stier töten und verzehren ließ und stattdessen einen Esel zur Verehrung anbot, der auch den Mnevis-Stier und den Bock von Mendes tötete, die Tempel plünderte und Städte zerstörte. Nach der Satrapenstele (→ Chabbasch) konfiszierte er einen der Göttin von Buto gehörenden Besitz. In der *Demotischen Chronik* heißt es etwa, die Seen und Inseln (Ägyptens) seien voll vom Weinen, da die Perser alle Häuser der Ägypter konfisziert hätten. Auch hier wird es sich aber um antipersische Propaganda handeln, da etwa ein demotischer Papyrus (in Lille) offenbar normale Verhältnisse widerspiegelt.

Hieroglyphisch ist A. nicht belegt, doch gibt es von ihm Tetradrachmen mit der Aufschrift »Artaxerxes, Pharao«.

Lit.: A. N. LLOYD, in: *FS I. E. S. Edwards,* 1988, 154–160; E. BRESCIANI, in: *The Cambridge History of Iran II,* 1985, 502–528; J. D. RAY, Egypt 525–404 B. C., in *CAH ²IV,* 1988, 254–286.

Asarhaddon

(Aschschur-acha-iddina »Assur hat mir einen Bruder gegeben«): assyrischer König (680–669 v. Chr.); seine Mutter (Naqia/Zakutu) ist aramäischer Herkunft.

In die Regierung des A. fällt der Einmarsch in Ägypten, »eine der größten Errungenschaften der assyrischen Militärmaschinerie« (A. K. Grayson, CAH). Grund dafür ist die antiassyrische Politik des → Taharqa in Palästina zur Zeit des Sanherib; Hauptziel die Beseitigung der Kuschitenherrschaft in Ägypten (A. Spalinger). 679 stößt ein assyrisches Heer bis nach Arza (südlich von Gaza?) vor und führt dessen König Asuchili gefangen nach Ninive. Um der ägyptischen Förderung des palästinischen Widerstandes ein Ende zu setzen, greift A. fünf Jahre später (674) Ägypten selber an, wird aber nach der babylonischen Chronik besiegt; die assyrischen Königsinschriften erwähnen den Zug nicht.

Zu Beginn des Jahres 671 belagert Asarhaddon Tyros, zieht mit Unterstützung arabischer Fürsten durch den Sinai und führt dort (im 4. Monat) drei siegreiche offene Feldschlachten gegen das ägyptische Heer. Vier Tage nach der dritten Schlacht wird Memphis eingenommen; → Taharqa flieht. Ägypten wird administrativ neu organisiert; ägyptische Städte des Deltas erhalten assyrische Namen.

Grundlage für die Eroberung Ägyptens ist die Kontrolle über den syrisch-palästinischen Raum. Im Jahre 676 v. Chr. wird aus 12 Stadtstaaten bzw. Königreichen des gesamten Großraumes Baumaterial nach Ninive geliefert, doch wird die politische Situation für Assyrien schwieriger. 677/6 fällt Abdimilkuti von Sidon von Assyrien ab; die Stadt wird erobert, geschleift und neugegründet, die Bevölkerung deportiert. Ebenso hatte der König Baʿal von Tyros A. zugunsten Taharqas seine Loyalität aufgekündigt (s. oben zur Belagerung).

Feldzüge führen A. gegen den Süden (König Bazza auf der arabischen Halbinsel), nach Anatolien (Kimmerer; verschiedene Städte, 679ff.), gegen Meder, Skythen, Mannäer und Urartu (Eroberung von Schubira, 673), während im Süden Elam in Babylonien einmarschiert und Sippar erobert. Hier kann schließlich eine vertragliche Übereinkunft gefunden werden. Die Babylonpolitik A.s ist in scharfer Abkehr von jener seines Vorgängers Sennacherib auf ein Bauprogramm, ›good government‹ und ›appeasement‹ (A. K. Grayson) gerichtet.

Zwei seltsame Regelungen sind am Ende der Regierungszeit A.s fest-zustellen: die Verfügung, das Reich auf → Assurbanipal (Assyrien) und Schamaschschumukin (Babylonien) aufzuteilen, und die Einrichtung eines ›Ersatzkönigs‹ zu bestimmten Anlässen.

Lit.: A. SPALINGER, *Or 43* (1974), 295–326; *TIP* §§ 391–395; K. A. KITCHEN, *CdE 53* (1978), 22–47; A. K. GRAYSON, *JSSEA 11* (1980), 85–88; DERS., in: *CAH² III/2*, 1991, 103–141; G. FRAME, *Babylonia 689–627 B. C. A Political History*, 1992; H.-U. ONASCH, *Die assyrischen Eroberungen Ägyptens*, 1994 (ÄAT 27); s. auch → Assurbanipal.

ᶜA³sehreᶜ

Nach bisheriger Auffassung auf einem Obeliskenbruchstück aus Tanis belegter Name eines Hyksos, bei dem es sich um den Thronnamen des → Chalmudi handeln würde (aus dem die manethonischen Namensfor-men → Assis [Aseth] und → Archles entstanden wären; so W. C. Hayes) oder um einen sonst nicht bezeugten eigenständigen König (so noch N. Grimal: neben → Apopi). Es handelt sich jedoch um den Thronnamen des → Nehesi.

Lit.: W. C. HAYES, *The Scepter of Egypt, II*, 1959, 7; BECKERATH, *Untersuchun-gen*, 133. 210. 276; M. BIETAK, *SAK 11* (1984), 59 ff.; N. GRIMAL, *Histoire de l'Egypte Ancienne*, 1988, 239.

Assis (Aseth)

In der manethonischen Überlieferung als letzter Herrscher der »Großen Hyksos« der 15. Dynastie genannter König (6. der Dynastie nach Jose-phus, 7. nach dem Sothisbuch), der bisher (J. von Beckerath, W. A. Ward) gewöhnlich mit → Chalmudi identifiziert wird (→ ᶜA³sehreᶜ); die Form → *Archles* wird als verderbte Form angesehen. Falls jedoch letztere Form ursprünglich ist, muß in dem König → Sikruhaddu gesehen werden (eigener Vorschlag).

Lit.: BECKERATH, *Untersuchungen*, 14 ff. 131 ff. 137. 139; W. WARD, in: *Studies on Scarab Seals II/1*, ed. by O. TUFNELL, 1984, 162 ff.; D. FRANKE, *Or 57* (1988), 262.

Assurbanipal

(Aschschur-bani-apli: »Assur ist der Erzeuger des Erbsohns«): assyri-scher Herrscher.

Seine Regierungszeit (668–631/627) bildet den Höhepunkt des assyri-schen Imperialismus, wenige Jahre vor dem Untergang Assyriens 612: »Der frühe Teil der Regierung A.s war glänzend, mit militärischen Sie-gen im Feld, wirtschaftlicher Prosperität, großen Bauprojekten, kulturel-len Errungenschaften und einem allgemeinen Gefühl von Sicherheit und Wohlergehen« – und doch endet seine Herrschaft »in einer dunklen Zeit der Verwirrung, der wenig später der Fall von Assyrien selber folgt« (A. K. Grayson).

Die innere Chronologie der vier Jahrzehnte ist äußerst unsicher. Im November 669 ist A. als König anerkannt und überträgt gemäß der von → Asarhaddon verordneten »merkwürdigen Thronfolgeregelung« (W. von Soden, Einführung in die Altorientalistik, 1985, 61) 668 seinem Bruder Schamaschschumukin den Thron Babylons.

Priorität hat die von seinem Vater → Asarhaddon nicht gelöste ägyptische Frage. Dort hat → Taharqa inzwischen das Delta zurückerobert und Memphis gewonnen. Ein von Assurbanipal ausgesandtes Heer besiegt Taharqa bei Karbaniti; der kuschitische Herrscher flieht nach Theben. Im Delta wird der vorherige Status quo wiederhergestellt; v. a. wird → Necho von Sais wieder in seiner Vormachtstellung bestätigt. Ein assyrisches Relief stellt die Eroberung einer Stadt des ägyptischen Deltas dar. Die Lage bleibt jedoch nicht befriedet. Ein neuer Aufstandsversuch der ägyptischen Fürsten Necho, Scharruludari und → Pakrur, die eine erneute Allianz mit Taharqa suchen, endet mit der Niederlage und Bestrafung der abgefallenen Regenten. Einzig Necho, dessen Sohn → Psammetich (I.) in Athribis eingesetzt wird, wird davon ausgenommen, um für die Weiterführung assyrischer Politik in Ägypten instrumentalisiert werden zu können.

664 stirbt Taharqa; sein Nachfolger → Tanwetamani kann Oberägypten zurückerobern, bevor ein assyrischer Gegenstoß ihn nach Nubien treibt (663) und damit das Ziel der assyrischen Ägyptenpolitik – die Beendigung der Kuschitenherrschaft (A. Spalinger) – erreicht. Dabei wird Theben geplündert – nicht zerstört, wie oft behauptet –; u. a. sind nach dem Bericht des Rassam-Zylinder zwei Obelisken aus Edelmetall von 2500 Talenten Gewicht nach Assyrien verschleppt worden. In Theben-West fand W. M. F. Petrie Spuren der assyrischen Präsenz; Statuen des Taharqa aus der Kriegsbeute kamen in Ninive zutage. Das Delta bleibt bis zur Rückeroberung durch → Psammetich I. 655 völlig unter assyrischer Kontrolle, wobei etwa alle wichtigeren Städte assyrische Namen tragen. Ägypter in assyrischer Gefangenschaft sind tatsächlich in den folgenden Jahren in Assyrien nachweisbar (I. Eph'al, R. Zadok).

Konflikte, Aufstände und Kriege kennzeichnen die politische Situation auch in Syrien (Tyros, Arwad), Südmesopotamien (Aufstände in Kirbit, Nippur, Babylon, Uruk, Eridu, Gura-Simmu, Puqudu), an der Nordwest- und Ostgrenze (Vordringen der Kimmerer; Feldzüge gegen Kimmerer, Mannäer und Meder, Elam und die Gumbuläer; Angriff von Urartu) und im Süden (Araber). 653 wird Elam besiegt; im Juni/Juli 648 das aufständische Babylon.

Berühmt ist die Bibliothek des A., in der über 25000 Tafeln politischen, administrativen, religiösen, literarischen und wissenschaftlichen Inhalts gefunden wurden. Der König rühmt sich: »Ich habe gelernt, was der weise Adapa gebracht hat, habe mir den verborgenen Schatz, die gesamte Tafelschreiberkunst angeeignet, bin in die [Wissenschaft von den] Vorzeichen am Himmel und auf der Erde eingeweiht, diskutiere in der Versammlung der Gelehrten, deute zusammen mit den erfahrensten Leberschauern die Leberomina. Ich kann komplizierte, undurchsichtige Divisions- und Multiplikationsaufgaben lösen, habe schon immer kunstvoll geschriebene Tafeln in schwer verständlichem Sumerisch und mühsam zu entzifferndem Akkadisch gelesen, habe Einblick in die Schriftsteine aus der Zeit vor der Sintflut, die ganz und gar unverständlich sind.«

Ebensowenig wie → Asarhaddon – und ganz im Gegensatz zu den persischen Großkönigen – tritt A. in Ägypten als einheimischer Pharao auf; Statuen oder Bauten von ihm gibt es in Ägypten nicht.

Lit.: A. Spalinger, *JAOS 94* (1974), 316–328; *TIP* §§ 391–395; I. Eph'al, *Or 47* (1978), 74–90; M. Elat, *JAOS 98* (1978), 20–34; W. G. Lambert, *JJS 33* (1982), 61–70; T. Schneider, *BN 44* (1988), 68ff.; A. K. Grayson, in: *CAH²*, III/2, 1991, 142–161; R. Zadok, *LingAeg 2* (1992), 139–146; G. Frame, *Babylonia 689–627 B. C. A Political History,* 1992; H.-U. Onasch, *Die assyrischen Eroberungen Ägyptens,* 1994 (ÄAT 27); s. auch → Asarhaddon.

Atoti

Der Turiner Königspapyrus und die Königstafel von Abydos nennen für die 1. Dynastie drei Könige mit ähnlichen Namen. Von ihnen wird der zweite, Jttj, gewöhnlich mit dem König → Djer identifiziert, der dritte, Jttjw, mit dem König → Waȝdj. Davor ist ein König »Atoti« (Turin: (jt(-), Abydos: Ttj) aufgeführt, dem vielleicht die dort genannte Regierungszeit von 1 Jahr 45 Tage zuzuschreiben ist (um 2980; anders J. Vercoutter, der A. mit → ʿAhaȝ identifiziert). Ein 1985 in der Frühzeitnekropole Umm el-Qaab in Abydos gefundenes Siegel mit Königsnamen erwähnt A. nicht. Vermutlich wurde A. hier in dem Grab B 40 bzw. dem Nebengrab B 50 (offenbar Notbestattung nach dem überraschenden – gewaltsamen? – Tod des Königs) beigesetzt (G. Dreyer; W. Kaiser).

Lit.: N. Dautzenberg, *GM 69* (1983), 33–36; G. Dreyer, *MDAIK 43* (1986), 39ff.; Ders., *MDAIK 46* (1990), 68ff.; W. Kaiser, *MDAIK 43* (1986), 116f.; W. Helck, *Untersuchungen zur Thinitenzeit,* 1987, 100f.

Augustus

Caius Octavius, dann Caius (Iulius) Caesar (seit 8. Mai 44 v. Chr.; der Beiname *Octavianus* bei Cicero), Imperator Caesar Divi Filius (seit Ende 40 v. Chr.), Imperator Caesar Divi Filius Augustus (seit 16. Januar

27 v. Chr.). Erster römischer Kaiser, geboren am 23. September 63 v. Chr. in Rom als Sohn des Caius Octavius und der Atia, gestorben am 19. August 14 n. Chr. in Nola.

Am 15. März 44 v. Chr. wird Caesar ermordet (Rückkehr → Kleopatras VII. nach Ägypten); sein Großneffe Octavius wird testamentarisch von Caesar adoptiert und zum Erben eingesetzt (unter Übergehung des Marcus Antonius). Das erste Jahr des Bürgerkrieges ist von Kämpfen des Senats gegen Antonius (Mutinensischer Krieg) geprägt, bevor Octavius, Antonius und M. Aemilius Lepidus sich im 2. Triumvirat verbünden (November 43) und sich unbeschränkte Vollmachten erteilen *(Lex Titia)*. Antonius und Octavius führen den Kampf gegen die den Osten des Reiches beherrschenden Caesarmörder, während Pompeius (→ Kleopatra VII.) seine starke Stellung zur See ausbaut; 2300 Mitglieder der römischen Elite (u. a. Cicero) fallen Proskriptionen zum Opfer.

In den zwei Schlachten von Philippi, bei denen insgesamt 43 Legionen beteiligt sind, werden die Caesarmörder C. Cassius und M. Brutus besiegt (Oktober 42 v. Chr.). Antonius, mit dessen Stieftochter Clodia Octavius in dieser Zeit (43–41) verheiratet ist, steht auf dem Höhepunkt seiner Macht. Nach Auseinandersetzungen des Octavius mit Angehörigen des Antonius in Italien, seiner Übernahme Galliens mit 11 Legionen und Scheidung von Clodia (Ehe mit Scribonia, einer Verwandten des Pompeius, 40–39) dominiert jedoch Octavius den Westen des Reiches. Antonius beherrscht den Osten (Verbindung mit → Kleopatra VII.).

Im Oktober 40 v. Chr. wird im Vertrag von Brundisium die Aufteilung des Reiches auf Octavian (Westen), Antonius (Osten; Ehe mit Octavia, der Schwester des Octavius) und Lepidus (Afrika) beschlossen. 38 v. Chr. heiratet Octavius Livia Drusilla. Während 37 v. Chr. das Triumvirat um 5 Jahre verlängert wird, ist die im Jahre 39 v. Chr. erzielte Übereinkunft zwischen Octavius und Pompeius nicht von Bestand: 36 v. Chr. besiegt Vipsanius Agrippa in der Seeschlacht von Naulochos Sextus Pompeius. Lepidus wird entmachtet.

Das Verhältnis des Octavius zu Antonius, dem »ungekrönten König des ganzen Ostens« (im einzelnen → Kleopatra VII.), der zudem Octavia aus der Ehe entläßt und Kleopatra heiratet, verschlechtert sich weiter. 32 v. Chr. müssen die Antonius verbundenen Konsuln und 300 Senatoren Rom verlassen (Gegensenat in Ephesus). Octavius, der 35–33 v. Chr. in Pannonien und Illyrien Krieg führt, bemächtigt sich 32 v. Chr. widerrechtlich des in Rom hinterlegten Testaments des Antonius, dessen Bestimmungen (Ptolemaios XV. Kaisarion Sohn Caesars; Verfügung seiner Beisetzung in Alexandria) er zur Diskreditierung des Antonius ausnützt. Octavius erklärt → Kleopatra VII. den Krieg (Gefolgschaftseid des gesamten Westens), den Octavius dank schwerer strategischer Fehler des Antonius für sich entscheidet (Schlacht von Actium, 2. September 31 v. Chr.). Die Schlacht von Actium ist von Vergil im 8. Buch der *Aeneis* dargestellt worden; Apollon wendet den Kampf zwischen Octavian, Agrippa, Mars, Discordia und Bellona einerseits und Antonius, Kleopatra und den tiergestaltigen Göttern Ägyptens andererseits; der Nil umschlingt die Besiegten mit seiner Flut.

Im Frühjahr 30 v. Chr. kann Octavius über Syrien-Palästina nach Ägypten vorstoßen und Alexandria einnehmen (am 1. August; Besuch des Alexandergrabes); Antonius und → Kleopatra VII. begehen Selbstmord. A. erklärt sich, bewußt nach der Tradition, am ägyptischen Neujahrstag zum Herrscher; Ägypten wird römische Provinz (mit 3 im Land stationierten Legionen).

Als Zeichen des Endes der Bürgerkriege wird 29 v. Chr. der Janustempel geschlossen, ein Tempel für den vergöttlichten Caesar gebaut und die Neuordnung des Ostens des Reiches unternommen; im August feiert Octavius den Triumph. Der Gott Nil wird dabei als Symbol des besiegten Ägypten gefesselt mitgeführt, obwohl in Ägypten selbst ihm der Präfekt Ägyptens opfert. In dieses Amt hatte Octavius C. Cornelius Gallus eingesetzt (30–26 v. Chr.), dessen Ausbau seiner Machtposition (in einer Inschrift auf dem von → Caligula nach Rom gebrachten Obelisken rühmt er sich als Städtegründer) aber mit einem Hochverratsprozeß und seiner Exilierung Einhalt geboten wird.

Die staatliche Neuordnung in Rom beginnt 28 v. Chr. und findet ihren Abschluß am 13. Januar 27 v. Chr., als Octavius alle Vollmachten niederlegt und die Republik als wiederhergestellt erklärt. Mit seiner Neubeauftragung durch den Senat am 16. Januar (prokonsularisches Imperium auf 10 Jahre) und der Zuerkennung des Ehrennamens *Augustus* beginnt im Grunde die Epoche des Prinzipats. Auf diese Ereignisse als wichtigste Punkte seines Lebens blickt Augustus in der berühmtesten Passage seines Rechenschaftsberichtes *(res gestae)* zurück.

27–25 v. Chr. ist Augustus in Gallien und Spanien. 23 v. Chr. legt er das Konsulat nieder, doch wird ihm die tribunizische Amtsvollmacht und das *imperium proconsulare maius* (den Provinzstatthaltern übergeordnete Befehlsgewalt) verliehen, im Jahre 19 v. Chr. die konsularische Befehlsgewalt auf Lebenszeit. 22 v. Chr. lehnt er das Amt des Diktators und Censors ab.

Unternehmungen im Bereich der Außenpolitik müssen angesichts fehlender Mittel begrenzt bleiben. Zu nennen sind hier: 27–24 v. Chr. Aufenthalt in Gallien und Spanien (Kantabrerkrieg); 25–24 v. Chr. eine Expedition des Aelius Gallus nach Aden am Roten Meer (Arabia felix); 24–22 v. Chr. der Feldzug des Petronius nach Napata am 4. Katarakt

(21/20 v. Chr. Friedensverhandlungen zwischen Rom und Meroë auf Samos); 22–20 v. Chr. Kampagnen in Sizilien, Griechenland und Kleinasien; 20 v. Chr. der Friede mit dem Partherreich; 16–13 v. Chr. die Neuordnung Galliens; 15 v. Chr. die Eroberung des Alpenraumes; 12 v. Chr. vielleicht Reise nach Aquileia und Treffen mit Herodes; ab 12 v. Chr. Germanienfeldzüge des Drusus und Tiberius (9 v. Chr. an der mittleren Elbe) und die Neuordnung des Donauraumes; 11/10 v. Chr. Aufenthalt des A. in Gallien; 9 v. Chr. Kalenderreform der Provinz Asia; 4–6 n. Chr. Feldzüge des Tiberius in Germanien; 6–9 n. Chr. der Aufstand in Pannonien-Dalmatien, 9 n. Chr. Niederlage des Varus beim Teutoburger Wald (richtige Lokalisierung der Schlacht umstritten).

Im Bereich der Innenpolitik ist u. a. zu nennen: Neuordnung des Senats; Einteilung Italiens in 11 Regionen; 22 v. Chr. Übernahme der Getreideversorgung durch A.; 20 v. Chr. Einrichtung einer Kasse zur Veteranenversorgung (*aerarium militare*); 18 v. Chr. Ehegesetze; 17 v. Chr. Säkularfeier; 12 v. Chr. ist A. Pontifex Maximus, Tod des Vipsanius Agrippa; 8 v. Chr. Kalenderreform in Rom. Hervorragend ist die Bautätigkeit des A. (Residenz, Forum Augusti, Mausoleum Augusti, Bibliotheken); 9 v. Chr. wird als bedeutendstes Bauwerk die *Ara Pacis* (in deren Zentrum ein Obelisk als Zeiger einer Sonnenuhr stand; ein weiterer Obelisk wird im Circus Maximus aufgestellt) eingeweiht. Im Jahre 2 v. Chr. erhält A. den Titel *Pater patriae (Vater des Vaterlandes)*. Keine der vier gegen A. unternommenen Verschwörungen gelingt.

Mit dem Tod des Drusus 9 v. Chr. und der Adoptivsöhne *Lucius* und *Caius Caesar* 2 bzw. 4 n. Chr. stellt sich die Frage der Nachfolge, die Augustus durch die Adoption des → Tiberius (und gleichzeitig des Agrippa Postumus) löst, der ihm 12 n. Chr. als Mitregent gleichgestellt wird. Am 19. August 14 n. Chr. stirbt Augustus in Nola (Benennung des Todesmonats nach ihm); am 17. September wird er vergöttlicht.

Die Politik des A. in Ägypten steht in einer Kontinuität zu jener seiner Vorgänger, etwa in der Verwaltung; die höheren Posten werden jedoch durch Römer besetzt. A. fördert den Tempelbau, führt Festtage für die Tage der Geburt und des Herrschaftsantritts von Caesar und von sich selbst ein und unterstellt die Priesterschaften und das Tempelland seiner Kontrolle. Während A. hier bruchlos die Nachfolge der Ptolemäer antritt und sich als Pharao darstellen läßt (etwa in Philae), geht er in Rom aufgrund der Feindschaft zu Marcus Antonius und Kleopatra VII. gegen ägyptische Kultur restriktiv vor.

Mit Blick auf eine höhere Produktivität werden die Verwaltung, das Kanalsystem und die Landwirtschaft verbessert. Ägypten muß nun $1/3$ des römischen Getreidebedarfs decken – rund 135 000 t pro Jahr – und liefert $1/3$ der gesamten Reichseinnahmen Roms. Die daraus resultierende hohe

Steuerlast und Ausbeutung führt zu Revolten in der Thebais und in Alexandria; »er [A.] war es, der die Strukturen einrichtete, die unter späteren Kaisern Ägypten verarmen lassen würden« (G. Huzar).

A. nimmt folgende Titulatur an: Horus *Mit starkem Arm und großer Kraft, Jüngling mit süßer Beliebtheit (König der Könige, erwählt von Ptah-Nun, dem Vater der Götter),* Thronname *König der Könige, erwählt von Ptah.* Als Eigenname (mit verschiedenen Beinamen) erscheint *Kaisaros* (Caesar).

Die Bau- und Kultpolitik des A. ist bezeugt in Alexandria (Aufstellung der zwei Obelisken → Thutmosis' III. aus Heliopolis vor dem Kaisarion; jetzt in New York und London [»Nadeln der Kleopatra«]), Xois (»Stele« mit Lobpreis auf den vergöttlichten Imhotep, Dendera (Dekoration im Hathortempel), Schanhur (Isistempel), Karnak (Dekoration der Außenwände und der Osiris-Krypta des Apet-Tempels; Szenen der Barkenkapelle des Chonstempels; nach Privatstele Umfassungsmauer des Muttempels), Armant (Buchisstelen), Kom Ombo (Dekoration der Innenseiten des Tempelhofes), Elephantine (im Chnumtempel Relief der Nilgötter und des A. vor Chnum), Philae (Augustus-Tempel; Reliefs des Hathortempels); Bigge (Pylon des Tempels), Debod (Dekoration des Tempels für Amun und Isis, jetzt in Madrid), Kalabscha (Mandulistempel, Kapelle); Ajuala (Tor des Mandulistempels), Dendur (Tempel für die vergöttlichten Petisis und Pahor), Dakke (Vorhof des Thottempels) und Meroë (Statuen).

Lit.: W. SCHMITTHENNER (Hg.), *Augustus* (WdF 128), 1969; D. KIENAST, *Gymnasium 76* (1969), 430–456; C. MEIER, in: DERS., *Die Ohnmacht des allmächtigen Diktators Caesar,* 1980, 223–287; H. BENGTSON, *Kaiser Augustus. Sein Leben und seine Zeit,* 1981; DERS., *Grundriß der römischen Geschichte, I,* ³1982, 249–290; H. JUCKER, in: *ANRW II,* 12. 2, 1981, 667–725; M. J. VERMASEREN (Hg.), *Die orientalischen Religionen im Römerreich,* 1981, 134–136. 175; D. KIENAST, *Augustus. Prinzeps und Monarch,* 1982; E. BUCHNER, *Die Sonnenuhr des Augustus,* 1982; F. MILLAR / E. SEGAL, *Caesar Augustus,* 1984; M. GIEBEL, *Augustus,* 1984; *The Age of Augustus,* ed. by R. WINKES; W. SCHMITTHENNER (Hg.), *Augustus* ²1985; G.BINDER (Hg.), *Saeculum Augustum,* 3 Bde, 1987–1991; E. G. HUZAR, in: *ANRW II,* 10. 1, 1988, 343–382; G. GERACI, in: *ANRW II,* 10. 1, 1988, 383–401; R. STUPPERICH, in: *FS Th. Pekáry,* hg. v. H.-J. DREXHAGE / J. SÜNSKES, 1989, 265–279; K. A. RAAFLAUB / M. TOHER, *Between Republic and Empire. Interpretations of Augustus and His Principate,* 1990; P. ZANKER, *Augustus und die Macht der Bilder,* ²1990; H. JARITZ / E. LASKOWSKA-KUSZTAL, *MDAIK 46* (1990), 157–184; D. SHOTTER, *Augustus Caesar,* 1991; T. CRESSY SKEAT, *The Reign of Augustus in Egypt,* 1993 (nur zu Kalenderdaten); G. HÖLBL, *Geschichte des Ptolemäerreiches,* 1994.

³**Auibre (I.):** → **Hor I.**

³Auibre II.

Thronname *Die Freude des Re*ʿ des – nach dem Turiner Königspapyrus – 14. Königs der 14. Dynastie.

Lit.: BECKERATH, *Untersuchungen,* 44. 265.

Aurelian

Lucius Domitius Aurelianus; römischer Kaiser, geb. 9. September 214 n. Chr. (?). A. wird im September 270 in Sirmium zum Kaiser erhoben. Er siegt über → Quintillus, führt im Jahre 271 Feldzüge gegen die Vandalen, Juthungen und Sarmaten. Im Winter 271/272 wird mit dem Bau der Aurelianischen Mauer in Rom begonnen. Eine Kampagne in den Ostteil des Reichs führt über den Balkan (Feldzug gegen die Goten, Räumung Dakiens) nach Palmyra, das im Sommer 272 erobert wird (Sieg über Zenobia). In das Jahr 273 gehören der Karpenkrieg, der zweite Feldzug gegen Palmyra und die Zerschlagung des ägyptischen Aufstandes in Alexandria (Triumph in Rom). 274 setzt A. dem Gallischen Sonderreich ein Ende. Im September/Oktober 275 wird er von seinen Soldaten ermordet.

Sein Name ist vielleicht auf einer Stele aus dem Bucheum hieroglyphisch notiert (J.-Cl. Grenier).

Lit.: KIENAST, *Kaisertabelle,* 231–233; G. SOTGIU, in: *ANRW II,* 2, 1975, 1039–1061; J.-CL. GRENIER, in: *CdE 63* (1988), 69 ff.

Aurelius Achilleus

Anführer des ägyptischen Aufstandes von 297 n. Chr., der nach dem Tod von → Domitius Domitianus, Gegenkaiser des → Diocletian, im Dezember 297 (?) vermutlich zum Augustus erhoben wird, aber schon im März 298 (?) stirbt.

Lit.: KIENAST, *Kaisertabelle,* 266.

Avidius Cassius

Geboren etwa 125/130 n. Chr. in Kyrrhos (Syrien). A. ist u. a. Heerespräfekt für den Partherkrieg (163–165), Legat des Kaisers für die syrischen Provinzen (seit 165?), *rector totius Orientis* (seit 170?). 172/3 wirft er in Ägypten den Bukolenaufstand nieder.

Anfang April 175 wird A. zum Gegenkaiser → Marc Aurels erhoben, aber nach nur 3 Monaten und 6 Tagen (vor dem 28. Juli 175 n. Chr.) ermordet.

Lit.: M. L. ASTARITA, *Avidio Cassio,* 1983; KIENAST, *Kaisertabelle,* 142 f.

Awapet I./II.: → Iupet I./II.

B

Ba³

Horusname der Frühzeit (zwei verschiedene hieroglyphische Schreibungen, dieselbe Person betreffend?). Nach J. von Beckerath gehört B. in die 1. oder 2., nach N. Swelim an den Beginn der 3. Dynastie. Swelim identifiziert B. mit einem König ›Teti‹, doch wird in diesem Eigennamen meist eine Variante des Namens ›Djoser-Teti‹ (→ Semerchet) gesehen.

Lit.: A. H. GARDINER / T. E. PEET / J. ČERNÝ, *The Inscriptions of Sinai, II,* 1955, 55 f.; BECKERATH, *Handbuch,* 49 f.; N. SWELIM, *Studies in the Third Dynasty,* 1983, 182 f.

Babalum (Bebnem)

Offenbar semitischer Eigenname des 62. Königs der 14. Dynastie nach dem Turiner Königspapyrus; von dem Thronnamen ist eine zerstörte Kartusche . . . ka³[reᶜ] vorhanden.

Lit.: BECKERATH, *Untersuchungen* 86. 135. 268.

Ba³freᶜ

Prinz der 4. Dynastie, der (wie → Djedefhor) als König und Nachfolger des → Chephren in einer aus dem Mittleren Reich stammenden Felsinschrift im Wadi Hammamat genannt wird, vermutlich jedoch nie regiert hat. W. Helck identifiziert B. mit dem *Bicheris* der antiken Überlieferung (→ Baka).

Lit.: E. DRIOTON, *BSFE 16* (1954), 41–49; D. B. REDFORD, *Pharaonic King-Lists, Annals and Day-books,* 1986, 25; W. HELCK, in: *Essays in Egyptology in honor of Hans Goedicke,* 1994, 103–112.

Ba³ka³

(Vielleicht auch ›Nebka³‹, entstellt zu ›Nebka³reᶜ‹, daraus griechisch *Bicheris*): ältester Sohn des → Djedefreᶜ. der auf einer Statue des Königs in Abu Rawâsch und vielleicht in Graffiti der Ausschachtung der wohl von ihm stammenden nördlichen Pyramide von Zawiyet el-Aryan genannt ist und nach einer Vermutung R. Stadelmanns nach dem Tode des → Chephren möglicherweise einige Jahre König war. Von der Grabanlage wurden lediglich der mit gewaltigen Blöcken verkleidete, 21 m tiefe Schacht (mit offenbar einst benutztem Granitsarkophag) und der zu dieser Position der Grabkammer hinabführende Korridor (106 m lang) fertiggestellt. Die Pyramide wäre mit einer Grundfläche von 200 x 200 m (innerhalb eines Pyramidenbezirks von 465 x 420 m) nahezu an die Pyramiden des Cheops und Chephren in Giza herangekommen.

Lit.: A. DODSON, *DE 3* (1985), 21–24; STADELMANN, *Pyramiden,* 77. 140 mit Taf. 53, Abb. 35. 41; DERS., *Die großen Pyramiden von Giza,* 1990, 191 Abb. 124. 142; W. HELCK, in: *Essays in Egyptology in honor of Hans Goedicke,* 1994, 103–112 (der den Namen der Graffiti als *Wehem-ka* liest).

Bakennefi I.

Regent über das Gebiet von Athribis und Heliopolis (nach K. A. Kitchen etwa 815–790), Sohn → Scheschonqs III. Auf einer Schenkungsstele aus der Nähe von Heliopolis ist → Padiiset (2), vielleicht sein Sohn und Nachfolger in Athribis, genannt.

Lit.: *TIP* § 305 mit Anm. 571, Tf. 10. 21 B.

Bakennefi II.

Regent über das Gebiet von Athribis und Heliopolis (nach K. A. Kitchen 760/750–728), der in der ersten Liste der gegen → Pije kämpfenden Verbündeten des → Tefnacht genannt ist und zu dieser Zeit offenbar stirbt; Nachfolger ist → Padiiset (3).

Lit.: *TIP* §§ 326 Anm. 702. 328. 356, Tf. 21 B.

Bakennefi III.

Regent über das Gebiet von Athribis und Heliopolis (nach K. A. Kitchen etwa 700–665), der sich an dem Aufstand gegen → Assurbanipal beteiligt (assyrisch ist er als *Bukunanipi* erwähnt) und vielleicht hingerichtet wird, da in Athribis als sein Nachfolger kurzzeitig → Psammetich (I.) eingesetzt wird. Diesem B. zuzuschreiben sind vermutlich eine Statue und Objekte (u. a. Silberplättchen) aus dem »Schatz von Athribis«; vergöttlicht erscheint er auf einem Altar des → Nektanebis, erwähnt ist er auf einem Block in Berlin.

Lit.: L. HABACHI, *MDAIK 15* (1957), 68–77; J. YOYOTTE, in: *Mélanges Maspero I/4,* 1961, 163–165. 173–179; *TIP* §§ 353 u. Anm. 878. 356 u. Anm. 895, Tf. 21 B.

Bakenptah

Sohn → Takelots II., jüngerer Bruder des Prinzen und Hohenpriesters des Amun in Theben → Osorkon, General und Regent in Herakleopolis (nach K. A. Kitchen etwa 790–785), genannt in den Priesterannalen von Karnak und auf einem Stelenfragment.

Lit.: *TIP* §§ 291 Anm. 482. 300, Tf. 16 A.

Balbinus

D. Caelius Calvinus Balbinus, durch den römischen Senat nach dem Tod → Gordians I. und II. in der ersten Maihälfte 238 n. Chr. zusammen mit → Pupienus zum Kaiser erhoben, um den Kampf gegen → Maximinus Thrax zu führen, Anfang August jedoch nach nur 99 Tagen Herrschaft von den Prätorianern in Rom ermordet (→ Gordian III.).

Lit.: KIENAST, *Kaisertabelle,* 192; A. LIPPOLD, *Kommentar zur Vita Maximini Duo der Historia Augusta,* 1991, 158–163. 186–192.

Beb‘anch

Auf einem hyksoszeitlichen Dolch aus der Nähe von Naqade belegter König, der bisher in die 16. (oder 14.?) Dynastie datiert wurde. Ein 1984 in einem Stelendepot der Bleiglanzminen des Gebel Zeit am Roten Meer gefundenes Stelenfragment des Königs nennt nun neben dem Eigennamen *Beb lebt* den Thronnamen *Der von Re‘ gestärkt ist (Seweserenre‘).* Damit entfällt vielleicht der bisher nur unter dem Thronnamen → *Seweserenre‘* überlieferte König der 17. Dynastie als eigenständiger Herrscher, während wir Beb‘anch-Seweserenre‘ in die 17. Dynastie setzen müssen als Nachfolger des → Semenre‘ und Vorgänger → Sebekemsa³fs II. (so auch D. Franke). Nach dem Turiner Papyrus (genannt auch in der Königstafel von Karnak) hätte B. dann 12 Jahre regiert (etwa 1582–1570?). Eine Bautätigkeit ist in Medamud bezeugt, wo ein Gebäudeteil des Tempels seinen Thronnamen trägt.

Lit.: W. M. F. PETRIE, *A History of Egypt, II,* 16; G. CASTEL / G. SOUKIASSIAN, *BIFAO 85* (1985), 291 f. und pl. 64; D. FRANKE, *Or 57* (1988), 271 mit Anm. 69.

Bedja³u

Ein nach W. Helck vielleicht als historisch anzusehender König der 1. Dynastie, der in der Liste von Abydos und einer vielleicht ins Alte Reich zu datierenden Schreibtafel aus Giza genannt ist und dann mit dem *Boethos* der manethonischen Überlieferung verglichen werden könnte. Dagegen handelt es sich nach anderen (etwa J. von Bekkerath) um den Geburtsnamen des → Hetepsechemui (verlesen im Turiner Papyrus und der Königstafel aus Saqqara), nach D. B. Redford um eine verderbte Form von → *Cha‘sechemui,* nach W. Wolf um eine Verschreibung des als Eigenname des Hetepsechemui vermuteten *Hetep.*

Lit.: D. WILDUNG, *Die Rolle ägyptischer Könige im Bewußtsein der Nachwelt,* 1969, 39 f.; W. WOLF, *Das Alte Ägypten,* ²1978, 231 f.; W. HELCK, *Untersuchungen zur Thinitenzeit,* 1987, 102; D. REDFORD, *King-Lists, Annals and Day-Books,* 1968, 24. 136 n. 36; BECKERATH, *Handbuch,* 49 Anm. 1.

Berenike III.
Kleopatra Berenike III., Tochter → Ptolemaiosᶜ IX., die nach dem Tod ihres Vaters (Ende Dezember 81 v. Chr.) für ein halbes Jahr unter dem Kultnamen *Thea Philopator* Ägypten beherrscht. Auf Betreiben des römischen Diktators Sulla kehrt im Mai/Juni 80 v. Chr. → Ptolemaios XI. Alexander II., der Sohn → Ptolemaios' X. Alexanders I., nach Alexandria zurück und ist nach der Heirat mit seiner Stiefmutter B. ihr Mitregent. Nach nur 18 oder 19 Tagen läßt er sie jedoch ermorden, worauf er selber von der wütenden Volksmenge niedergemacht wird.
Lit.: G. HÖLBL, Geschichte des Ptolemäerreiches, 1994, 153.

Berenike IV.
Kleopatra Berenike IV., Tochter → Ptolemaios' XII., die nach dessen Vertreibung nach Rom im Jahre 58 v. Chr. zusammen mit ihrer Mutter Kleopatra VI. Tryphaina, nach deren Tod (57 v. Chr.) alleine Königin Ägyptens ist (Beginn einer neuen Zählung der Regierungsjahre). Im Jahr 56 v. Chr. heiratet sie Archelaos, den Sohn eines Feldherrn Mithridates' VI. Seine Wiedereinsetzung in Alexandria durch Rom kann → Ptolemaios XII. schließlich im Jahre 55 erreichen; Archelaos wird durch den Prokonsul Syriens, A. Gabinius, und Marcus Antonius besiegt und kommt um, während Ptolemaios XII. B. und viele ihrer Anhänger ermorden läßt.
Lit.: G. HÖLBL, Geschichte des Ptolemäerreiches, 1994, 158 f.

Bnon (Beon)
Nach der manethonischen Überlieferung 2. König der 15. Dynastie der »Großen Hyksos« mit 44 Jahren Regierungsdauer; korrekt sind wohl 14 Jahre (1615–1602 v. Chr.).
Nach Beckerath wäre Beon identisch mit Maᶟᶜaib-Reᶜ → Scheschi, während nach der typologischen Ordnung der Skarabäen durch Ward nur → Jaᶜqab-Haddu in Frage kommt.
Vielleicht liegt der griechischen Namensgestalt der semitische Eigenname *Bin ᶜanu* »Sohn des (Gottes) ᶜAnu« zugrunde (eigener Vorschlag).
Lit.: BECKERATH, *Untersuchungen,* 14 f. 135; W. WARD, in: *Studies on Scarab Seals II/1,* ed. by O. TUFNELL, 1984, 162 ff.; D. FRANKE, *Or 57* (1988), 260 ff. 270 f.; N. DAUTZENBERG, *GM 135* (1993), 9–25.

Bokchoris (Bakenrenef)
Nachfolger des → Tefnacht von Sais als zweiter Herrscher der 24. Dynastie; während Manetho ihn allein als Begründer und einzigen König der Dynastie mit 6 Regierungsjahren (716–711 v. Chr.) verzeichnet. Selten sonst ist das Mißverhältnis zwischen überlieferten histori-

schen Fakten und dem von der späteren literarischen Überlieferung vermittelten Bild größer als hier. B. war wohl ein Sohn des Tefnacht; weitere Daten zu seiner Herkunft sind aber nicht bekannt. Neben seinem Geburtsnamen ist sein Thronname *Mit beständigem Ka, ein Re'* belegt. Abgesehen von einigen Skarabäen ist B. v.a. durch Serapeum-Stelen bezeugt, die von dem Begräbnis des gegen sein Regierungsende gestorbenen Apis datieren. Da in dem Gewölbe auch eine Inschrift mit Nennung des 2. Jahres des → Schabaka (712–698) steht, fällt in die entsprechenden Tage auch für das unterägyptische Gebiet der Übergang zur 25. Dynastie. Nach einer sehr zweifelhaften Information bei Manetho soll B. von Schabaka bei lebendigem Leib verbrannt worden sein.

Er regiert offenbar in Memphis, geht aber nicht gegen die Regenten von Tanis-Bubastis bzw. Leontopolis und die Fürsten der Libyer vor. Inwieweit sie seine Oberhoheit anerkennen, ist unbekannt, ebenso, ob er Versuche unternimmt, seine Herrschaft weiter nach Mittelägypten hin auszuweiten. Merkwürdig ist eine 1895 in Tarquinia in Etrurien gefundene Vase (ein Parallelstück stammt aus Sizilien), die B. über dem ideologischen Motiv der kuschitischen Gefangenen zeigt.

Der antiken Tradition gilt Bokchoris als Gesetzgeber bzw. Sammler der bisherigen Gesetze (etwa bei Diodor neben → Menes, Sasychis, Sesoosis, → Amasis und → Dareios); für diese Kodifikationstätigkeit fehlt aber jeder ägyptische Hinweis. Der hellenistische Dichter Pankrates widmet B. ein mehrbändiges Werk *Bokchoreïs*, von dem jedoch nur ein einziges Distichon erhalten ist. Interessant ist die Vermutung, die antike Bildtradition des weisen Richters (etwa Silberbecher aus Meroë) könne B. darstellen (K. Brodersen; oder → Augustus?).

Schließlich ist B. eine Figur der späteren demotischen Erzählung *Das Lamm des Bokchoris,* das in den Rahmen ähnlicher apokalyptischer Werke (Das Töpferorakel; die Demotische Chronik) gehört: Ein Mann *Psinyris* findet ein Buch, das neben allen Geschehnissen der Vergangenheit auch die schrecklichen Ereignisse der Zukunft voraussagt. Ein Lamm erscheint, das alle Unglücksfälle aufzählt, die geschehen würden, wenn es »der Uräus an der Stirn des Pharao« sei. Nach 900 Jahren aber würde es über Ägypten herrschen, das dann eine messianisch glückliche Zeit erleben würde. Nach dieser Rede stirbt das Lamm; Psinyris macht König B. die Vorfälle und das Buch mit seiner Ankündigung des Unheils, das noch vor dem Tod des Königs beginne, bekannt. B. bestattet das Lamm »nach Art eines Gottes«.

Lit.: J. JANSSEN, in: *Varia historica aangeboden aan Professor Doctor A. W. Byvanck,* 1954, 17–29; W. STEVENSON SMITH, *Art and Architecture of Ancient Egypt,* 1958, 242 u. n. 21 mit fig. 76; G. HÖLBL, *Grazer Beiträge 10* (1981), 1–20; K. Th. ZAUZICH, in: *Papyrus Erzherzog Rainer. FS zum 100jährigen Bestehen der Papyrussammlung der Österr. Nationalbibliothek,* 1983, 165–174; GOMAÀ, *Fürstentümer,* 16 f. 53. 59; *TIP* §§ 376 f.; K. BRODERSEN, in: *Konsequente Traditionsgeschichte, FS für Klaus Baltzer zum 65. Geburtstag,* hg. v. R. BARTELMUS / Th. KRÜGER / H. UTZSCHNEIDER (OBO 126), 1993, 21–30.

Buiama

Herrscher über Mendes zur Zeit der assyrischen Eroberung Ägyptens (nach K. A. Kitchen vielleicht 680–665). Sein nur in assyrischer Umschrift bekannter Eigenname entspricht ägyptischem *Pajam* (G. Fecht).
Lit.: G. Fecht, *MDAIK 16* (1958), 112 f.; *TIP* §§ 356. 449 Tf. 22. *22.

C

Caligula

Gaius Iulius Caesar Germanicus, genannt C. (»Stiefelchen«), römischer Kaiser (37–41 n. Chr.); geboren am 31. August 12 n. Chr. als Sohn des Germanicus und der Vipsania Agrippina, Kaiser seit 37 n. Chr. (am 18. März vom Senat zum Augustus erhoben).

Der von → Tiberius testamentarisch als gleichberechtigter Erbe eingesetzte Tiberius Gemellus wird zuerst beiseite geschoben, später zum Selbstmord gezwungen. Nach schwerer Krankheit beseitigt C. 38 n. Chr. enge Vertraute und errichtet eine absolutistische Herrschaft. Der durch üppige Hofhaltung, Spiele, Schenkungen usw. rasch verbrauchte Staatsschatz muß durch die Einführung neuer Steuern gefüllt werden. In den Ostgebieten des Reiches setzt Caligula Könige ein oder bestätigt sie, während König Ptolemaios von Mauretanien, Enkel des Antonius und → Kleopatras VII., im Jahre 40 hingerichtet wird. Das Vorgehen des C. gegen Angehörige der römischen Oberschicht führt u. a. zu der Verschwörung des Cornelius Lentulus Gaetulicus, der nach ihrem Scheitern hingerichtet wird, während zwei Schwestern des Kaisers verbannt werden. Über den Vorbereitungen zu einer Reise in den Orient fällt C. 41 n. Chr. der Verschwörung des L. Annius Vinicianus zum Opfer. Expeditionen führen an den Rhein und den Ärmelkanal.

In Ägypten ist C. bezeugt in Dendera (Szenen und Bauinschrift im Hathortempel) und Koptos (Tore des Südtempels). Er trägt den Horusnamen *Starker Stier, mit den glänzenden Strahlen des Re' und Ja'h [Mondgottes].*

In Rom wird der Isiskult in den Staatskult übernommen; auf dem Marsfeld vor Rom errichtet Caligula einen Isistempel (Iseum Campense), erbaut auf dem Palatin die Aula Isiaca und führt das Fest der Isis (Heuresis) ein. Im Circus des Gaius wird der aus Heliopolis stammende, heute auf dem Petersplatz stehende Obelisk aufgerichtet. In den Ostprovinzen wird Caligula als »neuer Gott«, »neuer Helios«, »größter und offenbarster Gott«, seine Statuen als Götterbilder verehrt. Gewisse Formen des Kaiserkultes finden auch in Rom Eingang, wo C. die irdische Erscheinung des Iuppiter darstellen will. Einen Tempel für sich selber läßt Caligula auf dem Palatin errichten (eigene Priesterschaft; Opferkult usw.). Er erscheint in Gestalt verschiedener Gottheiten, auch im Gewand von Göttinnen; in Frauenkleidung soll er an den Mysterien der Isis teilgenommen haben. Bei der Geburt seiner Tochter übernimmt C. altägyptische Vorstellungen von der Geburt des Königs bzw. göttlichen Kindes (göttliche Vaterschaft; Drusilla wird von der Göttin Minerva gesäugt; zur Übernahme weiterer ägyptischer Bräuche s. E. Köberlein).

In Alexandria ereignet sich 38 n. Chr. eine schwere Judenverfolgung (Kaiserstatuen gewaltsam in Synagogen aufgestellt; Brandschatzung jüdischer Geschäfts- und Wohnhäuser; Hinrichtung von 38 Ältesten). Zwei Delegationen, die zur Jahreswende 39/40 nach Rom reisen, um eine Entscheidung C.s bezüglich der rechtlichen Stellung der Juden und ihrer Befreiung vom Kaiserkult herbeizuführen, erhalten keine Antwort (→ Claudius). Die Forderung des Kaiserkultes führt auch in Palästina zu Unruhen, wo sogar eine Statue Caligulas im Allerheiligsten des Jerusalemer Tempels aufgestellt werden soll. Flavius Josephus sieht in der Ermordnung C.s daher eine Strafe Gottes für einen Judenverfolger.

Lit.: E. KÖBERLEIN, *Caligula und die ägyptischen Kulte,* 1962; M. J. VERMASEREN (Hg.), *Die orientalischen Religionen im Römerreich,* 1981, 135; A. BARRETT, *Caligula. The Corruption of Power,* 1989; D. BOSCHUNG, *Die Bildnisse des Caligula,* 1989; C. SALVATERRA, in: *Egitto e storia antica,* 1989, 631–656; KIENAST, *Kaisertabelle,* 85–87; A. FERRILL, *Caligula. Emperor of Rome,* 1991.

Caracalla

Septimius Bassianus, seit 211 n. Chr. Marcus Aurelius Severus Antoninus Pius *Caracalla* (»keltischer Kapuzenmantel«), römischer Kaiser (211–217 n. Chr.), geboren 4. April 186 (188?) n. Chr. in Lugdunum (Lyon) als Sohn des → Septimius Severus und der Julia Domna, 196 zum Caesar, im Herbst 197 (?) zum Augustus erhoben, regiert seit 211 mit seinem Bruder P. Septimius → Geta, den er im Dezember desselben Jahres (oder erst im Februar 212?) ermorden läßt. Der Plan einer Aufteilung des Reiches (Europa und Afrika an Caracalla; Asien und Ägypten – mit Residenz in Antiochia oder Alexandria – an Geta) gelangt nicht zur Ausführung.

In einer Blutaktion werden – trotz einer erlassenen allgemeinen Amnestie – in den folgenden Monaten 20000 Menschen ermordet (u. a. der Jurist Papinian).

Mit der *Constitutio Antoniniana* von 212/213 verleiht C. allen Einwohnern des Reiches das römische Bürgerrecht unter Beibehaltung des eigenen.

Im Jahre 213 besiegt C. die Germanen (Alamannen); im Frühjahr 214 beginnt eine Reise in den Osten des Reiches, an deren Beginn die Sicherung der Donauprovinzen steht. Dabei ist er u. a. in Nikomedeia, Antiochia Syriae (Verhandlungen mit dem Partherkönig Vologaeses V.) und im Winter 215/216 (Dezember bis März/April) in Alexandria. (Abb. 13)

Abb. 13: Caracalla. Kopf aus Alexandria (Alexandria, Griechisch-römisches Museum, 3233).

Hier ereignet sich das »blutigste Kapitel in der Geschichte der Kaiserreisen« (H. Halfmann). Im Spott über den »neuen Alexander«, als welcher Caracalla sich gibt, werden in der Stadt Statuen des Caracalla-Alexander umgestürzt, worauf der Kaiser das Empfangskomitee hinrichten und einen Aufruhr blutig niederschlagen läßt. Er verbietet Schauspiele und Syssitien, weist alle Fremden aus Alexandria aus und plant, die Stadt durch eine bewachte Mauer zu teilen.

Von Antiochia (hier nimmt er Abgar X. von Osrhoene, dessen Gebiet der Provinz Mesopotamien angeschlossen wird, gefangen) bricht er im Sommer 216 in den Partherkrieg (gegen Artabanos V.) auf; die Königsgräber von Arbela läßt er ausrauben und zerstören. Im Winter 216/217 ist er in Edessa.

Am 8. April 217 wird C. auf Anordnung des Prätorianerpräfekten M. Opellius → Macrinus bei Carrhae in Mesopotamien ermordet.

In Ägypten ist er bezeugt in Mendes (Statue), Koptos (Kolossalkopf), Esna (Szenen des Chnumtempels), Kom Ombo (Kapelle des Sobek) und Philae (Vestibül auf dem Dach des Isistempels; ev. Hadrianstor).

Enge Beziehungen hat C. zur ägyptischen Religion. In Alexandria läßt er dem Serapis opfern; als *Philosarapis* fördert er den Kult des Serapis im ganzen römischen Reich. In Rom hebt er die Beschränkung der ägyptischen Kulte auf das Gebiet außerhalb des Pomeriums (die Stadtmauern) auf und errichtet einen Serapistempel; Serapis erscheint nun zum erstenmal dargestellt auf römischen Münzen. Innerhalb der synkretistischen Religionspolitik des Kaisers, die auch weitere Gottheiten wie Mithras einbezieht, wird auch der Kult der Isis gefördert.

Lit.: *RAC 2*, 893–901; M. J. VERMASEREN (Hg.), *Die orientalischen Religionen im Römerreich,* 1981, 135; H. BENGTSON, *Grundriß der römischen Geschichte,* I, ³1982, 393–395; H. JUCKER, *ANRW II,* 12. 2, 1981, 667–725; H. HALFMANN, *Itinera principum,* 1986, 123; KIENAST, *Kaisertabelle,* 162–165.

Carinus

Marcus Aurelius Carinus, Sohn des → Carus (geboren etwa 253 n. Chr.); römischer Kaiser (283–285 n. Chr.). Vermutlich im November 282 n. Chr. wird er zum Caesar, im Frühjahr 283 zum Augustus erhoben (→ Numerianus, der in dieselben Ämter je etwas nach Carinus eingesetzt wurde). In das Jahr 283 fallen Feldzüge gegen die Germanen und die Quaden; zu Beginn des Jahres 285 besiegt C. den Usurpator Iulianus. In der Schlacht am Margus (Morawa) im August/September 285 besiegt er → Diocletian, wird jedoch von seinen Soldaten getötet; Diocletian wird vom römischen Senat anerkannt.

Lit.: KIENAST, *Kaisertabelle,* 257 f.

Carus

Marcus Aurelius Carus, römischer Kaiser, um 224 n. Chr. in Narbo (Gallien) geboren; Anfang September 282 in Sirmium zum Augustus erhoben; 283 zweites Konsulat und Kriege gegen die Sarmaten auf dem Balkan und die Perser mit der Einnahme von Ktesiphon und Seleukeia; im Juli/August 283 am Tigris gestorben. Ein Sohn des C. ist → Carinus.

Lit.: KIENAST, *Kaisertabelle,* 254 f.

Cha'ba³

Horusname – *Erscheinung der Ba-Seele* – eines nur durch Denkmäler belegten Königs der 3. Dynastie (vgl. → Sanacht). Er ist nach Gefäßen und Keramik mit seinem Horusnamen aus einem als Totentempel zu identifizierenden Komplex der Erbauer der südlichen Stufenpyramide von Zawiyet el-Arjân (sogenannte *Layer Pyramid*). Sofern je vollendet, erreichte die Pyramide einst 42 m Höhe, bei einer Seitenlänge von 84 m (160 Ellen). Daß eine Bestattung hier stattfand, ist möglich, auch wenn sich weder ein Sarkophag noch entsprechende Spuren fanden. 1985 kam eine Siegelabrollung mit Nennung des C. auf Elephantine zutage.

C. ist bisher mit den Königslisten nicht zusammenzubringen. Nach N. M. A. Swelim ist er mit → Nebka³ identisch, dem Begründer der 3. Dynastie, und ist ihm der Grabpalast (sog. »Fort«; Statuentempel?) von Hierakonpolis zuzuweisen, der aber bisher → Chaᶜsechemui zugeordnet wird. Sein Goldname ist *Goldener Falke.*

Lit.: J.-PH. LAUER, *CRAIBL* 1962/63, 290–310; STADELMANN, *Pyramiden,* 75 ff.; N. A. B. SWELIM, *Some Problems on the History of the Third Dynasty,* 1983, 27–32. 180 f. 219; W. KAISER u. a., *MDAIK 43* (1987), 108; J. KAHL / N. KLOTH /U. ZIMMERMANN, *Die Inschriften der 3. Dynastie,* 1995 (ÄgAbh 56), 143–161.

Chaᶜba³u

Horusname eines sonst nicht bekannten (bzw. nicht identifizierten) Königs der 8. Dynastie, der eines der Koptusdekrete an den Vorsteher Oberägyptens, Schema³i, erläßt.

Lit.: H. GOEDICKE, Königliche Dokumente aus dem Alten Reich, 1967, 163 f.

Chabbasch

Ein Gegenkönig während der zweiten Perserherrschaft mit dem Thronnamen *Erwähltes Abbild der Re ᶜ,* der auf der Satrapenstele → Ptolemaios' (I.), einem demotischen Papyrus (Jahr 1) und einem Apis-Sarkophag (Jahr 2) bezeugt ist. Ein Amulett mit seinem Namen wurde auch im memphitischen Grab des Haremhab gefunden. Der verschieden notierte Geburtsname *(Chabasch, Chababasch)* scheint unägyptisch (libysch? Eine Herleitung aus dem Meroitischen – F. Hintze – ist abzulehnen).

Die genaue Ansetzung seiner Herrschaft ist umstritten; der Beginn ist wahrscheinlich auf 337/336 v. Chr. zu setzen. Nach der Satrapenstele (→ Ptolemaios I.) hat C. dem Tempel der Wadjet in Buto Landbesitz bestätigt, das dem Heiligtum durch einen Perserkönig (→ Xerxes, → Artaxerxes III. oder – mit Goedicke – → Arses?) genommen worden war.

Bemerkenswert ist, daß sich der nachmalige König → Ptolemaios I. als Satrap auf diesen Exponenten des ägyptischen Nationalismus beruft.

Lit.: KIENITZ 185–189; A. SPALINGER, *ZÄS 105* (1978), 142–154; DERS., *ZÄS 107* (1980), 87; R. K. RITNER, *ZÄS 107* (1980), 135–137; A. B. LLOYD, *Historia 31* (1982), 37–40; H. GOEDICKE, *BES 6* (1985), 33–54; W. HUSS, in: *Studi epigr. e linguist. sul Vicino Oriente antico 11* (1994), 97–112.

Chajan → Chijaran/Chajran

Chalmudi

Der letzte (6. oder 7.) der großen Hyksos der 15. Dynastie. Der bisher *Chamudi* gelesene Name dürfte korrekt *Chalmu'di* (nordwestsemitisch: »[mein] Onkel/Schutzherr ist meine Fülle«) zu lesen sein.

C. ist Nachfolger des → Apopi und Gegner des → ʿAhmose (um 1525 v. Chr.). In seinem 11. Jahr (so W. Helck, D. Franke, jetzt Beckerath, *Chronologie*; auf ʿAhmose bezogen von C. Vandersleyen, J. von Beckerath, *Untersuchungen*) werden nach der Notiz des mathematischen Papyrus Rhind Heliopolis und Sile von dem thebanischen Herrscher erobert. In diesem oder dem folgenden Jahr muß C. auch seine Hauptstadt Auaris dem Feind übergeben (der archäologische Befund zeigt keine Brandspuren, wie sie bei einer gewaltsamen Eroberung zu erwarten wären). Eine Lanzenspitze aus der Beute von Auaris, deren Inschrift ein Datierungsmerkmal enthält, erlaubt die Gleichsetzung des Jahres 11/12 C.s mit dem Jahr 18/19 ʿAhmoses.

C. steht im Turiner Königspapyrus am Ende der 15. Dynastie (als einziger dort erhaltener Name der Dynastie), während die manethonische Überlieferung den letzten Hyksos unter den Namen → Assis (Aseth) und → Archles kennt. Bisher hat man daher in → ›ʿA³sehreʿ‹ gern den Thronnamen des C. vermutet, aus dem die griechischen Namensformen entstanden wären (W. C. Hayes, J. von Beckerath), doch ist dieser Name nun als Thronname des → Nehesi gesichert.

Bei Manetho wird dem letzten Hyksos eine Regierungslänge von 49 Jahren und 2 Monaten zugewiesen, was sicher zu hoch ist. Nimmt man eine Erhöhung der tatsächlichen Herrschaftsdauer bei Manetho um 40 Jahre an, ergäben sich 9 Jahre 2 Monate (W. Helck, J. von Beckerath), was allerdings nicht in Einklang zu bringen ist mit der Zahl des Papyrus Rhind.

Lit.: BECKERATH, *Untersuchungen* 131–133. 136–138. 210 f. 276; DERS., Chronologie des ägyptischen Neuen Reiches, 1994, 115; M. BIETAK, *Tell el-Dabʿa II*, 1975, S. 197; DERS., in: *High, Middle or Low?* Part 3, 1989, 91 f.; C. VANDERSLEYEN, *Les guerres d'Amosis, fondateur de la 18ᵉ dynastie*, 1977; S. HODJACHE / O. BERLEV, *CdE 52* (1977), 22–39; H. GOEDICKE, in: *FS R. A. Parker*, 1986, 37–47; D. FRANKE, *Or 57* (1988), 262–266.

Abb. 14: Cha˓sechem/Cha˓sechemui. Statue (Ashmolean Museum Oxford E. 517).

Cha ʿsechem/Cha ʿsechemui

Horusname des letzten Königs der 2. Dynastie (um 2740), der die Einheit des Landes nach einer Zeit innerer Unruhen wieder festigen kann. Gewöhnlich wird angenommen, daß C. zuerst nur den singularischen Horusnamen *Erscheinung der Macht* (Cha ʿsechem) trägt und erst nach der Wiederherstellung der Einheitsgewalt den dualischen Namen *Erscheinung der beiden Mächte* (Cha ʿsechemui) annimmt. Bei ihm stehen Horusfalke und Sethtier nebeneinander auf der Palastfassade (Serech), der der Name eingeschrieben ist, so daß hier die gewonnene politische Einheit in eine Formel gebracht wäre. Da die einfache Form nur in Hierakonpolis bezeugt ist, könnte sie aber auch eine bloß lokale Variante darstellen (J. von Beckerath). Beides schließt einander aber nicht aus. Die zweite Form des Horusnamens kennt auch die Ergänzung *In dem die beiden Götter befriedet sind;* der Nebti-Name besagt: *Erscheinung der Doppelmacht der zwei Herrinnen, Goldener ihres Leibes* (bzw. *In dem die beiden Götter befriedet sind).*

Aus Hierakonpolis stammen als Schöpfungen der frühen Bildhauerkunst zwei Sitzstatuen des C. mit der oberägyptischen Krone (Abb. 14), die die – sicher unhistorische – Zahl von 47 209 geschlagenen »Nordleuten« (Unterägypter) nennen (oder gibt die Zahl einen Bevölkerungszensus wieder?). Mit dem Sieg über Unterägypten sind auch Steingefäßinschriften aus Memphis zu verbinden. Nicht zeitgenössisch, jedoch in der Königsliste von Saqqara, die eine unterägyptische Tradition widerspiegelt, und im Turiner Papyrus sind drei vermutlich nur den Norden beherrschende Regenten (z. T. Gegenkönige?) überliefert (→ Neferka³reʿ, → Neferka³sokar, → »Hudjefa³«).

Die verwandtschaftlichen Verhältnisse C.s sind alles andere als klar. Im sogenannten »Fort« von Hierakonpolis, dem Statuentempel des C., fanden sich Siegelabrollungen, die die »Mutter der Königskinder« Nima³ʿat-Hapi nennen, und in dem Grab Bet Khallaf K I (aus der Djoserzeit) heißt sie »Mutter des Königs von Ober- und Unterägypten«. Nach P. Kaplony ist sie die Tochter des C., Frau des → Nebka³ und Mutter des → Djoser, nach W. Helck Frau des C. und über ihre Töchter (Initka³ als Frau des Nebka³, Hetephernebti als Frau des Djoser) Schwiegermutter des Djoser.

Von C. existiert eine Grabanlage in Abydos, dessen Talanlage der Ziegelkomplex des sog. *Schunet ez–Zezib* sein dürfte; vielleicht ist ihm aber auch ein Grab aus dem Übergang von der 2. zur 3. Dynastie am Ort der sog. Westmassive des Djoserbezirks in Saqqara zuzuweisen.

Lit.: P. KAPLONY, *LÄ I*, 910–912; R. A. EL-FARAG, *MDAIK 36* (1980), 77–80; W. HELCK, *Untersuchungen zur Thinitenzeit*, 1987, 106 ff.; W. KAISER, in: *Essays in Egyptology in honor of Hans Goedicke*, 1994, 113–123.

Cha ʿtitre ʿ
Im Turiner Königspapyrus aufgeführter Thronname *Erscheinung des
›Planes‹ des Re ʿ* des 3. Königs der 14. Dynastie, dessen Regierungslänge
dort zerstört ist.
Lit.: BECKERATH, *Untersuchungen,* 263.

Cha ʿuserre ʿ
Thronname *Mächtige Erscheinung, ein Re ʿ* eines durch Skarabäen be-
kannten Königs wohl der 16. Dynastie. Nach der Typologie der Skarabä-
en von W. Ward wäre er mit → ʿA³mu identisch.
Lit.: BECKERATH, *Untersuchungen,* 138. 277; W. WARD, in: *Studies on Scarab
Seals II/1,* ed. by O. TUFNELL, 1984, 162 ff.; D. FRANKE, *Or 57* (1988), 261.

Chendjer (Chanzir)
bedeutender König aus der Mitte der 13. Dynastie, der etwa
1718–1712 v. Chr. (nach R. Krauss) regiert und sich in Saqqara-Süd eine
Pyramide und einen Totentempel errichten läßt. Auf einem Baugraffito
ist hier sein 5. Regierungsjahr bezeugt (in das auch die zwei Zusatztexte
des Papyrus Brooklyn 35. 1446 und die »kleine Handschrift« des Papyrus
Bulaq 18 gehören; im Turiner Königspapyrus ist die Regierungslänge
nicht erhalten). Als Wesir C.s ist ein ʿAnchu bekannt.
    C. trägt folgende Titulatur: Horus Mit *dauerhaften Gestalten*, Nebti
Mit dauerhafter Geburt, Gold *Großer Falke (?)*, Thronnamen *Mit starkem Ka, ein Re ʿ* und *Zur Ma ʿat des Re ʿ gehörig*.
    Der Pyramidenbezirk C.s liegt in Saqqara-Süd, nördlich der größeren
Pyramide eines unbekannten Königs (→ Sebekhotep IV., → Neferhotep III.). Bei einer Seitenlänge von 100 Ellen und einem Böschungswinkel von 55° war die Pyramide einst etwas über 37 m hoch, hatte ein Pyramidion aus schwarzem Granit, eine innere und eine äußere Umfassungsmauer, Totentempel und Nordkapelle. Die Pyramide besitzt eine
»ausgeklügelte Gangführung« mit perfektem Blockierungssystem und
ein geradezu »geniales Verschlußsystem« der Grabkammer (R. Stadelmann). Letztere ist in einen gewaltigen Quarzitblock von mehr als 60 t
Gewicht eingetieft.
    In der Nordostecke der äußeren Umfassungsmauer liegt eine Königin-
nenpyramide, die offenbar für zwei Bestattungen vorgesehen war, aber
nicht benutzt wurde.
    Vermutlich stammt auch das im Grab des → Djer in Abydos (das seit
dem Neuen Reich für das Grab des Osiris gehalten wurde) gefundene
sog. Osiris-Bett (Basaltdenkmal des Osiris in Mumiengestalt, auf einer
Löwenbahre ruhend; jetzt in Kairo) von C. (A. Leahy), dem auch Siegelabdrücke aus Uronarti am 2. Katarakt zuzuweisen sind.

Lit.: G. Jéquier, *Deux pyramides du Moyen Empire*, 1933; A. Dodson, *ZÄS 114* (1987), 36–45; Beckerath, *Untersuchungen*, 48–51. 91. 93. 99. 238 f.; A. Leahy, *Or 46* (1977), 424–434; D. Franke, *Or 17* (1988); Stadelmann, *Pyramiden*, 252–255.

Cheops (Chufu)

2. König der 4. Dynastie, Sohn des → Snofru und der Hetepheres, Nachfolger seines Vaters, Erbauer der Großen Pyramide von Giza (um 2620/2580 v. Chr.).

Von dem durch sein gewaltiges Grabdenkmal unsterblich gewordenen C. ist historisch wenig bekannt. Der Turiner Papyrus nennt als Regierungslänge 23 Jahre (Manetho sogar 63), doch sind aufgrund des Bauvolumens der Pyramide mindestens 25–30, eher 35 Jahre anzusetzen. Plausibel ist die These, daß – wie im Falle des → Snofru – der Turiner Papyrus die jüngere Datierungsregel voraussetzt, während es sich korrekt um 23 (in der 4. Dynastie noch alle zwei Jahre stattfindende) Zählungen (Steuererhebungen) handelt, was 46 effektive Regierungsjahre ergäbe (R. Stadelmann; ein 17. Mal der Zählung ist bezeugt).

Von der Familie des C. ist seine Mutter Hetepheres durch den Fund von Stücken ihres Grabmobiliars in einem Schachtgrab in Giza, das als Notgrab bis zur Fertigstellung ihrer Königinpyramide diente (so M. Lehner), im Jahre 1925 besser bekannt. Gemahlinnen des C. sind Meritites, Henutsen (im Totentempel ihrer Pyramide seit der 18. Dynastie Kult der »Isis, Herrin der Pyramiden«; Ausbau zu Heiligtum seit der 21. Dynastie) und weitere namentlich nicht bekannte Königinnen.

Die weiteren Verwandtschaftsverhältnisse werden kontrovers diskutiert. Festhalten lassen sich etwa: als Halbbrüder des C. Neferma³ʿat, Reʿhotep und ʿAnchchaʿf (nach R. Stadelmann Sohn des C.), als Halbschwestern Nefretka³u und eine Hetepheres (Frau des ʿAnchchaʿf), als Söhne des C. Ka³waʿb (Kronprinz; stirbt gegen Ende der Regierungszeit des C.), der Nachfolger des C. → Djedefreʿ, Chaʿfchufui (nach Stadelmann der spätere König → Chephren, der sonst als weiterer Sohn zu betrachten ist), Chaʿfmin, → Ba³freʿ (Ba³fhor), → Djedefhor (vergöttlicht; gilt später als Autor einer Weisheitslehre), Djedefmin und Du³enhor, als Töchter Hetepheres II. (Frau des Ka³waʿb, nach dessen Tod des → Djedefreʿ), Chaʿmerernebti I. (Frau des Chephren) und Meresʿanch II. (Frau des Ba³fhor/Ba³freʿ).

C. trägt die Titel Horus *Der (die Feinde) zerdrückt*, Nebti *Der (die Feinde) zerdrückt entsprechend den beiden Herrinnen*; Gold *Gold (Goldener) der zwei Falken*; der Eigenname ›C.‹ (Manetho *Suphis*, Herodot *Cheops*) lautet in der Vollform *Chufu(i)-Chnum, Er beschützt mich, (nämlich) Chnum*.

Thronfolger wird C. offenbar nach dem Tod eines in Meidum (Mastaba 17) bestatteten Kronprinzen. Auf dem Palermostein sind aus seiner Regierung nur vier zerstörte Jahreseinträge erhalten, die die Herstellung einer 7 m hohen Kolossalstatue und einer Statue aus Gold sowie die Gründung eines Gutes (?) mitteilen. Inschriftlich kennen wir aus der 4. und 5. Dynastie immerhin 60 Wirtschaftsdomänen für den Totenkult des C. Denkmäler des C. sind – abgesehen von dem Bereich seiner Pyramidenanlage – belegt aus Tîda bei Buto (Granitblock), Bubastis und Tanis (sekundär hierher verschleppte Blöcke), Abydos (Elfenbeinstatuette), Dendera (ältester Tempel; Restaurationsinschrift → Thutmosis' III.), Koptos (Alabasterkrug), Hierakonpolis (Dioritplatte) sowie Graffiti in den Steinbrüchen von Hatnub und dem Wadi Hammamat, in Elkab und auf Elephantine.

Außerhalb Ägyptens ist C. im Wadi Maghara im Sinai bezeugt, durch eine Stele in den Dioritsteinbrüchen bei Abu Simbel und durch Gefäßfragmente aus Byblos (nördlich des Nahr el-Kalb auch Fund einer Kupferaxt einer »Bootsmannschaft des C.«), die eine gewisse Handels- und Expeditionspolitik nachweisen.

An rundplastischen Werken kann C. mit Sicherheit nur das erwähnte winzige Elfenbeinfigürchen aus Abydos zugewiesen werden, doch stellen ihn vermutlich auch Statuenfragmente (Kopf in Brooklyn) und der große Sphinx von Giza dar (R. Stadelmann).

C. verlegt mit Regierungsbeginn Palast und Nekropole von Dahschur (→ Snofru) nach Norden und beginnt in Giza den Bau seines Pyramidenbezirks *Horizont des Cheops*. Seine Pyramide und die des → Chephren sind »Weltwunder nicht nur in der Vollendung der Form und Beherrschung der Bautechnik, sondern auch als Ausdruck eines geschlossenen Weltbildes« (R. Stadelmann), Sinnbild des Gottkönigtums.

Die eigentliche Pyramide wird unter den Bauleitern Hemiun (Neffe des C.) und ʿAnchchaʿef um einen stehengelassenen natürlichen Felskern herum in ursprünglich 210 Steinlagen mit einst 146,6 m Höhe errichtet; die Seitenlänge beträgt 230 m, der Böschungswinkel 51,5°; alle Abmessungen und die Ausrichtung nach Norden sind von perfekter Präzision. Das Kernmauerwerk besteht aus lokalem Kalkstein, die Verkleidung sowie die obersten Lagen aus Tura-Kalkstein. Insgesamt werden rund 2,5 Mio. Blöcke von 7 Mio. t Gewicht verbaut.

Vom Eingang auf der Nordseite führt ein Gang 105 m abwärts und dann 9 m geradeaus in eine 30 m unter dem Boden gelegene Felskammer (8,4 x 14,1 m; 5 m hoch), von der ein Korridor noch 16,4 m weitergeht, dessen Funktion aber unklar ist.

Nach 28,2 m geht von dem abwärtsführenden Gang ein ansteigender ab, der nach 38 m in die mit einem Kraggewölbe versehene *Große Gale-*

rie einmündet, 2,1 m breit, 46,7 m lang und etwa 8,5 m hoch. Vor dem Anfang der Großen Galerie geht ein horizontaler Gang ab, der nach 38,2 m Länge in die sog. *Königinnenkammer* (5,2 x 5,8 m, 6,2 m hoch) mit Giebeldach, Nische und sog. Lüftungsschächten führt. Sie (oder die Felskammer mit Korridor?) ist vielleicht als sog. Süd- oder Statuengrab zu erklären (R. Stadelmann).

Bei der Abzweigung des horizontalen Ganges setzt seitlich auch ein 58,4 m tiefer Schacht an, der kurz vor der Felskammer auf den absteigenden Gang trifft (zur Luftzufuhr während der Arbeiten; Notausstieg nach Blockierung des aufsteigenden Ganges).

Von der Galerie aus gelangt man über einen kurzen Gang, eine Granitkammer mit Fallsteinen und einen weiteren Gang in die eigentliche Grabkammer (10,5 x 5,2 m, 5,8 m hoch; verkleidet mit Rosengranit; mit sog. Lüftungsschächten, darüber fünf Entlastungskammern, zuletzt Giebeldach). In ihr steht der Granitsarkophag; von der Bestattung ist nichts erhalten.

Im Osten der Pyramide lag der (nicht erhaltene) Totentempel (Kolonnadenhof mit Totenopferkultstätte, Reliefs: Prozession von Gauen und Gütern, Opfertiere, Sedfest, Schiffahrts- und Bauszenen), zu dem der gedeckte und mit Reliefs versehene Aufweg (825 m lang) vom Taltempel (neuerdings unter dem Dorf Nazlat es-Samman festgestellt) hinaufführte. Vielleicht gehen aber auch der große Sphinx von Giza als Darstellung des Königs (57 m lang, 20 m hoch) und der sog. Sphinxtempel (ein Tempel des Re'?) auf C. zurück (R. Stadelmann; anders Z. Hawass).

Zu beiden Seiten des Totentempels befinden sich Gruben für zwei Schiffe (Morgen- und Abendbarke). Von zwei seit dem Begräbnis des C. nicht gestörten Bootsgruben an der Südseite der Pyramide wurde eine 1954 geöffnet. Das perfekt erhaltene, zerlegte Schiff von 43,3 m Länge wurde restauriert und zusammengesetzt.

Im Osten der Pyramide liegen die Königinnenpyramiden der Gemahlinnen des C., Meritits und Henutsen, sowie seiner Mutter Hetepheres, weiter östlich die Mastabas der Söhne und Enkel des C., auf dem Westfriedhof jene der Beamten und weiteren Verwandten.

Die Bestattung C.s' führt sein Sohn und Thronfolger → Djedefre' durch; seine Pyramide wird in späterer Zeit erwähnt und bewundert (vgl. Sphinxstelen → Amenhoteps II., → Thutmosis' IV.). Ein Totenkult des C. ist noch in saitischer Zeit (26. Dynastie) bezeugt; er gilt in römischer Zeit auch als urzeitlicher König. Während C. in den Erzählungen des Papyrus Westcar, die die Herrschaft der 5. Dynastie legitimieren, durchaus positiv charakterisiert wird (mit D. Wildung, gegen J. Vercoutter), hat sich die antike Überlieferung (Herodot) den

Erbauer der Großen Pyramide nur noch als gottlosen Tyrann vorstellen können, der die Tempel schließen und Sklavenheere für sich arbeiten ließ.

Um 820 n. Chr. erbricht der Kalif Al-Ma'mun die Cheopspyramide (nachdem sie zur Zeit Strabos 20 v. Chr. offen stand); unter Sultan Hassan werden im 14. Jahrhundert, vermutlich zum Bau der Sultan-Hassan-Moschee, die Verkleidungen der Cheops- und Chephrenpyramide abgebrochen.

Lit.: M. ZAKI NOUR, *The Cheops Boats,* 1960; D. WILDUNG, *Die Rolle ägyptischer Könige im Bewußtsein ihrer Nachwelt,* 1969, 152–192; S. MORENZ, *ZÄS 97* (1971), 111–118; H. BRUNNER, *ZÄS 97* (1971), 111–118; B. SCHMITZ, *Untersuchungen zum Titel SA-NJSWT »Königssohn«,* 1976, passim; N. JENKINS, *The Boat Beneath the Pyramid. King Cheops' Royal Ship,* 1980; P. LIPKE, *The Royal Ship of Cheops. A Retrospective Account of the Discovery, Restoration and Reconstruction,* 1984; M. LEHNER, *The Pyramid Tomb of Hetepheres and the Satellite Pyramid of Khufu,* 1985; DERS.; in: *Cambridge Archaeological Journal 2/1* (1992), 1–26; Z. HAWASS, in: *Mél Mokhtar I,* 1985, 379–394 u. pl.I–III.; DERS., in: *Sesto Congresso Internazionale di egittologia, Atti I,* 1992, 241 f.; a. a. O., II., 1993, 177–195; F. F. LEEK, in: A. R. DAVID (Ed.), *Science in Egyptology (GS Leek),* 1990, 183–199; L. KÁKOSY, *SAK 16* (1989),145–169; STADELMANN, *Pyramiden,* 105–126; DERS., *Die Pyramiden von Giza,* 1990, 103–174; DERS., *SAK 11* (1984), 164–172; DERS., *MDAIK 43* (1986), 238 f.; B. SHIMRON, *Athenaeum 70* (1990), 191–195; D. ARNOLD, *MDAIK 47* (1991), 21–27; J. KERISEL, *BSFE 127* (1993), 38–44; DERS., *RdE 44* (1993), 33–54; G. CALLENDER, *BACE 1* (1990), 25–29; R. STADELMANN/ R. GANTENBRINK, *MDAIK 50* (1994), 285–294; A. SPALINGER, *SAK 21* (1994), 275–319.

Chephren (Chaʿfreʿ)

4. König der 4. Dynastie (um 2570/30 v. Chr.), Sohn des → Cheops (Mutter unbekannt), Nachfolger seines Bruders → Djedefreʿ, Erbauer der zweiten Pyramide von Giza. Ohne diese Anlage würde C. vermutlich, noch ausgeprägter als → Cheops, als unbedeutender Herrscher gelten, da von ihm sonst kaum Denkmäler oder Taten überliefert sind. Vermutlich ist C. identisch mit dem Sohn des Cheops Chaʿfchufui (R. Stadelmann). Gemahlinnen C.s sind Chaʿmerernebti I., Meriesʿanch III., Hedjhekenu und Per[senti?].

Brüder oder Halbbrüder des C. sind – neben Djedefreʿ – Ka³waʿb (Kronprinz; stirbt gegen Ende der Regierungszeit des Cheops), Chaʿfchufui (falls nicht identisch mit C.), Chaʿfmin, → Ba³freʿ (Ba³fhor), → Djedefhor (vergöttlicht; gilt später als Autor einer Weisheitslehre), Djedefmin und Du³enhor, Schwestern – neben Chaʿmerernebti – Hetepheres II. (Frau des Ka³waʿb, nach dessen Tod des → Djedefreʿ) und Meresʿanch II. (Frau des Ba³fhor).

Söhne des C. sind der spätere König → Mykerinos, Nebem³achet, Sechemka³re ͑, Du³re ͑, Niuserre ͑ und ͑Anchemre ͑, Töchter Schepsesetka³u, Rechet-Re ͑, Cha ͑merernebti II. und Hemetre ͑ I.

C. trägt die Titulatur: Horus *Mit starkem Willen*, Nebti *Stark durch die/mit den beiden Herrinnen*, Gold *Mächtiger Falke*, Eigenname *Er erscheint, (nämlich) Re ͑*. C. ist nach → Djedefre ͑ der zweite König, der sich als *Sohn des Re ͑* bezeichnet.

Die Regierungszeit C.s beziffert der Turiner Papyrus (zerstörte Angabe) auf 20 + X Jahre, während Manetho 66 Jahre nennt. Daraus werden gewöhnlich als effektive Regierungslänge 26 Jahre emendiert (etwa W. Helck, J. von Beckerath), doch ist vermutlich angesichts des Bauvolumens der Chephrenpyramide ähnlich wie bei → Snofru und → Cheops eine längere Regierung anzusetzen.

C. errichtet seine Pyramide namens *Die größte ist die Pyramide des C.* in Giza südwestlich jener seines Vaters; sie weist eine Seitenlänge von 215 m (ursprünglich waren vielleicht 30 m mehr beabsichtigt), einen Böschungswinkel von 53° und eine Höhe von ursprünglich 143,5 m auf. Die Pyramide hat ein gegenüber jener des → Cheops stark vereinfachtes Raumsystem. Ein oberer Korridor setzt in 11,5 m Höhe an der Nordseite an, führt bis zum Felskern hinab und dann 56 m horizontal zur Grabkammer, die 5 x 14,2 m bei einer Höhe von 6,8 m mißt (mit Pflaster; Giebeldach; Granitsarkophag und -deckel). Der untere Korridor führt vom Bodenniveau an der Nordseite 34,2 m hinab, dann horizontal 15,8 m weiter und über 22,4 m aufwärts, wo er auf den oberen Korridor stößt. Von dem horizontalen Gangstück zweigt ein Gang von 6,7 m in eine untere Felskammer (3,1 x 10,4 m; 2,6 m hoch mit Giebeldach) ab. Die zwei Gangsysteme spiegeln zwei verschiedene Bauphasen der Pyramide wider. Westlich einer Umfassungsmauer lagen die Magazine und Kasernen der Arbeiter.

Die Verkleidung der Pyramide bestand zuunterst aus Assuangranit, zur Hauptsache jedoch aus Turakalkstein. Auf ihrer Südseite liegt die Kultpyramide, im Osten der Totentempel (Vortempel und Vestibül; Verehrungshof mit Umgang; Totenopfertempel mit fünf Statuenkapellen und Totenopfersaal), daneben fünf Bootsgruben. Der (einst gedeckte und mit Reliefs versehene) Aufweg von knapp 500 m Länge führt aus dem Taltempel des C. herauf, dem am besten erhaltenen ägyptischen Tempel des Alten Reichs. Über zwei einst von Sphingen flankierte Tore, die anschließenden Torräume und den Verbindungsgang gelangt man in die Pfeilerhalle mit 16 Granitpfeilern, in der 23 Statuen des C. standen (von hier die Statue C.s mit dem Horusfalken in Kairo). Zu Sphinx und Sphinxtempel → Cheops.

Für die Außenbeziehungen des C. ist eine in Ebla/Tell Mardikh in Nordsyrien gefundene Schale des Königs und ein Siegelzylinder aus

Byblos bedeutsam. Abgesehen von seinem Pyramidenkomplex sind Denkmäler C.s aus Ägypten selber kaum belegt (Graffito im Wadi Hammamat; Inschrift von Beamten C.s in Bir Menih in der Ostwüste; sekundär in Lischt verbauter Granitarchitrav; Alabasterstatue aus Memphis; Blöcke aus Bubastis und Tanis [hierher verschleppt]; Siegel aus el-Ragâgna und Saqqara).

Nach dem Tod des C. wird nach Manetho ein König *Bicheris,* vermutlich → Ba³ka³, kurzzeitig Regent, vor C.s Sohn → Mykerinos. Totenpriester des C. sind bis in die 1. Zwischenzeit und dann aus der 26. Dynastie belegt; in der 4. und 5. Dynastie auch die Namen von 51 Wirtschaftsdomänen für den Totenkult des Königs. Als Sohn des Cheops erscheint C. auch in den Erzählungen des Papyrus Westcar.

Unter Sultan Hassan werden im 14. Jahrhundert, vermutlich zum Bau der Sultan-Hassan-Moschee, die Verkleidungen der Cheops- und Chephrenpyramide abgebrochen; erst G. B. Belzoni entdeckt 1818 den Eingang in die (schon in altägyptischer Zeit beraubte) Pyramide.

Lit.: D. WILDUNG, *Die Rolle ägyptischer Könige im Bewußtsein ihrer Nachwelt,* 1969, 200–210; B. SCHMITZ, *Untersuchungen zum Titel SA-NJSWT »Königssohn«,* 1976, passim; STADELMANN, *Pyramiden,* 130–140; DERS., *Die Pyramiden von Giza,* 1990, 176–191, DERS., *SAK 11* (1984), 165–172; DERS., *MDAIK 43* (1986), 238 f.; D. ARNOLD, *MDAIK 47* (1991), 21–27; H. KLENGEL, *Syria 3000 to 300 B. C.,* 1992, 23 n. 6; I. E. S. EDWARDS, in: *The Unbroken Reed, FS A. F. Shore,* 1994, 97–105; A. SPALINGER, *SAK 21* (1994), 275–319.

Cherihemutschepesut

Im Turiner Königspapyrus genannter 73. Herrscher der 14. Dynastie, aufgrund des Namens *(Der vornehme Frauen trägt/besitzt)* als fiktiv betrachtet.

Lit.: BECKERATH, *Untersuchungen,* 82; s. auch → Chuihemut.

Cheti

Name mehrerer Könige der bei Manetho fälschlich in zwei Dynastien (9./10.) geteilten Herakleopolitenherrschaft. Weder die Anzahl noch Reihenfolge oder Identität lassen sich bisher klar bestimmen. Ein C. gilt Manetho (unter der gräzisierten Form *Achthoes*) und den Zeitgenossen selber (Stelen nennen die Dynastie »Haus des C.«) als Begründer der Herrscherlinie, die in den Königstafeln von Abydos und Saqqara völlig fehlt. Im Turiner Königspapyrus ist die entsprechende Stelle zerstört, doch werden unter den Nachfolgern Träger desselben Namens an 4. Stelle, 6. Stelle (? – Sohn des *Neferka³re'* von der 3. Stelle?) und 7. Stelle (mit dem Thronnamen *Meri-*...) notiert. Des Dynastiegründers C. wird vielleicht auch noch in der Lehre für König → Merika³re' (P. 74) gedacht, wo allerdings nur der Rest eines Namens *Mri-...-R*ᶜ erhalten ist. Traditionell wird dem Begründer der Dynastie häufig der Thronname *Meri-ib-Re*ᶜ zugesprochen. Dagegen möchte J. von Beckerath den Namen des 7. Königs der Dynastie so ergänzen, während H. Goedicke den betreffenden Thronnamen dem Nachfolger, J. López dem Vater des Merika³reᶜ zuschreiben möchte. Geräte mit dem Thronnamen *Meri-ib-Re*ᶜ (und dem Horusnamen *Meri-ib-ta³ui*) sind tatsächlich in Lischt gefunden worden. Es wurde vermutet, dieser Cheti I. sei Beamter oder der Gaufürst des 20. oberägyptischen Gaues gewesen und habe sich nach dem Ende der memphitischen 8. Dynastie zum Regenten aufgeschwungen. Es scheint zweifelhaft, ob die negative Bewertung bei Manetho mehr ist als nur sekundäre Ausdeutung der spätesten Zeit. Durch Denkmäler sind weiter ein Cheti Nebka³u-Reᶜ (Gewichtstein aus Tell er-Rataba; er ist der König in der *Geschichte vom Beredten Bauern*), ein Cheti Wa³h-ka³-Reᶜ (Sarg aus Deir el-Berscheh) und ein dritter Cheti mit zerstörtem zweiten Namen (S. . .-Reᶜ; in Hatnub) bezeugt. Im Ostdelta in Chataᶜna soll ein Tempel eines C. gestanden haben.

Schließlich erwähnt die *Lehre für Merika³re*ᶜ die Lehre eines Königs C., und der Vater Merika³reᶜs heißt ebenfalls ›Cheti‹. Auf ihn bezieht sich der politische Abschnitt der *Lehre für Merika³re*ᶜ, in dem der König eigene Verfehlungen (Übernahme der Verantwortung für die Zerstörung von Gräbern bei der Eroberung des thinitischen Gaues) zugesteht und dem Nachfolger kluges politisches Handeln empfiehlt (gute Bezahlung als Mittel gegen Bestechung; Gefolgsleute des Thrones sich bewahren). Von besonderem Interesse ist die Information über die Befriedung des Deltas »bis an die Mittelmeerküste«, von Westen bis Osten, nachdem Asiaten plündernd nach Ägypten eingedrungen waren (dagegen J. F. Quack); eine Herrschaft in Oberägypten haben die Herakleopoliten nicht ausgeübt.

Lit.: Gomaà, *Zwischenzeit,* 130–135; J. von Beckerath, *ZÄS 93* (1966), 13–20; W. Schenkel, *LÄ 1,* 1975, 945–947; W. Barta, *ZÄS 108* (1981), 23–33; L. Gestermann, *Kontinuität und Wandel in Politik und Verwaltung des frühen Mittleren Reiches in Ägypten,* 1987, 17–21; J. F. Quack, *Studien zur Lehre für Merikare,* 1992; E. Rowiᴨska / J. K. Winnicki, *ZÄS 119* (1992), 130–143.

Chijaran/Chajran

Einer der sogenannten »großen Hyksos«, »nach dem großen Apophis (der) bedeutendste König der 15. Dynastie« (J. von Beckerath) mit einem korrekt *Chijaran* oder *Chajran* zu lesenden Geburtsnamen (gegenüber traditionellem *Chajan, Chian,* korrekt W. A. Ward nach O. Rössler), der nordwestsemitisch ist und *Der im (Monat) Chijar geborene* oder *Erwähl-*

ter; Bester bedeutet. Horusname C.s ist *Der die Länder umfaßt,* sein Thronname *Den Re ' gestärkt hat.*

Neben den traditionellen ägyptischen Titulaturelementen *Vollkommener Gott* und *Sohn des Re '* ist für ihn auf zwei Rollsiegeln und einem Skarabäus zeitgenössisch die Bezeichnung *Heqa³cha³sut* (daraus *Hyksos*) »Herrscher der Fremdländer« belegt (→ Sikruhaddu).

Die von C. erhaltenen Denkmäler sind als Geschenk oder durch Verschleppung an weit entfernte Orte gelangt: Aus Bagdad stammt ein kleiner Basaltlöwe, aus Knossos der Deckel eines Alabastergefäßes, aus Boghazköi das Fragment eines Obsidiangefäßes. In Ägypten kam ein Bruchstück einer von C. usurpierten königlichen Sitzstatue des Mittleren Reiches in Bubastis zutage, in Gebelein ein Granitblock. Letzteres Stück ist zusammen mit Zeugnissen des → Apopi und des → Sikruhaddu Hinweis auf eine Bautätigkeit der Hyksos in Ägypten, vielleicht auch für eine Oberherrschaft in Oberägypten.

Nicht ganz klar ist die chronologische Einordnung C.s und die Erklärung der späteren Traditionen. Traditionell wurde er als unmittelbarer Vorgänger des Apopi, damit als vierter der sechs »Großen Hyksos« betrachtet (J. von Beckerath) und mit der Namensform *Iannas* (angeblich aus »Chajan«, der Aussprache des Namens seit dem Neuen Reich) zusammengestellt, dem Manetho eine sicher überhöhte Regierungslänge von »50 Jahren, 1 Monat« zuweist (Beckerath: korrekt etwa 20 Jahre?). Diese Gleichung ist aber durch den Fund eines Steinblocks mit der Erwähnung eines »Königssohnes des C.« namens »Jinassi'« (→ Iannas) wieder zweifelhaft geworden. Nach der typologischen Ordnung der Skarabäen durch Ward gehört C. dagegen ganz an den Anfang der 15. Dynastie. Doch dürfte sein Name im hinteren Teil des Eigennamens → *Apachnan* bewahrt sein (eigener Vorschlag).

Lit.: W. WARD, *UF 8* (1976), 355–358; M. BIETAK, *MDAIK 37* (1981), 63–71; M. GÖRG, *MDAIK 37,* 1981, 71–73; W. A. WARD, *Studies on Scarab Seals II/1,* ed. by O. TUFNELL, 1984, 162 ff.; D. FRANKE, *Or 57* (1988), 260–262; N. DAUTZENBERG, *GM 135* (1993), 9–25.

Chui

Eigenname *Der Beschützer* (oder Kurzform eines Satznamens *(Der Gott NN) beschützt;* vgl. → Cheops) eines Kleinkönigs der 8. Dynastie, dem vielleicht die kleine Stufenpyramide mit gerundeten Ecken bei Dâra in Mittelägypten zuzuweisen ist. Mit welchem der anderen, unter ihren Thronnamen bekannten Königen dieser Dynastie C. identisch sein könnte, ist nicht zu entscheiden.

Lit.: A. FAKHRY, *The Pyramids,* 1961 u. ²1969, 202–4; STADELMANN, *Pyramiden,* 229 und Abb. 73.

Chuihemut

Im Turiner Königspapyrus 74. und letzter Herrscher der 14. Dynastie, der aufgrund seines Namens *(Beschützer der Frauen)* als fiktiv betrachtet wird.
Lit.: BECKERATH, *Untersuchungen,* 82; s. auch → Cherihemutschepesut.

Chuiiqer

Auf einem von W. M. F. Petrie in Abydos gefundenen Architrav bezeugter Eigenname eines Königs, der vermutlich in die 13. Dynastie gehört. Der König dürfte mit einem der im Turiner Papyrus mit ihren Thronnamen aufgeführten Herrscher identisch sein. Horusname des C. ist *Der Beliebte.*
Lit.: BECKERATH, *Untersuchungen,* 70. 233.

Claudius

Titus Claudius Drusus, später Titus Claudius Caesar Augustus Germanicus (seit 41 n. Chr.), römischer Kaiser (41–54 n. Chr.); geboren am 1. August 10 v. Chr. in Lugdunum (Lyon), Sohn des Nero Claudius Drusus und der Antonia Minor, Bruder des Germanicus.

Nach der Ermordung des → Caligula wird Claudius am 24. 1. 41 n. Chr. von der Prätorianergarde, die sich über Vorschläge der amtierenden Konsuln und des Senates hinwegsetzt, zum Kaiser erhoben und am folgenden Tag durch den Senat anerkannt.

Abb. 15: Römische Kaiser bei Kulthandlungen. Von Claudius begründeter Chnumtempel von Esna; Innenwand des Pronaos.

Die Regierung des C., »für die Hauptstadt und für das Imperium eine der besten, die es im frühen Prinzipat überhaupt gegeben hat« (H. Bengtson), hat, in bewußtem Gegensatz zu → Caligula, Augustus zum Vorbild (im

Jahre 43 errichtet er die *Ara pietatis Augustae*). Außenpolitisch sind an militärischen Ereignissen einzig die wenig folgenreiche Eroberung Südbritanniens unter Plautius Silvanus im Jahre 43 (Besuch des C. 44; Triumph; Gefangennahme des Königs Caratacus im Jahre 50), die Eroberung Mauretaniens durch C. Suetonius Paulinus (41 Überschreitung des Atlas; 44/45 Kämpfe unter dem späteren Kaiser → Galba) sowie der Krieg gegen die Chatten (50) zu nennen. Die römische Linie in Germanien wird zu halten versucht (Sieg gegen die Friesen am Unterrhein; Mainz als Hauptort der Verteidigung; Sicherung von mittlerem und oberem Rhein), ebenso die Donaugrenze (die Klientelstaaten Noricum und Thrakien werden zu Reichsprovinzen). Dem gallischen Adel verleiht C. das Bürgerrecht. Armenien geht Rom verloren.

Die Innenpolitik des C. ist im wesentlichen sehr umsichtig: Amnestie zu Regierungsbeginn und Beendigung der Majestätsprozesse; Festigung staatlicher Institutionen und der Verwaltung; striktere Trennung zwischen dem Prinzeps und dem Senat. Die Regierungsgeschäfte werden von fähigen Freigelassenen (Narcissus, Pallas, Callistus, Polybios) geführt.

Am 21. April 47 wird der 800. Gründungstag Roms gefeiert.

C. fällt schließlich den Intrigen seiner vierten Frau Julia Agrippina zum Opfer. Zuvor ist er verheiratet mit Plautia Urgulanilla (Scheidung wegen zügellosen Lebenswandels und Mordverdachts), Aelia Paetina und Valeria Messalina (Hinrichtung Oktober 48). Agrippina, die ihren Sohn → Nero anstelle des Britannicus als Thronfolger durchsetzen will, läßt C. am 13. Oktober 54 vergiften.

In Alexandria schlichtet C. Unruhen gegen die Juden (Schreiben an die Alexandriner). Als Bauherr ist C. in Ägypten der Begründer des letzten Tempelbaus, des Chnumtempels von Esna (Abb. 15), an dem bis unter → Decius gebaut wird. In El-Qala bei Koptos errichtet C. einen kleinen Isistempel. Durch Reliefs ist C. bezeugt in Athribis (bei Sohâg: Triphis–Tempel), Dendera, Koptos, im Doppeltempel von Kom Ombo und Philae (Harendotes-Tempel).

Er trägt den Horusnamen *Der den Glanz der Sonne im Horizont dauern läßt* bzw. *Starker Stier, der die Erscheinungen wiederholt*.

Lit.: KIENAST, *Kaisertabelle,* 90–92; E. MANNI, *ANWR II,* 2, 1975, 131–148; H. JUCKER, *ANWR II,* 12. 2. 1981, 667–725; H. BENGTSON, *Grundriß der römischen Geschichte, I,* ³1982, 300–302; B. LEVICK, *Claudius,* 1990; V. M. STROCKA (Hg.), *Die Regierungszeit des Kaisers Claudius (41–54 n. Chr.): Umbruch oder Episode?* 1994.

Claudius II. Gothicus

Marcus Aurelius Claudius; geboren 214 n. Chr., römischer Kaiser seit September/Oktober 268. In demselben Jahr besiegt er am Gardasee die

Alamannen, 269 bei Naissus die Goten. Im September 270 stirbt C. in Sirmium an der Pest.

Lit.: A. LIPPOLD, *Klio 74* (1992) 380–394; KIENAST, *Kaisertabelle,* 228 f.

Commodus

Lucius Aurelius, seit Oktober 180 n. Chr. Marcus Aurelius Commodus Antoninus, römischer Kaiser (180–192 n. Chr.), geboren am 31. August 161 n. Chr. bei Lanuvium; Sohn des → Marc Aurel und der Annia Galeria Faustina II.

Mit seinem Vater reist er 175/176 in den Osten des Reiches und verbringt den Winter in Alexandria. 177 wird er zum Augustus erhoben, mit dem Tod des Marc Aurel am 17. 3. 180 ist er Alleinherrscher, »der weder über das Pflichtgefühl noch über die Fähigkeiten verfügte, die das Reich in seiner Krise nötig gehabt hätte« (H. Bengtson). Die Wahl des C. als Nachfolger wird bis in die moderne Forschung als kardinaler Fehler Marc Aurels betrachtet (zur Einschätzung → Marc Aurel). Mit C. beginnt E. Gibbon in seinem epochalen Werk *The History of the Decline and Fall of the Roman Empire* (1776–1788) den Niedergang Roms.

Das von schweren inneren Krisen (Finanznot, Heerwesen, Verwaltung) heimgesuchte Imperium profitiert von der überwiegenden Ruhe an den Grenzlinien (jedoch Aufstände in Mauretanien, Dakien, Britannien [Rückzug auf den Hadrianswall], Obergermanien und Gallien). Mitte 191 ändert C. seinen Namen in Imp. Caes. Lucius Aelius Aurelius Commodus Augustus; im Herbst 192 gründet er Rom neu als Colonia Commodiana und führt neue Monatsnamen ein.

Für C., der sich als Herkules betrachtet, führen seine Ratgeber und Günstlinge die Regierung, zuerst der Prätorianerpräfekt Tigidius Perennis, der 185 ermordet wird, dann – bis zu seiner Ermordung 189 – M. Aurelius Cleander, von 189 bis 192 der Ägypter Eclectus. Die Mißstände in Rom und Hinrichtungen von Senatoren führen zu zahlreichen Verschwörungen, u. a. wird 182 nach Aufdeckung eines Komplotts C.s' Schwester Annia Lucilla nach Capri verbannt und hingerichtet, ebenso seine Gemahlin Bruttia Crispina (192 getötet); 187 scheitert die Verschwörung des Maternus. Doch wird C. am 31. Dezember 192 (Verschwörung des Q. Aemilius Laetus und des Eclectus) ermordet; sein Nachfolger ist → Pertinax.

Auch bei Commodus läßt sich eine Beziehung zur ägyptischen Religion feststellen, so trat er bei öffentlichen Prozessionen als Offizient des ägyptischen Kultes auf. In Ägypten wird unter → Marc Aurel und C. der Pronaos des ptolemäischen Isistempels von Kontralatopolis errichtet (1828 abgebrochen). C. erbaut auch den Horustempel von Tahta in Mittelägypten. C. ist darüber hinaus in Esna (Chnumtem-

pel), dem Doppeltempel von Kom Ombo und Philae (Hadrianstor) bezeugt.

Lit.: F. GROSSO, *La lotta politica al tempo di Commodo,* 1964; M. GHERARDINI,
Studien zur Geschichte des Kaisers Commodus, 1974; G. R. Stanton, *ANRW II,* 2,
1975, 478–549; M. J. VERMASEREN (Hg.), *Die orientalischen Religionen im
Römerreich,* 1981, 135: H. BENGTSON, *Grundriß der römischen Geschichte, I,*
[3]1982, 379–383; KIENAST, *Kaisertabelle,* 147–150; D. ARNOLD, *Die Tempel
Ägyptens,* 1992, 106.

D

Dareios I.
persischer Großkönig, Sohn des Hystaspes, Nachfolger des → Kambyses
(522–486 v. Chr.). Diodor nennt D. als 6. und letzten Gesetzgeber Ägyptens (vgl. → Bokchoris). Tatsächlich ordnet er nach Ausweis eines demotischen Textes (demotischer Pap. 215 der Bibliothèque Nationale in Paris)
im Interesse der Verwaltung der ägyptischen Satrapie die Kompilation
des ägyptischen Rechts an, an der eine Kommission 16 Jahre lang arbei-
tet. Damit in Zusammenhang hebt er das Edikt seines Vorgängers auf, das
die staatlichen Zuwendungen an die ägyptischen Tempel beschränkte.

Das von der Überlieferung gezeichnete Bild des D. ist, im Gegensatz
zu demjenigen des → Kambyses, das eines gegenüber den ägyptischen
Sitten respektvollen und toleranten Herrschers. D. trägt den Horusnamen
Mit wirkungsvollem Willen und den Thronnamen *Sprößling des Re ʿ (bzw.*
Geliebt von Amun-Re ʿ).

Innerhalb der Baupolitik ist am bedeutendsten seine Errichtung und
Dekorierung des Amun-Reʿ-Tempels von Hibis in der Oase El-Charge.
Religionspolitisch bedeutsam enthält das Sanktuar des Tempels einen
Katalog von Hunderten von ägyptischen Göttern, wobei Theben, Helio-
polis und Memphis als religiöse Zentren besonders herausgestellt wer-
den. Ein weiterer Tempelbau D.s' in El-Charge liegt in Qasr Ghouita. D.
läßt den Ptah-Tempel von Memphis restaurieren und baut bzw. restauriert
auch im Fajjum, in Elkab (Restauration des Nechbet-Tempels), in Busiris
(Tempel) und Sais; eine Tätigkeit, die auch durch Inschriften im Wadi
Hammamat bezeugt ist.

Neuerdings ist auch eine zu erwartende Bautätigkeit in Karnak durch
den Fund einer halben Säulentrommel mit dem Namen des D. bestätigt
worden. Der Horus-Tempel in Edfu erhält Ländereien. Um eine direktere
Verbindung von Persien nach Ägypten zu ermöglichen, vollendet D. den
von → Necho II. begonnenen Kanal, der auf einer Länge von 84 Kilome-
tern den östlichsten Nilarm über das Wadi Tumilat mit dem Roten Meer
verbindet (Errichtung von Stelen in ägyptischer, altpersischer, elamischer
und akkadischer Sprache längs des Kanals).

Eine von ursprünglich wohl zwei im Atum-Tempel von Heliopolis auf-
gestellten Statuen des D. (Abb. 16) wurde 1972 am Torgebäude des Kö-

Abb. 16: Dareios I. Statue aus Susa, ursprünglich aus Heliopolis (Nationalmuseum Teheran).

nigspalastes von Susa wiedergefunden, wohin sie sein Sohn Xerxes gebracht hatte. Sie dürfte etwa gleichzeitig mit der Fertigstellung des Kanals beschriftet und anläßlich des Aufstandes von 486, kurz vor D.s' Tod, nach Persien gebracht worden sein.

Diese Erhebung, die vielleicht der persische Satrap Ägyptens, Pharendates, initiierte, ist ebenso unklar wie ein Aufstand des Satrapen Aryandes (zwischen 510 und 496?). Aryandes selber wirft bis spätestens 519 einen ägyptischen Aufstand vermutlich unter dem Gegenkönig → Padibastet III. nieder. Vielleicht ist der Besuch des D. in Ägypten im Jahre 518 im Zusammenhang damit bzw. den genannten Bauprojekten zu sehen. In der Autobiographie des Udjahorresnet (→ Kambyses) erfahren wir, daß D. den ägyptischen Beamten aus Elam nach Ägypten zurückschickt, um dort die zerstörte Tempelschule von Sais wieder aufzubauen.

Elemente der Geschichte des Kambyses und D. sind in das Bild des Sesostris bei Herodot eingeflossen.

Lit.: C. TRAUNECKER, in: *Karnak VI,* 1980, 209–213; A. V. AEDAKOV, *VDI 2 (152)* (1980), 105–120; E. BRESCIANI, in: The Cambridge Ancient History of Iran, II, 1985, 502–528; J. D. RAY, in: *CAH ²IV,* 1988, 254–286; DERS., *Achaemenid History I,* 1987; E. CRUZ-URIBE, *Hibis Temple Project, I,* 1988; A. DANDAMAEV, *A Political History of the Achaemenid Empire,* 1989, 141–146; C. OBSOMER, *Les campagnes de Sésostris dans Hérodote,* 1989; J. OSING, in: *FS M. Lichtheim,* 1990, 751–767; W. BARTA, *ZÄS 119* (1992), 82–90; C. TUPLIN, in: *Achaemenid History VI,* ed. by H. SANCISI-WEERDENBURG / A. KUHRT, 1991, 237–283; P. CALMEYER, in: *Achaemenid History VI,* 1991, 285–303; P. HÖGEMANN, *Das alte Vorderasien und die Achämeniden,* 1992, 206 ff.

Dareios II.

letzter persischer Großkönig, der noch ganz Ägypten vor der Machtergreifung durch die 28. Dynastie regiert (424–404 v. Chr.; Sohn von → Artaxerxes I., Nachfolger des ermordeten → Xerxes II. und des → Sogdianos) und nur in den aramäischen Papyri aus Elephantine bezeugt ist, die von Unruhen und der Plünderung des Tempels im Jahre 410 berichten. Nachfolger D.s' ist → Artaxerxes.

Lit.: E. BRESCIANI, in: *The Cambridge Ancient History of Iran, II,* 1985, 502–528; J. D. RAY, Egypt 525–404 B. C., *CAH ² IV,* 1988, 254–286; A. DANDAMAEV, *A Political History of the Achaemenid Empire,* 1989.

Dareios III. (Kodomannos)

Nachfolger des → Arses (335–332 v. Chr.), letzter Herrscher der »Zweiten Perserherrschaft« (343–332) vor der Eroberung Ägyptens durch → Alexander den Großen, dem das Land im Dezember 332 kampflos durch den persischen Satrapen Mazakes übergeben wird. D. selber wird am 1. Oktober 331 in der Schlacht bei Gaugamela von Alexander endgültig besiegt, flieht vor Alexander, der nach Babylon, Susa, Persepolis und schließlich Ekbatana vorrückt, und wird schließlich von eigenen Offizieren ermordet.

Lit.: E. BRESCIANI, in: *The Cambridge Ancient History of Iran, II,* 1985, 502–528; J. SEIBERT, in: *Zu Alexander dem Großen, FS G. Wirth,* 1987, 437–456; A. B. LLOYD, in: *FS I. E. S. Edwards,* 1988, 154–160; A. DANDAMAEV, *A Political History of the Achaemenid Empire,* 1989.

Decius

Caius Messius Quintus Traianus Decius, römischer Kaiser (249–251 n. Chr.), verheiratet mit Herennia Etruscilla. Geburtsjahr und Abstammung sind unbekannt.

Als Legat des Augustus für Moesien und Pannonien wird er etwa im Juni 249 zum Imperator erhoben, besiegt im Herbst des Jahres 249 → Philippus Arabs bei Verona und zieht in Rom ein.

Decius erläßt Ende 249 ein Edikt zur Christenverfolgung. Die nun notwendigen Opferbescheinigungen (libelli) sind uns in Ägypten auf Papyri erhalten. Im Jahre 250 erheben sich gegen D. die Gegenkaiser T. Iulius (?) Priscus (in Philippopolis) und Iulius Valens Licinianus (in Rom); Anfang Juni 251 fallen D. und sein zum Augustus ernannter Sohn Herennius auf dem Balkan bei Abrittus im Krieg gegen die Goten.

Dargestellt ist D. auf der Westwand der Säulenhalle des Chnumtempels in Esna, wo er die letzten bekannten hieroglyphischen Texte anbringen läßt.

Lit.: KIENAST, *Kaisertabelle,* 202 f.; J. Cl. GRENIER, *CdE 63* (1988), 62 Anm. 1; R. SELINGER, *Die Religionspolitik des Kaisers Decius,* 1994.

Dedumose

ein oder zwei Könige der späten 13. Dynastie, je nachdem, ob die überlieferten zwei Thronnamen zwei verschiedenen Regenten zuzuordnen sind oder einem einzigen, der die Titulatur gewechselt hätte (vgl. → Apopi; → Mentuhotep II.).

Auf einer Privatstele aus Edfu wird ein König D. mit dem Thronnamen *Mit beständigem Frieden, ein Reʿ* genannt. Er trägt den Horusnamen *Gedeihend an Erscheinungen,* den Nebtinamen *Der die beiden Länder rettet* und den Goldnamen *Der den Frieden bringt.*

Ein D. mit dem Thronnamen *Mit beständiger Güte, ein Reʿ* erscheint auf einer Kairener Stele aus Gebelein sowie auf Kalksteinfragmenten aus dem Totentempel → Mentuhoteps II. in Deir el-Bahari. Zu diesen beiden Quellen tritt noch ein 1969 als Oberflächenfund in der Unterstadt von Ebla (Tell Mardikh) in Syrien entdeckter Skarabäus. Vermutlich kann der Geburtsname auch im Turiner Kanon ergänzt werden. Ebenfalls nur den Namen *Dedumose* nennen eine weitere Privatstele aus Edfu und ein Graffito bei Elkab.

Häufig wird mit dem Namen *Dedumose* der König *Tutimaios* identifiziert, unter dem nach dem Bericht Manethos der Einfall der Hyksos nach Ägypten erfolgt sein soll. Diese Verbindung wird aber z.T. abgelehnt, sie ist zumindest sehr umstritten (J. von Beckerath). Tatsächlich könnte der epigraphisch belegte D. (nach D. Franke etwa um 1640 v. Chr.) Zeitgenosse des ersten Hyksos → Salitis (1630–1615) gewesen sein.

Lit.: BECKERATH, *Untersuchungen*, 63 f. 75 f. 256 f.; D. FRANKE, *Or 57* (1988); G. SCANDONE MATTHIAE, in: *Antike Welt 13/1* (1982), 14–17.

Demedjibta³ui

König der 9. Dynastie, der unter diesem Horusnamen *Der den Willen der beiden Länder vereint* ein Edikt an den Vorsteher Oberägyptens, Idi, über dessen Totenstiftung erläßt, aber mit keinem anderen Herrscher sicher identifiziert werden kann (→ Wa³djka³reᶜ; Neferirka³reᶜ [II.]).

Lit.: H. GOEDICKE, *Königliche Dokumente aus dem Alten Reich*, 1967, 214 ff.

Dewen (Den)

5. (oder 6., → Atoti) König der 1. Dynastie und erster, der den Titel *Nesubit* (König von Ober- und Unterägypten) trägt (um 2930/10 v. Chr.). Lesung und Interpretation seiner Namen wurden kontrovers diskutiert. Sein Horusname *Dewen* bedeutet am ehesten »Der (seine Flügel/Krallen) spreizt«; sein Thronname *Cha³sti* »der Fremdländer« kann vielleicht mit seinen siegreichen Expeditionen gegen den Sinai und Südpalästina verbunden (G. Godron) oder eher als entsprechendes Programm verstanden werden (»Asiaticus«).

Mutter des D. ist die Königin Meritneith, vermutlich Gemahlin des → Wa³dj und Tochter des → Djer, deren bedeutende Position durch zwei Stelen im abydenischen Grab des D. betont wird. Möglicherweise kann sie als Regentin am Beginn seiner Herrschaft betrachtet werden. Da die Regierungszeit des D. auf dem Palermostein nicht vollständig erhalten ist, kann die genaue Länge seiner Regierung nur ungefähr mit 40 Jahren angesetzt werden (G. Godron: 35–40; P. Kaplony: 45). Von D. ist neben dem ersten nun auch ein zweites Sedfest (Gefäßfragment mit Inschrift) bezeugt.

Die erhaltenen Jahresregister sowie die Jahrestäfelchen nennen an wichtigeren Ereignissen: den Sieg über Asien (Südpalästina, Transjordanien?), die Vernichtung der »Hundeleute« (Nubier?), den Triumph über die Bewohner des Sinai; ein Sedfest (oder zwei?) und im folgenden Jahr eine Jagd auf Vögel (und gleichzeitig vermutlich Nilpferde) im Delta, die als rituelle Neubegründung der Herrschaft zu verstehen ist (gegen G. Godron; → Amenemhe³t II.). Verschiedene Götterstatuen werden gefertigt (Imiut, Seschat, Mafdet, Min), Heiligtümer errichtet (für Herischef in Herakleopolis; für Heka³; ein Bezirk *Sitze/ Höhe [?] der Götter)*, der »Große Weiße« (Pavian; Ahne des Königs) besucht und zwei Sokar-Feste zelebriert. Zweimal wird auch vom »Erscheinen des Königs von Ober- und Unterägypten« berichtet, wobei ein Apislauf stattfindet. Weiter wird das »Horusgeleit« (Eintreiben der Landesabgaben) erwähnt. Nach P. Kaplony übernimmt Dewen die Wirtschaftsdomänen seiner Vorgänger und drängt die Macht der Beamten zurück.

In Saqqara werden D. drei Gräber (3035, 3036 im Norden, 3506 im Süden der Reihe der Frühzeitgräber) zugewiesen. 3035 ist das größte aller Königsgräber der Frühzeit, 3036 vermutlich das einer Königin. Als Sicherungsmaßnahme kann der zur Grabkammer führende Korridor nun erstmals mit einem Stein blockiert werden. Beide Gräber besaßen – wie in Saqqara noch bei → ʿAha³ und Meritneith belegt – Gruben, in denen dem Grabinhaber Schiffe mitgegeben wurden. Ein Kultbezirk des D. läßt sich in Saqqara nachweisen.

Das Grab des Königs in Abydos (Nachuntersuchungen durch das Deutsche Archäologische Institut seit 1985) mißt 55 x 40 m (Tiefe der Grabkammer 6 m). Besonders hervorzuheben sind der Serdab (Statuen-kammer) mit Treppenausgang für den auferstehenden König, die Neben-kammern und Spuren von Särgen. Das Grab wies einen erstmals aus Ziegeln aufgemauerten Talbezirk (mit etwa 25 x 65 m Umfang) auf.

Gewisse Indizien weisen auf ein Nachleben des D. in späterer Zeit (Neues Reich) hin (Erwähnung im Totenbuch und einem medizinischen Papyrus); diese Nennungen sind aber – gegen G. Godron – selbstver-ständlich keine Zeugen für eine Verfasserschaft medizinischer Sprüche durch D. (ausschließlich sekundäre Legenden; D. als Urkönig).

Lit.: W. KAISER, *MDAIK 41* (1985), 47–60; W. HELCK, *Untersuchungen zur Thinitenzeit,* 1987, 156–162; G. Godron, *Etudes sur l'Horus Den et quelques problèmes de l'Egypte archaïque,* 1990; G. DREYER, *MDAIK 46* (1990), 72–81; DERS., *MDAIK 47* (1991), 100 f.

Diadumenianus

Marcus Opellius Diadumenianus, römischer Kaiser (217–218 n. Chr.), geboren am 14. September 208 n. Chr., Sohn und Mitregent des → Macrinus, im April 217 zum Caesar erhoben, im Mai durch den Senat anerkannt und schließlich im Mai 218 im syrischen Apameia zum Au-gustus ernannt. Nach der Niederlage gegen → Elagabal werden Macrinus und D. im Juni 218 zu Staatsfeinden erklärt, D. in Zeugma erschlagen. Neben seinem Vater ist D. im Tempel von Kom Ombo dargestellt.

Lit.: KIENAST, *Kaisertabelle,* 170 f.

Didius Iulianus

Marcus Didius Severus Iulianus, römischer Kaiser, geboren am 30. Januar 133 n. Chr. in Mailand als Sohn des Quintus Petronius Didius Severus und der Aemilia Clara; am 28. März 193 als Prokonsul Afrikas (seit 189/190) zum Augustus erhoben (als Nachfolger des → Pertinax). Weder Senat noch Volk hat D. hinter sich, zudem erheben sich als Gegenkaiser im April 193 der Legat Syriens C. → Pescennius Niger und der Legat Oberpannoniens L. → Septimius Severus mit insgesamt 25 Legionen gegen D. Er wird nach 66 Tagen Regierung am 1. Juli 193 n. Chr. vom Senat abgesetzt und am folgenden Tag ermordet (sein Nachfolger wird → Septimius Severus).

Lit.: KIENAST, *Kaisertabelle,* 154 f.

Diocletian

Gaius Aurelius Valerius Diocletianus, römischer Kaiser (284–305 n. Chr.), geboren am 22. Dezember 245 n. Chr. (?), stammt aus Dalmatien, am 20. November 284 in Nikomedeia als Nachfolger des → Numerianus zum Kaiser erhoben. Von diesem Datum an gilt D.s Herrschaft in Ägypten. Im Sommer 285 unterliegt Diocletian zwar in der Schlacht am Margus in Moesien dem von Kaiser → Carus in Gallien eingesetzten Caesar Carinus, der zuvor den Gegenkaiser Sabinus Iulianus besiegt hat, doch wird Carinus ermordet und D. durch den Senat anerkannt.

Die schwierige Lage in den Randgebieten des Imperiums läßt D. bis 293 drei weitere Caesaren ernennen, die zusammen mit ihm die erste *Tetrarchie* (bis 305) bilden. Zuerst ernennt er Ende 285 den Offizier → Maximianus zum Caesar und am 1. April 286 zum ebenbürtigen Augustus. Im März und Mai 293 werden → Galerius und Constantius zu untergeordneten Mitkaisern (Caesares) ernannt.

Die Zuordnung bestimmter Reichsteile mit eigenen Residenzen an die vier Tetrarchen (D.: der ganze Orient von Thrakien bis Libyen einschließlich Ägyptens, Residenz Nikomedeia; Constantius: Gallien und Britannien; → Maximianus: Italien bis zur oberen Donau, Raetien, Spanien, Africa; → Galerius: Illyricum mit Griechenland, Dalmatien und Pannonien) stuft Rom als Reichszentrum zurück. D. führt weitgehende innenpolitische, rechtliche und administrative Änderungen durch. Die Zentralverwaltung wird mit besonderen Ressorts versehen, die Zahl der Provinzen auf knapp 100 verdoppelt (Ägypten verliert seinen Sonderstatus), das Heer vergrößert und eine Steuerreform durchgesetzt. In wirtschaftlicher Hinsicht werden Kontrollmechanismen eingeführt. Auf den 1. September 301 wird die Geldmenge des Staates durch eine Neufestlegung des Gold-Silber-Bronze-Verhältnisses nominell vermehrt; das Edikt über die Maximaltarife aus dem Ende des Jahres soll zu erwartende Preissteigerungen verhindern.

D. institutionalisiert auch bestimmte Änderungen des Hofzeremoniells (Proskynese; Anrede als *Herr und Gott*).

Kriegerische Unternehmungen zur Sicherung des Reiches sind fast überall notwendig. In Ägypten wird eine Erhebung von Busiris und

Koptos (293/294 n. Chr.) durch einen Feldzug des → Galerius nach Oberägypten niedergeworfen. Schon in das Jahr 296/297 fällt der ägyptische Aufstand unter den Gegenkaisern → Aurelius Achilleus und → Domitius Domitianus, den D. niederschlägt (Eroberung Alexandrias). Der Dodekaschoinos südlich von Assuan wird aufgegeben und die Südgrenze an den Ersten Katarakt zurückverlegt. Gegen die Angriffe der Blemmyer siedelt der Kaiser hier die Nobaten mit der Aufgabe des Schutzes der Südgrenze an und entrichtet ihnen Jahrgelder. Vermutlich hält sich D. selber in Ägypten auf.

Wahrscheinlich nach einem Syrienaufenthalt 299–301 erläßt D. am 31. März 302 in Alexandria das Verbot der Manichäer (nach der *Suida* soll D. auch die Verbrennung der alten Bücher, in denen die Gold- und Silberchemie gelehrt wurde, angeordnet haben, da die Ägypter auf sie ihre Widerstandshoffnungen gegründet hätten).

Im Zentrum kriegerischer Auseinandersetzungen stehen Mauretanien (Gegenkaiser Julianus; Aufstand verschiedener Stämme 297/298 von Maximian niedergeschlagen), Persien (287 Einsetzung Tiridates' III. als Klientelkönig in Armenien, das 293 durch Narses von Persien besetzt wird, der 296 → Galerius bei Carrhae besiegt, von ihm jedoch 297 besiegt wird; 298 Friedensschluß), an der mittleren Donau (Kriege D.s gegen die Sarmaten 292, des Galerius gegen Sarmaten und Jazygen 294, gegen Goten, Markomannen, Bastarnen und Carpen 295), am Mittel-, Nieder- und Oberrhein (gegen Alamannen, Burgunder, Franken und Friesen), Gallien (gegen die Bagauden unter den Gegenkaisern Aelianus und Amandus) und Britannien (fränkische/sächsische Seeräuber; Gegenkaiser Carausius und Allectus). Überall werden die Grenzbefestigungen ausgebaut.

D. versteht sich als Bewahrer des alten Glaubens im Interesse des Reiches. In diesem Sinne ist seine Christenverfolgung zu verstehen, die mit dem ersten von vier Edikten am 23. Februar 303 ihren Anfang nimmt (Zerstörung der Kathedrale von Nikomedeia; die heiligen Bücher der Christen sollen verbrannt, die Kirchen zerstört werden; Opfergebot; Entlassung von Christen aus dem öffentlichen Dienst). Da D. jedoch Blutvergießen ablehnt, hält sich das Leiden in gewissen Grenzen. Im Osten des Reiches verfügt erst das Toleranzedikt des → Galerius (311) das Ende der Verfolgung.

In Ägypten ist die diokletianische Verfolgung von besonderer Bedeutung, da die Kopten die *aera Diocletiani (aera martyrum)* zur Jahreszählung (ab dem 29. August 284) benutzten – »ein nicht ganz gerechtes Stigma« D.s, der »einer der großen konservativen Reformer der Geschichte« ist (W. H. C. Frend) und den etwa Theodor Mommsen wegen seiner »Neuschöpfung des aus den Fugen gegangenen Reiches« als

»staatsmännisches Genie ersten Ranges« betrachtete. Seine Beurteilung erfolgt aber häufig als Gegenbild zu derjenigen seines Nachfolgers und ersten christlichen Kaisers Constantin.
305 n. Chr. verzichtet D. auf den Thron, nachdem er 303 mit einem Staatsbesuch in Rom sein und Maximians 20jähriges Regierungsjubiläum gefeiert hat, und zwingt auch Maximian in Mailand zur Abdankung. Die bisherigen Caesaren Galerius und Constantinus werden zu Augusti erhoben und ihnen zwei neue Caesaren unterstellt. D., der auf der Konferenz von Carnuntum 308 eine Rückkehr als Kaiser ablehnt, lebt bis zu seinem Tod am 3. Dezember 316 n. Chr. in seiner Altersresidenz in Spalato/Split (hier etwa schwarze Basaltsphinx Sesostris' III. aufgestellt). Von D. stammt das *Tor des Diocletian* auf Philae; die sog. Pompeiussäule vor dem Serapeion in Alexandria wird 302 n. Chr. für D. errichtet. In ägyptischen Quellen erscheint sein Name noch auf einer Stele aus dem Bucheum. Mit den anderen Tetrarchen ist D. in dem für den Kaiserkult umgewandelten Sanktuar des Luxortempels, auf dessen Areal nun ein großes Legionslager errichtet ist, auf einem römischen Wandbild dargestellt.
Lit.: T. D. BARNES, *The New Empires of Diocletian and Constantine,* 1982: S. WILLIAMS, *Diocletian and the Roman Recovery,* 1985; M. EL-SAGHIR u. a., *Le camp romain de Louqsor,* 1986, 28 ff.; A. DEMANDT, *Die Spätantike, Römische Geschichte von Diocletian bis Justinian 284–565 n. Chr.,* 1989, 46–61; P. BRENNAN, *ZPE 76* (1989), 193–205; F. MASI, *Diocleziano,* 1991; W. H. FREND, in: *The Coptic Encyclopedia, 3,* 1991, 904–908; I. LUKANC, *Diocletianus,* 1991.

Djedamuniuef anch

Großfürst der Meschwesch-Libyer, der zur Zeit des → Pije über das Gebiet von Mendes im mittleren Delta regiert (nach K. A. Kitchen etwa 730–720 v. Chr.; sein Sohn ist → ʿAnchhor), Gefolgsmann des → Tefnacht von Sais, dargestellt auf der Siegesstele des Pije und vermutlich einer Szene des Amuntempels von Napata. Sein Name bedeutet *Amun spricht und er lebt.*
Lit.: *TIP* §§ 327 f. 449, Tf. 22. *22; GOMAÀ, *Fürstentümer,* 86–89. 134.

Djedcherureʿ

Nur in der Königsliste des Turiner Papyrus mit einer Regierungszeit von lediglich zwei Monaten und fünf Tagen unter dem Thronnamen *Mit beständiger Stimme, ein Reʿ* verzeichneter 18. König der 14. Dynastie, daher ein ephemerer Kleinkönig des Deltas.
Lit.: BECKERATH, *Untersuchungen,* 266.

Djedchonsiuef anch

Eigenname *Chons spricht und er lebt* eines Hohenpriesters von Theben, der als Sohn → Pinudjems I. auf einem heute verlorenen Sarg genannt gewesen sein soll und dann zwischen → Masaharta und → Mencheperre^c einzuordnen wäre (1046–45 v. Chr.).

Lit.: BECKERATH, *Handbuch,* 100 Anm. 7; *TIP* §§ 2 f. 17. 55. 62. 217 n. 92, 392, Tff. 1. 2. 7. 9.

Djedefhor

Prinz, Sohn des → Cheops und der Königin Meritites, neben → Ba³efre^c in einem aus dem Mittleren Reich stammenden Graffito im Wadi Hammamat als Nachfolger des → Chephren genannt. Ob D. tatsächlich König war, ist umstritten (dagegen etwa D. B. Redford; dafür: W. Helck, N. Grimal). D. ist Vater der Chentka³ues, der Mutter der Könige → Sa³hure^c und → Neferirka³re^c. Ihm wird die Lehre des Djedefhor zugeschrieben; der späteren Tradition gilt er etwa auch als der Entdecker von Sprüchen des Totenbuchs. D. erscheint ebenfalls in der Rahmenhandlung der *Wundergeschichten vom Hofe des Cheops* (Papyrus Westcar). Er besitzt eine Mastaba in Giza.

Lit.: E. DRIOTON, *BSFE 16* (1954), 41–49; D. B. REDFORD, *Pharaonic King-Lists, Annals and Day-Books,* 1986, 25 mit Anm. 87.

Djedefre^c

Sohn und Nachfolger des → Cheops mit dem Eigennamen Djedefre^c *Er dauert, (nämlich) Re^c* (oder *Re^cdjedef* zu lesen, daraus die griechische Form *Ratotis*), der nach den Graffiti der östlichen Bootsgrube der Cheopspyramide dessen Begräbnis durchgeführt hat (um 2580/70 v. Chr.).

D. selber verlegt den Ort seines Grabbaus einige Kilometer nach Norden nach Abu Rawâsch. Der Pyramidenbezirk trägt den Namen *Sternenzelt des Re^c* und weicht in der Planung von dem seines Vorgängers ab, während er sich an die Ausführung der Grabanlage bei → Djoser und → Snofru anlehnt. Die Grabkammern werden in einen in den Boden eingetieften Schacht (von heute etwa 20 m Tiefe) hineingesetzt, zu dem ein knapp 50 m langer Korridor hinabführt. Korridor und Grabkammern bestehen aus großen Blöcken von Assuangranit, der offenbar auch für die unteren Lagen der Pyramidenverkleidung verwendet wird.

Während der nur 8jährigen Regierungszeit des Königs wird die Pyramide nicht vollendet, und die Benutzung der im letzten Jahrhundert noch mehrere Meter hoch anstehenden Pyramide als Steinbruch bis in die Gegenwart hat das Bestehende stark zerstört. Es läßt sich immerhin eine Seitenlänge von rund 100 m und eine geplante Höhe von 92 m vermuten. Möglicherweise liegt der Sarkophag des Königs noch unter dem Schutt des nie bis zum Grund ausgegrabenen Schachtes. Nachgewiesen sind die Totenkultanlagen und eine Bootsgrube (in der Fragmente von Statuen von D., seinen Frauen und seinen Söhnen gefunden wurden) an der Ostseite der Pyramide und eine Kultpyramide in der Südwestecke des Bezirks. Zu ihm führte der mit 1,7 km längste Aufweg des Alten Reiches vom Taltempel herauf. Für die Königsplastik vgl. den Kopf des D. im Louvre (Abb. 17).

Abb. 17: Djedefre ͨ. Kopf einer Statue (Paris, Louvre E. 12 626).

Frau des D. ist Chentetenka³, doch heiratet er auch Hetepheres II., die Witwe seines Halbbruders Ka³waͨb. Aus dieser Verbindung stammt Neferhetepes, vermutlich die Mutter des → Userka³f. Dazu sind drei Söhne Setka³, → Ba³ka³ und Harnet bekannt,

D. ist der erste König, der sich als »Sohn des Reͨ« bezeichnet (→ Chephren), seit ihm sind auch die Thronnamen fast immer mit dem Gottesnamen *Re ͨ* gebildet. Sein Horusname ist *Der Gestaltete,* sein Nebtiname *Der durch die beiden Herrinnen Gestaltete,* sein Goldname *Goldenster der Falken.*

Die wenigen auf dem Annalenstein zu seiner Regierung erhaltenen Angaben weisen auf Schiffs- und Tempelbauten. Gegen die häufige Annahme von Auseinandersetzungen um die Nachfolge des Cheops zwischen zwei rivalisierenden Zweigen der Familie (G. Reisner, zuletzt etwa N. Grimal) ist verschiedentlich Stellung bezogen worden (W. Helck, R. Stadelmann).

Lit.: STADELMANN, *Pyramiden,* 126–131, Tf. 48, fig. 34–36.

171

Djedka³re' Asosi (Isesi)

8. König der 5. Dynastie, Nachfolger des → Menka³uhor, Vorgänger des
→ Unas (um 2410/2380 v. Chr.). Der Geburtsname *Asosi* erscheint nicht
auf seinen eigenen Denkmälern, die immer den Thronnamen *Djedka³re '*,
Mit dauerndem Ka, ein Re' nennen, dagegen etwa in der biographischen
Grabinschrift des für seine Pyramidenanlage verantwortlichen Oberbau-
meisters Senedjemib, in der Einleitung der Weisheitslehre des Ptahhotep,
die der Weise an den König Asosi richtet, oder in der Königstafel von
Karnak. Mit seinem Horus- und Nebti-Namen heißt D. *Dauernd an Er-*
scheinung (d. h. Königtum), mit dem Goldnamen geradezu *Der dauernde*
(Goldfalke). Die Länge seiner Regierungszeit ist nicht gesichert; während
der Turiner Papyrus 28 Jahre nennt, überliefert Manetho 44. Für die letztere Zahl spricht die Erwähnung eines »21. Males der (zweijährlichen)
Zählung« in den Abusir-Papyri und die Nennung eines »1. Sedfestes« auf
einem Alabastergefäß des Louvre. Ein neugefundenes Graffito aus der
Mastaba des Idu in Abusir nennt das 14. Mal der Zählung (= Jahr 28).

Der König errichtet seinen Pyramidenbezirk *Schön ist (die Pyramide*
des) Asosi in Südsaqqara (Haram esch-Schawaf). Die Pyramide (mit
einer Basislänge von knapp 79 m und einem Böschungswinkel von 52°)
weist an der Nordseite einen Eingang mit Kapelle auf, von wo ein absteigender Gang mit einer besonderen Kammer und Fallsteinvorrichtungen
zu Vor- und Grabkammer (mit einem Giebeldach aus Kalksteinblöcken
und östlich angegliedertem Nischenraum) führt. Beide Kammern und der
Basaltsarkophag sind stark zerstört worden, doch fanden sich noch Reste
der Königsmumie. Östlich der Pyramide befindet sich der einst reich
dekorierte und eindrucksvoll ausgestaltete Totentempel, an den sich im
Norden (dort u. a. Schlachthof) und Süden (mit einer Kultpyramide) vier
Höfe anschließen. Im Nordosten liegt ein Pyramidenbezirk, der bisher,
aber wohl fälschlich, als der einer Königin betrachtet wurde. Zuweisung
und Interpretation sind unklar (P. Jánosi). Verwandte des D. sind in
Mastabas in Abusir-Süd (1976/77 von einer tschechoslowakischen Mission entdeckt) begraben (Töchter Chekeretnebti [gestorben im Alter von
35 Jahren], Hedjetnebu).

Außenpolitische Aktivitäten des Königs sind durch verschiedene Inschriften bezeugt (Wadi Maghara: Inschriften im 6./7. und 17./18. Jahr;
in Nubien Siegelabdrücke aus Buhen; in Toschqa Stele in den Diorit-
Steinbrüchen; in Tomâs; am Oasenweg Dachla-Dungul; in Byblos durch
ein Alabastergefäß). Aus dem Totentempel des D. bezeugt diese Aktivität
das Fragment einer Liste mit der Nennung fremdländischer Tiere, Pflan-
zen und Städte. In dem Expeditionsbericht des Herchuf unter Pepi II.
wird ein unter D. durch eine Expedition aus dem Sudan nach Ägypten
gebrachter Zwerg erwähnt.

In Abkehr von der Kultpolitik seiner Vorgänger errichtet der König kein Sonnenheiligtum mehr. Innenpolitisch lassen Indizien darauf schließen, daß die Provinzialbeamten größere Selbständigkeit auf Kosten der Zentralregierung erlangen. Durch die größtenteils aus seiner Regierungszeit stammenden, ältesten uns erhaltenen Papyri aus der Kanzlei des Totentempels des → Neferirkaʒreʿ ist uns seit einigen Jahren ein besserer Einblick in die Wirtschaft ägyptischer Tempel möglich. Für eine weitere Bau- oder Kultpolitik läßt sich ansonsten nur der Unterteil einer nach Abydos gestifteten Sitzstatue anführen.

Der Thronwechsel zu → Unas scheint problemlos vollzogen worden zu sein; verschiedene Zerstörungen (»Königinnen«-Anlage; Blöcke aus dem Totentempel D.s im Unas-Temenos) sind wohl anders zu erklären (P. Munro).

Lit.: M. VERNER, *SAK 8* (1979), 159; DERS., *Unearthing Ancient Egypt 1958–1988*, 1990, 32–34; A. GRIMM, *SAK 12* (1985), 29–41; P. JÁNOSI, *MDAIK 45* (1989), 187–202; STADELMANN, *Pyramiden,* 180–184; M. MOURSI, *ASAE 71* (1987), 185 ff.; P. MUNRO, *Der Unas-Friedhof Nord-West, I,* 1993, 9 f.; A. SPALINGER, *SAK 21* (1994), 275–319.

Djedkaʒreʿ Schemaʒi
Lediglich in der Königstafel von Abydos genannter Regent der 8. Dynastie mit dem Thronnamen *Mit beständigem Ka, ein Reʿ* und dem Eigennamen *Der Nomade.*

Djehuti (Thot)
4. König der 17. Dynastie, der nur rund ein Jahr regiert haben dürfte (1602 v. Chr.).
Sein Thronname ist *Mächtiger, ein Reʿ, der die beiden Länder festigt,* sein Horusname *Der mit Kraft erobert,* der Goldname *Mit mächtigen Erscheinungen.* Horus- und Goldname sind erst seit wenigen Jahren durch im Hof des Horustempels in Edfu zutage gekommene Blöcke bekannt; hier trägt er auch das Epitheton »Herr des Rituals«. Darüber hinaus sind von ihm nur zwei weitere Objekte bekannt: sein in Diraʿ Abu el-Nagʿa (1822–25 von Passalacqua) gefundener Kanopenkasten (Berlin), der einer Mentuhotep – offenbar seiner Gemahlin – übertragen und nach ihrem vorzeitigen Tod in deren Begräbnis als Behälter für Toilettenartikel verwendet wurde. Nach der Aufschrift ihres verschollenen, aber 1832 noch von Wilkinson in Theben-West registrierten Sarkophages war sie die Tochter eines Wesirs und Bürgermeisters von Theben Senebhenaʿef.

Schließlich ist von D. noch ein Block aus einem Tempel in Deir el-Ballas (nördlich von Naqade) erhalten. D. wird in der Königstafel von Karnak genannt und war wohl auch im Turiner Königspapyrus ver-

zeichnet. Er ist Nachfolger → Sebekemsa³fs I. (anders A. Dodson: des → Re'hotep) und Vorgänger → Mentuhoteps VII. Dagegen ordnet C. Vandersleyen D. der 13. Dynastie zu.
Lit.: BECKERATH, *Untersuchungen,* 27. 66. 167 f. 175. 180 f. 188.195 ff. 287; M. v. FALCK / S. KLIE / A. SCHULZ, *GM 87* (1985), 15–23; D. FRANKE, *Or 57* (1988), 271: B. LÜSCHER, *Untersuchungen zu ägyptischen Kanopenkästen* (HÄB 31), 1990, 60 f.; A. DODSON, *GM 120* (1991), 33–38; C. VANDERSLEYEN, *RdE 44* (1993), 189 ff.; C. BENNETT, *GM 143* (1994), 21–28.

Djehutiemhet (Thotemhet)

Lokaler Regent in Hermopolis während der 23. Dynastie (um 728 v. Chr.), vermutlich Nachfolger des → Namilt (3). Bezeugt ist er durch die Statue eines Tjaenhesret, eine weitere Statuette und einen Bronzenaos (British Museum). Sein Horusname lautet *Der im Gau von Hermopolis erscheint* (Spencer; bisher *Atum ist wahrlich Herr* gelesen), sein Thronname *Mit vollkommener Gestalt, ein Re'* mit dem Zusatz *Mit glänzender Krone/Erscheinung* (andere Beinamen sind *Geliebt von Thot, dem Herrn von Hermopolis* bzw. *Geliebt von dem, der in Hermopolis ist*); sein Eigenname lautet *Thot ist an der Spitze.*
Lit.: *TIP* §§ 78 f. 109. 187. 331; P. A. und A. J. SPENCER, *JEA 72* (1986), 198–201; BONHÊME, *Noms royaux,* 218–220.

Djer

3. König der 1. Dynastie (um 2980/60 v. Chr.) mit dem Horusnamen *Der (Feinde) abwehrt* (nach J. von Beckerath, anders P. Kaplony: *Der zupakkende [Horusfalke]),* Nachfolger des ephemeren → Atoti, Vorgänger des → Wa³dj, zweiter der drei Könige der beginnenden 1. Dynastie mit einem Eigennamen *Ati/Ateti* (mit dem *Kenkenes* [J. Vercoutter; G. Godron] oder *Athoti* Manethos zu identifizieren). D. ist der Sohn des → 'Aha³ und einer Nebenfrau Chenedha'pi (nach P. Kaplony auch Vater des → Wa³dj und der Königin Meretneith). Auf dem Palermostein sind von seiner Regierung 18. Jahreseinträge erhalten, nach der Rekonstruktion des Steines durch W. Helck ist von ursprünglich 54 Jahren auszugehen (Manetho nennt für *Athotis* 57 oder 27, für *Kenkenes* 31 oder 39 Jahre).

Die Einträge des Annalensteines sind in ihrer Interpretation umstritten; sie nennen aus seiner Regierung v. a. kultische Ereignisse (Jahr 1: Vereinigung der beiden Länder; Umzug um die Mauern; Jahr 5 und 22 [ähnlich 27]: Einrichtung einer Anlage [Tempel?]; Ausfahrt mit Schiff?; Jahr 2 und 20: Schiffsfest), die Herstellung von Götterstatuen (Jahr 5: Ja³met; Jahr 7: Min; Jahr 8 und 19: Chontamenti; Jahr 21, 24, 25, 28) und alle zwei Jahre das Horusgeleit (Steuererhebung). Im Jahr 23 wird als einziges militärisches Geschehnis das »Schlagen der Asiaten« erwähnt. Andere Einträge sind ganz unklar (nach W. Helck im Jahr 3 »Geburt der beiden Kinder des unterägyptischen Königs«, im Jahr 4: »Tod der Königin«).

Aus der Regierung des D. existieren zudem drei Etiketten mit Jahresereignissen. Die erste verzeichnet den Besuch D.s in Buto und die Errichtung einer Residenz, den Aufenthalt im »Kronenhof« und im Heiligtum der zwei Landesgöttinnen in der Zwillingsstadt Butos, Dep, sowie die Ankunft von Schiffen mit Holzladungen, vermutlich aus dem Libanon (Rest unklar; ebenfalls »Tod der Königin«?). Das zweite Täfelchen nennt: Herstellung und Darbringung von Kultgegenständen; Erlangung von Ober- und Unterägypten; Herstellung der Standarte eines Stiergottes; rituelles Ballspiel (?); Tod zweier Königinnen (?). Ein drittes Täfelchen erwähnt die Gründung eines Palastes. Eine angebliche Inschrift D.s am 2. Katarakt ist zweifelhaft (W. Helck, anders B. G. Trigger).

D. gilt in späterer Zeit als Urkönig, sein Grab in Abydos als jenes des Osiris (zu dem hier gefundenen sog. Osirisbett → Chendjer). Es ist mit einem Innenraum von 12 x 13 m das größte Grab der 1. Dynastie in Abydos und enthält erstmals eine Holzkammer als Wiedergabe einer königlichen Wohnanlage (Holzmattenpalast; Reisezelt; vgl. → Djoser) oder als Schrein (Reste von Schnitzwerk erhalten). Über einer durch lange Holzbalken gebildeten Decke erhob sich ein Sandhügel von max. 1,5 m Höhe. Um das Grab herum liegen Nebengräber des Hofstaates des D., am Rand des Fruchtlandes befand sich der noch aus Holz- und Mattenkonstruktionen errichtete Talbezirk von 100 x 50 m.

In Saqqara gehören D. die großen Nischenmastabas S 3471 und QS 2185 (Grabkammer mit Steinbalken gedeckt), vielleicht auch die sonst der Königin Meretneith zugeschriebene Mastaba (S 3503).

Lit.: P. KAPLONY, *LÄ I*, 1109 ff.; W. KAISER, *MDAIK 37* (1981), 249–253; W. HELCK, *Untersuchungen zur Thinitenzeit,* 1987, 100 f. 124.150–155; B. G. TRIGGER, *JSSEA 17* (1987), 62; G. DREYER, *MDAIK 43* (1987), 33–43; W. KAISER, *MDAIK 43* (1987), 115–119; G. GODRON, *Etudes sur l'Horus Den,*1990, passim; STADELMANN, *Pyramiden* 11–13. 19 f.

Djet → Wa³dj

Djoser

2. und bedeutendster König der 3. Dynastie (etwa 2720–2700 v. Chr.), Nachfolger des → Nebka³ (vgl. → Sa³nacht), Vorgänger des → Sechemchet. Nach W. Helck ist D. über seine Gemahlin Hetephernebti Schwiegersohn des → Cha'sechemui und der Nima³'athapu, deren andere Tochter Initka³ues Gattin des → Nebka³ gewesen wäre (anders etwa J.

Vercoutter: jüngerer Bruder des Nebka³/Sa³nacht; nach J. von Beckerath dessen Bruder oder Sohn [so auch N. Grimal] und Enkel oder Sohn der Nima³athapu; nach R. Stadelmann Sohn des Cha°sechemui und der Nima³°athapu).

Zeitgenössische Quellen nennen D. nur unter seinem Horusnamen *Göttlichster der Götterschaft*, während sein Eigenname ›Djoser‹ (mit Varianten) nur in den späteren Königslisten erscheint und auch der Form *Tosorthros* bei Manetho zugrunde liegt. Die Zuordnung der beiden Namen zum selben Herrscher ermöglichen nur späte Besuchergraffiti von seinem Grabkomplex in Saqqara sowie die berühmte *Hungersnotstele* von der Insel Sehel, mit der die Priester des Chnumtempels von Elephantine mit dem Hinweis auf eine alte fiktive Landschenkung durch D. ihre Ansprüche auf die Einkünfte aus dem Dodekaschoinos geltend machen wollen (→ Ptolemaios V.). Eine neue These von N. Swelim, nach der D. und Netjerichet (*Göttlichster der Götterschaft)* zwei verschiedene Herrscher wären, hat bisher keine Gefolgschaft gefunden.

Der Turiner Papyrus nennt als Regierungslänge 19 Jahre (Manetho: 29). D. ist im Sinai im Wadi Maghara bezeugt. Von D.s Bau- und Kultpolitik ist, abgesehen von seinem Pyramidenbezirk in Saqqara, nur die Gründung einer Kapelle in Heliopolis (mit Darstellung des Gottes Geb, ev. des Seth; ursprünglich der Neunheit von Heliopolis?; jetzt in Turin) bekannt; zwei Blöcke des D. stammen aus Gebelein.

Als großer Mann hinter D. erscheint der später vergöttlichte, zeitgenössisch auf einem Statuensockel des D. bezeugte Imhotep, der Erfinder des monumentalen Steinbaus und Architekt der Stufenpyramide des D. in Saqqara. In den Bauetappen des Komplexes kann die Realisierung dieses präzedenzlosen Bauwerks, das bei den Galeriegräbern des → Hetepsechemui, → Nebre° und → Ninetjer errichtet wird, mit allen Planänderungen genau verfolgt werden.

In einer ersten Phase wird in einem im Westen durch die sog. Westmassive (Oberbauten des Grabes des → Nebka³/Sa³nacht oder Cha°sechemui?) begrenzten Areal von 113 x 302 m eine quadratische Mastaba von 71,5 m Seitenlänge errichtet, deren Grabschacht (7 x 7 m, 28 m tief) zu der königlichen Grabkammer (ursprünglich aus Kalkstein, dann durch Kammer aus härterem Rosengranit ersetzt) führt. Zugänglich ist sie über einen von dem Totentempel im Norden der Mastaba abwärtsführenden Korridor, verschlossen durch einen schweren Granitpfropfen in der Decke.

Um den Grabschacht herum liegen vier Galeriesysteme, von denen Teile des östlichen, mit Fayencekacheln ausgekleidet und mit drei Scheintüren mit Darstellungen D.s (Kultlauf, Kulthandlungen) versehen, eine Wiedergabe des Königspalastes (mit Mattenverkleidung und Palast-toren) darstellen.

An der Ostseite der Mastaba gehen von elf über 30 m tiefen Schächten Galerien gegen Westen ab (die fünf nördlichen für Bestattungen verwen-det: Särge, Sargkufen, Mumie eines Kindes; in den südlichen sechs Ga-lerien 40 000 Steingefäße).

Eine daraufhin erfolgende Erweiterung der Mastaba um 8,4 m nach Osten (dadurch außergewöhnliche Ost-West-Orientierung) bezieht die Schächte mit ein.

Zum Schutz der durch die Übermauerung der Grabkammer und die nur lockere (in saitischer Zeit entfernte) Auffüllung des Grabschachtes wenig gesicherte Bestattung wird die entscheidende Planänderung zu einer erst 4stufigen, dann – bei erweiterter Grundfläche – 6stufigen Stu-fenpyramide vorgenommen. Der Bau ist schließlich bei einer Grundflä-che von 109 x 121 m, 62,5 m hoch.

Zu der ersten Bauperiode der gewöhnlichen Mastaba gehören inner-halb des Bezirkes das der Bestattung des königlichen *Ka* (Lebenskraft; Doppelnatur des Königs) dienende sog. *Südgrab* (langgezogene Mastaba von 13 x 84 m; ähnliches Schacht- und Kammersystem wie der Haupt-bau; ebenfalls Galerien und Palastnachahmung) mit einer Kultkapelle, der Statuenpalast in der Südostecke, östlich der Grabmastaba die Kapellen des sog. Sedfest-Hofes und die »Häuser des Südens und des Nordens«.

Der Totentempel im Norden ist unfertig geblieben und im Norden zu einem Massiv aufgefüllt worden. Durch die Anfügung eines Nordhofes (hier unterirdische Gangsysteme mit Vorräten) und die Einbeziehung der Westmassive vergrößert sich der Bezirk auf 545 x 278 m; umgeben ist er von einer mit Turakalkstein verkleideten Nischenmauer mit einem Ein-gangs- und 14 Scheintoren.

Von dem Begräbnis D.s fand Baron von Minutoli 1821 noch den ver-goldeten Schädel und vergoldete Fußsohlen, 1926 J. Ph. Lauer den linken Fuß und weitere Skelettteile (Oberarmknochen, Rippen).

Lit.: W. Helck, *ZÄS 106* (1979), 129 f.; Ders., *Untersuchungen zur Thinitenzeit*, 1987, 107 ff. 167; Ders., in: *Gegengabe, FS E. Brunner-Traut*, 1992, 143–150; N. M. A. Swelim, *Some Problems on the History of the Third Dynasty*, 1983, passim; Ders., in: *FS I. E. S. Edwards*, 1988, 12–22; J.-Ph. Lauer, in: *Mélanges Mokhtar II*, 1985, 61–67; Ders., *Die Königsgräber von Memphis*, 1988, 92–109; E. Laskowska-Kusztal, in: *Akten des 4. Intern. Ägyptologenkongresses, 3*, 1989, 281 287; Stadelmann, *Pyramiden*, 35–72; W. Kaiser, in: *Gegengabe, FS E. Brunner-Traut*, 1992, 167–190; Z. Hawass, *JEA 80* (1994), 45–56; J. Kahl / N. Kloth / U. Zimmermann, *Die Inschriften der 3. Dynastie*, 1995 (ÄgAbh 56), 7–127.

Djoser-Teti → Sechemchet

Domitian

Titus Flavius Domitianus, römischer Kaiser (81–96 n. Chr.), als Sohn des → Vespasian und der Flavia Domitilla am 24. 10. 51 in Rom geboren und 69 n. Chr. als Caesar anerkannt (*princeps iuventutis*). Nach dem Tod des → Titus wird D. Mitte September 81 n. Chr. Kaiser.

In den Jahren 83 bzw. 86 n. Chr. besiegt D. die Chatten und die Daker, doch erleidet 87 n. Chr. Cornelius Fuscus eine Niederlage. Erst im Jahre 88 kann D. den Dakerkönig Decebalus bei Tapae an der unteren Donau endgültig besiegen, ebenso die Germanen (Anspielungen auf dem Obelisken von Benevent). Die Provinzen *Germania Superior et Inferior* werden geschaffen, die Provinz *Moesia* geteilt. 92–93 finden jedoch Kämpfe an der mittleren Donau gegen die Jazygen statt, die eine ganze römische Legion vernichten (Sicherung durch den Donaulimes).

Die römischen Gebiete in Britannien können unter D. erweitert werden (Vorrücken bis nach Schottland, Wales befriedet); auch in Germanien wird die Reichsgrenze vorgeschoben. Sowohl die Besetzung der Statthalterposten als auch Verwaltung und Rechtsprechung D.s werden im allgemeinen positiv beurteilt. Durch Geldspenden und Spiele ist D. bei der römischen Plebs populär und initiiert mehrere Bauprojekte in Rom (Naumachie am Tiber, Stadium, Odeum auf dem Marsfeld; Ausstattung des Juppitertempels auf dem Capitol).

Eine Verschwörung kann 87 n. Chr. aufgedeckt, ein Aufstand des Legaten Obergermaniens, Lucius Antonius Saturninus, zu Beginn des Jahres 89 n. Chr. niedergeschlagen werden.

Das Jahr 89 sieht die Vertreibung von Philosophen und Astrologen aus Rom (Ermordung des Proconsuls von Asien und des Legaten von Britannien, des Philosophen Hermogenes von Tarsus); weitere Verfolgungen richten sich 93/94 gegen Stoiker, bevor im Jahre 95 alle Philosophen aus Italien ausgewiesen werden. Der christlichen Überlieferung gilt D. als zweiter großer Christenverfolger nach → Nero.

Während dieser Schreckenszeit der letzten Jahre D.s wird 95 n. Chr. der Consul Flavius Clemens, ein Neffe D.s, wegen Gottlosigkeit hingerichtet, doch fällt D. selber am 18. September 96 einer Verschwörung der Prätorianerpräfekten und seiner Gattin Domitia Longina zum Opfer.

Was D.s Stellung zu den ägyptischen Kulten anbelangt, so setzt er sich besonders für den Kult der Isis ein. In seinem 8. Jahr läßt er »für die große Isis, die Herrin von Benevent, und ihre Mitgötter« in Benevent einen Tempel mit zwei Obelisken errichten; Statuen zeigen ihn als Pharao. Im Jahre 92 erneuert D. das *Iseum campense* in Rom und stattet es mit ägyptischen Originalwerken aus. Schon 69 n. Chr. setzt sich der junge D. eine Maske des Anubis auf und entkommt so aus dem von den Anhängern des → Vitellius belagerten Kapitol.

In Ägypten nimmt D. die Namen Horus *Starker Jüngling, der mit seiner Kraft erobert,* Gold *Reich an Jahren, groß an Siegen,* Thronname *Horus, Sohn der Isis, Geliebter aller Götter* an. Durch Bauten und Reliefs ist er bezeugt in Dendera (Hathortempel), Deir el-Hagar in der Oase Dachla (römischer Tempel), Medamud (Monthtempel), Karnak (Eingang zum Osttempel Thutmosis' III.: Reliefs), Medinet Habu (Tor), Deir esch-Schelwit (Propylon des Isistempels), Armant (Buchisstele), Esna (Chnumtempel: Reliefs, Kapelle [?]), Kom Ombo (Rückseite der Rückwand; Hathorkapelle), Ezbet el-Riseiris (kleiner Tempel des D.), Assuan (kleiner Tempel des D.; Architrav), Philae (Kapelle), Qasr Dusch.

Ein Naos des D. ist dem löwengestaltigen Gott Tutu geweiht.

Lit.: H. W. MÜLLER, *Der Isiskult im antiken Benevent,* 1969; H. BENGTSON, *Die Flavier. Vespasian – Titus – Domitian,* 1979; DERS., *Grundriß der römischen Geschichte, I,* ³1982, 338–344; M. J. VERMASEREN (Hg.), *Die orientalischen Religionen im Römerreich,* 1981, 126. 135; A. MARTIN, *CdE* 60 (1985), 168–173; DERS., *La titulature épigraphique de Domitien,* 1987; KIENAST, *Kaisertabelle,* 115–118; V. RONDET, *BIFAO 90* (1990), 303 ff.; B. W. JONES, *The Emperor Domitian,* 1992; C. URNER, *Kaiser Domitian im Urteil antiker literarischer Quellen und moderner Forschung,* Diss. Univ. Augsburg, 1994.

Domitius Domitianus

Lucius, römischer Gegenkaiser des → Diocletian, im Juni/Juli 297 n. Chr. (oder 296?) in Ägypten zum Augustus erhoben, gestorben wohl im Dez. 297. Nach seinem Tod wird vermutlich → Aurelius Achilleus zum Augustus erhoben.

Lit.: J. SCHWARTZ, *L. Domitius Domitianus,* 1975; KIENAST, *Kaisertabelle,* 265 f.

E

Echnaton → **Amenhotep IV.**

Eje → **Aja (II.)**

Elagabal

eigentlich Varius Avitus, römischer Kaiser (218–222 n. Chr.), erzogen zum Priester des Gottes Elagabal im syrischen Emesa, nach dem er in der späteren Überlieferung und Forschung (fälschlich) genannt wird (bzw. nach der bei den *Scriptores Historiae Augustae* verwendeten irrigen Form ›Heliogabal‹).

Vermutlich in Emesa wird E. 203 (oder 204?) n. Chr. als Sohn des Sextus Varius Marcellus und der Iulia Soaemias geboren und am 16. 5. 218 n. Chr. im Lager von Emesa zum Kaiser erhoben. Zu Beginn üben seine Mutter und seine Großmutter Iulia Maesa die Regentschaft aus. Sein »Regime [gehört] nach einmütiger Ansicht aller antiken Autoren zu den schwärzesten Epochen der römischen Geschichte«; E., dessen Verhalten »eindeutig pathologische Züge zeigt« (J. B. Bury), hat auch nach Meinung der Forschung »ein für alle Zeiten mit Schimpf und Schande bedecktes Ansehen hinterlassen« (M. Frey).

Nach dem Sieg über → Macrinus am 8. Juni 218 erkennt ihn der Senat an; nach einem Aufenthalt in Nikomedeia im Winter zieht E. im Herbst 219 in skandalöser Weise (geschminkt; mit Schmuck behangen) in Rom ein.

In seiner Religionspolitik, die schließlich zu seiner Ermordung führt, ist eine Entwicklung hin zu einer exklusiven Verehrung des Elagabal unter Einführung fremder Riten und Verletzung römischer Sitten feststellbar. Der heilige Stein (Baetyl) des Gottes Elagabal wird anfänglich, bis zur Fertigstellung eines dem Gott geweihten Tempels, auf dem Palatin untergebracht. Gleichzeitig heiratet E. die vornehme Römerin Iulia Paula. Zunächst ist offenbar eine Verschmelzung von Iuppiter und Sol-Elagabal vorgesehen, doch bedeutet das Jahr 220 eine Wende in der Religionspolitik des Kaisers. Der Gott Sol-Elagabal wird nun zum höchsten Staatsgott erhoben und mit der Dea Caelestis von Karthago vermählt. E. selber heiratet die vornehmste Priesterin Roms, die Vestalin

Aquilia Severa. Zusammen mit der Einführung orientalischer Riten und der Tempelprostitution bedeutet dies einen unerhörten Affront der römischen Gesellschaft; die Bilder der Götter Roms werden aus ihren Tempeln entfernt und im Heiligtum des Elagabal als jenem untergebene Gottheiten aufgestellt.

Nach Hinrichtungen von Kritikern dieser Maßnahmen sieht sich der Kaiser zu Zugeständnissen gezwungen, um insbesondere das Militär zu beschwichtigen: am 26. Juni adoptiert er den im Heer beliebten → Severus Alexander und ernennt ihn zum Caesar. Um dieselbe Zeit entläßt er Aquilia Severa und heiratet Annia Faustina, eine Nachfahrin Marc Aurels (deren Mann Pomponius Bassus ermordet wird).

Die E. gegen seinen Willen aufgezwungenen Regelungen versucht er im November 221 rückgängig zu machen, indem er vom Senat die Aberkennung der Caesarwürde des Severus Alexander verlangt sowie Annia Faustina entläßt und Aquilia Severa wieder aufnimmt. Dem zweiten von zwei Mordanschlägen bzw. Militäraufständen fällt er schließlich am 11. (12.?) März 221 n. Chr. zum Opfer; er und seine ebenfalls ermordete Mutter Iulia Soaemias werden in den Tiber geworfen.

E. ist in Ägypten hieroglyphisch nicht belegt, doch werden anläßlich der besonders hohen Nilüberschwemmungen des Jahres 221 n. Chr. Münzen mit dem personifizierten Nil und 8 Genien (= 16 Ellen Nilhöhe) geprägt.

Lit.: G. R. THOMPSON, *Elagabalus, Priest and Emperor of Rome,* 1972; R. TURCAN, *Héliogabale et le sacre du soleil,* 1985; M. FREY, *Untersuchungen zur Religion und zur Religionspolitik des Kaisers Elagabal,* 1989; KIENAST, *Kaisertabelle,* 172 f.

Emramescha꜄ → **Mermescha꜄**

Enib
In der Auflistung der 14. Dynastie des Turiner Papyrus an 70. Stelle angeführter Name (zu ergänzen zu: Enib[ef]; *[Er] dürstet nicht* ?) eines Königs, der als fiktiv betrachtet wird.

G

Galba

Servius Sulpicius Galba, römischer Kaiser (68–69 n. Chr.), geboren am 24. Dezember 3 v. Chr. bei Tarracina, Sohn des Caius Sulpicius Galba und der Mummia Achaica, erster Kaiser des sog. »Vierkaiserjahres« 69 n. Chr. (G., → Otho, → Vitellius, → Vespasian) nach dem Tod des → Nero. Als Legat des Kaisers für die Provinz Hispania citerior / Tarraconensis (60–68) schließt sich G. 68 n. Chr. dem Aufstand des Statthalters von Gallien, Caius Iulius Vindex, an (Anfang April 68; Akklamation zum Imperator). Nachdem der Befehlshaber Obergermaniens, Lucius Verginius Rufus, Vindex im Mai 68 besiegt, erkennt der Senat am 8. Juni G. als Kaiser an; Nero begeht am 9. Juni Selbstmord. Im Herbst 68 zieht G. in Rom ein.

Am 10. Januar 69 adoptiert G. den Senator L. Calpurnius Piso Frugi, der nach der Aufdeckung der von ihm initiierten Verschwörung gegen Nero (sog. *Pisonische Verschwörung*) 65 n. Chr. verbannt worden war, und erhebt ihn zum Caesar. Beide werden jedoch am 15. Januar 69 in Rom ermordet.

G. ist in Ägypten opfernd vor Reʿ-Harachte im Propylon des römischen Isistempels von Deir esch-Schelwit in Theben-West dargestellt.

Lit.: KIENAST, *Kaisertabelle, 102 f.;* E. FABBRICOTTI, *Galba,* 1976; J. Sancery, *Galba ou l'armée face au pouvoir,* 1983; C. M. ZIVIE, *Le temple de Deir Chelouit, I,* 1986, 47–52; E. W. HALEY, *ZPE 91* (1992), 159–164; C. L. MURISON, *Galba, Otho, and Vitellius,* 1993.

Galerius

(Caius) Galerius Valerius Maximinianus, römischer Kaiser kleinbäuerlicher Abstammung (293–311 n. Chr.), geboren etwa 250/260 n. Chr. in einem Dorf in Dakien; am 21. Mai 293 n. Chr. in Nikomedeia zum Kaiser für die Donauprovinzen erhoben und damit neben Constantius I. Caesar in der ersten Tetrarchie neben den Augusti → Diocletian und → Maximian, seit dem 1. 5. 305 Augustus für die Donauprovinzen und Kleinasien, mit dem Tod Constantius' I. am 25. Juli 306 erster Augustus (während der 2.–4. Tetrarchie). Verheiratet ist G. mit Galeria Valeria.

294 unternimmt G. einen Feldzug nach Oberägypten zur Niederwerfung des seit 293 andauernden Aufstandes in Busiris und Koptos (An-

nahme des Beinamens *Aegyptiacus maximus/Thebaicus maximus?*). Im Jahre 297 erheben sich in Ägypten die Gegenkaiser → Domitius Domitianus und → Aurelius Achilleus.

In das Jahr 295 fällt der Beginn des Krieges gegen die Perser, dessen König Narses 206 Armenien besetzt. Nach einer Niederlage 297 n. Chr. bei Carrhae erringt G. ein Jahr später den Sieg über Narses und einen Friedensschluß; die römische Grenze wird über den oberen Tigris vorgeschoben.

An der Donau kämpft G. 294/295 gegen Sarmaten, Jazygen, Goten, Marcomannen, Bastarnen und Carpen (A. Demandt; nach D. Kienast auch 299–305 und 306 [oder 307] sowie 308).

Nach dem Rücktritt → Diocletians und Maximians (1. Mai 305) werden G. und Constantius I. zu Augusti; G.s' Neffe Maximinus Daia wird neuer Caesar des G. (für den Orient), Flavius Valerius Severus wird Caesar Constantius' I. (Italien, Africa). Nach dessen Tod ist G. erster Augustus in der 3. Tetrarchie und erkennt den späteren Kaiser Constantin als Caesar an. Am 28. Oktober 306 wird in Rom Maxentius zum Kaiser erhoben. 307 zieht G. nach Rom, doch können weder er noch der wieder als Kaiser agierende → Maximian Maxentius stürzen. Die von Diocletian einberufene Kaiserkonferenz von Carnuntum beschließt die 4. Tetrarchie mit G. und → Maximinus Daia im Osten sowie Licinius und Constantin im Westen.

Von den Regierungsmaßnahmen des G. (u. a. Steueredikt 306) ist das am 30. April 311 erlassene Toleranzedikt hervorzuheben, das die Duldung des Christentums dekretiert. Anfang Mai 311 n. Chr. stirbt G. in Serdica.

Der Name des G. erscheint in Ägypten auf einer Buchisstele zusammen mit denen → Diocletians und → Maximians.

Lit.: KIENAST, *Kaisertabelle*, 279–282; A. DEMANDT, *Die Spätantike*, 1989, 48. 51 ff. 62–65.

Gallienus

Römischer Kaiser (253–268 n. Chr.), Sohn des → Valerian und der Egnatia Mariniana, im Herbst 253 vom Senat zum Kaiser und dann Augustus (Mitregent des Valerian) erhoben. Nach Aufenthalten auf dem Balkan (254–256) und am Rhein (257–259) ist G. seit der Gefangennahme seines Vaters durch den Perserkönig Schapur I. im Sommer 260 Alleinherrscher. In die Zwischenzeit fällt die Ernennung seiner Söhne Valerianus Iunior (256–258) und Saloninus (258–260) zu Caesaren (letzterer trägt 260 auch den Augustustitel).

Einfälle fremder Völker in das Reichsgebiet erfolgen während der gesamten Regierungszeit des G. Die Alamannen dringen sogar bis vor Rom vor, doch besiegt sie G. bei Mailand 258 (259?) und hält sich von Ende 260 bis 265 in Rom auf. 259 (oder 262?) durchqueren die Franken Gallien (Zerstörung von 60 Städten) und Spanien (Plünderung der Stadt Tarraco). Im Osten sind Einbrüche belegt für 262 (die Goten nach Ionien, in die Troas, nach Lydien und Phrygien) und 267 (Vorstoß der Heruler in die Peloponnes; Zerstörungen in Korinth, Sparta, Argos, Athen). Mit Siegen am Nestos in Thrakien und bei Naissus über die Heruler (ihr Anführer Naulobatus unterwirft sich und erhält die konsularischen Insignien) und die Goten schlägt G. 268 erfolgreich zurück.

Der Sassanidenherrscher Schapur I. (→ Valerian) verwüstet und plündert Syrien, Kilikien und Kappadokien und kämpft gegen Odainathos von Palmyra.

In das Jahr 264 oder 265 fällt eine mit der Einweihung in die eleusinischen Mysterien verbundene Reise nach Griechenland. G. und seine griechische Gemahlin Salonina fördern eine Erneuerung des Hellenismus (v. a. Philosoph Plotin aus Lykopolis in Ägypten). 265 führt der Kaiser einen Feldzug gegen den in Gallien, Britannien und Spanien anerkannten Usurpator Postumus. Seit 260 bedrohen weitere Gegenkaiser und Aufstände die Stabilität des Reiches: des Ingenuus (Statthalter von Pannonien und Moesien, 260), Regalianus (Statthalter in Illyricum, 260), Macrianus Iunior und Quietus (Söhne des für die Getreideversorgung aus dem Orient zuständigen Macrianus Senior, 260/261), Piso (in Thessalien, 261), Valens (in Makedonien, 261), Ballista (mit Macrianus und Quietus), → Mussius Aemilianus (Praefekt Ägyptens, 261/2), Memor (in Ägypten, 262, offenbar nie zum Imperator ernannt) und Aureolus (z. T. mit Postumus, 262–268).

260 erläßt G. ein Toleranzedikt (Rückgabe des Eigentums an die christlichen Gemeinden).

Ritter können nun anstelle der Senatoren die höchsten Posten in Armee und Provinzialverwaltung bekleiden. Die Heeresreform des G. schafft ein Kavalleriekorps als Hauptstütze der Armee und Reservetruppen.

G. wird während der Belagerung des von Aureolus gehaltenen Mailand im September 268 ermordet.

In Ägypten ist er hieroglyphisch nicht belegt.

Lit.: L. DE BLOIS, *The Policy of the Emperor Gallienus*, 1976; H. BENGTSON, *Grundriß der römischen Geschichte, I,* [3]1982, 402–406, 411 f. 416–418; KIENAST, *Kaisertabelle*, 215–217.

Gemnefchonsbak

Lokaler Herrscher in Tanis während der 25. Dynastie (700–680 v. Chr. nach K. A. Kitchen), Vorgänger von → Padibastet II. Sein Eigenname bedeutet *(Der Gott) Chons hat für sich einen Diener [scil. den König] gefunden.* Bekannt sind auch der Horusname des G. *Der die beiden Länder leben läßt* und der Thronname *Mit erhabenem Ka, ein Re '* mit dem Beinamen *Den Re ' erzeugt hat.*

G. ist lediglich durch Bauelemente aus Tanis und eine Stele in Turin bezeugt.

Lit.: S. SAUNERON, *CdE 37* (1962), 291; P. MONTET, *Le lac sacré de Tanis,* 1966, 70–73; *TIP* §§ 78 f. 357, Tf. 23B; BONHÊME, *Noms royaux,* 221–224.

Geta

Publius Septiminus Geta, Sohn des → Septimius Severus, Bruder des → Caracalla, geboren am 27. 5. 189 n. Chr. in Mailand, im Herbst 197 zum Caesar, im Herbst 209 zum Augustus erhoben, am 19. (oder 26.?) Dezember 211 (?) in Rom ermordet.

Geta war nie alleiniger Kaiser, ist aber als Sohn und Mitregent seines Vaters Septimius Severus (und zusammen mit seinem Bruder Caracalla) auf der Südwand des Pronaos des Chnum-Tempels in Esna dargestellt. In Kom Ombo besteht von G. und → Caracalla eine Stationskapelle.

Lit.: KIENAST, *Kaisertabelle,* 165–167.

Gordian I./Gordian II.

Vater (Marcus Antonius Gordianus Sempronianus Romanus Africanus, seit 237 n. Chr. Proconsul von Afrika) und Sohn (Konsularlegat seines Vaters), die sich am 20. März 238 n. Chr. (nach A. Lippoldt) in Thysdrus in Afrika zu Kaisern erklären lassen und durch den römischen Senat Anfang April – mit der gleichzeitigen Erklärung des → Maximinus Thrax zum Staatsfeind – anerkannt werden. Nachdem Gordian II. im Kampf gegen den Legaten von Numidien und Anhänger des Maximinus Thrax, Capellianus, fällt und sein Vater Gordian I. Selbstmord begeht, wählt der römische Senat die Senatskaiser → Balbinus und → Pupienus (Anfang Mai 238 n. Chr.).

Lit.: KIENAST, *Kaisertabelle,* 188 f.; A. LIPPOLDT, *Kommentar zur Vita Maximini Duo der Historia Augusta,* 1991, 178–256.

Gordian III.

Marcus Antonius Gordianus, römischer Kaiser, geboren am 20. 1. 225 (226?) n. Chr. in Rom als Sohn des Iunius Balbus und der Maecia Faustina, Enkel von → Gordian I., Anfang 238 (31. 1. / 1. 2. ?) zum Caesar, Anfang Mai (oder Juni?) 238 zum Augustus erhoben, setzt im Frühsommer 242 nach Asien über, wo im darauffolgenden Frühjahr der Perserkrieg beginnt und Gordian Anfang 244 umkommt. Ein Kenotaph des

Gordian III.

Kaisers befindet sich bei Dura Europos, der Herrscher selbst wurde jedoch in Rom bestattet und als *Divus Gordianus* konsekriert. Ein hieroglyphisches Graffito G.s stammt vom kleinen Tempel in Medinet Habu.

Lit.: J.-C. GRENIER, *CdE 63* (1988), 63–66; KIENAST, *Kaisertabelle,* 194 f.; A. LIPPOLDT, *Kommentar zur Vita Maximini Duo der Historia Augusta,* 1991, 178–256.

H

Hadrian

Publius Aelius Hadrianus, römischer Kaiser (117–138 n. Chr.), dessen Regierung »zu den hellsten Lichtpunkten der römischen Kaiserzeit« gehört (H. Bengtson), geboren am 24. Januar 76 n. Chr., stammt wie der mit ihm verwandte → Trajan aus Spanien (Halica bei Sevilla), Sohn des P. Aelius Hadrianus Afer und der Domitia Paulina, verheiratet mit Vibia Sabina. Sehr gebildet, ist H. insbesondere der griechischen Kultur zugetan und wird 112 Archon Athens.

Als Statthalter Syriens und Kommandant der im Orient stationierten Legionen erhält H. am 9. August 117 in Antiochia die Nachricht von seiner Adoption durch → Trajan (Historizität in der Forschung umstritten) und wird nach der Nachricht vom Tode Trajans am 11. 8. in Antiochia zum Imperator erhoben.

Ziel der Reichspolitik H.s ist die Bewahrung des Friedens durch Verhandlungen (Friede mit dem Partherreich nach Regierungsantritt), eine Umstrukturierung der Armee (Einrichtung der Heereseinheiten der *Numeri;* regionale Rekrutierung; schwere Reiterei) und die Sicherung der Grenzen (Hadrianswall in Britannien; obergermanischer und rätischer Limes; Aluta-Linie an der unteren Donau; afrikanischer Grenzwall in Südnumidien; Befestigung der Ostgrenze in Syrien), doch muß auch militärisch eingegriffen werden (117 Einfall der Roxolanen; 122 Kämpfe gegen Brittonen [Briganten] in Britannien). Erschüttert wird das Reich v. a. durch den Aufstand unter *Bar Kochba* in Judaea (132–135), der erst nach drei Jahren gewaltsam erstickt werden kann (Zerstörung des nach dem Aufstand von 70 n. Chr. [→ Vespasian] in *Aelia Capitolina* umbenannten Jerusalem; Verbot für Juden, die Stadt zu betreten; Änderung des Provinznamens von *Judaea* in *Syria-Palaestina* und Reorganisation).

Die Regierung H.s ist geprägt durch zwei mehrjährige Reisen in den Jahren 121–125 und 128–132 n. Chr., die den Kaiser durch das ganze Reich führen (eine weitere 132–134?), sowie weitere Reisen in Italien (127) und über Sizilien nach Africa (128: Ansprache an die dort stationierten Truppen, die sog. »Manöverkritik« H.s).

Die 1. Reise der Jahre 121–125 führt H. nach Gallien, an den Rhein (Vollendung des Limes), Britannien (Bau des 126/7 fertiggestellten Hadrianswalls), wieder nach Gallien, dann Spanien, Mauretanien, in den

Orient (wegen des drohenden Partherkrieges), nach Kleinasien (hadriani-
sche Jagdreliefs), Thrakien, Moesien und Dakien, Makedonien, Athen
(Einweihung in die Mysterien von Eleusis; Bauten), die Peloponnes und
Sizilien (Rückkehr nach Rom im Sommer 125).

Die 2. Reise (nach den kurzen Unternehmungen in Italien und Africa,
127/128) führt über Athen (Winter 128/9), Eleusis und Ephesos (Erneuerung des Griechenbundes; Vollendung zahlreicher Bauten [Hadrians-
stadt]) nach Kleinasien (Abhaltung einer Fürstenversammlung in Kappadokien), Antiochia (Winter 129/30), Palmyra, dann durch Syrien und die
Provinzen Iudaea und Arabia nach Ägypten (Ankunft im Sommer 130).
Nachdem H.s Liebling Antinoos im Nil ertrunken ist, gründet der Kaiser
am 30. Oktober 130 die Stadt Antinoopolis. Im November desselben
Jahres erreicht er Theben, verbringt den Winter 130/1 erneut in Alexandria (Feierlichkeiten *Megala Antinoeia;* Besuch von Kyrene) und reist
dann über Syrien und Kleinasien nach Athen (Winter 131/2), bevor er
132 n. Chr. nach Rom zurückkehrt.

Erfolgreiche Maßnahmen reformieren die Innenpolitik (u. a. Einführung des *consilium principis* als beratendes Gremium von Experten;
Kodifikation des prätorianischen Edikts – der Grundlagen der Rechtsprechung durch den *Praetor urbanus* – im *Edictum perpetuum),* die Staatsfinanzen und die Wirtschaft (Streichung von Steuerschulden; *Lex Hadriani*
für die Agrarwirtschaft). Auch die Urbanisierung, die Baupolitik und die
Renaissance des Hellenentums sind wichtige Elemente der Regierung
H.s.

Vielfältig sind die Bezüge H.s zu Ägypten und seiner Religion, zu der
er – ganz im Gegenteil etwa zum Christentum – ein enges Verhältnis hat.
In der Hadriansvilla in Tibur/Tivoli entstehen ägyptische Anlagen, etwa
ein den Nil repräsentierendes 119 m langes Bassin (dazu »Osiris«- und
»Pharaonen«-Statuen; Wandmalerei mit ägyptischen Motiven). Offenbar
steht hier der auch das Nilwasser verkörpernde Osiris von Kanopos im
Zentrum einer religiösen Verehrung. Der (nach G. Hölbl von H. vielleicht
geplante und befohlene) Tod des Antinoos im Nil führt zur Gründung der
Stadt Antinoopolis und zur Errichtung eines Kultes des Osiris-Antinoos.
Der Haupttempel des vergöttlichten Antinoos befand sich in Antinoopolis, während die uns über den Kult (Osirismysterien, Orakel, Wettspiele,
Priester in Ägypten und Rom) informierende Antinoos-Obelisk offenbar
vor seinem richtigen Grab in Rom stand. Die Theologie des Antinooskul-
tes wird, vielleicht unter persönlicher Beteiligung H.s, von den Priestern
des Thot von Hermopolis ausgearbeitet. Der Kult breitet sich auf staatliche Initiative hin außerhalb Ägyptens v. a. im Osten und im Gebiet von
Rom aus. Die Bautätigkeit H.s in Ägypten ist bezeugt in: Athribis bei
Sohag (Repittempel), Dendera (Dekoration des Geburtshauses), Oase el-

Charge (Amuntempel von Kom el-Nadura, Vollendung des Isis-Serapis-Horus-Tempels von Qasr Dusch), Deir esch-Schelwit (Dekoration im Isistempel), Esna (Dekoration im Chnumtempel), Philae (kleine Kapelle, Tor mit Treppenaufgang vom Nil).

Lit.: H. W. BENARIO, *A Commentary on the Vita Hadriani in the Historia Augusta,* 1980; M. J. VERMASEREN (Hg.), *Die orientalischen Religionen im Römerreich,* 1981, 166. 168–174; H. BENGTSON, *Grundriß der römischen Geschichte, I,* [3]1982, 357–368; R. LAMBERT, *Beloved and God: the story of Hadrian and Antinous,* 1984; H. HALFMANN, *Itinera principum,* 1986, 188 ff.; M. TALIAFERRO BOATWRIGHT, *Hadrian and the City of Rome,* 1987; H. MEYER, *Antinoos,* 1991; M. A. LEVI, *Adriano Augusto,* 1993; H. MEYER (Hg.), *Der Obelisk des Antinoos,* 1994.

Hakoris → Achoris

Hapi

An 51. Stelle der 14. Dynastie des Turiner Papyrus aufgeführter Königsname A*pis,* gewöhnlich als fiktiv angesehen.

Lit.: BECKERATH, *Untersuchungen,* 82.

Hapu-()

An 60. Stelle der 14. Dynastie im Turiner Königspapyrus aufgeführter Eigenname eines Königs; von dem Thronnamen ist nur noch . . . *Re*ᶜ erhalten.

Harchebi (Haremachbit)

Hoherpriester des Amun in Theben (660–644 v. Chr.), Sohn des Hohenpriesters → Haremachet, Enkel des → Schabaka, bezeugt im 9. und 14. Jahr → Psammetichs I. (Einsetzung der → Nitokris [Nitokrisstele; sog. Piᶜanchiblöcke]; saitischer Orakelpapyrus). Ein Sarg des H. mit Abfällen von der Mumifizierung wurde in der Nähe des Sarges seines Vaters 1918/19 gefunden.

Lit.: *TIP* §§ 121. 157. 351. 364 f., Tff. 11. 13A; H. KEES, *Die Hohenpriester des Amun von Karnak von Herihor bis zum Ende der Äthiopenzeit,* 1964, 163 ff.

Haremachet

Hoherpriester des Amun in Theben (704 v. Chr. oder später, bis 660), Sohn des → Schabaka und der Tabaketenamun (erwogen von K. A. Kitchen, dagegen H. Kees), Vater des Hohenpriesters → Harchebi, Zeitgenosse des → Taharqa und des → Tanwetamani (nach einer Statuette des H. aus der Chachette von Karnak). Ein Sarg mit seinem Namen wurde 1918/9 im Asasif in Theben-West gefunden.

Lit.: *TIP* §§ 121. 157. 344. 351, Tff. II. 13A; H. KEES, *Die Hohenpriester des Amun von Karnak von Herihor bis zum Ende der Äthiopenzeit,* 1964, 163 ff.

Haremhab
Letzter König der 18. Dynastie (1305 [1319]–1292 v. Chr.), der aber
weder mit den Amarnakönigen noch mit seinem Nachfolger, → Ramses I., verwandt ist. Er stammt aus Hutnesu im 18. oberägyptischen Gau
(dem lokalen Horus schreibt H. später seine Herrschaft zu), wo er während der Regierung → Amenhoteps III. geboren wird; seine Eltern sind
nicht bekannt.
Der Beginn seiner militärischen Laufbahn fällt in die Zeit
→ Amenhoteps IV. Echnaton, in der H. allerdings noch nicht sicher
greifbar ist, falls man ihn nicht mit dem Besitzer des unvollendeten Grabes 24 in Tell el-Amarna, Paatonemhab (*Aton ist im Fest*) identifiziert,
der sich nach der Amarnazeit H. (*Horus ist im Fest*) genannt hätte. Vermutungen über seine Stellung in Achetaton müssen mangels sicherer
Informationen spekulativ bleiben; greifbar ist uns H. im Grunde erst
unter → Tutʿanchamun, wo er allerdings sofort mit größten Machtbefugnissen erscheint. H. ist Oberbefehlshaber des Heeres, Obervermögensverwalter und als »Erbfürst«, »oberster Mund des Landes« und
»Stellvertreter des Königs an der Spitze der beiden Länder« *de facto*
eigentlicher Regent, offenbar neben → Aja. Beide stehen damit vermutlich hinter der politischen Entscheidung, Amarna als Residenz aufzugeben und eine vorsichtige Wende zu der Tradition einzuleiten (Restaurationsedikt des → Tutʿanchamun).
In dieser Zeit legt sich H. ein großes Privatgrab in Saqqara mit
prächtigen Reliefs an, die seine Stellung sogar über den Wesiren und
→ Aja betonen. Aus der Dekoration dieses später zugunsten seines Königsgrabes in Theben aufgegebenen Erstgrabes kennen wir seine erste
Frau, Amenia, die schon Ende des 1. oder Anfang des 2. Jahres des
→ Tutʿanchamun stirbt und hier bestattet wird. Zweite Frau und spätere
Königin (für deren Bestattung erst das memphitische Grab gedacht ist,
dann ein eigenes Grab im Tal der Königinnen geschaffen wird) ist eine
Mutnedjmet, deren Identität allerdings umstritten ist. Traditionellerweise
setzt man sie mit einer Schwester von Echnatons Hauptgemahlin Nofretete, Mutnedjmet, gleich, die dann vielleicht wie jene Tochter des → Aja
gewesen wäre und so die Legitimität der Herrschaft H.s garantiert hätte
(R. Hari, W. Wolf, E. Hornung u. a.). Dagegen haben sich etwa W. Helck,
R. Krauss, J. von Beckerath und jüngst J. van Dijk gewandt, nach denen
der Name der Schwester Nofretetes vielleicht *Mutbelet* zu lesen ist, die
Mutnedjmet H.s bürgerlicher Herkunft ist und aus der innenpolitischen
Situation heraus gar nicht mit Ajas Tochter identifiziert werden kann.
Entscheidend ist die Beurteilung der Umstände der Machtübernahme
Ajas nach dem Tode Tutʿanchamuns. Nach herkömmlicher Meinung –
und im Gegensatz zu der älteren Annahme eines Machtkampfes zwi-

schen den beiden Exponenten – besteigt Aja den Thron im Einvernehmen mit H., der nach der Dachamunzu-Affäre (→ Semenchkareˁ,
→ Tutˁanchamun, → Aja) loyal mit ihm zusammengearbeitet habe. Dagegen werden neuerdings wieder eine Reihe von Indizien betont, die für
eine Usurpation des Thrones durch → Aja unter Zurücksetzung des in
Syrien militärisch engagierten und daher ausgeschalteten H. sprechen,
der dann seinerseits bei seinem Herrschaftsantritt gegen das Andenken
Ajas und der Nutznießer seiner Usurpation vorgegangen sei (in welchem
Fall Mutnedjmet kaum als Tochter Ajas betrachtet werden kann; → Aja).

Nach dem Tode Ajas besteigt H. etwa im Frühsommer 1305 (1319?)
den Thron und läßt seine Herrschaft im Spätsommer desselben Jahres am
thebanischen Opet-Fest durch den Gott Amun bestätigen (*Krönungs-
stele*). Die Länge seiner Regierungszeit ist das umstrittenste Problem der
Chronologie der 18. Dynastie. Am plausibelsten ist die Annahme einer
kurzen Regierungsdauer von 13 Jahren (1308–1295), zu der die wenigen
Denkmäler (das letzte aus dem 8. Jahr), das Ende der Krugaufschriften
zu Weinlieferungen im 13. Jahr, das anzunehmende schon fortgeschritte-
ne Alter H.s bei seinem Regierungsantritt (45–55 Jahre) und die (nach
Helck) ihm zuzuordnende manethonische Angabe von ›12 Jahren, 3
Monaten‹ passen (vgl. J. van Dijk 1995: 15–17 Jahre). Eine lange Regierung von 27 Jahren (so nun J. von Beckerath 1994, 1995: mindestens
25 Jahre; R. Krauss: 26/27 Jahre) wird v. a. durch ein umstrittenes Datum
aus einem Prozeß der Zeit Ramses' II. gedeckt (Grab des Mes: ›58. Jahr‹,
wobei die Regierungszeiten der verfemten Amarnaherrscher einberechnet
wären).

Die Titulatur H.s lautet: Horus *Starker Stier, mit wirksamen Plänen*,
Nebti *Groß an Wundern in Karnak* (weist auf die Bautätigkeit des Königs), Gold *Der über die Maat zufrieden ist, der die beiden Länder (neu)
entstehen läßt*, Thronname *Mit heiligen Gestalten, ein Reˁ*, Eigenname
Horus ist im Fest.

Betont wird in diesem Regierungsprogramm die Neuordnung des Landes. H. ordnet durch ein Dekret die Erneuerung und Versorgung der
Tempel, die Schaffung von Götterbildern sowie Opferstiftungen an; er
erläßt v. a. zahlreiche Gesetze für unterschiedliche Rechtsfälle und ist um
die Festigung des Rechtes bemüht (gemäß seinem Epitheton *Herrscher
der Maat*). Die Interpretation dieses *Dekretes des H.* hat ebenfalls verschiedene Bewertungen erfahren. Während in den Bestimmungen üblicherweise eine Reaktion auf konkrete rechtliche, wirtschaftliche und
soziale Mißstände gesehen wurde, deutete Kruchten das Dokument lediglich als Ausformulierung der rituell vom König geforderten Aufgabe
der Neuschöpfung der Welt, aus der keine Einsichten in die realen innenpolitischen Verhältnisse zu gewinnen seien. Dieser Auffassung wurde

aber nachdrücklich widersprochen und H. als »Staatsreformator« herausgestellt (A. Gnirs).

Innenpolitisch ist der Versuch eines »Ausgleichs zwischen Tradition und Revolution« (E. Hornung) kennzeichnend; H., »ein Mann der praktischen Vernunft« (W. Wolf) scheint zu Beginn sogar noch in Amarna gebaut zu haben, wo er die Tempel für eine Wiederverwertung der Steine in eigenen Bauprojekten schleifen läßt.

Eindrucksvolle Zeugen dieser Baupolitik sind in Karnak die Mittelkolonnade des großen Säulensaals und der 2., 9. und 10. Pylon (hier zwei Kolosse, die z. T. auch → Amenhotep III. zugeschrieben werden). H. vollendet die Kolonnade des Luxortempels, errichtet in Nubien Felsentempel in Gebel Silsile und Abahuda/Gebel Adda (auch der Amuntempel von Napata dürfte auf die Zeit H.s zurückgehen). Blöcke, Stelen- und Statuenfragmente fanden sich in Memphis und Saqqara (Ptahtempel). H. übernimmt und erweitert den Totentempel des → Aja in Theben-West. Sein Grab im Tal der Könige (KV 57) bietet in der Dekoration der Sargkammer als erstes der Königsgräber das *Pfortenbuch*, nicht mehr das *Amduat*. Von H. sind Einzel- und Gruppenstatuen (mit seiner Gemahlin; mit Amun und Horus) bekannt.

Am Anfang der Regierung des H. stirbt offenbar seine zweite Frau Mutnedjmet. Für ihr Begräbnis ist H.s Schatzhausvorsteher und oberster Bauleiter Maja (sein Grab in Saqqara 1986 wiedergefunden) zuständig, der schon unter Tutʿanchamun amtierte (s. dort); ebenso wie für eine Neubestattung → Thutmosis' IV. im 8. Jahr des H. und die gerade genannten Bauten. Er ist aber auch an der Wiedereinrichtung der alten Kulte mitbeteiligt und trägt sogar (unter Tutʿanchamun) königliche Epitheta.

Komplex stellt sich die Außenpolitik in Syrien dar, über die wir größtenteils nur aus hethitischen Quellen erfahren. Da die ägyptische und hethitische Chronologie nicht fest verzahnt sind und die Interpretation verschiedener Abläufe umstritten ist, existieren unterschiedliche Rekonstruktionen. Etwa gleichzeitig mit dem Tod des → Tutʿanchamun beginnt der hethitische König Schuppiluliuma den 6jährigen Hurriterkrieg und erobert Karkemisch. In Reaktion auf den ägyptischen Versuch, Qadesch wiederzuerringen, führen zwei hethitische Generäle einen Vorstoß nach Amki (zwischen den Quellen von Litanes und Orontes), das in ägyptischem Besitz ist. Es folgen die Dachamunzu-Affäre, der Beginn eines hethitischen Rachefeldzuges, eine Offensive des hethitischen Thronfolgers Arnuwanda und die Wiedereroberung Mitannis und Thronbesteigung des Schattiwaza, des Sohnes des Tuschratta. Nach dem Regierungsantritt H.s und ein weiteres Mal ein Jahrzehnt später lehnen sich Aitakama von Qadesch und Tette von Nuchaschsche gegen die hethiti-

sche Oberhoheit auf. Zumindest im ersten Fall hat Ägypten den Abfall
unterstützt. Die Pest rafft schließlich Schuppiluliuma, ein Jahr später
seinen Nachfolger Arnuwanda dahin. Dadurch und durch weitere Re-
bellionen im hethitischen Machtbereich entgeht H. einer direkten
Konfrontation mit dem hethitischen Bereich, das jetzt unter der Herrschaft Murschilis II. steht (Abfolge nach J. Freu, die aber aufgrund
verschiedener chronologischer Prämissen problematisch ist [W. Helck
1993]. Vgl. daher die unterschiedliche Abfolge bei W. F. Murnane:
im 17. Jahr Echnatons die 1. Amki-Affäre; die 2. nach dem ägyptischen Vorstoß auf Qadesch; dann die Dachamunzu-Angelegenheit und
die hethitische Eroberung von Karkemisch, Azirus Wechsel auf die hethitische Seite; die Revolte Nuchaschsches gegen die Hethiter und
ein ägyptischer Vorstoß gegen Kadesch im 7. Jahr; die 2. Revolte im
9. Jahr des Murschili).

Lit.: R. HARI, *Horemheb et la reine Moutnedjemet,* 1964; DERS., in: *Studi in onore
di E. Bresciani,* 1985, 249–254; E. HORNUNG, *Das Grab des Haremhab im Tal
der Könige,* 1971; J. M. KRUCHTEN, *Le décret d'Horemheb,* 1981; W. HELCK, in:
High, Middle or Low? I, 1987, 19 f., III, 1989, 42; DERS., ÄuL 3 (1992), 64 ff.; A.
GNIRS, *SAK 16* (1989), 83–110; G. T. MARTIN, *The Memphite Tomb of Horem-
heb, Commander-in-Chief of Tutankhamun, I,* 1989; DERS., *The Hidden Tombs of
Memphis,* 1991, 35–98; W. MURNANE, *The Road to Kadesh,* ²1990;
Z. TOPOZADA, *BIFAO 91* (1991), 249–254 u. pls. 71–74; J. VAN DIJK, *The New
Kingdom Necropolis of Memphis,* 1993, 11–64; DERS., *GM 127* (1992), 23–32; J.
VON BECKERATH, *ÄuL 3 (*1992), 26; J. FREU, in: *Hethitica II* (1992), 39–101;
E. STROUHAL / G. CALLENDER, *BACE 3* (1992),67–75; W. HELCK, *Hethitica 12*
(1993), 15–22; J. VON BECKERATH, *Chronologie des ägyptischen Neuen Reiches,*
1994; DERS., *SAK 22* (1995), 37–41; R. KRAUSS, *DE 30* (1994), 73–85; J. VAN
DIJK, *GM 148* (1995), 29–34; s. die Lit. bei → Aja, → Amenhotep IV., →
Tutʿanchamun.

Harnacht I.

Fürst von Mendes (810–792 v. Chr. nach K. A. Kitchen), der durch zwei
in das 22. bzw. 30. Jahr → Scheschonqs III. datierte Schenkungsstelen
bezeugt ist, Sohn und Nachfolger des → Nesachbit, Vorgänger seines
Sohnes → Smendes IV.

Lit.: *TIP* §§ 98. 306. 449. 518, Tff. 22 A. *22 A. GOMAÀ, *Fürstentümer,* 76 f.

Harnacht II.

Nachfolger → Smendes' IV. als Fürst von Mendes (777–755 v. Chr. nach
K. A. Kitchen), der durch eine in das 11. Jahr eines Königs (→ Osorkon
III.?) datierte Schenkungsstele belegt ist und noch in der späten Erzählung *Vom Brustpanzer des Inaros* im *Petubastis-Zyklus* (→ Padibastet II.)
erwähnt wird. Nachfolger wird sein Sohn → Smendes V.

Lit: *TIP* §§ 311. 428. 446:3. 519, Tff. 22 A. *22 A.

Harnedjheritef
König vermutlich asiatischer Abstammung aus dem Beginn der 13. Dynastie; bei Annahme einer dortigen Verschreibung des Thronnamens wohl auch im Turiner Kanon genannt (an 9. [oder 5.? → Sehetepibre'] Stelle). Die Regierungsjahre sind dort nicht erhalten (um 1738 nach R. Krauss / D. Franke).

H. trägt den Eigennamen *Horus, der seinen Vater beschützt*, mit der Filiationsangabe *Sohn des Asiaten ('A³am)* und dem Thronnamen *Mit zufriedenem Herzen, ein Re'*.

Wahrscheinlich von H. stammt der von M. Bietak in Tell el-Dab'a im Ostdelta gefundene Palast der 13. Dynastie (mit Empfangssaal, Vestibül, Hof, mittlerem Saal, Schlaf- und Badezimmer, Speichern, Kapelle und Gärten). Darüber hinaus sind drei wichtige Denkmäler des Königs bekannt: ein Block vom Tempel des Falkengottes 'Anti in Per-'Anti / Hierakon (heute el-Atawla) in Mittelägypten, das Bruchstück einer offenbar aus dem Ptahtempel in Memphis stammenden Sitzfigur des Königs, das in Tell ed-Dab'a im Ostdelta zutage kam, sowie eine im Fürstengrab Q 78 C des syrischen Ebla / Tell Mardikh gefundene Zeremonialkeule, die vielleicht als Geschenk des Harnedjheritef betrachtet werden kann. Von H. stammt auch ein in Jericho gefundener Skarabäus.

Lit.: BECKERATH, *Untersuchungen,* 39 f. 72. 231 f.; G. SCANDONE MATTHIAE, *Antike Welt 13/1* (1982), 14–17; M. BIETAK, *Anzeiger der Phil.-hist. Klasse der Österreichischen Akademie der Wissenschaften 121* (1984), 313–349; D. EIGNER, *Jahreshefte des Österreichischen Archäologischen Instituts in Wien 56* (1985), 19–25; D. FRANKE, *Or 57* (1988), 268; K. S. B. RYHOLT, *GM 119* (1990), 101–117; S. QUIRKE, in: DERS. (Ed.), *Middle Kingdom Studies,* 1991, 129.

Harsiese I.
Hoherpriester des Amun in Theben während der 22. Dynastie (874–860 v. Chr.), Sohn des Hohenpriesters von Theben und Königs (falls beide identisch sind) → Scheschonq II., Nachfolger des Hohenpriesters → Smendes; Gegenkönig der Libyerherrschaft.

H. trägt den Horusnamen *Starker Stier, der in Theben erschienen (inthronisiert) ist,* den Thronnamen *Leuchtend an Gestalt, ein Re', Erwählter des Amun* (identisch mit demjenigen von → Smendes, → Scheschonq I. und → Takelot II.) und den Eigennamen *Horus, Sohn der Isis.*

Durch die Einsetzung H.s durch → Osorkon II. wird die Regel durchbrochen, nach der kein Sohn eines thebanischen Hohenpriesters selber wieder Hoherpriester sein darf, um keine mit dem König konkurrierende Regentenlinie zu ermöglichen. H. stammt aber verwandtschaftlich sogar von der 21. Dynastie ab, stellt daher einen »nur zu verlockenden Brennpunkt für die wachsenden Aspirationen der Thebaner [dar], ihr eigenes

Schicksal in tatsächlicher Unabhängigkeit von den Königen im fernen Tanis zu kontrollieren« (K. A. Kitchen). Durch die Annahme von Horus- und Thronname erhebt sich H. zum König und schafft sich lokale Allianzen unter den hohen thebanischen Familien. Seine Stellung ist mit der des Hohenpriesters und Königs → Pinudjem I. während der Regierung → Smendes' I. und → Psusennes' I. in der 21. Dynastie vergleichbar.

Seinen Sohn (Name zerstört: . . .djw. . .; Granitwanne aus Koptos) setzt H. als Hohenpriester des Amun ein.

H.s Grab liegt gerade außerhalb der Umfassungsmauer des kleinen Tempels der 18. Dynastie in Medinet Habu, besteht aus abführendem Gang, Vor- und Grabkammer (errichtet aus Sandsteinblöcken zerstörter Gebäude Ramses' III. in Medinet Habu). Der Sarg selber gehörte ursprünglich zum Begräbnis der Königin Henutmireʿ, einer Tochter → Ramses' II., und wird von H. wiederbenutzt (Sargdeckel erhalten; Sargwanne in Koptos). Von dem Begräbnis sind die Kanopenkrüge und Uschebtis erhalten sowie der Schädel des H., der ein teilweise verheiltes Loch in der vorderen Schädeldecke aufweist (Trepanation oder Verletzung durch eine Waffe?).

Lit.: Uvo HÖLSCHER, *The Excavation of Medinet Habu, V: Post-Ramessid Remains,* 1954, 8–10 mit fig. 9 und pls. 8–10; J. YOYOTTE, *Annuaire de l'Ecole Pratique des Hautes Etudes, 5e section, 86* (1977–78), 163–172; *TIP* §§ 157. 159. 272–275. 452f. 456. 513; Tff. 3. 10. 12. 13A *3. *12. 5; BONHÊME, *Noms royaux,* 193–196; J.-H. TAYLOR, *JEA 74* (1988), 230f.; K. JANSEN-WINKELN, *JEA 81* (1995), 129–149.

Harsiese II.

Hoherpriester des Amun in Theben zur Zeit der 22. Dynastie unter → Scheschonq III. und des Begründers der 23. Dynastie, → Padibastet I., belegt durch Nilstandsmarken in Karnak (835–830 v. Chr.). H., möglicherweise ein Enkel von → Harsiese I., ist der Gegner des Hohenpriesters und Prinzen → Osorkon in dem in der *Chronik des Prinzen Osorkon* geschilderten Bürgerkrieg, der Osorkons Macht im Süden zugunsten Thebens beendet.

Lit.: *TIP* §§ 68. 98. 106f. 157. 162. 170f. 291. 296. 299, Tf. 13B; P. VERNUS, *Karnak VI* (1980), 215–233 u. pl. LIII; K. JANSEN-WINKELN, *JEA 81* (1995), 129–149.

Harsiese (1)

Regent des Fürstentums von Sebennytos (nach K. A. Kitchen 685–665, nach F. Gomaà 670–665 v. Chr.), der nur durch seine Erwähnung im Feldzugsbericht des → Assurbanipal (in der Umschrift *Charsiaeschu*) bekannt ist.

Lit.: *TIP* § 356, Tf. 22B; GOMAÀ, *Fürstentümer,* 72f.

Harsiese (2)

Letzter einheimischer Pharao und Gegenkönig in Theben nach dem Ausbruch der Auseinandersetzungen zwischen → Ptolemaios VIII. und Kleopatra II., belegt durch griechische und demotische Urkunden (131/130 v. Chr.). In Theben selber muß ihm als ephemerem Oberherrn im Herbst 131 von der königlichen Bank eine hohe Geldsumme ausbezahlt werden, doch wird er schon am 10. November in einer Akte als »Feind der Götter, Harsiese« bezeichnet. Bis im Herbst 130 regiert er nach seiner Vertreibung aus der Thebais in Mittelägypten in el-Hibe (Ehevertrag vom 15. September 130 nennt H. als Pharao). Der → Ptolemaios VIII. loyale Stratege Oberägyptens, Paos, kann die abgefallenen Gebiete jedoch bis 130 wieder zurückgewinnen.
Lit.: I. KOENEN, *CdE 34 (1959), 103–119;* G. HÖLBL, *Geschichte des Ptolemäerreiches,* 1994, 141.

Harudja

Nachfolger seines Vaters → Harwa als Herrscher über Athribis und Heliopolis (650–630 v. Chr.).
Lit.: *TIP* § 360, Tf. 21 B; J. YOYOTTE, *Les principautés du delta, Mélanges Maspero, I/4,* 1961, 177 f.

Harwa

Herrscher über Athribis und Heliopolis (664–650 v. Chr.), von → Psammetich I. eingesetzt; Vorgänger und Vater des → Harudja.
Lit.: *TIP* § 360, Tf. 21 B; J. YOYOTTE, *Les principautés du delta, Mélanges Maspero I/4,* 1961, 177 f.

Harwennefer

Anführer des 206 v. Chr. ausgebrochenen »bedeutendsten Aufstandes gegen die Ptolemäer« und Gegenkönig → Ptolemaios' IV. und → Ptolemaios' V. in Oberägypten, nach dem seit November 206 datiert wird. Die Bauarbeiten am Tempel von Edfu müssen aufgrund der Unruhen von 206 bis 186 sistiert werden; die letzten Regierungstruppen sind in Theben im Oktober 204 belegt. Im Jahre 202/1 ist H. (*»Horus-Wennefer«*) durch ein griechisches Graffito (als *Hyrganophor*) in Abydos im Norden bezeugt.

Nachfolger H.s nach dessen Tod im Jahre 200 wird → ʿAnchwennefer (der Sohn H.s?).
Lit.: P. W. PESTMAN, *CdE 40* (1965), 157–170; W. CLARYSSE, *CdE 53* (1978), 243–253; K. TH. ZAUZICH, *GM 29* (1978), 157 f.; G. HÖLBL, *Geschichte des Ptolemäerreiches,* 1994, 113–116.

Ha³thor (?)

Prädynastischer König, der wie → Nu(-Hor) noch in die Zeit vor → Iri-(-Hor) zu setzen ist, belegt durch die Einritzung seines Namens auf einem Gefäß aus Tura. Lesung und Deutung des Namens sind unsicher.

Lit.: W. KAISER / G. DREYER, *MDAIK* 38 (1982), 264 f.

Hatschepsut

Königin der 18. Dynastie, die sich nach der kurzen Herrschaft ihres Gemahls → Thutmosis II. und nach kurzer Regentschaft für den unmündigen → Thutmosis III. zum König proklamiert und als männlicher Herrscher auftritt (1467–1445 oder 1479–1458 v. Chr.).

Beurteilungen der Hatschepsut in der bisherigen Forschung sind kontrovers. So wird sie etwa als eine »eitle, ehrgeizige und skrupellose Frau« (W. C. Hayes, *The Scepter of Egypt, II,* 1959, 82) bewertet, die »begierig (war) zu herrschen, die Macht liebte und den jungen Thutmosis III. in den Schatten drängte« (F. Daumas, *La civilisation de l'Egypte pharaonique,* 1965, 86), stilisiert als »böse Schwiegermutter« gegenüber dem »rachsüchtigen Neffen« Thutmosis III. (J. Yoyotte, in: *Fischer Weltgeschichte III,* 1966, 230). Dagegen will etwa S. Ratié, die auch Parallelen zu Echnaton (→ Amenhotep IV.) zieht, feststellen können: »Bei der Königin gehen Kastenstolz, Traditionalismus und religiöse Rigorosität zweifellos Hand in Hand mit einer klaren und strahlenden Intelligenz, großer Entschlußkraft, einem hartnäckigen Willen, der bis zur Sturheit reicht, sicheren ästhetischen Ansichten und außergewöhnlich modernen Vorstellungen über die Art und Weise, wie die Regierung des Landes zu gestalten ist. In ihrem Charakter erscheinen wenig Anzeichen von Weiblichkeit oder Gefühlsbetontheit, doch ist es trotzdem sehr wahrscheinlich, daß ein unerklärlicher Zauber von ihrer Person ausging, der vielleicht der Grund für die tiefe Bindung und Bewunderung der Getreuen ist, die sie um sich versammeln konnte« (*La reine pharaon,* 1972, 246 f.).

H. ist Tochter → Thutmosis' I. und der Königin ʿAhmose, Schwester eines Prinzen Amunmose. Aus der Ehe mit → Thutmosis II. geht eine Tochter Nefrureʿ hervor, während der Thronfolger → Thutmosis III. Sohn Thutmosis' II. und einer Nebenfrau Isis ist. Da er noch Kind ist, amtiert H. als Regentin (Inschrift im Grab des Ineni: Thutmosis III. herrscht auf dem Thron als König, während »seine Schwester, die Gottesgemahlin« H. für das Land sorgt). Von dieser ursprünglichen Inthronisation her zählt Thutmosis III. seine Herrschaftsjahre (Jahr 1 = 1467 bzw. 1479); die Königslisten führen H. nicht auf.

Nach dieser Anfangsphase bloßer Regentschaft besteigt H. als regulärer König Ägyptens den Thron, unter Übernahme aller traditionellen Attribute und Funktionen; Thutmosis III. wird zurückgedrängt, bleibt aber weiterhin Mitregent. Der genaue Zeitpunkt der Machtübernahme zwischen dem 2. und 7. Jahr ist umstritten, da H. von Beginn ihrer Regentschaft an datiert und nicht vom Zeitpunkt des Beginns ihrer Königsherrschaft. Für das 7. Jahr votieren etwa S. Ratié und W. Helck (im 5. Jahr Wesir Useramun noch von Thutmosis III. ernannt; Baubeginn des Totentempels der H. und des ersten Grabes des Senenmut sowie Wechsel der Titulatur auf Krugaufschriften im 7. Jahr; Rundplastik der H.), für frühere Ansätze treten etwa W. Wolf, D. B. Redford, C. Cannuyer (2. Jahr), N. Grimal (2. oder 3. Jahr) und C. Lalouette (5./6. Jahr; eigentliche Krönung im 7. Jahr) ein. Von kardinaler Bedeutung ist dabei eine Inschrift aus der Roten Kapelle der H. in Karnak aus dem 2. Jahr, in der H. die Königsherrschaft durch ein Orakel des Amun angekündigt oder zugesprochen wird.

H. trägt nun die Königsnamen: Horus *Reich an Ka-Kräften*, Nebti *Gedeihlich an Jahren*, Gold *Mit göttlichen Erscheinungen*, Thronname *Gerechtigkeit und Lebenskraft, ein Reʿ*, Eigenname *Die Amun umarmt, die erste der Damen.*

Häufig wird betont, H. habe ihre Legitimität durch propagandistisch-politische Texte untermauert, etwa die Inschrift vom 8. Pylon in Karnak (Thronbesteigung von Amun gewährt wegen der für ihn von H.s Vater Thutmosis I. vollbrachten Taten) oder insbesondere jener große Zyklus in ihrem Totentempel in Deir el-Bahari, der die göttliche Abstammung und Einsetzung der Königin schildert (so etwa auch C. Lalouette, N. Grimal). Es handelt sich jedoch mit H. Brunner sicher nur um die kanonischen Tempelreliefs, die der Öffentlichkeit nicht zugänglich waren und daher nicht propagandistisch sein konnten. Der Zyklus von der *Geburt des Gottkönigs* gliedert sich hier in folgende Abschnitte: Beschluß Amuns vor den Göttern, einen neuen König zu erschaffen; Amun vereinigt sich in Gestalt → Thutmosis' I. mit der Königin ʿAhmose; der Schöpfergott Chnum formt H. auf der Töpferscheibe; Geburt der H. und Begrüßung; Stillung und Umsorgung des Kindes durch zwei Hathoren; Reinigung durch Amun und Reʿ-Harachte; Vorstellung H.s vor den Göttern; Reise nach Unterägypten und Empfang durch Gottheiten; Inthronisierung und Krönung durch Atum, Chnum und die Göttinnen Ober- und Unterägyptens, Wadjet und Nechbet, bzw. durch Amun; Einsetzung der H. durch ihren Vater → Thutmosis I. und Akklamation durch die Beamten und das Volk; zweite Reinigung und erneute Bestätigung ihrer Herrschaft.

Die Krönung H.s ist auf Blöcken der Roten Kapelle (einer im 16./17. Jahr errichteten, in späteren Denkmälern verbauten Stationskapelle für die Amunsbarke) dargestellt. Amun gibt ein Orakel zugunsten H.s, die sich einer langen kultischen Prozession anschließt und schließlich auf dem Thron den königlichen Ornat anlegt.

H. wendet sich in ihrer Politik zurück zum Vorbild des Mittleren Reiches; sie brandmarkt etwa die Zeit der Hyksos als gottlos.

Ähnlich kontrovers wie die Frage nach der Usurpation des Thrones durch H. wird die Quellenlage zu militärischen Unternehmungen ihrer Regierungszeit diskutiert. Trotz gegenteiliger Meinungen, die den Pazifismus H.s hervorheben und eine Annahme von Feldzügen nicht akzeptieren (ältere Forschung; noch etwa C. Lalouette), lassen sich mit einiger Sicherheit folgende sechs Feldzüge oder Razzien nachweisen (nach D. B. Redford, W. F. Reinecke): 1. Feldzug gegen Nubier zu Beginn der Regierungszeit (Inschrift des Schatzmeisters Tij auf der Insel Sehel), von H. geführt; 2. Feldzug nach Syrien-Palästina (historische Inschrift von Deir el-Bahari; hier weiterer nubischer Feldzug genannt?); 3. Feldzug des Jahres 12 (Inschrift im nubischen Tangur-West; erste Doppeldatierung von H. und → Thutmosis III.); 4. Feldzug des Jahres 20 nach Nubien (Stele in Tombos); 5. Feldzug nach Maʿu (Gegend von Firka) und Nashornjagd (zwischen Jahr 20 und 22); 6. Einnahme von Gaza durch Thutmosis III. am Ende der Herrschaft der H. Reste einer Inschrift aus dem Grab des Senenmut (TT 71) nennen Nubien und ein »3. Mal des Zupakkens«.

Herausragende Ereignisse sind die im 9. Jahr unter Leitung des Kanzlers Nehesi mit fünf Schiffen unternommene Expedition in das Weihrauchland Punt (Somaliküste; nach Ägypten gebracht werden Weihrauch, Weihrauchbäume, exotische Tiere), die im Totentempel der H. in Deir el-Bahari dargestellt ist (Fürst und Fürstin von Punt; Menschen, Tiere und Häuser des Landes), und der Transport und die Aufstellung von je zwei Obelisken in Karnak im 2. und 16. Jahr H.s (letztere anläßlich des im 15. Jahr gefeierten 1. Sedfestes).

Herausragendes Denkmal der Bautätigkeit H.s ist ihr Totentempel, »eine der bedeutendsten und eigenwilligsten Schöpfungen der ägyptischen Tempelarchitektur« (D. Arnold); sie wird in dem zuerst von → Mentuhotep II. belegten Talkessel von Deir el-Bahari, nördlich von dessen Anlage, in 15 Jahren (7.–22. Jahr) errichtet; federführend bei Planung und Ausführung ist vielleicht Senenmut. Von dem Taltempel am Rand des Fruchtlands führt ein Aufweg (im oberen Teil Eingangstor, Barkenstation, 50 Paare von Sphingen) zu der unteren Terrasse (mit Sphingenpaaren und Tempelgarten) und – zu beiden Seiten der aufwärtsführenden Rampe – Südhalle (Darstellung des Transportes der Obelisken aus Assuan) und Nordhalle (Jagdszenen). Im Westen der nächsthöheren mittleren Terrasse liegt im Süden die Halle mit den Darstellungen der Puntexpedition (daran anschließend eine Hathorkapelle), im Norden jene mit der beschriebenen Darstellung der göttlichen Geburt und Erwählung H.s (anschließend weitere Halle und Anubiskapelle). Eine weitere Rampe führt auf die obere Terrasse mit einem Säulenhof (im Norden Sonnentempel und Amunkapelle, im Süden Räume für den Totenkult H.s und Thutmosis' I.) und dahinter dem Allerheiligsten (für die beim »schönen Fest vom Wüstentale« aus Karnak angereiste Barke des Amun).

Die umfangreiche Bautätigkeit H.s ist darüber hinaus u. a. bezeugt in Hermopolis (Neubau des Thottempels), Beni Hasan/Speos Artemidos (Felstempel für Pachet), Karnak (8. Pylon, rote Kapelle, Obelisken, neue Umfassungsmauer, Mut-Tempel, Stationsheiligtümer zwischen Karnak und Luxor), Medinet Habu (kleiner Tempel), Armant (Monthtempel), Kom Ombo (Torbau), Elephantine (Satistempel), in Nubien in Semna-West (Tempel), Buhen (südlicher Tempel mit Umgang), Dakka (Tempel), Qasr Ibrim (Felskapelle, Obelisk) und Faras.

Das als Gemahlin → Thutmosis' II. begonnene Grab H.s in einer Felswand eines Wadis westlich von Deir el-Bahari (Quartzitsarkophag) gibt H. als Königin zugunsten einer Grabstätte im Tal der Könige (KV 20) auf, in das sie auch ihren Vater → Thutmosis I. umbetten läßt (zwischen Jahr 4 und 7 nach Der Manuelian/Loeben; Umarbeitung ihres Sarkophages für Thutmosis I., neuer eigener Sarkophag).

Prägende Persönlichkeiten der Regierungszeit H.s sind v. a. Senenmut. Vermögensverwalter des Karnaktempels, Vorsteher der königlichen Arbeitsprojekte und Erzieher der Tochter H.s, Nefrure' (1. Grab in Schech 'Abd el-Qurna; Privileg eines 2. Grabes in Deir el-Bahari, das unter den Totentempel H.s reicht, mit astronomischer Decke; mehrere Darstellungen im Totentempel H.s; Kapelle in Gebel el-Silsile) und Hapuseneb, Hoherpriester des Amun von Karnak und Wesir, Vorsteher aller Priester (Privileg eines Grabes im Tal der Könige; Kapelle in Gebel el-Silsile). Wesire sind 'Ahmose-Amsu und sein Sohn Useramun (Grab in Theben-West mit königlichen Texten; Useramun unter den Göttern der Sonnenbarke dargestellt!), Schatzmeister ist Djehuti, Kanzler und Leiter der Puntexpedition Nehesi. Das Verschwinden der meisten wichtigen Beamten der H. zwischen dem 18. und dem 20. Jahr (höchste Datierung nach H. allein im 17. Jahr) wird oft Verfehlungen zugeschrieben, ist aber eher das Ergebnis innenpolitischer Machtkämpfe (nach W. Helck werden sie und schließlich H. selber als Gegner einer ägyptischen Großreichspolitik vom Militär ausgeschaltet).

Nach dem Tod der H. übernimmt → Thutmosis III. die Herrschaft und verfolgt, offenbar sofort bei Regierungsbeginn (C. Meyer), ihr Andenken (Aushacken ihrer Darstellungen und Kartuschen; die Obelisken in Karnak werden eingemauert, die Statuen zerschlagen). Meist wird dies durch die persönliche Feindschaft erklärt (dafür allerdings nach J.-L. Chappaz keine Anhaltspunkte), geschah jedoch nach D. B. Redford, um nach der als illegitim betrachteten Herrschaft der H. seine eigene Stellung als Nachfolger der Thutmosiden zu legitimieren.

Lit.: D. B. REDFORD, *History and Chronology of the Eighteenth Dynasty of Egypt*, 1967, 57–87; S. RATIÉ, *La reine-pharaon*, 1972; DIES., *La reine Hatchepsout. Sources et problèmes*, 1979, R. TEFNIN, *CdE 48* (1973), 232–242; W. F. REINECKE, in: *Ägypten und Kusch*, 1977, 369–376; P. LACAU / H. CHEVRIER, *Une chapelle d'Hatshepsout à Karnak*, 1977; *The Temple of Hatshepsut, I–III*, 1979–1985; W. MURNANE, *Serapis 6* (1980), 91–102; C. MEYER, *Senenmut*, 1982; DIES., in: *Miscellanea Aegyptologica, W. Helck zum 75. Geburtstag*, 1989, 119–126; A. GRIMM, *GM 65* (1983), 33–38; DERS., *GM 68* (1983), 93 f.; A. TULHOFF, *Thutmosis III.*, 1984, 50–78; C. LALOUETTE, *Thèbes ou la naissance d'un Empire*, 1986, 201–271; H. BRUNNER, *Die Geburt des Gottkönigs*, ²1986; P. F. DORMAN, *The Monuments of Senenmut*, 1988; DERS., *The Tombs of Senenmut*, 1991; A. DODSON, *JEA 75* (1989), 224–226; J. RUBIO CAMPOS, *Boletín de la Asociación española de egiptología 2* (1990, 109–115; C. N. REEVES, *Valley of the Kings*, 1990, 13–176; F. ASSAAD, in: *Sesto congresso internazionale di egittologia. Atti. Vol. I*, 1992, 23–27; D. ARNOLD, *Die Tempel Ägyptens*, 1992, passim; Z. WYSOCKI, *MDAIK 48* (1992), 233–254 u. Tff. 42–47; P. DER MANUELIAN / C. E. LOEBEN, *JEA 79* (1993), 121–155; J.-L. CHAPPAZ, in: *Mél. Théodoridès*, 1993, 87–110; W. HELCK, *ZÄS 121* (1994), 38–41; N. BEAUX / J. KARKOWSKI, *BIFAO 93* (1993), 7–24; M. L. BIERBRIER, *GM 144* (1995), 15–19.

Heb

Im Turiner Königspapyrus für den 49. Herrscher der 14. Dynastie genannter (fiktiver?) Name (*Ibis*).

Lit.: BECKERATH, *Untersuchungen*, 82.

Hemptah I.

Regent in Herakleopolis (etwa 805–790 v. Chr.), Sohn des → Ptahudjᶜanchef und der Tanetsepeh (III.), Nachfolger des Fürsten → Pmui (3), verheiratet mit Tjankemit.

Lit.: *TIP* § 300, Tff. 16 A. 19.

Hemptah II.

Regent in Herakleopolis, Enkel → Hemptahs I., Sohn Pasenhors (I.) und der Petpetdidies, verheiratet mit einer Iretiriu; Vater des Pasenhor (II.), dessen Stele zum Begräbnis des Apisstieres im 37. Jahr → Scheschonqs V. mit dem auf ihr notierten Stammbaum eine wichtige Quelle für die Chronologie der 3. Zwischenzeit ist.

Lit.: *TIP* §§ 108. 313; Tff. 16 A. 19.

Heqa³ptah

Eigenname *(Mein) Herrscher ist Ptah* eines Königs der 2. Zwischenzeit (17. Dynastie?), bekannt durch eine jüngst versteigerte Stele (Mitteilung Z. Szafrański).

Heribre^ᶜ

Thronname (*Mit zufriedenem Herzen, ein Re*^ᶜ) des nur im Turiner Kanon genannten 14. Königs der 14. Dynastie.

Herihor

Hoherpriester des Amun von Theben, »die Schlüsselfigur beim Übergang von der 20. zur 21. Dynastie«, Nachfolger und Schwiegersohn (nicht Vorgänger und Vater) des Hohenpriesters → Pi^ᶜanch (so gegen die ältere Forschung überzeugend K. Jansen-Winkeln; zustimmend J. H. Taylor, ablehnend A. Niwiński).

H. stammt vielleicht aus Offizierskreisen und könnte (nach den Namen einiger seiner Söhne) libyscher Abstammung sein. Seine Gemahlin ist Nedjmet, ihre Eltern der genannte Pi^ᶜanch und Hereret.

Mit der Umkehrung der verwandtschaftlichen Beziehungen zwischen Pi^ᶜanch und H. ändert sich auch die chronologische Ansetzung der beiden Hohenpriester. Die höchsten mit Bezug auf H. belegten Daten (Jahr 5 in der Erzählung des Wenamun; im Jahr 6 Erneuerung der Bestattungen → Sethos' I. und → Ramses' II.) bezog man bisher auf die Renaissance-Ära → Ramses' XI. (= 23. und 24. Jahr Ramses' XI.), das erste unter Pi^ᶜanch bezeugte Datum (›Jahr 7‹) sah man als Beweis der Abfolge der beiden Gestalten. Dem widerspricht aber, daß Herihor den Königstitel annimmt (nach der traditionellen Ansetzung zu Lebzeiten Ramses' XI., was mit seiner Stellung als Militärmachthaber erklärt wurde). Außerdem ist es nach Ausweis einer Darstellung des Chonstempels in Karnak H., der aus dem von Wenamun nach Ägypten gebrachten Holz die Barke des Amun fertigen läßt – nach der traditionellen Datierung hätte H. zu diesem Zeitpunkt nicht mehr gelebt (Tod zu Beginn des 7. Jahres). Nach K. Jansen-Winkeln handelt es sich bei den mit Bezug auf H. belegten Jahren 5 und 6 um seine eigenen Regierungsjahre und sind H. insgesamt etwa 10 Jahre zuzuweisen (eta 1076–1066 v. Chr.). Konsequenterweise sind Rekonstruktionen, die den Krieg gegen den abgefallenen Vizekönig von Kusch Panehsi mit H. verbinden (vgl. A. Niwiński), zu revidieren.

H. ist zunächst Hoherpriester, oberster Heerführer von Ober- und Unterägypten sowie Kommandant, dann auch Vizekönig von Kusch, Vorsteher der Kornspeicher und Wesir. Offenbar nach dem Tode → Ramses' XI., in dessen Auftrag H. noch als Hoherpriester die Säulenhalle des Chonstempels vollendet, erhebt er sich zum König. Seine Stellung wird durch ein Orakel des Chons und Amun bestätigt, das ihm eine Regierung von 20 Jahren zuspricht.

Nach der *Erzählung des Wenamun,* deren Text aus der 22. Dynastie stammt (gefunden in El-Hibe, der Nebenresidenz der thebanischen Hohenpriester), schickt H. den *Ältesten der Halle* Wenamun bis nach Byblos in Syrien, um Holz für die Barke des Amun zu beschaffen. Bisher meist zumindest als literarische Fassung einer tatsächlichen Begebenheit und Spiegel der politischen Verhältnisse unter H. verstanden, wird die Erzählung neurdings z. T. auch als Propagandaschrift der 22. Dynastie interpretiert (W. Helck). H. trägt nun die Titulatur: Horus *Starker Stier, Sohn des Amun* (erweitert: *der Denkmäler errichtet wegen der Trefflichkeit dessen, der ihn erzeugt hat,* bzw. *groß an Wohltaten in Karnak),* Nebti *Der Theben festlich macht mit großen Denkmälern* bzw. *der die Götter zufriedenstellt (,der ihre Tempel baut, der tut, womit ihre Ka's zufrieden sind),* bzw. *Der das Benben-Heiligtum reinigt, der es mit Denkmälern füllt, der erglänzt wie der Horizont, wenn Reᶜ in ihm ist),* Gold *Der Wohltaten tut in Karnak für seinen Vater Amun, der seine Schönheit erschafft,* bzw. *Der die Maᶜat vollzieht überall in den beiden Ländern, der alle Götter zufrieden sein läßt in ihrem Perwer-Sanktuar,* Thronname *Hoherpriester des Amun,* Eigenname *Ein Anführer ist Horus, Sohn des Amun.*

Die Bautätigkeit H.s beschränkt sich auf Karnak (Vollendung der Säulenhalle und des Säulenhofs des Chonstempels; Restaurierungen des 2. Pylons, Arbeiten in der großen Säulenhalle und am Hof des 9. Pylons; Restaurierung der Sphingenallee südlich des 10. Pylons).

Lit.: *TIP* §§ 2. 14–20. 24. 27. 38. 62. 64, 209 ff. 379. 438. 441. 443 f. 496, V. Tff. 1. 2. 7–9, *15; R. EL-SAYED, *BIFAO 78* (1978), 197–218; M.-A. BONHÊME, *BIFAO 79* (1979), 267–283; DIES., *Noms royaux, 26–34;* I. A. STUCHEVSKY, *Ramses II. and Herihor* [russ.], 1984; K. A. KITCHEN, in: *Libya and Egypt,* 1990, 23; A. NIWIᴺSKI, in: *Gegengabe, FS E. Brunner-Traut,* 1992, 235–262; K. JANSEN-WINKELN, *ZÄS 119* (1992), 22–37; A. SCHEEPERS, in: *Mélanges C. Vandersleyen,* 1992, 355–365; J. H. TAYLOR, in: *Seventh Intern. Congress of Egyptol.* 1995, Abstracts of Papers, 184 f.; A. NIWIᴺSKI, *BIFAO 95* (1995), 329–360.

Hetep

In einem Relief des Schatt er-Rigal genannter König der 8. Dynastie, dessen Thronname nicht sicher gelesen ist.

Lit.: BECKERATH, *Handbuch,* 60 mit Anm. 10.

Hetepsechemui

1. König der 2. Dynastie, Nachfolger des → Qa³ᶜa (dazwischen die Könige → Ba³, → Seneferka³?), Vorgänger des → Nebreᶜ. Der Horusname *Versöhnung der beiden Mächte* (analog der Nebti-Name *Versöhnung der beiden Herrinnen*) weist möglicherweise auf innere Probleme der Übergangszeit von der 1. zur 2. Dynastie hin (W. Helck). Nach P. Kaplony könnte die 2. Dynastie aus dem Ostdelta stammen, da verschiedene Indizien (Verehrung eines »horizontischen Gottes«; Beleg der Göttin Bastet und des Sopdu) nach Heliopolis/Bubastis weisen.

H.s Regierungszeit ist auf dem Palermostein nicht erhalten, auch Jahrestäfelchen von H. sind nicht bekannt. Eigenname H.s ist vielleicht der auf einem Schreibbrett aus Giza aus dem Alten Reich überlieferte Name → Bedja³u, der in den Listen verschrieben wäre und Manethos *Boethos* zugrunde läge; die Regierungszeit betrüge dann nach Manetho 39 Jahre.

H.s Grab ist entweder das Galeriegrab B in Saqqara unter dem Unas-Aufweg mit einer Länge von 120 m, einer Breite von 40 m und über 70 Magazinräumen, in dem Siegelabrollungen sowohl H.s als auch des → Nebre' gefunden wurden (J. Ph. Lauer, R. Stadelmann), oder es liegt, noch nicht genau lokalisiert, in diesem Bereich (P. Munro; N. Swelim). Der nicht erhaltene Oberbau besaß die Gestalt einer langgestreckten massiven Mastaba.

Lit.: W. HELCK, *Politische Gegensätze im alten Ägypten,* 1986, 15 f.; DERS., *Untersuchungen zur Thinitenzeit,* 1987, 105 f. 117.124; STADELMANN, *Pyramiden,* 31 f.; P. MUNRO, *Der Unas-Friedhof Nordwest, I,* 1993, 1; W. KAISER, in: *Essays in Egyptology in honor of Hans Goedicke,* 1994, 113–123.

Hor I.

Vermutlich 14. König der 13. Dynastie, der an der Pyramide → Amenemhe³ts III. in Dahschur Restaurationsarbeiten ausführen läßt und für seine eigene Bestattung ein unbenütztes Schachtgrab an ihrer Nordseite erhält, wo 1894 J. de Morgan die Überreste des Begräbnisses und der Grabausstattung fand. Dazu gehören ein Naos mit der berühmten hölzernen Ka-Statue des Königs, ein Kasten mit Königsinsignien (Zepter, Flagellum), der Sarg mit dem Skelett des Königs, die vergoldete Holzmaske, die Kanopenkrüge, eine Stele und Schmuck.

Während der König früher in die Zeit → Amenemhe³ts III. angesetzt wurde – auf der Grundlage eines Fayenceplättchens unbekannter Herkunft in Berlin, das den Namen ›Hor‹ und den Thronnamen Amenemhe³ts III. erwähnt, der Siegelung der Kanopenkrüge mit dem Thronnamen Amenemhe³ts III. sowie des Bestattungsortes – scheint heute eine Datierung in die 13. Dynastie wahrscheinlicher. Seine Regierungslänge ist unbekannt (um 1732 nach R. Krauss / D. Franke).

Unter dem Thronnamen *Freude des Re'* nennt ihn der Turiner Papyrus; auf einem für den Sarkophag → Scheschonqs III. in der 22. Dynastie umgearbeiteten Kalksteinblock älterer Zeit stehen die Horusnamen H.s (*Versöhnung des Herzens der beiden Länder*) und des → Sechemre'chuita³ui, des 3. Königs der 13. Dynastie (allerdings ist unklar, ob er hier als der ältere erscheint). Der Nebti-Name H.s ist *Mit vollkommenen Erscheinungen;* der Goldname *Vollkommenster der Götter.*

Die Versiegelung der Kanopen H.s mit dem Thronnamen → Amenemhe³ts III. wäre dann dadurch zu erklären, daß das Grab in den

zur Zeit des H. noch bestehenden Totenkult Amenemhe³ts III. eingeschlossen wurde, oder daß hier ein bewußter Rückbezug auf das große
Vorbild Amenemhe³ts III. vorliegt.

Lit.: BECKERATH, *Untersuchungen,* 44–46. 73. 93. 176. 234 f.; A. DODSON, *ZÄS
114* (1987), 36–45; D. FRANKE, *Or 57* (1988), 268.

Hor II.

Im Turiner Königspapyrus als 39. König der 13. Dynastie genannter Herrscher, von dessen Thronnamen nur das Ende . . . *uben-Re*ʿerhalten ist.

Hor III.

Im Turiner Königspapyrus als 67. Herrscher der 14. Dynastie genannter
König, nach bzw. vor den fiktiven (?) → Sinu bzw. → Enib.

Hori

31. König der 13. Dynastie, mit dem Thronnamen *Den der Ka gedeihen
läßt, ein Re*ʿ, nur in der Liste des Turiner Papyrus erwähnt, nach dem er
länger als 1 Jahr regierte (nach der Lesung Gardiners ›5‹; um 1647 nach
D. Franke). Ob ein Block aus dem Tempel von Tôd mit einer teilweise
zerstörten Kartusche zu seinem Thronnamen ergänzt werden kann oder
einem anderen Herrscher ähnlichen Namens zuzuweisen ist, ist unsicher.

Lit.: BECKERATH, *Untersuchungen,* 61. 254; D. FRANKE, *Or 57* (1988), 268.

»Hudjefa³« (I.)

In der Königstafel von Saqqara und dem Turiner Königspapyrus zwischen → Neferka³sokar und → Chaʿsechemui stehende fälschliche Namensform, die aus einem Vermerk, daß der ursprüngliche Königsname
zerstört und unlesbar ist, entstanden ist.

Lit.: H. GOEDICKE, *JEA 42* (1956), 50–53; W. HELCK, *Untersuchungen zu Manetho und den ägypt. Königslisten,* 1956, 14 f.

»Hudjefa³« (II.)

Fälschliche Namensform des Turiner Papyrus für einen König der
3. Dynastie (zwischen → Sechemchet und → Mesochris); die Tafel von
Abydos hat ebenso irrig »Sedjes«. Beide Formen sind aus einer Glosse,
die den ursprünglichen Königsnamen als zerstört und unlesbar bezeich-
nete, entstanden.

Lit.: S. → »Hudjefa³« (I.)

Huni (Hui, Huninesu?)

6. König der 3. Dynastie (Manetho listet ihn auf unter der Form *Aches*),
Nachfolger des (im Turiner Papyrus aber fehlenden) → Mesochris, Vorgänger des → Sa³nacht (nach 2690).

Außer der Nennung auf der Königstafel von Saqqara und im Turiner Königspapyrus wird H. in der Einleitung des Papyrus Prisse (mit den Weisheitslehren des Kagemni und Ptahhotep) und in der Inschrift des Metjen aus dem Übergang von der 3. zur 4. Dynastie in einem Titel »Vorsteher des Gutsbetriebes des (verstorbenen) Königs H.« (anders Helck) sowie in der 5. Dynastie als Empfänger einer Opferstiftung des → Neferirka³re° genannt. Zeitgenössisch ist ein 1909 in Elephantine gefundener Granitkonus, dessen Inschrift einen Palast des Königs erwähnt.

Vermutlich H. zuzuschreiben sind die sieben kleinen Stufenpyramiden Mittel- und Oberägyptens (in Elephantine, Edfu-Süd, Hierakonpolis, el-Kula, Ombos, Abydos-Süd/Sinki, Zawyet el-Meitin und Seila), die nach der Deutung von W. Kaiser / G. Dreyer als Machtzeichen oder Kenotaphe an den königlichen Residenzen außerhalb der Residenz (Königspfalzen) errichtet wurden, vielleicht als Überleitung von der regelmäßigen königlichen Präsenz im Lande zu einer eigentlichen Gauverwaltung.

H. ist als Begräbnisanlage wohl nicht die unvollendete Pyramide von Zawiyet el-Aryan zuzuweisen, sondern vielleicht eine zerstörte Pyramide in Saqqara-Nord (vgl. R. Stadelmann).

Lit.: H. GOEDICKE, *ZÄS 81* (1955), 18 ff.; W. BARTA, *MDAIK 29* (1973), 1–4; W. HELCK, *SAK 4* (1976), 125–130; G. DREYER / W. KAISER, *MDAIK 36* (1980), 43–59; STADELMANN, *Pyramiden*, 78 f.; P. PIACENTINI, *Zawiet el-Mayetin nel III millennio a. C.*, 1993, 37–43.

I

Iannas

4. Herrscher der 15. Dynastie der »Großen Hyksos« (1594–1574 v. Chr.
nach D. Franke) nach der Überlieferung Manethos (nach Josephus; Afri-
canus führt an 4. Stelle die Form *Staan*). Traditionell wurde I. mit
→ Chijaran/Chajran (seit dem Neuen Reich *Chajan* gelesen) identifziert
(J. von Beckerath; anders W. A.Ward: Scheschi), doch nennt ein 1981
publiziertes Inschriftsfragment einen Sohn des Chijaran/Chajran namens
Jinassi', in dem daher vielleicht der I. Manethos gesehen werden muß.
Lit.: BECKERATH, *Untersuchungen,* 14 f. 119. 130–133. 136 f.; M. BIETAK,
MDAIK 37 (1981), 63 ff.; M. GÖRG, *MDAIK 37* (1981), 67 ff.; DERS., *BN 70*
(1993), 5–8; D. FRANKE, *Or 57* (1988), 260 ff. 271.

Ibi

Im Turiner Königspapyrus genannter 38. König der 13. Dynastie mit dem
Thronnamen *(Vollkommen?) an Ma'at, ein Re'.*
Lit.: BECKERATH, *Handbuch,* 74 Anm. 16.

Ibi Qa³ka³re'

14. König der 8. Dynastie mit dem Thronnamen *Mit erhabenem Ka, ein
Re'*, der im Turiner Papyrus und in der Königsliste von Abydos aufgeführt wird (mit einer Regierungszeit von 2 Jahren). Ihm gehört eine kleine Pyramide (mit Pyramidentexten) in der Nähe der Pyramide
→ Pepis II. in Saqqara Süd. Ein Graffito I.s existiert in Tômâs in Nubien.

Ijibchenetre'

Nur durch Felsinschriften in Nubien (Abu Hor; Mediq; Toschka) bezeug-
ter König, vermutlich Thronprätendent der ausgehenden 11. Dynastie mit
dem Horusnamen *Der seine beiden Länder begründet (?),* die Lesung des
Eigennamens ist unsicher.
Lit.: A. WEIGALL, *Antiquities of Lower Nubia,* 1907, t. 49–50; BECKERATH,
Handbuch, 65 Anm. 14.

Ijtjenu (Jatjanu)

König wohl der 8. Dynastie, der einzig im Namen einer Frau
Sa³t-Ijtjenu auf einer Scheintür aus Saqqara bezeugt ist. Der Name
könnte semitisch Ja'adan »(der Gott NN) erhört« entsprechen.
Lit.: H. G. FISCHER, *ZÄS 90* (1963), 36 mit Anm. 3 und Tf. VI.

Imhotep

In einer Inschrift des Wadi Hammamat genannter Herrscher der 8. Dynastie, unter dem der »älteste Königssohn, Gottessiegler und General« Dja³ti/Ka³inefer eine Expedition von über 2500 Mann anführt.

Vielleicht ist er mit dem Leiter einer weiteren Hammamat-Expedition, einem ältesten Königssohn Imhotep zu identifizieren; er hätte jene Expedition dann vor seiner Thronbesteigung durchgeführt.

Lit.: W. SCHENKEL, *Memphis, Herakleopolis, Theben,* 1965, 27 f.; GOMAÀ, *Zwischenzeit,* 126.

Imichet

In der obersten Zeile des Palermosteins als prädynastischer König Unterägyptens erwähnt, nach → Wenegbu (nach ihm ein zerstörter Name . . .a³). Der Name bedeutet wohl *Der in der Götterschaft ist* (vgl. die ähnlichen Namen ›Netjerichet‹ [→ Djoser] und → ›Ninetjer‹).

Inamunnajefneb

Auf einer Schenkungsstele vermutlich aus dem Westdelta genannter Großfürst der Libyer während der Regierungszeit → Scheschonqs III. (etwa 800–790 [Kitchen], 820 [Gomaà]). Von I. stammt vielleicht auch eine weitere Schenkungsstele, ev. aus Mendes (in die Regierung → Padibastets I. datiert?).

Lit.: *TIP* §§ 307, 311 Tf. 21 A; S. G. GOHARY, *ASAE 72* (1992–93), 117 f. u. pl. I; GOMAÀ, *Fürstentümer,* 35 f.

Inaros

Libyscher Fürst, Sohn eines Psammetich (→ Psammetich IV.–VI.), Gegenkönig des → Artaxerxes I. Von der Festsetzung Marea aus stößt er 463/2 ins Delta vor, schlägt den Satrapen Achaimenes bei Papremis und beherrscht Unterägypten, aber nicht Memphis. Das um Hilfe vor einem drohenden persischen Angriff angerufene Athen schickt 459 v. Chr. seine Flotte; Memphis kann jedoch nicht vollständig erobert werden. Ein persisches Heer unter Megabyzos trifft 456 ein; Inaros und die Athener werden bei Memphis geschlagen, auf der Nilinsel Prosoipitis eingeschlossene Verbände 454 vernichtet, 50 Trieren am Mendesischen Nilarm zerstört. I. selber wird in Persien gekreuzigt.

Lit.: KIENAST, *Kaisertabelle,* 69–71; s. auch → Artaxerxes I.

Ined

Im Turiner Königskanon genannter Herrscher der 2. Hälfte der 13. Dynastie mit dem Thronnamen *Mit geliebter Macht, ein Reʿ.* Nach

einer Vermutung J. von Beckeraths könnte es sich um den (zweiten?)
Geburtsnamen → Neferhoteps II. handeln (so auch D. Franke).
Lit.: BECKERATH, *Untersuchungen,* 60; D. FRANKE, *Or 57* (1988), 268.

Inek (Anak)

Im Turiner Königspapyrus als 46. König der 14. Dynastie genannter
Herrscher.

Ini (1)

Geburtsname eines der letzten Könige der 13. Dynastie, der den Thronnamen *Mit geliebter Würde, ein Re* trägt. Eine dem Amun-Re° von Karnak geweihte Sitzstatuette I.s wird in römischer Zeit in den von →
Domitian errichteten Isis-Tempel von Benevent verschleppt (1959 wiedergefunden). Ini war vermutlich auch im Turiner Papyrus verzeichnet.
Lit.: BECKERATH, *Untersuchungen,* 63. 260; DERS., *ZÄS 88* (1962), 4f.

Ini (2)

In einem Graffito auf dem Dach des Month-Tempels von Karnak mit
seinem 5. Jahr belegter, sonst unbekannter König der (nach D. A. Aston)
thebanischen 23. Dynastie, zwischen → Rudjamun und → Pajeftjauem-
°auibastet (747/2–742/37).
Lit.: D. ASTON, *JEA 75* (1989), 152; M.-A. BONHÊME, *BSFE 134* (1995), 50–71.

Iri(-Hor)

Prädynastischer König, dem das Doppelgrab B 1–2 des B-Friedhofes in
Abydos gehört und der durch einen Siegelabdruck aus Zawyet al-Aryan
auch im Norden bezeugt ist; zusätzlich erhält I. Öllieferungen aus Unterägypten (gegen die Existenz des I. T. A. H. Wilkinson). Die Deutung
des ohne Palastfassade geschriebenen Namens ist umstritten. *Iri-Hor*
würde bedeuten *Der zu Horus gehörige* oder *Gefährte des Horus* (W.
Kaiser / G. Dreyer; oder *Horus ›Gefährte‹?),* was etwa von Beckerath
abgelehnt wird, da sonst Horus immer den König meine. Er liest *Horus
Ra³,* »Sprecher« (unwahrscheinlich). Helck sieht von einer Deutung ganz
ab, während W. Barta den Namen als *rw,* »Löwe«, interpretiert.
Lit.: W. BARTA, *GM 53* (1982), 11–13, DERS., *ZÄS 116* (1989), 124; W. KAISER /
G. DREYER, *MDAIK 38* (1982), 211–269; W. HELCK, *Untersuchungen zur Thini-
tenzeit,* 1987, 90–94; T. A. H. WILKINSON, *JEA 79* (1993), 241ff.

Isu

Nur in einem Graffito im Namen eines Prinzen Isu°anch *Isu ist lebendig*
belegter Königsname, der der 8. Dynastie zugewiesen wird.
Lit.: A. WEIGALL, *ASAE 9* (1908), 110; BECKERATH, *Handbuch,* 60.

Iti

In einer Inschrift des Wadi Hammamat und einem Graffito genannter König der 8. Dynastie, für dessen Pyramidenanlage »Die Macht des Iti« ein Nika³u-Ptah eine Expedition leitete, nach J. Vercoutter dagegen Eigenname des → Userka³re᾿. A. Spalinger identifiziert I. mit → Neferirka³re᾿ II.

Lit.: W. SCHENKEL, *Memphis-Herakleopolis-Theben,* 1965, 26; GOMAÀ, *Zwischenzeit,* 126; J. VERCOUTTER, *L'Égypte ou la vallée du Nil, I,* 1992, 322; A. SPALINGER, *SAK 21* (1994), 313.

Itjiesch

Prädynastischer unterägyptischer Herrscher, der in der obersten Zeile des Palermosteins genannt ist. Der Name ist (mit Kaplony) vielleicht als »Der das Seeland erobert« zu verstehen.

Lit.: P. KAPLONY, *Inschriften der ägyptischen Frühzeit,* 1963, 440.

Iucha³

Unterägyptischer König der prädynastischen Zeit, aufgeführt in der obersten Zeile des Palermosteins (nach → Seka³, vor → Tiu). Der Name (Beckerath: Cha³iu) ist ungedeutet.

Iuefer᾿a³

Auf einer Schenkungsstele genannter Großfürst der Meschwesch und Herrscher des Deltafürstentums von Horbeit (Pharbaithos) unter → Scheschonq III. (nach K. A. Kitchen 820–795 v. Chr.).

Lit.: *TIP* § 306 u. Tf. 23.

Iuefni

Nur im Turiner Königspapyrus belegter 6. König der 13. Dynastie mit dem Eigennamen *Mir gehört er* (um 1741 nach D. Franke).

Lit.: D. FRANKE, *Or 57* (1988), 267.

Iukanosch (Akanosch) I.

Ein Großfürst der Meschwesch-Libyer und Herrscher des Reiches von Sebennytos (740–720 v. Chr.), das u. a. die Städte Per-Hebit (Iseopolis, Behbit el-Hagar) und Semabehdet (Diospolis Inferior; bei Tell el-Balamun) umfaßt, im Westen bis zu dem Hauptnilarm als Grenze zum Reich des → Tefnacht von Sais reicht, im Osten an das Reich der Fürsten von Mendes, im Süden an das Reich von Busiris und im Norden an das Mittelmeer angrenzt.

    I. ist in der Siegesstele des → Pije (728) erwähnt, dem er sich nach dessen Einnahme von Memphis unterwirft. Er wird von ihm als Fürst der genannten drei Städte anerkannt und hält sich loyal abseits von der anti-kuschitischen Koalition des Tefnacht.

Nach einer Osirisstatue aus Medinet Habu ist eine Tochter des I. eine Esubastred, offenbar die Adoptivmutter einer Tochter des thebanischen Wesirs ʿAnchhor; eine weitere Tochter Takaesch überliefert eine Bron-zestatuette. Esubastred wird »Königsgemahlin« genannt, doch wissen wir nicht, um welchen kuschitischen König es sich handelt. Keine Nachrich-ten haben wir über die Lage in Sebennytos nach dem Tode des I.

Lit.: *TIP* §§ 326, 328. 356, Tff. 15, 22 B, F. GOMAÀ, *Fürstentümer,* 49. 52. 69 f. 72 f. 101. 153.

Iukanesch (Akanosch) II.

Herrscher des Gebietes von Sebennytos zur Zeit → Psammetichs I. (etwa 665–650 v. Chr.), der schließlich dessen Oberhoheit anerkennen muß.

Lit.: *TIP* §§ 356, 360, Tf. 22 B; GOMAÀ, *Fürstentümer,* 72 f.; 103.

Iupet

Hoherpriester des Amun von Theben (944–924 v. Chr.), Sohn des Königs → Scheschonq I., der auch die Titel *General, Armeeführer* und – auf späteren Zeugnissen – *Vorsteher Oberägyptens* führt und sich einen Kenotaph in Abydos errichtet.

Lit.: *TIP* §§ 71. 88. 157. 183 f. 244 f. 248. 260. 263 f. 374, Tff. 10. 13 A.

Iupet I.

In einer Nilstandsmarke in Karnak aus dem 16. Jahr des → Padibastet I. genannter König (mit der Angabe seines 2. Regierungsjahres). Nach F. Gomaà und ihm folgend K. A. Kitchen ist I. ein unbedeutender Klein-könig in Theben während der Regierung → Padibastets I. (804/3 v. Chr. nach Kitchen; 778–770 nach Gomaà).

Lit.: GOMAÀ, *Fürstentümer,* 78 f. 84. 120 f.; *TIP* §§ 78 f. 98. 146. 185. 297. 302. 314. 446 ff. 517, Tff. 3. 6. 10; *3; J. VON BECKERATH, *GM 144* (1995), 7–11; K. JANSEN-WINKELN, *JEA 81* (1995), 129–149.

Iupet II.

König des Reiches von Leontopolis (Tell el-Moqdam; anders Spencer) im Delta, das an die Gebiete von Tanis, Mendes, Athribis und Bubastis angrenzt.

Zunächst ist I. mit → Osorkon IV. von Bubastis Verbündeter des → Tefnacht von Sais im Kampf gegen → Pije, dem er sich schließlich unterwerfen muß. Mit F. Gomaà, J. von Beckerath und K. A. Kitchen sind ihm weitere Objekte mit dem Namen *Iupet* zuzuordnen (Schen-kungsstele eines Großfürsten der Meschwesch, → Smendes; beschriftete

Bronze-Türangel; Fayencekachel, die I. mit blauer Krone abbildet, Granitsockel aus Tell el-Yahudiyeh, der wohl von seinem Sohn, dem Prinzen → Padiiset von Athribis, aufgestellt wurde). I. trägt die Namen *Reich an Ma'at, ein Re', den Amun erwählt hat, Iupet, Sohn der Bastet, geliebt von Amun.*

Vielleicht kann er etwa in die Jahre 754–720 v. Chr. (K. A. Kitchen) oder 752–718 (Gomaà, Beckerath) gesetzt werden und wäre dann der Nachfolger des → Rudjamun.

Auf I. bezieht sich (nach K. A. Kitchen; anders D. A. Aston, JEA 75 [1989], 153) das eine Datum des Graffito im Wadi Gasus mit der Nennung von → Amenirdis I. und Schepenupet II. (Jahr 12 des → Pije, Jahr 19 I.s).

Lit.: GOMAÀ, *Fürstentümer,* 1974, Reg. 165 f.; *TIP* 78 f. 98. 101 f. 112. 145 f. 149. 323. 326. 328. 419. 446 ff. 450. 517. 522; Tff. 3. 6. 10; *3. *6; J.-L. CHAPPAZ, *Genava 30* (1982), 71–81; P. A. SPENCER / A. J. SPENCER, *JEA 72* (1986), 199–201; A. LEAHY, *Libya and Egypt c 1300–750 BC,* 1990, 185 f.

Iuwelot

Hoherpriester des Amun (894–884) als Nachfolger → Scheschonqs (II.) und Vorgänger → Smendes' III., Sohn → Osorkons I.; besitzt Land in Theben-West.

Lit.: *TIP* §§ 89. 96. 157. 184. 265. 269 f. 456, Tff. 10, 13 A; K. JANSEN-WINKELN, *CdE 67* (1992), 254–259.

J

Ja'am

Nur auf Skarabäen bezeugter Machthaber der »kleinen Hyksos« der 16. Dynastie im Delta. Nach der durch Ward erstellten Typologie der Skarabäen wäre er vermutlich identisch mit → Nebuweserre'. Der Name Ja'am ist in dieser Form problematisch.

Lit.: BECKERATH, *Untersuchungen,* 138 f. 278; R. GIVEON, *Tel Aviv 3* (1976), 129. 133; W. A. WARD, *Studies on Scarab Seals II/1,* ed. by O. TUFNELL, 1984, 162 ff.; D. FRANKE, *Or 57* (1988), 262 ff.

Jakab'am

Regent der 16. Dynastie der »kleinen Hyksos«, der nur durch Skarabäen bezeugt ist. Nach Ward wäre er aufgrund der typologischen Ähnlichkeit ihrer Skarabäen mit dem Secha'enre' zu identifizieren, der bisher (nach Beckerath) mit → Salitis gleichgesetzt wurde. Der semitische Eigenname erscheint in sehr vielen Schreibvarianten (nach Giveon gehören hierher auch die → Ja'am zugewiesenen Formen), die eine Deutung erschweren.

Lit.: BECKERATH, *Untersuchungen,* 135. 138 f. 149. 278; R. GIVEON, *Tel Aviv 3* (1976), 129. 133; W. A. WARD, *Studies on Scarab Seals II/1,* ed. by O. TUFNELL, 1984, 162 ff.; D. FRANKE, *Or 57* (1988), 262 ff.

Jakba'al

Auf Skarabäen belegter Herrscher der 16. Dynastie der »kleinen Hyksos«. Der nordwestsemitische Eigenname ist problematisch.

Lit.: BECKERATH, *Untersuchungen,* 134 f. 279.

Ja'qabhaddu (Ja'qobher)

Ein nur auf Skarabäen (bis nach Kerma im Sudan, was Handelsbeziehungen erweist) bezeugter Hykos mit dem Thronnamen *Mit beliebter Stärke, ein Re'* (der Eigenname ist nordwestsemitisch; »[der Gott] Haddu beschützt«), der gewöhnlich den »großen Hyksos« der 15. Dynastie zugerechnet wird (dagegen zu Recht W. Helck). Nach Beckerath wäre er mit dem → Apachnan Manethos identisch, nach der neuen typologischen Reihung der Skarabäen durch Ward dagegen mit → Bnon/Beon (unwahrscheinlich).

213

Lit.: BECKERATH, *Untersuchungen,* 134 f. 139. 143 f. 149. 215. 270 f.; W. A. WARD, *Studies on Scarab Seals II/1,* ed. by O. TUFNELL, 1984, 162 ff.; D. FRANKE, *Or 57* (1988), 262 ff.

Ja'uib (Ibija'u)

Nach dem Turiner Papyrus der 26. Herrscher der 13. Dynastie, für den 10 Jahre, 8 Monate und 28 Tage Regierungszeit genannt werden (1680–1670 v. Chr.). Sein Thronname ist *Mit beständigem Willen,* der Eigenname heißt *Der Frohe.* J. ist nur durch Skarabäen und Siegel bekannt und durch die Privatstele eines Sa³hathor.

Gemahlin dieses ephemeren Königs ist nach A. Spalinger die Königin Cha'esnebu.

Lit.: BECKERATH, *Untersuchungen,* 59. 71. 77. 81. 91. 220. 250 f.; A. SPALINGER, *RdE 32* (1980), 95–116.

K

Ka³

Vordynastischer König der »Dynastie 0« (um 3020 v. Chr.). Traditionell wird sein Horusname ›Ka³‹ gelesen (nach P. Kaplony *Sechen;* nach W. Helck Zeichen unbekannter Lesung). Ihm gehört das Doppelgrab B 7.9 in Abydos.

Lit.: W. HELCK, *Untersuchungen zur Thinitenzeit,* 1987, 91 f.

Ka³i-Amenemhe³t → Amenemhe³t V.

Ka³kemetre˘

Im Turiner Königspapyrus Name des 22. Königs der 14. Dynastie, der meist als fiktiv betrachtet wird (»Stier der Herde des Re«).

Lit.: BECKERATH, *Handbuch, 77* Anm. 5; DERS., *Untersuchungen,* 82.

Kambyses

Persischer Großkönig (530–522 v. Chr., in Ägypten seit 525), Sohn des Kyros.

Nach umfangreichen Vorbereitungen kann K. im Jahre 525 das inzwischen politisch isolierte Ägypten unter → Psammetich III. erobern und als Satrapie unter dem Satrapen Aryandes dem persischen Reich anschließen.

Nach Sammlung des Landheeres (u. a. babylonische und kleinasiatische Hilfskontingente) in Palästina, der Flotte (mit weiteren phönizischen und zypriotischen Schiffen) bei Akko und dem folgenden Vorstoß zur Ostgrenze Ägyptens besiegt K. Psammetichs Söldnerheer, dessen Anführer Phanes offenbar überläuft und Abwehrmaßnahmen verrät, in einer sehr verlustreichen Schlacht bei Pelusium. Herodot berichtet, hier noch 70 Jahre später die aufgehäuften Gebeine der Gefallenen gesehen zu haben. Der Kommandeur der ägyptischen Flotte und Hohepriester der Neith in Sais, Udjahorresnet, verzichtet auf Gegenwehr und übergibt die Flotte. Einem ägyptischen Überfall fällt eine persische Delegation zum Opfer, die die Kapitulation von Memphis verlangt; zur Vergeltung läßt K. nach der Einnahme der Stadt 2.000 Gefangene, darunter den Sohn Psammetichs III., ermorden; der ägyptische König selber gerät in persische Gefangenschaft. Die antiken Nachrichten über die Kriegsbeute und Kriegsgefangene (u. a. Handwerker) lassen sich durch zahlreiche Funde ägyptischer Objekte in Persepolis und Susa belegen, aus dem Jahr 524 ist dort etwa der Verkauf einer Ägypterin und ihres Kindes als Sklaven bekannt.

K. läßt sich etwa Ende August 525 in Sais zum König Ägyptens krönen; er nimmt die Namen an: Horus *Vereiniger der beiden Länder,* Thronname *Abkömmling des Re'.* Nach einem Dokument, das sein 8. Regierungsjahr nennt, betrachtet er sich vielleicht seit seiner Thronbesteigung in Persien (530) auch als König Ägyptens.

Historisch nicht völlig klären lassen sich zwei Feldzüge des Kambyses, die nach der antiken Überlieferung in einer Katastrophe enden: nach Nubien (bis zum 2. oder 3. Katarakt? Scheitert angeblich an mangelnder Versorgung der Armee bzw. nach verheerender Niederlage) bzw. zu der Oase Siwa (völliger Untergang der Armee in einem Sandsturm). Ein ägyptischer Aufstand des Jahres 524 (unter → Psammetich III.) ist erfolglos.

Die wichtigste Quelle für den Beginn der Perserherrschaft in Ägypten (neben Herodot) ist die Autobiographie des Udjahorresnet (naophore Statue des Vatikan) aus dem 4. Jahr → Dareios' I. (519 v. Chr.), das »Testament eines Kollaborateurs« (A. B. Lloyd), eine ›Apologia pro vita sua« (A. Dandamaev). Er beschreibt seine Rolle während des »Sturmes« und Unheils, das sich in Ägypten ereignet, indem er als Vertrauter und Berater des K. für das Wohl Ägyptens sorgt. Insbesondere setzt er die Titulatur des K. auf, der in einer antiken Erzählung sogar als Sohn des Kyros und einer ägyptischen Prinzessin dargestellt wird, und kann die Wiederherstellung des entweihten und geplünderten Tempelbezirks der Neith in Sais erreichen. Das Schachtgrab des Udjahorresnet ist jüngst (1988/9) von einer tschechischen Mission unter M. Verner in Abusir-Süd entdeckt worden. Nach einer in Mitrahine gefundenen Statue des 4. Jh.s v. Chr. wurde Udjahorresnet hier vielleicht als Heiliger verehrt; er wäre 517 v. Chr. gestorben.

Die antike Tradition stellt K. als Religionsfrevler dar, der die Tempel plündern läßt und entweiht, die Götter verspottet und ihre Statuen verbrennt, den heiligen Apisstier tötet und sogar die Mumie des Usurpators → Amasis auspeitschen und verbrennen läßt. Überwiegend werden diese Bewertungen als nicht authentisch beurteilt (A. B. Lloyd; anders, aber wenig überzeugend, P. Högemann, der K. auch die angeblich chaotische innere Lage Ägyptens zuschreibt). Dem im 6. Jahr des K. (September 525) gestorbenen Apisstier stiftet der König einen Sarkophag. In Sais nimmt er an den religiösen Zeremonien teil und huldigt der Göttin Neith. Auf einem ägyptischen Siegel des K. wird er als »geliebt von der (Göttin) Wadjet« bezeichnet. Die aus Wirtschaft und Verwaltung erhaltenen Quellen spiegeln keine Verschlechterung der Lage. Ein (auf der Rückseite der *Demotischen Chronik*) erhaltenes Dekret des K. zur Neuregelung der Tempeleinkünfte, das zu Ungunsten der Tempel ausfiel, kann jedoch Unmut in priesterlichen Kreisen bewirkt haben.

Lit.: S. HODJACHE / O. BERLEV, *CdE 52* (1977), 37–39; I. HOFFMANN / A. VORBICHLER, *AfO 27* (1980), 86–105; I. HOFMANN, *SAK 9* (1981), 179–199; A. B. LLOYD, *JEA* 1982, 166–180; G. WALSER, in: *Althistorische Studien (FS H. Bentson),* 1983, 8–23; E. BRESCIANI, *EVO 4* (1981), 217–222; DIES., *EVO 8* (1985), 1–16; DIES., in: *The Cambridge Ancient History of Iran, II,* 1985, 502–528; U. KAPLONY-HECKEL, *TUAT I/6: Historisch-chronologische Texte III,* 1985, 603–608; U. RÖSSLER-KÖHLER, *GM 85* (1985), 43–54; J. D. RAY, in: *CAH ²IV,* 1988, 254–286; A. B. LLOYD, in: A. KUHRT / H. SANCISI-WEERDENBURG (Edd.), *Achaemenid History III,* 1988, 55–66; M. VERNER, *BIFAO 89* (1989), 283–289 u. pls. 36–39; A. DANDAMAEV, *A Political History of the Achaemenid Empire,* 1989, 70–82; P. HÖGEMANN, Vorderasien und die Achämeniden, 1992, 203–206; R. LEVRERO, in: *Sesto Congresso internazionale di egittologia. Atti, Vol. I,* 1992, 397–408; A. B. LLOYD, in: *The Unbroken Reed, FS A. F. Shore,* 1994, 195–205; M. VERNER, *Verlorene Pyramiden, vergessene Pharaonen,* 1994, 195–210; G. BURKARD, *SAK 21* (1994), 35–55, DERS., *ZÄS 122* (1995), 31–37; L. DEPUYDT, *JNES* 54 (1995), 119–126.

Ka³mose

14. (bei Streichung von → Nebiri³ut II.) und letzter König der 17. Dynastie (1545–1539 v. Chr.), die als Verwandtschaftslinie jedoch noch bis zu → Amenhotep I. reicht. Seine Abstammung ist nicht sicher; vermutlich ist er jedoch der Sohn seines Vorgängers → Seqenenreʿ und der ʿAhhotep und der Bruder des jüngeren → ʿAhmose und eines weiteren Prinzen ʿAhmose.

K. trägt drei verschiedene Horusnamen, (1) *Der auf seinem Thron erschienen (= inthronisiert) ist,* (2) *Der Vollkommene, der die beiden Länder krümmt,* (3) *Der die beiden Länder versorgt;* den Nebti-Namen *Der die Denkmäler erneuert,* den Goldnamen *Der die beiden Länder zufriedenstellt,* den Thronnamen *Mit gedeihender Gestalt, ein Reʿ* und den Eigennamen *Der Stier ist geboren.* Statt des Eigennamens sind der 2. Kartusche bisweilen die Beinamen *Der starke Herrscher / Der ältere Herrscher / Der Herrscher des Südens* eingeschrieben, eine deutliche Bezugnahme auf den Titel *Hyksos (Herrscher der Fremdländer).*

Wichtigstes Denkmal K.s sind die zwei sog. *Ka³mose-Stelen,* auf der die Fortführung des von → Seqenenreʿ begonnenen Kampfes gegen die im Ostdelta in Auaris residierenden Hyksos unter → Apopi berichtet wird. Eine Abschrift des Anfangs der ersten Stele ist seit 1908 bekannt (Carnarvon-Tafel, gefunden in Diraʿ Abu el-Nagʿa in Theben-West).

Bruchstücke dieser Stele kamen 1932 und 1935 verbaut im 3. Pylon des Karnaktempels zutage, die zweite Stele, vollständig erhalten, 1954 im ersten Hof des Karnaktempels, sekundär im Fundament einer Kolossalstatue → Ramses' II. verbaut.

Der Beginn des Feldzugsberichts hat die literarische Form der *Königsnovelle* (s. oben S. 27), in der K. gegenüber seinen Ratgebern die politische Situation seines Herrschaftsgebietes bemängelt, das sich von dem nur wenig nördlich von Theben gelegenen Qus (oder Hermopolis) bis nach Elephantine am 1. Nilkatarakt erstreckt, während die Hyksos die Oberherrschaft über Ägypten ausüben, ihr direkter Machtbereich bis Qus, vielleicht nach Oberägypten selber (Gebelein) reicht und sich in Nubien ein südlich angrenzendes Königtum etabliert hat. Im Gegensatz zu seinen Beratern, die den bestehenden *modus vivendi* (Weiderechte der Thebais im Delta; Bezug von Getreide; Theben ermöglicht dafür den Hyksos Handel und den Zugang zu oberägyptischen Steinbrüchen) erhalten wollen, eröffnet er den Krieg gegen den abschätzig auch als »Fürsten von Syrien« titulierten Apopi. Nach der Eroberung der von einem Vasallen des Apopi gehaltenen wichtigen Festung Neferusi (nördlich von Hermopolis) stößt K. mit Heer, Flotte und nubischen Bogenschützen nach Norden vor (Eroberung eines Ortes Per-Schak) (Ende des auf der 1. Stele erhaltenen Textes).

Die 2. Stele nennt als weitere Stationen Richtung Norden die (unbekannten) Orte oder Festungen Perdjetgen und Initentchenet; vor Auaris richtet K. Verfluchungen und Drohungen an Apopi. Ein Angriff auf Auaris findet jedoch nicht statt, nur die Oase Bahrija wird erobert. Dagegen kann K. einen Brief des Apopi an den Herrscher des kuschitischen Fürstentums mit dem Vorschlag der Kooperation abfangen.

Die in der früheren Forschung angenommene Eroberung Nubiens durch K. hält einer Prüfung nicht stand (R. Krauss).

Das Grab K.s in Diraʿ Abu el-Nagʿa war nach dem Protokoll der Kommission zur Untersuchumg der Grabräuberei am Ende der 20. Dynastie noch intakt. Der nichtkönigliche Sarg (wegen des unerwarteten Todes des K.?) enthielt bei seiner Auffindung durch A. Mariette 1857 noch die zerfallene Mumie; in ihm und dem 1859 gefundenen Schatz der Königin ʿAhhotep fanden sich Grabbeigaben (Bronzespiegel, Prunkbeile, Armreif, Wedel aus Ebenholz; goldende Votiv-Barke; Dolch, Amulette).

Lit.: BECKERATH, *Untersuchungen,* 3. 8f. 102. 120. 127–130. 138. 140f. 146f. 149. 160. 165. 167ff. 186–195. 197. 199. 201–210. 213. 296–299; L. HABACHI, *The Second Stela of Kamose,* 1972; H. S. u. A. SMITH, *ZÄS 103* (1976), 48–76; R. KRAUSS, *Or 62* (1993), 17–29.

Ka³nefertemre᷉

Nach dem Turiner Papyrus 20. Herrscher der 14. Dynastie (oder *Nefertemka³re᷉* zu lesen?).

Karomama-Meritmut I.

Gottesgemahlin des Amun (etwa 870–840 v. Chr.), die auf einer Stele als Zeitgenossin (und Tochter? so K. A. Kitchen) des → Harsiese, in einer Kapelle im Bezirk des Monthtempels von Karnak mit → Takelot II. erscheint.

Lit.: *TIP* §§ 282, 318 n. 650. 514 Tf. 10, 13 B.

Kaschta

Erster auch in Ägypten bezeugter König der kuschitischen 25. Dynastie, Bruder und Nachfolger des → Alara. Schwestergemahlin des K. ist Pabatma (anders S. Wenig); Töchter des K. und der Pabatma sind Peksater und die Gottesgemahlin → Amenirdis I., während → Pije und eine weitere Tochter K.s, Abar, von einer anderen Mutter stammen.

Nach der Unterwerfung Unternubiens kann K. als Begründer der kuschitischen Expansion nach Norden bis nach Assuan vorstoßen, wo er eine Stele in den Chnumtempel von Elephantine stiftet. Er trägt die Titel *König von Ober- und Unterägypten, Sohn des Re᷉, Herr der beiden Länder* und den Thronnamen *(Zum König) Proklamierter, ein Re᷉* (eigener Vorschlag; Deutung bisher umstritten). K. A. Kitchen weist ihm eine geschätzte Regierungszeit von 12–13 Jahren zu (etwa 760–747). Die engen Verbindungen zur ägyptischen Religion und nach Theben bezeugt eine Ägis der Göttin Mut; vielleicht existiert auch ein Skarabäus des Königs.

Lit.: J. LECLANT, *ZÄS 90* (1963), 74–81; K.-H. PRIESE, *ZÄS 98* (1970),16–23; *TIP* §§ 120, 122. 142, Tf. 4; S. WENIG, in: *Studia in honorem Fritz Hintze* (Meroitica 12), 1990, 333–352.

Ker

Ein libyscher Regent (Großfürst der Libu und der Meschwesch) des westlichen Deltas und Zeitgenosse → Scheschonqs V. Nach der Einnahme seiner Residenzstadt Kom el-Hisn (und von Kom Firin) durch den Großfürsten → Osorkon scheint er in Kom Abu-Billo residiert und über das südliche Delta (einschließlich Ausim im 2. unterägyptischen Gau) geherrscht zu haben. Als Nachfolger des Titaru und Vorgänger → Rudjamuns (I.) dürfte er etwa auf 750–745 v. Chr. anzusetzen sein.

Lit.: *TIP* §§ 311. 316, 519. 521 u. Tf. 21. *21; GOMAÀ, *Fürstentümer*, 28–31. 36. 41 f. 45. 55; Y. KOENIG, *ASAE 68* (1982), 111–113.

Kleopatra I.–VI. → Ptolemaios V.–XII.

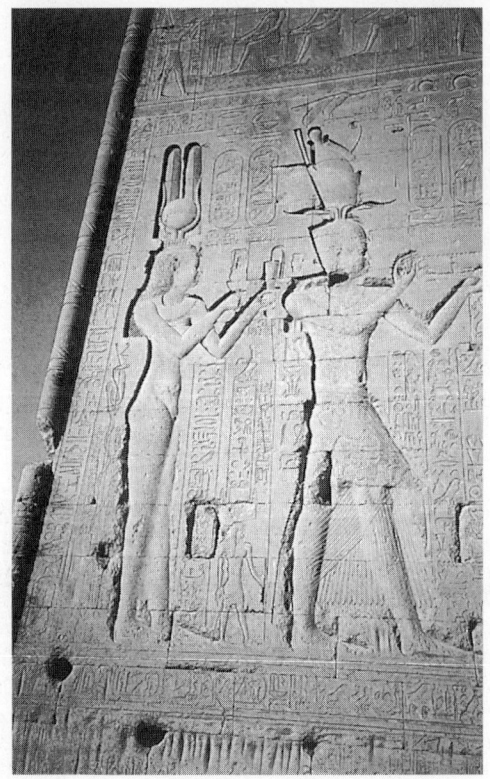

Abb. 18: Kleopatra VII. Philopator und Ptolemaios XV. Kaisarion. Rückwand des Hathortempels von Dendera.

Kleopatra VII. Philopator

Königin Ägyptens nach dem Tode → Ptolemaios' XII. Anfang 51 bis zur römischen Eroberung im Jahre 30 v. Chr. (Selbstmord); eine der berühmtesten Persönlichkeiten des Altertums, »überragend an Intelligenz, Esprit, hoher Bildung und Kultur sowie unwiderstehlich durch den Charme ihres Verhaltens« (G. Hölbl).

K. ist Tochter → Ptolemaios XII. und einer namentlich nicht bekannten Frau wohl aus priesterlichen Kreisen.

K. regiert zunächst unter Beiseiteschiebung ihres (erst 12jährigen) Bruders und nominellen Mitkönigs Ptolemaios XIII. bis im Herbst 50 alleine, bis die Gegenfraktion ihres Bruders unter Führung des Potheinos, Achillas und Theodotos von Chios die Ansprüche des Ptolemaios durchsetzt, im Sommer 49 dann Kleopatra zum Rückzug in die Thebais, Anfang 48 zur Emigration nach Syrien zwingt.

Die wirtschaftliche Lage Ägyptens ist äußerst schlecht; die hohe Steuerbelastung führt zur Landflucht von großen Teilen der Bevölkerung. Der im römischen Bürgerkrieg gegen Caesar stehende Pompeius agiert vom Osten des Reiches aus und erhält (in Erfüllung der seit → Ptolemaios XII. bestehenden Freundschaftsverpflichtung zu Pompeius) im Sommer 49 militärische Unterstützung. Er bewirkt die Anerkennung → Ptolemaios' XIII. durch den römischen Gegensenat in Thessalonike (Herbst 49). Während K. im Sommer 48 bei Pelusium militärisch ihre Rückkehr erzwingen will, bittet Pompeius nach seiner Niederlage bei Pharsalos gegen Caesar Ägypten um Unterstützung, wird jedoch von der Partei Ptolemaios' XIII. ermordet (Juli 48). Das Ziel dieses Anschlags, Caesars Wohlwollen und Ägyptens Neutralität im Bürgerkrieg zu erlangen, scheitert, da Caesar unter Verkennung der in ihrem Unabhängigkeitsstreben ihm feindlichen Regierung und Bevölkerung in Alexandria einzieht.

Caesar, der die Vermittlung zwischen K. und ihrem Bruder übernimmt, wird von der Königin für ihre Ziele gewonnen – der Beginn der Liebesbeziehung zwischen beiden – und setzt sie gegen den Widerstand auch der Bevölkerung wieder in die Regierung mit Ptolemaios XIII. ein. Rom gibt zudem Zypern unter → Ptolemaios XIV. und Arsinoë als Königspaar an Ägypten zurück.

Die Agitation des Potheinos gegen die Anwesenheit Caesars und die Versöhnung führt zum *Alexandrinischen Krieg.* Das noch bei Pelusium stehende ptolemäische Heer von 20 000 Mann, Caesars geringen Truppen weit überlegen, marschiert, von Potheinos gerufen, unter Begeisterung in Alexandria ein. Für den antirömischen Kampf werden im ganzen Land Soldaten rekrutiert.

Caesar nimmt Ptolemaios XIII. als Geisel; er behält die Kontrolle über das Palastviertel, die Insel mit dem Leuchtturm Pharos und den Hafen. Ein zur Zerstörung der dortigen Schiffe gelegter Brand zerstört auch einen Großteil der Museionsbibliothek (400 000 Rollen), so daß von nun an in Alexandria die Bibliothek des Serapeums wissenschaftlich führend ist.

Als Gegenkönigin zu K. wird nun ihre jüngere, mit ihrem Betreuer Ganymedes aus dem Palast geflohene Schwester Arsinoë (IV.) ausgerufen. Im weiteren Verlauf kommt es jedoch zu einem Zerwürfnis zwischen Arsinoë und Achillas, der Hinrichtung des als Parteigänger des Achillas erkannten Potheinos durch Caesar und der Beseitigung des Achillas selber durch Ganymedes, der nun den Krieg gegen Caesar weiterführt. Nach einer dramatischen Episode (Kampf um den Hafen; Caesar entkommt in Lebensgefahr) und der Intensivierung des Krieges durch Ptolemaios XIII. selbst (den Caesar freiließ, nachdem ihm für diesen Fall Verhandlungsbereitschaft vorgetäuscht worden war) kommt die Wende: Caesars Feldherr Mithridates von Pergamon, unterstützt von einem nabatäischen Reiterkontingent und 3 000 Juden unter dem Kommando des Antipatros, nimmt Pelusium ein und besiegt mit den Truppen Caesars das ägyptische Heer; Ptolemaios XIII. kommt um. Zu Beginn des Jahres 47 unterwirft sich Alexandria dem Sieger; Caesar und K. unternehmen eine gemeinsame Reise auf dem Nil.

K. erhält nun die volle Regierungsgewalt; unter formeller Wahrung der Tradition ist ihr jüngerer Bruder Ptolemaios XIV. Schattenkönig neben ihr. Von 47–44 v. Chr. ist Ägypten ein römisches Protektorat, in dem eine Besatzungsarmee unter dem Offizier Rufio stationiert bleibt. Die politische Regelung ist sowohl für Rom als auch Ägypten, dessen wirtschaftliche Lage sich erholt, von Vorteil.

Am 23. Juni 47 wird der gemeinsame Sohn Caesars und K.s, Ptolemaios (XV.) Kaisar (Kaisarion; s. Abb. 18) geboren. Die Frage der Vaterschaft Caesars ist dann in der Auseinandersetzung zwischen Antonius und Octavian, der sie als Adoptivsohn Caesars abstreitet, von größter Bedeutung.

Im Triumph des Jahres 46 in Rom über Gallien, Ägypten, Pontos und Mauretanien wird Arsinoë IV. mitgeführt; K. und Ptolemaios XIV. sind Gäste Caesars und erhalten den Titel *Verbündete Könige und Freunde des römischen Volkes (reges socìi et amici populi Romani)*; K.s Einfluß auf Caesar, der z. T. als hellenistischer Herrscher agiert, stößt auf das Mißfallen republikanischer Kreise.

Mit der Einführung des julianischen Kalenders am 1. Januar 45 wird die Reform des Kanopusdekretes (→ Ptolemaios III.) ausgeführt.

An den Iden des März 44 v. Chr. wird Caesar, Dictator auf Lebenszeit, der jedoch das ihm von Marc Anton angebotene Königsdiadem zurückgewiesen hat, von der Opposition im Senat erstochen. Ohne die Bestätigung Kaisarions als einzigen Erben Caesars erhalten zu haben, kehrt K. im April nach Alexandria zurück.

Während Ägypten in den 40er Jahren von Hungersnöten und Seuchen heimgesucht wird und der Gaustratege Kallimachos faktischer Regent der Thebais ist (Ehrendekrete 44/39 für Rettung aus Not), agiert K. in der Außenpolitik, wo sie auf seiten der Caesarianer steht. Die P. Cornelius Dolabella zur Verfügung gestellten Legionen fallen aber wie die ägyptische Zypernflotte dem Caesarmörder C. Cassius in die Hände; einen Eingriff mit der eigenen Flotte muß K. abbrechen.

Im Herbst 42 fällt Marcus Antonius nach dem Sieg über die Caesarmörder Brutus und Cassius (→ Augustus) die Organisation des Ostens
zu. K. kann ihn ebenso erobern wie Caesar und für eigene Ziele (Ermordung Arsinoës IV. und des abtrünnigen Statthalters von Zypern) in-
strumentalisieren. Im Jahre 40 werden ihnen die Zwillinge Alexander
(-Helios) und Kleopatra (-Selene) geboren, die Antonius offiziell anerkennt.

In dasselbe Jahr fällt die Vereinigung Kilikiens und Zyperns und der
Vertrag von Brundisium (→ Augustus), der Antonius den Osten des
Reiches bestätigt. Antonius heiratet Octavia, die Schwester des Octavi-
us/Augustus (Gegenspielerin der K.); ein Krieg zwischen den zwei
mächtigsten Männern Roms kann 37 im Vertrag von Tarent abgewendet
werden.

Während des in einer Katastrophe endenden Partherkrieges des Antonius ist K. 37/6 in Antiochia. Im Zuge der Neuordnung des Orients erhält
das Ptolemäerreich das Königreich Chalkis am Libanon, das Gebiet um
Jericho und die angrenzenden nabatäischen Besitzungen sowie Länderei-
en auf Kreta und Kyrene; K. beginnt damit eine neue Ära (Jahr 16 = Jahr
1). Als ihr 3. Kind mit Antonius wird Ptolemaios Philadelphos geboren.

Antonius und K. haben die Vorstellung eines hellenistisch-ägyptischen
Reiches im Osten (gemeinsame Münzen in Syrien). Im Jahr 34 wird K.
von Antonius als Königin über Ägypten und Zypern bestätigt (Titel
›Königin der Könige‹) und Ptolemaios XV. Kaisar – ein bewußter Angriff
auf Octavius – als Sohn Caears und der K.

Alexander Helios erhält Armenien (dessen König Artavasdes Gefangener in Alexandria ist), Medien und allfälliges Land jenseits des
Euphrats, Kleopatra Selene Kyrene und Libyen, Ptolemaios Philadelphos
Phönikien, Kilikien und die syrischen Gebiete bis zum Euphrat. Die
bisherigen Vasallen, Proconsuln bzw. Legaten bleiben jedoch auf ihren
Posten. Für Antonius läßt K. in Alexandria einen Tempel errichten
(dahinter der heute auf dem Petersplatz stehende Obelisk). Offenbar
denkt man an den Beginn eines goldenen Zeitalters.

Während Pompeius und Lepidus ausgeschaltet werden können, verschärft sich der Konflikt zwischen Antonius und Octavius, besonders
durch die Heirat des Antonius mit K. im Jahr 34 und die Scheidung von
Octavia; am 31. Dezember 33 endet das 2. Triumvirat.

Ende 33 v. Chr. sammelt Antonius seine Streitkräfte in Anatolien.
K., die im Propagandakrieg des Octavius gegen Antonius als eigentliche Gegnerin Roms dargestellt wird, stellt 200 von 800 Schiffen,
20 000 Talente und die Verpflegung für 19 Legionen. 32 v. Chr. wird
auf Ephesos ein Gegensenat (die Konsuln und 300–400 Senatoren) gebildet.

Gesetzeswidrig verschafft sich Octavius in Rom das Testament des Antonius und nützt seine Bestimmungen (Kaisarion als Sohn Caesars bestätigt; Bekräftigung der Regelungen von 34; Bestattung in Alexandria) propagandistisch aus. Mitte des Jahres 32 wird Antonius die Designation für das Amt des Konsuls im Jahr 31 aberkannt, ebenso seine militärische Befehlsgewalt. Mit der Erklärung K.s zum Staatsfeind befindet sich das Ptolemäerreich im Herbst 32 im Krieg mit Rom.

Eine Fehlstrategie (kein Vormarsch auf Rom) des im Grunde überlegenen Antonius, für die vielleicht K. verantwortlich ist, sowie Verrat und der Abfall der Legionen führen 31 v. Chr. schließlich zur Katatstrophe, der Niederlage in der Seeschlacht bei Actium.

Nachdem die Statthalter der Kyrenaika und Syriens sowie Herodes zu Octavius übergegangen sind, die Flucht K.s über das Rote Meer gescheitert ist und auch Kriegsflotte und Reiterei zu Octavius abfallen, kann Ägypten gegen Octavius und C. Cornelius Gallus nicht verteidigt werden; am 1. August 30 v. Chr. wird Alexandria eingenommen.

Antonius begeht Selbstmord und wird von K. beigesetzt, die sich am 12. August 30 v. Chr. ebenfalls tötet. Während ihr Sohn mit Caesar, Kaisarion, ermordet wird, werden die Zwillinge K.s von Antonius von Octavia aufgezogen. Kleopatra Selene wird 20 v. Chr. Gemahlin Jubas II. von Mauretanien, ihr Sohn Ptolemaios – der letzte Ptolemäer – ist 23–40 n. Chr. König von Mauretanien (hingerichtet durch Caligula).

Unter K. wird insbesondere am Hathortempel von Dendera gebaut (Abb. 24) sowie in Kom Ombo (Reliefs), Armant (Geburtshaus des Harpreʿ), Koptos (Kapelle der K. und des Kaisarion), Ptolemais Hermaiu (Isistempel des Kallimachos) und Alexandria (Tempel für Antonius). Eine goldene Statue K.s wird 46 v. Chr. im Tempel der Venus Genetrix in Rom aufgestellt. 51 v. Chr. nimmt K. an der Einführung eines Buchisstieres in Armant teil.

Lit.: G. HÖLBL, *Geschichte des Ptolemäerreiches,* 1994, 161–176, 194–197; M. DELLA MONICA, *Les derniers pharaons,* 126–158.

»Krokodil«

Auf Tintenaufschriften aus Tarchan und einem Rollsiegel belegter Name eines – nach G. Dreyer – Gegenkönigs der Dynastie »0«.

Lit.: G. DREYER, in: *The Followers of Horus. Studies Dedicated to M. A. Hoffman,* 1992, 259–263.

L

Lamintu → Namilt (4)

M

Ma'atkare'

Gottesgemahlin des Amun, Tochter → Pinudjems I. und der Henuttaui, damit Schwester → Psusennes' I. und seiner Gemahlin Mutnedjmet sowie der thebanischen Hohenpriester → Masaharta und → Mencheperre'. Als Kind ist sie bezeugt durch ein Graffito im Tempel von Luxor; als Gottesgemahlin auf dem Pylon des Chonstempels in Karnak, als *Herrin der beiden Länder* durch eine Statue in Marseille (mit dem ihrem Geburtsnamen vorangestellten zusätzlichen Namen *Mut ist an der Spitze;* in Kartusche). Mumie, Särge, Papyri und Uschebtikisten mit 150 Uschebtis der M. fanden sich in der Cachette von Deir el-Bahari.

Lit.: *TIP* §§ 40 n. 200. 48 u. n. 278. 215. 217. 226. 500. Tff. 7–9.

Macrinus

Marcus Opellius Severus Macrinus, römischer Kaiser (217/8 n. Chr.), 164 oder 166 n. Chr. in Mauretanien geboren. Er veranlaßt als *praefectus praetorio* die Ermordnung des → Caracalla am 8. April 217 bei Carrhae (Mesopotamien) und wird am 11. April zum Kaiser erhoben. Er führt den Partherkrieg seines Vorgängers fort, wird im April/Mai (?) 217 zwar besiegt, schließt jedoch im Winter 217/218 (Aufenthalt in Antiochia) mit den Parthern Frieden um den gewaltigen Preis von 50 Millionen Denaren als Kriegsentschädigung. Am 16. Mai 218 wird aber in Emesa → Elagabal aus der Familie der Severer (Großneffe des → Septimius Severus) von den Truppen zum Kaiser erklärt, der ihn am 8. Juni 218 n. Chr. besiegt. Auf seiner Flucht wird M. Mitte des Monats gefangengenommen und auf dem Rückweg nach Antiochia getötet.

Macrinus ist der erste römische Ritter, der Kaiser wurde.

In Ägypten erscheint er zusammen mit seinem Sohn und Mitregenten (seit April 217 Caesar, seit Ende Mai 218 Augustus) → Diadumenianus im Tempel von Kom Ombo.

Lit.: KIENAST, *Kaisertabelle,* 169 f.; H. BENGTSON, *Grundriß der römischen Geschichte, I,* [3]1982, 394–396; P. Cavuoto, *Macrino,* 1983; R. PINTAUDI, *Aegyptus 67* (1987), 95 ff.

Marc Aurel

Ursprünglich Catilius Severus, seit 138 n. Chr. Marcus Aelius Aurelius Verus, seit 161 Marcus Aurelius Antonius, römischer Kaiser (161–180

n. Chr.), geboren am 26. 4. 121 n. Chr. in Rom als Sohn des M. Annius Verus und der Domitia Lucilla. 138 wird er gleichzeitig mit der Adoption des → Antoninus Pius durch → Hadrian (und zusammen mit Lucius → Verus) von Antoninus Pius adoptiert. 139 wird er zum Caesar erhoben (*princeps iuventutis*) und heiratet 145 eine Tochter des Antoninus Pius, Annia Galeria Faustina. Er erhält eine umfassende Ausbildung in griechischer und lateinischer Rhetorik (durch *Fronto* und *Herodes Atticus*), Philosophie (durch den Stoiker *Quintus Iunius Rusticus*) und Recht. Als »Philosoph auf dem Kaiserthron« beeindruckt M. die zeitgenössische Öffentlichkeit und wird auch in der neueren Forschung fast durchweg positiv beurteilt, so etwa bei Theodor Mommsen: »Sein Erfolg wird mehr dem Charakter als dem Talent verdankt: Doch man wird nicht bloß die Entschlossenheit und die Konsequenz des Herrschers anerkennen, sondern auch einräumen müssen, daß er tat, was die richtige Politik gebot.« Zwar beendet *Cassius Dio* (und nach ihm *Gibbon*) mit M. das *Goldene Zeitalter* und wird ihm die Wahl seines einzigen verbliebenen Sohnes → Commodus zum Nachfolger als negative Maßnahme vorgeworfen, doch ist seine Reaktion auf die Notlage des Reiches in wirtschaftlicher und außenpolitischer Hinsicht von »Ernst und Pflichtbewußtsein« gekennzeichnet; M. sei hier »eher Römer als Stoiker« (H. Bengtson). Nach einer Aussage seiner *Selbstbetrachtungen* hat er »als Antoninus Rom zum Vaterland, als Mensch das Universum«.

Mit dem Tod des → Antoninus Pius am 7. März 161 wird M. (zusammen mit seinem Anfang 169 n. Chr. gestorbenen Adoptivbruder Lucius Aurelius → Verus) Kaiser. Außenpolitisch sind praktisch sämtliche Regierungsjahre bis 180 geprägt von ständiger Abwehr einfallender Völker und Verteidigung der Reichsgrenzen. Insbesondere die Nordostgrenze (Germanien; Donauraum) und der Osten des Reiches sind die umkämpften Punkte. 162 fallen die Chatten in Germanien und Raetien ein, die Kaledonier in Britannien; gleichzeitig erfolgt ein Vorstoß der Parther unter Vologaeses III. Der römische Gegenstoß erobert 163 die Hauptstadt Armeniens, Artaxata, wo im folgenden Jahr Sohaemus als Klientelkönig eingesetzt wird. Avidius Cassius, 163–165 Heerespräfekt für den Partherkrieg, dann Legat des Augustus für Syrien, erobert 165 Seleukia und Ktesiphon. Ein Feldzug nach Medien führt 166 zu einem Friedensschluß; am 12. Oktober 166 feiern M. und Lucius Verus den Triumph über die Parther.

Ein erster Einfall von Markomannen und Quaden unter Ballomar nach Italien geschieht 167/168; 168 unternehmen die Kaiser eine Erkundungsreise in die Donauprovinzen und verbringen den Winter in Aquileia. Auf der Rückkehr nach Rom stirbt Lucius Verus. Zur Sicherung des Donauraumes werden zwei neue Legionen unter T. Claudius Pompeianus ausgehoben; im September/Oktober 169 beginnt die erste *expeditio germanica*. Schon 170 stoßen Germanen und Jazygen nach Dakien vor; die Germanen auch nach Griechenland (Zerstörung von Eleusis) und Kleinasien.

Avidius Cassius erhält im Jahre 170 das Oberkommando über den Orient *(rector totius Orientis)* und wirft 172/3 in Ägypten den Bukolenaufstand nieder. In Spanien fallen die Mauren ein. Das Hauptquartier befindet sich von 170 bis 173 in Carnuntum, von 173 bis 175 in Sirmium. Erfolge gegen die Völkereinfälle an der Nordostgrenze bringen die Jahre seit 172: 172 werden die Germanen zurückgedrängt und Mähren erobert, womit ein Keil zwischen die Quaden und Sarmaten getrieben ist, 173/4 werden Quaden und Markomannen, 173–175 die Jazygen bekämpft und Frieden geschlossen. Ob M. tatsächlich den Plan hegte, die Grenze durch zwei neu zu errichtende vorgeschobene Provinzen *Marcomannia* und *Sarmatia* zu sichern, ist in der Forschung umstritten und zumindest zweifelhaft.

Im Frühjahr 175 erhebt sich in Ägypten → Avidius Cassius zum Gegenkaiser, nachdem ein Gerücht den Tod M.s vermeldet. Nach der Ermordung des Cassius begeben sich M. und → Commodus nach Ägypten, verbringen den Winter 175/6 in Alexandria und reisen 176 über Syrien, Kleinasien (wo M.s Frau Faustina stirbt) und Griechenland (Einweihung beider in die Mysterien von Eleusis) zurück nach Rom, wo Commodus am 27. November als Imperator akklamiert wird und beide am 23. Dezember den Triumph über die Germanen und Sarmaten feiern. Am 3. August 178 bricht M. mit seinem Mitregenten zur zweiten *expeditio germanica* auf, während der er am 17. März 180 bei Sirmium stirbt. Nach dem Vorbild → Trajans erhält der Kaiser eine goldene Bildsäule.

Die schwere Christenverfolgung des Jahres 177 in Lyon und Vienne (nach einer ersten Verfolgung Mitte der 160er Jahre) belegt keine antichristliche Politik M.s – der ganz im Gegenteil Toleranz übt –, sondern ist eine lokale Folge von Opferedikten, die aufgrund des schweren Unheils, das das Reich traf (Kriege, Pest) angeordnet wurden.

Im Bereich von Verwaltung, Rechtsprechung und Innenpolitik unternimmt M. wichtige Schritte. Über 320 Gesetze sind erhalten; Reformen betreffen die Wirtschaft, das Finanzwesen, die Getreideversorgung und das Bildungswesen; Mitarbeiter sind im kaiserlichen Consilium tätig. Bautätigkeit unter M. ist in Ägypten bezeugt in Qau el-Kebir/Antaiopolis (Erneuerung des Antaios-Heiligtums → Ptolemaios' VI. Philometor); Dendera, Esna, Kom Ombo (Umgang des Tempels) und Philae (Tor des → Hadrian und M.). In Europa entsteht ein Jupiter-Ammon-Tempel in Epamanduodurum (Mandeure; Germania superior) und ein Tempel des ägyptischen Hermes (Hermes-Thot) in Rom (Ende 172 n. Chr.). Letzterer ist mit dem Regenwunder vom 11. 6. 172 während des Quadenkrieges zu verbinden, das nach Cassius Dio *Hermes ho aerios* (Thot-Hermes) bewirkte aufgrund der Gebete eines ägyptischen Magiers (H)arnuphis, der aus einer Inschrift aus Aquileia als Schriftgelehrter Ägyptens bekannt ist. Lit.: A. BIRLEY, *Marc Aurel. Kaiser und Philosoph*, dt. [2]1977; R. KLEIN (Hg.), *Marc Aurel* (WdF), 1979; M. J. VERMASERN (Hg.), *Die orientalischen Religionen im Römerreich*, 1981, 160. 182; H. BENGTSON, *Grundriß der römischen Geschichte*, I, [3]1982, 373–379; H. HALFMANN, *Itinera principum*, 1986, 212 ff.; KIENAST, *Kaisertabelle*, 137–141; R. KLEIN, in: *Historia Augusta, Kolloquium* 1986–89; P. GRIMAL, *Marc Aurèle*, 1994.

Masaharta

Hoherpriester des Amun in Theben (1054–1046) seit dem 16. Jahr seines Vaters → Pinudjem I. Seine Muter ist Isetemachbit (I.), Geschwister sind → Psusennes I. und dessen Gemahlin Mutnedjmet, die Hohenpriester → Mencheperreʿ und → Djedchonsiuefʿanch, der nach ihm (vor Mencheperreʿ) kurzzeitig das Pontifikat ausübt, sowie → Maʿatkareʿ. M. stirbt vielleicht nach einer Krankheit (Brief aus El-Hibeh) vor seinem Vater; seine Mumie aus der Cachette von Deir el-Bahari (→ Pinudjem II.) zeigt einen kräftig gebauten, korpulenten Mann.

In Karnak stammt von M. eine Szene und ein kleiner Torweg östlich des 9. Pylons, zudem eine Falkenstatue (Brüssel) und Uschebtis von seiner Bestattung. In Theben kümmert sich M. u. a. um die Neubestattung von königlichen Mumien (→ Pinudjem I., II.).
Lit.: *TIP* §§ 2. 17. 23 f. 26 f. 62. cf. 34. 50. 216 u. n. 89. 217 u. n. 91. 372. 375. 383. 436. 441, Tf. 1.2. 7–9.

Maximian

Marcus Aurelius Valerius Maximianus, römischer Kaiser (285–310 n. Chr.), etwa im Jahr 250 n. Chr. in Illyricum geboren. Ende 285 zum Caesar und am 1. April 286 durch → Diocletian zum Augustus für den Westen erhoben. Seine Frau ist eine Syrerin, Eutropia, ein gemeinsames Kind der spätere Kaiser Maxentius (306–312).

Zuerst führt M. einen Feldzug gegen die von Amandus und Aelianus befehligten Bagauden in Gallien, im Sommer 286 dann Krieg gegen die germanischen Stämme der Burgunder, Alamannen, Chaibonen und Heruler, die nach Gallien eingefallen sind. Sogar die Feier zum Beginn seines 1. Konsulats in Trier am 1. Januar 287 n. Chr. wird von germanischen Angreifern beeinträchtigt und zeigt exemplarisch die Bedrohung der Grenzen. M. überschreitet in weiteren Kriegszügen bis 288 den Rhein und unterwirft den Frankenkönig Gennobaudes. Seit 287 trägt er den Beinamen *Germanicus Maximus*. Im Sommer 288 treffen sich M. und → Diocletian (in Mainz?) und erörtern unter anderem das Vorgehen gegen den britannischen Gegenkaiser Carausius. Von seiner Erhebung vermutlich im Jahre 287 bis zu seiner Ermordnung Ende 293 durch seinen Nachfolger Allectus (Ende 293–296/297) beherrscht Carausius, der sich im Bagaudenkrieg M.s ausgezeichnet hatte, Britannien, die Küste Nordwestgalliens und als Stützpunkt auf dem Festland Gesoriacum (Boulogne-sur-Mer). Von M. wird er in einem Abkommen mit der Abwehr von Piraten betraut. Eine für das Vorgehen gegen Carausius aufgebaute Flotte geht jedoch im Frühjahr 289 zugrunde. Auf ein Treffen mit → Diocletian in Mailand um die Jahreswende 290/1 folgen 292 ein Alamannenfeldzug (nach A. Pasqualini identisch mit der *transgressio in Germaniam* von 288), wobei M. bis an die Donau zieht, und am 1. März die Errichtung der *Tetrarchie,* indem zur Unterstützung und als Nachfolger der Kaiser die Caesaren Constantius (für Gallien, von M. adoptiert) und → Galerius (für die Donauprovinzen) ernannt werden. Im Frühsommer 293, kann Constantius Gesoriacum, bis 296 ganz Britannien zurückerobern.

Die folgenden Jahre sind geprägt von Unternehmungen in Nordafrika, wo schon 289 Einfülle maurischer Stämme in die Provinz Mauretania durch den Statthalter T. Aurelius Litua abgewehrt werden. 297 führt M. Krieg gegen die Quinquegentani, bis im Frühjahr 298 dann gegen Stämme an der libyschen Großen Syrte. Der in den Quellen erwähnte Aufstand eines Usurpators Iulianus (als Führer der Quinquegentani?) 296/7 bleibt dagegen unklar. Die Christenverfolgung des Diocletian wird hier von M. durchgesetzt. Er errichtet in Karthago und mehreren weiteren Städten Bauten und verstärkt den nordafrikanischen Limes, kehrt 299 aus Karthago nach Rom zurück, wo er den Baubeginn der Diocletiansthermen verfügt und am 20. November 303 mit Diocletian zusammen die Vicennalienfeier (20jähriges Regierungsjubiläum) und den Triumph begeht. Am 1. Mai 305 danken Diocletian und M. ab, doch kehrt M. Ende 306 nach Rom und im Frühjahr 307 auf den Kaiserthron zurück. Er erreicht die Kapitulation von Severus II. in Ravenna im März/April. Im Spätsommer 307 erhebt er Constantin in Trier (?) zum Augustus, vermählt ihm seine Tochter Fausta und wird seinerseits von Constantin als Augustus anerkannt. Nachdem sein Versuch mißlingt, seinen Sohn Maxentius, der sich in Italien zum Augustus erhoben hatte, abzusetzen, flieht M. im April 308 zu Constantin nach Gallien und muß auf der Kaiserkonferenz von Carnuntum im November 308 erneut abdanken. Im Frühjahr 310 (309?) erhebt er sich gegen Constantin, wird von diesem 310 in Massilia belagert und ausgeliefert und begeht schließlich Selbstmord.

In Ägypten ist M. zusammen mit Diocletian auf einer Stele des Bucheums genannt.

Lit.: A. PASQUALINI, *Massimiano Herculius,* 1979; KIENAST, *Kaisertabelle,* 268–272; F. KOLB, *Diocletian und die Erste Tetrarchie,* 1987.

Maximinus Daia

Caius Galerius Valerius Maximinus, römischer Kaiser (305–313 n. Chr.), geboren am 20. November 270 (oder 285?) n. Chr. in Illyrien, Neffe des → Galerius. Am 1. Mai 305 wird M. zum Caesar für den Orient in der 2. Tetrarchie ernannt, Anfang 309 zum *filius augustorum,* am 1. Mai (?) 310 zum Augustus erhoben. Diese Stellung hat er zusammen mit Licinius und Constantin inne. Seine außenpolitische Tätigkeit ist durch die Besetzung Kleinasiens im Mai 311 und den Armenienkrieg von 312 (?) geprägt. Am 30. April 313 n. Chr. wird er von Licinius auf dem Campus Serenus bei Adrianopel besiegt; im Sommer desselben Jahres stirbt er in Tarsos.

M. ist der letzte in Ägypten hieroglyphisch bezeugte Kaiser – auf Blöcken eines römischen Tempels bei Tahta und einer jetzt in Aberdeen befindlichen Stele.
Lit.: KIENAST, *Kaisertabelle,* 284 f.; H. CASTRITIUS, *Studien zu Maximinus Daia,* 1969.

Maximinus Thrax

Caius Iulius Verus Maximinus, römischer Kaiser (235–238 n. Chr.), geboren 173 (oder zwischen 175 und 180?) n. Chr. Den Beinamen ›Thraker‹ bietet als einzige antike Quelle nur die *Epitome de Caesaribus* (um 400); tatsächlich scheint der Kaiser aus einer einfachen Familie in Thrakien zu stammen. Er war um 195 in die römische Armee eingetreten, hatte sich bis in den Ritterstand hochgedient und sich im Perserkrieg des → Severus Alexander ausgezeichnet. Nach der Ermordung des Alexander wird M. von der Armee Anfang März 235 n. Chr. zum Kaiser erhoben; das anfangs problematische Verhältnis zum Senat, dem M. bei seiner Erhebung zum Kaiser nicht angehört, scheint sich in der Folge normalisiert zu haben. Möglicherweise läßt er Vertraute des Severus Alexander umbringen; das *Consilium principis* wird aufgelöst. Daß M. während seiner dreijährigen Regierungszeit nie in Rom ist, muß jedoch nicht als bewußte Zurücksetzung von Senat und Hauptstadt betrachtet werden (A. Lippold; gegen J. Burian). Nachdem M. Revolten der Konsulare Magnus und Qartinus/Titus im Jahre 235 niedergeschlagen hat, unternimmt er einen Germanenfeldzug (Sieg über Alamannen; Winterquartier in Obergermanien/Rätien; weitere Vorstöße gegen die Germanen im Frühjahr und Sommer 236 – auch gegen Sarmaten und Daker?)

Das Jahr 238 n. Chr. bedeutet nach G. Alföldy »einen Knotenpunkt in der Geschichte der römischen Gesellschaft während der Kaiserzeit«. Eine

Usurpation der Macht durch den Proconsul Africas, → Gordian (I.), der sich mit seinem Sohn → Gordian (II.) in Thysdrus durch die Armee zum Kaiser erklären läßt, nützt der Senat zum Abfall von M. Über den unmittelbaren Anlaß hinaus sind die tieferen Gründe unklar (gesellschaftliche Gegensätze; die antiken Quellen nennen die unerträgliche Grausamkeit des Kaisers). Die Chronologie der Ereignisse ist unsicher; mit Lippold kann die Erhebung der Gordiane auf den 20. März 238 angesetzt werden, ihre Anerkennung durch den Senat (und Erklärung des M. zum Staatsfeind) auf Anfang April. Nach kurzer Regierung kommt aber Gordian II. im Kampf gegen den Legaten Numidiens und Anhänger des M., Capellianus, um; sein Vater Gordian I. begeht Selbstmord. Anfang Mai wählt der Senat die Senatskaiser → Pupienus und → Balbinus. M. marschiert daraufhin in Italien ein, wird aber nach der gescheiterten Einnahme Aquileias Anfang Juli 238 zusammen mit seinem Sohn von seinen Soldaten ermordet. Nachfolger wird → Gordian III. Das Urteil der Historia Augusta über M., den »Barbaren auf dem Kaiserthron«, ist zwiespältig: positiv bis zum Herrschaftsantritt, dann überaus negativ. In Ägypten ist er hieroglyphisch nicht belegt.

Lit.: KIENAST, *Kaisertabelle,* 183–185; J. BURIAN, *Philologus 132* (1988), 230–244; A. LIPPOLD, *Kommentar zur Vita Maximini Duo der Historia Augusta,* 1991, bes. 178–256.

Mencheperre^c

Hoherpriester des Amun in Theben und General während der 21. Dynastie (1045–992), Sohn → Pinudjems I. und der Henuttaui, Bruder → Psusennes' I. und seiner Gemahlin Mutnedjmet, des → Masaharta und der → Ma'atkare', verheiratet mit einer Tochter Psusennes' I., Isetemachbit (III.). Dieser Verbindung entstammen die Söhne → Smendes II. und → Pinudjem II. Weitere neun Kinder M.s sind bekannt.

M. ist Nachfolger des → Djedchonsiuef'anch, als welcher er nach der »Stele der Verbannten« im 25. Jahr (nach K. Jansen-Winkeln des → Pinudjem, nach K. A. Kitchen des → Smendes) von Amun berufen wird; kurz darauf werden die in die Oase Dachla Verbannten begnadigt. Auf Mumienbinden werden ein 48. und 49. Jahr des M. genannt, wobei nach K. A. Kitchen M. dabei am Ende seines Pontifikats die Jahreszählung → Psusennes' I. usurpiert habe, während K. Jansen-Winkeln Datierungen nach den Jahren M.s selber vermutet (so auch A. Niwiński: Pontifikaljahre M.s). M. tritt z. T. selber als König auf, so nennt er sich auf Ziegeln aus El Hibeh »König von Ober- und Unterägypten«, schreibt seinen Hohenpriestertitel bzw. Eigennamen in zwei Kartuschen und erscheint in einer Statuette (Rio de Janeiro) kniend beim Opfer im Königsschurz.

M. baut in Mittelägypten die Festung von El Hibeh aus und errichtet eine neue Festung in Schurafa, weitere Forts nördlich und südlich der Thebais in Higazeh bei Qus und in Gebelein. In Theben werden in seinem Namen die Tempel Amuns in Karnak und Luxor sowie jene der Mut, des Chons, Ptah, Month und der Maᶜat inspiziert (nach den Priesterannalen von Karnak; im Chonstempel auch ein Orakeltext). Eine Stele des 48. Jahres aus Karnak berichtet vom Bau einer Mauer zum Schutz des Karnaktempels vor den sich ausbreitenden Wohnbauten; eine ähnliche Schutzmaßnahme wird in Luxor ergriffen (Ziegel; Inschrift des M.). In die Amtszeit des M. fällt auch der Tod seiner Mutter, die Bestattung der → Maᶜatkareᶜ und die Neubestattung → Sethos' I.

Lit.: *TIP* §§ 2. 12f. 21–27. 32 u. n. 152. 43f. 46 n. 261. 51f. 62. 217ff. 221. 226ff. 372, 435. 441. 501. 503, Tf. 1. 2. 7–9 u. n. 3. 373. 375. 377f. 384–7; A. NIWIŃSKI, *21st Dynasty Coffins from Thebes,* 1988, 37–55; K. A. KITCHEN, *Catalogue of the Egyptian Collection in the National Museum, Rio de Janeiro,* 1990, 187f. u. Tf. 180f. 203; K. JANSEN-WINKELN, *ZÄS 119* (1992), 22–37.

Menes

Nach der ägyptischen Überlieferung v. a. von der Ramessiden- bis zur Ptolemäerzeit (der früheste Beleg ist ein Skarabäus der → Hatschepsut und → Thutmosis' III., der seinen Namen nennt) war Meni (bei Herodot *Min,* in der antiken Überlieferung sonst *Menes*) der Begründer des ägyptischen Einheitsstaates und der ägyptischen Kultur. Als Gründerheros ist er jedoch eine Gestalt der Tradition, nicht der Geschichte. Die Abydosliste → Sethos' I. beginnt mit M., und im Turiner Königspapyrus steht er am Ende der Regierungen der Halbgötter und Horusdiener (prädynastischen Könige) als Begründer der Epoche von der 1. bis zur 6. Dynastie, dem die späteren erneuten Reichseiniger → Mentuhotep II. und → ᶜAhmose zur Seite gestellt werden. Die antike Tradition, die auf spätzeitlichen Überlieferungen fußen dürfte, schreibt M. die Gründung von Memphis – wo in ptolemäischer Zeit Priester des M. bezeugt sind – mit dem Tempel des Ptah und von Krokodilopolis zu, die Erfindung der Schrift, die Einsetzung des Apiskultes sowie die Erschließung von Nahrung; er soll von einem Nilpferd getötet worden sein.

Die Deutung des Namens ›Menes‹ ist noch nicht abschließend gelöst. Vielleicht bedeutet er *Der Bleibende,* was programmatisch auf seine Stellung als Stifter ägyptischer Zivilisation weisen würde. Zudem lautet ›Meni‹ ähnlich (und ist es damit nach ägyptischem Verständnis dem Wesen nach auch) wie wichtige Gottesbezeichnungen und Begriffe (*Min,* vgl. die Namensform bei Herodot; *Amun; meniu* »Hirte«). Wenig Gefolgschaft hat der Ansatz gefunden, in dem Namen Meni einen Ausdruck *men* »irgendeiner, so und so« zu sehen, der den Platz eines nicht erhaltenen Namens eingenommen habe (Ph. Derchain). Schließlich sieht J. P. Allen in dem Namen eine Kurzform des Namens der Stadt Memphis, deren legendärer Gründer M. ist.

Gegenüber dieser Sicht des M. als einer ausschließlich sekundären Gestalt wird in der Forschung auch noch die Historizität der Gestalt vertreten. Ein frühdynastisches Rollsiegel nennt neben dem in die Palastfassade (Serech) eingeschriebenen Horusnamen → Naʿrmer das Zeichen *men*, das damit den Namen eines Prinzen *Meni* nenne, der dann als Sohn M. des Naʿrmer gelten müsse und als König den Horusnamen → ʿAha³ angenommen habe (P. Kaplony, W. Helck, D. Wildung).

Lit.: D. WILDUNG, *Die Rolle ägyptischer Könige im Bewußtsein ihrer Nachwelt*, Teil I, 1969 (MÄS 17), 4–21; PH. DERCHAIN, *RdE 18* (1966), 31–36; S. MORENZ, *ZÄS 99* (1973), X–XVI = DERS., *Religion und Geschichte des alten Ägypten*, 1975, 162–172; E. HORNUNG / E. STAEHELIN, *Skarabäen und andere Siegelamulette aus Basler Sammlungen*, 1976, 44 f.; J. P. ALLEN, *GM 126* (1992), 19–22.

Meni(–)
Im Turiner Königspapyrus an 53. Stelle der 14. Dynastie genannter Regent.

Menibreʿ I.
Mit dem Thronnamen *Mit bleibender Willenskraft, ein Re ʿ* im Turiner Papyrus überlieferter 40. König der 14. Dynastie.

Menibreʿ II.
Auf Skarabäen und einem Zylinder genannter Geburtsname eines Königs, in dem man oft → Nekauba oder → Stephinates sieht.
Lit.: BECKERATH, *Handbuch*, 110 f.

Menka³reʿ
Thronname *(Mit bleibendem Ka, ein Re ʿ)* des nach der Königstafel von Abydos 2. Königs der 8. Dynastie; Nachfolger des → Netrika³reʿ, Vorgänger des → Neferka³reʿ. Zeitgenössisch belegt ist er nur durch Rollsiegel, von denen eines gleichzeitig seinen Nachfolger nennt und damit nach P. Kaplony eine Koregenz belegen würde (unwahrscheinlich).
Lit.: P. KAPLONY, *Die Rollsiegel des Alten Reichs*, 1977/82, 427 ff. u. Tf. 113 f.

Menka³uhor
Der Thronname *(Mit bleibenden Ka-Kräften, ein Horus)* des 7. Königs der 5. Dynastie, für den der Turiner Königspapyrus 8 Jahre verzeichnet. Als Kurzform des Thronnamens treten auch ›Ika³u-Hor‹ und ›Ka³ui‹ auf. Sein Thronname ist *Mit bleibenden Erscheinungen*, sein Goldname *Der*

Leuchtende. Im Gegensatz zu seinem Vorgänger → Niuserreʿ sind sein in einem Schutzdekret → Pepis I. genannter Pyramidenbezirk *Göttlich sind die Orte des Menkaʾuhor* und sein Sonnenheiligtum *Horizont des Reʿ / des Horus* (erwähnt in Mastabas in Saqqara) bisher nicht sicher lokalisiert. Für die Pyramide wurde bisher entweder die Pyramide Lepsius Nr. 50 nordöstlich der Roten Pyramide von Dahschur (so L. Borchardt) oder die ›kopflose‹ Pyramide (Lepsius Nr. 29) in Saqqara-Nord (so J. Berlandini; Maragioglio-Rinaldi) vorgeschlagen. Von M., der im Neuen Reich als vergöttlichter König eine gewisse Verehrung erfährt, ist an eigenen Denkmälern eine Inschrift im Wadi Maghara im Sinai erhalten, die eine Expedition erwähnt, verschiedene Rollsiegel(abdrücke) sowie eine Alabasterstatue, die den König sitzend im Ornat des Sedfestes zeigt. Einige Priester seines Totenkultes und mehrere Domänen des Königs sind bekannt.
Lit.: KAPLONY, *Die Rollsiegel des Alten Reichs,* 1977/82, 295–307 u. Tf. 84; J. BERLANDINI, *RdE 31* (1979), 3–28; STADELMANN, *Pyramiden,* 179 f.; W. HELCK, *MDAIK 48* (1992), 163–168.

Mentuemsaʾf
Durch eine Stele aus Gebelein und mehrere Skarabäen bezeugter Herrscher der 13. Dynastie, von dem neben dem Geburtsnamen *Month ist sein Schutz* der Thronname *Mit dauerndem Leben, ein Reʿ* genannt wird. Seine Einordnung innerhalb der Dynastie ist unsicher.
Lit.: BECKERATH, *Untersuchungen,* 65, 256.

Mentuhotep I.
Dieser erste Mentuhotep in der üblichen Zählung trägt zeitgenössisch nicht den Titel eines Königs, ist aber von der späteren Tradition als solcher betrachtet worden. In der Königstafel aus Karnak (auch im Turiner Königspapyrus war er vermutlich genannt) erscheint er als Vorgänger von → Antef I. und → Antef II. und trägt den fingierten Horusnamen »Vorfahre«. Dagegen betrachtet der Reichseiniger → Mentuhotep II., wie aus dem Relief vom Schatt er-Rigal hervorgeht, nicht Mentuhotep (I.), sondern erst → Antef I., der tatsächlich den Königstitel trug, als Dynastiegründer. Durch den singulären Titel *Göttervater* (statt *Gottesvater*) wird Mentuhotep auf seiner von Antef II. in das Heqaʾib-Heiligtum auf Elephantine gestifteten Sitzstatue aus Quarzit vermutlich als Vater seiner zwei Nachfolger bezeichnet. Der Name ›Mentuhotep‹ (*Month ist gnädig*) ist hier mit dem Zusatz *der Ältere* gekennzeichnet; der Fürst wird *geliebt von Satis, der Herrin von Elephantine* genannt.
Lit.: E. BLUMENTHAL, *ZÄS 114* (1987), 10–35; 21 f.; GOMAÀ, *Zwischenzeit,* 136–138. 140–143. 146. 149; L. HABACHI, *Elephantine IV. The Sanctuary of Heqaib* (AV 33), 2 Bde. 1985, 109 f. Nr. 97 mit Tff. 187–8.

Abb. 19: Mentuhotep II. Kopf einer Statue (Metropolitan Museum of Arts, New York, 26. 3. 29).

Mentuhotep II.

Der Einiger Ägyptens nach der 1. Zwischenzeit und Begründer des Mittleren Reiches (2008–1957 v. Chr.), (Abb. 19) in der ägyptischen Tradition späterer Zeit darin → Menes und → ῾Ahmose gleichgestellt; in der Darstellung einer Prozession des Minfestes im Ramesseum etwa werden hintereinander die Statuen des Menes, M.s und ῾Ahmoses getragen. Er ist bei seinem Regierungsantritt als Sohn der Königin Ja῾h und → Antefs III., der den thebanischen Herrschaftsbereich bis auf den 8. oberägyptischen Gau ausdehnen konnte, weiterhin mit dem zweiten Machtzentrum des Landes, den Königen von Herakleopolis, konfrontiert. Anfänglich, als Herrscher des oberägyptischen Raumes, trägt er den Horusnamen *Der das Herz der beiden Länder leben läßt*, benennt sich aber dann um in *Der mit der göttlichen weißen Krone* (= Nebti-Name); zu einem späteren Zeitpunkt in *Vereiniger der beiden Länder*. Die erste Änderung soll wohl konkret den Führungsanspruch Oberägyptens zum Ausdruck bringen; die zweite das Bestreben zu einer Neuordnung des gesamten Landes. Mit der Annahme auch eines Thronnamens *Herr des Ruders, ein Re`* und – als gesamtägyptischer Herrscher – eines Goldnamens *Mit hoher Doppelfeder* ist er der erste thebanische Herrscher mit einer vollständigen Königstitulatur.

Aus dem 14. Regierungsjahr M.s erfahren wir von der herakleopolitanischen Seite, daß der Vater des → Merika³re`, ein → Cheti, Thinis einnimmt, wobei die Gräber der frühdynastischen Könige in Brand geraten. Die Bedeutung des Ereignisses unterstreicht eine doppeldatierte Stele eine Jägers Antef (s. oben, S. 46): »Jahr 14. Aufrichten der Stele. Jahr, in dem Thinis rebellierte«. Allerdings ist die historische Einordnung und Bewertung des Ereignisses unklar (Anlaß; Zusammenhang mit der Reichseinigung oder ihr vorangehender Konflikt?). Vielleicht bezeugt eine Sele aus dem Grab des Henenu die Wiedereroberung von Thinis und des 8.–10. oberägyptischen Gaues (s. unten).

Politisch ist zu dieser Zeit das Königtum von Herakleopolis nicht nur durch die Auseinandersetzung mit Theben, sondern auch die zunehmende Machtfülle der Gaufürsten von Assiut und Hermopolis sowie Bedrohungen der asiatischen Nordostgrenze überaus gefordert (→ Cheti, → Merika³re`). Für die Kämpfe, die zur Reichseinigung führen, können im Gegensatz zu früheren Auffassungen (etwa W. Helck) nur die Inschriften der Fürsten Itiabi und Cheti (II.) von Assiut herangezogen werden, die von Kämpfen gegen die Thebaner berichten (L. Gestermann). Offenbar fallen sie zumeist in die Zeit unmittelbar vor der vollendeten Reichseinigung.

Als Reichseiniger mit dem Horusnamen *Vereiniger der beiden Länder* (der älter als die konkrete historische Tat sein kann) erscheint M. zuerst auf zwei Reliefs im nubischen Wadi Schatt er-Rigal aus seinem 39. Jahr. Das große zeigt ihn vor vermutlich seinem Vater → Antef III. und dem Expeditionsleiter Cheti, während hinter ihm seine Mutter Ja`h steht; auf dem kleinen trägt er die oberägyptische Krone und den Sedfestmantel (dessen genauer Bezug noch umstritten ist). Ein erstes Sedfest ist für M. auch durch mehrere Sedfeststatuen, die Darstellung des Sedfestlaufs und eine Gesimsinschrift »1. Mal des Sedfestes« aus Deir el-Bahari sowie eine jüngst in Dendera gefundene Opferplatte bezeugt.

Als hypothetischer Zeitpunkt der Reichseinigung wird in der Forschung meist ein Jahr ab dem 30. bis etwa zum 34. vermutet. Mit der erneuten Einigung des Landes dürften auch zwei ungewöhnliche Darstellungen des Motivs »Niederschlagen der Feinde« aus einer Kapelle des Königs in Dendera bzw. auf einem Relief aus Gebelein zu verbinden sein: dabei schlägt er einmal das Symbol »Unterägyptens« nieder (Dendera), das andere Mal neben einem Nubier, Asiaten und Libyer auch einen Ägypter.

Nach der Einigung läßt sich in Theben die Übernahme memphitischer Traditionen (v. a. in der Kunst und Architektur) beobachten, während schon nach der Unterwerfung des Reiches von Herakleopolis Beamte von dort in der thebanischen Verwaltung Aufnahme finden. Das Bauprogramm M.s beschränkt sich auf den 3.–8. oberägyptischen Gau und Elephantine.

In Abwendung von der Nekropole seiner Vorgänger (→ Antef I.–III.) in Tarif verlegt der König seinen dem Month-Reʿ geweihten Totentempel in den Talkessel von Deir el-Bahari, der seitdem (mit dem Asasif) nach dem König *Tal des »Herrn des Ruders und Re ʿ«* heißt. Charakteristisch sind verschiedene Bauphasen, in denen die Konzeption der Grabanlage abgeändert wird. Zuerst – während der König noch den Horusnamen *Der mit der göttlichen weißen Krone* trägt – ist offenbar eine Anlage in der Art der traditionellen Felsgräber mit Pfeilerfassade (Saff-Gräber) beabsichtigt, vor der ein Hof mit einem zu ihm hinführenden Aufweg liegt. Aus dem Hof verläuft ein abwärtsgeneigter Gang von 150 m Länge zu einer Grabkammer (in der sich die schwarze Sandsteinstatue des Königs [Kairo] und ein leerer Holzsarg fanden) mit 30 m tiefem Schacht. Dieser Phase des Baues sind auch sechs Schachtgräber mit Statuenschreinen der Haremsfrauen Henhenet, Kemsit, Ka³uit, Sa³deh, ʿA³schajt und des Kindes Majt zuzuordnen. Mit der Änderung des Bauplanes zur Zeit des dritten Horusnamens *Einiger der beiden Länder* wird die erste unterirdische Grabanlage mit dem Statuenbegräbnis verschlossen. Der neue Tempelkomplex war im vorderen Teil ein Stufenbau mit Umgang, der entgegen der älteren Literatur nicht von einer Pyramide bekrönt war, sondern vielleicht von einem den Urhügel symbolisierenden Quader mit Hohlkehlenabschluß (D. Arnold) oder einem möglicherweise sogar mit Bäumen bepflanzten Rundhügel (R. Stadelmann). In die Felswände eingebaut folgt der eigentliche Totentempel des Königs mit dem Mittelhof und der aus 80 Säulen bestehenden Säulenhalle, an den sich das Sanktuar und eine ältere Felsgrotte anschließen. Im Sanktuar verschüttet fanden sich Teile des Kultinventars (Statue des M., Granitaltäre, Kultstatue des Amun). Vom Anfang des Mittelhofes führte ein Gang (hier u. a. zwei Seitennischen mit bei der Auffindung noch etwa 600 Modellfiguren) 150 m hinunter in das neue Königsgrab, das einen Alabasterschrein mit dem Holzsarg des Königs und der weiteren Grabausstattung enthielt, von der wenig erhalten ist; von der Leiche des Königs nur Fragmente des Schädels.

Von dem Hypostylsaal führt ein (nach der Bestattung aufgefüllter und überdeckter) Gang in das Grab der Hauptgemahlin M.s, Tem, die in einem großen Alabastersarkophag bestattet war. Die bei der Entdeckung 1859 noch vorhandenen Reste der Beigaben, u. a. Schriftrollen, gingen offenbar verloren. Nordöstlich des Tempelkomplexes des M., direkt hinter der späteren unteren Kolonnade des Totentempels der → Hatschepsut, liegt das Grab der Schwester und Gemahlin (anders H. Goedicke) des M., Neferu, das während der 18. Dynastie besichtigt werden konnte (Graffiti). Nördlich, bei der Umfassungsmauer des Tempels, liegt das Grab eines vor dem König verstorbenen Prinzen Antef.

In Teilen hat sich die Dekoration des Totentempels erhalten (Kampfszenen; Jagd, Vogel- und Fischfang; Schiffsfahrten; im Sanktuar u. a. Bootsfahrt für Amun-Reᶜ). Vom Tempelhain (aus Sykomoren und Tamarisken) sind die Baumgruben z. T. noch mit den Wurzeln erhalten.

An weiterer Bautätigkeit M.s ist der Tempel des Month in Tôd zu nennen (Fundament und Teile der Dekoration erhalten), der Satet-Tempel in Elephantine (Umfassungsmauer; Tore; Relief: als Amun), Statuenkapellen in Dendera (s. oben) und Abydos, Blöcke aus Karnak, Deir el-Ballas, Armant und Elkab sowie das erwähnte Relief aus Gebelein.

Für die Politik M.s außerhalb Ägyptens stehen nur wenige Zeugnisse zur Verfügung. Ein Block aus Deir el-Ballas erwähnt den Anschluß der Oasen und Unternubiens an Ägypten sowie »die Ufer des Meeres« und wohl das Öffnen der zuvor »verschlossenen« Fremdländer. Eine Stele des Oberverwalters und Expeditionsleiters Henenu (→ Mentuhotep III.) nennt neben innenpolitischen Ereignissen eine Razzia gegen Beduinen und eine Expedition in den Libanon zur Beschaffung von Koniferenholz. Eine aktive Nubienpolitik wird auch durch die Reliefs des Schatt er-Rigal aus dem 39. Regierungsjahr und Graffiti aus dem 41. Jahr in Assuan (Erwähnung einer Schiffsexpedition nach Unternubien) bezeugt, in denen der Wesir und Kanzler Cheti hervortritt. Schließlich bezeugt ein von H. E. Winlock in Deir el-Bahari aufgefundenes Massengrab von 60 thebanischen Soldaten gewaltsame Auseinandersetzungen. Nubische Soldaten werden nun in ägyptischen Dienst genommen (M. Bietak). Für Unternehmungen in Palästina ist v. a. die Darstellung der Einnahme einer Festung im Grab des Truppenführers Antef anzuführen, das auch die einmalige Darstellung von Landungstruppen in Ruderbooten bietet.

Aus der Verwaltung ist uns eine Reihe hoher Beamter bekannt, die ihre Gräber – soweit bekannt – in Deir el-Bahari und dem Asasif anlegten: die Wesire Daᵌgi, Cheti und Ipi, der Schatzmeister und Vorsteher der Ostwüsten Meru, der Oberverwalter und Expeditionsleiter Henenu, der Haremsleiter Djaᵌr; der Siegler Harhotep, der Oberkünstler Irtisen.

M. wird von der 11. Dynastie bis in die Ramessidenzeit kultisch verehrt.

Lit.: L. HABACHI, *MDAIK 19* (1963), 16–53; W. C. HAYES, *The Scepter of Egypt,* I. 1963, chap. X; D. ARNOLD / J. SETTGAST, *MDAIK 20* (1964), 50 f. mit Abb. 2; GOMAÀ, *Erste Zwischenzeit,* passim; O. D. BERLEV, in: *Studies Polotsky,* 1981, 361–377; H. GOEDICKE, *JSSEA 12* (1982), 157–164; A. R. SCHULMAN, *JSSEA 12* (1982), 165–183; D. ARNOLD, *Der Tempel des Königs Mentuhotep von Deir el-Bahari,* 3 Bde, 1974–1981; DERS., *The Temple of Mentuhotep at Deir el-Bahari,* 1979; E. SZAFRAŃSKI, *MDAIK 41* (1985), 257–264 u. Tf. 38 f.; M. BIETAK, in: *Mél. Mokhtar,* I, 1985, 87–97 u. pl. I–II; E. BLUMENTHAL, *ZÄS 114* (1987), 16–21; L.GESTERMANN, *Kontinuität und Wandel in Politik und Verwaltung des frühen Mittleren Reiches in Ägypten,* 1987, 29–98; DIES., in: *FS Westendorf, II,* 1984, 763–776; S. CAUVILLE / A. Gasse, *BIFAO 88* (1988), 25–32; STADELMANN, *Pyramiden,* 230–233; C. VANDERSLEYEN, in: *Essays in Egyptology in honor of Hans Goedicke,* 1994, 317–320.

Mentuhotep III.

Sechster König der 11. Dynastie (1957–1945 v. Chr.), Sohn des Reichseinigers → Mentuhotep II., mit dem Horus- und Herrinnennamen *Der seine beiden Länder leben läßt,* dem Goldnamen *Trefflicher* (oder *mächtiger?*) *Goldfalke* und dem Thronnamen *Den der Ka leben läßt, ein Re*ᶜ. In das 8. Jahr seiner Regierungszeit datiert eine durch den Oberverwalter Henenu durchgeführte Expedition mit 3000 Mann durch das Wadi Hammamat zum Roten Meer, von wo Schiffe in das Weihrauchland Punt entsandt werden.

Nicht über den Baubeginn hinaus gelangt der Totentempel M.s südlich von Deir el-Bahari, der offenbar dem Komplex seines Vaters nachgebildet werden sollte. Etwas nördlich liegt das Grab des Kanzlers Meketreᶜ, das die berühmten Modellfiguren barg, und ebenso fanden sich Graffiti der Priester des Totenkultes M.s.

Ein Tempel des Königs, in dem etwa W. M. F. Petrie eine Sedfest-Kapelle erblicken wollte, der aber wohl dem Gott Month-Reᶜ geweiht war (D. Arnold, *Die Tempel Ägyptens,* 1992, 132 f.), liegt weiter nordwestlich auf dem sogenannten Thot-Berg. M. baut ebenfalls an dem von Mentuhotep II. errichteten Monthtempel in Tôd und in Ermant (Reliefs erhalten), in Abydos und Elephantine (Felskapelle). Aus Abydos stammt auch eine dem König von Sesostris I. geweihte Opferplatte. Die Inschrift einer Statuengruppe aus Chataᶜna im Ostdelta, in der der vergöttlichte M. angerufen wird, verweist aber auch auf eine Beziehung des Herrschers zum Delta. Aus der Regierungszeit M.s stammt auch das berühmte Dossier der Briefe des Heqa³nacht, eines Gutsherrn südlich von Theben, an seine Familie.

Lit.: K. J. SEYFRIED, *Beiträge zu den Expeditionen des Mittleren Reiches in die Ost-Wüste* (HÄB 15), 1981; L. GESTERMANN, *Kontinuität und Wandel in Politik und Verwaltung des frühen Mittleren Reiches in Ägypten,* 1987; L. BRADBURY, *JARCE 25* (1988), 127–156; C. VANDERSLEYEN, *CdE 64* (1989). 148–158.

Mentuhotep IV.

Letzter (7.) König der 11. Dynastie (1945–1938 v. Chr.), Nachfolger → Mentuhoteps III., Vorgänger → Amenemhe³ts I. und Sohn einer Königsmutter Imi. Seine Titulatur lautet: Horus *Herr der beiden Länder* (= Nebti), Gold *Gold der Götter,* Thronname *Herr der beiden Länder, ein Re*ʿ. Der König ist fast ausschließlich durch Felsinschriften im Wadi Hudi und im Wadi Hammamat bezeugt, da seine Nennung im Turiner Papyrus durch den Vermerk »ausgefallen, 7 Jahre« und auf einer Opfertafel aus Karnak durch den Namen des Vaters Amenemheʾts I., den Gottesvater Sesostris, ersetzt wurde. Zwei Expeditionen zur Gewinnung von Amethyst werden im 1. und 2. Regierungsjahr in das Wadi el-Hudi unternommen. Im Jahr 2 leitet der Wesir Amenemheʾt eine große Steinbruchexpedition mit 10 000 Mann in das Wadi Hammamat, die Material für den Sarkophag des Königs holen soll. Von den 31 Inschriften, die von der Expedition zurückgelassen wurden, sind insbesondere vier bedeutsam: die Berichte über das »Gazellenwunder« (eine trächtige Gazelle gebiert auf dem durch den Gott Min für den Sarkophag vorgesehenen Stein ein Junges), das »Brunnenwunder« (am Berghang öffnet sich eine verborgene Quelle), über die Anbringung der Inschrift und über die Durchführung der Expedition durch Amenemheʾt, dessen überragende Stellung als Beamter in fast königlicher Manier geschildert wird. Eine weitere Inschrift ist jüngst entdeckt worden (A. Gasse).

Aufgrund der Amenemheʾt-Inschrift geht man meist davon aus, daß der Wesir Amenemheʾt mit dem Nachfolger M.s, → Amenemheʾt I., identisch ist. Ob vor der Ablösung M.s durch Amenemheʾt eine Mitregentschaft anzusetzen ist – ein Gefäßbruchstück aus Lischt (woher auch ein weiteres Täfelchen M.s stammt) nennt die Namen beider Herrscher – ist nicht sicher, eher unwahrscheinlich. Ebenso wenig bekannt ist die Lage in Nubien, wo möglicherweise → Antef, → Ijibchenetreʿ und → Segerseni als gleichzeitige (J. von Beckerath) Regenten betrachtet werden müssen. Eine Bautätigkeit des Königs ist bisher nicht nachweisbar.

Lit.: K. J. SEYFRIED, *Beiträge zu den Expeditionen des Mittleren Reiches in die Ost-Wüste* (HÄB 15), 1981; R. GUNDLACH, *SAK 8* (1980), 89–114; I. HAFEMANN, *AoF 12* (1985), 179–215; H. J. WILLEMS, *JEOL 28* (1985), 80–102; BECKERATH, *Handbuch,* 64 f.; A. GASSE, *BIFAO 89* (1989), 313; C. VANDERSLEYEN, *CdE 64* (1989), 148–158. F. TIDEYMAN, *BACE 6* (1995), 103–110.

Mentuhotep V.

König der 13. Dynastie. Von ihm sind eine dem Sobek von Sumenu (nahe Gebelein) geweihte Sitzstatue aus der Cachette von Karnak und eine weitere, aus Theben stammende Sitzfigur erhalten. Sein Thronname lautete *Der das Leben liebt; ein Re*ʿ.

Lit.: BECKERATH, *Untersuchungen,* 63. 255 f.

Mentuhotep VI.
König der ausgehenden 13. Dynastie, den ein Relieffragment aus dem Totentempel → Mentuhoteps II. nennt. Sowohl die Lesung seines Thronnamens als auch die genaue zeitliche Einordnung sind unsicher.
Lit.: BECKERATH, *Handbuch,* 73. 210; E. NAVILLE, *The XIth Dynasty Temple at Deir el-Bahari,* I, 1907, pl. 12 (I.).

Mentuhotep VII.
Der fünfte Herrscher der 17. Dynastie, Nachfolger des → Djehuti, Vorgänger des → Nebiri³ut. Seinen Eigennamen *Month ist gnädig* und Thronnamen *Den Reᶜ leben läßt* nennen Bruchstücke von zwei Horus geweihten Sphingen aus Edfu. Unter seinem wohl auch auf Skarabäen bezeugten Thronnamen stand er wohl auch im Turiner Papyrus und – verschrieben – in der Königstafel von Karnak. Eine im 3. Pylon des Karnaktempels zutage getretene, vermutlich ihm zuzuweisende Stele zeigt den König auf die sehr bescheidene Machtstellung eines Regenten der Thebais reduziert, für den die Stadt Theben – nicht Ägypten – den Mittelpunkt darstellt und der vielleicht noch versucht, den Verlust Unternubiens zu verhindern. Er regiert 1 Jahr (um 1601 v. Chr. nach D. Franke).
Von seinem ältesten Sohn und Kommandanten Herunefer ist ein Fragment des Sarges erhalten, das als Mutter eine Königin Sa³tmut nennt.
Lit.: BECKERATH, *Untersuchungen,* 27. 61. 168. 180f. 197. 287f.; D. FRANKE, *Or 57* (1988), 271; P. VERNUS, *RdE 40* (1989), 145–161 (von J. v. BECKERATH, *LÄ IV,* 70, Mentuhotep V. zugewiesen); *PM I/2 657 (LÄ IV,* 70 erwähnt noch als Gemahlin oder Mutter eine Königin Mentuhotep).

Merdjefa³reᶜ
Thronname *Von Djefa [der Gottheit der Nahrung und Versorgung] Geliebter, ein Reᶜ* des 6. Herrschers der 14. Dynastie, für den im Turiner Papyrus eine Regierungszeit von vermutlich 3 Jahren genannt ist. Durch eine erst 1988/89 bekannt gewordene Stele, die den König in Begleitung des Sieglers des unterägyptischen Königs und Siegelvorstehers Reniseneb vor dem Gott Sopdu zeigt, ist M. nach → Nehesi der zweite Herrscher der 14. Dynastie, von dem Denkmäler bekannt sind.
Lit.: BECKERATH, *Untersuchungen,* 264; J. YOYOTTE, *BSFE 114* (1989), 17–63.

Merenhor
Nur in der Abydosliste genannter Thronname (*Den Horus liebt)* des 7. Königs der 8. Dynastie.

Merenptah
Vierter König der 19. Dynastie (1213–1204 v. Chr.); 13. Sohn und Nachfolger von → Ramses II. Als Sohn der Königin Isetnefret wird er vermut-

lich etwa im 15. Jahr Ramses' II. geboren, wenn man von einem Sterbealter von etwa 60 Jahren ausgeht (nach Sourouzian). Seit dem 40. Jahr seines Vaters ist er als General bezeugt und seit dem 55. – nach dem Tod oder Ausscheiden der älteren Söhne – als Thronfolger, als welcher er nach dem Tode Ramses' II. im Jahre 1213 den Thron besteigt. Er nennt sich in der Titulatur nun: Horus *Der über die Maʿat jubelt* (und andere Horusnamen), Nebti *Der (seine) Macht bis zu dem Land der Libyer wirken läßt* (Varianten: *Der erscheint wie Ptah inmitten von Hunderttausenden (, um die vollkommenen Gesetze in den beiden Ländern festzusetzen; Groß an Kraft, reich an Sieg),* Goldname *Der Furcht einflößt und Ehrfurcht gebietet* (freie Übertragung; Variante: *Der Ägypten stark macht, der die 9 Bogen [die Feinde Ägyptens] niederwirft, um den Frieden der Götter in die beiden Länder zu geben),* Thronname *Ba-Seele des Reʿ, Liebling des Amun,* Geburtsname *Merenptah (den Ptah liebt), der mit der Maʿat zufrieden ist.*

Das höchste belegte Datum M.s datiert nach 9 Jahren und 3 Monaten Regierungszeit. Die von Manetho überlieferte Regierungszeit von 19 Jahren und 6 Monaten dürfte daher um zehn Jahre überhöht sein.

Das Hauptereignis seiner Regierung stellt der Abwehrkampf gegen Libyer und Seevölker in seinem 5. Jahr dar. Hauptquelle des Krieges ist eine große Inschrift in Karnak, eine Stele aus Menuf (dazu das Fragment einer Granitsäule) sowie die sogenannte »Israel-Stele« (Abb. 5) aus dem Totentempel des M. in Theben-West mit einer fragmentarischen Kopie in Karnak. Hinzu kommen vier Siegesstelen des M. in Nubien.

Unter Führung des Libyerfürsten Marijaui stoßen Libyer (Libu, Meschwesch, Qeheq) nach Ägypten vor. Ihnen angeschlossen haben sich verschiedene Teilgruppen der Seevölker (Schirdanu, Lukka, Turscha, Schakalasch, Aq[ij]awasch), deren Heimat im Raume Balkan/ Ägäis/ Kleinasien liegt und deren Vorstöße gegen Ägypten im Zuge einer weiträumigen Wanderung (→ Ramses II./III.) von Ramses III. endgültig abgewehrt werden können, während das Hethiterreich und mehrere Stadtstaaten Syrien-Palästinas untergehen. Offenbar dringen die feindlichen Kontingente von Südwesten plündernd in das Delta vor. Ob eine in der Karnak-Inschrift zuvor genannte Bedrohung von Ortschaften im Delta damit zu verbinden ist, ist umstritten. Auf die Nachricht von dem libyschen Einfall mobilisiert M. ein Heer, das einen Monat später bei Perir (im 3. unterägyptischen Gau?) die feindlichen Truppen in einem sechsstündigen Kampf vernichtend schlägt. Die Beuteliste nennt über 6 000 (9 500?) Gefallene auf Seiten des Gegners und über 9 000 Gefangene, dazu große Mengen an Waffen. Marijaui selber kann fliehen, verliert aber in Libyen seine Stellung als Anführer; seine sechs Söhne sind gefallen, seine zwölf

Frauen werden gefangengenommen. Eine Anzahl der Feinde wird bei Memphis gepfählt; die abgeschnittenen Hände und Genitalien der Gefallenen werden vor dem Palast M.s – der den Feldzug vielleicht nicht persönlich anführte – in Memphis aufgehäuft.

Zeitlich vermutlich vor den Libyerkrieg fällt eine auf der Stele in Amada erwähnte Revolte in Nubien, die niedergeschlagen wird.

Die Außenpolitik gegenüber Asien ist im Vergleich zu den Libyerkämpfen weniger gut bekannt. Aus dem 3. Jahr ist uns ein Teil eines Dienstbuches eines ägyptischen Grenzbeamten von der ägyptischen Ostgrenze erhalten (P. Anastasi III), der u. a. über die Zustellung von Briefen nach Palästina berichtet, sowie ein Schreiben eines Grenzbeamten, daß er edomitische Beduinen nach Pithom habe passieren lassen. Dem von einer Hungersnot bedrohten Hethiterreich wird Getreide geliefert. Ob zwischen dem 3. und dem 5. Jahr M.s ein Feldzug nach Palästina unternommen wurde, ist umstritten. In der genannten Inschrift in Amada nennt sich der König »Bezwinger von Gezer«. Darüber hinaus werden M. z. T. Reliefs in Karnak zugeschrieben, die die Eroberung Aschkalons zeigen (F. J. Yurco, zustimmend auch K. A. Kitchen; dagegen H. Sourouzian) und wird der Schlußabschnitt der »Israelstele« des M. aus Karnak im Sinne einer Intervention des Königs im palästinischen Raum verstanden (dagegen etwa W. Helck): *Die Könige werfen sich nieder und rufen »Schalom«. / Keiner von den Neun Bögen [den Feinden Ägyptens] hebt sein Haupt. / Tjehenu [Libyen] ist erobert, das Hethiterland befriedet. / Kanaʿan ist mit allem Übel erbeutet. / Askalon ist herbeigeführt. / Gezer ist gepackt. / Januʿam ist zunichte gemacht. / Israel ist verwüstet; es hat keinen Samen. / Syrien ist zur Witwe Ägyptens geworden. / Alle Länder insgesamt sind in Frieden. / Wer als Fremdling herumzieht, wird gebändigt (von M.).* Ungeachtet der historischen Interpretation findet sich hier der früheste (und in ägyptischen Quellen einzige) Beleg für »Israel« im Alten Orient.

Die hauptsächliche Bautätigkeit des Königs in Theben konzentriert sich auf die Anlage seines Grabes im Tal der Könige und den Totentempel. Das Grab des Königs im Tal der Könige (KV 8), dessen Anlage maßgebend wird für die Königsgräber der ausgehenden 19. und 20. Dynastie, zeichnet sich aus durch eine gerade Achse, versenkte Relieftechnik und weniger Nebenräume als die Vorgängerbauten sowie durch die Anlage eines repräsentativen Eingangs. Von der Dekoration sind die Unterweltsbücher sowie die astronomische Decke der Sarkophaghalle zu erwähnen. Vier Sarkophage (drei aus Rosengranit, der innerste aus Alabaster) umschlossen die Mumie des Königs, die am Ende der 20. Dynastie in das Grab → Amenhoteps II. umgebettet wurde.

Der Totentempel des Merenptah, der teilweise Material des abgebrochenen Totentempels → Amenhoteps III. verwendete, bestand aus Pylon, erstem Hof (mit der Israelstele), an den sich im Süden der Palast anschloß, zweitem Hof (Festhof) mit Osirispfeilern und Kolossalstatuen, zwei kleinen Hypostylsälen, Barkensanktuaren der thebanischen Triade, einem Hof für den Sonnenkult, Räumen für den Totenkult des verstorbenen Königs und einem heiligen See. In Karnak ist M. v. a. durch den Bericht über den Libyerkrieg bezeugt.

Einen wichtigen Platz in der Baupolitik M.s nimmt Memphis ein, wo er einen Komplex mit Palast und Tempel (für den Gott Ptah und den königlichen Kult) anlegen läßt. Aus Heliopolis stammen die erwähnte Granitsäule mit der Schilderung des Libyersieges sowie ein Obelisk, ursprünglich aus Athribis vermutlich die Stele aus Menuf mit dem Bericht über die Libyerkämpfe, aus Kafr Matbul im Delta zwei kolossale Statuengruppen des Königs, die ihn zusammen mit Re᷄ bzw. Atum zeigen. Verwaltungszentrum ist die von → Sethos I. und → Ramses II. neu errichtete Stadt Per-Ramses im Ostdelta; von hier stammen etwa mehrere Stabträgerstatuen M.s, die in Tanis zutage kamen. Für Mittelägypten und das Fajjum sind mindestens eine Stabträgerstatue aus Medinet Madu, die Felsenkapelle des M. für die Hathor von ᷄Achuj und ein Amuntempel im Bezirk des Thottempels von Hermopolis (begonnen von → Ramses II., dekoriert von → Sethos II.) mit einer Kolosssalstatue M.s vor dem 1. Pylon zu nennen. In Abydos stammt von M. die Dekoration des Osireions.

In Nubien findet sich in vier Paralleltexten in Amada, Wadi es-Sebu᷄a, ᷄Amara und Akscha die in seinem 6. Jahr durch den Vizekönig von Kusch, Messui (von dem weitere Zeugnisse überliefert sind), angebrachte Siegesinschrift; in Gebel Silsile eine Hapi geweihte Stelenkapelle M.s neben denen → Sethos' I. und → Ramses' II. in der etwa seine Hauptgemahlin Isetnofret (II.) genannt wird. Hier finden sich etwa auch eine Kapelle und zwei Stelen des Wesirs Panehsi, der eine Expedition zu den Steinbrüchen leitet. Zeugnisse des Königs aus dem palästinisch-syrischen Raum sind eine Sonnenuhr aus Elfenbein aus Gezer sowie ein Bronzeschwert aus Ugarit.

Über diese Belege einer Bautätigkeit hinaus hat M. zahlreiche ältere Denkmäler (u. a. aus der 12. Dynastie) usurpiert, Restaurationen durchgeführt und Stiftungen (etwa einer Statue in den Amun-Re᷄-Tempel von Karnak anläßlich des Opetfestes seines 2. Jahres) getätigt.

Wichtige Beamte des M. sind neben dem erwähnten Wesir Panehsi der Wesir Pen-Sachmet, während ein Vizekönig von Kusch Cha᷄emtore in Ungnade fällt, durch den erwähnten Messui ersetzt und dann unter dem

Usurpator → Amenmesse Wesir wird (L. Habachi). Hoherpriester des Amun in Karnak ist Ram/Raj.

Die Nachfolge des M. führt zu Problemen. Möglicherweise gibt es einen allerdings früh verstorbenen Prinzen M., dessen Stellung als Thronfolger Sethos-M., der spätere König → Sethos II., einnimmt. Als der nach Ausweis seiner Mumie an schwerer Arthrose, Arteriosklerose und Zahnbeschwerden leidende M. 1213 stirbt, kommt es zu der Teilherrschaft oder vollständigen Usurpation der Macht durch → Amenmesse. Ein gewisser Kult des verstorbenen Herrschers hält sich in Memphis bis in die ptolemäische Zeit.

Viele Literaturwerke stammen aus der Zeit des M., so etwa das Märchen von den zwei Brüdern, die Erzählung von → Apopi und → Seqenenre ͨ oder Musterbriefe (u. a. mit Lob auf M. und die Stadt Per-Ramses).

Häufig wird M. als derjenige ägyptische König betrachtet, unter dem der Exodus Israels aus Ägypten anzusetzen wäre, da man Ramses II. als den »Pharao der Bedrückung« erkannte. Ganz abgesehen davon, daß die »Israelstele« des Königs eine Volksgruppe ›Israel‹ schon im Raume Palästina lokalisiert, sind in dem späteren ›Israel‹ verschiedene Gruppen aufgegangen und in der alttestamentlichen Tradition darüber unterschiedlichste Elemente zusammengeflossen. Die ursprüngliche historische Wirklichkeit ist weitaus komplexer als das vereinheitlichende Bild späterer Überlieferung.

Lit.: H. SOUROUZIAN, *Les monuments du roi Merenptah,* 1989 (DAI Sonderschrift 22); F. J. YURCO, *JARCE 23* (1986), 189–215; H. ENGEL, *Biblica 60* (1979), 373–399; G. FECHT, *in: Fontes atque pontes,* 1983, 106–138; U. KAPLONY-HECKEL, *TUAT* I/6, 1985, 544–552; I. HEIN, *Die ramessidische Bautätigkeit im Nubien,* 1991, 97–99; H. JARITZ, *MDAIK 48* (1992), 65–91; S. BICKEL; *BIFAO 92* (1992), 1–13; E. C. BROCK, in: C. N. REEVES (Ed.), *After Tutcankamun,* 1992, 122–140; K. A. KITCHEN, *JEA 79* (1993), 303–306, H. JARITZ, *EA 5* (1994), 14 ff., DERS. / B. DOMINICUS / H. SOUROUZIAN, *MDAIK 51* (1995), 57–83; J.–M. KRUCHTEN, *GM 140* (1994), 37–48. Für Seevölker-Lit. s. → Ramses III.

Merenre ͨ I./II. → **ͨAntiemsa³f I.//II.**

Meribre ͨ
Nur auf einem Skarabäus belegter Regent (Thronname *Mit liebendem Herzen, ein Re ͨ*) vermulich der 16. Dynastie. Ob der Hofname Meribre ͨ eines Sachmetpriesters in einer Inschrift südlich von Assuan sich vielleicht auf diesen König bezieht, ist etwa von F. Gomaà erwogen worden, scheint jedoch sehr fraglich.

Lit.: BECKERATH, *Handbuch,* 79 (h.); GOMAÀ, *Zwischenzeit,* 132 f.

Mericheperre ᶜ
Im Turiner Königspapyrus auf einem Fragment genannter Thronname *(Mit geliebter Gestalt, ein Re ᶜ)* eines Regenten der ausgehenden 13. Dynastie, dem vielleicht auch ein Skarabäus des British Museum zuzuordnen ist.
Lit.: BECKERATH, *Untersuchungen,* 61, 261.

Merihathor
Für den Namen eines in einer Felsinschrift in Hatnub genannten Königs der Herakleopolitenzeit (9./10. Dynastie) vorgeschlagene Lesung *(Geliebter der Hathor)*. Vielleicht ist der Name korrekt ›Meri-ib-Re ᶜ‹ zu lesen (E. Brovarski).
Lit.: GOMAÀ, *Zwischenzeit, 135;* W. HELCK, *Geschichte Ägyptens,* 1968, 96; E. BROVARSKI, in: *FS D. Dunham,* 1981, 22.

Merika³re ᶜ
Thronname *Geliebter der/an Ka-Kraft, ein Re ᶜ* eines Herrschers der Herakleopolitenzeit, an den sich die *Lehre für König Merika³re ᶜ* richtet (→ Cheti). Aufgrund der fragmentarischen Erhaltung des Turiner Papyrus sind weder Vor- und Nachfolger noch die genaue chronologische Einordnung, auch nicht sein Geburtsname bekannt. Als Vater des Königs, der nach der genannten Lebenslehre das Ostdelta zurückeroberte und besiedelte (vgl. jedoch J. F. Quack), kann vielleicht Nebka³ure ᶜ / Cheti (→ Cheti) angesetzt werden (J. von Beckerath, H. Goedicke, F. Gomaà), der Bezüge zum Ostdelta und zur Literatur aufweist (anders J. López: Meri-ib-Re ᶜ). M. gehört zeitlich sicher an das Ende der Dynastie, in die Zeit der Bedrohung durch die Expansion des thebanischen Machtbereichs (Zeitgenossen sind nach F. Gomaà → Antef II. und → Antef III.), die sich anhand der biographischen Inschriften einiger Zeitgenossen belegen läßt. Die biographische Grabinschrift des Fürsten Cheti II. von Assiut aus der Zeit M.s berichtet über Kämpfe mit dem Süden. Darüber hinaus wird der Name des Königs nur noch auf zwei weiteren Objekten erwähnt (ein Gefäßdeckel bzw. eine Schreiberpalette vermutlich aus Memphis). Seine Pyramide mit dem Namen *Die Stätten des M. gedeihen,* an der ein Totenkult bis in die 12. Dynastie durchgeführt wird, lag in Saqqara, ist aber archäologisch nicht mehr nachweisbar (H. Goedicke weist sie nicht M., sondern einem ansonsten unbekannten Merka³re ᶜ zu). J. Malek sieht nun in der zerstörten Pyramide östlich der Teti-Pyramide in Saqqara die Pyramide des M.
Lit.: GOMAÀ, *Zwischenzeit,* 1980, 131–135. 143 Anm. 44. 148 Anm. 19. 149. 150–152. 154 f. J. F. QUACK, *Studien zur Lehre für Merikare,* 1992; E. ROWIᴺSKA / J. K. WINNICKI, *ZÄS 119* (1992), 130–143; J. MALEK, in: *Hommages à Jean Leclant, Vol. 4,* 1994, 203–214; s. auch → CHETI.

Merika³re ᶜ (II.)

Auf einem Fragment des Turiner Königspapyrus genannter Thronname eines Nachfolgers des → Mericheperre ᶜ am Ende der 13. Dynastie.

Lit.: BECKERATH, *Untersuchungen,* 61. 261.

Merita³ui

Horusname (*Geliebter der beiden Länder*) eines Regenten am Ende der 13. Dynastie.

Lit.: BECKERATH, *Handbuch,* 73 (*Sudan Notes 14,* 6; mir nicht zugänglich).

Mermescha ᶜ

Nachfolger des → Chendjer, Vorgänger → Antefs IV. in der Mitte der 13. Dynastie. Sein Eigenname *Truppenvorsteher* hat die Forschung bewogen, in ihm einen Ausländer zu sehen, der mit der Thronbesteigung seine bisherige Amtsbezeichnung an die Stelle seines Geburtsnamens gesetzt hätte (J. von Beckerath). Es hätte sich bei ihm somit, wie etwa bei → Neferhotep III., um einen Soldatenkönig gehandelt, der ein Heer ausländischer Söldner befehligte. Dagegen hat aber D. Franke auf Belege für diese Bezeichnung als gewöhnlicher Personenname hingewiesen. Der Thronname des Königs ist *Mit Wohl erweisendem Ka, ein Re ᶜ*. Von Mermescha ᶜ stammen zwei kolossale Sitzstatuen aus Tanis, die ursprünglich im Ptah-Tempel in Memphis standen und später von → Apopi usurpiert wurden. Der König ist im Turiner Papyrus als 18. König der 13. Dynastie aufgeführt und hat vielleicht 2–3 Jahre regiert (um 1711 v. Chr. nach Krauss/Franke).

Lit.: BECKERATH, *Untersuchungen* 48, 51 f. 68. 91. 128. 239; D. FRANKE, *Or 57 (1988),* 268 Anm. 60.

Mesochris

Griechische Namensform (Manetho nach Africanus) eines Herrschers der 3. Dynastie, der etwa von J. von Beckerath als Nachfolger von → «Hudjefa³ II.» und Vorgänger des → Huni betrachtet und mit den Eigennamen ›Neferka³re ᶜ‹, *Mit vollkommenem Ka, ein Re ᶜ* der Liste von Abydos bzw. ›Nebka³re ᶜ‹ *Herr an Ka-Kraft, ein Re ᶜ* der Tafel von Saqqara verbunden wird. Dagegen weist N. A. Swelim die genannten Thronnamen dem 7. und 8. Herrscher der 3. Dynastie zu und möchte M. mit → Sa³nacht identifizieren.

Lit.: BECKERATH, *Handbuch,* 51 f.; N. A. SWELIM, *Some Problems on the History of the Third Dynasty,* 1983, 217–220. 224.

Mussius Aemilianus

Lucius Mussius Aemilianus Signo Aegippius, Gegenkaiser des → Gallienus, war 259–261 n. Chr. Praefectus Aegypti und wurde nach dem Tod der Gegenkaiser Macrianus Iunior und Quietus etwa im November 261 zum Kaiser erhoben, von Gallienus jedoch schon Anfang 262 besiegt und schließlich hingerichtet.

Lit.: KIENAST, *Kaisertabelle*, 224 f.

Muthis

Nach Manetho der Sohn → Nepherites' I., der während des Jahres 393 v. Chr. gleichzeitig mit dem Usurpator → Psammuthis an der Macht gewesen sein soll, bis der Herrschaftsantritt des → Achoris die Thronfolgekämpfe beendete. Denkmäler von M. sind nicht bekannt, doch wird er anonym als Sohn seines Vaters auch in der »Demotischen Chronik« erwähnt.

Lit.: C. TRAUNECKER, *BIFAO 79* (1979), 405 f. 424 f.

Mykerinos (Menka³urc ᶜ)

Der Erbauer der dritten Pyramide von Giza, Nachfolger eines der kurz regierenden Söhne des → Djedefre ᶜ (→ Ba³ka³, → Djedefhor). Die übliche gräzisierte Namensform seines Eigennamens ist die von Herodot verwendete, während Manetho den Herrscher als *Mencheres* führt. M. ist Sohn des → Chephren und der Chaᶜmerernebti (I.), Bruder seiner ersten Gemahlin Chaᶜmerernebti II.). Während Manetho ihm die zu hohe Anzahl von 63 Regierungsjahren zuweist, nennt der Turiner Papyrus 18. Er führt die Titulatur: Horus *Stier der Götterschaft,* Nebti *Stier der beiden Herrinnen,* Gold *Göttlicher Goldfalke,* Eigenname *Mit bleibenden Ka-Kräften, ein Re ᶜ.*

Der König ist durch seinen Pyramidenkomplex *Göttlich ist (die Pyramide des) Mykerinos* in Giza berühmt, während aus seiner Regierungszeit keine Ereignisse bekannt sind. Von ihm an ist eine Veränderung des theologischen Weltbildes – der König ist nurmehr Sohn des Sonnengottes – erkennbar, die sich in der stark reduzierten Größe der Pyramide und der gleichzeitigen Vergrößerung des Verehrungstempels von M. ausdrückt. Mit einer Seitenlänge von etwa 102 x 105 m und einer Höhe von 66 m (bei einem Böschungswinkel von 51°) macht die Grundfläche der Pyramide nur etwa einen Viertel, das Steinvolumen nur einen Zehntel der entsprechenden Verhältnisse der Cheopspyramide aus. Ursprünglich war die Pyramide unten mit Rosengranit, oben mit Kalkstein verkleidet. Von einem niedrig gelegenen Eingang in einer Höhe von vier Metern an der Nordseite führt ein absteigender Gang nach 32 Metern in eine Kammer mit Nischendekoration, eine Kammer mit drei Fallsteinen aus Granit und schließlich nach weiteren knapp 13 Metern in eine Vorkammer. In diese Kammer mündet über dem Gang ein zweiter Korridor ein, der als Lüftungsschacht während der Bauarbeiten und zur Einführung der Gra-

Abb. 20: Mykerinos (Menka³ure ͨ).Triade mit Hathor und einer Gaugöttin (Ägyptisches Museum Kairo, JdE 54 935).

nitplatten diente und seine Fortsetzung zwischen Vor- und Grabkammer hat. Von der Vorkammer aus, die ein Kalksteinpflaster aufweist, führt ein Gang weitere 10 Meter über eine weitere Fallsteinvorrichtung hinunter in die eigentliche Grabkammer mit Granitverkleidung und Granitgewölbe.

Vor der Grabkammer geht eine Treppe in einen vielleicht als Magazin benutzten Raum mit sechs Nischen ab. Der mit einer Palastfassade dekorierte Sarkophag des M., der von R. W. H. Vyse 1837 aus der Pyramide entfernt wurde, ging beim Untergang des Transportschiffes vor der spanischen Atlantikküste verloren. Dagegen gelangten die Reste eines Holzsarges aus der Vorkammer, der offenbar von einer saitischen Restaurierung des Begräbnisses stammt, nach London. Die ebenfalls gefundenen Knochen und Mumienhüllen scheinen aber erst aus frühchristlicher Zeit zu stammen. Eine Restaurierungsinschrift aus dem Neuen Reich befindet sich unter dem Eingang der Pyramide.

An der Südseite der Pyramide liegen die Kultpyramide des Königs (mit Granitsarkophag) und zwei Königinnenpyramiden, von denen eine einen Sarkophag mit einem Frauenbegräbnis enthielt. An der Oststeite liegt der Totentempel des M., der von → Schepseska³f vollendet und unter → Pepi I. restauriert und umgebaut wird. Schepseska³f ist es auch, der Taltempel und Aufweg ausführt. Neben Statuen(fragmenten) aus dem Totentempel sind v. a. die Triaden bedeutsam, die den König mit Hathor und je einer anderen Gaugottheit (erhalten sind die Gruppen mit dem 4., 7., 15. und 17. oberägyptischen Gau) darstellen (Abb. 20).

Schutzdekrete für den Totenkult sind von → Schepseska³f, → ᶜAntiemsa³f I. Merenreᶜ und → Pepi II. bekannt.

Lit.: STADELMANN, *Pyramiden,* 140–152 u. Tff. 54–59 a; DERS., *Die großen Pyramiden von Giza,* 1990, 191–204 u. Abb. 125–134. 143–153; P. LACOVARA / C. N. REEVES, *RdE 38 (1987),* 111–115; A. SPALINGER, *SAK 21* (1994), 275–319.

N

Namilt (1)

Sohn → Scheschonqs I. und einer Pentreschnes, »Befehlshaber der ganzen Armee«, der um 940 v. Chr. (Kitchen) in Mittelägypten in Herakleopolis herrscht und dort nach dem Zeugnis eines »Altars« Scheschonqs I. das tägliche Stieropfer für den Gott Harsaphes wieder einrichtet. Von ihm stammt auch eine naophore Statue aus Leontopolis im Delta.

Lit.: *TIP* § 246 u. Tf. 16; GOMAÀ, *Fürstentümer,* 115 f.

Namilt (2)

Sohn → Osorkons II. und der Mutudjᶜanches, thebanischer Hohepriester des Amun um 855–845 v. Chr., Herrscher von Theben und Herakleopolis (etwa 865–845?). Seine Tochter Karomat wird die Frau → Takelots II. Als Hoherpriester in Theben folgt auf ihn sein Sohn → Takelot (2) oder ein → Osorkon, Sohn des Königs → Takelot II.; als Herrscher in Herakleopolis sein Sohn → Ptahudjᶜanchef.

Lit.: *TIP* §§ 85 f. 290 f. u. Tf. 13.

Namilt (3)

Herrscher in Hermopolis in Mittelägypten zur Zeit des Feldzugs des → Pije (um 730; Kitchen: etwa 754–725 v. Chr.), verheiratet mit einer Nestanetmeh.

Nach dem Bericht des Pije läuft N. zu → Tefnacht von Sais über, doch ist er wahrscheinlich (mit D. Kessler) von Anbeginn Tefnachts Verbündeter. Im Giebelfeld der Stele des Pije erscheint er herabsetzend dargestellt als wichtigster der sich unterwerfenden Fürsten mit einem Pferd als Geschenk, vor ihm seine Frau, die Pije besänftigt.

N. soll offenbar während des Krieges gegen Pije das Hinterland des in die Zange genommenen Herakleopolis erobern, zerstört dabei die Festung Neferusi, um eine dortige Festsetzung der Herakleopoliten zu verunmöglichen und übernimmt nach dem Abzug Tefnachtes das Oberkommando der Belagerungstruppen von Herakleopolis. Nach zwei Scharmützeln und einer Niederlage bei Perpega kann er in seine Residenz Hermopolis entkommen, die von den Truppen Pijes belagert wird und schließlich kapituliert. N. muß sich dem Kuschit unterwerfen, der ihn in einer interessanten Episode seines Siegesberichtes für die schlechte Haltung seiner Pferde tadelt. Bei einem Besuch der unterworfenen Könige → Iupet II., → Osorkon IV., N.s und → Paieftjauem-ʿauibastet in Pijes Palast wird nur N. als rituell rein eingelassen. Auf der Pije-Stele erscheint er mit dem Titel »König«, trägt die Chepresch-Krone und den Uräus. Auf einem Silberfragment aus dem Tempelschatz von Sanam in Nubien, das aus Pijes Kriegsbeute stammt, steht vor seiner Kartusche die Bezeichnung *Vollkommener Gott.* Nach K. A. Kitchen könnte er ein Sohn → Osorkons III. und von ihm eingesetzt worden sein.

Für den Namen des Königs sind in der Literatur viele fälschliche Umschreibungen (Nimrod, Nemrud, Namlot, Nemalot, Nimlot, Nemarut) in Gebrauch. Da → Namilt (4) in keilschriftlicher Transkription als ›Lamintu‹ überliefert wird, lese ich mit demselben Vokalismus, aber unter Annahme einer Umstellung der Liquiden *n, l* im Ägyptischen ›Namilt‹.

Lit.: BONHÊME, *Noms royaux,* 220 f.; *TIP* §§ 78 f. 84. 108. 187. 313. 319. 325. 327, Tf. 16 B; E. GRAEFE, *Armant 12* (1974), 3–9 (zu fälschlichen Umschreibungen); s. auch → Pije.

Namilt (4)
Vermutlich Nachfahre von → Namilt (3), der nach den assyrischen Feldzugsberichten des → Assurbanipal, wo er als ›Lamintu‹ zum einzigenmal bezeugt ist, in Hermopolis König ist (um 667/6 v. Chr.).
Lit.: *TIP* § 358 u. Tf. 16.

Naʿrmer
Prädynastischer König (um 3000 v. Chr.; »Dynastie 0«), gewöhnlich als Nachfolger des → «Skorpion« (II.; J. Vercoutter, E. Hornung) oder des → Ka³ (G. Dreyer, W. Kaiser, J. von Beckerath) und Vorgänger des 1. Königs der 1. Dynastie, → ʿAha³, betrachtet (anders etwa G. Dreyer, H. Goedicke: Vorgänger des Skorpion), der im Doppelgrab B 17/18 der Frühzeitnekropole von Abydos beigesetzt wurde. Sein Horusname wird traditionellerweise und mit Verweis auf die Tiermächte der ägyptischen Frühzeit als *Schlimmer Wels* übersetzt, was allerdings nicht ganz überzeugt und verschiedentlich kritisiert wurde (etwa von W. Helck).

In der bisherigen Forschung wurden die zwei Hauptdenkmäler seiner Regierung, eine Schminkpalette und eine Prunkkeule mit ihren Darstellungen, meist als Dokumente der Reichseinigung (oder zumindest der letzten Phase der Vereinigung von Ober- und Unterägypten) angesehen (so zuletzt etwa N. Grimal, J. Monnet Saleh). Doch müssen nach unserem heutigen Kenntnisstand, der die Vorgänge einer ersten Reichseinigung rund 200 Jahre früher ansetzt (→ Skorpion [I.]), die dargestellten Begebenheiten vermutlich anders interpretiert werden.

Abb. 21: Na'rmer. Palette (Ägyptisches Museum Kairo, JdE 32169 = CG 14716).

Auf der Rückseite der Prunkpalette des Königs (Abb. 21) aus Hierakonpolis schlägt der die oberägyptische Krone tragende N. mit seiner Keule Unterägypten (in Gestalt des → Wa'esch) nieder; darüber ist der Vermerk »Horus bringt das gefangene Unterägypten« angebracht. Im unteren Register ist vermutlich die Einnahme von Sais (?) und Memphis erwähnt. Auf der Vorderseite der Palette inspiziert Na'rmer – hier mit der unterägyptischen Krone – zwei Reihen enthaupteter Gefangener in Buto, während das unterste Register die Eroberung einer Festung (?) darstellt. Vermutlich handelt es sich hier jedoch nur um die Niederwerfung eines unterägyptischen Aufstandes, mithin allenfalls um die Wiederherstellung der Reichseinheit. Ebenso ist die Interpretation der wie die Palette aus Hierakonpolis stammenden Keule des Königs umstritten. Sie wurde auch etwa als Dokument der Unterwerfung Unterägyptens angesehen (bzw. der eigentlichen Siegesfeier [W. Helck]), da sie die gewaltige Anzahl von 120 000 Gefangenen, 400 000 Stück Großvieh und 420 000 Stück Kleinvieh nennt. Die Darstellung N.s in einem Thronpavillon (mit der unterägyptischen Krone), einer Standartenprozession, eines rituellen Laufes usw. deutet aber auf ein Hebsed-Fest (oder das Thronbesteigungsfest) hin (W. Kaiser, J. Vercoutter). Die Erwähnung des »Schlagens der Libyer« auf einem Elfenbeinzylinder schließlich fügt sich zu ähnlichen Ereignissen des → Skorpion (II.) bzw. des → ᶜAha³ . Von N. stammt eine berühmte Pavianstatue des »Großen Weißen«, des königlichen Ahnengottes. B. Williams schreibt N. die archaischen Kolosse in Gestalt des Gottes Min aus Koptos zu. Gefäße belegen einen Handel mit dem palästinischen Raum.

Lit.: W. KAISER, ZÄS 91 (1964), 86–125; DERS., *MDAIK 43* (1987), 115–119; DERS. / G. DREYER, *MDAIK 38* (1982), 211–269; B. G. TRIGGER, *FS Edel*, 1979, 409–419; J. MONNET SALEH, *BIFAO 86* (1986), 227–238 u. pl. XXVI–XXIX; G. DREYER, *MDAIK 43* (1987), 33–43; W. HELCK, *Untersuchungen zur Thinitenzeit*, 1987; B. WILLIAMS, *JARCE 25* (1988), 35–59; A. R. SCHULMAN, *BES 11* (1991/2), 79–105; R. KRAUSS, *MDAIK 50* (1994), 223–230; H. GOEDICKE, *WZKM 85* (1995), 81–84. Irrig ist W. A. FAIRSERVIS, *JARCE 28* (1991), 1–20.

Nebdjefa³re ᶜ

Im Turiner Königspapyrus für den 8. König der 14. Dynastie genannter Thronname (*Herr der Versorgung, ein Re* ᶜ), von dessen Regierungslänge noch der Beginn »1 Jahr« erhalten ist.

Nebfa³ure ᶜ

Dieser zeitgenössisch nicht belegte Herrscher war nach der Nennung seines Thronnamens *Herr von Herrlichkeit, ein Re* ᶜ im Turiner Papyrus der 4. König der 14. Dynastie, Nachfolger des → Chaᶜtire ᶜ und Vorgänger des → Sehabre ᶜ, mit einer Regierungslänge von 1 Jahr, 5 Monaten und 15 Tagen.

Lit.: BECKERATH, *Untersuchungen*, 263.

Nebiri³ut I. (Nebiri³utre ᶜ)

6. König der 17. Dynastie, Nachfolger → Mentuhoteps VII., Vorgänger → Nebiri³uts II. (falls historisch) bzw. des → Semenenre ᶜ. Der Turiner Königspapyrus gibt ihm eine Regierungszeit von 19 Jahren (1601–1582 v. Chr. nach Franke). Er trägt die Titulatur: Horus *Der die beiden Länder gedeihen läßt*, Nebti *Mit göttlichen Gestalten*, Gold *Mit schönen Erscheinungen*, Thronname *Den Re* ᶜ *gedeihen ließ*, Geburtsname *Ein Herr über alles, ein Re* ᶜ. In sein 1. Jahr datiert die berühmte *Stèle juridique*, die 1927 im Karnaktempel gefunden wurde und den Vertrag über die Abtretung des Bürgermeisteramtes von Elkab durch den Amtsinhaber Kebesi an seinen Verwandten Sebeknacht und dessen Nachkommen beinhaltet. N. ist im Turiner Königspapyrus und auf der Königstafel von

Saqqara genannt. An Denkmälern N.s sind nur Skarabäen und ein Dolch aus einem Grab der Pfannengräber-Kultur bei Diospolis parva bekannt; der Thronname erscheint (neben einem weiteren Thronnamen *Nefer-ka³re ͨ*) auch noch auf einer spätzeitlichen Harpokrates-Statuette.

Lit.: BECKERATH, *Untersuchungen*, 27. 140. 168. 181 ff. 185. 194 f. 197. 202. 221. 288 f.; D. FRANKE, *Or 57* (1988), 271.

Nebiri³ut II. (Nebiri³utre ͨ)

Eigenname *Ein Herr über alles, ein Re ͨ* des Nachfolgers von → Nebiri³ut I. nach dem Turiner Königspapyrus, dem allenfalls eine kurze Regierung von fünf Monaten zugewiesen werden kann (um 1582 v. Chr.). Früher vermutete man eine Erwähnung dieses Königs in dem weiteren Thronnamen *Mit schönem Ka, ein Re ͨ*, der neben jenem von → Nebiri³ut I. auf einer spätzeitlichen Harpokrates-Statuette erscheint, und schrieb ihm auch den im Grab des → Djer in Abydos gefundenen Osiris-Sarkophag zu, dessen zerstörte Kartuschen man entsprechend ergänzte, sowie ein auf Uronarti in Nubien gefundenes Siegel. Doch sind nach A. Leahy sowohl Osiris-Sarkophag als auch Siegel am ehesten → Chendjer zuzuschreiben, so daß über den Turiner Papyrus hinaus keine Bezeugung des Königs existiert. Vielleicht muß daher auch diese Nennung als fehlerhafte Verdoppelung (vgl. → Seqenenre ͨ) betrachtet werden, so daß ein zweiter Herrscher des Namens Nebiri³ut nie existiert hätte (D. Franke).

Lit.: BECKERATH, *Untersuchungen*, 168. 183–185. 194 f. 197. 289; A. LEAHY, *Or 46* (1977), 424–434 (entsprechend korrigiert BECKERATH, *Handbuch*, 81); D. FRANKE, *Or 57* (1988), 263 mit Anm, 46. 271.

Nebka³

In den Königslisten (Abydostafel und Turiner Papyrus; überliefert auch bei Manetho) Geburtsname *Mein Herr ist der Ka* des Begründers der 3. Dynastie. Der Turiner Königspapyrus teilt ihm 19 Regierungsjahre zu, womit das auf dem Palermostein vermutlich erhaltene Ende seiner Regierung übereinstimmt. Es erwähnt im 13. Jahr den Bau eines Tempels, im 16. Jahr die Herstellung einer Kupferstatue des → Cha ͨsechemui und im 18. Jahr den Bau eines Schiffes. Blöcke aus dem Grab des ͨA³³achti, des Bauleiters des → Djoser, nennen unter den Titeln des Beamten den eines »Gottesdieners des Totentempels des Nebka³«, dessen Bau er vielleicht auch ausgeführt hat (W. Helck). Eine Wirtschaftsdomäne des Nebka³ ist in einer Domänenprozession im Tempel des → Niuserre ͨ in der 5. Dynastie erwähnt. In den Wundergeschichten des Papyrus Westcar wird eine Begebenheit in die Zeit des Nebka³ verlegt, dem daraufhin → Cheops opfern läßt. Von N. existieren verschiedene Siegelabdrücke.

Unklar ist, mit welchem der durch ihre Horusnamen bekannten Könige der zeitgenössischen Denkmäler Nebka³ identifiziert werden kann. Während bisher meist → Sa³nacht vorgeschlagen wurde (so zuletzt J. Vercoutter, dagegen etwa W. Helck), will N. Swelim Nebka³ mit → Cha°ba³ identifizieren. Ebenso unklar sind die verwandtschaftlichen Verhältnisse. Nach der Rekonstruktion W. Helcks hätte Nebka³ die Tochter Initka³es des → Cha°sechemui und der Nima³°athep geheiratet, Djoser deren Schwester Hetephernebti. Jedenfalls scheint der Übergang zu der 3. Dynastie problemlos erfolgt zu sein. Das Grab des Nebka³ ist unbekannt; daß wir es in der ursprünglichen Mastaba unter der Djoserpyramide erblicken müssen (J. Ph. Lauer), ist unwahrscheinlich (R. Stadelmann).

Lit.: N. SWELIM, *Some Problems on the History of the Third Dynasty,* 1983; W. HELCK, *Untersuchungen zur Thinitenzeit,* 1987, 107 f. 252; STADELMANN, *Pyramiden,* 35 f.

Nebka³ (II.) → **Ba³ka³**

Nebka³re° → **Mesochris**

Nebka³ure° Cheti → **Cheti**

Nebma³°atre°
Thronname *Herr der Ma°at, ein Re°* eines Königs wohl der 16. Dynastie, der auf einer Kupferaxtklinge in einem Grab der Pfannengräberkultur in Mostagedda (zusätzlich auf einem Skarabäus?) steht, vielleicht ein mittelägyptischer Kleinkönig.

Lit.: G. BRUNTON, *Mostagedda and the Tasian Culture,* 1937, 117. 127 pl. 74 (9); BECKERATH, *Untersuchungen,* 61 f. 202. 280.

Nebnun
8. König der 13. Dynastie, von dem bis in die jüngste Zeit nur der Thronname *Semenka³re°, Mit gefestigter Ka-Kraft, ein Re°* in der Überlieferung des Turiner Papyrus bekannt war. Eine im Dezember 1984 in einem Stelendepot des Heiligtums von Gebel Zeit gefundene Fayencestele nennt nun aber seinen Geburtsnamen *Nebnun* »(Mein) Herr ist Nun« und bezeugt die Tätigkeit des Königs in den Bleiglanzminen des Ostgebirges. Gewöhnlich wird ihm eine Regierungszeit von vielleicht 1 Jahr (Krauss/ Franke: um 1739 v. Chr.) zugestanden.

Lit.: BECKERATH, *Untersuchungen,* 41. 231; G. CASTEL / G. SOUKIASSIAN, *BIFAO 85* (1985), 285–293 mit pls. LX–LXV; D. FRANKE, *Or 57* (1988), 268 mit Anm. 58.

Nebreʿ (Reʿneb)

Horusname *Herr und Sonnengot* (anders W. Barta, J. von Beckerath u. a.; *Herr der Sonne / des Reʿ*) des 2. Königs der 2. Dynastie (um 2830 v. Chr.), dessen Thronname vielleicht *Das schöne Gold* ist (J. von Beckerath, dagegen W. Helck). Die Listen (Turin, Abydos, Saqqara) überliefern als seinen Geburtsnamen *Kaᵌkaᵌu*. Vorgänger des N. ist → Hetepsechemui, sein Nachfolger → Ninetjer. In einer der beiden unterirdischen Anlagen im Bereich des Unas-Aufwegs in Saqqara fanden sich Siegelabdrücke sowohl des → Hetepsechemui als auch des Nebreʿ (die andere enthielt solche des → Ninetjer), so daß hierin das Grab eines dieser zwei Könige vorliegt. Es bestand aus einer langen unterirdischen Galerie und einem heute nicht mehr erhaltenen massiven Oberbau in Form einer Mastaba. Mehrheitlich wird dieser Bau gegenwärtig Hetepsechemui zugeschrieben (J. Ph. Lauer, R. Stadelmann), doch wird auch für Nebreʿ votiert (P. Munro), von dem eine Stele seines Grabbezirks bekannt ist. Weiter ist N. auf einer Privatstatue hinter dem göttlichen Ahnen und → Hetepsechemui, vor seinem Nachfolger → Ninetjer genannt. Auf einer Schale ist ein Ka-Haus des N. erwähnt.

Lit.: R. STADELMANN, in: *Mél. Mokhtar*, 1985, 295–307; DERS., *Pyramiden*, 31–33; P. MUNRO, *Der Unas-Friedhof Nord-West*, *I*, 1993, 1; W. HELCK, *Untersuchungen zur Thinitenzeit*, 1987, 117 mit Anm. 12; W. KAISER, in: *Essays in Egyptology in honor of Hans Goedicke*, 1994, 113–123.

Nebsenreʿ

Thronname *Ihr Herr, ein Reʿ* des 15. Königs der 14. Dynastie nach dem Turiner Königspapyrus, für den eine Regierungsdauer von lediglich 5 Monaten und 20 Tagen vermerkt wird.

Lit.: BECKERATH, *Untersuchungen*, 265.

Nebuʿanchreʿ

Auf Skarabäen bezeugter Regent der 16. Dynastie, dessen Thronname *Mit goldenem Leben, ein Reʿ* bedeutet.

Lit.: BECKERATH, *Untersuchungen*, 138. 279.

Nebuweserreʿ

Nur auf Skarabäen bezeugter Name *Mit goldener (= strahlender) Stärke, ein Reʿ* eines Regenten der 16. Dynastie.

Lit.: BECKERATH, *Untersuchungen*, 138 f. 277.

Nechepsos → Nekauba

Necho I.

Herrscher von Sais, der von → Asarhaddon und, nach der Abwehr des → Taharqa, von → Assurbanipal als König über Sais und Memphis bestätigt wird. Manetho weist ihm acht Jahre zu (672–664 v. Chr.). N. unternimmt mit weiteren Fürsten des Deltas einen Abfallversuch von Assyrien, der zu einer Allianz mit Taharqa führen soll, aber niedergeschlagen wird. Da er für die assyrische Ägyptenpolitik benötigt wird, bleibt er unbestraft; sein Sohn, der spätere Begründer der 26. Dynastie, → Psammetich (I.), wird unter dem assyrischen Namen *Nabuschezibanni* als Fürst von Athribis eingesetzt. Als Klientelkönig Assyriens nimmt N. den Thronnamen *Mit bleibender Gestalt, ein Re ʿ* an, mit dem er auf einer Privatstele, einer Horusfigur und einem Skarabäus bezeugt ist. Selber ist er vermutlich ein Nachkomme des → Tefnacht und → Bokchoris. Nach Herodot (II 152) ist vielleicht davon auszugehen, daß er durch → Tanwetamani getötet wurde.

Lit.: *TIP* §§ 116–118; s. auch → Asarhaddon; Assurbanipal.

Necho II.

Sohn und Nachfolger → Psammetichs I., der im Sommer 610 v. Chr. den Thron besteigt (610–595 v. Chr.); er heißt: Horus *Mit erkennendem Herzen,* Nebti *Der Gerechtfertigte,* Gold *Geliebter der Götter,* Thronname *Mit erneuerndem Willen.* Seine Mutter ist vielleicht Mehitenusechet, eine Schwester die Gottesgemahlin des Amun, → Nitokris, als Gemahlin kann Chedebnetiretbinet angesehen werden. Kinder N.s sind sein Nachfolger → Psammetich II. und drei Prinzessinnen. Das dringendste Problem bei Regierungsantritt stellt der Untergang des assyrischen Reiches mit der Eroberung Ninives 612 durch Nabopolassar von Babylon dar. In Weiterführung der proassyrischen Politik seines Vaters versucht N., den unter Assuruballit II. am oberen Euphrat noch bestehenden assyrischen Reststaat als Pufferzone zu Babylon zu erhalten. Die ägyptische Truppe, die noch von → Psammetich I. zur Unterstützung des Assyrerkönigs nach Harran geschickt worden ist, muß sich mit ihm vor den anrückenden babylonischen Verbänden jedoch im Herbst 610 aus der Stadt zurückziehen. N. selber führt darauf 609 eine Armee nach Syrien. Dabei wird Josia von Juda, der sich der Armee mit einer eigenen Truppe bei Megiddo entgegenstellt, vernichtend geschlagen und getötet. Als neuen judäischen König setzte N. aus seinem Hauptquartier in Ribla am Orontes Josias Sohn Joachaz, ein Vierteljahr später Jojakim/Eljakim ein. Für vier Jahre besteht nun wieder eine formelle Oberherrschaft Ägyptens über Palästina. Mitte/Sommer 609 ist ein assyrisch-ägyptischer Vorstoß gegen Harran erfolgreich; sein Hauptquartier etabliert N. in Karkemisch. Nachdem im Jahre 606

Nabopolassar Kimuhu nahe Karkemisch plündert und besetzt, rückt das ägyptische Heer erneut vor, erobert Kimuhu zurück und besiegt bei Quramati die babylonische Armee, die zum Rückzug gezwungen ist. Schließlich kommt es 605 bei Karkemisch zu »einer der großen Schlachten des Altertums« (J. Oates), in der das babylonische Aufgebot unter dem Kronprinzen Nebukadrezzar unter schweren eigenen Verlusten das ägyptische Heer besiegt, das dann bei Hamath völlig aufgerieben wird. In Konsequenz fällt nun der palästinisch-syrische Raum an Babylon, wo Nebukadrezzar die Nachfolge seines Vaters antritt. Aus dieser Zeit stammt der aramäische Brief eines Stadtfürsten Adon (von Ekron?), der den ägyptischen König um Hilfe gegen das nahende babylonische Heer bittet.

601 erfolgt der babylonische Angriff auf Ägypten, den N. wohl an der Ostgrenze Ägyptens zurückschlagen kann; möglicherweise setzt er dem babylonischen Heer noch nach und erobert – nach Herodot – Gaza. Größere militärische Unternehmungen müssen nun jedoch unterbleiben; insbesondere in Juda mit Jerusalem, das 597 und endgültig 586 erobert wird (→ Apries).

Ein zweiter Schwerpunkt der Politik N.s sind Unternehmungen im Bereiche der Seefahrt, deren Absicht und genaue zeitliche Einordnung aber unklar sind, häufig jedoch als Reaktion auf seine Niederlage gegen Babylon erklärt werden. Neben militärischen Aspekten dürfte aber auch der Handel und dessen Sicherung (gegen Seeräuber im Roten Meer) entscheidend gewesen sein. Zwischen Nil und Rotem Meer, durch das Wadi Tumilat, wird mit der Anlage eines Kanals begonnen (Gründung von Per-Atum Tjeku = Pithom), der allerdings erst von → Dareios I. vollendet wird (→ auch Ptolemaios II.); auf dem Mittelmeer und dem Roten Meer stellt N. eine Flotte von Triremen auf. Ein 1972 in Elephantine gefundenes Fragment eines Granitblocks des N. zeigt einen Katalog von Schiffsbezeichnungen, die erhaltenen Reste der Inschrift reichen jedoch nicht aus, um eine militärische Expedition in den Süden zu postulieren (so D. B. Redford in LÄ). Am berühmtesten ist die angeblich von N. veranlaßte Umsegelung Afrikas durch Phönizier, deren Historizität umstritten ist. Bei den Skarabäen in Brüssel, die diese Unternehmung angeblich bestätigen, handelt es sich um eine moderne Fälschung. Militärische Operationen zur See etwa gegen die phönizische Küste sind nicht belegt. Plausibel ist aber eine vermehrte Zusammenarbeit mit den griechischen Staaten, die N. auch Söldner stellen; Herodot berichtet (II 159) von einem Weihgeschenk N.s an Apollo.

Denkmäler des Königs sind nur dürftig bezeugt (Bronzefigur, Sphinx; eine Vase aus Hierakonpolis; eine Stele aus Theben; das genannte Elephantine-Fragment), ebenso die Bautätigkeit (im Delta Bezeugung in

Buto, Kom el-Hisn, Kom abu-Billo, Letopolis; Ziegel mit seinem Namen in Karnak).

Kurz nach der Durchführung des Apis-Begräbnisses vom Mai 594 stirbt N.; Nachfolger wird → Psammetich II.

D. B. Redford beurteilt N. als »Mann von offensichtlicher Energie, obwohl vielleicht begrenzter Fähigkeit, dem es nicht gelang, sich in wichtigen strategischen Situationen durchzusetzen« (*LÄ 4,* 370).

Lit.: KIENITZ 20–25; G. VITTMANN, *Or 44* (1975), 375–387; C. MÜLLER, *MDAIK 31* (1975), 83 f.; A. SPALINGER, *SAK 5* (1977), 221–244; A. B. LLOYD, *JEA 63* (1977), 142–155; B. VAN DE WALLE, in: DERS. / L. LIMME / H. DE MEULENAERE, *La collection égyptienne (Mus. Royaux d'Art et d'Historie),* Bruxelles 1980, 81–92; T. G. H. JAMES, in: *CAH², III/2,* 1991, 677 ff.; auch *CAH², III/2,* 1991, 229 ff. (D. J. WISEMAN), 182 ff. (J. OATES), 390 ff. (T. C. MITCHELL); P. HÖGEMANN, *Das alte Vorderasien und die Achämeniden,* 1992, 197 ff.

Nedjemibre^ᶜ

Vom Turiner Papyrus als 11. Regent der 13. Dynastie aufgelisteter Herrscher mit dem Thronnamen *Mit angenehmem Herzen, ein Re*^ᶜ, der vermutlich kurz regiert hat (Krauss/Franke: um 1736 v. Chr.). Zwei dem König zugeschriebene Skarabäen aus der Region von Memphis bzw. Jericho oder Hebron sind sehr fragwürdig.

Lit.: BECKERATH, *Untersuchungen,* 41. 232; G. GIVEON, *RdE 30* (1978), 163–167; D. FRANKE, *Or 57* (1988), 268.

Neferefre^ᶜ

König der 5. Dynastie (um 2460/2455 v. Chr.), Sohn des → Neferirka³re^ᶜ, Nachfolger seines Vaters (M. Verner) oder des sehr kurz regierenden → Schepseska³re^ᶜ (so zuletzt J. von Beckerath, N. Grimal, J. Vercoutter). N. nennt sich Horus *Mit vollkommenen Erscheinungen,* Nebti *Vollkommen in Gestalt der beiden Herrinnen,* Goldname *Vollkommener Goldfalke,* Thronname *Er ist vollkommen, ein Re*^ᶜ, Eigenname *Isi.* Bei der Freilegung seines Pyramidenkomplexes *Göttlich ist die Macht des Neferefre*^ᶜ in Abusir durch eine tschechoslowakische Mission seit 1980 fanden sich u. a. wichtige Papyri aus der Tempelverwaltung, vergleichbar jenen aus dem Totentempel des Neferirka³re^ᶜ, Königsstatuen (Abb. 22), Gefangenenfiguren, dekorierte und beschriftete Täfelchen sowie Hunderte von Siegelabdrücken.

Die Regierung des Königs dürfte angesichts des früh abgebrochenen Baues der Pyramide kurz gewesen sein, offenbar nur 2–3 Jahre (M. Verner). Unklar ist daher, ob ihm ein Eintrag des Turiner Königspapyrus zugewiesen werden kann, der 7 Jahre nennt (so etwa J. Vercoutter). Nach seinem Tod wird Neferefre^ᶜ von seinem Nachfolger – entweder → Schepseska³re^ᶜ (so M. Verner) oder → Niuserre^ᶜ (J. von Beckerath,

Abb. 22: Neferefre^c. Statue aus dem Totentempel des Königs in Abusir (Ägyptisches Museum Kairo, JdE 98 171).

N. Grimal, J. Vercoutter) – in der schon vollendeten unterirdischen Grabkammer bestattet. Die erst angefangene Pyramide wird verkleidet, so daß sich eine Mastaba ergibt, und die dazugehörigen Bauten werden unter Niuserre^c ausgeführt und erweitert. Besonders zu erwähnen ist hier ein großer Hof und die erste Säulenhalle der ägyptischen Architekturgeschichte, aber auch das Schlachthaus für die zur Opferung vorgesehenen Stiere. Der Totenkult des Neferefre^c dauert unter → Djedka³re^c Asosi fort, um dann unter → Pepi II. zu versiegen und nur im Mittleren Reich kurz wieder aufgenommen zu werden. Ein Sonnenheiligtum des Königs ist inschriftlich bekannt, konnte aber noch nicht lokalisiert werden.

Lit.: M. VERNER, *BIFAO 85* (1985), 267–280 mit XLIV–LIX (Suppl. *BIFAO 86* (1986), 361–366); DERS., *BIFAO 85* (1985), 281–284; DERS., *RdE 36* (1985), 145–152; DERS., *BIFAO 87* (1987), 293–297; DERS., *Unearthing Ancient Egypt 1958–1988*, 1990, 33–38; . P. POSENER-KRIÉGER, in: *Ägypten – Dauer und Wandel*, 1985, 35–43; DIES., *MDAIK 47* (1991), 293–304.

Abb. 23: Neferhotep I. Sitzstatuette in Bologna (Museo Civico Archeologico, KS 1799).

Neferhotep I.

Der Nachfolger → Sebekhoteps III., der neben seinem Bruder → Sebekhotep IV. der »bedeutendste Herrscher der 13. Dynastie« (J. von Beckerath) ist und nach dem Turiner Königspapyrus etwas über 11 Jahre regiert (Krauss: 1705–1694 v. Chr.). Beide Brüder führt hintereinander auch die Königstafel von Karnak auf (ihre Namen nennt auch ein Block aus Karnak), doch herrscht zwischen ihnen kurzzeitig ein weiterer Bruder, → Saʾhathor. Die Familie des Königs ist durch die reiche Quellenlage besser bekannt als die anderer Herrscher der 13. Dynastie: Vater Neferhoteps I. ist ein Haʿanchef (dessen Mutter Senebtisi heißt), seine Mutter eine Kemi, seine Gemahlin Senebsen; an Kindern sind – benannt nach ihren Großeltern väterlicherseits – ein Prinz Haʿanchef und eine Prinzessin Kemi überliefert. N. nimmt bei der Thronbesteigung die Titulatur Horus *Gründer der beiden Länder*, Nebti *Der gerecht Richtende*, Gold *Mit bleibender Beliebtheit*, Thronname *Machtvolle Erscheinung, ein Re'* an. Offenbar residiert er nicht in Theben, sondern im Norden in Itjta³ui, der Residenz der 12. Dynastie.

Neben Zeugnissen der Königsplastik (Doppelstatue aus der Cachette von Karnak, Obsidianstatuette aus dem Fajjum, in das Heqa³ib-Heiligtum auf Elephantine gestiftete Statue; Abb. 23) sind verschiedene Inschriften von besonderer Bedeutung. In Abydos läßt N. in seinem zweiten Regierungsjahr das Götterbild des Osiris wiederherstellen und verfügt den Schutz der Nekropole von Abydos vor weiterer Belegung durch Gräber auf vier Stelen, die offenbar noch sein Vorgänger anfertigen ließ. Acht durch den »Königsbekannten« Neb'anch im Bereich des ersten Kataraktes ausgeführte Inschriften geben neben verschiedenen genealogischen Skarabäen Auskunft über die königliche Familie. Eine gewisse Präsenz N.s in Nubien ist durch eine Inschrift im Wadi Schatt er-Rigal und durch ein Steatit-Plättchen aus Buhen bezeugt. Intensivere Beziehungen zu Byblos (aber nicht sicher eine Oberherrschaft) beweist ein dort gefundenes Relief mit der Darstellung des thronenden Fürsten von Byblos Antin und der Nennung N.s (über dieses Dokument ergibt sich ein möglicher Synchronismus mit Babylonien). Aus Auaris (Tell el-Dab'a) stammen zwei Bronzescheiben mit der Darstellung Neferhoteps I., der vor dem Gott Month Wein opfert. Ob allenfalls die südliche Pyramide von Masghuna (vgl. → Chendjer), die durch ihre perfekte Ausführung besticht, N. (oder → Sebekhotep IV.) zuzuweisen ist, bleibt unklar.

Lit.: BECKERATH, *Untersuchungen,* 9. 27. 43. 53–59. 70–71. 74–76. 82. 86. 89. 93. 108. 243–245; R. DEWACHTER, *RdE 28* (1976), 66–73; M. BIETAK, *Avaris und Piramesse,* 1979, 273 u. pl. 35 b; L. HABACHI, *FS D. Dunham,* 1981, 77–81; DERS., *Elephantine IV: The Sanctuary of Heqaib,* 1985, I, 70 f. 115 f.; STADELMANN, *Pyramiden,* 255 ff.; R. D. DELIA, *BES 11* (1991/2), 5–21.

Neferhotep II.

König der 2. Hälfte der 13. Dynastie. Zwei seiner Statuen, die stilistisch in diese Zeit datieren, wurden in der Cachette des Karnaktempels gefunden. Sie nennen seinen Thronnamen *Geliebt an Macht, ein Re'*, der auch auf der Königstafel von Karnak aufgelistet wird. Im Turiner Königspapyrus erscheint nun derselbe Name als Thronname eines → Ined, der ebenfalls in die späte 13. Dynastie gehört. Es ist deshalb (mit J. von Beckerath) wahrscheinlich, in beiden Personen denselben König zu sehen, der bei seiner Thronbesteigung zu seinem ursprünglichen Thronnamen *Ined* hinzu den Namen ›Neferhotep‹ *Der Schöne ist zufrieden*, annahm (vgl. → Neferhotep III.). Nach dem Turi-

ner Papyrus regiert er 3 Jahre und 1 Monat (1651–1648 v. Chr. nach R. Krauss).
Lit.: BECKERATH, *Untersuchungen,* 27. 60. 67. 70. 254; D. FRANKE, *OR 57* (1988), 268.

Neferhotep III.

König der ausgehenden 13. Dynastie (um 1630 v. Chr. nach R. Krauss), dessen vollständige Titulatur wir von einer im 3. Pylon des Karnaktempels gefundenen Stele kennen. Sie lautet: Horus *Mit gedeihenden Erscheinungen,* Nebti *Groß an Kraft,* Goldname *Mit bleibender Beliebtheit* [zerstört], Thronname *Der Starke, ein Re ᶜ, der die beiden Länder belebt,* Eigenname *Der Schöne ist zufrieden* (Neferhotep). Der ursprüngliche Eigenname, den N. bei der Thronbesteigung durch diesen ergänzte, war offenbar *Der mit Schönem kommt* (Ijcherneferut).

Auf der genannten Karnakstele erscheint N. als Soldatenkönig, »von seinen Soldaten geliebt«, der seine von einer Notlage heimgesuchte Stadt Theben rettet und schützt. Entsprechend zeigt sich im oberen Register beidseits des von Month und Amun umgebenen Königs die bewaffnete und abwehrend nach außen gewendete Stadtgöttin von Theben. Möglicherweise kann man im Text einen Hinweis auf die Machtergreifung der Hyksos und den Abfall Nubiens sehen (P. Vernus). Besonders auffällig ist der kleinräumige Bezug – nur Theben, nicht Ägypten –, der durch die übrigen Bezeugungen N.s bestätigt wird: er ist über seine Stele hinaus nur noch auf der Stele eines Beamten aus Gebelein sowie durch die Usurpation von Kartuschen → Sebekhoteps III. in Elkab bezeugt, womit das unmittelbar südlich von Theben gelegene Gebiet nicht überschritten wird. Auf der Stele N.s wird zuerst in Ägypten die Blaue Krone erwähnt.
Lit: BECKERATH, *Untersuchungen,* 66–68. 259; P. VERNUS, *ASAE 68* (1982), 129–135 u. pl. I; N. DAUTZENBERG, *GM 140* (1994), 19–25; C. BENNETT, *GM 143* (1994), 21–28.

Neferibre ᶜ

Thronname *Mit vollkommenem Herzen, ein Re ᶜ* des im Turiner Papyrus und vielleicht zeitgenössisch durch einen Skarabäus bezeugten 23. Herrschers der 14. Dynastie.
Lit.: BECKERATH, *Untersuchungen,* 85. 267.

Neferirka³re ᶜ (I.)

3. König der 5. Dynastie, Nachfolger des → Sa³hure ᶜ, Vorgänger des → Schepseska³re ᶜ (nach M. Verner des → Neferefre ᶜ), der etwa 10 Jahre regiert (um 2475/65 v. Chr.). Er trägt die Titulatur: Horus *Mit mächtigen Erscheinungen,* Nebti *Der erscheint als die zwei Herrinnen* (bzw. *Mit den*

mächtigen Erscheinungen der beiden Herrinnen), Gold *Goldenster der Mächte*, Thronname *Mit schöner Gestalt und Ka, ein Reᶜ* und den Eigennamen (Kurzform des Thronnamens?) Kaᵌkaᵌi.

Die Verwandschaftsverhältnisse N.s im Übergang von der 4. zur 5. Dynastie sind äußerst umstritten. Nach der Erzählung des Papyrus Westcar über den Ursprung der 5. Dynastie (→ Userkaᵌf) und bisherigen archäologischen Funden setzte man bisher häufig zwei Königinnen Chentkaᵌus an, von denen die ältere mit dem singulären Titel »Mutter zweier Könige von Ober- und Unterägypten« Gemahlin des → Schepseskaᵌf und Mutter des → Saᵌhureᶜ und N.s gewesen sei, die jüngere die Gemahlin des N. (so zuletzt R. Stadelmann). Nach M. Verner ist dagegen die Existenz einer einzigen Königsmutter und Königin dieses Namens mit den genannten Söhnen (als deren Vater aber nicht Schepseskaᵌf gelten könne) plausibler, die unter N. einen Grabkomplex in Abusir erhielt. Vor dessen Vollendung gestorben, wäre sie zuerst in Giza bestattet und unter → Niuserreᶜ nach Abusir überführt worden. Daß Saᵌhureᶜ und N. Brüder sind, wird auch durch eine Darstellung N.s im Totentempel des Saᵌhureᶜ bestätigt. Söhne des Königs sind → Neferefreᶜ und → Niuserreᶜ.

Wichtige Beamten seiner Regierungszeit sind uns durch ihre Biographien und Grabbauten näher bekannt; gleichzeitig vermitteln sie Eindrücke von der Macht des Königs im Alten Reich. Der Hohepriester des Ptah von Memphis und spätere Schwiegersohn des → Niuserreᶜ, Ptahschepses (zu seiner Grabanlage → Niuserreᶜ), darf dem König die Füße küssen; ein Höfling Reᶜwer wird während einer Zeremonie von einem Stab des Königs berührt und stirbt daran nur deshalb nicht, weil der König ihm sofort »Heil« zuruft. Als Wesir ist ein Waᵌschptah belegt. Besonders bekannt durch die Reliefs seines Grabes ist der unter Niuserreᶜ gestorbene Ti, der »Oberfriseur« des Königs ist, zwei Pyramidenanlagen (des N. und → Neferefreᶜ) und vier Sonnenheiligtümern (des → Saᵌhureᶜ, N., → Neferefreᶜ und → Niuserreᶜ) vorsteht und über 100 Wirtschaftsdomänen beaufsichtigt.

Mit der Regierungszeit des N. enden die Annalen des Palermosteins; vermutlich werden sie unter seiner Regierung redigiert. Sie erwähnen etwa Stiftungen an sein Sonnenheiligtum. Für den Tempel des Chontamenti in Abydos erläßt N. ein Dekret.

Die Pyramide des Königs in Abusir namens *Ba-Seele des Neferirkaᵌreᶜ* ist zunächst als Stufenpyramide von 72 m Seitenlänge, 52 m Höhe und sechs Stufen geplant, wird jedoch dann zu einer richtigen Pyramide von 104 m Seitenlänge und 72 m Höhe erweitert. Der religiöse oder politische Grund für die ursprüngliche Bauform und den nachmaligen Wechsel ist unklar. Bei dem seit 1976 von einer tschechoslowakischen Mission

ausgegrabenen Pyramidenbezirk der Gemahlin des N., Chentka³us, läßt
sich feststellen, daß der Bau im 10. Jahr des Königs unterbrochen und
erst nach der unruhigen Zeit des → Neferefre' und → Schepseska³re'
durch → Niuserre' fertiggestellt wurde (weder ihr Sarkophag noch ihre
Bestattung fanden sich in der Grabkammer, nur eine sekundäre Bestattung aus späterer Zeit).

Der Komplex N.s wurde nicht vollendet; die Verkleidung der Pyramide
höchstens in den unteren Lagen ausgeführt. Die Grabkammer (in der sich
kein Sarg mehr befand) und der zu ihr führende Gang weisen ein Giebeldach zur Entlastung auf. Vom Totentempel N.s wurde nur der dem eigentlichen Totenkult des verstorbenen Herrschers dienende westliche Teil
in Stein gebaut, der östliche mit dem Durchgang vom Aufweg zum Säulenhof und dem Hof (mit Holzsäulen und Altar) sowie die Magazine
wurden aus Ziegeln hergestellt. Am Totentempel selbst befand sich auch
die Siedlung des Tempelpersonals, in der sich einige Reste von Schriftgut
fanden, die sogenannten *Abusir-Papyri,* – zusammen mit ähnlichen Dokumenten aus den Bezirken der Chentka³us und des → Neferefre' unsere
Hauptquelle für die Tempelwirtschaft des Alten Reiches.

Ein Taltempel wurde nicht erbaut; dagegen muß das noch nicht auf-
gefundene Sonnenheiligtum *Lieblingsplatz des Re',* das in den Quellen
der Zeit häufig erwähnt wird, sehr wichtig gewesen sein.

Lit.: M. VERNER, *SAK 8* (1980), 243–268; DERS., *BIFAO 87* (1987), 293–297 u.
pls. LIV/V; DERS., *Unearthing Ancient Egypt 1958–1988,* 1990, 34f.; DERS.,
MDAIK 47 (1991), 411–418 u. Tff. 61–63; STADELMANN, *Pyramiden,* 155f. 171–
174; J. P. ALLEN, in: *Studies in Pharaonic Religion and Society in Honour of
J. Gwyn Griffiths,* 1992, 14–20; A. SPALINGER, *SAK 21* (1994), 275–319.

Neferirka³re' (II.)

Thronname *Mit schöner Gestalt und Ka, ein Re'* des 17. Königs der
8. Dynastie nach der Königstafel von Abydos. Nach W. C. Hayes und F.
Gomaà wäre ihm der Horusname → Demedjibta³ui, *Der den Willen der
beiden Länder vereint* und damit das Koptosdekret, das an den Sohn des
Schema³i und Wesir Idi (→ Neferka³uhor Chuiuihapi) gerichtet ist, zuzuweisen. Dagegen gehört dieser Name nach J. von Beckerath zu
→ Wa³djka³re', nach H. Goedicke in die 9./10. Dynastie.

Lit.: H. GOEDICKE, *Königliche Dokumente aus dem Alten Reich* (ÄgAbh 14),
1967, 215; GOMAÀ, *Zwischenzeit;* 59; BECKERATH, *Handbuch,* 59.

Neferka³hor

11. König der 8. Dynastie, von dem nur der Thronname *Mit schönem
Ka³, ein Horus* (Rollsiegel, Königstafel von Abydos) bekannt ist.

Lit.: P. KAPLONY, *Die Rollsiegel des alten Reiches,* 1977/81, IIA, 435 u. Tf. 114.

Neferka³min
8. König der 8. Dynastie. Mit dem Thronnamen *Mit schönem Ka, ein Min*
ist er in der Abydosliste sowie (verlesen) in der Kopie dieser Tafel im
Tempel Ramses' II. in Abydos und auf einem Goldplättchen des British
Museum bezeugt.
Lit.: BECKERATH, *Handbuch,* 60 Anm. 5.

Neferka³min ʿAnu
13. König der 8. Dynastie, der den Thronnamen *Mit schönem Ka, ein
Min* trägt und den Eigennamen *Der Schöne.* Belegt ist er nur in der Königstafel von Abydos und vermutlich in einem zerstörten Eintrag des
Turiner Königspapyrus.

Neferka³reʿ I.
Nur in der Saqqara-Liste und dem Turiner Königspapyrus genannter
König der 2. Dynastie mit dem Namen *Mit vollkommenem Ka, ein Reʿ,*
dessen genaue Einordnung und Beziehung zu den anderen Königen der
Dynastie unklar ist (keine zeitgenössischen Denkmäler bekannt).

Neferka³reʿ II.
3. König der 8. Dynastie nach der Königstafel von Abydos. J. von Beckerath vermutet eine Verschreibung für → Wa³djka³reʿ.
Lit.: BECKERATH, *Handbuch,* 60 Anm. 3.

Neferka³reʿ III.
Im Turiner Königspapyrus belegter Regent der Herakleopoliten
(9./10. Dynastie). Umstritten ist, ob der in der biographischen Inschrift
des bedeutenden Gaufürsten ʿAnchtifi von Moʿalla genannte König
»Neferka³reʿ« mit N. oder einem anderen König gleichen Namens zu
identifizieren ist.
Lit.: GOMAÀ, *Zwischenzeit,* 32 f.

Neferka³reʿ → Mesochris

Neferka³reʿ A(...)
Möglicherweise ein Regent von Tanis während der 25. Dynastie, der auf
zwei Belegen zusammen mit → Psammetich I. genannt ist und dessen
Oberhoheit vielleicht nicht sogleich anerkannt hat. Er heißt Horus *Mit
göttlicher Erscheinung (?),* Thronname *Mit vollkommenem Ka, ein Reʿ*
und wird von K. A. Kitchen als Nachfolger von → Padibastet II. versuchsweise in die Jahre 665–657 v. Chr. gesetzt.
Lit.: *TIP* §§ 78 f. 357. 361; BECKERATH, *Handbuch,* 111, Anm. 15.

Neferka³reᶜ Chendu

6. König der 8. Dynastie, der nur in der Königstafel von Abydos belegt ist. Er trägt den Thronnamen *Mit vollkommenem Ka, ein Reᶜ* und den Eigennamen *Der Tretende.*

Neferka³reᶜ Nebi

4. Herrscher der 8. Dynastie. Nach den Inschriften von Sarkophag und Scheintür der Königin ᶜAnchenespepi in ihrem Begräbnis in einem Magazin der Pyramide der Iput in Saqqara war er ihr und → Pepis II. Sohn und hatte einen Pyramidenbezirk *Dauernd an Leben ist Neferka³reᶜ*, der jedoch sicher kaum über die Planung hinauskam. Sowohl der Thronname *Mit schönem Ka, ein Reᶜ* (identisch mit dem seines Vaters) als auch der Geburtsname *Beschützer* (?) sind zudem in der Abydosliste belegt.
Lit.: STADELMANN, *Pyramiden,* 202.

Neferka³reᶜ Pepisenebu

12. König der 8. Dynastie, der in der Abydosliste mit Thronname *Mit vollkommenem Ka, ein Reᶜ* (identisch mit dem → Pepis II.) und Geburtsname *Pepi ist gesund* sowie im Turiner Königspapyrus mit dem Thronnamen und dem Zusatz *Der Jüngere* (gegenüber Pepi II.) genannt ist.

Neferka³reᶜ Tereru

10. König der 8. Dynastie, der nur auf der Königstafel von Abydos mit dem Thronnamen *Mit vollkommenem Ka, ein Reᶜ* und dem Eigennamen *Der (von NN) Geachtete* belegt ist.
Lit.: W. BARTA, *ZÄS 116* (1989), 6 (zum Eigennamen).

Neferka³sokar

Herrscher (mit dem Thronnamen *Mit vollkommenem Ka, ein Sokar)* der 2. Dynastie, der wie → Neferka³reᶜ I. nur auf der Saqqara-Liste und dem Turiner Königspapyrus, nicht aber durch zeitgenössische Denkmäler bezeugt ist. Ein Rollsiegel mit dem Namen dieses Königs ist vermutlich nicht zeitgenössisch. N. genießt in der Spätzeit eine gewisse Popularität.
Lit.: P. KAPLONY, *Die Rollsiegel des Alten Reiches,* 1977/81, S. 1 f. und Tf. 1; BECKERATH, *Handbuch,* 50, Anm. 13; G. BURKARD, *SAK 17* (1990), 107–133.

Neferka³uhor Chuiuihapi (?)

16. König der 8. Dynastie mit dem Thronnamen *Mit vollkommenen Ka-Kräften, ein Horus* und dem Geburtsnamen *Apis (?) beschützt mich.* Aus der Regierungszeit des N. stammen jene *Koptosdekrete,* in denen die Ernennung des Schema³i zum Wesir und Vorsteher Oberägyptens und seines Sohnes Idi zu seinem Stellvertreter und Vorsteher der sieben süd-

lichsten Gaue erfolgt. Ein anderes Edikt gibt dem Schema³i die älteste Tochter des Königs, Nebet, zur Frau (von ihr ist die Scheintür, von Schema³i ein Naos erhalten; ein weiteres Dekret regelt ihren Totenkult). Der Herrscher trägt den Horusnamen *Mit göttlicher Macht.*
Lit.: GOMAÀ, *Zwischenzeit,* 57–60. 127.

Neferka³ureᶜ

Regent der 8. Dynastie in der Königstafel von Abydos. Möglicherweise ist ihm der Horusname *Erscheinung der Macht* zuzuordnen, durch den eines der Koptosdekrete (→ Neferka³uhor Chuiuihapi) datiert ist (so J. von Beckerath), doch könnte dieser Name auch zu → Wa³djka³reᶜ gehören (erwogen von W. C. Hayes, F. Gomaà).
Lit.: GOMAÀ, *Zwischenzeit,* 57; BECKERATH, *Handbuch,* 59.

Nefrusobek

Königin am Ende der 12. Dynastie,»die erste Frau auf dem Pharaonenthron« (E. Hornung), nachdem → Nitokris zeitgenössisch nicht belegt ist. Als Tochter → Amenemhe³ts III. und Schwestergemahlin → Amenemhe³ts IV. regiert sie nach dem Turiner Königspapyrus 3 Jahre, 10 Monate und 24 Tage (1763–1759 v. Chr.). Bei Manetho, der ihr vier Jahre zuschreibt, erscheint N. unter dem Namen *Skemiophris,* der aus einer falschen Lesung ihres Eigennamens (›Sobekneferu‹ statt ›Nefrusobek‹) entstanden ist. Sie trägt die Königsnamen: Horus *Geliebte des Re ᶜ,* Nebti *Tochter des Mächtigen,* Goldname *Mit beständiger Erscheinung,* Thronname *Ka des Sobek, ein Re ᶜ,* Eigenname *Die Schönheit des Sobek (von Krokodilopolis).*

An Denkmälern der Königin sind Statuen aus Tell ed-Dabᶜa, ein Architrav aus Herakleopolis, Baufragmente vom Totentempel ihres Vaters in Hawara und verschiedene Kleinobjekte (Plakette, Perle, Siegelzylinder) belegt. Eine Nilstandsmarke aus Semna in Nubien nennt ihr drittes Regierungsjahr.

Ob allenfalls die nur begonnene nördliche Pyramide von Masghuna, deren Oberbau nicht in Angriff genommen und deren Grabkammer nie benutzt wurde, N. zuzuweisen ist, wie vermutet wurde, kann nicht entschieden werden.
Lit.: I. MATZKER, *Die letzten Könige der 12. Dynastie,* 1986, 18 ff. 24. 2640. 50 f. 90. 94 ff.; S. AUFRÈRE, *BIFAO 89* (1989), 12 f.; STADELMANN, *Pyramiden,* 250 f.

Nehesi

Der neben → Merdjefa³reᶜ einzige der im Turiner Königspapyrus zur 14. Dynastie zusammengefaßten Könige, der bisher durch zeitgenössische Denkmäler faßbar ist. V. a. durch Neufunde aus dem Ostdelta

ist uns seine Herrschaft in den Grundzügen deutlich, Als »ältester Königssohn« seines Vaters, dessen Name im Turiner Königspapyrus verloren ist, erscheint er auf Skarabäen und errichtet einen Obelisken vor
dem Heiligtum des Seth von Ra³ahu (im Nordostdelta). Durch ein Ste-
lenpaar vom Tell Habwe, vermutlich Ort einer Festung am Beginn des
Horusweges bei den Bitterseen, kennen wir neben dem Geburtsnamen
Der Nubier den Thronnamen *Mit großem Rat, ein Reʿ*, der bisher isoliert
auf einem Pfeilerbruchstück aus Tanis genannt war und als Thronname
→ Chalmudis angesehen wurde (→ ʿA³sehreʿ). Auf diesem Fragment
ist auch die Mutter N.s, *Peret,* genannt. Das Objekt stammt ursprünglich sicher aus Auaris, so wie eine von N. und später → Merenptah usurpierte Sitzstatue des Mittleren Reiches von Tell el-Moqdam, auf der zum
erstenmal »Seth, der Herr von Auaris« genannt wird. Die Einrichtung
eines Sethkultes in Auaris unter Nehesi bzw. die Sethverehrung der
Hyksos wird häufig als der Bezugspunkt der berühmten 400-Jahr-Stele
→ Ramses' II. gesehen, die das Jubiläum des Sethkultes (unter Haremhab) zum Anlaß habe (anders H. Goedicke). Zwei Blöcke des Königs aus
Tell ed-Dabʿa könnten in Verbindung mit einem kanaanäischen Tempelbereich stehen.

Nach der Beurteilung der Sachlage durch M. Bietak kann man vielleicht in dem Vater des N. einen ägyptischen Verwalter oder Militär im
Nordostdelta sehen, der in diesem Bereich die Königsherrschaft usurpierte und als Residenz den etwas älteren Palast des → Harnedjheritef aus
der 13. Dynastie in Auaris wählte. Die Bevölkerung seines Kleinreiches
waren zumeist Leute aus dem palästinisch-syrischen Bereich, denen das
Reich einen Rahmen zu eigener politischer Geltung bot und letztlich die
Grundlage der Machtübernahme durch die Hyksos unter → Salitis darstellte.

Nach dem Turiner Papyrus ist N. der 2. König der 14. Dynastie, während ihn Ward in die mittlere Hyksoszeit setzt.

Lit.: M. BIETAK, *SAK 11* (1984), 59–75; DERS., *ÄuL 1* (1990), 9–16; BECKERATH,
Untersuchungen, 24. 82–85. 91. 152 f. 161 f. 220. 262 f.; M. ABD EL-MAQSOUD,
ASAE 69 (1983), 3–5 u. pls. I–II.; W. A. WARD, in: O. TUFNELL, *Studies on Sca-
rab Seals II/1,* 1984, 170 ff.; D. FRANKE, *Or 57* (1988), 262.

Nekauba

Auf dem Fragment einer spätzeitlichen Menat (ein Halsschmuck und
Musikinstrument) genannter, sonst unbekannter Thronname, der mit dem
Nechepsos Manethos, dem Vorgänger von → Necho I., identifiziert wird.
Nach Manetho hat er 6 Jahre regiert, wobei diese Zahl nach Kitchen in
›16‹ zu verbessern ist (688–672 v. Chr.). Möglicherweise ist N. ein auf
Skarabäen bezeugter Geburtsname → *Menibreʿ* bzw. *Iriibreʿ* zuzuweisen

(→ Stephinates). Er ist als lokaler Regent von Sais vor der eigentlichen 26. Dynastie anzusehen.

Lit.: *TIP* §§ 117f. 351. 356, Tf. 4. *4; J. D. RAY, *JEA 60* (1974), 255f.

Nektanebis (Nechtnebef; Nektanebos I.)

Begründer der 30. und letzten einheimischen Dynastie Ägyptens, der → Nepherites II. als legitimen Nachfolger des → Achoris absetzt und von 380–363 v. Chr. regiert. Er nimmt folgende Titulatur an: Horus *Mit starkem Arm*, Nebti *Der die beiden Länder trefflich macht*, Gold *Der tut, was den Göttern beliebt*, Thronname *Mit gestaltetem Ka, ein Re ʿ*, Eigenname *Der Starke seines Herrn*. Er ist Vater seines Nachfolgers → Tachos und des Generals Tjaʾhapimu; über den letzteren Großvater → Nektanebos (II.). Als seine Gemahlin wird gewöhnlich Udjaschu betrachtet (H. de Meulenaere; A. Spalinger), die jedoch von K. P. Kuhlmann als Frau des Generals Tjahapimu angesehen wird, während er als Königin aufgrund einer Inschrift aus der Felskapelle des → Aja in Achmim eine Griechin Ptolemais vermutet. Als Vater N.s' ist ein Oberheerführer Djedhor aus Sebennytos bekannt; nach der *Demotischen Chronik* stammt der König wohl von → Nepherites I. ab.

Die Innenpolitik ist geprägt von einer intensiven Bau- und Stiftungstätigkeit im ganzen Land. Von Nord nach Süd ist N. u. a. bezeugt in: Naukratis (Stele: Krönung in Sais, Steuern und Zölle von Naukratis gehen nicht an den Staat, sondern den Neithtempel), Saft el-Henneh (Bau des Sopdu-Tempels; Granitnaos; Königsstatue), Baklieh (zwei liegende Löwen aus dem Thottempel von Rehuj; Königsstatue), Tanis (Tempelbau), Letopolis (Horustempel), Mendes (Naos für den Bock von Mendes) und in weiteren Orten des Deltas, z. T. verschleppt (Sarkophagbruchstücke; Objekte aus Ostdelta; Königsstatue aus Sebennytos; Naos für Neith ev. aus Sais; Blöcke von Atumtempel aus Rosette/Alexandria); Tura (Steinbruchinschriften; ebenso in Masara und im Wadi en-Nachle), Memphis (Serapeumstelen), Hermopolis magna (Stele mit Nennung der Bauten und Stiftungen der Jahre 4–8; Sphinxtor; Königsstatuen), Hermopolis parva (Thottempel), Oase el-Charga (Wiederherstellung des Hibis-Tempels), Abydos (Grundstein eines Tempels, Naos), Dendera (Darstellungen im Sanktuar des älteren Geburtshauses), Moʿalla (Kapelle), Medamud (zwei Sphingen), Koptos (Sandsteinstele im Bereich des Isistempels); Karnak (1. Pylon; Ziegelumwallung des ganzen Tempelbezirks; sog. Tor des Nektanebos im Osten), Luxor (Sphinxallee), Medinet Habu, Elkab (Reliefs), Edfu (große Landschenkungen nach einer Inschrift → Ptolemaios' X.), Elephantine (Tor des Chnumtempels), Philae (Isistempel). Hinzu kommen Objekte unsicherer Herkunft (Königsstatuen im Vatikan; Sandsteinsphinx im Louvre u. a.). Die ausgeprägte Bau- und Religionspolitik, die auf die große Vergangenheit Bezug nimmt, ist sicher auch als politisches Mittel zu verstehen, das dem Zusammenhalt des Staates dient. Nochmals auf »dem Höhepunkt seiner Macht« (F. K. Kienitz), kann Ägypten der Bedrohung durch das Perserreich ein letztes Mal begegnen, auch nachdem der von → Achoris zu N. übergelaufene athenische Feldherr Chabrias auf persischen Druck hin nach Athen zurückkehrt. Im Frühjahr 373 beginnt das persische Heer und die Flotte von Akko in Palästina aus unter der Führung von Pharnabazos und dem griechischen Söldnerführer Iphikrates den Anmarsch auf Ägypten, das v. a. im Ostdelta starke Verteidigungsanlagen errichtet. Zwar kann das persische Heer beim mendesischen Nilarm einfallen, der ägyptische Gegenangriff, Uneinigkeiten in der persischen Armeeführung und die einsetzende Nilflut führen aber zum Rückzug des persischen Heeres. Der große Satrapenaufstand der westlichen Provinzen des Perserreiches in den 360er Jahren führt zu einer völlig veränderten Lage; Ägypten unterstützt nun konkret etwa die kleinasiatischen Griechen, Sparta und Athen. Als vermutlicher Mitregent N.s ist hier schon → Tachos federführend, der 363 nach dem Tod N.s die Herrschaft übernimmt. Unbekannt ist der Ort des Begräbnisses N.s, von dem jedoch Teile des Sarkophages und Uschebtis erhalten sind.

Wesir des Königs ist Harsiese; die meisten anderen führenden Beamten sind unbekannt.

Die Beurteilung des Königs und der 30. Dynastie ist gespalten. Während etwa W. Wolf (*Das Alte Ägypten*, ²1978, 177) die Denkmäler als »einen unüberhörbaren Schlußakkord« ansieht, geben nach E. Otto (*Ägypten. Der Weg des Pharaonenreiches*, 1953, 249) »diese unzulänglichen Dynasten (. . .) ein durchaus unerfreuliches Bild«.

Lit.: KIENITZ, 89–95; K. P. KUHLMANN, *MDAIK 37* (1981), 267–279; D. DE-VAUCHELLE, *ASAE 69* (1983), 169 ff.; M. A. NUR EL-DIN, *MDAIK 43* (1987), 211–213 u. Tf. 27; P. GALLO, *BIFAO 90* (1990), 223–228, pl. VII f.; G. SHRIMP-TON, *Phoenix (Toronto) 45* (1991), 1–20; K. MYŚLIWIEC, *MDAIK 47* (1991), 263–268; G. T. MARTIN, in: *The Unbroken Reed, FS A. F. Shore*, 1994, 205 ff.

Nektanebos (II.) (Nechtharehbo)

Letzter König der 30. Dynastie (360–343 v. Chr.) vor der zweiten Perserherrschaft, Neffe und – durch den Verrat seines Vaters Tjahapimu – Nachfolger des → Tachos. Dank der Unterstützung des Agesilaos von Sparta und seiner Truppen kann N. einen uns namentlich nicht bekannten Gegenkönig aus Mendes ausschalten. Er nimmt folgende Titulatur an: Horus *Der die beiden Länder liebt(, der Ägypten beschützt),* Nebti *Der das Herz der Götter zufriedenstellt (, der den Fremdländern nahekommt),* Gold *Der die Gesetze bestehen läßt (, der die Neun Bogen [die Feinde Ägyptens] schlägt),* Thronname *Der das Herz erfreut, ein Re' (, den*

Hathor/Onuris erwählt hat), Eigenname *Der Starke des Horus von Hebit* (Beit el-Hagar). Die griechische Form seines Eigennamens, ›Nektanebos‹, ist dem Namen des → Nektanebis nachgebildet, entspricht aber nicht der ägyptischen Lautung.

Ein knappes Jahrzehnt ohne Gefährdung verbleibt N., während das Perserreich mit der Wiederherstellung von Loyalität in Kleinasien beschäftigt ist. 351/50 unternimmt → Artaxerxes III. Ochos einen erneuten Versuch zur Unterwerfung Ägyptens, der wieder fehlschlägt. Der Eindruck dieser Niederlage des persischen Großkönigs ist gewaltig (Reden von Isokrates und Demosthenes); als unmittelbare Folge fallen die phönizischen Städte unter Führung von König Tennes von Sidon von Persien ab und schließen ein Bündnis mit Ägypten, ebenfalls die zypriotischen Fürsten. Die Gelegenheit zu einer erneuten Oberhoheit wie unter → Tachos ergreift N. jedoch nicht; er entsendet Tennes von Sidon lediglich 4000 griechische Söldner. Wirtschaftliche und innenpolitische Gründe, aber auch die Struktur der ägyptischen Armee (entscheidend sind griechische Truppen unter griechischen Kommandanten) verunmöglichen größere militärische Engagements außerhalb Ägyptens.

Nach anfänglichen Erfolgen der Aufständischen kann Artaxerxes III. sowohl Zypern als auch Phönizien bis 343 wieder in sein Reich einbinden. Nach der Katastrophe der Stadt Sidon, die von Tennes selber an Persien verraten wird, gelingt den persischen Verbänden im Winter 343/42 die Besetzung des Deltas, schließlich Mittel- und Oberägyptens, während N. nach Unternubien flieht. Ein General Psammetich scheint in diesem historischen Kontext Elkab durch den Bau der großen Tempelumwallung zu einer Festung umgebaut zu haben.

Die Baupolitik N.s ist, wie jene seines Vorvorgängers, gewaltig. Von Nord nach Süd ist er bezeugt in: Pithom, Quantir, El Tawila, Saft el-Henneh, Bubastis (Halle zum Tempel; »magischer Naos«; Königsstatuen; Schrein für Harsaphes und Bastet), Horbeit und Bilbeis (Tempelbau), Sebennytos (Tempel des Onuris-Schu; Naos), Behbet el-Hagar (Isistempel; Sphinxfragment), Athribis (Altar) sowie an weiteren Orten des Deltas (Sarkophag sekundär in Alexandria; zwei Balsaltobelisken); in der Oase el-Charga (Erneuerung des Hibis-Tempels), in Siwa (Tempel), Heliopolis (Altar; Statuen), Memphis und Saqqara (Serapeumstelen; Tempel; Löwenfiguren), Tura und Masura (Steinbruchinschriften; auch im Wadi Hammamat), Herakleopolis magna (Granitschrein), Abusir el-Meleq (Tempel für Ptah, Sokar, Osiris), Hermopolis (Granitnaos für Thot; Block), Abydos (Verbot des Steinebrechens am heiligen Berg von Abydos; zwei Naoi), Koptos (Tor; Granitobelisk; Statue; Opfertafel), Karnak (Monthtempel; Propylon; kleiner Amuntempel westlich des Monthtempels; Eingang des Tordurchgangs; Restauration des Chonstempels; Tempel östlich vom Muttempel), Elkab (Restauration und Tempelbau; große Umfassungsmauer), Armant (Tempel; erstes Begräbnis des Buchisstieres), Edfu (große Landschenkungen an den Horustempel; Granitnaos), Elephantine (Neubau des Chnumtempels; Naos). An weiteren Denkmälern sind verschiedene Statuen und Uschebtis zu nennen.

Die Legende vom *Trug des Nektanebos* im Alexanderroman macht → Alexander den Großen zum Sohn N.s als des letzten einheimischen Pharaos.

Lit.: KIENITZ, 97–107; T. HOLM-RASMUSSEN, *GM 26* (1977), 37–42; *AcOr 40* (1979), 21–25; E. BRESCIANI, *JANES 16–17* (1984–85), 19 ff.; H. DE MEULENAERE, *CdE 61* (1986), 203–210; V. RONDOT, *BIFAO 89* (1989), 249–270; Z. SZAFRAŃSKI, *GM 112* (1989), 65 f.; P. GALLO, *BIFAO 90* (1990), 223–228 u. pl. VII f.; Trug des Nektanebos: W. CLARYSSE, in: K. R. VEENHOF (Ed.), *Schrijvend verleden,* 1983; L. KOENEN, *The Dream of Nektanebos,* BASP 22 (1985); H. JENNI, *Das Dekorationsprogramm des Sarkophages Nektanebos' II.* (1986); DIES., Die Dekorationsfragmente vom Chnumtempel Nektanebos' II. auf Elephantine, Diss. Basel (1992); A. SPALINGER, *SAK 19* (1992), 295–304; C. C. VAN SICLEN III, in: *Essays in Egyptology in honor of Hans Goedicke,* 1994, 321–332.

Nepherites I.

Begründer der 29. Dynastie, der »vier Könige von Mendes« des Manetho, mit der Titulatur (die auf die 26. Dynastie zurückweist): Horus *Mit großem Verstand,* Gold *Erwählter der Götter,* Thronname *Ba-Seele des Reʿ, Geliebter der Götter,* Eigenname *Seine Großen (Ahnen?) sind dauerhaft.* Im Herbst des Jahres 399 ergreift er die Herrschaft; nach einem aramäischen Papyrus (Pap. Brooklyn 13) soll er → Amyrtaios gefangen und hingerichtet haben, worauf er sich in Memphis oder Sais krönen läßt und dort oder in Mendes selber residiert. Außenpolitisch unterstützt er Sparta im Krieg gegen Persien und liefert 500 000 Scheffel Getreide und die Ausrüstung für 100 Trieren; es erfolgt jedoch keine militärische Unternehmung. Innenpolitisch ist v. a. seine Bautätigkeit bezeugt. In Mendes selber (heute Tell er-Rubʿa, Tell Timai) wurde schon 1869 ein Uschebti des Königs zusammen mit weiteren spärlichen Resten einer Bestattung in einem in einen äußeren Kalksteinsarkophag eingelassenen inneren Sarkophag aus schwarzem Granit gefunden (vermutlich das Begräbnis des N.). Aus dem Ort stammen aber auch das Fragment eines Granittores und Blöcke eines Thottempels. Aus Buto ist eine Statue des Königs bekanntgeworden. Ursprünglich vielleicht aus Memphis stammt ein Basaltsphinx (jetzt im Louvre). In Mittel- und Oberägypten ist N. v. a. in Karnak bezeugt (vielleicht Baubeginn der Kapelle des → Achoris; Opfermagazine im Süden des Heiligen Sees; verschiedene Blöcke) sowie durch einen im Weißen Kloster von Sohag verbauten Naos. Ein Priester einer Statue des N. ist aus Achmim bekannt. In seine Regierungszeit datiert sind nur private Denkmäler, so vier Serapeumstelen aus Saqqara (woher auch eine Fayenceplakette stammt; Jahr 2) und eine Mumienbinde mit demotischer Aufschrift (Jahr 4).

Vielleicht stammt → Nektanebis, der Begründer der 30. Dynastie, letztlich von N. ab.

Lit.: KIENAST, 79 f.; C. TRAUNECKER, *BIFAO 79* (1979), 395–436; G. GABRA, *SAK 9* (1981), 119–123; W. CLARYSSE, *CdE 69* (1994), 215 ff.; *Amarna Temple Project Newsletter 4* (1994) u. *5* (1995).

Nepherites II.

Letzter König der 29. Dynastie, vermutlich der Sohn des → Achoris und sein Nachfolger, Enkel von → Nepherites I. N. kann sich gegen → Nektanebis (Nektanebos I.) nur vier Monate lang (Juni/Juli–September/Oktober 380 v. Chr.) behaupten. Zeitgenössische Denkmäler dieses Herrschers existieren nicht, doch wird er von Manetho und der »Demotischen Chronik« aufgeführt.

Lit.: KIENAST, 88 f.; C. TRAUNECKER, *BIFAO 79* (1979), 395–436.

Nero

Lucius Domitius Ahenobarbus, römischer Kaiser (54–68 n. Chr.; Nero Claudius Caesar Augustus Germanicus), geboren am 15. Dezember 37 n. Chr. in Antium als Sohn des Gnaeus Domitius Ahenobarbus und der Iulia Agrippina, im Jahre 50 n. Chr. von → Claudius adoptiert, dessen Tochter Octavia er 53 n. Chr. heiratet. Nach der Ermordung des Claudius durch Iulia Agrippina wird er am 13. Oktober 54 n. Chr. zum Kaiser erhoben. Während die ersten fünf Jahre seiner Regierung dank seinem Erzieher Seneca und dem Einfluß des Prätorianerpräfekten Afranius Burrus eine glückliche Zeit sind, kommt danach die pathologische Natur N.s zu immer stärkerer Geltung. Schon 55 läßt er seinen Halbbruder Britannicus ermorden, 59 seine Mutter Agrippina, 62 seine Frau Octavia, an deren Stelle er Poppaea Sabina heiratet. In dasselbe Jahr fällt der Tod des Afranius Burrus, den Ofonius Tigellinus als neuer Prätorianerpräfekt ablöst. Die wirtschaftliche Lage verschlechtert sich durch die Verschleuderung der Staatsfinanzen (auch in Ägypten ist eine Wirtschaftskrise feststellbar), während der Kaiser für die Bevölkerung große Zirkusspiele abhalten läßt und sich dadurch große Popularität sichert.

Außenpolitisch bildete der Streit mit dem Partherreich um Armenien einen Hauptbrennpunkt. Der Feldherr Gnaeus Domitius Corbulo kann im Jahre 55 eine erste Einigung erreichen und nach einem Sieg über den Partherkönig Vologaeses I. im Jahre 59 Tiridates als Klientelkönig einsetzen. Schließlich einigt man sich 63 n. Chr. auf einen römischen Vasallenstaat Armenien unter dem Parther Tiridates. In diese Jahre gehören auch weitere politische Schritte in diesem Gebiet (64 n. Chr. wird das Königreich Pontos römische Provinz; Bündnis mit den Hyrkanern am Kaspischen Meer; Feldzug in den Kaukasus geplant). 61 n. Chr. kann ein Aufstand in Britannien niedergeschlagen werden. Im Jahr 66 bricht der jüdische Aufstand aus (→ Vespasian).

Den Brand Roms, der in der Nacht von 18. auf den 19. Juli 64 n. Chr. ausbricht und in über einer Woche Dauer mehr als die Hälfte der Stadt zerstört, lastet der Kaiser den Christen an (hier erscheint ihr Name zum ersten Mal in den Quellen), die auf brutale Weise verfolgt werden. Gleichzeitig aber gibt der Brand N. die Gelegenheit zur Verwirklichung seiner großen Bauprojekte, insbesondere des *Goldenen Hauses* (Domus aurea). Im Frühjahr 65 wird eine Verschwörung der römischen Opposition unter C. Calpurnius Piso aufgedeckt, Hinrichtungen und Verbannungen sind die Folge (Seneca wird zum Selbstmord gezwungen). Eine weitere Verschwörung scheitert 66; die Oberkommandierenden der Armeen an der Rheingrenze und der in Armenien so erfolgreiche Domitius Corbulo werden zum Selbstmord gezwungen.

Nach dem Tod seiner zweiten Frau, Poppaea Sabina (die N. einbalsamieren läßt), im Frühsommer 65 heiratet N. Statilia Messalina, deren Mann zum Selbstmord gezwungen wird.

N. selber wird mit verschiedenen Göttern gleichgesetzt; er fühlt sich als Künstler und Wettkämpfer (Organisation der *Neronia* 60 und 65; Kunstreise nach Griechenland 66 n. Chr., das er im Jahre 67 für frei erklärt).

Das Ende N.s beginnt mit dem Abfall des Statthalters der Gallia Lugdunensis, Caius Iulius Vindex, im März 68, dem sich → Galba sowie die Statthalter Lusitaniens und Africas anschließen. Nach der Anerkennung Galbas durch den Senat am 8. Juni 68 n. Chr. nimmt sich N. am 9. Juni das Leben.

In Ägypten trägt N. den Horusnamen *Mit kräftigem Arm, der die Fremdländer schlägt, reich an Kraft, der Starke Ägyptens, König der Könige, der Erwählte des großen Nun.*

An zahlreichen Orten Ägyptens wird unter Nero gebaut bzw. dekoriert: Dendera (Säulenvorhalle; Außenwände; Osttor; Baubeginn des römischen Geburtshauses), Oase el-Dachla/Dêr el-Hagar (Amun-Reʿ-Tempel), Hermopolis magna (Restauration des Tempels Ramses' II.), Kom Ombo (innerer Umgang), Koptos, Philae (Westkolonnade des Isistempels), Tehna (Amuntempel), Karanis (Petesuchos-Pnepheros-Tempel). Zwischen 61 und 63 n. Chr. läßt N. eine Expedition zur Unterwerfung des Reiches von Meroë durchführen, das von Natakamani und Amanitore beherrscht wird (Einsetzung des Sorakarora/Amanisalache als Gegenkönig?).

Lit.: O. MONTEVECCHI, in: *Neronia 1977,* 1982, 41–54; E. CIZEK, *Néron,* 1982; M. T. GRIFFIN, *Nero. The End of a Dynasty,* 1984; M. P. CESARETTI, *Nerone e l'Egitto,* 1989; DIES., in: *Studi in onore di Edda Bresciani,* 1985, 119–125; DIES., *Aegyptus 64* (1984), 3–25; DIES., *DE 5* (1986), 17–26; L. GERACI, *Aegyptus 70* (1990), 97 ff.; M. DE NARDIS, *Aegyptus 69* (1989), 123–152; GRENIER, *Titulatures,* 31–35. 91 f.; M. ZACH, *BzS 5* (1992), 165–178; DERS., *GM 136* (1993), 89–98; V. RUDICH, *Political Dissidence under Nero,* 1993; *Reflections of Nero,* ed by J. ELSNER / J. MASTERS, 1994.

Nerukareᶜ

Sonst unbekannter Thronname auf einem von R. Lepsius 1843 in Kairo erstandenen, angeblich aus den thebanischen Königsgräbern stammenden und seither verschollenen Stelenbruchstück, der seit Lepsius der 13. Dynastie zugeordnet und mit einem der Könige dieser Zeit zu identifizieren versucht wird. Wahrscheinlich lautet die unsicher gelesene Kartusche aber eher auf einen anderen Namen, etwa den des → Chendjer (so L. Gabolde), so daß ein König *N.* nie existiert hat.

Lit.: BECKERATH, *Untersuchungen,* 40. 44. 52 f. 239 f.; L. GABOLDE, *BIFAO 90* (1990), 213–222.

Nerva

Marcus Cocceius Nerva, römischer Kaiser (Imperator Nerva Caesar Augustus), geboren am 8. November 30 n. Chr. in Narnia in Umbrien als Sohn des M. Cocceius Nerva und der Sergia Plautilla. Am 18. September 96 n. Chr. wird er zum Kaiser erhoben. Ende Oktober 97 adoptiert er → Trajan. N. kann die Staatsfinanzen ordnen und vollendet das von → Domitian begonnene Forum. Er stirbt aber schon am 27. Januar 98 n. Chr. in Rom. In Ägypten ist er in Assuan (Isistempel), Esna (Chnumtempel) und Hu/Diospolis parva bezeugt.

Lit.: KIENAST, *Kaisertabelle,* 120 f.; J.-CL. GRENIER, *Titulatures,* 43 f.

Nesachbit

Vermutlich Regent in Mendes, Vater → Harnachts I. (nach K. A. Kitchen etwa 830–810 v. Chr.).

Lit.: *TIP* § 306, Tf. 22.

Netjerika³reᶜ

Thronname *Mit göttlichem Ka*³, *ein Re*ᶜ des nach der Tafel von Abydos ersten Königs der 8. Dynastie.

Lit.: *BM Quarterly 24,* 38 (nach BECKERATH, *Handbuch* 58; mir nicht zugänglich).

Niheb

Prädynastischer unterägyptischer König, der in der obersten Zeile des Palermosteins genannt wird; sein Name scheint »der zum Pflug gehörige« zu bedeuten (mit P. Kaplony; → Seka³).

Lit.: P. KAPLONY, *Die Inschriften der ägyptischen Frühzeit,* 1963, 524.

Nika³reʿ I.
Thronname *Der zum Ka gehört, ein Reʿ* des in der Königstafel von Abydos aufgelisteten 9. Königs der 8. Dynastie.

Nika³reʿ II.
Nur auf Skarabäen belegter Kleinkönig der 16. Dynastie.
Lit.: BECKERATH, *Untersuchungen,* 138. 277.

Ninetjer
3. König der 2. Dynastie (um 2810 v. Chr.), Nachfolger des → Nebreʿ, Vorgänger vielleicht des → Sened (zur Problematik vgl. → Peribsen, → Wenegnebti). Sein Horus- und Thronname *Der zum Gott gehörige* erscheint in etwas verfälschter Form auch in den Königslisten und bei Manetho, der ihm 47 Regierungsjahre zuweist. Auf dem Palermostein sind die Jahre 6–20 erhalten, auf dem Kairener Fragment dazu wohl die Jahre 36–44. Genannt werden – neben bestimmten Festen (Apislauf, Barkenfest) – regelmäßig die Steuererhebung (Horusgeleit), im 7. Jahr vielleicht der Baubeginn der Grabanlage, im 13. Jahr die Gründung königlicher Domänen zur Versorgung des Totenkults. Im 14. Jahr bleibt die Nilüberschwemmung aus.

Die Grabanlage N.s ist nach dem Fund von Siegelabrollungen vermutlich in einer der unterirdischen Galerien unter dem Unasaufweg wiederzuerkennen (→ Nebreʿ). An Denkmälern des N. ist eine Statuette zu nennen, dazu sind Siegelabrollungen (Giza, Saqqara, Heluan) und Gefäßaufschriften (Abydos; Magazine der Djoserpyramide) bekannt. Drei große Gräber seiner Regierung – das größte dasjenige des Würdenträgers Ruaben – liegen in Saqqara. Ninetjer ist der letzte bedeutende Herrscher vor der Teilung des Reiches (→ Peribsen).
Lit.: R. STADELMANN, in: *Mél. Mokhtar,* 1985, 295–307; DERS., *Pyramiden,* 31–33; W. HELCK, *Untersuchungen zur Thinitenzeit,* 1987, 165 f.; J. VERCOUTTER, *L'Egypte et la vallée du Nil,* 1992, 225 f; E. GRAEFE, *MDAIK 50* (1994), 85–89; W. KAISER, in: *Essays in Egyptology in honor of Hans Goedicke,* 1994, 113–123.

Nitokris
Legendäre Königin (*Neith ist vortrefflich*), die von der späteren Zeit (Turiner Königspapyrus, Manetho) an das Ende der 6. Dynastie gesetzt wird, von der aber keine zeitgenössischen Denkmäler bekannt sind. Ihre geschichtliche Existenz, an der gegenwärtig im allgemeinen festgehalten wird (zuletzt etwa J. von Beckerath, N. Grimal, J. Vercoutter; anders H. Goedicke) kann daher vorläufig nicht untermauert werden. Nach Herodot soll N. ihren ermordeten Bruder Merenreʿ gerächt und danach Selbstmord begangen haben, eine Angabe, die ebenso in das Reich der Legende gehört wie die Zuschreibung der Erbauung der Pyramide des

→ Mykerinos an sie. Der Turiner Papyrus gibt ihr als Nachfolgerin des Merenreʿ → ʿAntiemsaʾf II., als dessen Gemahlin sie in der Forschung teilweise angesehen wird, eine Regierungszeit von zwei Jahren, einem Monat und einem Tag, Manetho 12 Jahre, Eratosthenes 6 Jahre (um 2180 v. Chr.?). Verschiedentlich wurde versucht, sie mit inschriftlich bezeugten Personen zu identifizieren (mit der Königin Neith, der Gemahlin → Pepis II.; mit dem König → Menkaʾreʿ; mit → Netjerikaʾreʿ) und einen historischen Kern der Nitokrislegenden zu finden (Restaurierungsarbeiten der 6. Dynastie an der Mykerinospyramide; Namensähnlichkeit von ›Menkaʾureʿ‹ [Mykerinos] mit dem – angeblich mit Nitokris identischen – Menkaʾreʿ), doch bleibt dies ohne neue Funde äußerst spekulativ. Lit.: C. COCHE-ZIVIE, *BIFAO 72* (1972), 116–138.

Nitokris I.
Tochter → Psammetichs I., die der König in seinem 9. Jahr (656) als Gottesgemahlin des Amun in Theben einsetzt (656–586) und von → Schepenupet II. – und der als Nachfolgerin vorgesehenen → Amenirdis II. – adoptieren läßt (Darstellung von Psammetich, Schepenupet II. und N. zusammen in einem Relief im Wadi Gasus). Diese Einsetzung erfolgt nach dem Bericht der Nitokris-Stele nach einer feierlichen, von → Sematauitefnacht befehligten Fahrt von Sais nach Theben, doch hat W. Helck aufgrund der sehr kurzen Fahrtdauer vermutet (→ Psammetich I.), daß es sich in Wahrheit um einen militärischen Überfall handelte. Die Ankunft der Nitokris ist bildlich dargestellt (sog. Piʿanchi-Blöcke). Lit.: *TIP* §§ 121. 139. 143. 200. 204f. 363f., Tf. 11, 13 B; E. GRAEFE, *MDAIK 50* (1994), 85–99.

Nitokris II.
Tochter des → Amasis, Hohepriesterin des Amun in Theben als Nachfolgerin der → ʿAnchnesneferibreʿ (ab 525). Lit.: *TIP* §§ 365 n. 951; Tf. 13 A.

Niumateped (1)
Häuptling der Libyer im Westdelta, der im 10. Jahr eines Königs → Scheschonq (I.?; 936?) eine Schenkungsstele stiftet. Der Name ist nach Graefe vielleicht korrekter *Namiltped* zu lesen. Lit.: *TIP* §§ 249 u. n. 278; Tf. 21 A; E. GRAEFE, *Armant 12* (1974), 3–9; DERS., *Enchoria 5* (1975), 13–17; H. JACQUET-GORDON, *BiOR 32* (1975), 359.

Niumateped (2)
Häuptling eines Fürstentums der Libyer im westlichen Delta, ein Nachfolger des → Inamunnajefneb, Vorgänger des → Titaru, bezeugt durch

eine Schenkungsstele aus dem 8. Jahr → Scheschonqs V. (Regierungszeit nach K. A. Kitchen etwa 770–758 v. Chr.).
Lit.: *TIP* § 311, Tf. 21 A.

Niuserre^ᶜ

Sohn des → Neferirka³re^ᶜ (s. dort zur Familie) und Nachfolger seines Bruders → Neferefre^ᶜ oder des → Schepseska³re^ᶜ, der nach der zerstörten Angabe im Turiner Königspapyrus vielleicht etwa 25 Jahre regiert hat (um 2440 v. Chr.). Seine Gemahlin ist Reputnebu; eine Tochter Cha^ᶜmerernebti, die die Frau des Hohenpriesters des Ptah von Memphis, Ptahschepses, wird und in dessen Mastaba in Abusir – dem größten privaten Grabbau des Alten Reiches – beigesetzt wird.

Mit Regierungsbeginn nimmt N. folgende Titulatur an: Horus *Liebling der beiden Länder,* Nebti *Liebling der beiden Herrinnen,* Gold *Göttlicher Goldfalke,* Thronname *Dem Stärke gehört, ein Re^ᶜ* (Niuserre^ᶜ), sein Eigenname (oder Kurzform des Thronnamens?) ist Ini.

Die Pyramide des Königs in Abusir mit der Bezeichnung *Die Stätten des Niuserre^ᶜ bestehen,* eingeschoben zwischen jene des → Sa³hure^ᶜ und des → Neferirka³re^ᶜ, erreichte einst bei einer Seitenlänge von 79 m und einem Böschungswinkel von 52° eine Höhe von rund 50 m. Vorkammer und Grabkammer sind durch ein Giebeldach aus gewaltigen Kalksteinblöcken von bis zu 90 t Gewicht überdacht. An der Südostecke der Pyramide liegt eine Kultpyramide, auf der Ostseite der Pyramide der Totentempel. Er besteht aus dem Verehrungstempel mit Magazinen und dem anschließenden zweiten Bereich für das Totenopfer des N., dessen Zugang von einem großen Granitlöwen bewacht wurde. Das Allerheiligste besaß eine den Himmel wiedergebende Decke; der Raum davor enthielt Sedfest-Darstellungen. Weitere Reliefs zeigen die Aufnahme des Herrschers unter die Götter, während der auf der Rampe des Neferefre^ᶜ angelegte Aufweg vom Taltempel her N. darstellt, wie er die Fremdvölker bezwingt. Im Taltempel befanden sich einst offenbar Steinfiguren gefesselter Feinde sowie eine Darstellung, auf der die Löwengöttin Sachmet den jungen König säugt.

Berühmt ist N. jedoch insbesondere durch sein etwas weiter nördlich in Abu Gurâb gelegenes Sonnenheiligtum namens *Erfreuung des Re^ᶜ*, das als monumentaler Steinbau mit einem 36 m hohen Obelisken auf einem 20 m hohen Sockel errichtet wurde, und in dessen sogenannter »Weltenkammer« einzigartige Darstellungen der Vorgänge in der Natur während der Jahreszeiten angebracht waren: etwa Paarung und Geburt von Tieren, die Laichwanderung der Meeräschen (Mugiliden) im Nil, die Ankunft der Zugvögel im Delta oder die Ernte von Flachs, Honig und Feigen. Hinzu kommen Darstellungen der ägyptischen Gaue (die älteste

Gauliste) und von Personifikationen der Jahreszeiten, des Meeres und des Getreides. Außerhalb des Tempels war aus Ziegeln das Schiff des Sonnengottes aufgemauert worden, dessen Schöpfertätigkeit die Reliefs wiedergeben.

Weder die Reliefs des Pyramidenaufwegs noch eine Darstellung im Wadi Maghara im Sinai sind als Belege für Feldzüge zu interpretieren (anders J. Vercoutter). Ein Gefäßfragment des N. fand sich in Byblos.

Lit.: E. EDEL / S. WENIG, *Die Jahreszeitenreliefs aus dem Sonnenheiligtum des Königs Ne-User-Re,* 1974; D. WILDUNG, *Ni-user-Rê. Sonnenkönig – Sonnengott,* 1984 (Schriften aus der ägypt. Sammlung, H. 1); STADELMANN, *Pyramiden,* 175–179; M. VERNER, *Excavating Ancient Egypt 1958–1988,* 1990, 28–31; DERS., *The Mastaba of Ptahshepses, I,* 1977, II, 1992; P. KAPLONY, *MDAIK 48* (1992), 195–204.

Nu (-Hor)

Ein durch Gefäßmarken aus Tura belegter König der prädynastischen Zeit (»Dynastie 0«), der schon über ganz Ägypten geherrscht hat. Der Horusname bedeutet vielleicht *Jäger* (mit Kaiser/ Dreyer).

Lit.: W. KAISER / G. DREYER, *MDAIK 38* (1982), 264f. 268 mit Anm. 196.

Numerianus

Marcus Aurelius Numerianus, römischer Kaiser, Sohn des Kaisers → Carus. Ende 282 n. Chr. wird er zum Caesar, im Frühjahr 283 – gleichzeitig mit seinem Bruder Carinus – zum Imperator erhoben. Im März 284 hält er sich in Emesa in Syrien auf, stirbt jedoch auf dem Rückmarsch nach Europa im November desselben Jahres (→ Diocletian).

Lit.: KIENAST, *Kaisertabelle,* 256.

O

Osochor (Osorkon der Ältere)

5. König der 21. Dynastie, unter seinem Thronnamen *Mit großer Gestalt, ein Re ', Erwählter des Re '* (nach dem Vorbild → Psusennes I.) in seinem 2. Regierungsjahr in den Priesterannalen von Karnak genannt; regierte nach Manetho 6 Jahre (nach Kitchen 984–978 v. Chr.). O. ist damit Nachfolger des → Amenemope, Vorgänger des → Siamun. Nach der überzeugenden Darlegung von J. Yoyotte ist er mit dem »Pharao Osorkon« in einem auf dem Dach des Chonstempels in Karnak angebrachten Priesterstammbaum identisch; seine Mutter ist danach Mehitusechet, sein Vater der »Große der Meschwesch Libyer« → Scheschonq, ein Bruder der »Große der Meschwesch« → Namilt (1; seine Gemahlin Tascha-'aencheper?). O., dessen Eigenname Manetho als *Osochor* wiedergibt und den wahrscheinlich auch der memphitische Priesterstammbaum aufführt, wäre danach ein Libyer in der tanitischen Königsfolge und ein Vorläufer der Libyerkönige auf dem ägyptischen Thron (ein Onkel → Scheschonqs I.). Konsequenterweise wäre er als ›Osorkon I.‹ zu zählen und die übliche Folge der Könige ›Osorkon‹ neu durchzunumerieren. Denkmäler des Königs sind bisher auch in Tanis nicht gefunden worden (vgl. → Psusennes II.).

Lit.: *TIP* §§ 6 n. 39. 61. 69. 230 f. 431. 437. 445. 505 u. pp. 465 f.; J. Yoyotte, *BSFE 77/78* (1976/77), 39–54; Bonhême, *Noms royaux,* 83–87; J. M. Kruchten, *Les Annales des prêtres de Karnak* (XXI–XXIIImes dynasties), 1989, 45–47; K. Jansen-Winkeln, *BN 71* (1994), 78–97; M. A. Bonhême, *BSFE 134* (1995), 50–71.

Osorkon I.

2. Herrscher der 22. Dynastie, der nach Ausweis verschiedener Indizien (Mumienbinde mit dem ›Jahr 33‹, Laufbahn des → Iuwelot, Tod des Mitregenten → Scheschonq II. mit etwa 50 Jahren, Amtszeiten des Amunspriester) vermutlich etwa 35 Jahre regiert (924–889 v. Chr. nach Kitchen; gegen Manetho, der ihm 15 Jahre zuschreibt). Er ist Sohn des Dynastiebegründers → Scheschonq I. und der Karama(ma) (I.), Vater von → Takelot I., → Scheschonq II., dem Hohenpriester des Amun → Iuwelot und → Smendes (III.); seine Gemahlinnen sind Taschedchons bzw. Ma'atkare' (→ Psusennes II.). Er führt folgende Titulatur: Horus

*Starker Stier, Geliebter des Re`, den Atum auf seinen Thron gesetzt hat,
um die beiden Länder zu gründen,* Nebti *Der die Gestalten groß macht,
mit großen Wundertaten,* Goldname *Mit siegreicher Schlagkraft, der die
Neun Bogen (die Feinde Ägyptens) bezwingt, Majestät, die alle Länder
erobert,* Thronname *Mit mächtiger Gestalt, ein Re`, Erwählter des Re`,*
Geburtsname *Osorkon, Geliebter des Amun.*

In den ersten dreieinhalb Jahren seiner Regierung erfolgen reiche
Schenkungen (27000 kg Gold; 180000 kg Silber) an die Tempel der
wichtigeren Gottheiten Ägyptens (Inschrift aus dem von O. gebauten
Atumtempel in Bubastis): Re`-Harachte, Hathor, Mut, Herischef (Helio-
polis), Thot (u.a. Hermopolis), Bastet (Bubastis), Amun-Re`, die auf eine
entsprechend prosperierende Wirtschaft schließen lassen. Denkmäler
seiner Baupolitik finden sich in Bubastis (Tempel der Bastet: Hypostylsaal mit Hathorpfeilern, Vorhof mit Reliefs, Atumtempel), Memphis
(Schrein der Bastet), Atfih (Isistempel), el-Hibe (Tempel → Scheschonqs
I.) und Abydos (Kartuschen auf Tor → Thutmosis' III.). Aus Theben
kennen wir aus seiner Regierungszeit Zeugnisse der amtierenden Hohenpriester des Amun → Iupet und → Scheschonq (II.). Nach einem
Graffito im Vorhof des Chonstempels wird dieser Tempel mit kostbaren
Toren ausgestattet, auch eine kleine Kapelle des Thot und Amun südlich
des Heiligen Sees scheint von O. zu stammen. Am Eingang zum Fajjum,
nördlich von Herakleopolis, gründet O. ein nach seinem Thronnamen be-
nanntes Gut *Per-Sechemcheperre`,* das auch militärischen Zwecken dient.

Ausdruck zumindest der guten Handelsbeziehungen mit dem syrischen
Raum ist eine nach Byblos gestiftete und von dem dortigen Stadtfürsten
Eliba`al mit einer eigenen Weihinschrift versehene Statue des Königs.
Eine im Alten Testament mitgeteilte militärische Auseinandersetzung
(2. Chronik 14, 9–15: ein »Kuschit« Zerach greift Juda an, wird aber von
König Asa zurückgeschlagen), ist vielleicht fiktiv (P. Welten; nach K. A.
Kitchen dagegen historisch: Armee unter Führung eines nubischen Gene-
rals).

Lit.: *TIP* §§ 49. 69. 85. 89. 146. 150. 261–269. 451. 511f. Tf. 3. 10. *3; Bonhême, *Noms Royaux,* 142–150; Gomaà, *Fürstentümer,* 47. 127f.; P. Welten,
Geschichte und Geschichtsdarstellung in den Chronikbüchern, 1973, 129–140.

Osorkon II.

5. König der 22. Dynastie, Sohn → Takelots I. und der Kapes. Aus der
Ehe mit Karomama (II.) stammen drei Prinzessinen und zwei Prinzen,
aus jener mit Djedmutiues`anch der thebanische Hohepriester des Amun
→ Namilt (2), Vater der Gemahlin → Takelots II.; dritte Gemahlin ist
Isetemachbit. In seiner Titulatur greift O. auf die Ramessiden und Sche-
schonq I. zurück; er nennt sich: Horus *Starker Stier, Geliebter der Ma`at,*

*Den Re⁽ zum König der beiden Länder einsetzte (bzw. als König, um die
beiden Länder auszurüsten),* Nebti *Der die beiden (Landes)teile vereinigt
wie der Sohn der Isis* (Zusätze: *indem er die beiden Kronen in Frieden
vereint; der die Götter zufriedenstellt mit dem Tun der Maʿat),* Goldname
Mit großer Kraft, der die Asiaten schlägt, groß an Ansehen, Thronname
Reich an Maʿat, ein Reʿ, Erwählter des Reʿ, Eigenname *Osorkon, Sohn
der Bastet, Geliebter des Amun.*

Eine Statue O.s aus dem Amuntempel von Tanis nennt als Teil seiner
innenpolitischen Bestrebungen die Einsetzung seiner Söhne in hohe
Stellungen. In Theben hat der von ihm selber oder → Takelot I. als Hoherpriester von Theben eingesetzte → Harsiese, mit dem die Regel keiner
dynastischen Nachfolge in dieser Stellung durchbrochen worden ist, die
Königsherrschaft im Süden usurpiert. Nach dessen Tod setzt O. in dieses
Amt seinen Sohn → Namilt (2), Hoherpriester und General in Herakleopolis, ein. Als Hoherpriester des Ptah in Memphis amtiert sein ältester
Sohn Scheschonq.

Als Bauherr erscheint O. v. a. in Tanis, wo er dem Amuntempel einen
Vorhof mit Torbau hinzufügt und im Osten dieses Tempelbezirks ein weiteres Sanktuar errichtet. Innerhalb der Umfassungsmauer des Amuntempels liegt auch sein Grab (V), das bei seiner Entdeckung 1939 von P.
Montet ausgeraubt war (darin auch das Begräbnis des → Harnacht; Sarkophag).

In Bubastis vollendet er den Hypostylsaal des Tempels der Bastet und
ergänzt ihn durch einen Festhof mit Torbau, zusätzlich errichtet er einen
kleinen Tempel für den Gott Mahes (Miysis; alles aus älterem Baumaterial Ramses' II. aus der Ramsesstadt und Bubastis). Verstreute Bezeugungen stammen aus anderen Orten des Deltas: Leontopolis/Tell Moqdam (Tempel; Kapelle und Grab der Karomama) und Umgebung, Tell
el-Maskhuta / Pithom und Memphis. In Theben ist eine Kapelle von O.
bekannt und ein zerstört erhaltenes Dekret für den Karnaktempel.

Das in seinem 22. Regierungsjahr begangene Sedfest läßt O. in einem
Zyklus von Darstellungen im Festportal des Tempels von Bubastis verewigen. Sie schließen sich damit den Bilderzyklen etwa im Sonnenheiligtum des → Niuserreʿ in Abu Gurâb und im Tempel → Amenhoteps III. in
Soleb an. Möglicherweise ist als Bezugspunkt für dieses erste Sedfest, das
im 30. Jahr eines Königs gefeiert wird, der Regierungsbeginn → Takelots I. anzusetzen, falls dieser Herrscher überhaupt sieben Jahre regiert hat.

In außenpolitischer Hinsicht stiftet O. nach dem Vorbild Scheschonqs I. und → Osorkons I. eine Statue nach Byblos. Ein Alabastergefäß aus dem Palast des Omri und Ahab in Samaria bezeugt Beziehungen
zwischen beiden Staaten, die vermutlich in Verbindung mit der Abwehr
des syrisch-palästinischen Raumes gegen das assyrische Reich unter

Assurnasirpal II. und Schalmanasser III. stehen. Bei der Schlacht von Qarqar 853 v. Chr., in der Hamath, Damaskus, Israel und weitere Fürstentümer (u. a. auch Byblos) Assyrien zurückschlagen können, kämpft ein ägyptisches Kontingent von 1000 Soldaten mit.

Kurz nach der Schlacht von Qarqar, dem Sedfest (853) und dem Begräbnis des Apisstieres (852) stirbt O. und wird in seinem Grab in Tanis beigesetzt; Nachfolger wird gemäß der traditionellen Deutung → Takelot II. (s. dort zum Neuansatz von D. A. Aston).

Lit.: *TIP* §§ 69–75. 85–87. 103 f. 271–286. 396. 418, pp. 467. 476 f.; GOMAÀ, *Fürstentümer,* 5 ff. 116 f.; P. VERNUS, *BIFAO 75* (1975), 20–26; W. BARTA, *SAK 6* (1978), 25–42; K. JANSEN-WINKELN, *VA 3* (1987), 253–258; DERS., *GM 102* (1988), 31–39; H. STIERLIN / C. ZIEGLER, *Tanis,* 1987; K. JANSEN-WINKELN, *JEA 81* (1995), 129–149; K. O. KURASZKIEWICZ, *GM 151* (1996), 79–93.

Osorkon III.

3. Herrscher der 23. Dynastie (787–759 v. Chr.), Sohn einer Ka(ra)mama (Merimut III.) und eines Königs (→ Scheschonq IV.?). Kinder des Königs sind → Rudjamun II., → Takelot III. (von einer Gemahlin Tentsai) und die Gottesgemahlin des Amun → Schepenupet I. (von seiner Hauptgemahlin Karoatjet). Als höchste Regierungsjahre sind in Nilstandsmarken aus Karnak das 28. und 29. Jahr belegt, wobei während der letzten fünf Jahre der Herrschaft O.s sein Sohn und Nachfolger Takelot (III.) Mitregent ist (764–759). Als Nachfolger → Scheschonqs IV. in der vermutlichen Hauptstadt der 23. Dynastie, Taremu/Leontopolis (Tell Moqdam) regiert O. gleichzeitig mit → Scheschonq III (bis 773), dann → Pami und → Scheschonq V. aus der 22. Dynastie, während im Delta zudem kleinere Herrschaftsgebiete unter → Harnacht von Mendes (wo O.s Oberherrschaft formell anerkannt ist), → Osorkon von Sais und → Niumateped bestehen. Im Delta ist O. durch das Begräbnis seiner Mutter in Leontopolis selber sowie eine Bronzetafel aus Memphis bezeugt. Neuerdings sind aus Mittelägypten (Hermopolis bzw. Tihna/Achoris) zwei Schenkungsstelen des Königs bekannt geworden. Nach D. A. Aston ist es (noch gegen K. A. Kitchen) mehr als wahrscheinlich, den späteren König O. in dem Prinzen und Hohenpriester des Amun → Osorkon zu erblicken.

O. nennt sich: Horus *Starker Stier, der in Theben erscheint,* Nebti *Liebling der beiden Länder,* Thronname *Reich an Maᶜat, ein Reᶜ, Erwählter des Amun,* Eigenname *Osorkon, Sohn der Isis, Geliebter des Amun (Gott, Herrscher von Theben).*

Nach den Regenten → Pasenhor und → Hemptah kann O. in Herakleopolis seinen Sohn → Takelot als Hohenpriester des Herischef, Statthalter des Südens, General und Vorsteher von Per-Sechemcheperreᶜ (das

Gut → Osorkons I.) einsetzen (ebenso → Namilt [3] von Hermopolis?), schließlich auch in Theben als Hoherpriester des Amun (und Mitregent). In Übereinstimmung mit dieser faktischen Oberherrschaft über Ägypten südlich von Memphis wird hier nach O. datiert. In Theben bauen O. und → Takelot III. am Tempel des Osiris-Herrscher-der-Ewigkeit im Osten des Tempelbezirks von Karnak (auch Torpfosten einer Kapelle erhalten).

Im 3. Regierungsjahr des Königs ereignet sich eine außergewöhnlich hohe Nilflut (Inschrift im Karnaktempel), in der das »Land zum Meer, die Tempel zu Sümpfen« werden.

Lit.: *TIP* §§ 69–75. 100–104. 145f. 303. 309. 312ff. 317f. 320. 419. 448f. 450. 485. 520f., Tf. 3, 6. 10. *3. *6; D. A. ASTON, *JEA 75* (1989), 139–153; DERS. / J. H. TAYLOR, in: A. LEAHY (Ed.), *Libya and Egypt, c 1300–750 BC,* 1990, 131ff. 184. 190ff.

Osorkon IV.

10. und letzter Herrscher der 22. Dynastie (730–715/713 v. Chr.?), Sohn und Nachfolger → Scheschonqs V. und der Tadibastet, ein »machtloser Schatten-Pharao« (K. A. Kitchen) in dem Gebiet von Tanis und Bubastis im Ostdelta. Neben seinem Eigennamen ist nur sein Thronname *Groß an Gestalt, ein Re ͑, Erwählter des Amun* bekannt. O. gehört in die Zeit von vier gleichzeitigen Dynastien: neben der 22. die 23. unter → Iupet II. (und → Scheschonq VI.?), die 24. unter → Tefnacht und → Bokchoris, die 25. unter → Pije und → Schabaka.

Die Eroberung Ägyptens durch Pije dürfte kurze Zeit nach der Thronbesteigung O.s erfolgt sein (728). O. und Iupet II. unterwerfen sich dem Kuschit, worauf Tefnacht von Sais sich zum König erhebt. Im Jahre 725 schickt Hosea von Israel nach einer kurzen Notiz in 2. Könige 17,4 Boten »an So', den König von Ägypten« um Hilfe gegen Assyrien zu erbitten. Die Identität dieses Königs ist ein viel erörtertes Problem; wahrscheinlicher als die durch K. A. Kitchen nachdrücklich verfochtene Deutung als ›(O)so(rkon)‹ (IV.) ist jedoch die Übersetzung »nach Sais, (an) den König von Ägypten« (→ Tefnacht, s. dort). Nach dem Fall Samarias 722 schlägt Sargon II. von Assyrien 720 v. Chr. eine syrische Revolte nieder und unterwirft Palästina bis nach Gaza, eine ägyptische Hilfstruppe (nach Kitchen von O., was jedoch zweifelhaft scheint) kann den Fall Gazas und seines Königs Hanun nicht verhindern. 716 v. Chr. stößt Sargon II. bis nach Wadi el ͑Arish auf der Landbrücke zu Palästina vor; O. (hier in der keilschriftlichen Transkription *Schilkannu*) überreicht ihm 12 Pferde. Als die Assyrer 712 den Aufstand des Iamani von Aschdod niederwerfen, flieht der Stadtkönig nach Ägypten, wird aber von → Schabaka ausgeliefert, von dem ein Siegel in Ninive zutage kam – ein Beweis der Machtlosigkeit der Könige am Ende der 22. Dynastie.

Zeitgenössische Zeugnisse O.s sind selten, am wichtigsten ist ein Reliefblock in Leiden, der ihn als auf dem Thron des Geb inthronisiert nennt (dazu Siegel in Leiden, Aegis im Louvre).
Lit.: *TIP* §§ 69. 84. 92. 101. 103. 112. 115. 125f. 146. 149. 316. 326. 328. 333–336. 418. 463. 521. 526f. Tf. 3. 6. 10. *3. *6; GOMAÀ, *Fürstentümer,* 46. 113. 123. 126. 131f. 134–137. 140. 157; J. BERLANDINI, *Hommages Sauneron, I,* 1979, 98–109 u. pl. 16; H. D. SCHNEIDER, *Mél. Mokhtar II,* 1985, 261–267; J. VON BECKERATH, *GM 139* (1994), 7f. Zu »So« → Tefnacht.

Osorkon (Prinz)

Sohn → Takelots II., Kronprinz, Hoherpriester des Amun und vielleicht identisch mit dem späteren König → Osorkon III. Die traditionelle Beurteilung dieser Person (gemäß K. A. Kitchen) ist nun durch D. A. Aston mit guten Gründen bezweifelt worden. Hauptquelle für die Ereignisse um seine Person ist die *Chronik des Prinzen Osorkon.* Im 11. Jahr Takelots II. stößt O. von seinem Stützpunkt El Hibeh nach Süden vor, nach dem Bericht gegen einen Prätendenten auf das Amt des thebanischen Hohenpriesters; Gegner werden unterwegs bekämpft. Anlaß ist vielleicht die Proklamation → Padibastets I. zum König in Theben und damit Gegenspieler Takelots II. Nach dem erfolgreichen Abschluß des Feldzuges erläßt O. in Theben sechs Dekrete und regelt Angelegenheiten des Amun-Tempels von Karnak.

Der eigentliche Bürgerkrieg bricht im 15. Jahr aus: Theben unter der Herrschaft Padibastets I. und des Hohenpriesters → Harsiese geht damit für Takelot II. und O. vorläufig verloren, bis nach einem Nilstandstext aus Karnak O. im 39. Jahr Scheschonqs III. wieder im Besitz Thebens ist (militärischer Vorstoß O.s und seines Bruders und Generals Bakenptah). D. A. Aston hat dazu bemerkt, daß O. merkwürdigerweise bei Anwendung der traditionellen Rekonstruktion »gerade im Augenblick des endgültigen Sieges aus der Geschichte verschwindet«. Sein Neuansatz macht es wahrscheinlich, in O. (bisher als Hoherpriester auf die Jahre 840–785 v. Chr. datiert, mit der zwischenzeitlichen Amtsübernahme durch → Harsiese während des Bürgerkrieges) den nachmaligen König → Osorkon III. zu sehen, der im Alter von 46/51 Jahren 796/1 v. Chr. für 28 Jahre die Herrschaft angetreten hätte.
Lit.: *TIP* §§ 68. 76. 86. 148. 157. 162f. 165. 291–294. 299. 454–460. 517f., Tff. 10. 13 A; D. A. ASTON, *JEA 75* (1989), 149–153.

Osorkon

Fürst des Westdeltareichs von Sais als Vorgänger des → Tefnacht und Zeitgenosse → Scheschonqs V. (nach Kitchen etwa 755–740 v. Chr.). Auf dem »Talisman des Osorkon« trägt er die Titel eines »Großen der Meschwesch-Libyer, Generals, Priesters der Neith, der Wadjet (von Buto) und der Herrin von Imau (Hathor von Kom el-Hisn)«. Von ihm existieren auch zwei Uschebtis.

Lit.: *TIP* §§ 113. 118. 311. 324. Tf. 4; J. YOYOTTE, *BSFE 31* (1960), 13–22 u. Fig. 1–4.

Otho

Marcus (Salvius) Otho, römischer Kaiser, geboren am 28. April 32 n. Chr. als Sohn des Lucius Salvius Otho und der Albia Terentia, der zweite Herrscher des »Vierkaiserjahres« (69 n. Chr.). Von 58–62 ist er mit Poppaea Sabina verheiratet (→ Nero). Als Statthalter Lusitaniens unterstützt er → Galba bei seiner Erhebung gegen Rom, wird jedoch von diesem nicht adoptiert. Der von ihm angestifteten Verschwörung fällt Galba am 15. Januar 69 n. Chr. zum Opfer, O. wird zum Kaiser erhoben, unterliegt jedoch den Truppen des → Vitellius unter Caecina Alienus und Fabius Valens am 14. April bei Bedriacum und begeht darauf am 16. April Selbstmord. In Ägypten ist er im Propylon des Tempels von Deir esch-Schelwit dargestellt.

Lit.: KIENAST, *Kaisertabelle,* 105; M. COCHE-ZIVIE, *Le temple de Deir Chelouit, I,* 1982, 12 f.

P

Padiʿanti (Padinemti?)
Kleinkönig mit dem Eigennamen *Den (der Gott) ʿAnti (Nemti?) gegeben hat*, erwähnt in einem Totenpapyrus der 25. Dynastie aus Assiut.
Lit.: BECKERATH, *Handbuch*, 107; R. WEILL, *BIFAO 49* (1950), 57–65.

Padibastet I. (Petubastis)
Der Begründer der 23. Dynastie (818–793) als paralleler Herrscherlinie neben der 22. unter → Scheschonq III. mit eigener Residenz in Leontopolis (Tell Moqdam). P. trägt den Thronnamen *Reich an Maʿat, ein Reʿ, Erwählter des Amun* und den Eigennamen *Der, den Bastet gegeben hat*. In Theben verdrängt die 23. Dynastie nach Ausweis der Datierungen der Nilstandsmarken die 22. vollständig als Referenzgröße. Nach den »Priesterannalen von Karnak« erhält im 7. Regierungsjahr des Königs ein Sohn P.s, Padiamun, ein thebanisches Priesteramt, im 8. wird der Wesir Pentiefʿanch eingesetzt und durch den Hohenpriester → Harsiese ein Schrein für Amun errichtet. In diese Jahre fällt die Auseinandersetzung der Hohenpriester Harsiese und → Osorkon. Der Sohn → Scheschonqs III., General Paschedbastet, errichtet in Karnak ein nach P. datiertes Vestibültor am 10. Pylon. In seinem 15. Jahr (804) ernennt der König seinen Sohn → Iupet I. zum Mitregenten (nur bis 803?). Anhänger P.s in Mittelägypten sind → Pmui (3) in Herakleopolis und Iurehen in Per-Sechemcheperreʿ. Denkmäler aus dem Delta sind kaum bekannt (Bronzestatuette; in das 23. Jahr des Königs datierte Schenkungsstele eines Priesters). Vielleicht ist P. ein Bruder → Scheschonqs III. und Sohn → Takelots II.
Lit.: *TIP* §§ 79. 98. 102–107. 146 f. 157. 297–301. 419 u. Anm. 134. 446. 448. 451. 519; Tafeln 3, 6, 10, *3, 6, 15; GOMAÀ, *Fürstentümer,* 79. 84. 122. 130. 142; N. DAUTZENBERG, *GM 96* (1987), 22–44; A. LEAHY, *Libya and Egypt c 1300– 750 BC,* 1990, 182 f. 190 ff.; J. VON BECKERATH, *GM 147* (1995), 9–13; K. JANSEN-WINKELN, *JEA 81* (1995), 129–149.

Padibastet II.
Herrscher über das Gebiet von Tanis während der assyrischen Eroberung durch → Assurbanipal (667/666), dessen Regierungszeit Kitchen mit etwa 680–665 v. Chr. veranschlagt (so auch F. Gomaà; anders J. Yoyotte).

Er trägt die Titulatur: Horus *Der die beiden Länder [zufriedenstellt?]*, Gold *Der die Götter zufriedenstellt,* Thronname *Der das Herz des Reʿ zufriedenstellt,* Eigenname *Der, den Bastet gegeben hat* (in assyrischer Umschrift *Putubischti*). Von ihm sind eine Statue aus Memphis, Blöcke von einer Kapelle in Tanis und zwei Türleibungen (mit Nennung des Atum; aus Heliopolis oder Tanis) bekannt (Zuordnung an diesen Padibastet von A. Leahy bezweifelt). Es ist denkbar, daß sich der König nicht an der Verschwörung gegen Assurbanipal beteiligt und die Flucht → Taharqas nach Oberägypten und die Deportation der übrigen Deltafürsten nach Assyrien (→ Necho I.) zur Besetzung von Memphis nutzt, die Stadt aber nach kurzer Zeit (Statue nicht vollendet) wieder aufgeben muß.

In der Zeit des P. sind die Erzählungen des demotischen *Petubastis-Zyklus* angesiedelt (Kampf um die Pfründe des Amun; Kampf um den Panzer des Inaros, Kampf des Inaros gegen die Amazonen u. a.), die sich in Aufbau und Stil an die Ilias Homers anlehnen. Für eine andere Zuordnung von Belegen, aus der sich ein unterägyptischer P. II um 740/730 ergibt, s. D. Aston und J. von Beckerath.

Lit.: L. HABACHI, *ZÄS 93* (1966), 69–74 u. Tf. V/VI; P. MONTET, *Lac sacré de Tanis,* 1966, 63–65, pl. 30; *TIP* §§ 78 f. 102. 110. 357. 361. 425. 427, tbl. 23 B; GOMAÀ, *Fürstentümer,* 142–146; A. LEAHY, in: DERS. (Ed.), L*ibya and Egypt c 1300–750 BC,* 1990, 188 f.; D. A. ASTON, *JEA 75* (1989), 139–153; J. VON BECKERATH, *GM 147* (1995), 9–13.

Padibastet III.
Ägyptischer Gegenkönig der Ersten Perserherrschaft (Eigenname *Den Bastet gegeben hat*) mit dem Thronnamen *Der das Herz des Reʿ erfreut,* von dem Bruchstücke eines Naos, vielleicht ein Skarabäus und zwei Siegel bekannt sind. Eines davon (gefunden im Schutt der Pyramide von Meidum) versiegelte das Schreiben eines in Saqqara bestatteten Beamten über eine Landverteilung im Gebiet von Herakleopolis. Möglicherweise ist die Herrschaft P.s mit dem Aufstand gegen den Satrapen Aryandes (522–520 v. Chr.) zu verbinden (→ Kambyses).

Lit.: J. YOYOTTE, *RdE 24* (1972), 216–223 u. pl. 19; *TIP* §§ 78 f. 110. 427; J. VON BECKERATH, *GM 147* (1995), 9–13.

Padichons
Regent des Fürstentums von Pharbaithos im Ostdelta (nach K. A. Kitchen etwa 670–655 v. Chr.), der auf einer Schenkungsstele → Psammetich I. als Oberherrn anerkennt (Darstellung Psammetichs und Datierung in dessen 8. Jahr). Vielleicht geht auch die Gestalt des ›Padichons von Per-Sopdu‹ im *Petubastis-Zyklus* (→ Padibastet II.) auf P. zurück.

Sein Name bedeutet *Den Chons gegeben hat.*
Lit.: *TIP* §§ 361. 423 f. 429 f. Tf. 23.

Padiiset (1)
Sohn und vermutlich Nachfolger von → Bakennefi I. als Fürst von Athribis und Heliopolis (nach K. A. Kitchen 790–770 v. Chr.).
Lit.: *TIP* §§ 305 n. 571, Tf. 21 B.

Padiiset (2)
Fürst von Athribis und Heliopolis zur Zeit des Pije (nach K. A. Kitchen 728–700 v. Chr.), der sich dem kuschitischen Herrscher 728 unterwirft. Er ist Nachfolger von → Bakennefi II., Vorgänger von → Bakennefi III.
Lit.: *TIP* §§ 326. 328. 356, Tf. 21 B.

Padiiset (3)
»Schiffsmeister« und Regent von Herakleopolis namens *Den Isis gegeben hat,* vermutlich von → Taharqa eingesetzt und unter diesem, → Tanwetamani und bis in das 4. Jahr → Psammetichs I. im Amt (685–661 v. Chr.). Er ist Sohn eines thebanischen Amunspriesters ꜥAnchscheschonq und verbindet sich mit der saitischen Dynastie durch Heirat der Tacheredentaihet, einer Tochter vermutlich → Nechos I. Sohn und Nachfolger des P. ist → Sematauitefnacht. P. stirbt im 18. Jahr Psammetichs I. (647).
Lit.: *TIP* §§ 198–201. 358. 363. 426., Tf. 12. 16 A.

Pajeftjauemꜥauibastet
König über das Gebiet von Herakleopolis in der 2. Hälfte des 8. Jahrhunderts (nach Kitchen 754–720, als König etwa seit 749). Er ist hier Nachfolger eines Takelot, der ab 754 König der 23. Dynastie ist (→ Takelot III.), und mit Irbastetudjaennefu, einer Tochter des → Rudjamun verheiratet. Als → Pije 728 Mittelägypten und das Delta erobert, nennt sein Siegesbericht neben P., der Herakleopolis gegen die Angriffe → Tefnachtes und → Namilts (3) zu halten versucht und sich schließlich nach dem Sieg Pijes diesem unterwirft, im Delta → Osorkon (IV.); → Iupet (II.), → Scheschonq, → Djedamuniufꜥanch, → Bakennefi II. und → Nesnai. Aus dem 10. Regierungsjahr des Königs stammen zwei Stelen mit Schenkungen seiner ›Königin‹ Tascheriteniset für zwei Töchter des Pharao; zusätzlich ist er durch eine Goldstatuette des Herischef aus Herakleopolis bezeugt. Neben seinem Eigennamen *Sein (Lebens)atem ist in den Händen der Bastet* trägt er den Thronnamen *Mit vollkommenem Ka, ein Reꜥ.*
Lit.: *TIP* §§ 78 f. 84. 101. 108. 147. 318 f. 322. 325. 331, Tf. 10, 12, 16 A, *12; s. auch → Pije.

Pakrur

Herrscher des Fürstentums von Per-Sopdu im Ostdelta während der assyrischen Eroberung durch → Assurbanipal, Leiter einer Delegation der Deltafürsten zu → Tanwetamani (nach K. A. Kitchen 680–660 v. Chr.). Er erscheint auch im *Petubastis-Zyklus* (→ Padibastet II.). Lit.: *TIP* §§ 354 u. n. 884. 424 f., Tf. 22 D.

Pami (1) (Pemu)

9. König der 22. Dynastie (773–767 v. Chr.) mit dem Thronnamen *Reich an Maat, ein Reˁ, Erwählter des Amun* (bzw. *Reˁ*) und dem Eigennamen *Der Kater* (zur korrekten Umschrift s. J. Yoyotte), dritter Sohn und Nachfolger → Scheschonqs III., Vater seines Nachfolgers → Scheschonq V., Bruder des Kronprinzen und Regenten von Athribis und Heliopolis, → Bakennefi I., eines Paschedbastet, eines Takelot und eines Padebehenbastet, Hoherpriester des Amun in Tanis. Seine Mutter ist Tanetamunipet. Möglicherweise ist uns P. vor seiner Königsherrschaft durch eine Statuengruppe eines *Anführers der Meschwesch-Libyer, Pamiu, Sohn des Herrn der beiden Länder, Scheschonq Meriamun* in Sais bezeugt. Aus dem 2. Jahr des Königs ist uns auf Stelen des Serapeums (u. a. von den Hohenpriestern des Ptah in Memphis, Padiiset und Harsiese) der Tod des alten und die Einsetzung eines neuen Apisstieres überliefert. Vermutlich seiner Regierung zuzuordnen ist das in einem Brooklyner Orakelpapyrus, der dem Käufer Land bei Moˁalla bestätigt, genannte ›Jahr 4‹ (Erwähnung einer Hungersnot am Ende der Regierung → Scheschonqs III.). Als höchstes Jahr seiner Regierung wird auf einer Votivstele aus Memphis das 6. genannt. Hervorzuheben ist eine Bronzestatuette des British Museum, die P. kniend beim Opfer zeigt. Eine geringe Bautätigkeit des P. ist durch wenige Blöcke aus Tanis gesichert. Möglicherweise wurde P. in Grab II der Königsnekropole von Tanis beigesetzt (geringe Reste der Bestattung). Sonst existieren nur noch eine umstrittene Schenkungsstele mit seinem Namen aus Bubastis (die F. Gomaà allerdings → Scheschonq III. zuweist) und zweifelhafte Skarabäen. In Theben ist P. nicht bezeugt. Dieser Befund spricht gegen eine längere Regierung, wie sie F. Gomaà vertritt (799–788/67). Lit.: *TIP* §§ 66. 78. 82–84. 103. 113. 118. 147. 155 f. 305 f. 308. 418, Tf. 3, 4, 6, 10, *3, *6; J. Yoyotte, *RdE* 39 (1988), 155–178 u. pl. 2–6; Bonhême, *Noms royaux*, 196–199; Gomaà, *Fürstentümer*, 9–13. 40. 79. 85. 129 f. 139.

Pami (2)

Fürst von Herakleopolis (um 770 v. Chr.), möglicherweise der spätere König der 22. Dynastie → Pami (Pemu), bekannt durch eine Statuengruppe, auf der er sich als »Vorsteher der Meschwesch-Libyer« und

»Sohn des Herrn der beiden Länder, Scheschonq-geliebt-von-Amun«
ausweist.
Lit.: *TIP* §§ 82. 113. 118, Tf. 4; J. YOYOTTE, *RdE 39* (1988), 171–174.

Pasenhor
Urenkel → Osorkons II. Herrscher über Herakleopolis (nach K. A. Kitchen 785–775 v. Chr.), Sohn → Hemptahs I. und der Tjankemit, Nachfolger des → Bakenptah, Vorgänger → Hemptahs II.
Lit.: *TIP* §§ 300. 313, Tf. 16 A. 19.

Patjenfi (1)
Herrscher des Fürstentums von Per-Sopdu während der Zeit des → Pije,
der sich dem Kuschitenherrscher 728 unterwirft (nach K. A. Kitchen
740–728 v. Chr.). Ein P. erscheint auch im *Petubastis-Zyklus* (→ Padibastet II.).
Lit.: *TIP* §§ 328. 356. 428, Tf. 22 D.

Patjenfi (2)
Im 2. Jahr des → Schabaka und 10. Jahr des Schebitku durch eine
Schenkungsstele bezeugter Fürst von Pharbaithos (nach K. A. Kitchen
720–700 v. Chr.).
Lit.: *TIP* §§ 340 n. 771. 428, Tf. 23 A.

Pawarma
Fürst von Pharbaithos als Nachfolger des → Iuefer‘a unter → Scheschonq III. (nach K. A. Kitchen 795–770 v. Chr.), bezeugt durch eine ihm
von seinen beiden Söhnen gestiftete Vase. Der Eigenname ›Pawarma‹ ist
libyscher Herkunft.
Lit.: *TIP* § 306, Tf. 23 A; A. LEAHY, *GM 76* (1984), 17–23.

Penamun
Auf einem Steinblock aus Tarraneh im Westdelta belegter lokaler Herr-
scher mit dem Thronnamen *Geliebter der beiden Länder, ein Re‘*, der
nach J. von Beckerath in die Zeit der 25. Dynastie gehört, nach K. A.
Kitchen jedoch in die Perserzeit oder noch später anzusetzen ist.
Lit.: *TIP* § 78 f.; BECKERATH, *Handbuch,* 110.

Pensetensepet
Im Turiner Königspapyrus an 72. Stelle der 14. Dynastie genannter Regent, der aufgrund seines Namens (*Erdklumpen des Ufers* [J. von Bek-
kerath]?) gewöhnlich als fiktiv betrachtet wird.
Lit.: BECKERATH, *Handbuch,* 77 Anm. 6.

Pentjen (Pentini)

Geburtsname *Der von Thinis* eines Königs mit dem Thronnamen *Ein Mächtiger, ein Reʿ, der die beiden Länder beschützt* auf der Stele eine Djehutiʿaᶾ aus Abydos. Mit D. Franke (mit Vorbehalt anders noch J. von Beckerath) ist dieser König nicht mit → Sechmereʿ-Chutaᶾui (bzw. → Sebekhotep II.) zu identifizieren, sondern ist er ein Regent in Abydos im Übergang von der 13. zur 17. Dynastie.

Lit.: BECKERATH, *Untersuchungen*, 27. 33–36. 46. 70. 91. 228; D. FRANKE, *Or 57* (1988), 254.

Pepi (Phiops) I.

3. König der 6. Dynastie (2295–2250 v. Chr.), Sohn des → Teti und der Iput. Die Vorgänge zwischen dem Ende seines (nach Manetho ermordeten) Vaters und dem Regierungsantritt P.s liegen weitgehend im dunkeln. Die traditionelle Auffassung (etwa W. Helck), daß der mit der 5. Dynastie verbundene → Userkaᶾreʿ als Exponent einer Opposition und Usurpator kurzzeitig die Macht übernommen habe, ist nur eine Möglichkeit; eine andere ist seine interimistische Regierung für den noch nicht volljährigen P. (zusammen mit Iput?; N. Grimal; vgl. P. Munro). Doch könnte der Horusname *Geliebter der beiden Länder* auch als Hinweis auf eine Wiederherstellung innenpolitischer Ordnung verstanden werden, da innere Spannungen während der ganzen Regierungszeit deutlich sind. Die weiteren Namen seiner Titulatur sind: Nebti *Geliebter der Götterschaft,* Goldname *Goldenster der Falken.* Zwei verschiedene Thronnamen sind belegt: Zu Beginn der Regierung *Mit vollkommenem Schutz, ein Horus,* später *Geliebter des Reʿ.* Dem Kosenamen ›Pepi‹ geht z.T. die Ergänzung (*Sohn des Atum, des Herrn von Heliopolis und*) *Sohn der Hathor, der Herrin von Dendera* voran.

Die Regierungsdauer P.s ist unsicher. Manetho gibt ihm 53 Jahre, der Turiner Papyrus 20. Die drei erhaltenen Daten nennen das ›Jahr nach der 18. (ursprünglich jedes 2. Jahr stattfindenden) Zählung (= Steuererhebung)‹, das Jahr der 21. und 25. Zählung. Das ergäbe unter Zugrundelegung des 2-Jahre-Rhythmus mindestens 50 Regierungsjahre (so J. Vercoutter, Baud/Dobrev), doch werden häufig tiefere Werte vertreten; z.T. unter der Annahme jährlicher Zahlungen (J. Vercoutter: 44 Jahre; J. von Beckerath, N. Grimal: mindestens 40 Jahre; E. Hornung: 32 Jahre; W. Helck, H. Goedicke: 20 Jahre eigener Regierung [→ Userkaᶾreʿ]).

Viele Zeugnisse stammen aus dem Jahr nach dem 18. Mal der Zählung, dem Jahr des 1. Sedfestes: Inschriften von Streinbruchexpeditionen in das Wadi Maghara (Sinai) und das Wadi Hammamat, ein Immunitätsdekret für die Kapelle der Königsmutter Iput aus Koptos, eine Alabasterstatuette des Königs (im Sedfestmantel) und eine Kupferstatue (dazu eine

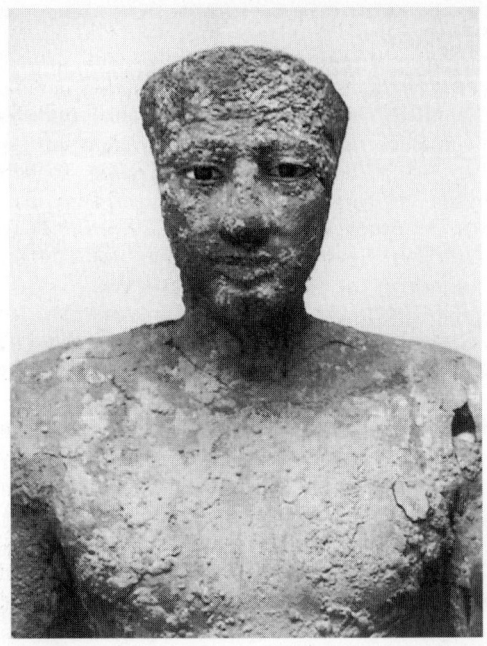

Abb. 24: Pepi (Phiops) I. Kupferstatue aus Hierakonpolis (Ägyptisches Museum Kairo, JdE 33034).

seines Sohnes) aus Hierakonpolis (Abb. 24). Von P. stammt auch eine Statuette, die zum erstenmal den kniend opfernden König darstellt. Im Jahr der 21. Zählung erläßt P. ein Dekret zugunsten der Pyramidenstadt des → Snofru in Dahschur. Zeitlich nicht genau bestimmbar ist ein (aus dem Bericht in der Autobiographie des Höflings Uni bekannter) Prozeß gegen die erste Gemahlin P.s, die eine Haremsverschwörung gegen den König initiiert hatte. Nach N. Kanawati wären sogar zwei Verschwörungen anzusetzen, die zweite unter einem dadurch in Ungnade gefallenen Wesir Reʿwer. In die Zeit nach der Verschwörung der Königin fällt die Heirat P.s mit zwei Töchtern eines oberägyptischen Notablen (vermutlich Gaufürsten) aus Abydos Chui und einer Nebet, die beide den Hofnamen ʿAnchnesmerireʿ (ʿAnchnespepi) erhalten. Die ältere wird die Mutter → ʿAntiemsaʾfs I. Merenreʿ und der Prinzessin (und Gemahlin → Pepis II.) Neit, die wohl nach dem frühen Tod ihrer Schwester mit dem König vermählte jüngere ist die Mutter → Pepis II. Diese Verbindung ist vielleicht als politische Maßnahme zur Einbindung Oberägyptens und Sicherung der inneren Stabilität zu verstehen (so etwa W. Helck, N. Grimal; dagegen E. Martin-Pardey, N. Kanawati). Chui und Nebet tragen die höchsten Rangtitel ›Fürst‹ und ›Graf‹; Nebet selber wird sogar – ein außergewöhnlicher Fall – zur Wesirin (nur Ehrentitel?) ernannt; der Bruder der Königinnen, Djaᶜu, bekleidet etwas später das oberägyptische Wesirat. Südlich der Pyramide des Königs in Saqqara (s. unten) wurden von J. Leclant die Pyramiden der beiden Königinnen ᶜAnchenesmerireᶜ ausgegraben; eine dritte gehörte einer Königin Nubunet, die u. U. die Königin der Verschwörung sein könnte.

Zahl und zeitliche Ansetzung der Inhaber des Wesirats unter Pepi I. sind umstritten. Während der Herrschaft des → Teti und der früheren Regierung Pepis I. sind in dem Amt ᶜAnchemᶜahor/Sesi, Mereruka/Meri, Chentika³i/Ichechi, Mehu und Ptahhotep bezeugt, in der 2. Regierungshälfte Tepemᶜanch, Tjenti, Meriteti, Reᶜwer, Mereri, Neferseschemsescha³t/Chenu, Sesi, Idu/Nefer und ᶜAnchmerireᶜ, dazu vermutlich ein Seschemnefer (nach N. Strudwick). In Abydos ist als Nomarch und Wesir noch ein Iuu bekannt; aus dem Ende der Regierung Pepis I. ein ›Vorsteher von Oberägypten‹ Chuu. Von den mehreren aus dieser Zeit bezeugten ›Vorstehern aller Arbeiten des Königs‹ erwähnt ein Merptahᶜanch-Merireᶜ/Nechebu in seiner biographischen Inschrift die Errichtung von Ka-Sanktuaren in Unterägypten, die Arbeit am Pyramidenkomplex des Königs und die Anlage von zwei Kanälen; er leitet auch die Wadi-Hammamat-Expeditionen.

Die sakrale Baupolitik P.s ist schlecht bezeugt; Blöcke und Einzelobjekte stammen aus Bubastis (Kapelle), Abydos, Dendera (Stiftung einer Kultstatuette), Elephantine (Naos für Satet), Tanis, Heliopolis, Koptos, Armant, Hierakonpolis, Edfu.

Die durch Steinraub fast völlig zerstörte Pyramide P.s in Saqqara-Süd besaß ursprünglich eine Seitenlänge von knapp 79 m (150 Ellen) und eine Höhe von 52,5 m (100 Ellen). Der Name der Pyramidenanlage, *Mennefer-Pepi* »Dauernd und vollkommen ist (die Pyramide des) Pepi« ging später auf die Stadt um den Ptahtempel über und ergab die griechische Form *Memphis*. Die Anlage von Pyramide (von der Begräbnisausstattung Sarg und Kanopenkasten mit drei Kanopenkrügen erhalten) und Totentempel (mit Gefangenenfiguren) folgt der Planung der Bauten der Vorgänger P.s. Veränderungen betreffen von nun an nicht mehr die Architektur, sondern konzentrieren sich auf die im Innern angebrachten Pyramidentexte. Südlich der Königspyramide liegen die oben genannten drei Königinnenpyramiden.

Über die Außenpolitik sind wir insbesondere durch die Biographie des Uni (erstes eigentlich literarisches Werk Altägyptens) informiert, der eine

Armee in Ägypten und Nubien rekrutiert und fünfmal gegen asiatische Beduinen führt sowie ein Unternehmen mit Beteiligung der Flotte hervorhebt (zu weiteren Aktivitäten des Uni → ˁAntiemsa³f I. Merenreˁ). Eine Expedition nach Unternubien aus dem Regierungsbeginn ist durch eine Inschrift in Tomas bezeugt, eine in den Sinai durch eine Inschrift im Wadi Maghara. Unternehmungen im Wadi Hammamat (Jahr nach der 18. Zählung) und in den Steinbrüchen von Hatnub (Jahr der 25. Zählung) dienen der Gewinnung von Steinmaterial für die königlichen Bauprojekte. Die Notiz eines Expeditionsteilnehmers Chnumhotep im Grab des Chui in Elephantine erwähnt Expeditionen nach Byblos unter Führung des Chui und nach Punt unter Führung eines Tjetji. Bedeutsam ist ein im Verwaltungsbereich von Palast G des nordsyrischen Ebla (Tell Mardikh) gefundener Alabasterdeckel mit dem Namen Pepis I.; andere Gefäße mit dem Namen P.s stammen aus Byblos.

Lit.: N. KANAWATI, *Governmental Reforms in Old Kingdom Egypt,* 1980, 28–36. 40–43; DERS., *CdE 56,* 1981, 203–217; J. LECLANT, *BSFE 113* (1988), 20–31; DERS., in: *Gegengabe. FS E. Brunner-Traut,* 1992, 211–219; N. STRUDWICK, *The Administration of Egypt in the Old Kingdom,* 1985; D. KURTH, in: *Tempel und Kult* (ÄgAbh 46), 1987, 1–23; P. MATTHIAE, in: *High, Middle or Low?, 3,* ed. P. ÅSTRÖM, 1989, 163 ff.; P. PIACENTINI, *L'autobiografia di Uni,* 1990; STADELMANN, *Pyramiden,* 193–195; H. KLENGEL, *Syria 3000–300 B.C. A Handbook of Political History,* 1992, 22 ff. 27; P. MUNRO, *Der Unas-Friedhof Nord-West I,* 1993, 21 f.; C. J. EYRE, in: *The Unbroken Reed, FS A. F. Shore, 1994,* 107–124; A. SPALINGER, *SAK 21* (1994), 275–319; M. BAUD / V. DOBREV, *BIFAO 95* (1995), 23–92.

Pepi (Phiops) II.

5. König der 6. Dynastie, Nachfolger seines Halbbruders → ˁAntiemsa³f I. Merenreˁ, nach dessen frühem Tod er als Kind von etwa 6 Jahren (so nach Manetho; rundplastische Darstellungen als nacktes Kind [Kairo] bzw. sitzend auf dem Schoß seiner Mutter [Brooklyn]) König wird. Er nimmt folgende Titulatur an: Horus und Nebti *Mit göttlichen Erscheinungen,* Goldname *Mächtiger Goldfalke,* Thronname *Mit vollkommenem Ka, ein Reˁ,* Geburtsname Pepi.

Vorderhand ist seine Mutter ˁAnchnesmerireˁ/pepi (II.) Regentin, wird daher in einer Inschrift aus dem Jahr der 2. Zählung im Wadi Maghara im Sinai hinter ihm genannt. Eine Bestätigung findet sein Regierungsantritt als Kind durch einen Brief aus dem Jahr der 2. Zählung (= Jahr 3), der im Grab des Expeditionsleiters Heruchuef (Qubbet el Hawa, Assuan) kopiert ist und in dem sich der Kindkönig auf die Ankunft eines Pygmäen als Tanzzwerg freut. Die Regierungslänge P.s ist umstritten. Die manethonische Angabe von 94 Regierungsjahren findet Rückhalt durch den Turiner Königspapyrus (90 + x Jahre) und Pseudo-Eratosthenes und wird z. T. akzeptiert (W. Helck, E. Hornung, skeptisch N. Grimal), oft aber auch aufgrund zeitgenössischer Datumsangaben und allgemeiner Überlegungen (Alter zeitgenössischer Personen) zugunsten einer niedrigeren Regierungszeit abgelehnt (64 Jahre: J. von Beckerath, H. Goedicke; 70 +: J. Vercoutter). Das höchste sicher gelesene Datum ist das »Jahr nach der 31. Zählung« (= 63. Jahr; Graffito in Hatnub). Ein Graffito aus dem Totentempel P.s, das vielleicht die 32. Zählung = 64. Jahr) nennt und ein Begräbnis erwähnt, kann möglicherweise (so H. Goedicke) auf die Bestattung des Königs selbst bezogen werden. Ein erstes Sedfest ist durch Gefäßinschriften, einen Denkstein in Kairo sowie Beamtennamen bezeugt, ein zweites durch eine Inschrift in Elephantine (dazu Sedfest-Statuette in Brooklyn). Die drei Hauptgemahlinnen des Königs sind seine Halbschwester Neit – Mutter seines Nachfolgers → ˁAntiemsaˀf II. –, Iput und Udjebten. Eine Nebengemahlin – Mutter des → Neferkaˀreˁ Nebi – heißt ˁAnchnespepi (zu ihren Grabanlagen s. unten).

Die Pyramidenanlage P.s in Saqqara-Süd folgt in Anlage und Dekoration denen des → Teti, → Unas und → Saˀhureˁ. Über zwei Rampen gelangte man auf die Terrasse des Taltempels, von ihr durch eine Tür in den Taltempel selber mit dekoriertem Portikus (Szenen: Empfang durch die Götter; Niederschlagen der Feinde; Jagd) und weiteren Räumen und dann zum 400 m langen Aufweg (Szenen: der König als Bezwinger von Feinden; oberer Teil: Auflistung von Domänen [s. unten]), der in den Totentempel (Verehrungstempel und Totenopfertempel) einmündet. Der erste Teil zeigt den König als Triumphator über Feinde; hier fanden sich auch Gefangenenfiguren. Das Bildprogramm des Totenopfertempels läßt sich aufgrund günstiger Erhaltung und Fundsituation rekonstruieren (Hebsed-Szenen; von → Saˀhureˁ übernommene Darstellung des Siegs über den Libyerfürsten; der König als Bezwinger der Welt; im Raum vor dem Allerheiligsten der König mit Gottheiten, Würdenträger; im Totenopfersaal mit Sternendecke der König und über hundert namentlich aufgeführte Würdenträger beim Opfer).

Die Pyramide selber weist eine Seitenlänge von knapp 79 m (150 Ellen) und eine Höhe von 52,5 m (100 Ellen) auf, entsprechend dem Kanon der 6. Dynastie. Die über den Eingang mit Nordkapelle zugängliche Innenanlage besteht aus einem hinabführenden Gang von 16 m Länge, einer Gangkammer, einem horizontalen Gang von 23 m Länge, Vorkammer und Sargkammer sowie Magazinraum. Neben der Anbringung von Pyramidentexten (Sargkammer, Vorkammer, Gang, Gangkammer) sind der Granitsarkophag und der Deckel des Kanopenkastens als Überreste der Bestattung zu erwähnen.

Südlich des Totenopfertempels liegt eine kleine Kultpyramide, während die Pyramiden der Gemahlinnen P.s, Neith (daneben Fund von Modellschiffen), Iput (in einem der Magazinräume Sarkophag einer weiteren Königin ʿAnchnespepi) und Udjebten (alle mit Pyramidentexten) an der Nordwest- bzw. Südostecke der Pyramide des Königs stehen. Von der Bautätigkeit P.s ist über seine Pyramidenanlage hinaus wenig bekannt. Der auf den Wänden des Pyramidenaufwegs wiedergegebene Aufzug seiner Domänen nennt noch 117 königliche Güter und sogenannte Ka-Häuser, die für die wirtschaftliche Versorgung und den Opferdienst aufkamen. Ein weiteres Gut wird in einem der von P. überlieferten neun Dekrete erwähnt, die die einzigen Dokumente seiner Politik im engeren Sinn sind. Es sind dies: ein Dekret aus Abydos (Opferzuweisung für die Statuen P.s, der beiden Königinnen ʿAnchnesmerireʿ [Mutter und Tante] und seines Onkels Djaʿu), vier Dekrete aus Koptos (Befreiung des zum Tempel des Min in Koptos gehörenden Personals von Dienstleistungen und Belastungen zugunsten des Staates, Jahr nach der 11. bzw. 22. Zählung; Einrichtung einer Stiftung für den Kult einer kupfernen Königsstatue), eines aus dem Totentempel des → Mykerinos in Giza (Ernennung eines Vorstehers der Pyramidenstadt des Mykerinos; Schutzbestimmungen; Erwähnung der Pyramiden → ʿAntiemsaʾfs I. Merenreʿ und P.s, Jahr der 31. Zählung), eines aus Saqqara (für den Totenkult der Königin Udjebten; 24. Jahr) und ein weiteres Fragment aus Saqqara. Eine erst 1985 in der Oase Dachla gefundene Kopie eines Dekretes gestattet die Einrichtung eines Totenkultes für die zwei Oasengouverneure Chentika³ und Medunefer (neuere französische Grabungen in Balat; Mastabas der Gouverneure, Statuengruppe des Pepiimaʾ und der Isut u.a.). Expeditionen sind durch Inschriften in den Steinbrüchen von Hatnub (Jahr der 14. und nach der 31. Zählung) und im Sinai (s. oben) sowie durch den Bericht des Expeditionsleiters Heruchuef bezeugt, der viermal bis in das Land Jaʾm, d.h. in das Gebiet des sudanesischen Kerma am 3. Nilkatarakt zieht. Beziehungen zu Byblos erweisen dort gefundene Alabastergefäße mit dem Namen P.s. Die biographische Inschrift des später vergöttlichten Pepinacht-Heqaʾib in seinem Grab in Assuan berichtet von militärischen Unternehmungen zur Befriedung Nubiens und gegen asiatische Beduinen. Den Leichnam eines Expeditionsleiters ʿAʾenʿanchet, der beim Bau eines Byblosschiffes für eine Expedition nach Punt mitsamt seiner Truppe von Asiaten getötet worden war, führt er nach Ägypten zurück. Ähnliche Rückführungen unterwegs verstorbener Expeditionsleiter sind aus den Biographien des Saʾbni (für seinen Vater Mehu) und seines Sohnes Mehu (II.; für Saʾbni) bekannt. Saʾbni berichtet in einer Inschrift auch vom Transport von zwei Obelisken aus Unternubien nach Heliopolis.

Als Wesire amtieren während der langen Regierung P.s in der Residenz zuerst Ihichenet und Chenu, dann Imaʾpepi und Schenaʿi, schließlich

Cha'ba³u-Chnum/Biu und Nihebsed-Neferka³re' sowie Teti, in der Provinz nacheinander Dja'u, Idi, Pepinacht (in Abydos), 'Anchpepi-Heriib und 'Anchpepi-Henikem (in Meir; nach B. Geiger; weitere Wesire bei N. Strudwick).

In der Regierungszeit P.s sind tiefgreifende Veränderungen, v. a. eine weitgehende Reduktion der Verwaltung in der Residenz erkennbar. Der enge Zusammenhalt mit der Administration der Gaue schwindet; deren Fürsten übernehmen etwa je für sich – anstelle des mit P. verwandten Fürsten von Abydos allein – den Titel eines Vorstehers von Oberägypten. Das Amt haben dann jedoch am Ende der Regierung P.s nur die Gaufürsten von Meir und Theben inne. Die Gewichtung und Beurteilung verschiedener Faktoren (etwa Residenz/Provinz; König/Beamtentum; Persönlichkeit und Politik P.s; wirtschaftliche Lage), die für den Zusammenbruch des Alten Reichs nach der Regierung P.s verantwortlich sind, ist umstritten. Es ist jedoch nicht möglich, mit A. H. Gardiner zu urteilen:»Wir können nicht umhin, den stufenweisen Verfall des Königtums wahrzunehmen, der zweifellos z.T. seinen Grund in der versagenden eigenen Stärke des Königs hatte« (*Egypt of the Pharaohs,* 1961, 101).

Lit.: N. KANAWATI, *Governmental Reforms in Old Kingdom Egypt,* 1980, 62–103; A. ROCCATI, *La littérature historique sous l'Ancien Empire égyptien,* 1982, 198–220; N. STRUDWICK, *The Administration of Egypt in the Old Kingdom,* 1985; L. PANTALACCI, *BIFAO 85* (1985) 245–254; R. MÜLLER-WOLLERMANN, *Krisenfaktoren im ägyptischen Staat des ausgehenden Alten Reichs,* 1986; H. GOEDICKE, *SAK 15* (1988), 111–121; DERS., *BIFAO 89* (1989), 230ff.; B. GEIGER, *Ägypten in der Regierung Pepis II.,* unveröff. Lizentiatsarbeit Zürich 1990; STADELMANN, *Pyramiden,* 196–203; J. F. ROMANO, *GM 120* (1991), 73–84; *Mastabas in Balat: Balat I,* 1986, *II,* 1992; M. VALLOGGIA, *BIFAO 89* (1989), 271–282 mit pls. 33–35; A. SPALINGER, *SAK 21* (1994), 275–319.

Pepi III.
Nur auf Skarabäen belegter Kleinkönig der 16. Dynastie mit dem Thronnamen *Der das Leben schön macht, ein Re'.*
Lit.: BECKERATH, *Untersuchungen,* 137 f. 207. 279.

Peribsen
Nur durch seine Grabanlage in Abydos, eine spätere Erwähnung in der 4. Dynastie und neuerdings eine Siegelabrollung aus Elephantine bekannter König der 2. Dynastie, dessen Identität und Beurteilung äußerst umstritten sind. In einmaliger Weise ist sein Name *Erscheinung/Offenbarung ihres (= Horus und Seth) Willens* (üblicherweise *Ihr Wille kommt heraus* übersetzt) nicht als Horusname, sondern als Sethname gekennzeichnet (Sethtier statt Horusfalke auf der Palastfassade). Darin wird in der Regel

ein Indiz für eine politische Abwendung Oberägyptens von dem angeblich bevorzugten Norden gesehen (dagegen etwa D. Wildung). Zur Problematik der Deutung dieses Schrittes kommen der Fund von Verschlüssen mit dem Namen des → Sechemib (–Perenma^{3c}at) im Umgang des Grabes des P. in Abydos und Inschriften aus der Mastaba eines Scheri aus Saqqara (Zeit des → Chephren), der Gottesdiener des → Sened, Vorsteher der Ka^3-Diener des Sened und Vorsteher der Wa^{c}b-Priester des P. ist, die die Frage der Identität des Königs aufwerfen, sowie die Problematik um den König → Wenegnebti.

Verschiedenste Lösungsvorschläge sind vorgebracht worden: 1. P. ist der Nachfolger des Sechemib, den er entthronte (J. Ph. Lauer); 2. P. trug zuerst den Horusnamen Sechemib-Perenma^{3c}at und benannte sich dann in einer Reaktion gegen die Bevorzugung des Nordens um (E. Drioton / J. Vandier, W. Wolf); 3. P. und Sechemib sind identisch; beide Namen wurden gleichzeitig getragen (als Seth- bzw. als Horusname); Nachfolger war Sened (W. Helck, *Geschichte des Alten Ägyptens*; dort auch erwogen, ob Sechemib Gegenkönig von P. war; J. Sainte Fare Garnot); 4. Sechemib war der Nachfolger P.s und begrub ihn (W. Helck; N. Grimal: Sened Zeitgenosse des P.); 5. P. ist Nachfolger und Sohn des Sened (B. Grdseloff); 6. P. ist identisch mit Sened (H. Gauthier; D. Wildung; W. Barta).

Als vorderhand wahrscheinlichste Lösung ist die Folge Ninetjer – Sened – P. – Cha^{c}sechemui (vor ihm die zeitgenössisch nicht belegten → Neferka^{3}re^c, → Neferka^{3}sokar, → Hudjefa^3 [I.]) anzusehen und die Möglichkeit, daß in *Sechemib* ein früher Horusname P.s vorliegt (vgl. W. Kaiser).

Über genaue Ursachen und (friedlichen oder gewaltsamen) Verlauf der nach → Sened erfolgenden Teilung des Reiches läßt sich nichts Bestimmtes sagen. Die Grabanlage Peribsens in Abydos mit der dazugehörigen Talanlage am Rand des Fruchtlandes enthielt bei ihrer Entdeckung noch Kupfer- und Steingefäße. Ein Grab in Saqqara ist nicht bekannt.

Lit.: W. HELCK, *Untersuchungen zur Thinitenzeit*, 1987, 103 f.; W. KAISER, *GM 122* (1991), 49–55; DERS. u. a., *MDAIK 43* (1987), 107 f.; DERS., in: *Essays in Egyptology in honor of Hans Goedicke*, 1994, 113–123; J. VERCOUTTER, *L'Egypte et la Vallée du Nil*, 1992, 227–230.

Pertinax

Publius Helvius Pertinax, römischer Kaiser (193 n. Chr.), geboren am 1. 8. 126 n. Chr. in Alba Pompeia, Sohn des Freigelassenen Helvius Successus, war seit 176 Legat für Moesien, dann Dakien, Syrien, Britannien und 188/189 (oder 189/90) Proconsul von Afrika, 189 (oder 190–192) Praefectus urbi. Nach der Ermordung des → Commodus wird P. am 31. Dezember 192 durch den Prätorianerpräfekten Aemilius Laetus zum

Kaiser erhoben, fällt aber schon am 28. März 193 n. Chr. selber einem Anschlag zum Opfer. Auf P. folgt → Didius Iulianus.

Lit.: KIENAST, *Kaisertabelle,* 152 f.

Pescennius Niger

Lucius Pescennius Niger, seit 193 n. Chr. Caius Pescennius Niger Iustus, römischer Kaiser (193–194 n. Chr.), geboren zwischen 135 und 140 n. Chr., Legat des Kaisers für die syrischen Provinzen von 191–193. Mitte April 193 wird P. in Antiochia zum Augustus erhoben und ist nach der Ermordung des → Didius Iulianus am 2. Juni 193 und der Anerkennung des → Septimius Severus durch den Senat (1. Juni) Gegenkaiser des letzteren. Er wird im ganzen Orient und Ägypten anerkannt und durch den Partherkönig Vologaeses IV. unterstützt. Nach zwei Niederlagen bei Kyzikos (November/Dezember 193) und Nikaia (Anfang 194) fällt am 13. Februar 194 n. Chr. Ägypten zu Septimius Severus ab. Ende März wird P. bei Issos ein drittes Mal von Septimius Severus besiegt und Ende April bei Antiochia gefangen und hingerichtet. In Ägypten ist er hieroglyphisch nicht belegt, doch werden hier Münzen auf ihn geprägt und administrative Dokumente nach ihm datiert. Von P. ist die Teilnahme an Isisprozessionen bezeugt.

Lit.: KIENAST, *Kaisertabelle,* 159 f.; M. MALAISE, *Les conditions de pénétration et de diffusion des cultes égyptiens en Italie,* 1972.

Petubastis I.–III. → Padibastet I.–III.

Philippos Arrhidaios

Der schwachsinnige Halbbruder → Alexanders des Großen, der nach dessen Tod durch die *Reichsordnung von Babylon* (323) als König anerkannt wird, während die Regierung von Antipatros, Perdikkas und Krateros geführt wird (zur politischen Geschichte → Ptolemaios I.). Mitregent des P. wird nach dessen Geburt → Alexander IV. Im Herbst 317 fallen Philipp und seine Gemahlin Eurydike der Mutter → Alexanders des Großen, Olympias, in die Hände; P. wird ermordet, Eurydike begeht Selbstmord (Oktober 317).

Im Namen P.s wird das Barkensanktuar des Amuntempels von Karnak und die große Säulenhalle des Thottempels von Hermopolis/Aschmunein errichtet; seine Bautätigkeit ist auch im Tempel des Onuris-Schu in Sebennytos bezeugt. Die Titulatur des P. ist (nach H. de Meulenaere; anders noch bei Beckerath, Handbuch): Horus *Der die beiden Länder gedeihen läßt,* Nebti *Herrscher der Fremdländer,* Goldname *Liebling des Volkes,* Thronname *Geliebter des (Ka des) Re', Erwählter des Amun.*

Lit.: H. DE MEULENAERE, in: *Mél. J. J. Clère*, 1991, 53–58; A. B. BOSWORTH, *Chiron 22* (1992), 55–81; G. HÖLBL, *Geschichte des Ptolemäerreiches*, 1994, 33 f. 37. 76 f.

Philippus Arabs

Marcus Iulius Philippus Pius Felix Invictus, römischer Kaiser (244–249 n. Chr.), Sohn des Iulius Marinus. Vielleicht um 204 n. Chr. im späteren Philippopolis in Arabien als Sohn des Iulius Marinus geboren, seit 243 Prätorianerpräfekt, verheiratet mit Otacilia Severa. P. wird Anfang 244 nach dem Tod (oder von ihm veranlaßter Ermordung) → Gordians III. Kaiser. Im Sommer 244 ernennt er seinen Sohn Marcus Iulius Philippus zum Caesar, im Sommer 247 zum Augustus. Er beendet durch einen Friedensschluß den Perserkrieg. Nach seiner Rückkehr aus dem Karpen- und Germanenkrieg (245–247) feiert er einen Triumph in Rom, wo vom 21. bis 23. April 248 die 1000-Jahr-Feier der Stadt begangen wird. In den Jahren 248/249 erheben sich gegen P. die Gegenkaiser Pacatianus, Silbannacus, Sponsianus (im Donauraum) und Iotapianus (in Syrien oder Kappadokien). Im Herbst 249 wird er in der Schlacht bei Verona von den Soldaten ermordet. P. ist in Ägypten hieroglyphisch nicht bezeugt.
Lit.: KIENAST, *Kaisertabelle,* 197 f.

Pi'anch

General und Hoherpriester des Amun in Theben im Übergang von der 20. zur 21. Dynastie. Die bisherige Lehrmeinung, er sei Sohn des Hohenpriesters und dann Königs → Herihor und dessen Nachfolger gewesen, hat K. Jansen-Winkeln widerlegt. Danach ist P. sein Vorgänger und Schwiegervater, der den aufständischen ehemaligen Vizekönig von Kusch Panehesi bekämpft und vom 17. bis mindestens zum 28. Jahr → Ramses' XI. Herrscher in der Thebais ist (1087–1075 v. Chr.). Mit H. Kees kann P. – wie Herihor – als Exponent einer »als Wille des Amun getarnten Militärdiktatur« betrachtet werden. Seine Gemahlin ist eine Hereret, sein Sohn → Pinudjem I.
Lit.: *TIP* §§ 15–18. 210 f. 372 f. 436. 438. 441. 496; R. EL-SAYED, *BIFAO 78* (1978), 197–218; K. JANSEN-WINKELN, *ZÄS 119* (1992), 22–37; A. NIWIŃSKI, in: *Gegengabe. FS E. Brunner-Traut,* 1992, 235–262.

Pije (Pi'anchi)

Der Wegbereiter der Kuschitenherrschaft (25. Dynastie) in Ägypten (747–716 v. Chr.; ein tieferer Ansatz bei L. Depuydt), Nachfolger des → Kaschta, der in seinem 20. Jahr (728) in einem Feldzug Ägypten erobert und darüber auf einer 1862 im Amun-Tempel von Napata am 4. Katarakt (Gebel Barkal) gefundenen Stele berichtet, der hauptsächlichen Quelle für die politische Geschichte und Situation Ägyptens in der 2. Hälfte des 8. Jahrhunderts v. Chr.

P. »taucht in der Dunkelheit der Dritten Zwischenzeit als bemerkenswerte Persönlichkeit auf«, als »afrikanischer Herrscher eine der großen Gestalten der ägyptischen Zivilisation« (J. Leclant).

Eltern P.s sind vielleicht → Kaschta und Pabatma, als Gemahlinnen sind Pekereslo (Peksater), Tabiri (die Tochter des → Alara), Abale, Kensa und Neferukakaschta belegt, Geschwister sind vermutlich → Schabaka, → Amenirdis I. und der General Pekartror. Kinder P.s sind die späteren Könige → Schabataka, → Taharqa, der Prinz Chaliut, die Gottesgemahlin des Amun → Schepenupet II. sowie die weiteren Töchter Arti (Gemahlin des → Schabataka), Naparaja, Tekahatamani und Tabakenamun (Gattinnen des → Taharqa).

P. besteigt nach dem Tod des → Kaschta den kuschitischen Königsthron. Seine Herrschaft erstreckt sich bis nach Oberägypten, wo er Truppen und Garnisonen unterhält. P.s Anspruch auf die Herrschaft über Ägypten zeigt eine Stele aus dem Amun-Tempel von Napata (Gebel Barkal). Die meisten Namen der Titulatur P.s sind in mehreren Varianten bezeugt: Horus *Der mit seiner Stadt zufrieden ist; Der seine beiden Länder befriedet; Stier seiner beiden Länder; Starker Stier, der in Napata erscheint (= inthronisiert ist); Starker Stier, der in Theben erscheint; Vereiniger der beiden Länder,* Nebti *Herrscher Ägyptens; Mit beständigem Königtum wie Reʿ im Himmel; Stier; Der Kunstwerke hervorbringt;* Goldname *Heilig an Erscheinungen, mit starker Kraft; Bei dessen Erblicken als Horizontischer jedermann lebt; Der die Tapferen (Soldaten) zahlreich macht;* Thronname *Reich an Maʿat, ein Reʿ; Der dem Reʿ Schönes erweist (oder: ein Wohltäter, ein Reʿ); Mit bleibender Gestalt, ein Reʿ.* Mit dem ersten und letzten der genannten Thronnamen weist P. zurück auf → Thutmosis III. und → Ramses II. Der Eigenname des Königs lautete vermutlich ›Pije‹ (das Zeichen *ʿanch* »Leben« ist nicht zu lesen, sondern ist Deutezeichen zu dem meroïtischen Wort *pi/e* »Leben«).

In Theben setzt P. seine Schwester → Amenirdis I. als Gottesgemahlin des Amun ein (Adoption durch → Schepenupet I.; beide zusammen genannt in einem Graffito im Wadi Gasus).

Auf den Vorstoß des → Tefnacht und verbündeter Fürsten (→ Osorkon IV., → Iupet II., → Scheschonq u. a.) nach Süden gegen das Reich von Herakleopolis läßt P. zuerst oberägyptische Truppen unter den Generälen Pawcrem und Rumersekeni reagieren. Als Hauptgegner erscheint dabei anfänglich → Namilt (3) von Hermopolis, der nach dem Bericht der Stele zu Tefnacht überlief, vermutlich aber (mit D. Kessler; anders K. A. Kitchen, A. Spalinger) von Beginn an Verbündeter Tefnachts war. Verschiedene Erfolge der kuschitischen Truppen gegen die Nordkoalition und Namilt (Schlacht auf dem Nil; Schlachten bei Herakleopolis und Per-Pega; Einnahme von drei Festungen) können die schon fast im Sinne Tefnachts entschiedene Lage kaum verändern, so daß schließlich P. selber eingreift. Über Theben (Feier des Opet-Festes) zieht er nach Hermopolis, das nach Belagerung kapituliert; Namilt unterwirft sich. Dadurch kann zunächst die Belagerung des von → Pajeftjauem'auibastet regierten Herakleopolis beendet werden; dann kapitulieren Persechemcheperre', Medum und Itjtaui. Memphis, dessen Garnison von 8000 Mann dem Hilfstruppen organisierenden Tefnacht loyal bleibt, leistet Widerstand, wird aber erobert. P. unterwerfen sich nun → Iupet II. von Leontopolis, → Iukanesch von Sebennytos sowie → Padiiset von Athribis/Heliopolis. Die rituelle Reinigung des Königs und Opfer im Ptah-Tempel von Memphis und im Atum-Tempel von Heliopolis unterstreichen die schon zuvor betonte Frömmigkeit und Traditionsverbundenheit P.s. Hier anerkennt ihn → Osorkon IV. von Tanis/Bubastis; in Athribis unterwerfen sich ein Dutzend weitere lokale Regenten. Eine Erhebung der Stadt Mesed/Mostai (nördlich von Athribis) wird niedergeschlagen, worauf sich auch Tefnacht – der erst nach dem Zug des P. den Königstitel annimmt – unterwirft, allerdings demonstrativ in Sais bleibt und sich auch dort Treueeid und Tribute von Gesandten P.s abnehmen läßt. Nach der Aufgabe der letzten feindlichen Städte (Hut-Sobek/Krokodilopolis; Atfih) erfolgt ein Besuch der vier Könige Iupet II., Osorkon IV., Namilt und Pajeftjauem'auibastet bei P., der jedoch nur Namilt als rituell rein (die anderen sind »Fischesser« und unbeschnitten) in den Palast läßt, bevor er mit den Tributen nach Napata zurückkehrt.

Während D. Kessler betont, der Kampf zwischen P. und Tefnacht sei »das keineswegs von vornherein geplante Ergebnis der Streitigkeiten rivalisierender Kleinstaaten« gewesen, die Eroberung Ägyptens habe sich also erst im Verlauf der Kampagne ergeben, wird üblicherweise die Eroberung Ägyptens als Resultat einer planmäßigen Machtpolitik gesehen.

Als Bauherr tritt P. v. a. in seiner Hauptstadt Napata und Umgebung hervor, wo er den Amun-Tempel des Neuen Reiches erweitert (Erneuerung der Umfassungsmauer des Sanktuars, Bau von Hypostylsaal und abschließendem Pylon) und durch weitere Denkmäler bezeugt ist (Barkenuntersatz; Stelen; Fragment einer Königsstatue; Obelisk aus Kadakol). Die Statuen für den Dromos werden aus dem Tempel → Amenhoteps III. in Soleb hergebracht. Nennungen P.s in Ägypten selber sind selten (zwei thebanische Urkunden aus den Jahren 21 und 22; eine Schenkungsstele aus Dachla aus dem 24. Jahr; aus Theben: Gefäße, Tuch mit »Jahr 30 (?)«, Menat-Gewicht). Vielleicht gehört hierhin auch die Stele mit dem Lob auf Mutirdis (Louvre C 100).

P.s Pyramidengrab liegt in der Nekropole von El Kurru; von der Bestattung, die ausgeraubt wurde, sind Uschebtis und ein Libationsständer erhalten. Von P. existiert auch ein goldener Armreif. Die Lieblingspferde P.s (vgl. → Namilt [3]) sind in der Nähe begraben.

Lit.: *TIP* §§ 112. 114 f. 120–124. 145. 320 f. 325–332. 339. 344. 446. 450. 473. 521–524, T. 4. 6. 11, *4, *15; GOMAÀ, *Fürstentümer,* s. Reg. S. 166; A. SPALINGER, *JSSEA 11* (1981), 37–58; D. KESSLER, *SAK 9* (1981), 227–251; N. C. GRIMAL, *La stèle triomphale de Pi(ʿankh)y,* 1981; I. A. KACNELSON, *Meroe 3* (1985), 112–117; J. LECLANT, *LÄIV,* 1045–1052; E. KAUSEN, in: *TUAT I/6,* 1985, 557–585 (Übersetzung der Stele des Pije); H. BRUNNER / E. BRUNNER-TRAUT, *FS I. E. S. Edwards,* 1988, 143–147; S. WENIG, in: *Studia in honorem Fritz Hintze* (Meroitica 12), 1990, 333–352; L. DEPUYDT, *JEA 79* (1993), 269–274. P. PAMMINGER, *RdE 46* (1995), 149–161.

Pinudjem (Pajnedjem) I.
Hoherpriester des Amun in Theben (1070–1055 v. Chr.) und König (1070/1054–1032 v. Chr.) während der 21. Dynastie unter der Oberherrschaft des → Smendes, des → Amunemnesu und → Psusennes' I. P. ist Sohn des Hohenpriesters → Piʿanch und der Hereret. Der Ehe mit Henuttaui, einer Tochter des Smendes, entstammen die Gottesgemahlin des Amun → Maʿatkareʿ, der Hohepriester des Amun von Karnak → Mencheperreʿ sowie vermutlich auch → Psusennes I. und dessen Gemahlin Mutnedjmet; derjenigen mit Isetemachbit die Hohenpriester des Amun → Masaharta und → Djedchonsiufʿanch. Als dritte Gemahlin ist eine Tanetnabechenu bekannt. Offenbar erzielt P. beim Tode → Ramses' XI. (1069) eine Übereinkunft mit dem ihm verwandten Smendes über die gegenseitige Anerkennung ihrer Machtbereiche, wobei P. das Königtum des Smendes akzeptiert. Als militärischer Kommandant und Statthalter Oberägyptens ist er von der Festung el-Hibeh (Bau von Mauern) im Norden bis zur Insel Sehel bei Assuan im Süden bezeugt. Im thebanischen Gebiet stammen von P. hieroglyphische Graffiti in Luxor, Weihinschriften in Medinet Habu sowie Renovationen im Bereich des Tempels Ramses' III. Nach dem Begräbnis der Gemahlin Herihors, seiner Großmutter Nedjmet, im Jahr 1 des Smendes besorgt er die Restaurierung königlicher Bestattungen des Neuen Reiches (→ Thutmosis II., → Amenhotep I. im 6. Jahr, → Amenhotep III., → Ramses II. und III. in den Jahren 12–15). Nach K. A. Kitchen betrachtet sich P. ab dem 15. Jahr des Smendes als König (Statuette als knieender König beim Opfer; Kolossalstatue vor dem 2. Pylon des Karnaktempels; Vollendung der Dekoration des Pylons und Tordurchgangs des Chonstempels), während K. Jansen-Winkeln ein Königtum neben dem Hohenpriesteramt schon für die Jahre zuvor annimmt. Im 16. Jahr des Smendes rückt P.s Sohn Masaharta auf den Posten des thebanischen Hohenpriesters des Amun nach

und erneuert etwa im 19. Jahr die Begräbnisse → Amenhoteps I. und der Königin Meritamun. P. übt auch als König eine gewisse Bautätigkeit aus (Usurpation und Neubeschriftung der Sphinxallee bis zum 2. Pylon des Karnaktempels; Kartuschen auf Außenwand des Chonstempels, einer Osiriskapelle und einer der Sachmetstatuen des Mut-Tempels; Altar aus Abydos). Das Königspaar erscheint auf einer Privatstele aus Abydos und ist nun offenbar auch in Tanis anerkannt.

P. heißt jetzt: Horus *Starker Stier, geliebt von Amun* (einmal: *Starker Stier, der erschienen [= inthronisiert] ist in Theben*), Thronname *Mit verwirklichten Erscheinungen, ein Re᾽, Erwählter des Amun,* Eigenname *Der Angenehme.* Die *Stele der Verbannten* läßt auf erhebliche Opposition gegen P., → Mencheperre᾽ und weitere Verwandte schließen, die einen Großteil der wichtigen Ämter besetzen; diese Gegner werden 1045 (?, 25. Jahr des Smendes [Kitchen] oder P.s I. selber [Jansen-Winkeln]) in die Oase Charga verbannt, die Strafe im 1. Jahr des → Amenemnesu (nach Jansen-Winkeln des → Mencheperre᾽) erlassen (1043?). In die Regierungszeit → Psusennes' I. fallen die Neubestattungen der Prinzessin ᾽Ahmose-Sitkamose, → Sethos' I. (Jahr 7), → ᾽Ahmoses I. und des Prinzen Siamun. Diese Maßnahmen gehören in den Zusammenhang der Rettung der königlichen Mumien, da seit dem Übergang von der 20. zur 21. Dynastie – wie zuletzt K. Jansen-Winkeln wahrscheinlich gemacht hat – die Königsgräber von Staats wegen geleert und ihre Schätze konfisziert werden. P. überführt dazu in das Grab → Amenhoteps II. im Tal der Könige (entdeckt 1898 von V. Loret) die Leichname → Thutmosis' IV., → Amenhoteps III., → Merenptahs, → Siptahs, → Sethos' II. sowie → Ramses' IV., V. und VI. (→ Pinudjem II.; → Mencheperre᾽).

In Tanis stammen aus dieser Zeit gemeinsame Blöcke Psusennes' I. und P.s.

Lit.: *TIP* §§ 2. 5. 18. 23 f. 27. 37. 40. 45. 48. 54. 71. 87. 216 f. 219. 372. 375. 381–5. 436. 441. 498 f., Tbl. 1. 2. 7–9. 15, *15; K. Jansen-Winkeln, *ZÄS 119* (1992), 22–37. Cachette: W. Wolf, *Funde in Ägypten,* 1966, 234–246; C. N. Reeves, *Valley of the Kings,* 1990, 192–199; N. Dautzenberg, *GM 142* (1994), 61–66; K. Jansen-Winkeln, *ZÄS 122* (1995), 62–78.

Pinudjem II.

Hoherpriester des Amun in Theben (990–969 v. Chr.) unter den Regierungen des → Amenemope, → Osochor und → Siamun, Sohn des Hohenpriesters → Mencheperre᾽ und der Isetemachbit (III.), Bruder seines Amtsvorgängers → Smendes II. Aus der Ehe mit seiner Schwester Isetemachbit (IV.) stammt → Psusennes II.; seine zweite Gemahlin ist eine Tochter Smendes' II., Nesichons. Beide vereinigten auf sich eine Vielzahl von priesterlichen Ämtern und damit Ansprüchen auf entsprechende Einkünfte; Nesichons ist sogar (nur dem Titel, nicht der Funktion nach?) Oberhaupt der südlichen Fremdländer und Vizekönigin von Nubien.

Ein wichtiger Text beim 10. Pylon in Karnak berichtet von einem Orakelentscheid über Beamte, gegen die Anklage wegen bestimmter Vergehen erhoben worden war.

Nesichons und P. werden im ehemaligen Grab der Inihaʿpi, Gemahlin des → ʿAhmose, in Deir el Bahari (DB 320; anders C. N. Reeves) bestattet, das in der Folge als Versteck für die Königsmumien dient, die angesichts der Grabräubereien hier bewahrt bleiben sollten (Cachette von Deir el-Bahari; 1871/1881 entdeckt); sie barg etwa 40 Särge mit den Leichnamen u. a. von → Seqenenreʿ, → ʿAhmose, → Amenhotep I., → Thutmosis I.–III., → Sethos I., → Ramses I., II., III., IX. sowie von P. selber und von Nesichons (→ Pinudjem I.; → Mencheperreʿ).

Lit.: *TIP* §§ 2. 4f. 5. 7. 11. 13. 17. 22. 24. 26f. 52f. 62. 65. 221. 227f. 232f. 388f., Tf. 1. 2. 7–9; J.-M. KRUCHTEN, *BSFE 103* (1985), 6–26. Cachette: W. WOLF, *Funde in Ägypten,* 1966, 234–246; C. N. REEVES, *Valley of the Kings,* 1990, 183–192.

Pmui (1)

Herrscher des Fürstentums von Busiris (nach K. A. Kitchen 728–700 v. Chr.), Sohn und Nachfolger eines Fürsten → Scheschonq, erwähnt auf der Stele des → Pije. Im Gegensatz zu dem späteren → Pmui (2) von Busiris unter Psammetich I. trägt er noch die Titel eines Generals und Vorstehers der Meschwesch-Libyer.

Lit.: *TIP* §§ 328. 356. 360 n. 930, Tf. 22C; J. YOYOTTE, *RdE 39* (1988), 175 (3.).

Pmui (2)

Herrscher des Fürstentums von Busiris (nach K. A. Kitchen 665–650 v. Chr.). Er ist Sohn des Fürsten → Scheschonq, des Nachfolgers des früheren Fürsten → Pmui (1) von Busiris.

Lit.: *TIP* §§ 360 u. n. 930, Tf. 22C; J. YOYOTTE, *RdE 39* (1988), 175f (4.).

Pmui (3)

Herrscher von Herakleopolis als Nachfolger des → Ptahudjʿanchef und Vorgänger → Hemptahs I. (nach K. A. Kitchen 820–850 v. Chr.).

Lit.: *TIP* § 300, Tf. 16A; J. YOYOTTE, *RdE 39* (1988), 174f.

Probus

Marcus Aurelius Probus, römischer Kaiser (276–282 n. Chr.), geboren am 19. 8. 232 n. Chr. in Sirmium, unter → Tacitus vielleicht *dux orientis.* Im Sommer 276 wird er im Orient zum Kaiser erhoben. In die Jahre 277–

278 datieren Kriegszüge des P. gegen die Alemannen, Franken, Burgunder und Vandalen (er nimmt die Beinamen *Gothicus/Germanicus maximus* an), während der Kaiser 279 in Kleinasien gegen die Isaurier vorgeht und die nach Ägypten einfallenden Blemmyer zurückschlägt. 280/281 erheben sich gegen P. in Köln als Gegenkaiser Bonosus und Proculus, die der Kaiser besiegt, in Antiochia der syrische Statthalter Saturninus, der von seinen Truppen ermordet wird. Nachdem → Carus zum Kaiser erhoben worden ist, wird P. im Herbst 282 ermordet. In Ägypten wird er hieroglyphisch auf der Stele eines Buchisstieres genannt.

Lit.: KIENAST, *Kaisertabelle* 250 f.; J. H. E. CREES, *The Reign of the Emperor Probus,* 1911 (Reprint 1965); G. VÉTUCCI, *Probo,* 1952.

Psammetich I.

Begründer der 26. Dynastie, der Saitenzeit (nach der Herkunft der Herrscherlinie aus Sais), Sohn und Nachfolger → Nechos I., der als König 664–610 v. Chr. regiert. Seine Gemahlin ist Mehitenusechet, Tochter des Hohenpriesters Harsaiset von Heliopolis; Kinder sind die Gottesgemahlin des Amun → Nitokris und wahrscheinlich → Necho II. (sowie zwei weitere Prinzessinnen). Nachdem → Necho I. (trotz eines Abfallversuchs des für die assyrische Ägyptenpolitik unentbehrlichen Sais) als Klientelfürst über Sais und Memphis von → Asarhaddon und → Assurbanipal bestätigt und P. unter dem assyrischen Namen *Nabuschezibanni* als Regent von Athribis eingesetzt worden war, kommt Necho in den Kämpfen der Deltafürsten gegen → Tanwetamani ums Leben.

Durch die Vertreibung des Kuschitenkönigs durch die Assyrer und die Verwicklung Assurs selbst in langwierige Kriege gegen Babylon und Elam (dessen Hauptstadt Susa erst 640 fällt) gelangt P. zu größerem politischen Spielraum, den er mit Unterstützung des lydischen Königs Gyges und nach der Indienstnahme ionischer und karischer Söldner erfolgreich zum Ausbau seiner Machtstellung nutzt. Offenbar erringt er zunächst die Oberherrschaft über die einzelnen Fürstentümer des Deltas (bis 657) und kann dann durch den Anschluß der – in die saitische Dynastie eingeheirateten – mittelägyptischen Regenten und »Flottenkommandeure« von Herakleopolis → Padiiset und → Sematauitefnacht Richtung Thebais vordringen. Hier herrscht als eigentlicher Gouverneur noch Montuemhat (→ Tanwetamani), während die Gottesgemahlin → Schepenupet II. eine Tochter → Taharqas, Amenirdis II., adoptiert hat. Assyrien sieht von einem Eingreifen gegen die Machterweiterung P.s ab; im ˙Rassam-Zylinder Assurbanipals erscheint P. nun als »König Ägyptens«. Im 9. Jahr seiner Regierung (656) übernimmt P. auch in Theben offiziell die Herrschaft, indem er seine eigene Tochter → Nitokris als Gottesgemahlin des Amun einsetzt. Von dem Ereignis berichten die sog.

Adoptionsstele der Nitokris und Reliefs. Das Tempo der unter Leitung des → Sematauitefnacht erfolgten Fahrt (2.–18. März) weist aber nach W. Helck darauf hin, daß es sich im Gegensatz zur offiziellen Lesart nicht um eine feierliche Prozession, sondern einen militärischen Überfall handelte. In Oberägypten werden nun unterägyptische Beamte eingesetzt, so die Verwalter der Nitokris (Ibi, Pabes, Padihorresnet) oder der Bürgermeister von Edfu und Elkab.

Die Titulatur P.s' ist: Horus *Mit großem Willen,* Nebti *Herr über seinen (schlagenden) Arm,* Gold *Der Tapfere,* Thronname *Mit beständigem Willen, ein Re ',* Geburtsname *Psammetich* (volkstümlich gedeutet als ›Händler von Metjek-Wein‹; ursprünglich vielleicht ›Mann des [Gottes] Metjek‹).

Gegen Einfälle von Libyern und besiegten Deltafürsten von Westen her geht P. in seinem 11. Jahr vor; eine Reihe von Gedenkstelen werden an der »Dahschurstraße« Richtung Westen aufgestellt (654). Die Garnisonen der Landesgrenzen (Daphnae, Marea, Elephantine) werden ausgebaut. Ob P. auch militärisch in Nubien aktiv war, ist zweifelhaft. Die Statue eines Psammetichmenechib aus Assuan erwähnt eine Truppenrevolte.

Die Situation in Vorderasien in den Jahrzehnten nach 650 verläuft äußerst dramatisch. Das durch Kriege geschwächte Assyrien verliert die direkte Kontrolle über den palästinischen Raum. Umstritten sind die nur bei Herodot überlieferten Nachrichten, nach denen Psammetich die Stadt Aschdod belagert und einnimmt sowie bei Aschkalon einen Vorstoß der Skythen abwehrt. Beide Ereignisse sind wohl nicht historisch (gegen K. A. Kitchen). Der Tod → Assurbanipals im Jahre 626 (Nachfolger Assuretililani 625–621; Sinscharischkun 620–612), das Erstarken der Meder unter Kyaxares (625–585) und der Abfall Babylons unter Nabopolassar (Nabu-apla-usur) von Assur führt zur aktiven Unterstützung des assyrischen Reiches durch P., um die Machtverhältnisse zu bewahren. Ägyptische Truppen kämpfen 616 und 610 auf Seiten der Assyrer, können aber den Untergang des Reiches (614 Zerstörung Assurs; 612 Zerstörung Ninives) nicht verhindern.

Von der Baupolitik P.s I. ist v. a. die Erweiterung des Serapeums von Saqqara im 52. Jahr hervorzuheben. Denkmäler von P. sind darüber hinaus bezeugt in: Rosette (Block von Tempel; Basaltsäule), Alexandria, Tell Baqliya (Blöcke), Tell Daphne (Gründungsdepot), Tanis (Bronzestatuette), Bubastis (Erwähnung einer Tempelgründung auf Privatstele, Jahr 51), Tell er-Rubʿ (Stele), Tell Timai (Sitzstatue), Sais (Block; Sphinx), Tell el Jahudija (Naos), Heliopolis (Sphinx), Saqqara (Gründungsdepot; ein Kanopenkrug hier bzw. in Etrurien gefunden; vgl. → Bokchoris), Abydos (Türsturz; Kalksteinkopf?) Koptos, Tell Edfu

(Blöcke), Wadi Hammamat (Kartuschen), Wadi-Gasus (Stele) sowie Karnak (Bronzeplatten von Tempeltor; Sphinx), Medinet Habu. Ein Ring von P. wurde in Karkemisch gefunden. Der Wesir Bakenrenef ist in Saqqara begraben; Montuemhat und die zeitgenössischen Verwalter der Gottesgemahlinnen (Petamenope, Ibi) sowie der Bürgermeister Montuemhat legen sich gewaltige Grabpaläste in Theben zu. P. stirbt 610 und wird in Sais begraben. Für die 26. Dynastie ist auch ein Statuenkult in Saqqara bezeugt.

Lit.: KIENITZ 11–20; *TIP* §§ 360–368; A. SPALINGER, *JARCE 13* (1976), DERS., *JARCE 15* (1978), 49–57; DERS., *LÄ IV,* 1164–1169; DERS., *SAK 5* (1977), 221–244; T. F. R. G. BRAUN, *CAH 2,* III/3, 1982, 32–56; H. DONNER, *Geschichte des Volkes Israel und seiner Nachbarn in Grundzügen 2,* 1986, 340 f. 360 f.; J. QUAEGEBEUR, *AncSoc 21* (1990), 241–271; J. D. RAY, *JEA 76* (1990), 196–199; W. HELCK, *Akten München, 4,* 1991, 7 f.; T. G. H. JAMES, *CAH²* III/2, 1991, 708–714. 730–735; P. HÖGEMANN, *Das alte Vorderasien und die Achämeniden,* 1992, 194–197.

Psammetich II.

3. König der 26. Dynastie (595–589 v. Chr.), Nachfolger seines Vaters → Necho II., Vorgänger und Vater des → Apries. Seine Gemahlin ist Tachuit, eine Tochter die Gottesgemahlin → ʿAnchnesneferibreʿ. Er trägt die Titulatur: Horus *Mit trefflichem Herzen,* Nebti *Mit starkem Arm,* Gold *Der die beiden Länder vollkommen macht,* Thronname *Mit vollkommenem Herzen, ein Reʿ,* Eigenname (*Herr der Kraft,*) Psammetich.

Die Bewertung der Außenpolitik P.s II. hat sich seit F. Kienitz (probabylonische Haltung; keine Kämpfe in Nubien) in wesentlichen Punkten geändert und wird heute eher in einer Linie mit der seines Nachfolgers gesehen. Die Organisation eines starken Heeres und einer Mittelmeerflotte wird vorangetrieben. Ein ägyptisches Heer stößt im 3. Jahr P.s über Elephantine hinaus nach Nubien und in den Sudan vor. Neben der Erwähnung der Kampagne bei Herodot besitzen wir zeitgenössische Quellen in mindestens fünf Stelen (aus Assuan, Karnak, Tanis, zwei aus Schellal, Fragment aus Edfu) und die Inschriften der Söldner auf den Kolossalfiguren von Abu Simbel (Kommandanten Psammetich, Potasimto und Amasis). Die Graffiti erwähnen, daß die Expedition über einen Ort Kerkis hinaus, »soweit der Fluß es zuließ«, vorrückte. Nach dem Stelenbericht ist P. im Gebiet südlich des 1. Katarakts auf Vogeljagd und weiht während eines Besuchs des Osirisheiligtums auf Bigga (dem *Abaton*) einen Opferständer, während das Expeditionskorps bis in das unwirtliche »Fremdland von Pnubs« am 3. Nilkatarakt vordringt. P. stößt dann zu den Truppen hinzu; in einer Schlacht werden viele Nubier getötet und 4200 Gefangene gemacht. Ob die Armee noch tiefer in das meroïtische Reich vordringt und Napata am 4. Katarakt zerstört, ist nicht klar erwiesen. Das Andenken an die kuschitische Herrschaft in Ägypten wird bekämpft (Ausradierung ihrer Kartuschen auf Denkmälern, aber auch des Namens des Vaters P.s, → Nechos II.).

Im folgenden Jahr (591) unternimmt P. eine Wallfahrt, die nach Syrien-Palästina (Byblos?) führt (Bericht des Priesters Padiiset; Teilnahme von Priestern). Angesichts der Bedrohung Babylons durch die Meder und den lydisch-medischen Krieg, der mit einem von Nebukadrezzar und Syennesis von Kilikien vermittelten Frieden 585 beendet werden kann, scheint der Zeitpunkt für die Verstärkung des ägyptischen Einflusses in Palästina günstig. Inwiefern aber P. die antibabylonische Politik des judäischen Königs Zedekia gefördert oder sogar initiiert hat, ist unbekannt.

Denkmäler P.s' sind bezeugt in: Alexandria (Block), Bubastis (Schenkungsstele), El-Mahalla el-Kubra (Granitfragment), Sais (Basalttorso), el-Nahariya (Blöcke von Tempel), Ausim/Letopolis (Weihung von Statue Nechos II.), Giza (Statuenfragment), Heliopolis (Basaltblock; Obelisk [in Rom]), Saqqara (Block; Bronzeecke eines Tores u.a.; auf Privatstele). Ein Säulenblock fand sich sekundär in Kairo, eine Kolossalstatue nördlich des Golfes von Suez. Die Kartusche P.s' findet sich in den Steinbrüchen von el-Maᶜsara, Konosso und Bigga. In Karnak stammt von ihm das Granittor des Kamutef-Sanktuars; weitere Denkmäler hier hat er usurpiert.

Lit.: KIENITZ 25f. 53f. 128f.; *TIP* §§ 368 n. 962. 369. 416, Tf. 4; G. VITTMANN, *Or 44* (1975), 379f.; H. GOEDICKE, *MDAIK 37* (1981), 187–198; H. DONNER, *Geschichte des Volkes Israel und seiner Nachbarn in Grundzügen 2*, 1986, 377; A. SPALINGER, *LÄ IV*, 1169–1172; T. G. H. JAMES, *CAH²* III/2, 1991, 718. 726–729.

Psammetich III.

6. König der 25. Dynastie (526–525 v. Chr.), Sohn des → Amasis und der Tanetcheta (als Prinz genannt auf einer Serapeumstele), der die Herrschaft nach dem Tod seines Vaters im November/Dezember 526 übernimmt. Weder seine Gemahlin noch Kinder sind bekannt, lediglich zwei Halbbrüder. Neben seinem Geburtsnamen (→ Psammetich I.) trägt er den Thronnamen *Mit lebendigem Ka, ein Reᶜ* (oder: *Mit lebendigem Ka, zu Reᶜ gehörig*). P. muß sich dem persischen Heer (mit Flotte aus phönizischen und zyprischen Schiffen) unter → Kambyses stellen, das die ägyptische Armee nach Verrat der Verteidigungsstellen durch den Söldnerführer Phanes von Halikarnassos im Mai 525 bei Pelusium an der ägyptischen Ostgrenze vernichtend schlägt. Memphis wird eingenommen, der gefangene P. nach einem Aufstandsversuch hingerichtet.

Udjahorresnet (→ Kambyses) ist unter Amasis und P. Flottenkommandeur.

Aufgrund der kurzen Regierung sind nur wenige Denkmäler P.s bekannt (Karnak: Erweiterung der Kapelle des Amasis/der Nitokris; Pfosten des Osiris-Pameres-Tempels; Sistrumgriff). Vielleicht gehört die Torfassade des spätzeitlichen Palastes von Memphis in die Übergangszeit → Amasis/P. (oder → Apries/Amasis?).

Lit.: KIENITZ, 67–75; A. SPALINGER, *LÄ IV,* 1172 f.; G. VITTMANN, *Or 44* (1975), 380 ff.; W. KAISER, *MDAIK 43* (1986), 123 f.

Psammetich IV.–VI.

Weitere Regenten des Namens *P.* erscheinen in der antiken Überlieferung und auf Objekten (Sistrum und Skarabäus mit je verschiedenen Thronnamen; Uschebti). Den Namen trug der Vater des → Inaros und ein ebenfalls libyscher Regent, der nach Philochoros 445/4 v. Chr. Getreide an Athen lieferte und vermutlich vom Grenzposten Marea an der ägyptischen Nordwestgrenze aus eine begrenzte Herrschaft ausübte. Schließlich erwähnt Diodor Siculus für das Jahr 400 v. Chr. einen ägyptischen König P., der nach ihm von »dem berühmten Psammetich« (I.) abstammte.

Lit.: A. SPALINGER, *LÄ IV,* 1982, 1173–1176.

Psammuthis

Ein oberägyptischer Regent der 29. Dynastie, Gegenkönig des → Achoris. ›P.‹ ist die griechische Umschrift des Eigennamens Pascherienmut *Das Kind der (Göttin) Mut.* P. trägt den Horusnamen *Mit großer Kraft, mit erfolgreichen Taten* und den Thronnamen *Ein Starker, ein Reʿ, Erwählter des Ptah.* Gewöhnlich wird P. in die Jahre 393/2 v. Chr., den Beginn der Herrrschaft des Achoris, datiert, doch lassen verschiedene Indizien (Achoris führt den Beinamen *Der das Erscheinen [als König] wiederholt;* nur seine ersten 6 Regierungsjahre belegt; gute und schlechte Regierungshälfte nach der Demotischen Chronik) auch die These zu, P. habe Achoris kurzzeitig (für etwa ein Jahr) verdrängt, bevor er von ihm wieder entmachtet wurde. Die Bautätigkeit des Königs tritt besonders in Karnak hervor (Dekoration der Kapelle des Achoris; ev. Fertigstellung und Dekoration der Opfermagazine südlich des Heiligen Sees), ein Granitblock mit Weihinschrift stammt aus Achmim. In Saqqara bezeugen ihn demotische Graffiti; zusätzlich existiert ein Skarabäus.

Lit.. J. D. RAY, *JEA 72* (1986), 149–158; C. TRAUNECKER, *BIFAO 79* (1979), 395–436; s. auch → Achoris, → Neferites I.

Psusennes I.

3. König der 21. Dynastie (1039–991 v. Chr.), Nachfolger des → Neferkareʿ. Er ist vermutlich Sohn → Pinudjems I. und der Henuttaui. Schwestergemahlin ist Mutnedjmet; Geschwister sind u.a. die Gottesgemahlin des Amun → Maʿatkareʿ und die Hohenpriester des Amun

→ Masaharta und → Mencheperreʿ. Aus der Verbindung mit seiner Ne-
bengemahlin Wiai stammt die Gemahlin Mencheperreʿs, Isetemachbit.
Eine verwandtschaftliche Verbindung zur 20. Dynastie wird durch die
Variante seines Namens, Ramses-Psusennes, und einen Sohn namens
Ramses-ʿAnchefenmut, der Oberfeldherr des Königs ist, bezeugt. Ein
weiterer Sohn Psusennes' I. und der Mutnedjmet ist der Nachfolger des
Königs, → Amenemope.

Zu Regierungsbeginn ist P. offenbar kurz Mitregent des → Ame-
nemnesu; er heißt: Horus *Starker Stier, in den Armen (?) Amuns, reich an
Macht, der in Theben erglänzt,* Nebti *Groß an Monumenten in Karnak,*
Gold *Der die Gestalten vereint, der die Neun Bogen (die Feinde Ägyp-
tens) niederzwingt, der in seiner Stärke alle Länder erobert,* Thronname
Mit großer Gestalt, ein Reʿ, Erwählter des Amun, Eigenname *Der Stern,
der in der Stadt (= Theben) erschienen ist* (Pasebachaʿenniut, gräzisiert
Psusennes).

Von einer auswärtigen Politik ist nichts bekannt, vermutlich beschränkt
sich P. auf die Sicherung der Landesgrenzen. Interessant ist immerhin,
daß eine Perle eines Halskragens aus seinem Grabschatz eine keilschrift-
liche Widmung für die älteste Tochter des assyrischen Großwesirs
Ibaschschi-Ilu aufweist (wohl Geschenk oder aus dem Handel).

Dagegen tritt P. durch seine Bautätigkeit und v. a. durch den Schatz
seines Begräbnisses in Tanis hervor, wo unter seiner Regierung der bis
20 m dicke innere Umfassungswall des Tempelareals und der erste Bau
des Großen Amuntempels (u. a. Grundsteinbeigabe erhalten) errichtet
werden. Aus dem Bereich des späteren Chonstempels (→ Nektanebis)
stammen Pavianstatuen; andere Fragmente aus dem Südtempel. Einige
Blöcke tragen die Kartuschen des Königs zusammen mit jenen des
»Schattenkönigs« (K. A. Kitchen) → Pinudjem I. P. nimmt auch den Titel
eines »Hohenpriesters des Amun-Rasonter« an, um seinen Anspruch auf
sakralem Gebiet zu unterstreichen.

Das im Februar 1940 von Pierre Montet unberaubt gefundene Grab
des Königs in Tanis (Nr. 3) diente der Bestattung des Königs selber, seiner Gemahlin Mutnedjmet, des Prinzen ʿAnchefenmut (in einer Seiten-
kammer) und des Generals und Vorstehers der Priester aller Götter Wendjebaendjed (in der Vorkammer; Goldmaske). Nachträglich wurden in
der für Mutnedjmet vorgesehenen Kammer der König → Amenemope, in
der Vorkammer → Scheschonq II. bestattet. Den äußeren Sarkophag aus
Rosengranit hat P. von → Merenptah usurpiert; er umschloß einen zweiten Sarkophag aus schwarzem Granit, dieser den innersten Sarg aus mas-
sivem Silber. Das herausragendste Stück der reichen Grabausstattung
(u. a. Gold- und Silbergefäße, Halskragen, Armbänder) stellt die Goldmaske dar; die Mumie P.s' war dagegen bis auf die Knochen zerfallen.

Im Gegensatz zu seinem Nebti-Namen tritt P. in Theben, wo als Hoherpriester des Amun → Mencheperreʿ amtiert, als Bauherr nicht in Erscheinung. Einzig in Giza (Bau eines Tempels für »Isis, Herrin der Pyramiden« bei der dritten Königinnenpyramide der Pyramide des → Cheops) und in der Oase Dachla (Erwähnung von Landregistern aus dem 19. Jahr) sowie durch einige wenige weitere Objekte (u. a. Statuenbasis von Tennis am Manzala-See) ist eine gewisse beschränkte Aktivität greifbar. Ein Kult für einen König Psusennes (I. oder II.) ist in Theben für die 22. Dynastie bezeugt.

Von den hohen Würdenträgern der Regierungszeit des P. sind neben Wendjebaendjed etwa der Vorsteher der Kammerherren Nesienamun und sein Sohn ʿAnchefenamun (eigene Grabkapelle in Tanis) zu nennen.

In den letzen Regierungsjahren P.s' (47–49) ist vermutlich → Amenemope Mitregent. Für das Begräbnis stiftet → Smendes II., Nachfolger des → Mencheperreʿ in Theben, ein Armband. Von besonderer Bedeutung ist ein 1979 auf Tell Sami sichergestellter Block – die Opferplatte für den Totenkult des Herrschers, die sich einst entweder im Amun-Tempel von Tanis oder im Oberbau des Königsgrabes selber befand.

Lit.: *TIP* §§ 3–5. 21–35. 151 ff. 219–228. 247. 261 n. 325. 385 ff. 395 f. 417 n. 131. 431–436. 441–443. 502 f.; Tf. 1. 2. 7–9; M. THIRION, *Cahiers de Tanis I* (1987), 115–120; J. YOYOTTE, *Cahiers de Tanis I,* 1987, 107–113; BONHÊME, *Noms royaux,* 63–75; H. STIERLIN / C. ZIEGLER, *Tanis, Trésors des Pharaons,* 1987, 57–86 und passim.

Psusennes II.

König der 21. Dynastie, dessen historische Einordnung problematisch ist und der etwa als »der reinste Schatten auf der Bühne der Geschichte« (K. A. Kitchen), »eine geisterhafte Figur« (A. Dodson) charakterisiert wird. Vermutlich ist er mit dem Hohenpriester des Amun von Karnak, Psusennes (»III.«) identisch, so daß er Sohn des Hohenpriesters → Pinudjem II. und der Isetemachbit wäre (dagegen J. von Beckerath). Die traditionelle Einordnung als 7. König seiner Dynastie zwischen → Siamun und dem Begründer der 22. Dynastie, → Scheschonq I., stößt auf Schwierigkeiten. Möglicherweise ist er als lokaler Herrscher (in Abydos?) ein »Schattenkönig« während der gleichzeitigen Herrschaft des Scheschonq (A. Dodson), was allerdings zur Streichung der ihm zugeordneten Regierungszeit (14 Jahre, 959–945 v. Chr.) und damit einer Lücke in der Chronologie der 3. Zwischenzeit führen würde. Auch die Gründe, die nach Dodson zu dieser Stellung geführt hätten, sind hypothetisch. P. trägt den Thronnamen *Mit zeichenhaften / planmäßigen Gestalten, ein Reʿ, Erwählter des Reʿ,* Geburtsname *Horus, der Stern, der in der Stadt (= Theben) erschienen ist* (Pa³sebachaʿenniut, gräzisiert *Psusennes).*

Eine Bautätigkeit P.s' ist bisher nicht bekannt, so daß nur zwei zeitgenössische Zeugnisse seiner Regierung existieren: ein hieratisches Graffito aus der Kapelle des Ptah des Tempels Sethos' I. in Abydos, das ihn als König von Ober- und Unterägypten, Hoherpriester des Amun-Reʿ und militärischer Kommandant nennt; eine Scherbe mit seinem Namen von der archaischen Nekropole in Abydos. Aus seinem Begräbnis ist ein Uschebti erhalten. Sein Thron- und Geburtsname erscheinen sonst noch in der Inschrift auf einer von Scheschonq I. usurpierten Statuette → Thutmosis' III. aus Karnak. Von seinen zwei Töchtern wird die eine, Tanetsepeh, mit Schedsunefertem, Hoherpriester des Ptah in Memphis, vermählt, die zweite, Maʿatkareʿ (II.) mit → Osorkon I., so daß P. Großvater von → Scheschonq II. ist. Ein Dekret auf dem 7. Pylon des Karnaktempels schützt den in der Thebais von Maʿatkareʿ erworbenen Landbesitz.

Lit.: *TIP* §§ 3. 5. 8. 10 u. n. 54. 24. 27. 49 u. n. 286. 61 f. 90 f. 167. 214. 233. 237–240. 245. 378–391. 417 f. 431. 445. 506, Tf. 1. 2. 7–10. 12; BONHÊME, *Noms royaux*, 60–63. 75–77; A. DODSON, *RdE 38* (1987), 49–54; DERS., *JEA 79* (1993), 267 f.; J. VON BECKERATH, *GM 130* (1992), 17–19 u. *GM 131* (1992), 11; M. RÖMER, *GM; 114* (1990), 93–99.

Ptahudjʿanchef

Herrscher von Herakleopolis (nach K. A Kitchen 840–820) als Nachfolger und Sohn des Fürsten → Namilt (2), Vorgänger des Fürsten → Pmui (3), Bruder eines Takelot, verheiratet mit einer Tentsepeh. Er ist nur aus der Genealogie eines memphitischen Priesters Pasenhor bekannt, wo der Name vermutlich falsch wiedergegeben ist (korrekt ›Djedptahiuefʿanch‹, *Ptah spricht und er lebt?*).

Lit.: *TIP* §§ 290 f. 300. Tf. 12. 16 A. 19

Ptolemaios I. Soter

Offizier → Alexanders des Großen, dann (ab 323 v. Chr.) Satrap Ägyptens und schließlich erster Herrscher des Ptolemäerreiches (306/4–283/2 v. Chr.), »ein maßgeblicher Gestalter der Weltgeschichte« (G. Hölbl). Geboren 367/6 als Sohn eines Makedoniers Lagos und einer Arsinoë, nimmt er am Alexanderzug teil und begleitet Alexander zur Oase Siwa; als Heereskommandant nimmt er den Dareiosmörder Bessos gefangen. Auf der Massenhochzeit von Susa heiratet er eine Artakama, von der er sich jedoch trennt. Als Historiker verfaßt er eine Geschichte Alexanders des Großen.

323 übernimmt P. als Satrap Ägypten und interveniert schon im folgenden Jahr auf ein Hilfsgesuch der dortigen Aristokraten durch seinen General Ophellas in Kyrene; die besetzte Kyrenaika wird 321/0 (*Diagramma von Kyrene*) der erste große auswärtige Besitz des ptolemäischen Ägypten.

Geprägt sind die folgenden Jahrzehnte in außenpolitischer Hinsicht von Kämpfen der Nachfolgeherrscher Alexanders in den einzelnen Reichsteilen (den Diadochen) gegeneinander (*Diadochenkriege*).

Im *Ersten Diadochenkrieg* (322/1) steht eine Koalition der Satrapen Krateros, Antipatros, Antigonos Monophthalmos, Lysimachos und Ptolemaios gegen Perdikkas, den Reichsverweser. P. verbündet sich mit zypriotischen Fürsten; Perdikkas selber erleidet auf seinem Ägyptenfeldzug zwei Niederlagen im Delta und wird ermordet. Während des Krieges läßt P. die einbalsamierte Leiche Alexanders, die Perdikkas in der makedonischen Königsnekropole von Aigai/Vergina beisetzen will, in Syrien abfangen und zuerst nach Memphis, dann nach Alexandria überführen (wo sie noch → Augustus sieht); eine Maßnahme, die seine Legitimität unterstreichen soll. Später wird Alexander zum Reichsgott erhoben und um 290 das Amt des Alexanderpriesters als höchstes staatliches Priesteramt eingerichtet.

Ein Anhänger des Perdikkas, Eumenes, der die Idde des Großreiches verficht, kann in Kleinasien Krateros besiegen.

In der *Reichsordnung von Triparadeisos* (320) wird Antipatros neuer Reichsverweser, nachdem P. selber das Amt nicht übernehmen will, »der klügste Entscheid eines klugen Lebens« (H. Bengtson). Die ägyptische Satrapie und die Eroberungen im Westen werden P. bestätigt; Babylonien wird Seleukos zugeteilt.

An der Person des Nachfolgers des Antipatros als Reichsverweser, des Polyperchon, entzündet sich der *Zweite Diadochenkrieg* (319–315), zu dessen Beginn 319/8 P. Syrien und Palästina (Koilesyrien) besetzt, sich aber unter Hinterlassung von Besatzungen in einigen Städten wieder zurückzieht. 317 wird Polyperchon abgesetzt und – auf Betreiben der Gemahlin → Philipps III. Arrhidaios, Eurydike – Kassandros zum neuen Reichsverweser ernannt. Olympias, die Mutter → Alexanders des Großen, läßt Philipp Arrhidaios hinrichten, Eurydike Selbstmord begehen und zahlreiche Makedonen massakrieren, wird aber 315 selber hingerichtet.

Der Sieg des Strategen Asiens, Antigonos Monophtalmos, 316/5 über Eumenes und sein Streben nach Vorherrschaft über den Osten (Seleukos flieht zu P.) entfacht den *Dritten Diadochenkrieg* (314–311). 314 müssen die ptolemäischen Besatzungen aus Syrien abziehen, während die Brüder des P., Seleukos und Menelaos, 313 Zypern für Ägypten gewinnen können. In Nordafrika weitet P. den ägyptischen Besitz weiter nach Westen bis zur Großen Syrte aus (Ankunftspunkt des zentralafrikanischen Handels), muß jedoch 313/2 einen Aufstand in Kyrene niederwerfen.

Im Jahr 312 unternehmen P. und Seleukos gemeinsam einen Syrienfeldzug und schlagen in der Schlacht von Gaza den Sohn des Antigonos, Demetrios. Während Syrien 311 von Antigonos wieder besetzt wird, kann Seleukos Babylonien zurückerobern; im Herbst desselben Jahres schließen die Kriegsparteien Frieden. Im Jahre 310/9 läßt Kassandros die bei ihm unter Arrest stehenden → Alexander IV. und Roxane ermorden, doch wird bis zum Antritt der Königsherrschaft durch P. im Herbst 306 weiter nach Alexander IV. datiert.

Die Unternehmungen des P. bis 303 sind von wechselhaftem Erfolg: 310 ein Zug nach Kilikien, der an Demetrios scheitert; 309 eine Expedition nach Lykien und Karien (Eroberung verschiedener griechischer Städte, Winterquartier auf Kos), die vor Halikarnassos erneut von Demetrios gestoppt wird. Ein Vorstoß nach Griechenland, wo Korinth, Sikyon und Megara besetzt werden (bis 303 wieder verloren), bleibt Episode. Dagegen wird 310 Menelaos, der Bruder des P., Statthalter von Zypern. Ein Feldzug des Statthalters der Kyrenaika, Ophellas, gegen Karthago (309/8) endet mit dessen Ermordung.

In der bedeutendsten Seeschlacht der Diadochenkriege bei Salamis im Jahre 306 wird die ägyptische Kriegsflotte durch jene des Demetrios, der in der Folge bis 295/4 über Zypern herrscht, aufgerieben. Indem Antigonos nun den Königstitel annimmt, beansprucht er die Oberherrschaft über den Ostmittelmeerraum, so daß sich zuerst P., dann auch Seleukos, Kassandros und Lysimachos ebenfalls zum König proklamieren und gegenseitig anerkennen. Damit gehört auch in der Theorie das Einheitsreich Alexanders der Vergangenheit an.

Ein Angriff des Antigonos und Demetrios auf Ägypten im Jahre 306 scheitert. Am Jahrestag des Todes Alexanders, dem 12. Januar 304, läßt sich P. krönen. Er heißt nun: Horus *Mit großer Kraft, tapferer König,* Nebti *Der mit seiner Kraft erobert als Herrscher von Sile,* Thronname *Erwählter des Reʿ, Geliebter des Amun,* Ptolemaios, Beiname *Soter (Retter).* Demotische Texte datieren ab seiner Krönung, griechische Urkunden beziehen seine Jahre als Satrap mit ein.

Dank ägyptischer Unterstützung kann die Insel Rhodos der Belagerung durch Demetrios 305/4 widerstehen; sie errichtet nun den *Koloß von Rhodos,* führt einen Kult für P. und entwickelt sich zu einer für Ägypten unentbehrlichen Handelsmetropole. Am Ende eines Aufstandes der Kyrenaika (304–300) wird dort Magas, Stiefsohn des P., Statthalter.

Im *Vierten Diadochenkrieg* gegen Antigonos, der in der Schlacht bei Ipsos 301 umkommt, erobert P. Syrien und Phönikien bis nach Byblos und ev. Damaskus, wobei nur Tyros und Sidon dem Demetrios verbleiben. In der auf den Krieg folgenden Aufteilung des Reiches behält zwar Seleukos das Besitzrecht auf Koilesyrien, akzeptiert aber die ptolemäische Besetzung des Gebietes, ein Interessenkonflikt, der zu den syrischen Kriegen des 3. und 2. Jahrhunderts führt. Das wirtschaftlich und strategisch wichtige Phönikien/Syrien ist nun bis zum endgültigen Verlust unter → Ptolemaios V. der zweite große Besitz des Ptolemäerreiches außerhalb Ägyptens.

Nur kurzzeitig (299/8) besteht ein Bündnis mit Demetrios, der sich nach dem Tod des Kassandros 294 zum König Makedoniens krönen läßt. Zuvor konnte Pyrrhos von Epeiros mit ptolemäischer Hilfe das molossische Königreich zurückerobern. Die gegen Demetrios verbündeten Könige teilen die asiatischen Besitzungen des Demetrios unter sich auf, wobei Ägypten wieder das wirtschaftlich und strategisch überaus wichtige Zypern erhält, dazu Lykien, Pamphylien und die zuvor noch dem Demetrios verbliebenen syrischen Städte Tyros und Sidon. Als Organisator der Ptolemäerherrschaft im ägäisch-kleinasiatischen Raum tritt der General Philokles hervor.

Das letzte Jahrzehnt P.s' ist von Engagements im griechischen Raum und dem *Fünften Diadochenkrieg* (288–285) geprägt. Ägypten kann trotz Unterstützung durch eine Kriegsflotte die Eroberung des befreundeten Athen durch Demetrios (Frühjahr 294) nicht verhindern. Während des Krieges der Koalition (P., Seleukos, Lysimachos, Pyrrhos) gegen Demetrios benutzt Ägypten als Stützpunkt die Kykladeninsel Andros. Der Aufstand Athens gegen Demetrios 287 wird durch P. unterstützt, der aber einen Separatfrieden mit Demetrios (dem sich Athen anschließt), aushandelt. P. übernimmt nun das Protektorat über den Nesiotenbund (Bund der Inselgriechen), der ihm göttliche Ehren zuteil werden läßt und ihm auf Delos einen Altar errichtet, und übt eine ptolemäische Hegemonie über die Kykladen aus.

Den Tod des Demetrios (283) überlebt P. nicht lange; er stirbt im Winter 283/2 im Alter von 84 Jahren und hinterläßt das Reich seinem Sohn → Ptolemaios II.

Nach der aufgelösten Ehe mit Artakama (s. oben) heiratet P. zwischen 322 und 319 in zweiter Ehe Eurydike, eine Tochter des Antipatros, von der er die Söhne Ptolemaios Keraunos, Meleagros (beide später Könige Makedoniens, → Ptolemaios II.), einen weiteren Sohn und drei Töchter (Lysandra, Ptolemais, Theoxene) hat. Der dritten Ehe mit Berenike entstammen der Thronfolger → Ptolemaios II. und die Töchter Arsinoë II. und Philotera.

Neben der Außenpolitik, die Ägypten als führende Mittelmeermacht mit bedeutenden auswärtigen Besitzungen etabliert, stehen als bedeutende Leistungen P.s' die Verwaltung und Wirtschaftspolitik (einheitliches Münzsystem; Grundlagen des ptolemäischen Wirtschaftssystems als des »ersten geschichtlichen Beispiels für Staatsmerkantilismus« [G. Hölbl]) und seine Religionspolitik. Durch die Anlage eines Dammes bei el-Lahun schafft der Pharao die Voraussetzung für die Kolonisierung des Fajjums unter → Ptolemaios II.

Die Bautätigkeit P.s' ist bezeugt durch den Hathortempel von Te-
renuthis, den Amuntempel von Naukratis, den Tempel des Soknebtynis in
Tebtynis, den Osiristempel in Kom el-Ahmar/Scharuna, einen Tempel in
Oxyrhynchos sowie zwei Kultkapellen in Tuna el-Gebel. Einen Erlaß
zum Schutz der heiligen Bezirke und Tempel vor Veräußerung kennen
wir schon aus der Satrapenzeit (Anfang 304). In Alexandria, das nach der
Satrapenstele im Jahre 311 schon Residenz ist, setzt P. auf Veranlassung
des Philosophen Demetrios von Phaleron die Grundlagen für das Museion und seine Bibliothek und errichtet den ersten Tempel des Serapis;
Gesetzgebung und Kultur werden gefördert (Straton von Lampsakos Erzieher Ptolemaios' II.).

P. übernimmt die Kennzeichen v. Ammon, Zeus, Helios, Dionysos für
sich und seine Dynastie. Als berühmtes Zeugnis des neuen hellenistischen Einflusses auf Ägypten ist das Grab des Petosiris in Tuna el-
Gebel zu nennen. Restaurationsarbeiten und Bauten von Privatleuten sind
auch sonst in der Provinz gut bezeugt.

Lit.: G. HÖLBL, *Geschichte des Ptolemäerreiches*, 1994, 34–46. 74–77. 81–83.
Außerdem: G. WEBER, *Dichtung und höfische Gesellschaft. Die Rezeption von
Zeitgeschichte am Hof der ersten drei Ptolemäer*, 1993; M. DELLA MONICA, *Les
derniers pharaons*, 1993, 23–33; H. BENGTSON, *Herrschergestalten des Hellenismus*, 1975, 9–35; DERS., *Die Diadochen. Die Nachfolger Alexanders (323–281
v. Chr.)*, 1987.

Ptolemaios II. Philadelphos

Sohn → Ptolemaios' I und der Berenike, seit 285/4 Mitregent, seit 282
Alleinherrscher (282–246). (Abb. 25) Er trägt die Königsnamen: Horus
Tapferer Jüngling, Nebti *Den sein Vater inthronisiert hat*, Thronname
Reich an Ka-Kraft, ein Re', Geliebter des Amun, Ptolemaios. Seine Er-
zieher sind der Physiker und Philosoph Straton von Lampsakos, der
Dichter und Philologe Philetas von Kos sowie der Homerforscher und
erste Leiter der Bibliothek von Alexandria, Zenotos von Ephesos.

Die ersten Jahre des Königs sind von Auseinandersetzungen innerhalb
der Königsfamilie geprägt: Zuerst setzt P. sich gegenüber den Söhnen
seines Vaters aus der Ehe mit Eurydike als Thronfolger durch
(Vertreibung und Tötung des oppositionellen Demetrios von Phaleron;
Hinrichtung von zwei Halbbrüdern; s. unten zu Magas). Dann eskalieren
die Intrigen der Schwester des P., Arsinoë II., der Gemahlin des Makedo-
nenkönigs Lysimachos. Sie erreicht die Ermordung des makedonischen
Thronfolgers Agathokles, dessen Witwe Lysandra – Tochter Ptolemaios' I. – mit ihren Kindern, Brüdern (u. a. Ptolemaios Keraunos) und
weiteren Anhängern zu Seleukos flieht. Im *Sechsten Diadochenkrieg* (Seleukos gegen Lysimachos), der letzten Konfrontation zweier ehemaliger

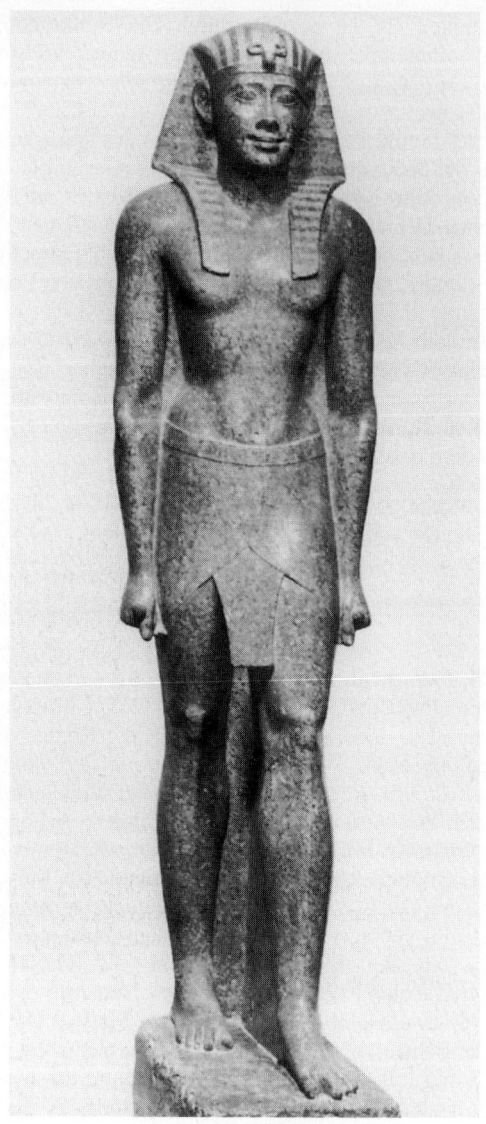

Abb. 25: Ptolemaios II. Philadelphos. Statue (Vatikan 32).

Gefolgsleute Alexanders, endet so die Diadochenzeit; in der Schlacht von Kurupedion kommt Lysimachos 281 um. Als Seleukos im Spätsommer nach Europa vorstößt, bringt ihn Keraunos um und erhebt sich in Lysimacheia zum König. Er heiratet Arsinoë (II.), die jedoch nach der Ermordung ihrer Söhne durch Keraunos 279 zu ihrem Bruder nach Ägypten flieht. Hier erreicht sie die Verbannung Arsinoës I., der Gemahlin P.s', von der er die Kinder → Ptolemaios III., einen weiteren Ptolemaios (Mitregent 267–259), Lysimachos und Berenike hat, nach Koptos. Sie heiratet (in Griechenland mit Entsetzen registriert) ihren Bruder. In derselben Zeit usurpiert Magas in Kyrene den Königstitel. In Makedonien wird Keraunos 279 getötet (sein Bruder Meleagros wird ephemerer Nachfolger); erst 276 kommt das Land nach einem Kelteneinfall unter Antigonos Gonatas (276–239) zur Ruhe. In der Seleukidendynastie tritt 281 Antiochos I. Soter die Nachfolge seines Vaters, Seleukos I. Nikator, an (281–261). Während des *Syrischen Erbfolgekrieges* (280–279) kann sich P. auf Kosten des durch innere Schwierigkeiten gebundenen Seleukidenreiches weitere Gebiete in Kleinasien aneignen; zum Ptolemäerreich gehören hier nun Pamphylien, Kilikien, Lykien (ein Einfall der Galater kann 278 zurückgeschlagen werden) und Karien.

Die außenpolitische Lage wird nach 278 bedrohlich durch die enge Bindung zwischen Seleukiden und Makedonen im Norden und Nordosten sowie durch die durch Heirat des Magas (König der Kyrenaika) mit Apame (Tochter Antiochos' I.) erwirkte Unterstützung Kyrenes gegenüber Ägypten. Ein Vorstoß des Magas auf Alexandria (um 275) zum Sturz P.s' muß jedoch nach Ausbruch eines libyschen Aufstandes abgebrochen werden. P. liquidiert nach einer Meuterei seine keltischen Söldner. Vermutlich während des Dynastiefestes (*Ptolemaia*) im Winter 275/4 findet ein gewaltiger Festzug mit exotischen Wildtieren aus Afrika und Asien und der ptolemäischen Armee von 80 000 Soldaten statt.

Ein Feldzug P.s' nach Syrien löst 274 den *Ersten Syrischen Krieg* aus. Den Versuch einer Invasion Ägyptens gibt Antiochos jedoch nach Problemen mit der Kriegsrüstung und einer schweren Seuche in Babylonien auf. Kurze Zeit nach dem Friedensschluß 271 stirbt Arsinoë II. (270 oder 268). Der Hauptbrennpunkt der ptolemäischen Außenpolitik der folgenden Jahre sind Griechenland und die Ägäis, wo die Ausbreitung der makedonischen Macht den ägyptischen Vorsitz des Nesiotenbundes und darüber hinaus die Sicherheit Ägyptens von Norden her bedroht. Nach einer vielleicht zeitlich hier anzusetzenden Flottenexpedition nach Byzanz, das P. unterstützte und wo er im Gegenzug Tempel und Kult erhält, kommt es von 267–261 zum *Chremonideischen Krieg*. Anlaß sind die antimakedonischen Bündnisse zwischen dem Ptolemäerreich und Mittelgriechenland sowie (268 von Chremonides beantragt) Athen und Sparta.

Die ägyptische Flotte unter Patroklos kann ägyptische Stützpunkte anlegen bzw. ausbauen, u. a in Methana (gegenüber Attika), Keos (südöstlich Attikas), Itanos (auf Kreta) und Thera, die für die spätere Ptolemäerpolitik in der Ägäis bedeutsam sind. Ägyptische Landtruppen werden nicht eingesetzt und damit ein günstiger Ausgang des Krieges verspielt. Sparta (König Areus fällt 265) und Athen (Kapitulation 261) müssen sich Antigonos beugen, Alexandria übernimmt nun die kulturelle Vorrangstellung Athens.

Schwere Rückschläge erleidet das Ptolemäerreich im *Zweiten Syrischen Krieg* (260–253). 260/59 erhebt sich in Ionien, wo er während des Chremonidischen Krieges das Oberkommando hatte, der Sohn von P., der Mitregent Ptolemaios, gegen seinen Vater; ein Timarchos proklamiert sich zum Tyrannen von Milet. Antiochos II. greift ein und etabliert die seleukidische Herrschaft 259/8 wieder; die ptolemäische Flotte unter Chremonides wird in der Seeschlacht von Ephesos besiegt. Vielleicht gehört in diese historische Situation auch die Niederlage des Patroklos in der Seeschlacht bei Kos (Frühjahr 255?). Neben diesem Rückgang ptolemäischer Macht in der Ägäis (Ende des Protektorates über die Inselgriechen) steht der Verlust kleinasiatischer Territorien (Kilikien, Pamphylien) an Antiochos II. Umstritten ist auch Syrien (Feldzug von P. 257), doch bleiben beim Friedensschluß 253 die syrischen Besitzverhältnisse offenbar beim alten. P. gibt seine Tochter Berenike Antiochos II. zur Frau und leistet vermutlich eine hohe Kriegsentschädigung.

Mit dem Sieg über Antigonos von Makedonien in einer Seeschlacht 250 und der Unterstützung der antimakedonischen Bündnissysteme Griechenlands, insbesondere des Achäischen Bundes, kann P. nach den vorangegangenen Rückschlägen wieder in der Ägäis Fuß fassen; 249 stiftet er auf Delos ein Fest für die Hauptgötter der Insel. Eine Annäherung zwischen dem wirtschaftlich blühenden Kyrene und dem durch die Kriege und eine kostspielige Hofhaltung des Königs wirtschaftlich geschwächten Ägypten ergibt sich gegen Ende der 250er Jahre: Ptolemaios (III.) wird mit Berenike, der Tochter des Magas, verlobt, noch bevor Magas 250 stirbt. Dessen Witwe opponiert gegen die Annäherung an Ägypten. Der um Hilfe ersuchte Antagonide Demetrios kann die Kyrenaika besetzen, wird jedoch von den Anhängern der Berenike ermordet. Zwei Arkader, Ekdelos und Demophanes, übernehmen nun die Führung Kyrenes, doch wird durch die Heirat der Berenike mit → Ptolemaios III. der ptolemäische Anspruch auf Kyrene bekräftigt. Seit 273 kann P. freundschaftliche Beziehungen mit Rom herstellen, nachdem er schon zuvor mit Karthago befreundet war. Er bewahrt im *Ersten Punischen Krieg* zwischen Rom und Karthago konsequent die Neutralität.

König des Reiches von Meroë im Sudan und in Nubien ist Arqamaniqo (Ergamenes I.). Einfälle von Nomaden führen um 275 zu einem Feldzug P.s' nach Unternubien, der auch der Eroberung der Goldbergwerke (Wadi Allaqi; Anlegung der Stadt Berenike Panchrysos) dient. Eine Prospektionsfahrt des Philon nach Meroë und auf das Rote Meer ist im Zusammenhang mit Expeditionen zum Fang von Kriegselefanten zu sehen. 270/69 wird der Kanal zwischen dem Nil und dem Golf von Suez (→ Dareios I.) wiederhergestellt; für den Handel werden unter P. und → Ptolemaios III. zahlreiche Häfen und Stützpunkte an der ägyptischen Küste des Roten Meeres (vom Golf von Suez bis zum Bab el-Mandeb), am Golf von Aqaba beim heutigen Eilat und an der arabischen Küste beim heutigen Jidda gegründet. Handelsbeziehungen bestehen darüber hinaus aber bis nach Indien. Zahlreiche Städte werden unter P. in Syrien und Kleinasien gegründet.

258 wird Ägypten katasterartig registriert (Aufnahme aller Felder, Kanäle, Baumbestände usw.), um die wirtschaftlichen Kapazitäten des Landes zu bestimmen, aus denen der innen- und außenpolitische Finanzbedarf bestritten wird. Maximale Erträge bezwecken auch Steuervorschriften des Jahres 259. Besonders hervorzuheben ist die Kolonisierung und Urbarmachung neuer Gebiete im Fajjum, die Gründung zahlreicher Ortschaften, die Anlage eines zweiten künstlichen Sees im Süden des Fajjums und weitere agrartechnische Maßnahmen zur Förderung der landwirtschaftlichen Erträge.

Bedeutend ist P. in Ägypten selber als Bauherr. Er beginnt den Neubau des Isistempels auf Philae (Bau und Dekoration des Hauptbaus) und weist ihm die Steuererträge aus dem Gebiet des Dodekaschoinos zu. In Elephantine geht der Neubau des Satistempels auf P. zurück, nördlich von Assuan das Isisheiligtum von el-Qubanije. In der thebanischen Region sind wichtige Bauprojekte aus Theben selber (Tor in der Umfassungsmauer des Muttempels; Beginn der Dekoration des vorptolemäischen Opettempels in Karnak), Dendera (Erweiterung des Geburtshauses → Nektanebis') und Koptos (Neubau des Mintempels am Ende der Wüstenstraße von Berenike her) P. zuzuweisen. In Saqqara (Bau am Anubieion) sowie für das Delta in Behbeit el-Hagar (Dekoration des Isistempels) und Sebennytos (Dekoration des Onuris-Schu-Tempels) ist die Tätigkeit P.s ebenso bezeugt wie im Fajjum (Pnepherostempel in Philadelphia; Erweiterungen des Isis-Renenutet-Tempels in Medinet Madi) und der Oase Charga (Amuntempel von Hibis). Als religionspolitische Maßnahme tätigt P. umfangreiche Zahlungen an Heiligtümer, insbesondere den Atumtempel von Pithom. Um 280 wird der Leuchtturm von Pharos vollendet. Auch in der griechischen Welt entfaltet P. eine umfangreiche Baupolitik (Didyma, Herakleia, Samothrake, Olympia, Kos).

Alexandria entwickelt sich seit → Ptolemaios I. zum wissenschaftlichen und kulturellen Zentrum der hellenistischen Welt (Museion als erstrangige Forschungsstätte und Bibliothek). Hier wirken unter den ersten drei Ptolemäern etwa die Mediziner Praxagoras von Kos und Herophilos von Chalkedon, der Mathematiker Eukleides, der Astronom Aristarch von Samos, Archimedes von Syrakus, Konon von Samos, Apollonios aus Perge und Eratosthenes von Kyrene – der Erzieher → Ptolemaios' IV., der in Ägypten den Erdumfang berechnet. Als Hofdichter sind Theokrit aus Syrakus und Kallimachos von Kyrene bedeutend.

Nach der Einrichtung des Alexanderkultes durch → Ptolemaios I. erhebt P. seinen Vater zum *Theos Soter* und stiftet für ihn (nach ihrem Tod 279 wird auch Berenike I. in den Kult aufgenommen) das vierjährlich ausgetragene Fest der *Ptolemaia,* deren Bedeutung (und die Einrichtung von *Ptolemaia* an zahlreichen Orten der griechischen Welt) die herausragende Stellung der ptolemäischen Familie bezeugen. Seit P. werden alle lebenden Herrscherpaare dem Alexanderkult angefügt (Dynastiekult als Mittel zum Zusammenhalt des Ptolemäerreiches). Kultstätten für die (zunehmend vergöttlichten) Ptolemäer sind in zahlreichen Städten des Reiches belegt. Die verstorbene Arsinoë II. wird vergöttlicht (Statuen in allen Tempeln; Tempel der Arsinoë etwa in Memphis und Alexandria, Kult im ganzen östlichen Mittelmeerraum).

Lit.: G. HÖLBL, *Geschichte des Ptolemäerreiches,* 1994, 47–55. 62–95 passim. Außerdem: G. WEBER, *Dichtung und höfische Gesellschaft. Die Rezeption von Zeitgeschichte am Hof der ersten drei Ptolemäer,* 1993; M. DELLA MONICA, *Les derniers pharaons,* 1993, 34–52; H. BENGTSON, *Herrschergestalten des Hellenismus,* 1975, 111–138.

Ptolemaios III. Euergetes I.

Sohn → Ptolemaios' II. und der Arsinoë I., an deren Stelle jedoch offiziell Arsinoë II. tritt (vgl. den Thronnamen). Der Pharao (246–222/1 v. Chr.) nennt sich Horus *Über den sich die Götter und Menschen freuen (wenn er das Königtum aus der Hand seines Vaters empfängt*; Var. *Mit großer Kraft, der ein Gemetzel anrichtet unter seinen Feinden*), Nebti *Der Tapfere, Beistand der Götter, treffliche (Schutz)mauer Ägyptens,* Gold *Mit großer Kraft, der Nützliches tut, Herr von Sedfesten wie Ptah-Tatenen, Majestät wie Reʿ*, Thronname *Erbe der Geschwistergötter, Erwählter des Reʿ, mächtig an Leben, ein Amun*, Eigenname *Ptolemaios*; sein Beiname ist *Wohltäter.*

Sein Lehrer in Alexandria ist Apollonios Rhodos, Nachfolger des Zenodotos von Ephesos als Leiter der Bibliothek von Alexandria. Seine Gemahlin ist Berenike (→ Ptolemaios II.), die schon zu Lebzeiten vergöttlicht wird.

In der Kyrenaika wird die ptolemäische Herrschaft wiederhergestellt, das Land wird reorganisiert (Neugründungen von Städten) und erhält die politische Gestalt eines Städtebundes (Kyrene, Ptolemais [Barke], Berenike, Arsinoë [Taucheira]).

An Nachfolgestreitigkeiten nach dem Tode des Seleukiden Antiochos' II. entzündet sich der *Dritte Syrische Krieg* (246–241), in dessen Verlauf das Ptolemäerreich den Höhepunkt seiner Macht erreicht. Während die ehemalige Gemahlin Antiochos' II., Laodike, die Herrschaft für ihren Sohn Seleukos II. beansprucht, erhebt die seit 253 mit Antiochos verheiratete Berenike, Tochter → Ptolemaios' II., derentwegen Laodike verstoßen worden war, ihren Sohn zum König. Seleukos II. (246–226/5) wird nur in Kleinasien anerkannt, während Berenike das Kerngebiet des Seleukidenreiches unter sich hat. Nach der Darstellung eines Papyrus aus Gurob läßt die Königin die kilikische Stadt Soloi erobern und den für Laodike bestimmten Schatz von 1500 Talenten beschlagnahmen. P., der mit einer Flotte nach Syrien gelangt, wird in Seleukeia und Antiocheia begeistert empfangen. Die Ermordung der Berenike und ihres Sohnes durch Anhänger der Laodike schafft eine veränderte Lage. Die sekundär überlieferte Adylis-Inschrift berichtet von der fast kampflosen Eroberung Syriens und Mesopotamiens, läßt den »Großkönig Ptolemaios« sogar Baktrien unterwerfen, Polyainos gar Indien. P. legt sich nun den Kultnamen *Euergetes (Wohltäter)* zu.

Nach der Einsetzung von Statthaltern zur Verwaltung der Territorien jenseits des Euphrats und Kilikiens zwingt ein aufgrund der schweren wirtschaftlichen Belastung der Arbeiter und Bauern in Ägypten ausgebrochener Aufstand P. zur Rückkehr. Die Eroberung Mesopotamiens bleibt Episode; schon 245 ist hier Seleukos II. anerkannt.

Strategisch weitaus bedeutender sind Erfolge im Norden (Kleinasien, Thrakien): die Adylis-Inschrift gibt hier als unter ptolemäischer Vorrherrschaft stehend Kilikien, Pamphylien, Ionien, den Hellespont und Thrakien an. Ein Sohn P.s', Ptolemaios Andromachos, erobert verschiedene thrakische Städte (Ainos, Maroneia) und gewinnt Ephesos, während er in einer Seeschlacht von Antigonos Gonatas geschlagen wird. Einen schweren Verlust für das Seleukidenreich, von dem sich nach 250 auch Baktrien und Parthien lösen, bedeutet die ptolemäische Besetzung von Seleukeia in Syrien, neben Laodikeia die bedeutendste Hafenstadt des Seleukidenreiches mit besten Verbindungen in den ganzen Mittelmeerraum. Der Friede von 241 nach der »Eroberung Asiens«, zugunsten des Ptolemäerreiches, beendet den Dritten Syrischen Krieg. Der Brennpunkt der ägyptischen Außenpolitik der folgenden Jahre ist dann nicht mehr der Osten, sondern Griechenland.

Eng verbindet sich P. mit dem gegen die Aitoler und Makedonen (unter Antigonos Gonatas) kämpfenden Achäischen Bund, dessen Hegemon mit dem Ehrenkommando über die gesamte Armee er 243 wird. In die folgenden zehn Jahre fallen ein Friede zwischen den beteiligten Parteien (240), der Tod des Antigonos (239) – dessen Nachfolger sein Sohn Demetrios II. wird (239–229) – und der *Demetrische Krieg* (238/7–234/3) von Achäern und Aitolern gegen Makedonien. Als Regent für Philipp (V.), den minderjährigen Sohn Demetrios' II., folgt auf diesen in Makedonien Antigonos Doson (229–221). Im Krieg der Makedonen gegen die Aitoler 229/8 werden letztere trotz eines Militärbündnisses mit P. (dessen Familie Ehrenstatuen in Thermos und Delphi erhält) besiegt. 229 erreicht Athen den Abzug der makedonischen Truppen aus Attika. In demselben Jahr beginnt auch der *Kleomenische Krieg* (229/8–222) zwischen Sparta (unter Kleomenes III.) und den Achäern. Die durch die Reformen des Kleomenes erreichte Stärke Spartas zwingt nun die Achäer, bei den ehemals verfeindeten Makedonen Unterstützung zu suchen und Antigonos zum Hegemon ihres Bundes zu ernennen. Nach diesem Ausscheren aus der antimakedonischen Allianz stoppt P. jegliche Hilfe an die Achäer und unterstützt Sparta und noch stärker als zuvor die Aitoler und Athen. Das ptolemäische Königspaar wird 224/3 mit der Einrichtung einer neuen Phyle »Ptolemais« und eines Demos »Berenikidai« geehrt; P. erhält als Heros seiner Phyle einen eigenen Kult und Statuen auf der athenischen Agora und in Delphi.

Ende 224 gewährt P. Kleomenes III. von Sparta finanzielle Unterstützung zum Aufbau eines Söldnerheeres gegen den im Herbst 224 gegründeten Hellenischen Bund, einen Zusammenschluß einer Großzahl der griechischen Staaten unter makedonischer Führung. Vermutlich aufgrund der Einsicht, daß Sparta nur durch eine massive militärische Intervention Ägyptens gehalten werden könne, die für Ägypten ausgeschlossen ist, und angesichts wachsender Bedrohung Ägyptens durch den neuen Seleukidenkönig Antiochos III. läßt dann aber 222 P. Sparta fallen, so daß Kleomenes III. in der Schlacht bei Sellasia Antigonos unterliegt und nach Ägypten flieht.

Nach dem Erdbeben auf Rhodos von 227/6, das den Koloß von Rhodos zerstört, schickt P. Hilfsgüter.

In den Auseinandersetzungen um Kleinasien (241–239 Krieg zwischen Seleukos II. und seinem Bruder Antiochos Hierax; Rückeroberung des seleukidischen Kleinasien 222 unter Antiochos III. gegen Attalos von Pergamon) unterstützt P. Antiochos Hierax bzw. später Attalos mit Truppenverbänden gegen die seleukidische Zentralmacht, die Kleinasien jedoch trotzdem zurückerobert. P. stirbt 222/1.

328

Als Bauherr hat P. bleibende Bedeutung erlangt durch die Gründung des Horustempels von Edfu, des gewaltigsten Bauwerks der Ptolemäerzeit und heute besterhaltenen ägyptischen Tempels überhaupt. Eine ausgedehnte Bautätigkeit zeigt sich aber auch in Philae (Geburtshaus; Isis-Harpokrates-Heiligtum), Elephantine (Isistempel), Esna (Chnumtempel), Karnak (Euergetestor des Chonstempels; neue Umfassungsmauer mit Tor des Month-Tempels); Medamud (heiliger See, Heiligtum an der Südseite des Monthtempels), Oase Charga (Dekoration des Tempels von Qasr Gueida), sowie Kanopos im Delta (Osiristempel). In Alexandria geht auf ihn der Neubau des Serapeums zurück. Innerhalb der Verwaltung Ägyptens vollzieht sich unter P. der Aufstieg des Gaustrategen zum eigentlichen Gauverwalter auf Kosten des Nomarchen.

Seit P. werden die Ptolemäer auch in ägyptischen Heiligtümern verehrt, wo sie neben die ägyptischen Götter gestellt werden. Das Kanopusdekret von 238, dessen erster Teil eine Kalenderreform (Einschiebung eines Schalttages alle vier Jahre) veranlaßt, handelt im zweiten Teil von der Vergöttlichung der verstorbenen Prinzessin Berenike analog zu Arsinoë II. (→ Ptolemaios II.). P. ist aber auch als Förderer der alexandrinischen Wissenschaft bedeutend, der zusätzlich zu der Bibliothek des Museions in Alexandria eine zweite Bibliothek im Neubau des Serapeums einrichtet und große Anstrengungen zur Anschaffung von Büchern unternimmt (zu den Wissenschaftlern → Ptolemaios II.). Unter P. sind auch die ersten Synagogen in Ägypten belegt (→ Ptolemaios VIII.). Durch seinen Beinamen *Tryphon* »Der Prunkende, Glänzende« unterstreicht P. den in der Hofhaltung, den Festen usw. demonstrierten Glanz der ptolemäischen Herrschaft, die Reichtum und Glück bringt.

Lit.: G. HÖLBL, *Geschichte des Ptolemäerreiches,* 1994, 55–61. 62–95 passim. Außerdem: G. WEBER, *Dichtung und höfische Gesellschaft. Die Rezeption von Zeitgeschichte am Hof der ersten drei Ptolemäer,* 1993; M. DELLA MONICA, *Les derniers pharaons,* 1993, 53–58.

Ptolemaios IV. Philopator

Ältester Sohn → Ptolemaios' III. und der Berenike (II.), dessen Erzieher Eratosthenes von Kyrene (→ Ptolemaios II.) ist. P. kommt 221 v. Chr. auf den Thron und heiratet seine Schwester Arsinoë (III.)

Der mächtigste Höfling in Alexandria, Sosibios, »(eine) der intelligentesten und skrupellosesten Persönlichkeiten der hellenistischen Geschichte« (G. Hölbl), läßt führende Angehörige der Königsfamilie ermorden, die eine politische Gegenbewegung repräsentieren: die Mutter P.s', Berenike; Magas, den Bruder → Ptolemaios' II., sowie Lysimachos, den Bruder → Ptolemaios' III. Sosibios erreicht auch, daß der in Alexandria exilierte spartanische König Kleomenes' III. unter Arrest gestellt wird; nach dem mißlungenen Anzetteln eines Aufstandes begeht dieser Selbstmord. Prägenden Einfluß auf P. üben auch Agathokles von Samos und seine Schwester und königliche Mätresse Agathokleia aus.

Die ersten Jahre der Herrschaft P.s' (221–204) prägt außenpolitisch der Kampf mit dem Seleukidenreich um Syrien. Dort ist nach Seleukos II. (246–226/5) und Seleukos III. Soter (226/5–222) im Jahre 222 Antiochos III. an die Macht gelangt, der die Wiederherstellung der einstigen Größe des Reiches unter Einschluß der ptolemäischen Besitzungen anstrebt.

Während in Kleinasien noch immer Achaios die Macht ursurpiert hat und im Osten der Statthalter Molon sich zum König über die östlichen Satrapien erhebt, unternimmt Antiochos im Sommer 221 einen ersten vergeblichen Versuch zur Eroberung der ptolemäischen Besitzungen in Syrien. Hingegen kann Molon 220 geschlagen werden. Im Frühjar 219 gewinnt dann Antiochos die geopolitisch bedeutende Hafenstadt Seleukeia, die unter Ptolemaios III. an Ägypten gefallen war. Damit ist der Beginn des *Vierten Syrischen Krieges* markiert (219–217 v. Chr.).

In einer ersten Phase des Krieges können die Seleukiden Erfolge verbuchen und – insbesondere durch den Verrat des Strategen Theodotos – phönikische Städte wie Tyros und Ptolemais an sich nehmen (Dora und Sidon bleiben aber ptolemäisch). Während eines viermonatigen Waffenstillstandes und Verhandlungen über Syrien im Winter 219/8 unternimmt Ägypten gewaltige Kriegsrüstungen und eine Armeereform. Im Frühjahr 218 führt Antiochos eine große Offensive gegen Ägypten: in einer Land- und Seeschlacht nahe Berytos bricht er nach Süden durch und versucht eine Eroberung von Syrien/Phönikien von Osten her (zuletzt nimmt er Rabbat ʿAmmon/Philadelphia ein; Winterquartier in Ptolemais).

Die Entscheidungsschlacht bei Raphia (südwestlich von Gaza) am 22. Juni 217, in der sich zwei Heere von zusammen über 130 000 Soldaten, 11 000 Reitern und 175 Kriegselefanten treffen, kann P. für sich entscheiden. Im *Raphiadekret* wird dieser Sieg mythisch verstanden und P. als neuer Horus (dargestellt zu Pferde, wie er seinen Feind niederstößt) aufgefaßt. Statuen des »Ptolemaios Horus« werden (mit je einer Statue der Königin und des Stadtgottes) in den Tempelhöfen Ägyptens aufgestellt und erhalten einen täglichen Kult; ein Fest zu Ehren des Königspaares wird zur Erinnerung an den Sieg jährlich gefeiert.

Der nach erneuten Vorstößen P.s' ins seleukidische Syrien zustandegekommene Vertrag hat vom Ptolemäerreich aus rein defensiven Charakter, indem er den Besitzstand in Koilesyrien (Syrien/Phönikien) sichert, ohne durch zusätzliche Ansprüche künftige Konflikte zu provozieren. Bis zum Tod P.s' unternimmt Ägypten keine größere außenpolitische Intervention mehr. Antiochos III. dagegen führt einen Eroberungskrieg gegen Achaios, dessen Niederlage trotz ägyptischer Hilfe 213 besiegelt ist, und in den östlichen Satrapien (bis 205).

Um so bedeutender sind für das Ptolemäerreich positive Beziehungen zu der griechischen Welt, wo daher die ptolemäischen Besitzungen Bestand haben; Ägypten tritt hier als Vermittler im *Griechischen Bundesgenossenkrieg* und im *Ersten Makedonischen Krieg* (zwischen Rom und Makedonien) auf. Freundschaftlich verbunden sind ihm etwa Rhodos, Oropos, Tanagra, Orchomenos, Gortyn, Syrakus, Neutral verhält sich P. im Zweiten Punischen Krieg (218–201).

Die Innenpolitik der letzten Jahre des P. ist überschattet von dem Aufstand der Thebais unter dem Gegenkönig → Harwennefer (206–200). Die wirtschaftliche Situation verschlechtert sich.

Das wichtigste Projekt der Bautätigkeit des Pharaos ist die Weiterarbeit an dem von → Ptolemaios III. gegründeten Horustempel von Edfu (Vollendung von Sanktuar und Kapellen; innere Säulenhalle; Dekoration). In Unternubien geht auf P. der Neubau des Thottempels von Dakke zurück, im Gebiet des 1. Kataraktes der Tempel des meroïtischen Gottes Arensnuphis auf Philae und ein kleiner Tempel auf Sehel; die Dekoration des Isistempels von Elephantine wird weitergeführt. Alle Arbeiten in diesen Gebieten brechen mit dem Aufstand von 206 ab. (In Philae und Dakke baut nun der meroïtische König Arqamani, der Unternubien in Besitz nimmt, weiter; sein Nachfolger Adikhalamani baut in Debod, südlich von Philae.) In der thebanischen Region ist P. bezeugt in Theben (Kapelle des Chons-Neferhotep in Karnak; Hathor-Maʿat-Tempel in Deir el-Medineh; Weiterarbeit an der Dekoration des großen Tors des Month-Tempels in Karnak) und in Medamud (Weiterarbeit am Month-Tempel); in Mittelägypten in Qusae (Hathortempel), in der Oase el-Charge (Arbeit an der Dekoration des Tempels der thebanischen Trias in Qasr Gueida) und in Memphis (Osttor des Bezirkes des Ptahtempels); im Delta in Tanis (Neubau des Naos des Muttempels) und Alexandria (Naos für Harpokrates im Serapeum). Im Palastviertel der Hauptstadt entsteht ein 215/4 eingeweihtes neues Mausoleum für Alexander den Großen und die Ptolemäerkönige.

Im Jahr 215/4 wird in Ptolemais ein Kult für das regierende Königspaar eingerichtet. Neben den eponymen Priesterämtern für Alexander und Arsinoë II. wird eine weitere derartige Priesterinnenstelle für Berenike II. geschaffen; die Theoi Soteres werden dem Dynastiekult angeschlossen. Ein Königskult für P. ist nach dem Sieg in Raphia für Jaffa belegt.

Der König wird in der antiken Überlieferung negativ beurteilt, seine Zeit als Wende, nach der das Ptolemäerreich »in einem dramatischen Abstieg seine Weltgeltung ein(büßt)« (G. Hölbl).

Lit.: G. HÖLBL, *Geschichte des Ptolemäerreiches,* 1994, 96–101. 117–126; M. DELLA MONICA, *Les derniers pharaons,* 1993, 59–67.

Ptolemaios V. Epiphanes

Der Sohn → Ptolemaios' IV. und der Arsinoë III., bei dem Tod seines Vaters erst sechs Jahre alt (Regierung 204/196–180 v. Chr.). Die Übernahme der Regentschaft durch seine Mutter verhindern Sosibios und Agathokles (→ Ptolemaios II.), indem sie die Königin ermorden lassen. Durch ein gefälschtes Testament setzten sie sich als Vormünder des P. ein, der in die Obhut der Mätresse Agathokleia und ihrer Mutter Oinanthe gegeben wird. Nach dem Tod des Sosibios im Jahre 203 ist Agathokles alleiniger Regent. Diplomatische Missionen nach Makedonien und Rom zur Absicherung des Ptolemäerreiches gegenüber Antiochos III., der die Schwäche Ägyptens infolge der Regierungskrise zur Aneignung ptolemäischer Außenbesitzungen ausnützt, sind erfolglos. In einem Geheimabkommen einigen sich im Winter 203/2 Philipp V. von Makedonien und Antiochos III. auf eine Aufteilung der Besitzungen des Ptolemäerreiches und die Beseitigung seiner Vorrangstellung im östlichen Mittelmeerraum.

Inzwischen wird Agathokles Ende 203 von der Opposition unter Tlepolemos gestürzt und mit seiner Familie massakriert. Schon 201 wird aber Tlepolemos seinerseits von einem Aristomenes als Regent abgelöst.

In höchstem Maße ungünstig wirkt sich für Ägypten die Herrschaftskrise während des *Fünften Syrischen Krieges* aus (202–195). Antiochos III. erobert Damaskus und im Laufe des Jahres 201 Palästina bis Gaza (ohne die ptolemäischen Küstenstädte); der ptolemäische Statthalter Ptolemaios geht zu Antiochos über und wird seleukidischer Stratege von Koilesyrien und Phönikien. Vorübergehend kann der ptolemäische General Skopas 201/0 die verlorenen Gebiete (ohne Damaskus) zurückerobern, wird jedoch im Sommer 200 bei Panion besiegt. Bis 198 kontrolliert Antiochos das ganze ehemals ptolemäische Koilesyrien; der in Sidon eingeschlossene Skopas muß 199 kapitulieren.

Der makedonische König Philipp V. führt 201 Krieg gegen Attalos von Pergamon und Rhodos, dabei erobert er den ptolemäischen Flottenstützpunkt Samos, den Ägypten jedoch vor 197 zurückerobert. Auf Intervention von Pergamon und Rhodos im Herbst 201 entsendet Rom eine Gesandtschaft zur Bildung einer antimakedonischen Koalition, der sich im Frühjahr 200 Athen anschließt. Trotz Ultimatum erobert Philipp das ptolemäische Thrakien; ein ihm an den Dardanellen übergebenes zweites Ultimatum, das die sofortige Beendigung der Kämpfe gegen griechische Staaten, Schadenersatz für Pergamon und Rhodos sowie den Verzicht auf Übergriffe auf ptolemäische Besitzungen verlangt, wird abgelehnt, worauf Rom Philipp den Krieg erklärt und in Illyrien einmarschiert. Bei Antiochos versichert sich die römische Delegation der Neutralität des Seleukidenreiches im römisch-makedonischen Krieg, während ein Besuch in Alexandria nichts erbringt. Unter Ausnutzung des römisch-makedonischen Krieges und der Handlungsunfähigkeit Ägyptens kann Antiochos ab dem Frühjahr 197 in Kleinasien Kilikien, Lykien und Telmessos zurückerobern (Pamphylien ist schon vorher seleukidisch), in Ionien die ptolemäische Garnisonsstadt Ephesos. Die ptolemäischen Besitzungen Kaunos, Myndos und Halikarnassos erlangen die Freiheit, ebenso wie nach 201 schon Milet, nachdem Philipp V. die Stadt den Ptolemäern abgenommen hatte. Noch auf der Konferenz von Nikaia 198, auf der T. Quinctius Flaminius die Rückgabe aller ehemals ptolemäischen Besitzungen im griechischen Raum verlangt, tritt Rom für die ägyptischen Interessen ein. Die Prioritäten Roms verschieben sich aber nach dem Sieg über Philipp 197, der 196 auch zu einem Friedensschluß gegen den stetig vorrückenden Antiochos III. (er setzt im Frühjahr 196 nach Europa über) führt: alle thrakischen Städte erhalten die Freiheit. 196 verkündet Flaminius anläßlich der Isthmischen Spiele die Freiheit aller griechischen Städte.

Die Führungslosigkeit Ägyptens sowohl in der Außenpolitik als auch im Lande selber, wo 200–186 der oberägyptische Gegenkönig → ʿAnchwennefer an der Macht ist, 196–189 Nubier Elephantine besetzt halten und 197 ein Aufstand in Lykopolis im Delta niedergeworfen werden muß, verlangt die Inthronisation des erst knapp 13jährigen P. Vermehrt tritt nun der ehemalige Offizier sowie Stratege und Archiereus Zyperns, Polykrates von Argos, der die Feiern zur Mündigkeitserklärung des Königs durchführt, als prägende Gestalt hervor, während Aristomenes' Stern sinkt (Selbstmord 192). Am 26. März 196 wird P. in Memphis gekrönt (gleichzeitig die Aufständischen aus Lykopolis hingerichtet). Seine Titulatur lautet: Horus *Jüngling, der als König auf dem Thron seines Vaters erscheint,* Nebti *Mit großer Kraft, der die beiden Länder befestigt und Ägypten schön macht, mit trefflichem Herzen vor den Göttern,* Gold *Der das Leben gedeihen läßt für die Menschen, Herr an Sedfesten wie Ptah, Majestät wie Re ʿ,* Thronname *Der Erbe der beiden Götter, die den Vater lieben, Erwählter des Ptah, reich an Ka, ein Re ʿ, mächtig an Leben, ein Amun,* Eigenname *Ptolemaios.*

Die anläßlich der Inthronisation abgehaltene Priestersynode zeigt – im Vergleich zu den Dekreten von Kanopos (238; › Ptolemaios III) und Raphia (→ Ptolemaios IV.) – einen aufgrund der desolaten politischen Situation vom Klerus abhängigen König, der zur rituellen Abwehr des Chaos gemäß der Königsideologie eingesetzt wird und dafür den Priestern Vorrechte bestätigt bzw. einräumt (Einkünfte der im Königskult Beschäftigten bekräftigt; Verpflichtungen gegenüber dem Staat reduziert; Fürsorge für den Tierkult). Dem Volk werden Steuererleichterungen und eine Amnestie gewährt. Der König erscheint hier legitimiert als Wiederhersteller der Ordnung durch die Eroberung der aufständischen Stadt Lykopolis und die Hinrichtung der Anführer, verglichen mit der Wertung Ptolemaios' IV. im Raphiadekret ein eklatantes Eingeständnis der aktuellen Lage, obwohl für P. wieder Statuenstiftungen und Feste wie ähnlich 217 beschlossen werden. (Bedeutend wurde die auf dem *Stein von Rosette* erhaltene Fassung dieses Dekretes [*Rosettana*] dadurch, daß sie die Entzifferung der Hieroglyphen duch Jean-François Champollion ermöglichte).

Auf der Konferenz von Lysimacheia 196 verlangt L. Cornelius Lentulus von Antiochos III. die Rückgabe der ptolemäischen Besitzungen in Asien. Wegen der »vorschnellen Einigung« (G. Hölbl) zwischen Ptolemäern und Seleukiden durch die Vermählung P.s' mit der Tochter Antiochos' III., Kleopatra I., und durch den Abschluß eines Friedensvertrages, in dem Ägypten auf Koilesyrien und Anatolien verzichtet, verspielt das Ptolemäerreich seine letzte Chance auf eine Rückgewinnung der Territorien mit römischer Hilfe.

Die wirtschaftlichen Folgen des Verlustes der auswärtigen Besitzungen (mit Ausnahme von Itanos, Thera, Methana in der Ägäis) sind gewaltig, gleichzeitig ist Ägypten nun zu einem Statisten in der zeitgenössischen Politik degradiert.

Im *Antiochoskrieg* (192–188) zwischen Rom und Antiochos III. lehnt Rom die zweimal angebotene ptolemäische Hilfe ab, um nicht im Gegenzug ptolemäische Ansprüche durchsetzen zu müssen. Im *Frieden von Apameia* stehen die ptolemäischen Ansprüche nicht mehr zur Diskussion, während Roms Verbündete Gebiete zugesprochen erhalten: Pergamon das seleukidische Kleinasien westlich des Tauros, Rhodos das einst ptolemäische Lykien und Karien südlich des Mäander.

In außenpolitischen Belangen scheint P. die Initiative erst zu ergreifen, nachdem die innere Ordnung wiederhergestellt ist (187 Kontrolle über Theben-West und Oberägypten bis Assuan; 186 Sieg über → ʿAnchwennefer durch Komanos; 185 Hinrichtung der durch Polykrates von Argos besiegten Deltarebellen in Sais) und Antiochos III. 187 erschlagen wird (sein Nachfolger ist Seleukos IV., 187–175). 185 werden in Griechenland Söldner angeworben, in den folgenden Jahren wird das Bündnis mit dem Achäischen Bund zu erneuern versucht und schließlich 182 eine Flottenexpedition nach Syrien unternommen. P. wird jedoch im Frühjahr 180 von seinen Generälen vergiftet. Für den 186 geborenen, noch unmündigen → Ptolemaios (VI. Philopator) – jüngere Geschwister sind ein weiterer Prinz Ptolemaios (VIII. Euergetes II.) und Kleopatra (II.) – übernimmt seine Mutter Kleopatra I. die Regentschaft.

Nach der Beseitigung der Bedrohung durch die Aufstände im Lande selber und der Rückeroberung des thebanischen Gebietes erlassen zwei Priestersynoden die *Dekrete von Philae* (Philensis I und II). Als weiterer Schritt hin zur Vergöttlichung des lebenden Königspaares wird Kleopatra I. nun neben ihrem Gemahl zum »weiblichen Horus« und erhält den Horusnamen: *Junge Frau, Tochter eines Königs, geboren von einer Königin, die Geliebte der Götter Ägyptens, die Chnum geschmückt hat, Wesirin, Tochter des Thot, mit großer Kraft, die die beiden Länder zufriedenstellt, der die beiden Herrinnen die Menschen in Vollkommenheit geben, die Neith, Herrin von Sais, stark macht, die Hathor erhebt in Liebe.* Wie 217 und 196 werden auch Bestimmungen über Abgaben, Erträge und Ehrungen erlassen. In der berühmten sog. *Hungersnotstele* auf Sehel, die biblische Einflüsse verrät (sieben Jahre der Hungersnot der Josephserzählung), reklamieren die Chnumpriester von Elephantine ihren Anspruch auf die dem Isistempel von Philae zugesprochenen Erträge des Dodekaschoinos, indem sie auf eine angebliche Schenkung des Gebietes an den Chnumtempel durch → Djoser hinweisen.

P. und Kleopatra sind in den Kult der Dynastie in Alexandria einbezogen; das Amt einer eponymen Priesterin wird für Arsinoë III. geschaffen.

Zur Verfolgung einer Baupolitik scheint Ptolemaios V. nur in beschränktem Ausmaß imstande gewesen zu sein (Neudekoration des Apieion in Memphis, Bau am Anubieion in Saqqara, Tempel des Imhotep auf Philae, Weiterarbeit und neuer Naos für den Arensnuphistempel).

Lit.: G. HÖLBL, *Geschichte des Ptolemäerreiches*, 1994, 101–107. 117–126; M. DELLA MONICA, *Les derniers pharaons*, 1993, 68–76.

Ptolemaios VI. Philometor

Im Gegensatz zu Arsinoë III. (→ Ptolemaios V.) kann Kleopatra I. 180 ihre Regentschaft für den erst 6jährigen P. (er regiert 180–164 und 163–145 v. Chr.) durchsetzen und übt sogar das Münzrecht aus. Die Vorbereitungen zu einem syrischen Krieg, die Ptolemaios V. unternommen hatte, werden abgebrochen. Der Tod Kleopatras schon 176 und die Übernahme der Regentschaft durch die Höflinge Eunaios und Lenaios, die P. zur Hebung ihrer eigenen Position vergöttlichen und mit seiner Schwester Kleopatra II. vermählen, v. a. aber die Rückeroberung Syrien-Palästinas beabsichtigen, haben katastrophale Auswirkungen auf Ägypten.

Antiochos IV. (175–164/3), Bruder Seleukos' IV. und Kleopatras I., organisiert die Abwehr gegen Ägypten; als Bundesgenosse und Freund Roms (*socius et amicus*, seit 186) ist das seleukidische Reich zusätzlich abgesichert. Gegen eine antirömische Koalition unter König Perseus von

Makedonien erhält Rom 173/2 auch von Ägyptens Regenten Unterstützung zugesagt.

Im November 170 wird eine Dreierregierung von P., Kleopatra II. und → Ptolemaios VIII. proklamiert. P. trägt die Königsnamen: Horus *Erhaben in der Götterschaft, Zwillingsbruder des lebendigen Apis auf ihrer Geburtsstätte*, Nebti *Wahrhaftig der (?), den sein Vater inthronisiert hat,* Gold *Mit großer Kraft, Herr an Sedfesten wie Ptah-Tatenen, der Vater der Götter, Majestät wie Re'*, Thronname *Erbe der beiden Götter ›Epiphanes‹* (Ptolemaios V. Epiphanes und Kleopatra I.), *Erwählter des Ptah-Chepri, der die Ma'at verwirklicht, ein Amun-Re'* (bzw. *Erwählter des Ptah, der die Ma'at für Amun-Re' verwirklicht in Ewigkeit*), Eigenname *Ptolemaios*, Beiname *Mutterliebend*. Der Ehe mit Kleopatra II. entstammen der Sohn und spätere Mitregent Ptolemaios Eupator (166–152), ein zweiter Sohn (Ptolemaios [VII.]) sowie zwei Töchter, Kleopatra (Thea) und Kleopatra (III.).

Der von Eunaios und Lenaios eröffnete *Sechste Syrische Krieg* (Winter 170/169–168) führt zu einem Desaster, da der schon vor Ägypten stehende Antiochos IV. die ägyptische Ostgrenze überschreitet, die ptolemäische Armee zwischen Pelusion und dem Berg Kasios schlägt und die Festung Pelusion einnimmt. Während Eunaios und Lenaios nun durch Komanos und Kineas ersetzt werden, kann Antiochos IV. einen Großteil Unterägyptens besetzen. Einer Vereinbarung zwischen P. und Antiochos IV. widersetzt sich Alexandria und proklamiert → Ptolemaios VIII. zum König, wird jedoch von Antiochos belagert und ersucht Rom im Sommer 169 um ein Eingreifen in den Konflikt. Die einsetzende Nilüberschwemmung, die Verteidigung Alexandrias sowie innere Schwierigkeiten in Syrien zwingen Antiochos vorderhand zum Rückzug.

Nach Wiedereinrichtung der Dreierherrschaft (bis 164) verhandelt die Regierung für den Fall eines erneuten seleukidischen Angriffs mit Rom, das eine Gesandtschaft unter C. Popilius Laenas in den Orient entsendet. Antiochos IV., der die erneute Dreierherrschaft als Bruch seiner Übereinkunft mit P. ansieht, unternimmt nun (168) – nach Ablehnung eines Bündnisangebotes des Perseus – einen erneuten Feldzug gegen Ägypten und Zypern (das seleukidisch wird), besetzt nach der Rückweisung seiner Friedensbedingungen das Delta und das Fajjum (teilweise Zerstörung des Ammontempels) und zieht in Memphis ein. Antiochos versucht, ein seleukidisches Protektorat über Ägypten zu errichten (Erlaß eines Prostagmas für die Kleruchen des Fajjums; Krönung zum König?).

Der *Tag von Eleusis* Anfang Juli 168 rettet die Unabhängigkeit Ägyptens. Nachdem Rom am 22. Juni 168 durch den Sieg über Perseus freie Hand gewonnen hat, zwingt C. Popilius Laenas in Eleusis (Vorort Alexandrias) Antiochos IV. durch ein Ultimatum zum sofortigen Rückzug aus

Ägypten und Zypern. Eine Gesandtschaft unter Numenios bedankt sich dafür in Rom, das in dem entsprechenden Reisebericht zum erstenmal auf ägyptisch genannt ist.

Die durch die Steuerlast sich stark verschlechternde Lage der bäuerlichen Bevölkerung führt zu zunehmender Landflucht (Anachoresis) und Unruhen im Fajjum im Jahre 164; in diese Zeit gehören auch die Rebellion des Dionysios Petosarapis (bis 165) und ein Aufstand in der Thebais. Mit dem im Herbst 164 etwas gemilderten Prostagma »Über die Landwirtschaft« vom August/September 165 verordnet die Regierung die Zwangsbestellung der Felder; eine neugeschaffene Abteilung der Finanzverwaltung (*Idios logos*) wird mit der Nutzung von verlassenem und beschlagnahmtem Land betraut.

Das folgende Jahrzehnt ist geprägt von den Auseinandersetzungen der beiden Ptolemäer (VI. und VIII.) um die Herrschaft (ab Herbst 164), in die Rom einbezogen wird. P. muß Ägypten, wo → Ptolemaios VIII. (jetzt *Euergetes* (II.) »Wohltäter«) eine despotische Herrschaft errichtet, verlassen (er ist erst in Rom, dann in Zypern), wird dann aber zurückgerufen und residiert im Sommer 163 wieder in Alexandria. Unter Beteiligung einer römischen Delegation wird eine Teilung des Reiches vereinbart, nach der Ptolemaios VIII. die Kyrenaika erhält, P. das Stammland und die übrigen Besitzungen. Gemeinschaftlich regieren 163–143 P. und Kleopatra II., die ihre Herrschaft durch verschiedene Maßnahmen legitimiert und absichert (Amnestieerlaß; regelmäßiges Neujahrsfest in Memphis, Teilnahme an Opfern, Tempelbesuche; Priestersynode 161).

An der Wende 163/2 befürwortet Rom den von Ptolemaios VIII. Euergetes II. zusätzlich vorgebrachten Anspruch auf Zypern; ein Aufstand Kyrenes unter Ptolemaios Sympetesis, der Euergetes zunächst besiegt, verhindert aber vorderhand einen kriegerischen Vorstoß gegen P. Neue Vorstöße des Euergetes führen dann zum Abbruch der diplomatischen Beziehungen Roms zu P. Trotz der Anwerbung von Söldnern ist Ptolemaios VIII., nun *amicus et socius* Roms, ohne Roms militärische Unterstützung zur Veränderung des *status quo* allein nicht fähig. Nach einem auf ihn verübten Attentat (156/5) vermacht er daher im sog. *Testament des Euergetes* Rom sein (nicht definiertes) Reich für den Fall, daß kein Erbe vorhanden ist. Dieses »dramatische Manöver« (G. Hölbl; vgl. 133 v. Chr. die Schenkung des Pergamenischen Reiches an Rom durch Attalos III.) bewirkt in Rom, wenig. 154 in Rom, erhält Ptolemaios VIII. erneut nur symbolische Unterstützung, wird dann auf Zypern von P. aufgegriffen, worauf 153 die Reichsaufteilung von 163 bestätigt wird. Sein angeblicher Heiratsantrag an Cornelia, die Mutter der römischen Volkstribunen Titus und Gaius Sempronius Gracchus, dürfte fiktiv sein. Bis zur Übernahme der Herrschaft in Ägypten (145) ist nun die Macht

Ptolemaios' VIII. auf Kyrene beschränkt (großes Bauprogramm; gewaltiges Mausoleum westlich von Ptolemais).

Die Herrschaft über Unternubien kann wieder aufgerichtet werden (Zug der nubischen Gaue im 1. Pylon des Isistempels von Philae); im September 157 bestätigt P. dem Isistempel von Philae das Anrecht auf die Erträge des Dodekaschoinos (»Zwölfmeilenland«; nördliches Unternubien). In der Ägäis bestehen weiterhin die ptolemäischen Stützpunkte Thera (Hauptquartier der ptolemäischen Flotte), Itanos und Methana; in Griechenland ist P. angesehen (Feier der *Ptolemaia* in Athen; Aufstellung einer Reiterstatue des Königs auf der Akropolis).

Die politische Geschichte der letzten fünf Jahre hat ihren Schwerpunkt in den Auseinandersetzungen um Syrien. Der einst mit ptolemäischer Hilfe aus seiner Geiselhaft in Rom geflohene Demetrios I. (161–150) fällt 150 in der Schlacht gegen den von Pergamon und Ägypten unterstützten Gegenkönig Alexander Balas. Balas erhält die ältere Königstochter Kleopatra Thea zur Frau. Als ab 147 Demetrios II. gegen Balas vorgeht, stößt auch P. mit einem See- und Landheer nach Phönizien vor und richtet ptolemäische Garnisonen ein; aus Jerusalem kommt ihm der jüdische Hohepriester Jonathan entgegen. Die vordergründige Unterstützung des Balas gibt P. jedoch nach einem Attentat zugunsten seines eigentlichen Zieles, der Rückeroberung Koilesyriens, auf; Kleopatra Thea wird nun neu Demetrios II. vermählt. Nachdem alle Küstenstädte bis Seleukeia ptolemäisch sind, wird P. in Antiochia durch zwei abtrünnige Minister des Balas das seleukidische Königreich übertragen. Vorübergehend trägt der König nun die zwei Diademe Ägyptens und Asiens und datiert nach dem 1. Jahr einer neuen Ära, bevor er mit Rücksicht auf Rom Demetrios II. als Seleukidenherrscher durchsetzt, Ägypten aber vertraglich das einst ptolemäische Koilesyrien zusichert. P. wird jedoch in der Schlacht gegen Balas (der besiegt und später ermordet wird) bei Antiochia tödlich verletzt, die Rückkehr Ägyptens zur Rolle der ostmediterranen Großmacht damit verunmöglicht.

Die antijüdische Politik Antiochos' IV., des Vorgängers von Demetrios I., die ganz im Gegensatz zu jener des alexandrinischen Hofes steht, führt in Palästina zum Aufstand der Makkabäer. Ende der 160er Jahre gelangt Onias IV., Sohn des 175/4 abgesetzten jüdischen Hohenpriesters Onias III., mit Anhängern nach Ägypten, wo ihnen die Ansiedlung in Leontopolis (Tell el-Jahudija) und der Bau eines Jahwetempels am Ort des aufgegebenen Bastet-Tempels gestattet wird. Onias IV. und ein Dositheos, später die Söhne des Onias, erhalten höchste Kommandoposten in der ptolemäischen Armee. Die Judengemeinden Alexandrias entwickeln eine jüdisch-alexandrinische Kultur (Übersetzung des Alten Testaments ins Griechische [Septuaginta] um 150; Literatur; Philosoph Aristobulos). Aristophanes von Byzanz und Aristarch von Samothrake sind herausragende zeitgenössische Vertreter der ansonsten verfallenden alexandrinischen Wissenschaft.

Die positive Bewertung P.s' kontrastiert mit jener Ptolemaios' VIII. In einer Rede preist ihn Marcus Porcius Cato als *besten und wohltätigsten König*, Polybios hebt seine Humanität hervor.

Die ptolemäische Baupolitik erreicht unter P. und Ptolemaios VIII. ihren Höhepunkt. In der Regierungszeit von P. wird in Unternubien in Dakke (Pronaos des Thottempels) und Debod (Erweiterung der von Adikalamani gebauten Kapelle für Amun und die Isis von Philae zu einem Tempel) gebaut (bezeugt ist der Pharao auch durch eine Stele beim Mandulistempel auf Ajuala bei Kalabscha); im Mittelpunkt der Baupolitik stehen hier aber die umfangreichen Projekte auf Philae (Errichtung der Säulenhalle, des ersten und zweiten Pylons des Isistempels, Geburtshaus; Gründung und Dekoration des Hathortempels; Weihung eines Naos im Arensnuphistempel). Im oberägyptischen Raum zwischen Assuan und Theben wird in Kom Ombo als in Ägypten singuläre Doppelanlage der Tempel für Haroëris und Sobek errichtet. Erst ab 152/1 kann in Edfu weitergearbeitet werden (Dekoration der Nebenräume des inneren Säulensaals (sog. Laboratorium; Nilzimmer; Tresor). Der Hauptbau des Chnumtempels in Esna geht auf P. zurück, der auch in Karnak (Eingang des Harpreʿ-Tempels; erstes Tor des Ptahtempels; Tor im zweiten Pylon) und Deir el-Medineh (Dekoration des Vorraumes des ptolemäischen Tempels) aktiv ist. Nördlich von Theben baut P. in Medamud (Neubau des Monthtempels), Dendera (Viersäulensaal des Isistempels) und Hu/Diospolis parva (Dekoration des ptolemäischen Tempels) und Qau el-Kebir (Pronaos des Antaiostempels). In die Zeit P.s' fallen verschiedene Privatstiftungen im Fajjum (Pronaos in Karanis; Temenos für Arsinoë Philadelphos in Narmuthis). Die eponymen Priesterämter werden nun um solche für P., für P. und seine Mutter sowie für Kleopatra II. erweitert.

Lit.: G. HÖLBL, *Geschichte des Ptolemäerreiches*, 1994, 108–112. 125 f. 128–137. 177–182; M. DELLA MONICA, *Les derniers pharaons*, 1993, 77–87.

Ptolemaios › VII.‹

Zweiter Sohn → Ptolemaios' VI. und der Kleopatra II., den → Ptolemaios VIII. im Jahre 145 ermorden läßt. Seine Einfügung in die ptolemäische Herrscherlinie durch die Numerierung › VII.‹ ist unkorrekt.

Ptolemaios VIII. Euergetes II.

Nach dem Tod → Ptolemaios' VI. wird zwangsläufig P. Pharao (164 und 145–116 v. Chr.), »einer der brutalsten und gleichzeitig intelligentesten Politiker der hellenistischen Zeit« (G. Hölbl), bisher König über die

Kyrenaika (→ Ptolemaios VI.). Er läßt den potentiellen Thronprätendenten → Ptolemaios VII. und dessen Anhänger ermorden und geht mit äußerster Härte gegen die Juden Ägyptens, deren Anführer Onias und Dositheos sich seiner Herrschaft widersetzen, und die griechische Intelligenz vor (u.a. Vertreibung des Leiters der Museionbibliothek, Aristarch von Samothrake). Der Konsens mit Kleopatra II., die er – als Mörder ihres Sohnes – heiratet und als Mitherrscherin akzeptiert, ist nur Fassade, doch wird 144 ein gemeinsamer Sohn, Ptolemaios Memphites, geboren. Den Haß vertieft die Beziehung P.s' zu der Tochter Kleopatras II., Kleopatra III., die 141/0 Gemahlin des Pharao und ebenbürtige Königin neben Kleopatra II. wird. Kinder aus dieser Beziehung sind → Ptolemaios IX. Soter II. (geboren 140/39) und drei Töchter (Tryphaina, Kleopatra [IV.], Selene). Ein illegitimer Sohn P.s' ist Ptolemaios Apion, der spätere König von Kyrene (um 100).

Die Titulatur P.s' lautet: Horus *Jüngling, über dessen Leben auf dem Thron seines Vaters man jubelt, mit erfolgreichen Taten, dessen Erglänzen mit dem lebendigen Apis heilig ist* (Var. *Heiliges Abbild des Götterkönigs, von Atum selbst Erwählter* bzw. *Jüngling, der über den neun Bogen(völkern) ist, Sohn des Osiris, den Isis geboren hat, der für sich das Königtum des Reʿ von seinem Vater empfangen hat*), Nebti *Der den Wunsch der beiden Länder befriedigt*, Gold *Groß an Kraft, Herr von Sedfesten wie sein Vater Ptah-Tatenen, der Vater der Götter, Majestät wie Reʿ*, Thronname *Erbe der beiden Epiphanes-Götter* [Ptolemaios V. und Kleopatra I.], *von Ptah Erwählter, der die Maʿat verwirklicht, ein Reʿ, mit mächtigem Leben, ein Amun*, Eigenname *Ptolemaios*, Beiname *Wohltäter*.

145/4 und erneut 139 erläßt P. eine Amnestie und bestätigt den Tempeln und Priestern ihre Rechte und Einkünfte. Zu Beginn seiner Regierung zieht er die ägyptischen Truppen aus den letzten verbliebenen ptolemaischen Stützpunkten in der Ägäis ab; zum Ptolemäerreich gehören nun nur noch Unternubien, Zypern, die Kyrenaika und die Posten am Roten Meer.

Ein von Kleopatra II. unterstützter Versuch des Söldnerführers Galaistes, in Ägypten einzumarschieren und den König zu stürzen, scheitert 140. Im folgenden Jahr ist eine römische Gesandtschaft unter dem jüngeren Scipio in Alexandria; P. (inoffiziell *Physkon* »Fettwanst«, *Kakergetes* »Übeltäter« betitelt) erscheint dabei als Gegenbild zum römischen Ideal eines Mannes.

132 bricht der Bürgerkrieg zwischen P. und Kleopatra II. aus; der königliche Palast wird in Brand gesteckt; P. und Kleopatra III. fliehen nach Zypern. Als *Thea Philometor Soteira* herrscht Kleopatra II. ab 132/1 allein. P. läßt ihren gemeinsamen Sohn Ptolemaios Memphites ermorden,

zerstückeln und die Leichenteile nach Alexandria schicken. Kleopatras Machtgrundlage ist ungünstig, da sie sich auf Griechen und Juden, aber kaum auf die ägyptische Bevölkerung stützen kann. Der Stratege Paos als Oberhaupt der thebanischen Gaue bewahrt seine Loyalität zu dem vertriebenen König. Vorübergehend kann in der Thebais → Harsiese als letzter einheimischer Pharao und Gegenkönig an die Macht kommen, er scheitert jedoch. Im Jahr 130 erfolgt die Rückeroberung Ägyptens durch P.; im Januar ist er schon in Theben, im Frühjahr in Memphis anerkannt (eponymes Priesteramt für Kleopatra III. und Gegenpriester). Der römische Senat debattiert über die Ermordung des Memphites und die ägyptische Frage. Kleopatra II., die 129 in Alexandria isoliert ist, bietet ihrem Schwiegersohn (über Kleopatra Thea) Demetrios II., seit 129 wieder seleukidischer König, den ägyptischen Thron als Lohn für eine militärische Intervention an. In dieser Lage bringt P. einen Aufstand syrischer Städte unter Führung eines Alexander Zabinas zustande, der Demetrios (126 bei Damaskus besiegt und ermordet) an einer Hilfeleistung hindert. In Konsequenz kann P. 127/6 Alexandria zurückerobern und rächt sich blutig an den Bewohnern.

Im Jahr 124 wird die Dreierregierung – unter Einschluß Kleopatras II. – wiederhergestellt. Außenpolitisch findet ein Kurswechsel in der Politik gegenüber dem Seleukidenreich statt, indem Zabinas aufgegeben und 123 hingerichtet wird. P. unterstützt nun die regierenden Kleopatra Thea und Antiochos VIII. Grypos, ihren Sohn, dem Kleopatra Tryphaina (Tochter P.s' und der Kleopatra III.) vermählt wird.

Der durch den Bürgerkrieg noch verschlimmerten Lage der Bauern und Arbeiter sollen verschiedene Philanthropa-Erlasse des Jahres 118 entgegenkommen (Amnestie; Maßnahmen gegen Landflucht; Erlaß von Steuerschulden; Verbesserung der Lage der Bauern; Bestätigung der Rechte von Priestern und Tempeln; Wiederaufbau von Ortschaften und Heiligtümern; Sorge für den Tierkult). Der ermordete Ptolemaios Memphites wird nun als neuer dynastischer Gott *Neos Philopator* inauguriert.

Die Baupolitik P.s' bildet mit jener → Ptolemaios' VI. zusammen den Höhepunkt ptolemäischer Baupolitik überhaupt; sie übertrifft umfangmäßig sogar jene seines Vorgängers. Die Unternehmungen in Unternubien sind: Thottempel in Dakke (Dekoration der Fassade), Debod (Dekoration des Amuntempels; Naos), Philae (Dekoration der Säulenhalle des Isistempels; Erweiterung und Dekoration des Geburtshauses; zweite Ostkolonnade mit den dahinterliegenden Räumen; Erweiterung von Hathor- und Arensnuphistempel; oberer Fries des Tiberiustores). Die Priesterschaft von Philae errichtet P. zum Dank zwei Granitobelisken auf der Plattform vor dem 1. Pylon. Weiter nach Norden folgen: Assuan (Deko-

ration des Isistempels), Kom Ombo (Bau und Dekoration des Geburts-
hauses; Dekoration der inneren Säulenhalle) und Edfu (Vollendung des
Naos; Dachkiosk; Bau und Dekoration der großen Säulenhalle; Bau von
Geburtshaus; Hof; Pylon und Umfassungsmauer). Der innere Tempel-
komplex wird unter Anwesenheit des Königspaares und lebhafter Anteil-
nahme der Bevölkerung am 10. September 142 eingeweiht. Zwischen
Edfu und Theben ist die Bautätigkeit P.s' noch in Elkab (ptolemäischer
Felstempel; Restaurierung des Tempels → Amenhoteps III.) und et-Tôd
(Vorbau zum MR-Tempel mit Säulensaal und mehreren Räumen) bezeugt. In Karnak stammen von P. der Opet-Tempel, das Tor zwischen den
Säulenhallen des Atum-Reʿ-Harachte-Tempels Ramses' II. sowie weitere
Reliefs und Inschriften. In Deir el-Bahari etabliert sich das sog. Sanatori-
um (3. Felsraum und Kiosk von P.) als Kultstätte der Heiligen Amenhotep Hapu (→ Amenhotep III.) und Imhotep (→ Djoser). In Medinet Habu
werden Eingang und Barkenraum des »Kleinen Tempels« der 18. Dynastie erneuert und etwas südlich der Thottempel von Qasr el-Aguz gebaut;
die Dekoration des Tempels in Deir el-Medineh wird vollendet. Den
Neubau des Month-Tempels in Medamud hat P. weitergeführt (Porticus),
in Dendera eine Barkenkapelle und die Propyläen des älteren Geburtshauses dekoriert, im oberägyptischen Athribis den Tempel der Löwengöttin Repit gebaut. Im Delta wird der Tempel von Xois eingeweiht; im
Fajjum sind private Stiftungen belegt.

Die alexandrinische Wissenschaft verliert unter P. weiter an Bedeutung, obgleich der Pharao selber Philologe ist (Homerkritik; *Hypomne-
mata*). 117 wird der Kapitän Eudoxos aus Kyzikos auf eine Indienexpe-
dition geschickt.

Am 28. Juni 116 stirbt P.; sein Nachfolger wird → Ptolemaios IX.

Lit.: G. HÖLBL, *Geschichte des Ptolemäerreiches*, 1994, 137–145. 177–182;
M. DELLA MONICA, *Les derniers pharaons*, 1993, 88–95.

Ptolemaios IX. Soter II.

Bei seinem Tod hinterläßt → Ptolemaios VIII. keinen designierten Thronfolger, sondern überläßt die Nachfolgeregelung Kleopatra III., die
→ Ptolemaios (X.) bevorzugt. Kleopatra II. setzt jedoch stattdessen den
älteren Sohn Ptolemaios (IX.; 116–107 und 88–81 v. Chr.) durch (vgl.
unten den Nebti-Namen); bis zum Tod Kleopatras II. besteht nun eine
neue Dreierherrschaft von P. (Spitznamen *Physkon* »Fettwanst«, *Lathyros*
»Kichererbse«), Kleopatra II. und Kleopatra III., danach eine Zweier-
herrschaft. Ptolemaios X. Alexander I. ist Stratege Zyperns und proklamiert sich 114/3 zum König der Insel.

Die Titulatur Ptolemaios' IX. lautet: Horus *Heilig an Geburt zusammen mit dem lebendigen Apis, mit göttlicher Gestalt, Zwilling von der*

Geburtsstätte des Isis-Sohnes (Var. *Starker Stier, Majestät, die in Ägypten leuchtet wie der lebendige Apis, dem sehr zahlreiche Sedfeste gegeben sind wie Tatenen, dem Vater der Götter*), Nebti *Den seine Mutter auf dem Thron seines Vaters eingesetzt hat, der die beiden Länder im Triumph erobert* (Var. *Groß an Kraft, Vorsteher des Seelandes (?), ewig, der die Gesetze festmacht wie der doppelt große Thot,* bzw. *Groß an Kraft, Mächtiger des Meeres, der das Erbe der beiden Länder im Triumph erobert, mit trefflichem Herz vor den Göttern*), Gold *Herr Ägyptens, indem er in Jubel herrscht, Herr an Sedfesten wie sein Vater Tatenen, Majestät, die die Gesetze festmacht wie der doppelt große Thot* (Var. *Der Ägypten empfängt, indem er in Jubel herrscht, Herr von sehr zahlreichen Sedfesten wie sein Vater Ptah-Tatenen, der für sich das Königtum des Re ʿ empfing in siegreicher Stärke, Majestät, die Recht spricht und die Gesetze festmacht wie der doppelt große Thot*), Thronname *Erbe des trefflichen Gottes* [Ptolemaios Euergetes] *und der trefflichen Göttin, die ihre Mutter liebt, Retterin* [Kleopatra III.= Thea Philometor Soteira], *von Ptah Erwählter, der die Maʿat verwirklicht, ein Reʿ, mächtig an Leben, ein Amun,* Eigenname *Ptolemaios*, Beiname *Philometor Soter* (mutterliebend, Retter).

Besonders aktiv nimmt P. religiöse Aufgaben wahr, so ist er von 116–107 selber Alexanderpriester; zudem werden drei neue eponyme Priesterämter für die Königinmutter geschaffen. Im August 115 opfert er in Elephantine dem Nilgott und gewährt den Chnumpriestern Privilegien.

In dieselbe Zeit gehört die von Kleopatra III. erzwungene Scheidung von seiner Schwester Kleopatra IV.; er heiratet nun seine jüngere Schwester Selene (Kleopatra Selene, Kleopatra V.), von der er zwei Söhne hat. Kleopatra IV. ihrerseits vermählt sich mit Antiochos IX. Kyzikenos, der gegen den mit ihrer Schwester Tryphaina vermählten Antiochos VIII. Grypos um das Seleukidenreich kämpft. P. unterstützt Antiochos IX., dem er 109/8 eine Truppe von 6 000 Soldaten gegen den jüdischen Hohenpriester Hyrkanos I. schickt. Nach der Einnahme Antiochias durch Antiochos VIII. wird Kleopatra IV. 112 auf Verlangen Tryphainas umgebracht, die ihrerseits 111 hingerichtet wird.

Kontakte mit Rom sind durch die ältesten lateinischen Inschriften Ägyptens aus dem Jahre 116 in Philae und den Besuch des Senators L. Memnius 112 (u. a. Besuch des Labyrinths, → Amenemhȝt III.) bezeugt.

107 muß P. vor Kleopatra III. fliehen (Attentat auf ihn 106), die nun in Ausführung ihres alten Vorhabens → Ptolemaios X. auf den Thron bringt (107–88). P. gelingt jedoch 106/5 von Syrien die Rückeroberung Zyperns, wo er bis 88 v. Chr. König ist; gleichzeitig behält er bis etwa zum Jahr 100 die Oberhoheit über die Kyrenaika. Im Jahre 103 greift er in Syrien-Palästina ein, wo Alexander Iannaios, Priester und König der Ju-

den, sein Reich erweitert und Ptolemaios erobern will; er nimmt Asochis ein, besiegt Iannaios und führt einen Beutezug durch ganz Judäa. Ein Vorstoß nach Pelusion und der Versuch, in Ägypten einzumarschieren, wird jedoch von → Ptolemaios X. abgewehrt.

Soziale Unruhen führen zwei Jahrzehnte später zur Vertreibung Ptolemaios' X. und zur zweiten Herrschaft P.s' IX. (88–81; zweite Krönung vielleicht im 30. Jahr seit Beginn der ersten Herrschaft, 86). Mitregentin ist die Witwe Ptolemaios' X., seine Tochter Kleopatra → Berenike III.

Den seit 91 andauernden thebanischen Aufstand schlägt der Pharao erbarmungslos nieder, allerdings ist Unternubien nun wohl großenteils an das meroïtische Reich verloren. Ptolemaios X. wird zuerst in einer Seeschlacht besiegt, dann bei dem Versuch der Eroberung Zyperns getötet (88/7). Durch sein Testament, in dem er das Ptolemäerreich Rom vermacht, schafft er jedoch die bis zur Anerkennung → Ptolemaios' XII. in der römischen Politik sehr virulente ägyptische Frage. Außenpolitisch sind für die letzten Jahre des Königs die Verwicklungen Ägyptens in den *Ersten Mithridatischen Krieg* (89–84) zwischen Mithridates VI. Eupator und Rom zentral.

Bei seinem Vorstoß durch Anatolien in die römische Provinz Asia wird Mithridates auf Kos auch der von Kleopatra III. hier untergebrachten Prinzen (von denen Ptolemaios XII. und Ptolemaios von Zypern mit Töchtern des Mithridates verheiratet werden) sowie des ptolemäischen Staatsschatzes habhaft. Der während des Zuges des Sulla gegen Mithridates zum Aufbau einer Flotte in den Orient gesandte Quaestor L. Licinius Lucullus verliert seine Schiffe an Piraten und erhält im Sommer 86 von dem um Unterstützung ersuchten P. Geschenke und Geleit, ein diplomatischer Mittelweg angesichts der heiklen politischen Stellung des Reiches. Im Jahr 84 verhandeln Sulla und Mithridates; → Ptolemaios (XI.) flieht vor Mithridates nach Rom.

P. stirbt im Dezember 81; es folgen die kurzen Herrschaften von Kleopatra → Berenike III. und → Ptolemaios XI.

Innerhalb der Baupolitik P.s' ist die Weiterarbeit an der Ausschmückung des Edfu-Tempels zentral (Reliefs an den Wänden der Umfassungsmauer und Zyklen über die Weltschöpfung und den Horusmythos an den Innenwänden; Fest der heiligen Vermählung des Horus von Edfu und der Hathor von Dendera; Reliefs des Pylons, die später die Kartuschen → Ptolemaios' XII. erhalten). Weiter südlich in Kalabscha stammt von P. die Kapelle neben dem Mandulistempel und eine in römischer Zeit im Kalabschatempel verbaute, heute auf Elephantine wiedererrichtete Kapelle. In Theben finden sich Reliefs Kleopatras III. und P.s' im Chonstempel in Karnak sowie am Tempel von Deir el-Medineh; in derselben Regierung entstehen der 1. Pylon des Kleinen Tempels von Medinet Habu und der davorliegende Portikus. Nach der Niederschlagung des thebanischen Aufstandes werden in Ptolemais sakrale Bauten geweiht (u. a. ein Iseum). In Elkab zeigen Reliefs am Eingang des Felsenheiligtums Kleopatra III.; in El Hilla/Kontralatopolis wird die innere Halle des Isistempels dekoriert. Im Fajjum sind Privatstiftungen (v. a. von Tempeltoren) bezeugt.

Lit.: G. HÖLBL, *Geschichte des Ptolemäerreiches*, 1994, 145–148. 151 f. 182 f.; M. DELLA MONICA, *Les derniers pharaons*, 1993, 96–100. 103 f.

Ptolemaios X. Alexander I.

König zwischen den beiden Regierungsperioden → Ptolemaios' IX. (107–88 v. Chr.); von Kleopatra III. im Herbst 107 in Alexandria zum Mitregenten erhoben und Alexanderpriester für die Jahre 107–105, bevor Kleopatra dieses höchste, nur Männern vorbehaltene hellenistische Priesteramt 105/4 – ein unerhörter Schritt – selber übernimmt.

Die folgenden Jahre bis zum Tod Kleopatras III. (101) sind von den Auseinandersetzungen mit Ptolemaios IX. und damit verbunden dem Krieg in Syrien-Palästina geprägt. Hier konnte der jüdische Hohepriester und König Alexander Iannaios auf Kosten des durch die andauernden Kämpfe zwischen Antiochos VIII. Grypos – dem Kleopatra III. Hilfe leistet und ihre Tochter Kleopatra V. Selene vermählt (104/3) – und Antiochos IX. Kyzikenos geschwächten Seleukidenreiches sein Herrschaftsgebiet erweitern. Nach der Wiedererlangung der Herrschaft über Zypern 106/5 greift der vertriebene Ptolemaios IX. Soter II. 103 auf ein Hilfersuchen der Stadt Ptolemais gegen Iannaios in Syrien ein; sein eigentliches Ziel ist dabei die Rückgewinnung des ägyptischen Thrones. Anfängliche Erfolge (Einnahme von Asochis, Sieg über Iannaios, Beutezug durch Judäa) zwingen Kleopatra III. und P. zum Eingreifen. P. stößt mit den ptolemäischen Seestreitkräften nach Phönikien und von dort bis nach Damaskus vor; Kleopatra ihrerseits belagert mit dem Heer (Generäle sind die Söhne Onias' IV., Chelkias und Ananias) Ptolemais, das 102 fällt (Inschrift des Generals Petimuthes auf Statue aus Karnak). Die Enkel → Ptolemaios XI. und XII. waren zuvor auf der Insel Kos in Sicherheit gebracht worden. P. kann den Vorstoß Ptolemaios' IX. nach Pelusion und den Versuch, in Ägypten einzumarschieren, zurückschlagen. Aus Rücksicht auf das mit Iannaios verbündete Rom wird Judäa nicht zur Provinz des Ptolemäerreiches gemacht (Vertrag mit Iannaios 101).

Die Spannungen zwischen Kleopatra III. und P., der vor der Königin hatte fliehen müssen und zurückgekehrt war, eskalieren im Spätsommer 101, als der König Kleopatra ermorden läßt und Kleopatra → Berenike III. heiratet, die Tochter Ptolemaios' IX. und Kleopatras IV.

Die zunächst noch von Ptolemaios IX. gehaltene Kyrenaïka regiert von etwa 102 (sicher bezeugt 100 in der *Lex de piratis persequendis* zur Bekämpfung der Seeräuberei) bis zu seinem Tod im Jahre 96 Ptolemaios Apion (→ Ptolemaios VIII.). Das testamentarisch Rom vermachte Territorium wird erst 75/4 römische Provinz; vorderhand übernimmt Rom nur das Königsland, während den griechischen Städten die Freiheit gegeben wird. Damit ist dem Ptolemäerreich von dem einstigen Außenbesitz lediglich Zypern verblieben.

Das Ende der Regierung P.s' wird durch einen Aufstand in der Thebais (91–88) überschattet. Ein Anzeichen für den Antijudaïsmus in Alexandria ist der gegen P. unternommene Aufstand von Militär und Bevölkerung, dessen Anlaß nach der antiken Überlieferung die judenfreundliche Haltung P.s' ist. Nach der Vertreibung des Pharao Anfang 88 v. Chr. wird → Ptolemaios IX. Soter II. zurückgerufen, doch dauert der Kampf zwischen den beiden Königen noch bis 87 (Niederlage P.s' in einer Seeschlacht; Tod beim Versuch der Rückeroberung Zyperns). Bedeutend ist seine testamentarische Verfügung, mit der er Rom für den Fall seines Todes sein Reich vermacht und die für Rom in den folgenden Jahrzehnten von äußerster politischer Brisanz ist.

Die Bautätigkeit P.s' ist gering. Neben der Weiterarbeit an der Ausschmückung des Edfu-Tempels (→ Ptolemaios IX., XII.) ist sie in Theben (Opferreliefs und Texte am 1. Tor des Ptahtempels von Karnak; Bau einer zweireihigen Säulenhalle anstelle der Galerie des Kleinen Tempels von Medinet Habu und Erweiterung des Umgangs), Qus (Bau der zwei Pylone des Tempels) und Dendera (äußeres Hypostyl vor dem Isistempel und Säulenumgang) belegt.

Lit.: G. HÖLBL, *Geschichte des Ptolemäerreiches,* 1994, 148–151. 182 ff.; M. DELLA MONICA, *Les derniers pharaons,* 1993, 101 f.

Ptolemaios XI. Alexander II.

Sohn → Ptolemaios' X. und einer unbekannten Mutter. Einst von Kleopatra III. auf Kos in Sicherheit gebracht (→ Ptolemaios X.), fallen er und → Ptolemaios XII. sowie der ptolemäische Staatsschatz im Jahre 88 Mithridates VI. Eupator, der die Insel besetzt, in die Hände. P. kann 84 zu Sulla fliehen, der offenbar seine Rückkehr nach Alexandria und die Heirat mit seiner Stiefmutter Kleopatra → Berenike III. durchsetzt, die ein halbes Jahr allein regierte. Doch schon nach 18 oder 19 Tagen läßt P. sie ermorden und wird darauf von der Bevölkerung selber massakriert (Juni 80). Er verfällt der *damnatio memoriae* und ist daher auch in späteren hieroglyphischen Texten nicht belegt.

Lit.: G. HÖLBL, *Geschichte des Ptolemäerreiches,* 1994, 153; M. DELLA MONICA, *Les derniers pharaons,* 1993, 105 f.

Ptolemaios XII. (Philopator Philadelphos) Neos Dionysos

Nach der Ermordung von Kleopatra → Berenike III. und → Ptolemaios XI. erhebt als einzige legitime Erbin Kleopatra V. Selene, Witwe Antiochos' X. (in Kilikien) für ihre beiden Söhne Anspruch auf die ptolemäische und seleukidische Herrschaft. Dagegen beordern die Alexandriner die noch am Hofe Mithridates' VI. lebenden Söhne → Ptolemaios' IX. zurück und übertragen P. die Herrschaft über Ägypten und dem zweiten Ptolemaios als Ptolemaios von Zypern jene über die nun von Ägypten losgelöste Insel (80–58).

P. trägt nun die Namen: Horus *Schöner Jüngling, süß an Beliebtheit, den die Herrin und das Volk erhoben haben mit seinem Ka, der den erhabenen Chnum preist, um für sich die Krone als König zu empfangen, der sich im Jubel den Aufträgen (seines Vaters) anschließt wie der »Beistand seines Vaters« (Horus), mit strahlender Geburt auf dem Thron seines Vaters wie Horus, der starke Stier, Herrscher, der in Ägypten leuchtet wie der lebendige Apis, dem zahlreiche und große Sedfeste gegeben sind wie dem Ptah-Tatenen, dem Vater der Götter,* Nebti *Mit großer Kraft, Vorsteher des Seelandes (?) auf ewig, der die Gesetze festsetzt wie der doppeltgroße Thot* (bzw. *Mit großer Kraft, Vorsteher des Seelandes [?] auf ewig, mit vollkommenem Herz, der die Schönheit emporhebt wie der doppeltgroße Thot),* Gold *Mit großem Herz, Herrscher, Herr von Tapferkeit und Stärke wie der Sohn des Isis* (Var. *Mit großem Herz, Geliebter der Götter Ägyptens, Herrscher wie Reʿ, Besitzer der beiden Kronen),* Thronname *Erbe des Gottes, der rettet (Theos Soter), Erwählter des Ptah, der die Maʿat verwirklicht, ein Reʿ, mit mächtigem Leben, ein Amun* (Var. . . . *der die Maʿat verwirklicht, ein Amun-Reʿ),* Eigenname *Ptolemaios.*

P. heiratet seine Schwester Kleopatra VI. Tryphaina; der Ehe entstammt die Tochter Berenike IV. Mit einer anderen Frau, wohl aus priesterlichen Kreisen (Kleopatra VI. fällt 69/68 in Ungnade) hat er die Kinder → Kleopatra VII. (geboren 70/69), Ptolemaios XIII. (geboren 61), Ptolemaios XIV. (geboren 59) und Arsinoë IV.

P. kann bis zum Ende seiner Herrschaft (80–51) die Unabhängigkeit Ägyptens, das gemäß dem Testament → Ptolemaios' X. Alexanders I. Rom vermacht ist, insbesondere durch Bestechung erhalten und schließlich seine Anerkennung als ägyptischer König erkaufen. Im Jahre 76 läßt er sich krönen und nimmt den Beinamen *Neuer Dionysos* an.

65 v. Chr. scheitert ein Antrag des Zensors Marcus Licinius Crassus auf Annexion Ägyptens als römische Provinz am Veto seines Amtskollegen; die römischen Optimaten (vgl. Ciceros Rede *De rege Alexandrino*) sind gegen eine Angliederung. Nach dem Untergang des Seleukidenreiches im *Dritten Mithridatischen Krieg* (74–63) sichert P. Ägyptens Sou-

veränität durch Geschenke an den römischen Oberbefehlshaber im Osten, Pompeius (Goldkranz; eine vollständige Heeresausrüstung; Unterhalt von 8 000 Soldaten während jüdäischem Feldzug des Pompeius). Nachdem das königliche Vermögen aufgebraucht ist, müssen Geldanleihen und Steuererhöhungen, die das Los der Bevölkerungsmehrheit weiter verschlimmern, die kostspielige Polititk finanzieren. Mit Rücksicht auf die Lage in Rom hilft Pompeius P. aber nicht bei der Niederwerfung eines Aufstandes, durch den er leicht in den Besitz Ägyptens gekommen wäre. Ende 64 wendet sich Cicero in seiner Rede *De lege agraria* gegen den Antrag des P. Servilius Rullus, den gesamten *Ager publicus* des Reiches unter Einbezug Ägyptens einer Zehnmännerkommission zu unterstellen (Gefahr, daß Ägypten als Machtbasis gegen Rom benutzt wird).

Die Schenkungen an Rom und die sozialen Spannungen führen 61/0, als Diodor in Ägypten ist, zu Streiks und Unruhen.

Nach der anfänglichen Parteinahme des P. für Pompeius und gegen die Annexionspolitik von Crassus, Caesar und ihren Anhängern muß sich die ägyptische Politik im Jahre 60 (1. Triumvirat) auf Caesar umstellen. Indem P. Rom die ungeheure Summe von 6 000 Talenten – den gesamten jährlichen Ertrag Ägyptens – für den Fall seiner Anerkennung als König Ägyptens durch Rom verspricht, kann er im Jahre 59 (Konsulatsjahr Caesars) seine Approbation als König und Anerkennung als Freund und Bundesgenosse Roms für seine Unterstützung der in Syrien operierenden römischen Armee erreichen. In der Folge erläßt P. eine Amnestie für Ägypten.

Ohne Einspruch oder Intervention P.s' führt Rom im Jahre 58–56 die in der *lex Clodia* beschlossene Annexion Zyperns durch (durch M. Porcius Cato); Ptolemaios von Zypern begeht Selbstmord; Zypern und Kilikien werden zusammengeschlossen. Im Gegensatz zu der Passivität P.s' sehen die Alexandriner im römischen Vorgehen einen Angriff auf Ägypten; P. muß Alexandria verlassen und findet in Rom bei Pompeius Aufnahme (57). Mit dem Verlust Zyperns ist Ägypten territorial wieder auf die Größe der Satrapie des → Ptolemaios (I.) reduziert.

In Ägypten herrscht seit 58 (bis 55) → Berenike IV., zuerst mit ihrer Mutter Kleopatra VI. Tryphaina, nach deren Tod (57) mit ihrem Gatten Archelaos.

Die ägyptische Frage ist nun durch die Anwesenheit des anerkannten und als Freund betrachteten P. in Rom selber von erster Dringlichkeit, verschärft durch die große Verschuldung des Pharaos bei römischen Bankiers (insbesondere C. Rabirius Postumus), die eine Rückzahlung nur im Falle einer erneuten Herrschaft des Königs in Ägypten erwarten können. P. selber läßt eine alexandrinische Gesandtschaft unter dem Philosophen Dion von Alexandria ermorden. Ein Orakelspruch beendet zunächst ergebnislose Debatten (Stellungnahmen von Cicero u. a.) mit der Bestätigung der Freundschaft bei gleichzeitiger Ablehnung einer militärischen Wiedereinsetzung. Zu dieser kommt es aber im Jahre 55 nach umfangreichen Bestechungszahlungen des P., indem Pompeius (Konsul des Jahres mit Crassus) den Proconsul von Syrien, A. Gabinius, mit der erneuten Einsetzung des P. beauftragt. Das von dem jüdischen Hohenpriester Hyrkanos II. und dem Idumäer Antipatros unterstützte Heer unter Marcus Antonius schlägt Archelaos und erobert Ägypten, wo P. ab dem 15. April 55 wieder als König bezeugt ist.

Als erste Maßnahmen seiner 2. Regierungsperiode (55–51) läßt P. seine bisher regierende Tochter → Berenike IV. und ihre Anhänger ermorden, sein Hauptgläubiger Rabirius Postumus wird Oberaufseher über die ptolemäischen Finanzen und treibt so auch die geschuldeten Gelder ein.

Im Jahr 52 wird → Kleopatra VII. Mitregentin (so hinter ihrem Vater in den Krypten des Hathortempels von Dendera dargestellt); Anfang 51 stirbt P. und verpflichtet Rom als Schutzmacht der Dynastie.

Das herausragende Ereignis der Bau- und Religionspolitik P.s' XII. ist die Einweihung des Edfutempels am 7. Februar 70. In Dendera wird im Jahr 54 mit den Bauarbeiten des Hathortempels begonnen. Darüber hinaus sind Denkmäler des P. bekannt in Debod (Granitnaos des Amuntempels); Philae (Reliefs der Pylone des Isistempels am Geburtshaus), Bigga (Inschriften im Osiristempel), Kom Ombo (Pronaos; Südtor; innere Umfassungsmauer mit Kapellen an der Ostseite), Edfu (Kartuschen am Pylon), Karnak (Kapelle des Osiris von Koptos; Reliefs am 1. und 3. Tor des Ptahtempels, am Eingang zur Säulenhalle des Opettempels), Deir el-Medineh (Reliefs am Tor der Umfassungsmauer). Medamud (Kioske vor dem Monthtempel), Athribis bei Sohag (Geburtshaus zum Repit-Tempel).

Lit.: G. HÖLBL, *Geschichte des Ptolemäerreiches*, 1994, 154–161. 182 ff.; M. DELLA MONICA, *Les derniers pharaons*, 1993, 107–115.

Ptolemaios XIII.–XV. → Kleopatra VII.

Pupienus

Marcus Clodius Pupienus Maximus, geboren etwa 164 n. Chr., vom römischen Senat nach dem Ende → Gordians I. und II. in der ersten Maihälfte 238 n. Chr. zusammen mit → Balbienus zum römischen Kaiser erhoben zum Kampf gegen → Maximinus, nach 99 Tagen von den Prätorianern in Rom ermordet (Anfang August; → Gordian III.)

Lit.: KIENAST, *Kaisertabelle*, 190 f.; A. LIPPOLD, *Kommentar zur Vita Maximini Duo der Historia Augusta*, 1991, 158–163. 186–192.

Q

Qa³ᶜa

Horusname *Der mit hohem (= zum Niederschlagen der Feinde erhobenem) Arm* des letzten Königs der 1. Dynastie (um 2870/50 v. Chr.), des Nachfolgers des → Semerchet. Sein Nebti-Name ist *Den die beiden Herrinnen küssen* (bzw. derselbe wie der Horusname). Ob Q., dessen Name in den Königstafeln von Abydos und Saqqara sowie dem Turiner Papyrus zu *Qebehu* verlesen ist, ein Sohn des → ᶜAdjib (so J. von Bekkerath) oder des → Semerchet (so N. Grimal) ist, bleibt unklar. Manetho, der die fälschliche Form *Ubienthes/Bieneches* hat, nennt für ihn 26 Regierungsjahre, was vielleicht zu gering ist, da ein 1. und ein 2. Sedfest belegt sind (Annahme von etwa 33/34 Regierungsjahren etwa durch N. Grimal, J. Vercoutter).

Da auf dem Palermostein nur das erste Jahr mit seinem Regierungsantritt erhalten ist, bleiben als Quellen seiner Regierung lediglich drei Jahrestäfelchen, von denen eines das »Horusgeleit« (Steuererhebung) nennt. Der Übergang zur zweiten Dynastie (→ Hetepsechemui) wird im allgemeinen als friedlich betrachtet.

Der Grabkomplex des Q. in Saqqara ist in seiner Anlage für die Zukunft richtungsweisend, da hier zum erstenmal der eigentliche Grabmastaba auf der Nordseite ein Totentempel angefügt ist, bei dessen Opferraum Reste von zwei lebensgroßen Holzstatuen gefunden wurden. Die Anlage bildet so den Ausgangspunkt zur Entwicklung der Pyramidenkomplexe der 3. Dynastie. Gegenüber den bisherigen Mastabas verkleinert und von einer Ziegelmauer umgeben, weist der Grabbau mit der erstmals ostwestlich gerichteten Grabkammer und einem von Norden her zum Grabkorridor führenden Gang weitere wichtige Neuerungen auf.

Eine Nachuntersuchung des Grabes des Q. in Abydos (die Talanlage ist von dem heutigen Kloster überbaut) förderte in der Königskammer Reste eines Holzschreines und der für die Abdeckung der Anlage verwendeten Balken sowie Überreste der Grabausstattung zutage und wies acht Konstruktionsphasen des Grabes nach, das in der 12. Dynastie ausgeräumt und vielleicht für die Einrichtung eines Osiriskultes verwendet wurde.

Lit.: W. HELCK, *Untersuchungen zur Thinitenzeit,* 1987, 164 f.; STADELMANN, *Pyramiden,* 24 ff.; J. LECLANT / G. CLERC, *OR 62* (1993), 226 f.

Qa³hedjet
Auf einer Stele mit Reliefdarstellung des Königs und des Gottes Horus
(Louvre E. 25982) belegter Horusname *Der mit hoher Weißer Krone*
eines Herrschers der 3. Dynastie. Nach J. Vandier und N. Swelim ist Q.
am wahrscheinlichsten mit → Huni zu identifizieren.
Lit.: J. VANDIER, *CRAIBL 1968;* 16–22; N. M. A. SWELIM, *Some Problems on the
History of the Third Dynasty,* 1983, 184.

Qa³ka³re' → Ibi

Qar (Qal)
Nur durch Skarabäen bezeugter Kleinkönig der 16. Dynastie. Der Ei-
genname kann ägyptisch (so W. A. Ward) oder semitisch sein.
Lit.: BECKERATH, *Untersuchungen,* 277; W. A. WARD, *UF 8* (1976), 364 f.

Quintillus
Marcus Aurelius Claudius Quintillus, ephemerer römischer Kaiser, Bru-
der des Kaisers Claudius II. Gothicus (268–270), im September 270
n. Chr. zum Kaiser erhoben, jedoch nach nur 17 Tagen am Ende des
Monats vermutlich ermordet.
Lit.: KIENAST, *Kaisertabelle,* 230.

R

Rahotep → **Re'hotep**

Ramses (Re'messu) I.
Der Begründer der 19. Dynastie mit weniger als 2 Jahren (1 Jahr und 4 Monate?) Regierungszeit (1292–1290 v. Chr.), Nachfolger → Haremhabs, Vorgänger seines Sohnes → Sethos' I.

Identität, Verwandtschaft und Laufbahn R.s' sind in der Forschung vielfach diskutiert worden. Am wahrscheinlichsten ist (nach D. Polz; skeptischer A.-P. Zivie) folgende Interpretation der Denkmäler, die R. vor der Thronbesteigung belegen (Sarkophage aus Gurob bzw. Medinet Habu; Statuenpaar aus Karnak; 400-Jahr-Stele [als Wesir; umstritten]; sehr zweifelhaft Stele in Chicago; der Name erscheint hier mit zusätzlichem Artikel gewöhnlich als *Pare'messu*): R. durchläuft zuerst eine militärische Laufbahn (Truppen- und Festungskommandant, Generalstabsoffizier, Gesandter des Königs, Vorsteher der Streitwagentruppe) und bekleidet unter Haremhab hohe zivile Ämter; er ist Wesir, schließlich designierter Thronfolger Haremhabs als *Vertreter seiner Majestät in Ober- und Unterägypten, Fürst im ganzen Land* und *»Königssohn«*.

Sein Vater ist nach einer der Statuen (und vielleicht der Stele aus Chicago) ein Offizier Suti; seine Frau heißt Satre' bzw. Tia (= Hofname und ursprünglicher Eigenname; oder zwei Gemahlinnen?). Als Wesir legt R. sich ein Grab in Gurob im Fajjum an; in einer Nebenkammer des Grabes wird eine Verwandte R.s bestattet (Gemahlin?). Gegen Ende der Regierung Haremhabs schreibt R. seinen Namen in eine Kartusche ein; möglicherweise ist er Mitregent seines Vorgängers (Miniatur-Obelisk [?] mit den Titulaturen R.s' und Haremhabs). Offenbar nach der Krönung werden der äußere und innere Sarg des Grabes in Gurob getrennt und der innere nach Theben gebracht; damit wird Gurob mit Blick auf die Königsherrschaft R.s' als Bestattungsort aufgegeben (die dort gefundenen Knochen von Sekundärbegräbnis). Gewöhnlich wird für R. eine Herkunft aus dem Ostdelta vermutet, doch könnte der Ort seines ersten Grabes auch auf die Region von Gurob deuten.

Mit seinem Herrschaftsantritt nimmt R. folgende Titulatur an: Horus *Mit gedeihlichem Königtum*, Nebti *Der als König erscheint wie Atum*

(bzw. *Der die Jahre erneuert wie Atum*), Gold *Der die Maʿat in den bei-
den Ländern befestigt*, Thronname *Mit bleibender Kraft, ein Reʿ*
(Beinamen *Besitzer von Maʿat* bzw. *Zeichen/Plan des Reʿ*), Eigenname
Reʿ ist es, der ihn geboren hat. Der Rückbezug auf → ʿAhmose, den
Begründer des Neuen Reiches, im Thron- und Horusnamen R.s' bezeugt
das Bewußtsein, am Beginn einer neuen Epoche zu stehen.

Auf die Herrschaft R.s' blickt die Denkinschrift → Sethos' I. aus der
R. geweihten Kapelle in Abydos zurück (Schilderung als Neubeginn
nach dem Ende der 18. Dynastie und dem Übel der Amarnazeit), doch
sind aus ihr nur wenige Zeugnisse bekannt. In Ägypten selber ist eine
Bau- und Kultpolitik des Königs bezeugt in Karnak (Arbeitsbeginn am
2. Pylon und großen Säulensaal, → Sethos I., Stiftung für den Tempel des
Osiris-Herrn-der-Ewigkeit im Jahr 1), Memphis und Heliopolis (Blöcke;
inschriftlich bezeugt ein Gut und ein Kanal R.s') sowie vielleicht Sile
(Schenkungsstele). Eine aus dem 2. Jahr stammende Stele aus Wadi
Halfa berichtet über die Weihung eines Tempels für Amun-Min von
Buhen. Die Präsenz auf dem Sinai bezeugen zwei Stelen aus Serabit el-
Chadim. Der Kronprinz Sethos (→ Sethos I.) unternimmt eine Razzia in
den südpalästinischen Raum; Kriegsgefangene gehören zu den Stiftungs-
gütern des Tempels in Buhen.

Das aufgrund der kurzen Regierung kleine Grab R.s' im Tal der Könige (KV 16; zwei Korridore; Grabkammer mit Nebenräumen) ist wie
jenes des Haremhab mit dem Pfortenbuch dekoriert; von der Grabausstattung waren bei der Entdeckung durch G. B. Belzoni 1817 außer dem
Granitsarkophag (mit sekundären Bestattungen) nur geringe Reste erhalten (zwei Wächterstatuen; Holzfiguren). Zuerst in diesem Grab bestattet,
wird R. unter → Smendes / → Pinudjem I. zusammen mit → Ramses II.
in einem Ersatzsarg in das benachbarte Grab seines Sohnes → Sethos I.
umgebettet und schließlich im 10. Jahr des → Siamun in die Cachette
von Deir el-Bahari gebracht (gemäß Sargaufschrift). Der Verbleib der
Mumie R.s' ist ungeklärt; vielleicht ist sie in einer der unidentifizierten
Leichen aus der Cachette zu erkennen (C. N. Reeves). In Theben-West
und Deir el-Medine ist die Verehrung R.s' als Ahnherr in der 19. und
20. Dynastie belegt (*Chenu*-Sanktuar; Erwähnung in Privatgräbern).

Über die Kapelle mit Weihinschrift in Abydos (und Statue) hinaus
etabliert → Sethos I. einen Kult für seinen verstorbenen Vater durch den
Bau einer ihm geweihten Kapelle auch in seinem Totentempel in Qurna.
Von Sethos I. stammt auch eine Statue für Horus von Mesen und R.

Lit.: E. Cruz-Uribe, *JNES 37* (1978), 237–244; K. A. Kitchen, *Pharaoh Triumphant,* 1982, 16–20; A.-P. Zivie, *LÄ 5,* 100–108; D. Polz, *MDAIK 42* (1986),
145–166; C. N. Reeves, *Valley of the Kings,* 1990, 91 f. 246 f.; I. Hein, *Die ramessidische Bautätigkeit in Nubien,* 1991, 80–87.

Ramses II.

3. Herrscher der 19. Dynastie (1279–1213 v. Chr.), Nachfolger seines Vaters → Sethos' I., Vorgänger seines Sohnes → Merenptah; einer der bedeutendsten ägyptischen Herrscher. (Abb. 26)

Abb. 26: Ramses II. als Kind und der syrische Gott Hauron (Ägyptisches Museum Kairo, JdE 64735).

Mutter R.s' ist Tuja (gestorben im 22. Jahr [1258/7], Grab 80 im Tal der Königinnen). Eine Schwester ist Tia (verheiratet mit Tia – Oberverwalter des Schatzhauses und Viehbestandes des Ramesseums; Doppelgrab in Saqqara 1982 entdeckt). Weitere Hauptgemahlinnen sind Isisnofret (gestorben im 34. Jahr [1246], Grab im Tal der Könige), Nefertari (gestorben im 25. Jahr [1255/4]; Grab 66 im Tal der Königinnen), die Töchter Bintʿanat (von Isisnofret), Meritamun und Nebettaui (von Nefertari) und Henutmireʿ (Grab 75 im Tal der Königinnen) sowie die hethitische Prinzessin Maʿathornefrureʿ (s. unten). Ein möglicher Bruder R.s' ist der Prinz Nebenchasetnebet. An Nachkommen R.s' sind 40 Töchter und 45 Söhne bekannt. Designierte Thronfolger, die aufgrund der langen Regierungszeit vor ihrem Vater sterben, sind der Reihe nach Amunherchepeschef, Sethherchepeschef (Söhne der Nefertari), Ramses (1. Sohn der Isisnofret) und Chaʿemwese (2. Sohn der Isisnofret; sorgt sich um die Restauration alter Denkmäler), bevor → Merenptah als 13. Sohn des Königs sein Nachfolger wird. Weitere Söhne der Nefertari sind Preʿherwenemef, Seti, Merireʿ der Ältere und Meriatum.

R., ein »weitsichtiger Politiker und Meister in der Kunst der Diplomatie« (H. Schlögl) wird gewöhnlich als einer der bedeutendsten, wenn nicht als herausragendster altägyptischer Herrscher angesehen. N. Grimal urteilt, er sei »sicher der bekannteste Pharao der Geschichte Ägyptens, derjenige, der ebenso ein Symbol dieser Zivilisation wurde wie die Pyramiden. Seine Regierung ist bei weitem die ruhmreichste«; seine Persönlichkeit sei »außergewöhnlich«. Tatsächlich hat kein ägyptischer Herrscher mehr Denkmäler errichtet und – mit der möglichen Ausnahme → Pepis II. – länger regiert. Charakterisierungen als »heroïscher und stolzer Herrscher« (C. Lalouette) scheinen jedoch eher der Idealisierung des Königs in den zeitgenössischen Quellen zu entsprechen als historischer Realität. Nach E. Naville haben »wenige Könige die Augen der ersten Ägyptologen so stark geblendet wie Ramses II. [. . .] und es gibt auch wenige, deren Prestige und Ruhm so schnell vergangen sind, nachdem ihr Leben und Charakter genauer untersucht worden waren« (s. S. 47 f.). Ausgewogener reflektiert K. A. Kitchen diese »gigantische Figur« der ägyptischen Geschichte. Die Königsideologie der Zeit findet sich ausformuliert in dem sog. *Segen des Ptah-Tatenen* (s. oben S. 29–34).

Die Erhebung des um 1295/3 (nach Stadelmann) oder 1304/3 (so zuletzt H. Schlögl; Todesalter nach Ausweis der Mumie gegen 90 Jahre) geborenen R. zum Thronprätendenten erfolgt vielleicht nicht schon im Alter von 10 Jahren (so die spätere offizielle Darstellung der *Inscription dédicatoire* in Abydos), sondern erst nach der Ausschaltung eines ursprünglich für die Nachfolge von Sethos I. vorgesehenen hohen Offiziers Mehi (W. Helck, H. Schlögl: dagegen K. A. Kitchen, W. J. Murnane). Nach einer Phase enger Assoziierung des Thronfolgers wird R. Anfang Juni 1279 nach dem Tod seines Vaters zum König gekrönt.

Seine Titulatur ist in vielen Varianten überliefert: Horus *Starker Stier, Geliebter der Maʿat* (, *Herr von Sedfesten wie sein Vater Ptah-Tatenen;*

seit dem Jahr 30/34), bzw. *Geliebter des Re ', der jedes Fremdland nieder-*
tritt unter seinen Sohlen, bzw. *Der sich über die Ma'at freut,* bzw. *Der*
Theben erhebt, bzw. *Mit mächtiger Kraft,* bzw. *Reich an Kraft,* bzw. *Sohn*
des Atum, bzw. *(Mit großen Siegen,) Der mit seiner Schlagkraft kämpft,*
bzw. *Mit großem Königtum,* bzw. *Mit großem Ansehen,* bzw. *Der die*
Ma'at erhebt, bzw. *Reich an Schlagkraft,* bzw. *Mit spitzen Hörnern,* bzw.
Der jedes Land schlägt, bzw. *Der die beiden Länder vereint,* bzw. *Mit*
beständigem Willen und mächtiger Kraft, bzw. *Mit großen Sedfesten,*
Geliebter der beiden Länder, bzw. *(Starker Stier des Re',) Der die Asia-*
ten zerschlägt, bzw. *Stier der Herrscher,* bzw. *Groß an Sedfesten wie*
Tatenen;
  Nebti *Beschützer Ägyptens, der die Fremdländer bezwingt (, Re ', der*
die Götter[statuen] hervorbringt, der die beiden Länder begründet: seit
Jahr 30/34), bzw. *Göttliches Abbild des Chepri,* bzw. *Mit großem Anse-*
hen, Beschützer Ägyptens, bzw. *Der die Denkmäler in Luxor hervorra-*
gend ausführt für seinen Vater Amun, der ihn auf seinen Thron gesetz hat,
bzw. *Der sich über die Ma'at freut wie der Horizontische,* bzw. *Kämpfer*
für Millionen, Löwe mit starkem Willen, bzw. *Der mit seiner Schlagkraft*
kämpft, der seine Armee beschützt, bzw. *Der den ihn Angreifenden zu*
Fall bringt, der das Ende der Welt erreicht;
  Gold *Reich an Jahren, mit großen Siegen,* bzw. *Groß/reich an Schlag-*
kraft, Geliebter der beiden Länder, bzw. *Ein Pfeiler wie Derjenige-der-*
in-Theben-ist, bzw. *Der Nützliches ausführt für den, der ihn erschaffen*
hat, bzw. *Mit mächtiger Schlagkraft, der die 9 Bogen [die Feinde Ägyp-*
tens] unterwirft, bzw. *Mit großen Siegen in jedem Fremdland,* bzw. *Mit*
großem Ansehen und mächtiger Kraft, bzw. *Der die Fremdländer be-*
zwingt und die Rebellen niederwirft;
  Thronname *Reich an Ma'at, ein Re ', von Re'Auserwählter* (und andere
Epitheta: *Zeichen/Plan des Re'; Herrscher von Theben; Erbe des Re';*
Geliebter des Re'; Besitzer von Schlagkraft; stark wie Month), Eigenname *Re' ist es, der ihn geboren hat* (Beinamen: *Gott, Herrscher von He-*
liopolis; Geliebter des Amun; beliebt wie Atum; mit großen Denkmä-
lern).
  Die Außenpolitk R.s' ist geprägt von der Konfrontation und schließlich
vertraglichen Friedensregelung mit dem Hethiterreich. Im Sommer seines
4. Regierungsjahres (1276/5) erfolgt der 1. Syrienfeldzug R.s' entlang der
Küste über Tyros und Byblos, dann Vorstoß ins Inland), in dessen Verlauf
das Fürstentum von Amurru unter Benteschina zurückerobert wird
(Stelen R.s' in Byblos und am Nahr el-Kalb). Damit ist der ägyptische
Anspruch auf das unter hethitischer Oberherrschaft stehende Syrien
vorgebracht, dem das hethitische Reich unter Muwatallis entgegentritt.
Bei dem seit der 18. Dynastie umstrittenen Qadesch am Orontes kommt

es im folgenden Jahr (1275/4) zu der berühmtesten Schlacht der altägyptischen Militärgeschichte, deren Verlauf durch ägyptische Quellen (Bericht, »Poème« und Darstellungen in Abydos, Karnak, Luxor, Ramesseum, Abu Simbel und auf Papyri, insgesamt 13 Versionen) und die hethitische Überlieferung nachgezeichnet werden kann. Zum ersten und einzigen Mal stehen sich hier der ägyptische und hethitische König direkt gegenüber. Das aus vier Divisionen (Amun, Reᶜ, Ptah, Seth) von etwa 20 000 Mann bestehende ägyptische Heer stößt bis südlich von Qadesch vor, worauf R. mit der ersten der (durch je 10 km getrennten) Heeresgruppen (Amun) den Orontes überquert und nach Überschreitung eines Nebenflusses des Orontes ein Heerlager westlich von Qadesch errichtet. Durch eine Kriegslist (angeblicher Aufenthalt des hinter der Stadt Qadesch lauernden hethitischen Heeres weit im Norden) getäuscht und durch die Aufsplitterung der Armee geschwächt, droht ein totaler Untergang gegenüber der aus 37 000 Soldaten und 2 500 Streitwagen bestehenden hethitischen Armee, deren Fußtruppen aber nicht eingreifen (die strategischen Fehler R.s' relativiert von A. Spalinger, bei H. Goedicke [Ed.], *Perspectives on the Battle of Qadesh*). Ein Vorstoß einer hethitischen Streitwageneinheit über den Orontes zerschlägt die im Anmarsch befindliche 2. Division Reᶜ, während die 1. Division mit R. und seiner Leibgarde umstellt wird; die 3. und 4. Division befinden sich noch weiter südlich. Das rechtzeitige Eintreffen einer ägyptischen Sondereinheit, die an der Küste nach Norden marschiert war, um von Westen her Qadesch zu erreichen, kann die Umzingelung aufsprengen und den Eingeschlossenen die Flucht ermöglichen. Am folgenden Tag zieht sich das vereinte Heer zurück, anstatt eine aussichtslose Begegnung mit der bisher nicht eingesetzten hethitischen Infanterie zu wagen. Amurru fällt an die Hethiter zurück (Benteschina wird durch Schapili ersetzt); die Provinz Upe nördlich von Damaskus wird hethitisch.

Die Niederlage (anders Assmann; relativiert auch bei Goedicke) bei Qadesch wird in den ägyptischen Quellen als Sieg dargestellt, bewerkstelligt durch den mit der Hilfe Amuns allein kämpfenden, von seinen Truppen verlassenen König (Gebet des Königs; Motiv der *Persönlichen Frömmigkeit*). Der Grund für die ungeheure propagandistische Verbreitung der an sich negativ verlaufenen Konfrontation lange nach dem Ereignis liegt (so überzeugend Th. von der Way und J. Assmann; anders H. Goedicke) in der Durchsetzung des friedlichen Ausgleichs mit dem Hethiterreich, wofür die Position des dagegen opponierenden Militärs geschwächt werden mußte (diskreditiert durch eigenes Versagen). Der Verzicht auf eine militärische Fortführung des Konfliktes (Darstellung von Kriegszerstörungen im Luxor-Tempel) wird schließlich 1268 durch einen Friedensvertrag, den ersten bekannten Staatsvertrag der Menschheitsgeschichte, besiegelt (Verzicht auf Feindseligkeiten und künftige Eroberungen; Auslieferung politischer Flüchtlinge unter Garantie ihrer Straffreiheit).

Die 16 Jahre zwischen Qadeschschlacht und Friedensschluß bringen weitere Kampagnen R.s' im Raum Syrien-Palästina: 1271 über Tyros, Sidon, Beirut, Byblos, Ullaza, Irqata und Simyra und durch das Tal des Eleutheros und Orontes, Eroberung von Tunip und Dapur (Errichtung einer Statue); ev. 1271/70 Feldzug nach Moab (dazu P. W. Haider, anders noch K. A. Kitchen), im 2. Regierungsjahrzehnt ein Feldzug in den Hauran (Stele Ramses' II. bei Tell es-Schihab) und die Rückeroberung von Schabtuna südlich von Qadesch. Das Hethiterreich, wo Muwatallis stirbt und Urchiteschup als Murschili III. den Thron besteigt, greift nicht ein, auch als R. 1270/69 v. Chr. erneut nach Syrien vordringt (bis Dapur; Stele am Nahr el-Kalb). Der von seinem Onkel Hattuschili III. entthronte und exilierte Urchiteschup / Murschili III. erhält im 18. Jahr (1262/1) politisches Exil in Ägypten. Die verweigerte Auslieferung Urchiteschups führt zu der Gefahr eines hethitischen Vorstoßes und eines Bündnisses mit Babylonien (Stele Ramses' II. in Beth-Schean); die assyrische Eroberung des zu den Hethitern abgefallenen Reiches von Hanigalbat schließlich führt zu einer weiteren Front für die Hethiter. Der in den Folgemonaten ausgehandelte Vertrag mit Ägypten ist daher für beide Seiten von Vorteil.

Teile der Korrespondenz zwischen den Königshöfen in babylonischer Sprache wurden in der hethitischen Residenz Chattuscha / Bogazköy gefunden; es handelt sich um Schreiben der ägyptischen Seite nach dem Abschluß des Friedensvertrages, zur Aushandlung der diplomatischen Heirat R.s' mit einer (ägyptisch Ma'athornefrure' genannten) Tochter Hattuschilis III., im 34. Jahr (1246/5) und zum Besuch des Kronprinzen Hischimischarma (der 1235/4 als Tudhalija IV. hethitischer König wird) in Ägypten; weitere Briefe betreffen das Ersuchen Hattuschilis um ärztliche Hilfe. Eine zweite hethitische Prinzessin nimmt R. wohl um 1240 in seinen Harem auf. Die Situation in Nubien ist insgesamt ruhiger. Vizekönige von Kusch sind nacheinander Amenemope, Heqanacht, Paser, Haj, Setau, Paser (II.), Iuni (II.) und vielleicht Mernedjem, 'Anhetep und Hori (nach L. Habachi). Setau führt im 44. Jahr R.s' eine Razzia nach Nubien (1236/5) durch. Bedeutender ist der in das 21. Jahr (1260/59) datierende Feldzug nach Ja³m/Irem im Sudan (→ Sethos I.), bei dem 7 000 Gefangene erbeutet werden (Darstellungen in Amara-West; unvollendete Inschriften in Abydos). Der Erschließung der Goldminen des Wadi Allaqi dient die Bohrung eines Brunnens (Qubân-Stele).

Gegen die aufkommende Bedrohung durch die Seevölker (→ Ramses III.) und gegen die libyschen Einfälle befestigt R. Siedlungen im

Westdelta und errichtet eine Kette von Festungen im libyschen Küsten-streifen; Inschriften aus Zawyet Umm el-Rakham, El Alamein und Tanis nennen Libyer und die Schardanu (eine Gruppe der Seevölker). Aus der hethitischen Korrespondenz ist ersichtlich, daß Ägypten dem Hethiter-reich beim Aufbau einer Flotte gegen eine Bedrohung zur See hilft und offenbar für das Hethiterreich gegen diesen Feind erfolgreich Krieg führt (nach dem 34. Jahr). Aber offenbar schon im 2. Jahr (1278) muß R. ge-gen Verbände der Schardanu kämpfen und besiegt die »Krieger des Oze-ans«, »so daß Unterägypten (wieder ruhig) schlafen kann«. Schardanu-Abteilungen leisten von nun an Dienst im ägyptischen Heer und in der Leibgarde des Königs.

Das Alte Testament sieht in R. den »Pharao der Bedrückung« des Vol-kes Israel in Ägypten, doch ist dieses Bild als solches ein Ausdruck spä-terer Tradition. »Israel« im klassischen Verständnis bildet sich erst in Palästina aus verschiedensten, z. T. schon ansässigen, z. T. einwandernden Gruppen (darunter ev. auch solchen aus Ägypten; → Merenptah).

Als Wesire amtieren unter R. im Süden Paser, dann Chaʿi und Ne-ferrenpet, im Norden Iri(-nefer?), Preʿhotep und Reʿhotep, drei weitere Wesire sind nicht genau einzuordnen (. . .maj, Thutmose, Nehi). Das Amt des thebanischen Hohenpriesters des Amun versehen nacheinander Neb-wennefer, Wennefer, Paser und Bakenchons; Schatzhausvorsteher sind Nebiot, Panehsi, Suti und Pajtenhab.

Die Bautätigkeit R.s' übertrifft jene aller anderen ägyptischen Könige; eine vollständige Auflistung ist daher unmöglich. R. baut Per-Ramesse im östlichen Delta als neue Residenzstadt aus (mit einst 10 km^2 Fläche, Haupttempel des Amun-Reʿ-Harachte-Atum mit 21 m hohen Kolossalfi-guren, viele größere Tempel, u. a. Tempel der asiatischen Göttin ʿAnat, Sedfesthalle). Im Süden sind die Tempel von Abu Simbel »Höhepunkt des nubischen Tempelbauprogramms [. . .] und Meisterwerke der Fels-baukunst« (D. Arnold; der große Tempel ist Amun-Reʿ, Horus von Mehu, R. und Ptah geweiht, mit Darstellungen des Triumphs über Feindvölker und der Quadesch-Schlacht, der kleine ist der Hathor von Ibschek und seiner Gemahlin Nefertari geweiht; beide Tempel 1964–68 versetzt). An weiteren Sakralbauten in Nubien sind zu nennen: Gebel Barkal (Ausbau des Amuntempels von Napata), Amara-West (Tempel für Amun), Akscha (Tempel für Amun, Reʿ und R.; Darstellung einer Puntexpedition [P. Fuscaldo]?), Derr (Felsentempel für Reʿ-Harachte, Amun-Reʿ, Ptah und R.), Wadi es-Sebua (Tempel für Amun-Reʿ, R. und Reʿ-Harachte; Prozes-sionsstraße mit umfangreichem Statuenprogramm), Gerf Hussein (Fels-entempel für den memphitischen Ptah, R., Ptah-Tatenen und Hathor), Beit el-Wali (Felsentempel für Amun-Reʿ, Reʿ-Harachte, R., Chnum und Anukis; bester Reliefstil der nubischen Tempel R.s'; Kriegsdarstellungen).

In Oberägypten ist ein Schwerpunkt des Bauprogrammes Theben: Karnak (Amun-Tempel: Sphingenallee vor 1. Pylon; Dekoration des großen Säulensaales; Heiligtum der aufgehenden Sonne um den Obelisken → Thutmosis' III.; Hof des 9. Pylons mit Szenen der Qadesch-Schlacht; durch den Hohenpriester Bakenchons gebauter Tempel für R.; Erweiterung des Monthtempels, Tempel »A« des Mutbezirks für Chons-das-Kind), Luxor (Erweiterung des Tempels durch 1. Säulenhof und Pylon, 2 Obelisken und 16 Kolossalstatuen), Theben-West: Qurna (Dekoration des Totentempels Sethos' I.; nördlich Anbau eines Sonnenhofes mit Altar für Re`-Harachte) und Deir el-Medine (Tempel für Amun und für Hathor). Die hauptsächlichen Bauprojekte sind in Theben-West jedoch das Grab R.s' im Tal der Könige (KV 7; 8-Pfeiler-Sargkammer mit Nebenräumen; einst wohl mit jenem → Sethos' I. das schönste der Königsgräber, doch durch Wasser- und Schlammeinbrüche zerstört) und das *Ramesseum*, der gewaltige Totentempel (Pylon, 1. und 2. Hof mit Statuenpfeilern und Kolossalstatuen, Kultpalast, Hypostylsaal, einst riesiger Jahreskreis in goldenen Bildern im Tempeldach, Magazine, Geburtshaus für Tuja und Nefertari, Prozessionsstraße). Gegenüber seinem eigenen Grab legte R. eine gewaltige, 1995 von K. R. Weeks entdeckte Anlage – ein Mausoleum für seine Söhne? – an (KV 5).

Darüber hinaus sind Bauten R.s' u.a. bekannt aus Elephantine (Kapelle; 1837 zusammen mit der Stationskapelle → Amenhoteps III. abgerissen), Elkab (Heiligtum für Re`-Harachte, Hathor, Amun, Nechbet und R.), Abydos (Dekoration des Tempels → Sethos' I.; Stationstempel mit Szenen der Qadesch-Schlacht und Kopie der Königstafel aus dem Tempel → Sethos' I.) Achmim/Panopolis (Toranlage des verschwundenen Min-Tempels?), Hermopolis magna (Pylon zum Thottempel, Amuntempel und Tempel im Süden vor Thotbezirk; aus Steinmaterial aus Amarna), Antinoupolis / Scheich `Abade (Tempel) und Herakleopolis (Neubau des Herischef-Tempels; Triade); in Unterägypten in Memphis (noch feststellbar Neubau des Sanktuars des Ptahtempels, Vorhof mit Pylon, Westhalle, Kolossalstatuen; Tempel der Hathor; Bautätigkeit am Serapeum durch den Prinzen Cha`emwese), Heliopolis (ältestes erhaltenes Begräbnis eines Mnevis-Stieres im 26. Jahr); Tell el-Jahudije (Neubau des Urhügel-Heiligtums), Tell el Samuni (Türsturz), Mendes (Vorgängerbau des Tempels des → Amasis), Buto (Statue), im Sinai in Serabit el-Chadim (Stele). Von R. sind 35 Obelisken bekannt (24 heute in Tanis; andere aus Abu Simbel, Athribis, Heliopolis, Karnak, Qantir, Luxor). Fragmente eines monumentalen Torbaus wurden im palästinischen Gaza gefunden.

R. feiert während seiner 67jährigen Regierungszeit (die → Ramses IV. auf einem Denkstein in Abydos erwähnt) insgesamt 14 Sedfeste. Die ursprünglich in seinem Grab bestattete Mumie wird in der 21. Dynastie zunächst in das Grab → Sethos' I. (vgl. → Ramses I.), dann in die Cachette von Deir el-Bahari umgebettet.

Die Gestalt R.s' hatte eine große Nachwirkung auf die durch ihren Namen, aber auch in ihrer Politik (→ Ramses' III.) an ihn anknüpfenden Herrscher der 20. Dynastie. Die Erzählung der Bentresch-Stele aus der ausgehenden Perser- oder beginnenden Ptolemäerzeit verarbeitet Traditionen um R. Durch Diodor und Tacitus findet R. Eingang in die antike historiographische Literatur (neben Manetho). Als »Grabmal des Osymandias« wird das Ramesseum mit der Kolossalstatue 1817 von Shelley besungen.

Lit.: *Le Ramesseum I/IV/VI/IX/X/XI,* 1973–1980; A. R. SCHULMAN, *JSSEA 8* (1977/78), 112–130; A. EL-SAYED MAHMUD, *A New Temple for Hathor at Memphis* (Egyptology Today, 1), 1978; A. SPALINGER, *JNES 38* (1979), 271–286; A. KUSCHKE, *ZDPV 95* (1979), 7–35; H. ENGEL, *Die Vorfahren Israels in Ägypten,* 1979; K. P. KUHLMANN, *MDAIK 35* (1979), 189–193 u. 38 (1982), 355–362; A. J. SPALINGER, *JEA 66* (1980), 83–99; L. HABACHI, *BIFAO 80* (1980), 13–30; DERS., *Sixteen Studies on Lower Nubia,* CASAE 23, 1981, 139–164; R. STADELMANN, *MDAIK 37* (1981), 457–463; A. SPALINGER, *SAK 9* (1981), 299–358; R. TEFNIN, *GM 47* (1981), 55–78; G. KESTEMONT, *OrLovPer 12* (1981), 15–78; K. A. KITCHEN, *Pharaoh Triumphant. The Life and Times of Ramesses II,* 1982 (franz. 1985); F. LE SAOUT, *Karnak 7* (1982), 267–274; E. EDEL, *TUAT I/2,* 1983, 135–153; H. SOUROUZIAN, *ASAE 69* (1983), 365–371; DIES., *MDAIK 44* (1988), 228–254 u. Tff. 62–75; J. ASSMANN, in: *Mannheimer Forum 1983–84,* 175–231; M. EATON-KRAUSS, *LÄ 4,* 108–114; I. A. STUČEVSKIJ, *Ramses II i Herihor,* 1984; F. CIMMINO, *Ramesses II il Grande,* 1984; TH. VON DER WAY, *Die Textüberlieferung Ramses' II. zur Qades-Schlacht,* 1984; G. FECHT, *SAK 11* (1984), 281–333 und *GM 80* (1984), 55 ff.; E. P. UPHILL, *The Temples of Per Ramesses,* 1984; M. GUTGESELL, *Der Friedensvertrag. Ramses und die Hethiter – Geheimdiplomatie im Alten Orient,* 1984; L. BALOUT / C. ROUBET, *La momie de Ramsès II,* 1985; M. AZIM, in: *Mél. Vercoutter,* 1985, 19–42; C. LALOUETTE, *L'empire des Ramsès,* 1985; D. SÜRENHAGEN, *Paritätische Staatsverträge aus hethitischer Sicht,* 1985; E. F. WENTE, in: *Mél. Mokhtar, II,* 1985, 347–359; G. A. LEHMANN, *Die mykenisch-frühgriechische Welt und der östliche Mittelmeerraum in der Zeit der »Seevölker«-Invasionen um 1200 v. Chr.,* 1985, 56 ff.; H. GOEDICKE (Ed.), *Perspectives on the Battle of Qadesh,* 1986; B. G. OCKINGA, *CdE 62* (1987), 38–48; P. W. HAIDER, *SAK 14* (1987), 107–123; E. C. M. VAN DEN BRINCK, *MDAIK 43* (1987), 15 f. u. Tf. 2; C. STRAUSS-SEEBER, in: *Tempel und Kult* (ÄgAbh 46), 1987, 24–42; W. HELCK, *SAK 15* (1988), 143–148; DERS., *SAK 17* (1990), 205–208; C. LEBLANC, *BIFAO 88* (1988), 131–146 u. pls. VIII–XIII.; M. GÖRG, *Beiträge zur Zeitgeschichte der Anfänge Israels* (AAT 2), 1989, 115–134; R.-M. JOURET (Ed.), *Thèbes 1250 av. J. C. Ramsès II et le rêve du pouvoir absolu,* 1990; P. FUSCALDO / A. DANERI DE RODRIGO, in: *Rev. de Estudios de Egiptologia I* (1990), 17–46. 47–52; W. J. MURNANE, *The Road to Kadesch,* ²1990, 107–114; *Memnonia 1–3* (1990/1–92); I. HEIN, *Die ramessidische*

Bautätigkeit in Nubien, 1991, 88–96, 107–128; G. TH. MARTIN, *The Hidden Tombs of Memphis,* 1991, 101–115; M. EL-ALFI, *Atti del Sesto Congresso Internazionale di egittologia, Torino 1991, I,* 1992, 167ff.; D. ARNOLD, *Die Tempel Ägyptens,* 1992, passim; H. A. SCHLÖGL, *Ramses II.,* 1993; E. EDEL, *Die ägyptisch-hethitische Korrespondenz aus Boghazköi in babylonischer und hethitischer Sprache,* 2 Bände, 1994; E. BLEIBERG / R. FREED (Edd.); *Fragments of a Shattered Visage: The Proceedings of the International Symposium of Ramesses the Great,* 1991; C. LEBLANC, *BIFAO 93* (1993), 313–334; H. C. SCHMIDT, *SAK 22* (1995), 237–270; DIES. / J. WILLEITNER, *Nefertari – Gemahlin Ramses' II.,* 1994; W. MAYER / R. MAYER-OPIFICIUS, *UF 26* (1994), 321–368; J. VON BECKERATH, *GM 142* (1994), 55 f.; K. R. WEEKS, *EA 7* (1995), 26 f.; C. DESROCHES NOBLECOURT, *Ramsès II,* 1996.

Ramses III.

2. König der 20. Dynastie (1187–1156 v. Chr.), »der letzte große Herrscher des Neuen Reiches« (W. Wolf), der »an einem Wendepunkt in der ägyptischen Geschichte [steht], an dem eine neue Entwicklung zum Durchbruch kommt« (W. Helck), häufig sogar als letzter bedeutender König Ägyptens betrachtet (Abb. 27). R. ist Sohn des → Sethnacht und der Tija-Merieniset und Nachfolger seines Vaters in der Herrschaft. Seine Hauptgemahlin ist Isis, Tochter einer Syrerin Habasillat. Als Söhne (die aufgrund der Vorbildfunktion → Ramses' II. für R. dieselben Namen wie dessen Prinzen tragen) sind Pare'herwenemef, Sethherchepeschef, Cha'emwaset, Ramses und Amunherchepeschef bekannt (alle besitzen Prinzengräber im Tal der Königinnen).

Als höchstes Regierungsjahr des Königs ist auf Ostraka der Arbeitersiedlung Deir el-Medine das 32. belegt. Im 30. Jahr feiert R. das 1. Sedfest.

Die – wie jene Ramses' II. sehr variantenreiche – Titulatur R.s' spiegelt die geschichtlichen Ereignisse der Zeit (s. unten) wider. Sie lautet:

Horus *Mit großem Königtum,* bzw. *Kraftvoller Löwe, mit starkem Arm, Herr von Schlagkraft, der die Asiaten gefangennimmt* bzw. *Mit herrlichen Denkmälern, der den Allherrn mit seinen Wohltaten zufriedenstellt,* bzw. *Der Ägypten erweitert, mit reichlicher Schlagkraft, mit starkem Arm, der die Libyer tötet,* bzw. *Stier mit starkem Arm, der die beiden Hörner schärft, mit fester Willenskraft, mit großer Kraft auf dem Schlachtfeld der Tapferkeit,* bzw. *Kraftvoller Stier, mit mächtiger Schlagkraft, mit starkem Arm, vor dem Furcht herrscht in den Ländern und den Fremdländern, der die Libyer vernichtet* bzw. *Mit mächtiger Kraft, der Hunderttausende angreift, der die ihn Angreifenden vereint niederzwingt unter seine Sohlen* bzw. *Mit zahlreichen Denkmälern* bzw. *Herr von Sedfesten wie Tatenen* bzw. *Mit glänzenden Erscheinungen (oder: Kronen)* bzw. *Schön auf dem Thron wie der Sohn der Isis,*

Abb. 27: Ramses III. als Stabträger. Statue (Ägyptisches Museum Kairo JdE 38682 = CG 42 150).

bzw. *Herr von Lebenszeit wie sein Vater Re* bzw. *Sohn des Amun (. . .),* bzw. *König mit großen Denkmälern und großen Wundertaten, der Karnak füllt zugunsten seines Namens* bzw. *Der die Erscheinung groß macht wie der Horizontische, indem er erstrahlt, das Leben der Untertanen* bzw. *Schön als König wie Atum, den man liebt und begehrt wie die Majestät des Re*;

Nebti *Groß an Sedfesten wie (Ptah-)Tatenen,* bzw. *Reich an Kraft wie sein Vater Month, Vernichter der 9 Bogen [der Feinde Ägyptens], Bezwinger in ihrem Land,* bzw. *Der die Maˁat vollzieht für die (Götter-) Neunheit, der die Tempel jeden Tag festlich macht* bzw. *Groß an Sedfesten wie Tatenen, der die Libyer niedertritt zu Leichenhaufen an ihrem Platz;*

Gold *Reich an Jahren wie Atum* bzw. *Göttlich bei seinem Hervorkommen aus dem Mutterleib, treffliches und verständiges Ei [d. h. noch ungeborener König] des Harachte* bzw. *Schön und kraftvoll als Abbild der Götter und Göttinnen, der ihre Opfer vermehrt,* bzw. *Tapferer, Besitzer von starken Armen, der die Grenze nach seinem Belieben setzt im Rücken seiner Feinde;*

Thronname *Reich an Maˁat, ein Re*, *Geliebter des Amun*; Eigenname *Re ist es, der ihn erschaffen hat, Herrscher von Heliopolis.*

Während das große außenpolitische Verdienst → Ramses' II. der Frieden mit dem Hethiterreich darstellt, ist die herausragende Leistung R.s' die Abwehr der von Westen einfallenden Libyer und der von Nordosten gegen das Delta vordringenden Seevölker, die gerade das hethitische Reich vernichtet haben, zwischen dem 5. und 11. Jahr seiner Herrschaft. Quellen dafür sind die Schlachtdarstellungen und -berichte auf den Wänden des Totentempels R.s' in Medinet Habu (Bauabschluß im 12. Jahr) und der von → Ramses IV. veranlaßte Rechenschaftsbericht R.s' im historischen Abschnitt des großen Papyrus Harris.

Im 5. Jahr führt R. den 1. Libyerfeldzug gegen eine Koalition der Libu, Meschwesch und Seped; der Bericht nennt zweifelhaft hohe Zahlen von getöteten Feinden und berichtet über die Abführung der Kriegsgefangenen nach Ägypten. Ein weiterer Libyerfeldzug findet im 11. Jahr R.s' gegen den Fürsten Meschascher der Meschwesch und eine Koalition von einem halben Dutzend weiterer libyscher Stämme statt, die in das Westdelta einfallen und den Gau von Xois verwüsten. Als Ort der Entscheidungsschlacht wird das Gebiet zwischen der »Stadt des R. auf dem Berg *Scheitel der Erde*« und der »Sandburg« (im Westdelta?) genannt. Die nach dem ägyptischen Sieg gefangenen Libyer werden in besonderen Siedlungen im nördlichen Mittelägypten und im Delta angesiedelt; der Viehbesitz wird dem Amuntempel von Karnak überwiesen.

Die bedrohliche Lage in Vorderasien im 8. Jahr beschreibt der Text von Medinet Habu wie folgt: »Die Fremdländer – sie machten ein Bündnis auf ihren Inseln; es zogen fort und sind verstreut im Kampfgefühl die Länder [d. h. die Invasoren] auf einen Schlag; nicht hielt irgendein Land vor ihren Armen stand; [und die Länder von] Hatti, Qadi, Karkemisch, Arzawa und Alasa [Zypern] waren [nun] entwurzelt auf [einen Schlag]. [Es wurde] ein Lager [aufgeschlagen] an einem Ort innerhalb von Amurru; sie vernichteten seine Leute und sein Land, als ob sie nie existiert hätten; sie kamen heran, obwohl die Flamme vor ihnen bereitet war, vorwärts nach Ägypten [. . .] – sie legten ihre Hände auf die Länder bis zum Umkreis der Erde.« Bei den Zügen der Seevölker, deren Herkunft im Raum Balkan-Ägäis liegen dürfte, handelt es sich um eine Zerstörungs- und Eroberungsbewegung verschiedener Stammesverbände (v. a. der Schardanu, Palastu [daraus *Philister*] und Schikalaju). Um 1200 ist von Nordsyrien (Ugarit, Alalach) bis nach Südkanaan (Aschdod, Aschkalon) ein Zerstörungshorizont feststellbar; auch Zypern fällt an die Seevölker; kurz darauf geht das hethitische Reich mit der Vernichtung der Hauptstadt Chattuscha (Brandzerstörung und Siedlungsabbruch) und zahlreicher weiterer Ortslagen unter. Der Kriegsbericht R.s nennt die Grenzsicherung des Deltas (zu Land und mit Schiffen vor der Küste). In einer »Schlacht von weltgeschichtlicher Bedeutung« (W. Helck) zu Lande in Palästina und einer Seeschlacht im Mündungsgebiet des Ostdeltas kann R. die Invasoren zurückschlagen und Ägypten damit vor einer Fremdherrschaft bewahren. Weitere Kämpfe gegen Seevölker sind aber auf der Südstele in Medinet Habu aus dem 12. Jahr und der sog. rhetorischen Stele aus Deir el-Medine verzeichnet. Die gefangenen Seevölker werden in das ägyptische Heer integriert (→ Ramses II.) und z. T. in Ägypten angesiedelt; die Palastu und Zikar dagegen an der palästinischen Küste, wo sie das Reich der Philister bilden.

R. hat eine große Bautätigkeit entfaltet, an deren Spitze der gewaltige, sehr gut erhaltene Totentempel von Medinet Habu steht (mit Hohem Tor, Kultpalast, Vorhöfen mit Statuenpfeilern, Säulensaal, Gastgötter- und Opfertischsaal, Sanktuar, verschiedenen Kulträumen, Schatzkammern, einer Kultstätte für Month, Totenkulträumen R.s', Kapellen, Sonnenkultstätte und einem Heiligtum der Götterneunheit; zum Tempel gehören auch Magazine, Kasernen, Ställe, Gärten usw.). Im Tal der Könige wird mit der Anlage eines Königsgrabes begonnen (KV 3), das aber aufgegeben werden muß, worauf R. das Grab des Sethnacht (KV 11) usurpiert (hier u. a. hervorzuheben die dekorierten Nischen und neue Szenen in den Darstellungen). Die Mumie R.s wird in der 21. Dynastie in die Cachette von Deir el-Bahari gebracht; der Sarkophag dagegen fand sich in dem ebenfalls als Versteck benutzten Grab → Amenhoteps II. (in ihm lag die Mumie → Amenhoteps III. unter dem Sargdeckel → Sethos' II.). Von der weiteren Bautätigkeit des Königs ist u. a. zu nennen: in Oberägypten

Karnak (Stationstempel im 1. Hof; Neubau des Chonstempels; Tempel C im Mut-Bezirk), eine Kapelle beim Luxortempel (Bauinschrift), Edfu (Pylon von Tempel R.s'). Stelen, Statuen, Inschriften und Architekturfragmente stammen aus Buhen, Elephantine, Kom Ombo, Gebel el-Silsile, Elkab, Medamud, Qus, Koptos, Tôd, Nazlet el-Batran, Qurna, Deir el-Bahari, Deir el-Medine, Suraria, Tihna, Hermopolis, Chasindarija, aus dem Fajjum, aus Memphis (u. a. 3 Stelen zu Apisbegräbnis), Heliopolis, Tell el-Jahudije, Leontopolis, Bubastis, Tanis (aus Per-Ramesse), in Palästina-Syrien ist v. a. Beth-Schean (Statue, Torbau, Stele) hervorzuheben, dazu Gezer, Megiddo, Byblos, das Wadi Radadi, Timna und der Sinai (hier wird unter R. auch Kupfer bzw. Türkis abgebaut). Der Papyrus Harris nennt Bauten in Per-Ramesse, Heliopolis, Memphis, Athribis, Hermopolis, Assiut, Thinis, Abydos, Ombos, Koptos und Elkab; historisch bedeutsam ist die Erwähnung der Befestigung der Tempel. Von den Texten sind Stiftungen für den Totentempel und die Tempel von Karnak, Memphis und Heliopolis, dazu Übereignungen von Feldern für den Statuenkult des Königs an Privatpersonen zu nennen.

Bestimmte Indizien weisen auf Krisen in der Verwaltung hin, so mehrfaches Ausbleiben der Lohnzahlung in Deir el-Medine, Korruption und Grabraub sowie die Absetzung eines Wesirs in Athribis.

R. selber fällt (nach Ausweis seiner Mumie im Alter von etwa 65 Jahren) in seinem 32. Jahr einer Haremsverschwörung zum Opfer, die die Thronbesteigung eines Prinzen Pentawer zum Ziel hat, doch an dem entschlossenen Handeln → Ramses' IV. scheitert. Die Verschwörer werden zum Tode oder zu Verstümmelungen verurteilt (Bericht über den Prozeß in dem juristischen Papyrus Turin, den Papyri Rollin und Lee und dem Fragment Rifaud).

Wesire der Regierung R.s' sind Hori und Ta, Vizekönig von Nubien ist ein weiterer Hori (zu Beginn ev. noch sein Vater gleichen Namens), Bürgermeister von Theben ist Paser; Hohepriester des Amun in Theben sind Bakenchons, Userma'atre'nacht und Ramsesnacht.

Lit.: A. STROBEL, *Der spätbronzezeitliche Seevölkersturm,* 1976; N. K. SANDARS, *The Sea Peoples,* 1978; J. VAN DIJK, *GM 33* (1979), 19–30; C. J. EYRE, *FS Fairman,* 1979, 80–91; J. J. JANSSEN, *OrAnt 18* (1979), 301–308; L. H. LESKO, *Serapis 6* (1980), 83–86; W. HELCK, in: *Korruption im Altertum,* hg. von W. SCHULLER, 1982, 65–70; G. HÖLBL, in: *Griechenland, die Ägäis und die Levante während der »Dark Ages« vom 12. bis zum 9. Jh. n. Chr.,* hg. von S. DEGER-JALKOTZY, 1983, 121–143; J. GRIST, *JEA 71* (1985), 71–81; G. A. LEHMANN, *Die mykenisch-frühgriechische Welt und der östliche Mittelmeerraum in der Zeit der »Seevölker«-Invasionen um 1200 v. Chr.,* 1985; E. EDEL, in: *Mél. Mokhtar I,* 1985, 223–237; K. A. KITCHEN, *RdE 36* (1985), 177–179; F. ABITZ, *Ramses III. in den Gräbern seiner Söhne,* 1986 (OBO 72); W. HELCK, *SAK 14*

(1987), 129 ff.; B. CIFOLA, *Or 57* (1988), 275–306; P. J. FRANDSEN, in: *FS Lichtheim, I,* 1990, 166–199; M. BIETAK, *MDAIK 47* (1991), 35–50; C. MADENA-SIEBEN, *GM 123* (1991), 57–90; FRANCIS FÈVRE, *Le dernier pharaon. Ramsès III ou le crépuscule d'une civilisation,* 1992; E. VAN ESSCHE-MERCHEZ, *CdE 67* (1992), 211–239; P. VERNUS, *Affaires et scandales sous les Ramsès,* 1993.

Ramses IV.

3. König der 20. Dynastie (1156–1150 v. Chr.), Sohn vermutlich der Königin Isis und → Ramses' III. und dessen Nachfolger, Bruder → Ramses' VI. Gemahlin R.s' und Mutter → Ramses' V. ist vermutlich Tentipet (Grab 74 im Tal der Königinnen).

Offensichtlich erst gegen Ende der Regierungszeit seines Vaters wird R. (gegen 40 Jahre alt; geboren vermutlich unter → Sethos II.) zum Thronfolger designiert und trägt nun den Titel eines Generalissimus (neben Ramses III. dargestellt u. a. bei der Auszeichnung des Priesters Amenemope). Nach der Ermordung Ramses' III. durch Hofbeamte, die einen Prinzen Pentawer portieren, kann sich R. als designierter Thronfolger durchsetzen; die Verschwörer werden zum Tode oder zu Verstümmelungen verurteilt (Bericht über den Prozeß in dem juristischen Papyrus Turin, den Papyri Rollin und Lee und dem Fragment Rifaud). Als politische Tendenzschrift, die die Legitimation R.s' unterstreichen soll (ebenso die Absicht eines Denksteins aus Abydos und eines Hymnus an Amun-Re‘) präsentiert R. in Form des großen Papyrus Harris einen fiktiven Rechenschaftsbericht Ramses' III. über seine Taten. Mit dem als Beginn eines goldenen Zeitalters besungenen Herrschaftsantritt R.s' (s. S. 37) nimmt der König folgende Titulatur an: Horus *Starker Stier, der von der Ma‘at lebt, Herr von Sedfesten wie sein Vater Ptah-Tatenen,* Nebti *Beschützer Ägyptens, der die 9 Bogen [die Feinde Ägyptens] niederzwingt,* Gold *Reich an Jahren, mit großen Siegen.* Der Thronname lautet zunächst *Reich an Ma‘at, ein Re‘* und wird von R. aus unbekanntem Grund in einer späteren Phase seiner Regierung zu *Herrscher der Ma‘at, ein Re‘* geändert; der Eigenname ist *Re‘ ist es, der ihn geschaffen hat.*

Während an außenpolitschen Unternehmungen nichts bekannt ist, sind mehrere Steinbruchexpeditionen in das Wadi Hammamat belegt: kurz nach Regierungsantritt (unter dem Hohenpriester Userma‘atre‘nacht), Ende des 1. Jahres (unter dem Hohenpriester des Month, Tur/Heqama‘atre‘nacht) und im 2. Jahr. Im dritten Jahr leitet der Hohepriester des Amun, Ramsesnacht, eine mit knapp 8 400 Mann gewaltige Expedition (einschließlich eine Division Soldaten), bei der 900 Teilnehmer umkommen; eine letzte Expedition ist vielleicht im 6. Jahr anzusetzen. Züge führen jedoch ebenso in den Sinai wie in die Kupferminen von Timna.

An eigenen Bauprojekten ist insbesondere der (jedoch lediglich begonnene) Totentempel in Theben-West und das Königsgrab im Tal der Könige (KV 2) zu nennen, das ein erstes Grab für den Prinzen R. im Tal der Königinnen (QV 53) und ein vermutlich R. als Thronfolger zuzuweisendes anonymes Prinzengrab im Tal der Könige (KV3) ablöst. Das Grab (Plan der Anlage auf Turiner Papyrus überliefert) gliedert sich in drei Korridore, eine Vorkammer und die Sargkammer; die Dekoration besteht aus der Sonnenlitanei, Höhlen-, Toten- und Pfortenbuch, in der Sargkammer finden sich das Nutbuch und das Buch von der Nacht. Der eigentliche Totenkult wird vielleicht in einem Bau nördlich des Totentempels des Amenhotep-Hapu (→ Amenhotep III.) vollzogen.

Eine eigene Bautätigkeit R.s' ist weiter bezeugt in Heliopolis (Arbeiten am Tempel Ramses' II./III.; Obelisk), Memphis (Statue), Theben-West (Tempel neben dem Taltempel der → Hatschepsut in Deir el-Bahari), Karnak (Inschrift über Opferstiftungen, Weiterführung der Arbeiten Ramses' III. bei der Festhalle → Thutmosis' III., Dekoration des Umgangs des Sanktuars des Chonstempels), während er häufig ältere Bauten und Statuen für sich usurpiert oder Titulaturzeilen bzw. Kartuschen anfügt (so in Buhen, Gerf Hussein, Edfu, Elkab, Esna, Armant, Medinet Habu, dem Ramesseum, Karnak und Luxor, Koptos, Medamud, Tôd, Abydos, Memphis). In Nubien stammen Stelen R.s' aus Aniba und Amara-West.

Höchster Beamter ist der Wesir Neferrenpet, Schatzmeister sind Montemtaui und Cha'emtir, Hoherpriester des Amun in Theben Ramsesnacht, Vizekönig von Kusch Hori.

R. stirbt in seinem 7. Regierungsjahr im Alter von rund 50 Jahren; die Mumie fand sich jedoch in dem als Versteck dienenden Grab → Amenhoteps II. (KV 35; Umbettung durch Graffito des Penamun bezeugt). Einen Totenkult während der 20. Dynastie belegen der Papyrus Wilbour und thebanische Privatgräber. Der von W. Helck vertretenen These einer geistigen Verarmung und Dekadenz hat E. Hornung widersprochen und Beispiele für neue schöpferische Tendenzen genannt.

Lit.: J. ČERNÝ, *CAH²II*, 1965, 4–8; K. A. KITCHEN, *JEA 58* (1972), 182–194; DERS., *JEA 68* (1982), 116–125; A. M. MOUSSA, *ASAE 68* (1982), 119f. u. pl. I; E. HORNUNG, *Zwei ramessidische Königsgräber: Ramses IV. und Ramses VII.* (Theben XI), 1990, 7–18 (hist. Abriß); C. N. REEVES, *Valley of the Kings*, 1990, 115. 117; C. MADENA-SIEBEN, *GM 123* (1991), 57–90.

Ramses V.
4. König der 20. Dynastie (1150–1145 v. Chr.), möglicherweise Sohn seines Vorgängers → Ramses' IV. und der Tentipet. Gemahlinnen des Königs sind Henutwa'ti und Tawerettel (nur aus dem Papyrus Wilbour bekannt).

Er trägt folgende Titulatur (der Nebti-Name ist unbekannt): Horus *Starker Stier, mit dauernder Maʿat,* Gold *Reich an Jahren wie Atum,* Thronname *Reich an Maʿat, ein Reʿ, den Reʿ großgezogen hat,* Eigenname *R.-Amunherchepeschef (Reʿ ist es, der ihn erschaffen hat; Amun ist in seiner Kraft).*

R. übernimmt von Ramses IV. die Tempelanlage in Deir el-Bahari, während das für ihn begonnene Grab im Tal der Könige (KV 9) von → Ramses VI. übernommen wird (der vordere Teil des Grabes nennt in der Dekoration R., der hintere seinen Nachfolger). Damit diente die Anlage als Doppelgrab für beide Herrscher (so C. N. Reeves, E. Hornung), die beide auch in der 21. Dynastie in das als Versteck fungierende Grab → Amenhoteps II. umgebettet wurden. Nach Ausweis seiner Mumie ist R. mit etwas über 30 Jahren an Pocken gestorben.

R. ist durch Denkmäler lediglich in Timna und dem Sinai, Heliopolis (Stelen-, Türsturzfragmente), Karnak (Stele; usurpiert von → Ramses X.), Deir el-Bahari (Blöcke von dem von Ramses IV. übernommenen Tempel), Silsila-West (Inschrift anläßlich einer Steinbruchexpedition) und Buhen bezeugt. Das bedeutendste Dokument aus der Regierungszeit R.s' stellt der Papyrus Wilbour dar, ein Landkataster für Steuererhebungen in einem Teil Mittelägyptens, eine der wichtigsten Quellen zum Verständnis der ägyptischen Wirtschaft. Wichtige Zeugnisse zur Rechtsgeschichte sind der Turiner Papyrus über den »Elephantine-Skandal« und das Testament der Naunachte aus der Arbeitersiedlung von Deir el-Medine. Schließlich findet sich im Papyrus Chester Beatty I ein Loblied auf R.

Wesir R.s' ist (wie unter → Ramses IV. und noch unter → Ramses VI.) Neferrenpet.

Lit.: J. ČERNÝ, *CAH* ²*II,* 1965, 8; K. A. KITCHEN, *JEA 58* (1972), 182–194; DERS., *JEA 68* (1982), 116–125; P. W. PESTMAN, in: R. J. DEMARÉE / J. J. JANSSEN (Edd.), *Gleanings from Deir el-Medina,* 1982, 173–181; J. J. JANSSEN, *BiOr 43* (1986), 351–366; SALLY L. D. KATARY, *Land Tenure in the Ramesside Period,* 1989; A. J. PEDEN, *GM 110* (1989), 41–46; DERS., *Or 60* (1991), 335–338; E. HORNUNG, *Zwei ramessidische Königsgräber: Ramses IV. und Ramses VII.* (Theben XI), 1990, 18 f.; C. N. REEVES, *Valley of the Kings,* 1990, 117 ff.; J. VON BECKERATH, *ZÄS 122* (1995), 97–100.

Ramses VI.

5. König der 20. Dynastie (1145–1137 v. Chr.), Sohn → Ramses' III. und der Königin Isis, Bruder (oder Halbbruder) → Ramses' IV. Seine Gemahlin ist Nubchesbed, seine Tochter die Gottesgemahlin des Amun, Isis.

R. nimmt folgende Titulatur an: Horus *Starker Stier, mit großen Siegen (, der die beiden Länder belebt),* Nebti *Mit reichlicher Schlagkraft, der Hunderttausende angreift,* Gold *Reich an Jahren wie Tatenen,* Thronna-

me *Herr der Ma ʿat, ein Re ʾ, Geliebter des Amun,* Geburtsname *R.-Amun-*
herchepeschef, Re ʾ ist es, der ihn geboren hat, Amun ist in seiner Kraft.

An Ereignissen aus seiner Regierung erfahren wir, daß im 1. Jahr Einfälle von »Feinden« stattfinden, während derer die Arbeit am königlichen
Grab ruhen muß. Dabei handelt es sich nach der überwiegenden Meinung
um erste Streifzüge von Libyern (so W. Helck, E. Hornung, K. A. Kitchen; anders J. Černý, der an ägyptische Feinde und einen Bürgerkrieg
denkt). Die Weiterarbeit an dem von → Ramses V. übernommenen Grab
verzögert dessen Bestattung (er wird erst im 2. Jahr R.s' beigesetzt). Die
Grabübernahme ermöglicht die Reduktion der Zahl der am Grab tätigen
Arbeiter von 120 auf 60 im 2. Jahr.

Abb. 28: Ramses VI. hält einen feindlichen Libyer. Statue (Ägyptisches
Museum Kairo JdE 37 173 = CG 42 152).

Dieses durch seine Dekoration herausragende Grab im Tal der Könige (KV 9) ist das bedeutendste der wenigen bekannten Denkmäler R.s' (in der Sargkammer nun auch das *Buch von der Erde* und an der Decke *Himmelsbücher* wiedergegeben). In Karnak findet sich eine Triumphszene am Vestibül des 2. Pylons (sie und die Statue aus Karnak [Abb. 28] werden von Amer mit der Beseitigung der Libyerbedrohung verbunden).

Neben zahlreichen Aneignungen älterer Denkmäler ist R. bezeugt in Memphis (Bau eines Pylons; Bruchstück von Kolossalstatue; Apisbegräbnis), Heliopolis (Inschriftfragment), Karnak (Stelen; Stele aus dem Mut-Tempel mit zwei als »Kreuzworträtsel« angeordneten Hymnen auf Mut), Medinet Habu (Erweiterung der Prinzenliste → Ramses' III.) und im Sinai, durch mehrere Statuen (Tanis, Bubastis, Koptos, Karnak u.a.; aus Megiddo die Basis einer sekundär hierhin gelangten Bronze-Statuette), eine Sphinx und Kleinobjekte. Ein Statuenkult R.s' wird in Deir el-Medine und (durch den Beamten Paennut) im nubischen Aniba eingerichtet. Ein Turiner Papyrus enthält zwei Hymnen auf R.

In Theben setzt R. seine Tochter Isis als Gottesgemahlin des Amun ein, in Anwesenheit seiner Mutter Isis-Tahabasillat und des Wesirs Nehi (Nachfolger des Neferrenpet; Stele aus Deir el-Bachit).

Nach Ausweis der Grabräuberakten wird das Grab des Königs noch in der 20. Dynastie beraubt, bevor R. mit → Ramses V. in das Grab → Amenhoteps II. umgebettet wird.

Lit.: J. ČERNÝ, *CAH* ²*II*, 1965, 8–12; K. A. KITCHEN, *JEA 58* (1972), 182–194; DERS., *JEA 68* (1982), 116–125; J. VON BECKERATH, *MDAIK 40* (1984), 1–5; DERS., *GM 79* (1984), 7–9; A. M. A. AMER, *JEA 71* (1985), 66–70; R. VENTURA, *JEA 74* (1988), 137–156; E. HORNUNG, *Zwei ramessidische Königsgräber: Ramses IV. und Ramses VII.* (Theben XI), 1990, 19 f.; H. ALTENMÜLLER, *MDAIK 50* (1994), 1–12; T. A. BÁCS, *GM 148* (1995), 7–11.

Ramses VII.

6. König der 20. Dynastie, Sohn → Ramses VI. und der Nubchesbed und Nachfolger seines Vaters, Bruder einer Prinzessin Isis, Neffe seines Nachfolgers → Ramses VIII.

Die Regierungslänge R.s' beträgt 7 oder 8 (C. J. Eyre) Jahre (1137–29 v. Chr.). Er trägt die Titulatur: Horus *Starker Stier, schön als König* (Var. *Gott;* Var. *Mit schönem Gesicht, Herr von Sedfesten wie sein Vater Ptah-Tatenen*), Nebti *Beschützer Ägyptens, der die Bewohner der Fremdländer niederzwingt* (Var. *Beschützer Ägyptens, der die [Neun] Bogen [die Feinde Ägyptens] niederzwingt*), Gold *Reich an Jahren wie Atum/Amun*, Thronname *Reich an Maʿat, ein Reʿ, Erwählter des Reʿ*, Eigenname *R.-Itiamun, Re ist es, der ihn erschaffen hat, Mein Vater ist Amun* (Beiname *Gott, Herrscher von Heliopolis*).

Trotz ihrer Länge sind aus der Regierung R.s' nur wenige Denkmäler bekannt, aus Heliopolis (Grab eines Mnevis-Stieres), Tell el-Jahudije (Türsturz), Memphis (Standartenträgerstatue), Deir el-Medine (Türleibung mit Weihung an R.s' Vater → Ramses VI.), dazu kleinere Objekte sowie an verschiedenen Orten angebrachte Kartuschen. Ein Ostrakon im Louvre gibt 2 Darstellungen des Königs und eine Inschrift für den früh verstorbenen Prinzen Ramses.

Wichtigstes Monument des Königs ist sein – gegenüber den Vorgängerbauten allerdings bescheidenes – Grab im Tal der Könige (KV 1), doch ist von der Grabausstattung außer dem »Sarkophag« (Granitdeckel über eingetiefter Grube), Uschebtis und vier bei der Cachette von Deir el-Bahari gefundenen Fayence-Gefäßen nichts erhalten. Der Verbleib der Mumie ist unbekannt.

Aus der Regierung R.s' sind mehrere administrative und wirtschaftliche Dokumente (u.a. Abrechnungen von Gold- und Bleiglanzexpeditionen) und fünf Hymnen auf den König in einem Turiner Papyrus erhalten (Beschreibung der Regierung als einer Heilszeit).

Die Dokumente aus der Arbeitersiedlung von Deir el-Medine zeigen deutlich die wirtschaftliche Krise der Zeit, die ein Ansteigen der Getreidepreise zur Folge hat. Plünderungen der Nekropolen – unter Mitwirkung der lokalen Autoritäten – sind die Folge (→ Ramses IX.).

Lit.: K. A. KITCHEN, *JEA 58* (1972), 182–194; C. J. EYRE, *JEA 66* (1980), 168–170; J. ASSMANN, *JEA 70* (1984), 165–168; J. VON BECKERATH, *MDAIK 40* (1984), 1–5; E. HORNUNG, *Zwei ramessidische Königsgräber: Ramses IV. und Ramses VII.* (Theben XI), 1990, 20f.; E. C. BROCK, in: R. H. WILKINSON (Ed.), *Valley of the Sun Kings,* 1995, 47–67; J. VON BECKERATH, *ZÄS 122* (1995), 97–100.

Ramses VIII.

7. König der 20. Dynastie, Sohn → Ramses' III. und Onkel seines Vorgängers → Ramses VII.; regiert lediglich ein Jahr oder wenig länger (1128 v. Chr.) und ist somit der ephemerste Herrscher der Ramessidenzeit.

Von seiner Titulatur sind nur der Thronname *Reich an Ma'at, Emanation des Amun* und der Eigenname *Re' ist es, der ihn erzeugt hat, Seth in seiner Kraft, Geliebter des Amun* bekannt.

R. hat der Prinzenprozession in Medinet Habu seine Kartuschen beigeschrieben; ansonsten sind nur Kleinobjekte (Plaketten) bezeugt. Von R. sind weder Grab noch Grabausstattung oder der Verbleib der Mumie bekannt.

Lit.: S. → Ramses VI./VII./IX.

Ramses IX.

8. und drittletzter König der 20. Dynastie (1127–1109 v. Chr.). Die Abstammung des Königs ist umstritten: während etwa E. F. Wente in R. einen

Sohn → Ramses' VI. und Bruder → Ramses' VII. sah und K. A. Kitchen anfänglich einen Sohn → Ramses' VIII., hält ihn K. A. Kitchen nun für einen Sohn des Prinzen Monthherchepeschef und damit Enkel → Ramses' III. Nach A. Dodson sind die bisher für Mutter und Frau → Amenmesses gehaltenen Tacha't und Bakenwerel (aus KV 10) in Wirklichkeit Mutter und Gemahlin R.s' (Eltern damit Monthherchepeschef und Tacha't). Ein Sohn Nebma'atre' ist Hoherpriester in Heliopolis (Bautätigkeit), ein weiterer ist Monthherchepeschef (Grab 19 im Tal der Könige). Der Nachfolger → Ramses X. ist – je nach Forschungsmeinung – Sohn oder Schwiegersohn R.s', seine Gemahlin Titi Tochter oder Schwiegertochter.

Als höchste Regierungsjahre R.s' sind das 17. und vermutlich das 19. Jahr belegt. Er nimmt folgende Titulatur an: Horus *Starker Stier, der in Theben erschienen (= inthronisiert) ist*, Nebti *Mit reichlicher Schlagkraft, der die beiden Länder belebt*, Gold *Reich an Jahren wie 'Anedjti (Var. wie Re')*, *mit großem Königtum, der die 9 Bogen (die Feinde Ägyptens) bezwingt*, Thronname *Mit vollkommenem Ka, ein Re', Erwählter des Re'*, Eigenname *R.-Cha'emwese, Re' ist es, der ihn geboren hat, der in Theben erschienen ist.*

Die Bautätigkeit R.s' ist bezeugt durch sein großes (86 m langes) Grab im Tal der Könige (KV 6), Denkmäler in Heliopolis (Statuen, Opfertisch, Tordurchgänge), Memphis (Stele, Fragmente, Apisbegräbnis), Karnak (Dekoration von Mauer und Tordurchgang zum Hof nördlich des 7. Pylons, Stele, Statue, Inschrift über Auszeichnung des Hohenpriesters Amenhotep). Kleinere Objekte und seine Kartuschen finden sich in Medinet Habu, Amara-West, Dachla, Antinoe und Gezer in Palästina (sekundär?). Von R. wird ein Doppelopferständer für → Ramses II., → Ramses III. und → Ramses VII. gestiftet.

Als thebanische Hohepriester belegt sind nacheinander Ramsesnacht, Nesamun und Amenhotep.

Die wirtschaftliche Krise, Einfälle von Libyern und die Korruption der Beamten (mit dem westthebanischen Bürgermeister Pawer'a an der Spitze) führen zu Plünderungen königlicher und privater Nekropolen durch organisierte Banden. Eine Anzahl berühmter Papyri berichtet von der Arbeit der untersuchenden Kommission und den Grabräuberprozessen unter R. (Jahr 16/17), als deren Folge die Schuldigen gepfählt werden (vgl. → Sebekemsa³f II.). Weitere Plünderungen sind aber wiederum unter → Ramses XI. belegt.

R. wird nach seinem Tod in seinem Grab bestattet (Fund von vermutlich Kufen eines Sarkophagschlittens), die Mumie jedoch in der 21. Dynastie in die Cachette von Deir el-Bahari gebracht.

Lit.: J. VON BECKERATH, *GM 79* (1984), 7–9; K. A. KITCHEN, *SAK 11* (1984), 127–134; DERS., *JEA 74*, 223 ff.; F. ABITZ, *SAK 17* (1990), 1–40; DERS., in: C. N.

REEVES (Ed.), *After Tut'ankhamun*, 1992, 165–185; A. DODSON, *DE 2* (1985), 7–11; DERS., *JEA* 73 (1987), 224–229; DERS. / C. N. REEVES, *JEA 74* (1988), 223–226; P. VERNUS, *Affaires et scandales sous les Ramsès*, 1993, 11–74.

Ramses X.

9. und vorletzter Herrscher der 20. Dynastie (1109–1105 v. Chr.), entweder Sohn oder Schwiegersohn → Ramses' IX. (seine Gemahlin Titi ist entweder Schwiegertochter oder Tochter des letztgenannten Königs; Sohn ist der Nachfolger R.s', → Ramses XI.). Als höchstes Jahr seiner Regierung ist im Nekropolentagebuch von Deir el-Medine das 3. belegt; die von R. A. Parker eingebrachten Gründe für eine 9jährige Regierung entfallen (R. Krauss, J. von Beckerath; falsch noch bei N. Grimal).

R. trägt die Titulatur: Horus *Der Re' erscheinen läßt* (Nebti- und Goldname sind nicht bekannt), Thronname *Nach der Ma'at Gestalteter, ein Re', Erwählter des Re'*, Eigenname *R.-Amunherchepeschef, Re'-ist-es-der-ihn-erschaffen-hat, Amun ist in seiner Kraft.*

R. ist ähnlich ephemer wie → Ramses VIII., besitzt aber im Gegensatz zu jenem ein Grab im Tal der Könige (KV 18), das allerdings mit Geröll vollgeschwemmt ist und nie ausgeräumt wurde. Über Gegenstände der Grabausstattung und die Mumie ist nichts bekannt. Eigentliche Denkmäler seiner Herrschaft existieren nicht. Als Wesir ist ein Cha'emwese bezeugt.

Lit.: K. A. KITCHEN, *SAK 11* (1984), 127–134; J. VON BECKERATH, *GM 79* (1984), 7–9; R. KRAUSS, *Sothis- und Monddaten* (HÄB 20), 1985, 151–154; A. DODSON, *JEA 73* (1987), 224–229; J. VON BECKERATH, *SAK 21* (1994), 29–33.

Ramses XI.

Letzter Herrscher der 20. Dynastie (1105–1076/70), »eine tragische Figur« (W. Wolf, s. S. 51), deren Herrschaft von Bürgerkrieg, dem Zerfall staatlicher Autorität (Plünderungen der Königsgräber), wirtschaftlicher Krise und Hungersnot (Erwähnung des »Jahrs der Hyänen«, s. S. 46) geprägt ist. R. ist Sohn → Ramses' X. und der Königin Titi.

R.s' Titulatur lautet: Horus *Starker Stier, Geliebter des Re'*, Nebti *Mit reichlicher Schlagkraft, der Hunderttausende angreift*, Gold *Mit großer Kraft, der die beiden Länder belebt, die Majestät, die über die Ma'at zufrieden ist und die beiden Länder versöhnt*, Thronname *Mit bleibender Ma'at, ein Re', Erwählter des Ptah*, Eigenname *R.-Cha'emwese, Re' ist es, der ihn erschaffen hat, der in Theben inthronisiert ist.*

R. ist nur durch wenige Denkmäler bezeugt, so sein Grab im Tal der Könige (KV 4; nicht für R. benutzt [C. N. Reeves]?), Inschriften in Karnak, eine Türleibung aus Assuan, ein Graffito im nubischen Buhen sowie Begräbnisse von Apisstieren.

Die Ereignisse des Bürgerkrieges (vgl. A. Niwiński) müssen aufgrund des Neuansatzes von K. Janssen-Winkeln (Reihenfolge → Piʿanch/ Herihor im Süden statt traditionell → Herihor/Piʿanch) in einer anderen Abfolge als der bisher postulierten gesehen werden. Zur Wiederherstellung der Ordnung in Oberägypten, wo die fehlende öffentliche Sicherheit auch eine weitere Welle von Grabplünderungen auslöst (Jahre 9–19 R.s' und später), schickt R. den Vizekönig von Nubien Panehsi mit einer Armee in den Süden. Panehsi übernimmt hier, vielleicht aus eigener Initiative, das Amt des Speichervorstehers, um die Versorgung seiner Truppen sicherstellen zu können. Konflikte mit dem Hohenpriester Amenhotep um Kompetenzen führen vermutlich zu einem eigentlichen Krieg (»Bedrückung« des Amenhotep während 8–9 Monaten), in dessen Verlauf Panehsi auch die Tempelfestung von Medinet Habu erobert. Auf ein Hilfsgesuch des Amenhotep hin entsendet R. weitere Truppen unter dem Befehl des → Piʿanch. Der Krieg greift auch nach Nordägypten über (Zerstörung von Kynopolis). Spätestens im 19. Jahr endet er mit der Vertreibung des Panehsi aus Ägypten durch Piʿanch, der die Ämter des Panehsi übernimmt; möglicherweise werden die Königsgräber durch die sich zurückziehenden Truppen des Panehsi geplündert. Während der Krieg in Nubien noch ein Jahrzehnt fortdauert (→ Herihor), begründet R. in Ägypten als symbolischen Neuanfang eine Ära »Wiederholung der Schöpfung« (Jahr 19 = Jahr 1).

Gegen Ende der Regierung R.s' besitzt die eigentliche Macht im Norden → Smendes (vgl. Erzählung des Wenamun), im Süden Piʿanch und dann → Herihor.

Lit.: C. ALDRED, in: *FS Fairman,* 1979, 92–99; W. HELCK, *Or 53* (1984), 52–56; DERS., *SAK 17* (1990), 211f.; C. N. REEVES, *Valley of the Kings,* 1990, 121ff.; C. CANNUYER, in: *FS M. Lichtheim, I,* 1990, 98–105; K. JANSEN-WINKELN, *ZÄS 119* (1992), 22–37; A. SCHEEPERS, in: *Mél. Vandersleyen,* 1992, 355–365; A. NIWIŃSKI, in: *Gegengaben, FS E. Brunner-Traut,* 1992, 235–262; K. OHLHAFER, *GM 135* (1993), 59–72; P. VERNUS, *Affaires et scandales sous les Ramsès,* 1993, 11–74.

Re ʿhotep

2. König der 17. Dynastie gemäß der traditionellen Beurteilung, Nachfolger von → Antef V. und Vorgänger von → Sebekemsaᵌf I. (anders A. Dodson). Nach der ramessidisch überlieferten Geschichte von *Chonsuemhab und dem Geist,* in der der Totengeist sich als Schatzmeister des Königs R. namens Niutbusemech ausgibt, wurde bisher angenommen, daß das Königsgrab in Theben-West lag und daß damit R. als König der Zweiten Zwischenzeit nur zu der in Theben-West bestatteten 17. Dynastie gehört haben könne. Dagegen steht – nach Beckerath (1992) – nicht ›R.‹ im Papyrus, sondern → *Mentuhotep* (II.).

Die Hauptzeugnisse für eine genauere Einordnung sind eine Stele des Königs aus Koptos, die Restaurierungsarbeiten am Tempel des Min erwähnt, sowie ein beschrifteter Bogen und zwei Pfeile, die mit dem Recht der Teilnahme an den Zeremonien des Min dem Prinzen Ameni verliehen werden. Dieser Ameni ist nun (nach O. Berlev) Sohn des R. und der auch auf der Koptosstele genannten Königin Sebekemsa³f/Ha³ʿanches und Schwiegersohn → Sebekemsa³fs I., mit dessen Tochter Sebekemheb er vermählt ist. Unklar ist dagegen, ob R. Sohn seines Vorgängers → Antef V. ist.

Darüber hinaus erwähnt die Stele eines Kammerherrn Seʿanchptah des R. aus Abydos den König. Sein Thronname *Ein Mächtiger des Re ʿ, mit beständigen Erscheinungen* ist in der Königstafel von Karnak erhalten und kann im Turiner Papyrus ergänzt werden, wo seine Regierungszeit mit drei Jahren beziffert wird (1622–1619 v. Chr., nach D. Franke). Sein Eigenname *Re ʿ ist zufrieden* erscheint auf Skarabäen; die Koptosstele nennt auch den Horusnamen *Beständig an Leben* und den Nebtinamen *Reich an Jahren*, der Goldname ist zerstört.

C. Vandersleyen dagegen sieht in R. nun einen König der 13. Dynastie.

Lit.: BECKERATH, *Untersuchungen*, 27. 66. 69. 140 Anm. 2. 167 f. 178 f. 196 f. 221. 283 f.; DERS., *ZÄS 119* (1992), 90–107; O. BERLEV, in: *Miscellanea Vergote*, 1975/1976, 31–41; E. BLUMENTHAL, in: *Ägypten und Kusch*, 1977, 63–80; J. J. CLÈRE, *JEA 68* (1982), 60–68; D. FRANKE, *Or 57* (1988), 271; A. DODSON, *GM 120* (1991), 33–38; C. VANDERSLEYEN, *RdE 44* (1993), 189 ff.; C. BENNETT, *GM 143* (1994), 21–28.

Reʿneferef → Nefererfreʿ

Reniseneb
Nur im Turiner Königspapyrus genannter Eigenname *Mein Name ist gesund* des 13. Königs der 13. Dynastie, dessen Regierungszeit nur vier Monate beträgt.

Rudjamun (I.)
Herrscher des Westdeltareiches der Libu (Libyer) als Nachfolger des → Ker und Vorgänger des → ʿAnchhor (750–745 v. Chr.), Sohn eines Tilpenu, bezeugt durch eine Schenkungsstele aus dem 30. Jahr → Scheschonqs V.

Lit.: J. BERLANDINI, *BIFAO 78* (1978), 147–164 u. pls. 49 f.; *TIP* § 521, Tf. *21 A.

Rudjamun (II.)
König der 23. Dynastie, Sohn → Osorkons III., Nachfolger und jüngerer Bruder → Takelots III., Vorgänger → Iupets II. (K. A. Kitchen) bzw. des

→ Ini (D. A. Aston; etwa 734–731 v. Chr. nach Kitchen; 766/1–747/2 nach Aston). Eine geringe Bautätigkeit des R. ist bezeugt in Karnak (Tempel des Osiris-Herrscher-der-Ewigkeit) und vielleicht Medinet Habu (dazu Gefäß; Sargfragment aus dem Grab eines Nachkommen R.s in Theben-West; Votivsistrum mit dem Namen R.s).

R. trägt die Namen: Horus *Herr des Triumphs*, Nebti *Der sich über die Maʿat freut*, Thronname *Reich an Maʿat, ein Reʿ, erwählt von Amun*, Eigenname *Amun ist kräftig*. Eine Tochter R.s namens Irbastetudjanefu ist Gemahlin des Fürsten → Pajeftjauemʿauibastet von Herakleopolis.

Eine lange Regierung von R. ergibt sich nach D. A. Aston / J. H. Taylor durch die Zuweisung des Datums ›Jahr 19‹ im Graffito des Wadi Gasus (→ Amenirdis I.; → Schepenupet I.) an ihn.

Lit.: *TIP* §§ 101. 145 f. 189. 312. 318. 322. 419. 521, Tff. 3. 6. 10. 12. 16 A. *21 A; Bonhême, *Noms royaux,* 200 ff.; A. J. Spencer, *JEA 74* (1988), 232; D. A. Aston, *JEA 75* (1989), 153; Ders. / J. H. Taylor, in: A. Leahy, *Libya and Egypt c 1300–750 BC,* 1990, 145 f.

S

Sa³

Durch Steingefäßinschriften aus der Stufenpyramide des → Djoser in
Saqqara, die das *Ka-Haus des S.* nennen, bezeugter Horusname eines
Königs vermutlich der 3. Dynastie, dessen Identität umstritten ist. Häufig
wird er mit → Sa³nacht identifiziert (P. Kaplony, D. Wildung, J. von
Beckerath), während W. Helck in S. den Horusnamen des → Wenegnebti
der 2. Dynastie sieht (wieder anders N. Swelim, der S. die unfertige
Anlage von Gisr el Modir in West-Saqqara zuweist).
Lit.: N. M. A. SWELIM, *Some Problems on the History of the Third Dynasty,* 1983,
33 ff. 181 f.; W. HELCK, *Untersuchungen zur Thinitenzeit,* 1987, 103. 108.

Sa³hathor

23. König der 13. Dynastie zwischen den Regierungen → Neferhoteps I.
und → Sebekhoteps IV., vermutlich ihr Bruder (nicht – wie noch bei
J. von Beckerath und W. Helck – Sohn Neferhoteps I. und Neffe Sebekhoteps IV.). S. hat nach dem Turiner Papyrus (0 Jahre, Monatszahl
nicht erhalten, 3 Tage) offenbar nur wenige Monate regiert (1694 v. Chr.
nach D. Franke).

S. ist als König nur durch einen Siegelzylinder und eine beschriftete
Perle belegt (nach dem Vorschlag M. Dewachters), auf denen sein
Thronname *Mit dauerndem Gedeihen, ein Reᶜ* belegt wäre, als Prinz
jedoch häufiger (Felsinschriften Neferhoteps I. auf Sehel bzw. am Weg
Assuan-Schellal; Skarabäus; ev. auch Felsinschrift Sebekhoteps IV. im
Wadi Hammamat?); u. a. durch zwei Statuen aus dem Heqa³ib-Heiligtum
auf Elephantine (eine mit Weihung an den Gott Month von Medamud.
Lit.: BECKERATH, *Untersuchungen,* 27. 57. 59. 70 f. 86. 89. 246; M. DEWACHTER,
RdE 28 (1976), 66–73; L. HABACHI, *FS D. Dunham,* 1981, 77–81; DERS., *Ele-
phantine IV: The Sanctuary of Heqaib,* 1985, 115 f. mit pls. 203–5; D. FRANKE,
Personendaten aus dem Mittleren Reich, 1984, 260 f.; W. KAISER u. a., *MDAIK 44*
(1988), 181 f.

Sa³hureᶜ

2. König der 5. Dynastie (um 2490/75 v. Chr.), dessen Herkunft in der
Erzählung des Papyrus Westcar über den Ursprung seiner Herrscherlinie
thematisiert wird; seine Mutter ist vermutlich die Königin Chentka³ues

(zu diesem literarischen Bericht und der zeitgenössischen Dokumentation seiner Verwandtschaft s. die Ausführungen bei → Neferirka³re ͨ und → Userka³f).

Die Regierungslänge S.s kann als 13 Jahre bestimmt werden (12 Jahre nach dem Turiner Papyrus; höchstes Jahr das Jahr nach der 7. [im Zweijahres-Rhythmus stattfindenden] Zählung gemäß dem Palermostein [= 14 Jahre]; 13 Jahre bei Manetho).

S. trägt die Titulatur Horus/Nebti *Herr der Erscheinungen*, Gold *Gold der beiden Falken*, Eigenname *Re ͨ gelangt zu mir.*

Der Palermostein und das Fragment in Kairo nennen neben zahlreichen Opfer- und Landstiftungen für verschiedene Götter sowie der Herstellung von Statuen und Barken für sein letztes Jahr die Ankunft von Erzeugnissen aus dem Sinai und dem Weihrauchland Punt, die entsprechende Expeditionen wahrscheinlich machen. Im Sinai ist S. durch ein großes Relief bezeugt, das eine Razzia gegen Beduinen nennt, sowie durch einen Block mit seinem Namen. Beziehungen nach Vorderasien sind durch ein Gefäß S.s in Byblos und vielleicht einen Thron mit den Namen S.s aus Dorak in Anatolien (Zweifel an der Authentizität von W. Helck geäußert; sekundär dorthin gelangt?) wahrscheinlich. Eine Expedition in die Dioritbrüche bei Abu Simbel ist durch eine Felsstele, eine weitere in die Ostwüste durch ein Graffito im Wadi Gudami bezeugt; aus Buhen in Nubien stammen Siegelabdrücke. Ein Libyerkrieg ist aufgrund von Darstellungen seines Pyramidentempels (s. unten) vermutet worden, kann aber nicht sicher bestätigt werden.

Auf Krugetiketten aus dem Totentempel des → Neferefre ͨ ist ein bisher unbekannter Bau *Der die Schönheit des S. erhebt* bezeugt.

Wesire der Regierung S.s sind Sechemka³re ͨ, Werba³uba³ und vermutlich weitere, die in diese Zeit gehören dürften. Von S. sind 22 für die Versorgung des Totenkultes zuständige Wirtschaftsdomänen bekannt.

Die Grabstätte S.s namens *Erscheinung des Ba des S.* liegt in Abusir. Die Pyramide (knapp 50 m Höhe, Seitenlänge 78,8 m, Böschungswinkel 50,5°) weist ein heute sehr zerstörtes Gang- und Kammersystem auf (Korridor, Gangkammer, Fallsteine, Gang, Sargraum mit zerborstenem Giebeldach). Mit der nachlässig gebauten Pyramide kontrastiert in Anlage, künstlerischer Ausführung und Dekoration der Pyramidentempel. Er gliedert sich in Vestibül, Umgang (Reliefszenen: Jagd, Vogel- und Fischfang, Vorführung von Opfertieren), Opferhof (Basaltboden, Alabasteraltar) mit Palmsäulenumgang (Sternendach; eindrucksvolle Wandreliefs: Siege S.s über Asiaten und Libyer; Darstellungen des Nachfolgers → Neferirka³re ͨ), querer Korridor (Darstellung von Hochseeschiffen mit syrischer Besatzung auf Ostseite; Götterdarstellungen auf Westseite), 5-Nischen-Saal und das Allerheiligste (5,2 x 3,6 m). Im Südwesten liegt die

Kultpyramide, im Osten mündet der vom Taltempel (nach jenem des
→ Chephren am besten erhalten) hinaufführende Aufweg. Das Sonnenheiligtum S.s namens *Opferfeld des Re*ᶜ konnte bislang nicht gefunden
werden.

Lit.: A. KRUG, *Die Sahure-Reliefs* (Liebighaus Monographie 3), 1978; N. STRUD-
WICK, *The Administration of Egypt in the Old Kingdom,* 1985; M. BIETAK, *Zur
Marine des Alten Reiches, FS Edwards,* 1988, 35–40; STADELMANN, *Pyramiden*
164–171; P. POSENER-KRIÉGER, *SEAP 12* (1993), 7–16; A. SPALINGER, *SAK 21*
(1994), 275–319.

Saket

Im Turiner Papyrus und durch Skarabäen (einmal auch als Prinz?) belegter Name *Offizier (?)* eines Kleinkönigs der 16. Dynastie.
Lit.: BECKERATH, *Untersuchungen,* 138 ff. 276.

Salitis

Nach Manetho Begründer der 15. Dynastie der »Großen Hyksos«, der
gewöhnlich mit dem nur im memphitischen Priesterstammbaum genannten → Schaᵌrek (»Schalik«) gleichgesetzt wird. J. von Beckerath weist
ihm den auf Skarabäen bezeugten Thronnamen *Den Re*ᶜ *inthronisiert hat*
(den W. A. Ward als den Thronnamen des → Jakabᶜam ansieht) zu. Nach
Manetho residiert S. nach der Eroberung Ägyptens, die unter einem König »Tutimaios« (vgl. → Dedumose) stattgefunden haben soll, in Memphis und erbaut im Ostdelta die Stadt und Festung Auaris. Die in der Epitome Manethos befürwortete Herleitung des Namens des saïtischen Gaues von S. beruht auf einer Verlesung seines Namens (*Saites* statt *Salites*).
Die Regierungszeit des S. beträgt nach Manetho 19 Jahre. Nimmt man mit
J. von Beckerath eine irrtümliche Vertauschung der für S. und → Apachnan bei Manetho überlieferten Zahlen (und sekundäre Erhöhung) an,
lassen sich S. 16 Jahre zuweisen (um 1630–1615 v. Chr. nach D. Franke).
Lit.: BECKERATH, *Untersuchungen,* 14 f. 77 f. 132–138. 144. 151.; D. FRANKE,
Or 57 (1988), 260 ff. 270 f.

Saᵌnacht

Durch zwei Felsbilder im Wadi Maghara im Sinai und Siegelabdrücke
aus Beit Khallaf, dem Nordtempel der Stufenpyramide des → Djoser
sowie neuerdings Elephantine bezeugter Horusname etwa aus der Zeit
des Djoser. Dieser S. wird z.T. mit dem Begründer der 3. Dynastie,
→ Nebkaᵌ, identifiziert (etwa J. Vercoutter) oder mit dem Horus → Saᵌ,
während W. Helck beide Gleichsetzungen ablehnt und N. Swelim S. mit
dem → Mesochris der manethonischen Überlieferungen identifiziert und
ihm das Ziegelmassiv mit Umfassungsmauer von El Deir in Abu Ra-

wâsch zuweist (nach W. Helck gehört ihm eine der unfertigen Anlagen westlich des Djoserbezirks).

Lit.: N. M. A. SWELIM, *Some Problems on the History of the Third Dynasty,* 1983, 36 ff. 183; W. HELCK, *Untersuchungen zur Thinitenzeit,* 1987, 107 f.; J. KAHL / N. KLOTH / U. ZIMMERMANN, *Die Inschriften der 3. Dynastie,* 1995 (ÄgAbh 56), 139–151.

Schabaka

Erster in Ägypten residierender Herrscher der kuschitischen 25. Dynastie (716–702 v. Chr.) als Bruder und Nachfolger des → Pije, der Begründer der »kuschitischen Renaissance«, in der antiken Tradition sehr positiv beurteilt (Abb. 29). S. ist Sohn des → Kaschta und der Pabatma (anders S. Wenig; s. → Kaschta), Bruder der Gottesgemahlin des Amun, → Amenirdis I., Vater des Hohenpriesters des Amun → Haremachet und vielleicht des → Tanwetamani (A. Leahy; traditionell als Sohn des → Schabataka bezeichnet). Eine Gemahlin S.s ist Mesbet.

S. erobert in seinem 2. Regierungsjahr, vielleicht als Reaktion auf expansive Bestrebungen des → Bokchoris, Ägypten, und soll nach einer Angabe Manethos, die allerdings von zweifelhafter Authentizität ist, den König der 24. Dynastie lebendig verbrannt haben. Der Machtübergang in Memphis zeigt sich durch eine von Bokchoris noch eingeleitete, von S. vollendete Apisbestattung im Serapeum (Inschrift in der Apisgruft aus dem 2. Jahr). Die für uns im einzelnen nicht rekonstruierbare Errichtung seiner Herrschaft ist im Delta durch Schenkungsstelen aus Pharbaithos (Jahr 2; lokaler Fürst → Patjenfi [2]), Safata bei Bubastis (Jahr 3; S. direkt unterstellt?), Buto (Jahr 6) und Zeugen der Bautätigkeit (s. unten) dokumentiert, während in Karnak ein Nilstandsvermerk ebenfalls die Oberherrschaft S.s. im 2. Jahr ausweist. Ein nach dem Sieg ausgegebener Gedenkskarabäus (in der Tradition → Amenhoteps III.) nennt in pauschaler Weise den Sieg über die Rebellen im Norden und Süden Ägyptens und in den Fremdländern sowie die sich S. unterwerfenden Beduinen (Sinai? oder Anspielung auf die Kleinfürstentümer Südpalästinas?). Der bei Manetho für Sais genannte »Äthiope« → Ammeris (protosaïtische Dynastie nach K. A. Kitchen) muß vielleicht als durch S. im Norden eingesetzter Statthalter betrachtet werden.

Eine Aufnahme alter Traditionen zeigt sich (neben der Kunst: Reliefs, Skarabäen usw.) in der archaisierenden Titulatur des S., der den Horus-, Nebti- und Goldnamen *Der die beiden Länder segnet* und den Thronnamen *Mit vollkommenem Ka, ein Re*ᶜ (wie → Pepi II., die Könige → Neferka³reᶜ, → Ramses IX.) annimmt, und in der Erhaltung eines wichtigen Textes zur ägyptischen Religion, dem *Denkmal memphitischer Theologie,* das S. von einem »von Würmern zerfressenen Papyrus« auf

Abb. 29: Bronzestatuette des Schabaka (Athen ANE 632).

eine Granitplatte übertragen läßt. Der Text stammt vermutlich aus dem
Neuen Reich (19. [H. Schlögl] oder ev. 18. [P. Vernus, nach mündlicher
Mitteilung] Dynastie); nach F. Junge (auch J. Assmann) jedoch handelt es
sich um einen Text politischer Propaganda von S. selbst.

In außenpolitischer Hinsicht vermeidet S. jegliche Konfrontation mit
dem assyrischen Reich unter Scharrukin (Sargon), das den syrisch-
palästinischen Raum kontrolliert. In Aschdod erhebt sich – mit Unter-

stützung → Osorkons IV.? – gegen Sargon der Stadtkönig Iamani, der
selber seinen proassyrischen Vorgänger Achimeti gestürzt hatte; den nach
der Eroberung Aschdods (und weiterer Orte wie Ekron, Gibbethon) nach
Ägypten flüchtenden Iamani liefert S. an Assyrien aus. Ob zwei Bullen
aus Ninive (eine assyrische, eine von S.) vielleicht zu einem politischen
Konkordat beider Herrscher auf einem vergänglichen Schriftträger gehör-
ten oder nur einen Austausch von Geschenken bezeugen, ist nicht klar.

Eine Bau- und Kultpolitik S.s ist bezeugt in Bubastis (nach Herodot
und Diodor Siculus; Griff eines Sistrums), Athribis (Türsturz), Sais (zwei
Stelen; dazu die oben genannten Stelen aus dem Delta), Memphis und
Saqqara (u. a eine [oder mehrere?] Kapelle; zweites Apisbegräbnis seiner
Regierung im 14. Jahr; Stele, Statuetten und kleinere Objekte), in der
Oase Bahrija (Block), Abydos (Grab oder Kenotaph der Tochter S.s, Iset-
emcheb), Dendera (Umfassungsmauer; Denkmäler aus Gold und Silber
nach der Stele des Baumeisters Paudenhor), Medamud (Säulenvorhalle),
Medinet Habu (Pylon des Kleinen Tempels), Karnak (Restauration des
Tores des 4. Pylons und Vorbau; Dekoration im Ptah-Tempel; Erneuerung
des »Schatzhauses« im Norden der Festhalle → Thutmosis' III. und
Arbeit an einem »Goldhaus« [Säulenbau nördlich des 3. Pylons], Wei-
hung [mit Amenirdis] einer Kapelle des Osiris-Herrn-des-Lebens; Vor-
gängerbau des Gebäudes → Taharqas am Heiligen See), Luxor (Reliefs;
Säulenvorhalle), Wadi Hammamat (Inschrift aus dem 12. Jahr), Esna
(Naos). In Unternubien ist S. nicht bezeugt (auch nicht in Elephantine),
dagegen im Sudan (Arbeit am Tempel von Kawa [Säule mit Weihung an
→ Anukis]; Kleinfunde, u. a. Zeremonialstempel aus dem Becken von
Dongola), wo er in einer Pyramide von El-Kurru bestattet wird (Reste der
Ausstattung erhalten; Begräbnis der Pferde S.s wie schon bei → Pije).
Auch die Königsplastik S.s ist gut bezeugt.

In Theben ist → Amenirdis I. Gottesgemahlin; Bürgermeister der Stadt
ist der Kuschit Kelbasken.

Das Andenken S.s und der anderen kuschitischen Herrscher wird später von → Psammetich II. verfolgt.

Lit.: F. JUNGE, *MDAIK* 1973; F. J. YURCO, *Serapis 6* (1980), 221–240; *TIP*
§§ 125. 339–344. 462. 464. 466. 468. 472f. 527, Tff. 11. *4.; A. LEAHY, *GM 83*
(1984), 43–45; J. BERLANDINI, *BSEG 9/10* (1984/85), 31–40; J. LECLANT, *LÄ 5*,
499–513; T. G. H. JAMES, in: *CAH ²III/2*, 1991, 689–693.

Scha³rek

Im memphitischen Priesterstammbaum der 22. Dynastie eine Generation
vor → Apopi, zwei Generationen vor → ῾Ahmose aufgelisteter Herrscher,
der gewöhnlich mit dem Begründer der 15. Dynastie der »Großen
Hyksos« bei Manetho, → Salitis, identifiziert wird (s. dort; um 1630–

1615 v. Chr.). Falls der Name nach dem im Neuen Reich üblichen System zur Umschreibung fremder Namen verstanden werden kann (was aber fraglich ist), dürfte er als nordwestsemitisch *Schalak »(Der Gott NN) hat errettet«* zu verstehen sein (eigener Vorschlag).
Lit.: BECKERATH, *Untersuchungen,* 14f. 77f. 132–138. 144. 151; D. FRANKE, *Or 57* (1988), 260ff. 270f.

Schebitku (Schabataka)

König der 25. Dynastie, Neffe und Nachfolger (702–690 [K. A. Kitchen]; oder erst 698–690 v. Chr. [J. von Beckerath]) des → Schabaka, Sohn des → Pije. Gemahlinnen S.s sind Arti und Qalhat.

Von S. ist aus Ägypten nur ein einziges Datum bekannt; das 3. Jahr aus einer Nilstandsinschrift am Kai von Karnak. Seine genaue Regierungslänge ist daher unbekannt; wenn man eine Vertauschung der bei Manetho (nach Africanus) für S. und → Schabaka genannten Zahlen annimmt, hätte er nur acht Jahre regiert (so etwa J. von Beckerath: allenfalls 10–12 Jahre), während K. A. Kitchen (auch J. Leclant) 12 Jahre (so Manetho nach Eusebius) ansetzt. Eine Schenkungsstele des Fürsten → Patjenfi (2) von Pharbaithos datiert in das 10. Jahr S.s.

Die Titulatur S.s nimmt in seinem Horusnamen *Mit dauernden Erscheinungen* und dem Thronnamen *Mit dauerhaftem Ka, ein Re'* Namen des → Djedka³re' Asosi aus der 5. Dynastie auf; der in der Kaiinschrift aus Karnak bezeugte Horusname *Starker Stier, der in Theben erscheint* sowie der Nebtiname *Groß an Ansehen in allen Ländern* (Var. *Der die Ma'at erscheinen läßt, Geliebter der beiden Länder,* bzw. *Mit dauernden Erscheinungen*) und der Goldname *Mit großer Schlagkraft, der die neun Bogen [= die Feinde Ägyptens] schlägt* (Var. *Der über den Sieg zufrieden ist*) lehnen sich dagegen an die Titulatur → Thutmosis' III. an.

Bedeutendstes außenpolitisches Ereignis der Regierung S.s ist die Schlacht bei Altaqu/Elteqeh in seinem 2. Jahr (701) gegen Sinachcheeriba (Sanherib) von Assyrien. In Abwendung von der gemäßigten Politik seines Vorgängers greift S. in die Auseinandersetzungen um den syrisch-palästinischen Raum ein; die neue Außenpolitik wird durch die programmatische Titulatur unterstrichen. Nach dem assyrischen Bericht unterstützt eine ägyptische Koalition (vermutlich S.s mit unter- und mittelägyptischen Kleinfürsten) Stadtstaaten, die sich gegen Assyrien erheben, darunter Hiskia von Juda. 701 stößt Sanherib nach Palästina vor und besiegt bei Elteqeh (Tell esch-Schalaf; landeinwärts auf halbem Weg zwischen Aschdod und Joppe) das lokale und ägyptisch-nubische Aufgebot, darüber hinaus Timna, Ekron, Lachisch (dessen Zerstörung auch archäologisch festgestellt ist) und Libna. Hiskia von Juda kann die Eroberung Jerusalems durch seine Unterwerfung und Abgaben verhindern.

Nach dem alttestamentlichen Bericht droht eine zweite Schlacht gegen ein Aufgebot unter Führung des → Taharqa, dessen Heer sich jedoch zurückzieht. Während Kitchen hier den damaligen Prinzen Taharqa als Heerführer vermutet (ebenso T. G. H. James), wird die Authentizität des Berichtes auch bezweifelt (so zuletzt J. von Beckerath).

Der Abzug des Sanherib von Jerusalem wird im Alten Testament durch eine plötzlich ausgebrochene Seuche begründet, während nach Herodot Mäuse, die die Ausrüstung Sanheribs zernagten, Ägypten vor einem Angriff der Assyrer bewahrt haben sollen (historischer Kern?).

Abb. 30: Schebitku (Schabataka)? Kopf einer Statue (Ägyptisches Museum Kairo, CG 1291).

Als Bauherr erscheint S. insbesondere in Theben (in Karnak Bau einer Kapelle am Heiligen See und mit → Amenirdis I. Erweiterung der Kapelle des Osiris-Herrn-der-Ewigkeit; Reliefs an der Südostecke des Luxortempels), darüber hinaus in Memphis (Statue; Blöcke; Kartusche im

Serapeum?). Zudem ist S. bezeugt durch die genannte Stele mit Nennung seines 10. Jahres, die Stele eines Totenpriesters des S., einen Bronzenaos, ein ʿAnch-Zeichen aus Fayence aus Kawa, den Griff eines Sistrums und vielleicht verschiedene weitere Objekte, die S. jedoch nicht sicher zugewiesen werden können. (Abb. 30)

S. wird in seiner Grabpyramide (Nr. 18) in El-Kurru bestattet; es wurden Reste der Grabausstattung (Uschebtis, Opfertafel, Elfenbein) sowie Schädel und Knochen S.s gefunden.

Lit.: *TIP* §§ 462. 466. 468 ff. 472. 528, Tf. *4; K. A. KITCHEN, *RdE 34* (1982), 65 f.; DERS., in: *Fontes atque pontes, FS H. Brunner,* 1983, 243–253; J. LECLANT, *LÄ 5*, 514–520; DERS.; in: *FS I. E. S. Edwards*, 1988, 152 f.; H. DONNER, *Geschichte des Volkes Israel und seiner Nachbarn in Grundzügen,* 2, 1986. 311–327; T. G. H. JAMES, in: *CAH² III/2*, 1991, 693 ff.; J. VON BECKERATH, *UF 24* (1992), 3–8.

Schemsu

52. Herrscher der 14. Dynastie, der aufgrund seines Namens *Der Gefolgsmann* meist als fiktiv angesehen wird.

Lit.: BECKERATH, *Untersuchungen,* 82.

Schenes

Vermutlich lokaler Kleinkönig der Hyksoszeit, der nur durch zwei Skarabäen belegt ist. Vielleicht ist der Name aber eher *Penes* zu lesen und mit einem Eintrag des Turiner Königspapyrus zu verbinden (eigener Vorschlag).

Lit.: W. A. WARD, in: *Studies in Scarab Seals II,* 169 u. pl. LXII (3481–2).

Schenschek

Nur durch einen Skarabäus aus Tell el-Dabʿa bezeugter Regent der Hyksoszeit.

Lit.: *Pharaonen und Fremde. Dynastien im Dunkel, Katalog Wien* 1994, Nr. 133.

Schepenupet I.

Gottesgemahlin des Amun in Theben (754–714 v. Chr.?), Tochter → Osorkons III. und der Karoatjet. Auf einem Graffito im Wadi Gasus, in dem → Amenirdis I. mit dem 12. Jahr, S. mit dem 19. Jahr verbunden wird, handelt es sich vermutlich um eine Gleichsetzung des 12. Jahres des → Pije mit dem 19. Jahr → Iupets II. (736 v. Chr. nach Kitchen; anders Aston/Taylor: → Rudjamun II.).

Mit ihrer Amtseinsetzung heißt S. *Herrin der beiden Länder, die den Willen Amuns verkörpert, S. Meritmut (IV.).* Unter Osorkon III., → Takelot III. und S. wird in Karnak der Tempel des Osiris-Herrn-der-Ewigkeit gebaut. → Pije setzt bei seinem Vorstoß nach Norden seine Schwester → Amenirdis I. in Theben als zweite Gottesgemahlin neben

S. ein. Beide werden auf einer neu veröffentlichten Steingefäßinschrift neben einem → Namilt genannt.

Lit.: E. GRAEFE, *Untersuchungen zur Verwaltung und Geschichte der Institution der Gottesgemahlin des Amun,* 1981; *TIP* §§ 143 ff. 164. 312. 317 f. 321. 330. 347. 450. Tff. 10 f. 13 B; L. BONGRANI-FANFONI, *OrAnt 26* (1987), 65–71.

Schepenupet II.

Gottesgemahlin des Amun in Theben (710–650), Tochter des → Pije und der Peksater/Pekereslo, Schwester des → Taharqa und des → Schebitku. Seit 670 hat sie neben sich → Amenirdis II.; 655 setzt → Psammetich I. seine Tochter → Nitokris als Gottesgemahlin ein (Darstellung S.s beim Empfang der Nitokris auf einem der sog. Pi^canchi-Blöcke).

S. heißt als Gottesgemahlin *Herrin der Schönheit, Mut, Auge des Re^c.* Taharqa und S. bauen zwei weitere Osiriskapellen in Karnak, S. noch eine Osiriskapelle und ein anderes Heiligtum in Karnak (auch Türpfosten mit Darstellung der S.; Statuen) sowie eine Kapelle in Medamud. Die Grabkapelle S.s liegt im Tempelbezirk von Medinet Habu.

Güterverwalter S.s ist Achamenru. In die Zeit S.s fällt die assyrische Herrschaft über Ägypten (→ Asarhaddon, → Assurbanipal); nach dem Rückzug des → Tanwetamani auch aus Oberägypten wird das Gebiet faktisch von dem Bürgermeister von Theben, Montuemhat, und S. regiert.

Lit.: E. GRAEFE, *Untersuchungen zur Verwaltung und Geschichte der Institution der Gottesgemahlin des Amun,* 1981; *TIP* §§ 120 f. 143–5. 204 f. 347. 350 f. 355. 359. 364. 529, Tff. 11. 13 B; J. LECLANT, *MDAIK 37* (1981), 294 ff.

Schepseska³f

7. und letzter (jedoch → Thamphthis) König der 4. Dynastie, vermutlich Sohn des → Mykerinos; Gemahl der Chentka³ues, doch entstammen die ersten Herrscher der 5. Dynastie (→ Userka³f, → Sa³hure^c, → Nefer-irka³re^c) einer anderen Ehe der Königin (Söhne S.s sind nach W. Helck Ptahdjedef und Bunefer; anders N. Grimal). Eine Tochter Cha^cma³^cat ist Gemahlin des Hohenpriesters von Memphis, Ptahschepses.

S. trägt den Königsnamen Horus *Der Erhabene der Götterschaft,* Nebti *Der Erhabene der beiden Herrinnen* und den Eigennamen *Sein Ka ist erhaben.*

Nach der Zuweisung eines bruchstückhaften Eintrags des Turiner Papyrus hat S. 4 Jahre regiert, gemäß Manetho 7 Jahre (um 2470/60 v. Chr.). Der Palermostein nennt den Tag seines Regierungsantritts und die Wahl des Bauplatzes für die Grabanlage S.s in dessen 1. Jahr.

Von S. stammt das erste uns bekannte königliche Dekret des Alten Reiches, das im Totentempel des → Mykerinos gefunden wurde und viel-

leicht eine Opferstiftung für Mykerinos betrifft. Totentempel, Taltempel und Aufweg des Mykerinos werden von S. vollendet bzw. erst errichtet. S. errichtet sich als Grabbau keine Pyramide, sondern in Süd-Saqqara eine riesige Mastaba (*Mastabat Faraun*) von einst 104,6 m Länge und 78,6 m Breite (heute ohne Verkleidung 99,6 x 74,4 m), die die Form der Mastabas der 1. Dynastie in Saqqara-Nord und des Königsgrabes von Naqada (→ ᶜAha³) wieder aufnimmt. Von der nördlichen Seite führt ein Korridor 20,8 m abwärts (dort Gangkammer, Fallsteine), dann 19,5 m horizontal weiter zu Vorkammer (3,1 x 8,3 m; 5,6 m hohes Satteldach; 10,6 m langer Gang mit Nischen) und Grabkammer (3,9 x 7,8 m; 4,9 m hohes Giebeldach; Bruchstücke eines Sarkophages). An der Ostseite liegt eine Totenkapelle (Fund von Bruchstücken einer Dioritstatue S.s).
Lit.: H. GOEDICKE, *Königliche Dokumente aus dem Alten Reich,* 1967, 16–21; STADELMANN, *Pyramiden,* 152–155; P. JÁNOSI, *GM 141* (1994), 49–54; A. SPALINGER, *SAK 21* (1994), 275–319.

Schepseska³reᶜ

4. König der 5. Dynastie (um 2465/60 v. Chr.) zwischen → Neferirka³reᶜ und → Neferefreᶜ, der in der Königstafel von Saqqara, im Turiner Papyrus (Name zerstört, 7 Jahre) und bei Manetho (als *Sisires*, ebenfalls Zuweisung von 7 Regierungsjahren) aufgeführt wird. Er ist nur durch Siegelabdrücke aus Abusir bekannt; vielleicht kann ihm (so R. Stadelmann) die Ausschachtung für eine Pyramide nördlich jener des → Sa³hureᶜ zugewiesen werden. S. trägt den Horusnamen *Mit mächtigen Erscheinungen.* Nach W. Helck ist S. der Kurzname *Isi* zuzuweisen, der nach P. Kaplony → Neferefreᶜ gehört. Gemäß Kaplony sind uns auch der Name des Sonnenheiligtums *Erwachen des S.* und der Pyramide *Herzensfriede des Reᶜ* überliefert.
Lit.: P. KAPLONY, *Die Rollsiegel des Alten Reiches, II,* 1981, 289–294, Tff. 81 f.; STADELMANN, *Pyramiden,* 175 mit Abb. 52.

Schepseska³reᶜ II. → Gemnefchonsbak

Scheschi

Auf Skarabäen der Hyskoszeit von Palästina bis nach Kerma im Sudan belegter König, der nach J. von Beckerath einer der ersten drei Hyksos der 15. Dynastie gewesen sein soll. Aufgrund der Häufigkeit und ähnlichen Verbreitung von Skarabäen mit dem Thronnamen *Mit wahrhaftem Herzen, ein Reᶜ* wird hierin üblicherweise der Thronname des S. gesehen. Nach J. von Beckerath wäre S. mit → Bnon identisch, während W. A. Ward in ihm den → Iannas der manethonischen Überlieferung sieht (beides sehr zweifelhaft).

Lit.: BECKERATH, *Untersuchungen,* 134 ff. 139 ff. 149. 202. 215. 270; W. A. WARD, in: O. TUFNELL (Ed.), *Studies on Scarab Seals II/1,* 1984, 162 ff.; D. FRANKE, *Or 57* (1988), 261 f.

Scheschonq I.

Der Begründer der 22. Dynastie und nach → Osochor, seinem Onkel, zweiter libyscher Herrscher in Ägypten (945–924 v. Chr.), »zweifellos seit vielen Jahren eine der scharfsinnigsten und schlauesten Persönlichkeiten, die den ägyptischen Thron bestieg; ihm mangelte es auch nicht an Ehrgeiz, gemäßigt durch Realismus« (K. A. Kitchen). Als Hauptpunkte seiner Regierung erscheinen die innere Konsolidierung Ägyptens, der Feldzug nach Palästina und die Bautätigkeit insbesondere in Karnak.

S. ist Sohn eines Namilt und der Tanetsepeh, verheiratet mit Karama (I.) und Penreschnes; Söhne S.s sind → Osorkon I., → Namilt (1; Fürst von Herakleopolis) und der thebanische Hohenpriester → Iupet, eine Tochter Taschepenbastet (verheiratet mit Djedthotiuefᶜanch, 3. Priester des Amun von Karnak). S. ist Neffe → Osochors (Osorkons des Älteren). Nach A. Dodson wäre → Psusennes II. Mitregent S.s gewesen (dagegen J. von Beckerath, J. Yoyotte).

S. nimmt folgende Königsnamen an: Horus *Starker Stier, Geliebter des Re ᶜ, wenn er auszieht als König um die beiden Länder zu vereinigen,* Nebti *Der in der Doppelkrone erscheint wie Horus-Sohn-der-Isis, der die Götter mit der Maᶜat zufriedenstellt,* Gold *Mit mächtiger Kraft, der die neun Bogen [die Feinde Ägyptens] schlägt, groß an Siegen in allen Ländern,* Thronname *Mit glänzender Gestalt, ein Re ᶜ, Erwählter des Re ᶜ* (wie → Smendes I.).

In Oberägypten bindet S. das Amt des Hohenpriesters, das die Basis für eine eigenständige, sogar gegen das Königtum gerichtete Machtposition bietet, stärker an seine Herrschaft an, indem er seinen zweiten Sohn → Iupet als neuen Hohenpriester einsetzt. Auch das Amt des 2., 3. und 4. Amunpriesters wird durch Vertraute S.s besetzt. Der ältere Sohn S.s, → Namilt (I.), wird Statthalter in Herakleopolis (hier Einrichtung des täglichen Stieropfers für Herischef/Arsaphes). Im 5. Jahr stellt ein Untergebener S.s und Sohn eines Fürsten der Meschwesch(-Libyer) nach Unruhen die Ordnung in der Oase Dachla wieder her und regelt Land- und Wasserstreitigkeiten (Dachla-Stele).

Der durch das Alte Testament in das 5. Jahr des Rehabᶜam (925) datierte Feldzug S.s nach Palästina stellt einen Fixpunkt für die ägyptische Chronologie dar. Aus der Zeit davor ist mit Blick auf Vorderasien die Schenkung einer Stele S.s für den Tempel der »Herrin von Byblos« (Weihinschrift des Fürsten Abibaᶜal von Byblos; gegenseitiger Vertrag?)

zu vermerken und das dem zukünftigen König Jerobᶜam von Israel vor König Salomo gewährte Asyl in Ägypten (1 Kg 11, 28 ff.).

Eine fragmentarische Siegesstele aus Karnak berichtet von einem Zwischenfall an der ägyptischen Ostgrenze bei den Bitterseen, der S. zu einem Schlag gegen lokale Beduinen (?) veranlaßt. Der vielleicht daraufhin unternommene Palästinafeldzug S.s (zu ihm zuletzt G. W. Ahlström) führt im Frühjahr/Sommer 925 v. Chr. über Gaza, von wo kleinere Truppeneinheiten Richtung Süden/Südosten ausgeschickt werden, gegen die befestigten Städte Judas. Um die Eroberung Jerusalems zu verhindern, übergibt Rehabᶜam von Juda S. die Palast- und Tempelschätze; die Stadt bleibt unerobert und figuriert nicht in der Liste der eroberten Städte in Karnak. Das Haupheer rückt nach Sichem und Tirza vor (besondere Einheiten marschieren in Verfolgung des flüchtigen Jerobᶜam ins Ostjordanland), dann nach Taanach und Megiddo, wo S. eine große Gedenkstele errichtet. Von diesem nördlichsten Punkt des Feldzugs kehrt das Heer in der Küstenebene nach Gaza und dann nach Ägypten zurück. Ein Privatzeugnis für den Feldzug ist S.s Erwähnung auf dem Kartonnagesarg eines thebanischen Priesters Hori, der ihn offenbar begleitete.

Die Einschätzung der Auswirkung des Zuges auf die Königreiche Juda und Israel ist unterschiedlich: gravierender nach K. A. Kitchen (die beiden Könige verarmt und ernüchtert; verbrannte und zerstörte Städte), wenig einschneidend etwa nach H. Donner (*Geschichte des Volkes Israel und seiner Nachbarn in Grundzügen*, 2, 1986).

Aus der Kriegsbeute stammen die Mittel, mit denen S. das erste große Bauprojekt in Karnak seit der Blütezeit des Neuen Reiches in die Wege leitet: einen großen Hof vor dem 2. Pylon mit seitlichen Kolonnaden und ev. den Vorgänger des 1. Pylons, das Bubastidenportal und die Siegesreliefs des Feldzugs mit Ortsnamenlisten (Außenseite des Hofes). Eine Felsstele in den Steinbrüchen des Gebel Silsile bezeugt die Arbeitsaufnahme im Januar 924, dem 21. Regierungsjahr S.s (am Ort verantwortlich sind der Hohepriester → Iupet sowie der Bauleiter Haremsaf und sein Sohn Paheqanefer; S. befindet sich auf einer Landresidenz südlich von Tanis).

Ein Totentempel S.s in Memphis wird in einem Dekret des Königs aus Karnak erwähnt (in Memphis selber Blöcke S.s). In Memphis richtet der Hohepriester des Ptah einen neuen Balsamierungstisch für Apisstiere ein. In El-Hibeh errichtet S. einen Amuntempel (mit Siegesreliefs); in Tanis baut er am großen Tempel weiter und usurpiert Sphingen. Weiter ist die Bautätigkeit S.s im Delta in Bubastis, Tell Balala und Tell el-Maskhuta belegt.

Der Tod S.s setzt den Bauprojekten ein abruptes Ende. Das S. zugeschriebene zweite Begräbnis in der Grabanlage → Scheschonqs III.

(unbeschrifteter Sarkophag, Kanopenkrüge) wird neuerdings auch
→ Scheschonq »Quartus« (IV.) zugewiesen, während sich ein Pektoral
und zwei Armbänder S.s bei der Bestattung → Scheschonqs II. in der
Vorkammer des Grabes → Psusennes' I. fanden.
Lit.: *TIP* §§ 5. 10. 57–60. 85. 88. 90f. 93. 146. 152ff. 157. 185f. 241–260. 269.
374. 396. 398–415. 418. 445. 451f. 471f. 474. 505f. 509f., Tff 3. 12. 19. *3.
*12.; P. VERNUS, *BIFAO 75* (1975), 13–20; E. FEUCHT, *SAK 6* (1978), 69–77; *9*
(1981), 105–117; BONHÊME, *Noms royaux,* 95–109; W. H. BARNES, *Studies in the
Chronology of the Divided Monarchy of Israel,* 1991, 57–71; G. W. AHLSTRÖM,
in: *History and Traditions of Early Israel. Studies Presented to Eduard Nielsen,*
ed. by A. LEMAIRE and B. OTZEN (VTS 50), 1993, 1–16; A. DODSON, *JEA 79*
(1993), 267ff.; s. auch → Psusennes II.

Scheschonq II.

Hoherpriester des Amun von Theben (924–894 v. Chr.) und Mitregent
(zur Identität beider Zweifel von M. A. Bonhême) seines Vaters → Osorkon I. (890), Halbbruder → Takelots I. und der Hohenpriester → Iuwelot
und → Smendes III., verheiratet u. a. mit Nestanebtaschru (aus dieser Ehe
stammt der Hohepriester → Harsiese). Mutter S.s ist Maᶜatkareᶜ, die
Tochter → Psusennes' II.

924 erhebt ihn sein Vater als Nachfolger → Iupets zum Hohenpriester
in Theben (von S. stammen hier Blöcke von einem Gebäudefries). Von
vier Statuen S.s aus Karnak ist bei einer sein Name in eine Kartusche
eingeschlossen; er nennt sich hier »Herr des Südens und des Nordens«,
»der Anführer der großen Armee von ganz Ägypten ist«. Diese königlichen Ansprüche des Thronerben erfüllen sich nur teilweise mit der Erhebung zum Mitregenten (er trägt den Thronnamen *Mit fürstlicher Gestalt,
Erwählter des Re*ᶜ), da er unerwartet stirbt und die Herrschaft auf
→ Takelot I. übergeht.

S. wird in der Vorkammer des Grabes → Psusennes' I. mit einer rei-
chen Grabausstattung beigesetzt (Goldmaske, falkenköpfiger Silbersarg,
Pektorale, silberne Eingeweidesärge, Kanopen, Amulette, dazu Stücke
→ Scheschonqs I.).
Lit.: *TIP* §§ 5 n. 31. 49. 89. 93f. 157. 159. 238. 264f. 269. 266 n. 368. 418. 452,
Tff. 3. 10. 13 A. *3.; BONHÊME, *Noms royaux,* 110ff.; H. STIERLIN / C. ZIEGLER,
Tanis, Trésors des pharaons, 1987; G. GOYON, *La découverte des trésors de
Tanis,* 1987, 108–134; J. VON BECKERATH, *GM 144* (1995), 7–11; K. JANSEN-
WINKELN, *JEA 81* (1995), 129–149.

Scheschonq III.

Gewöhnlich als 7. König der 22. Dynastie (825–773 v. Chr.) und Nachfolger → Takelots II. betrachteter Herrscher (Sohn Takelots II. und der
Karoma Meritmut II.?), der unter Übergehung des im Süden gegen

→ Harsiese kämpfenden Kronprinzen und Hohenpriesters → Osorkon die Macht ergriffen hätte. Wird dagegen Takelot II. in die 23. Dynastie gesetzt (D. Aston, A. Dodson), ist S. Nachfolger → Osorkons II.

Gemahlinnen S.s sind Tentamenipet, Djedbastetiues'anch und Tadibastet, Söhne → Bakennefi (Fürst von Athribis und Heliopolis), Paschedbastet (General in Oberägypten, erbaut Vestibültür zum 10. Pylon von Karnak), ein (vielleicht mit dem späteren König gleichen Namens identischer) → Pami, → Takelot (1; vielleicht Fürst von Busiris) und Padebehenbastet (Hoherpriester des Amun in Tanis), eine Tochter 'Anchesenscheschonq.

S. nimmt folgende, sich an Ramses II. orientierende, Titulatur an: Horus *Starker Stier, geliebt von Re'/Ma'at (Var. Starker Stier, Abkömmling des Re'),* Thronname *Reich an Ma'at, ein Re', Erwählter des Re'/Amun,* Eigenname *Scheschonq (, Sohn der Bastet, geliebt von Amun, Gott, Herrscher von Heliopolis).*

Anfänglich wird S. offenbar in Theben als König anerkannt (S. und der Hohepriester → Harsiese auf Statue des Wesirs Nespaqaschuti bzw. Nilstandvermerk aus seinem 6. Jahr; verschiedene Ernennungen von Priestern durch S.), wo nach seiner Absetzung durch → Harsiese der Hohepriester und Kronprinz Osorkon in den Jahren 22–29 S.s nochmals das Amt bekleidet, bevor → Takelot die Hohepriesterwürde übernimmt. Vielleicht stammt aus dieser zweiten Amtszeit des Osorkon ein Dekret, das die zuvor angetasteten Rechte der Wa'b-Priester garantiert.

Aus unklaren Gründen muß S. seit seinem 8. Jahr → Padibastet I. als gleichberechtigten König Ägyptens (Begründer bzw. nach der Umordnung → Takelots II. [D. A. Aston] 2. König der [thebanischen] 23. Dynastie) akzeptieren, der als Residenz Tell Moqdam/Leontopolis wählt und in seinem 15. Jahr → Iupet I. zum Mitregenten erhebt. Padibastet wird nun anstelle S.s in Theben anerkannt; in Mittelägypten dagegen sind in den einzelnen Stadtfürstentümern Vertreter beider Dynastiezweige eingesetzt. Hier und im Delta zeigt sich neben der Herrschaftteilung in zwei Hauptlinien der Beginn der territorialen Zersplitterung in viele einzelne Fürstentümer. Aus dem 49. Jahr S.s ist eine Hungersnot überliefert.

S. ist immerhin durch eine Anzahl auf das Delta beschränkter Bauprojekte bekannt: in Tanis (Torbau aus Blöcken Ramses' II.; S. vor Amun; Mut; Chons), Mendes (Kapelle), Mosdai/Tell Umm Harb (Kapelle), Bindaria (Block), Kom el-Hisn (Torbau des Tempels) und Memphis (Sachmet-Kapelle). In Memphis wird der im 28. Jahr S.s gestorbene Apisstier bestattet. Das Grab S.s in Tanis (Nr. 5) enthielt bei seiner Entdeckung 1939 auch einen Sarkophag und Kanopen, die bisher → Scheschonq I., nun z.T. → Scheschonq »Quartus« (IV.) zugeschrieben werden.

Lit.: *TIP* §§ 66. 68. 81 ff. 86. 93. 103–107. 146 ff. 155 ff. 162 f. 169–172. 185. 295–306. 396. 418. 449. 451. 457. 517, Tff. 3. 6. 10. 12. *3. *6. *12. *15; P. VERNUS, *Karnak VI* (1980), 215–233; BONHÊME, *Noms royaux,* 112–124; H. STIERLIN / C. ZIEGLER, *Tanis, Trésors des pharaons,* 1987.

Scheschonq IV.

König der 23. Dynastie, der bisher als 3. Herrscher dieser Linie hinter → Iupet I. eingeordnet wird, dessen Existenz aber kaum gesicherter ist als jene → Scheschonqs VI. In einer Nilstandsinschrift aus Karnak wird ein 6. Jahr eines Königs Scheschonq mit dem Thronnamen *Reich an Ma'at, ein Re'* und dem Beinamen *Geliebter des Amun* in der Zeit des Hohenpriesters → Takelot genannt. Eigen- und Thronname sind somit identisch mit jenen → Scheschonqs III. (der Thronname wird außer von S. von neun Herrschern der 3. Zwischenzeit getragen), so daß als einziges distinktives Merkmal der Beiname bleibt (bei Scheschonq III. *Erwählt von Amun*). Da alle weiteren S. zugeschriebenen Belege unsicher sind, muß S. vielleicht gestrichen werden (so auch D. B. Redford, A. Leahy, A. Dodson). K. A. Kitchen vermutet, S. sei mit Ka(ro)mama Meritmut III., der Mutter → Osorkons III., verheiratet gewesen und neben ihrem in Tell Moqdam/Leontopolis gefundenen Grab (Granitsarkophag, Goldschmuck, Kanopen) in einer zweiten Kammer (Sargbruchstücke) begraben worden.

Lit.: *TIP* §§ 448. 519; BONHÊME, *Noms royaux,* 124–128; A. DODSON, *GM 137* (1993), 58; A. LEAHY, *Libya and Egypt c 1300–750 BC,* 1990, 183.

Scheschonq »Quartus« (IV.)

Neu zwischen → Scheschonq III. und → Pami postulierter König der 22. Dynastie, dem das zweite Begräbnis (anepigrapher Sarkophag, Bruchstücke von zwei Kanopenkrügen) in der Anlage → Scheschonqs III. sowie die Erwähnung auf der Stele des → Niumateped zuzuschreiben wären (bisher → Scheschonq I. zugewiesen). S. trüge danach eine im Kern mit derjenigen Scheschonqs I. identische, jedoch durch Beinamen erweiterte Titulatur: Thronname *Mit glänzender Gestalt, ein Re', erwählt von Re'/Amun,* Eigenname *Scheschonq, Geliebter des Amun, Sohn der Bastet, Gott, Herrscher von Heliopolis.* Die Existenz dieses Königs ist nicht gesichert (vgl. → Scheschonq IV., VI.); als Nachfolger Scheschonqs III. wäre ihm gegebenenfalls die Ordinalzahl ›IV.‹ zu geben.

Lit.: A. DODSON, *GM 137* (1993), 53–58; M. A. BONHÊME, *BSFE 134* (1995), 50–71 (dort 53 f. Nachweis eines weiteren Königs »Scheschonq«).

Scheschonq V.

9. König der 22. Dynastie nach traditioneller Ansicht (767–730 v. Chr.), nach dem Neuansatz D. A. Astons 4. (bzw. 5.; → Scheschonq »Quartus«)

König der 22./23. Dynastie (777/2–740/35 v. Chr.), Sohn und Nachfolger des → Pami (Serapeumstele des Jahres 11), Vorgänger → Osorkons IV. (nach A. Leahy, D. A. Aston des von ihnen hier eingeschobenen → Padibastet II.). Osorkon IV. ist der Sohn S.s aus der Ehe mit Tadibastet.
 Gleichzeitige Könige der 23. (nach D. A. Aston der thebanischen 23.) Dynastie sind → Osorkon III., Takelot III., Rudjamun und Iupet II. (Kitchen) bzw. Ini (Aston). In Theben amtiert der Hohepriester des Amun → Takelot. Von den verschiedenen Deltafürsten wird gegen Ende der Herrschaft S.s → Tefnacht von Sais (Nachfolger des → ʿAnchhor im Westdeltafürstentum) beherrschend.
 Als höchste Regierungsjahre S.s sind das 37. (Apisbegräbnis; Stele des memphitischen Priesters Pasenhor mit für die Chronologie der Zeit wichtiger Genealogie) und das 38. belegt (Schenkungsstele des → Tefnacht aus Buto; Kartuschen leer, aber S. zuzuweisen).
 Nachdem S. vor seinem Regierungsantritt vielleicht Hoherpriester des Amun von Tanis ist, übernimmt er nach dem Tod seines Vaters die Macht. Seine Titulatur (bis zum Jahr 30?) ist: Horus-, Gold- und Nebtiname *Reich an Kraft*, Thronname *Mit großer Gestalt, ein Reʿ (Erwählter des Reʿ)*, Eigenname *Scheschonq (Geliebter des Amun, Sohn des Bastet, Gott, Herrscher von Heliopolis)*. Ein erster Apisstier stirbt in seinem 11. Jahr (Stelen; Hohepriester des Ptah in Memphis sind Harsiese und ʿAnchefensechmet); in Bubastis ist S. durch Opferstiftungen für Bastet bezeugt; auf dem Tell el-Jahudijeh durch Granitfragmente, in der Oase Bahrija durch eine Stele.
 Während die ersten Jahre wenig bezeugt sind, ist aus seinen späteren Jahren eine umfangreiche Bautätigkeit in Tanis bekannt: Bau eines Tempels für Amun, Mut und Chons und einer Jubiläumskapelle vielleicht anläßlich seines ersten Sedfestes (30. Jahr?). Gleichzeitig nimmt er eine neue Titulatur an (dazu J. Yoyotte): Horus *Starker Stier, der in Theben erscheint, den Reʿ inthronisiert hat als König um die beiden Länder zu organisieren*, Nebti *Der die Gestalten groß macht, mit großen Wundertaten wie sein Vater Amun*, Gold *Mit großer Kraft, der die Neun Bogen [die Feinde Ägyptens] schlägt*.
 Lit.: *TIP* §§ 84f. 92. 103. 112. 147f. 156. 305. 309ff. 315f. 324. 396. 418. 521, Tff. 3. 6. 10. 19. *3. *6; Bonhême, *Noms royaux*, 129–139; J. Yoyotte, *Cahiers de Tanis I* (1987), 145–149; D. A. Aston, *JEA 75* (1989), 139–153.

Scheschonq VI.

Provisorisch an das Ende der 23. Dynastie nach → Iupet II. (nach Kitchen, um 720 v. Chr.) gesetzter König, dessen Existenz zweifelhaft ist. S. ist nur durch einen Bronzeanhänger belegt; der merkwürdige Thronname *Mit göttlicher Herrschaft, ein Reʿ* (?) und der Eigenname (nur: *Scheschʿ*)

könnten jedoch auch fehlerhafte Schreibungen für den Namen → Scheschonqs III. sein.
Lit.: *TIP* §§ 66 f. 110. 146. 336. 419. 450, Tff. 3. 6. *3. *6; BONHÊME, *Noms royaux,* 140 f.

Scheschonq (1)
Herrscher des Fürstentums von Busiris (750–728 v. Chr.), Vater und Vorgänger des Fürsten → Pmui (1) von Busiris.
Lit.: *TIP* §§ 328. 356, Tf. 22 C.

Scheschonq (2)
Herrscher des Fürstentums von Busiris (700–665 v. Chr.), Nachfolger des Fürsten → Pmui (1), Vater und Vorgänger von → Pmui (2).
Lit.: *TIP* §§ 356. 360, Rf. 22 C.

Schlange → Waᵌdj

Schub (?)
Nur durch Skarabäen belegter Kleinkönig der Zweiten Zwischenzeit.
Lit.: W. A. WARD, in: *Studies in Scarab Seals II,* 170 u. pl. LXIII (3484-6); DERS., *UF 8* (1976), 364 f. 368 f.

Seᶜanchibreᶜ
Nach dem Turiner Königspapyrus Thronname *Mit belebendem Willen, ein Reᶜ* des 19. Herrschers der 14. Dynastie.
Lit.: BECKERATH, *Untersuchungen,* 266.

Sebekaᵌj
Auf einem aus dem Nordostfriedhof von Abydos stammenden sog. Zaubermesser aus Elfenbein genannter Eigenname eines Königs, nach J. von Beckerath vielleicht Kurzform eines Namens wie *Sebekhotep* (trotz merkwürdiger Schreibung). Dagegen liest S. Quirke den Namen als *Sedjefaᵌkaj* und sieht in ihm die Kurzform eines Thronnamens *Sedjefaᵌkaᵌreᶜ* (entspricht demjenigen → Amenemheᵌts VII.). Nach H. Altenmüller gehört der Stab an den Beginn der 13. Dynastie (um 1750 v. Chr.).
Lit.: H. ALTENMÜLLER, *Die Apotropaia und die Götter Mittelägyptens,* 1965, I, 77. II, 36 f.; BECKERATH, *Untersuchungen,* 46; S. QUIRKE, in: DERS. (Ed.), *Middle Kingdom Studies,* 1991, 130.

Sebekemsaᵌf I.
3. König der 17. Dynastie (anders A. Dodson), der nach dem ihm vermutlich zuzuweisenden (teilweise zerstörten) Eintrag des Turiner Kö-

nigspapyrus 16 Jahre regiert hat (1619–1603 v. Chr., nach D. Franke). In einem Graffito des Wadi Hammamat ist sein 7. Regierungsjahr belegt. Eine andere Zuordnung des Königs schlägt C. Vandersleyen vor (13. Dynastie).

Gemahlin S.s ist Nubemhaᵗ (von ihr Stele im Hathortempel von Dendera), Söhne ein Sebekemsaᶠ (vermutlich der spätere König → Sebekemsaᶠ II.) und ein Antefmose (der aber auch Sohn Sebekemsaᶠs II. gewesen sein könnte). Eine Tochter Sebekemhaᵇ ist mit einem Prinzen Ameni verheiratet, dem Sohn des Vorgängers S.s, → Reʿhotep, und der Königin Haᶜanches/Sebekemsaᶠ.

S. trägt die Königsnamen Horus *Versöhnung der Götter*, Nebti *Mit zahlreichen Gestalten*, Gold *Der die beiden Länder umfaßt*, Thronname *Mächtiger, ein Reʿ, mit gedeihenden Erscheinungen*, Eigenname *Sebek ist sein Schutz*.

Am besten bezeugt ist S. in Medamud, wo er im Monthtempel Bauten → Sesostris' III. usurpiert, aber auch selber Bauteile errichtet (aber, gegen A. Spalinger, nicht den Säulenhof, der → Sebekhotep III. zuzuweisen ist). Aus Medamud stammt auch eine Schenkungsstele S.s. In Abydos ist er durch eine Statue belegt, in Theben durch zwei kleine Obelisken aus der Cachette von Karnak, zwei Statuen, ein Bruchstück aus dem Tempel → Mentuhoteps II. in Deir el-Bahari, im Wadi Hammamat durch drei Felsinschriften, in Elephantine durch eine Doppelstatue S.s und der Göttin Satis im Heiligtum des Heqaᵇib. Zwei weitere Statuen mit Weihungen an Month von Tôd bzw. Amun sowie eine Stele tragen nur den Geburtsnamen und können daher auch → Sebekemsaᶠ II. zugewiesen werden. Wegen seiner bedeutenderen Herrschaft ist eher S. als Sebekemsaᶠ II. wohl ein Graffito im Wadi Schatt er-Rigale zuzuschreiben. Eine Expedition S.s in das Wadi Hammamat ist neuerdings belegt (vermutlich Jahr 7).

Das Grab S.s in Theben West / Draʿ Abu el-Nagʿa ist offenbar erst im Jahre 1827 zusammen mit jenem → Antefs V. von Einheimischen gefunden und ausgeraubt worden. Aus dieser Bestattung stammen ein Kanopenkasten, ein Herzskarabäus und vermutlich ein Skarabäus S.s (anders M. Dewachter, der sie → Sebekemsaᶠ II. zuweist); die Mumie war offenbar bei der Auffindung stark zerfallen.

Lit.: BECKERATH, *Untersuchungen,* 27. 49. 66. 69. 140. 167f. 170. 174–178. 180. 186. 194. 196f. 284ff.; W. V. DAVIES, *A Royal Statue Reattributed,* 1981; A. SPALINGER, *LÄ 5,* 1031–1034; M. DEWACHTER, *RdE 36* (1985), 44ff.; L. HABACHI, *Elephantine IV: The Sanctuary of Heqaib*, 1985, 116 u. pls. 206f.; A. GASSE, *BIFAO 87* (1987), 207–218; B. LÜSCHER, *Untersuchungen zu ägyptischen Kanopenkästen,* 1990, 60; A. DODSON, *GM 120* (1991), 33–38; C. VANDERSLEYEN, *RdE 44* (1993), 189ff.; C. BENNETT, *GM 143* (1994), 21–28.

Sebekemsa³f II.

10. König der 17. Dynastie (um 1570 v. Chr.); vermutlich ein Sohn
→ Sebekemsa³fs I. und der Nubemha³t, Bruder der mit dem Sohn des
→ Reᶜhotep, Ameni, verheirateten Prinzessin Sebekemha³b und vielleicht
des Antefmose (letzterer vielleicht auch Sohn S.s). Gemahlin S.s ist eine
Chaᶜesnub, die damit denselben Namen trägt wie die Gemahlin des
→ Jaᶜuib und vielleicht derselben einflußreichen Familie aus Elkab ent-
stammt. S. ist uns insbesondere durch das Protokoll der thebanischen
Grabraubkommission, die unter → Ramses IX. die Beraubung des Gra-
bes S.s feststellt, und die Schilderung der Plünderung durch einen Räuber
in den Grabräuberprozessen bekannt: »Wir nahmen unsere Kupferpickel
und drangen in die Pyramide [es handelte sich um ein Grab mit kleiner
Ziegelpyramide] ein. [...] Wir fanden den Gott [den toten König] auf-
gebahrt in seiner Grabstätte. Wir fanden die Bestattung der königlichen
Gemahlin Nubchaᶜes im Raum an seiner Seite [...] Wir öffneten ihre
Sarkophage und ihre Särge, in denen sie gewesen waren. Die Särge waren innen und außen ganz in Silber mit eingelegten Edelsteinen gefaßt.
Wir fanden die ehrbare Mumie des Königs ganz und gar mit Gold be-
deckt, seine Goldmaske lag auf ihm. Er war mit einem Krummsäbel
ausgerüstet, an seinem Hals hing eine große Zahl von Amuletten und
Goldschmuck. Wir nahmen das Gold an uns, das wir auf der ehrbaren
Mumie dieses Gottes fanden, und ebenso seine Amulette und den
Schmuck, die an seinem Hals waren, und die Särge, in denen er geruht
hatte. [Dasselbe wird bei der Mumie der Königin getan]. Dann legten wir
Feuer an ihre Särge ...«

Demnach dürfte aus der Grabausstattung S.s nichts erhalten sein (anders M. Dewachter, der S. den gewöhnlich → Sebekemsa³f I. zugeschriebenen Kanopenkasten und Herzskarabäus zuweist).

Eine Äußerung der genannten Papyri beschreibt S. zwar als »großen
Herrscher, der zehn gewichtige Denkmäler für Amun-Rasonther gemacht
hat« (s. oben S. 48), doch dürfte seine tatsächliche Bedeutung gering
gewesen sein. Sein Thronname *Mächtiger, ein Reᶜ, der die beiden Länder
errettet* zeigt im Turiner Königspapyrus bezeichnenderweise die Variante
Mächtiger, ein Reᶜ, der Theben errettet. S. ist denn auch nur durch wenige Denkmäler im Raum Theben (Kalksteinschrein von kleiner Kapelle,
konische Stele eines Schreibers Sebekhotep, Erwähnung in der Königsliste von Karnak und den Grabräuberpapyri) bezeugt.

Zwei Statuen aus Karnak (Weihung an Amun bzw. Month von Tôd) sowie eine Stele mit der bloßen Angabe des Eigennamens können auch → Sebekemsa³f I. gehören, ebenso ein Graffito aus dem Wadi Schatt er-Rigale.
Lit.: BECKERATH, *Untersuchungen,* 27. 140. 165. 167f. 173ff. 178. 185f. 194ff.
221. 290ff.; A. SPALINGER, *LÄ 5* 1034–1036; M. DEWACHTER, *RdE 36* (1985),

44 ff.; P. VERNUS, *Affaires et scandales sous les Ramsès*, 1993, 33. 51 ff. 61–64. 202 n. 84.

Sebekhotep I.

12. König der 13. Dynastie (um 1735 v. Chr.), Nachfolger des → Nedjemibre', Vorgänger des → Reniseneb. Im Turiner Papyrus ist er unter seinem Geburtsnamen *(Der Gott) Sebek ist zufrieden* genannt, doch kann ihm der Thronname *Lebensvolle Erscheinung, ein Re'* zugewiesen werden. Der im Turiner Papyrus beigefügte Name des Vaters ist nicht mehr lesbar (Neni?). S. wird unter seinem Thronnamen auf der Königstafel von Karnak aufgelistet. Denkmäler S.s sind ein Granitaltar, Reliefs und eine Stele aus einer Osiriskapelle des Königs in Abydos sowie eine Statuettenbasis (ein Block aus dem Totentempel → Mentuhoteps II. aus Deir el-Bahari nennt nur den Eigennamen *Sebekhotep* und gehört vielleicht nicht zu S.). Altar und Stele aus Abydos liefern uns auch den Horusnamen *Der die beiden Länder vereint*, den Nebtinamen *Mit beständigen Erscheinungen* und den Goldnamen *Die Ka-Kräfte der Götter.*
Lit.: BECKERATH, *Untersuchungen*, 27. 42 f. 70. 233 f.; E. BRESCIANI, *EVO 2* (1979), 1–20; D. FRANKE, *OR 57* (1988), 268.

Sebekhotep II.

16. König der 13. Dynastie (1724–1718 v. Chr. nach D. Franke), Nachfolger und eventuell Sohn → Amenemhe³ts VII. und der Königin Nubhetepti, vielleicht durch Heirat mit der Familie von ³Autibre' → Hor verbunden (Bestattung einer *Nubhetepti, das Kind* bei ³Autibre' Hor an der Pyramide → Amenemhe³ts III. in Dahschur [A. Spalinger]; die genaue Einordnung der genannten Personen und ihre Stellung zueinander ist jedoch unsicher).

S. trägt den Thronnamen *Mächtiger, ein Re', der die beiden Länder beschützt,* der mit demjenigen des (unter dem Geburtsnamen nicht bekannten) → Sechemre'chuita³ui identisch ist. Auch alle Zeugnisse des letzteren Königs S. zuzuweisen und einen selbständigen König Sechemre'chuita³ui damit zu streichen (so W. Helck, zuletzt S. Quirke), ist jedoch aufgrund der unterschiedlichen restlichen Titulaturen und des Ausweises der Illahun-Papyri und der Nilstandsmarken von Semna nicht möglich (D. Franke; gegen Gleichsetzung auch J. von Beckerath, A. Spalinger). S. führt als Geburtsname auch den Doppelnamen *Amenemhe³t-Sebekhotep,* der als Filiation *Amenemhe³ts Sohn S.* interpretiert werden kann. Sein Goldname (der zerstörte Horusname beginnt *Trefflich . . .*) ist *Der Lebendige der Götter.*

Durch die definitive Zuschreibung des Papyrus Boulaq 18, der Abrechnung eines zwölftägigen Besuches des königlichen Hofes in Theben, an S. (J. von Beckerath, ebenso S. Quirke) sind für ihn mindestens drei Regierungsjahre belegt. Der Papyrus nennt die Gemahlin S.s, Ij, einen Prinzen, neun Schwestern des Königs (Haremhab, Nefretiu, Hememet, Sa³thathor, Seneb, Ris, Bebi die Ältere bzw. die Jüngere, Peschesu) und wichtige Beamten (u. a. den Wesir ꜥAnchu und den General Ibiaꜥ). Falls auch weitere Dokumente (»kleine« Handschrift des Papyrus Boulaq 18; Zusätze B/C des Papyrus Brooklyn 35.1446) der Zeit S.s zuzuweisen sind (S. Quirke), wäre sogar ein 5. und 6. Regierungsjahr belegt.

Als Bauherr ist S. v. a. in Medamud (Sedfest-Portal) und Theben-West (Architrav aus dem Totentempel → Mentuhoteps II. in Deir el-Bahari) bezeugt, weitere Objekte S.s sind ein Siegelzylinder mit Weihung an Sebek von Gebelein, Siegelabdrücke aus Mirgissa (Zuweisung zweifelhaft), eine Alabasterstatuette aus Kerma (sekundär hierhin verschleppt) sowie ein Inschriftfragment und ein Skarabäus. Eine Kapelle vermutlich S.s wird in dem Karnakdekret → Sebekhoteps IV. genannt.

D. Franke möchte S. (oder → Amenemheʒt VII.) die südwestlich der Pyramide des → Chendjer in Saqqara-Süd gelegene Pyramide eines unbekannten Königs zuweisen, die jedoch auch → Sebekhotep IV. oder → Neferhotep I. gehören könnte.

Lit.: BECKERATH, *Untersuchungen,* 27. 30. 34 f. 46–49. 58. 70–72. 99. 236–238; A. SPALINGER, *LÄ 5,* 1037 ff.; D. FRANKE, *Or 57* (1988), 251–255. 268; S. QUIRKE, *The Administration of Egypt in the Late Middle Kingdom,* 1990, 9–121 (zum Papyrus Boulaq 18); DERS., DE 8 (1987), 109; STADELMANN, *Pyramiden,* 255 ff.

Sebekhotep III.

21. König der 13. Dynastie, Nachfolger von → Seth I. und Vorgänger von → Neferhotep I., der nach dem Turiner Papyrus 3 Jahr und 2 Monate regiert (1708–1705 v. Chr.). Möglicherweise ist das von → Neferhotep I. erlassene Dekret zum Schutz der Nekropole von Abydos von S. erlassen worden; das Datum ›Jahr 4‹ wäre dann sein Todesjahr.

Die Verwandtschaftsverhältnisse S.s sind uns dank sog. Genealogieskarabäen (mit Nennung von Vater bzw. Mutter), einer Darstellung der Familie von einem Altar auf der Insel Sehel am 1. Katarakt, einer Felsinschrift bei Armant und drei Stelen gut bekannt. Danach ist S. Sohn des »Gottesvaters« Mentuhotep und der Iuhetibu, Brüder sind Seneb und Chaꜥkaʒu. Als die zwei Gemahlinnen S.s werden Senebhenaꜥes und Neni genannt, aus letzterer Verbindung stammen die Töchter Iuhetibu und Dedetꜥanqet. Eine Verbindung zu der Familie → Sebekhoteps IV. / → Neferhoteps I. besteht offenbar nicht.

S. trägt die Titulatur: Horus *Der die beiden Länder schützt,* Nebti *Der in seiner Macht erscheint,* Gold *Der über die Maꜥat zufrieden ist,* Thronname *Ein Mächtiger, ein Re`, der die beiden Länder gedeihen läßt,* Eigenname *Sebek ist zufrieden.*

In Medamud usurpiert S. (und vor ihm → Wega³f) einen Tempelbau → Sesostris' III., baut hier aber auch selber (Säulenhof; Kolossalstatue aus rotem Granit, deren Sockel später von → Sebekemsa³f wiederverwendet wird). Von einer selbständigen Bautätigkeit zeugen zudem Blöcke aus dem Tempel von Tôd bzw. Elkab, ein kleiner Obelisk aus Karnak (?) sowie eine Statue aus Bubastis. Aus dem Raum Assuan stammt der erwähnte Altar von Sehel (wohl aus einer Anukis-Kapelle → Sesostris' III. oder → Amenemhe³ts III.), eine Statuenbasis (Stockholm), eine Opfertafel (Kairo) sowie eine Türleibung aus dem Heiligtum des Heqa³ib aus Elephantine. Von S. stammen (neben den zur Rekonstruktion der Familie genannten Denkmälern) auch eine Opferinschrift im Totentempel Sesostris' I. in Lischt, ein Axtgriff sowie kleinere Objekte (Skarabäen, Rollsiegel, Perle). Eine Landschenkung S.s an die Göttin Nechbet von Elkab im Gebiet von ʿAgni (45 km südlich von Elkab) wird im Grab eines Stadtfürsten Sebeknacht von Elkab aus dem Ende der 17. Dynastie erwähnt. In das 1. und 2. Jahr S.s. ist die Rückseite des Papyrus Brooklyn 35.1446 datiert, die eine Liste von Sklaven eines thebanischen Haushalts (darunter viele Asiaten aus dem syrisch-palästinischen Raum enthält).

Lit.: BECKERATH, *Untersuchungen,* 9. 27. 43. 48. 54–56. 70 f. 73. 86. 93. 99. 176 f. 183. 220. 240–243; A. SPALINGER, *LÄ 5,* 1039 ff.; L. HABACHI, *Elephantine IV: The Sanctuary of Heqaib,* 1985, 114 f. mit pl. 202 C; D. FRANKE, *Or 57* (1988), 268; S. QUIRKE, *The Administration of Egypt in the Late Middle Kingdom,* 1990, 147 ff. (Pap. Brooklyn 35. 1446 verso; dazu, mit Lit.: T. SCHNEIDER, *UF 19* [1987], 255–282).

Sebekhotep IV.

24. König der 13. Dynastie und neben seinem älteren Bruder → Neferhotep I. ihr bedeutendster Herrscher, der nach der kurzen Regierung eines anderen Bruders (nicht – wie noch bei J. von Beckerath und W. Helck – Neffen) → Sa³hathor etwa 8–10 Jahre regiert (1694–1685 v. Chr.); das höchste bezeugte Regierungsjahr S.s ist das 8. (Stelen des Harʿa³ aus Edfu). Mit Neferhotep I. ist er auf einem Block aus Karnak genannt; die Königstafel von Karnak nennt ihn direkt hinter jenem. Nachfolger S.s wird → Sebekhotep V.

Die Familie S.s sind gut bekannt: Eltern sind Ha³ʿanchef und Kem, seine Frau ist Tja³n, Söhne sind Ha³ʿanchef-Ijchernefret, Sa³hathor, Sebekhotep (nach M. Dewachter vielleicht → Sebekhotep V.) und Sebekhetepdja³dja³, eine Tochter Nebetiunet. Eine Felsinschrift aus dem 7. oder 8. Jahr im Wadi Hammamat dokumentiert die Familie und zeigt S. vor Min von Koptos.

S. trägt die Titulatur: Horus *Leben und Wille der beiden Länder*, Nebti *Mit gedeihenden Erscheinungen*, Gold *Reich an Macht*, Thronname *Vollkommene Erscheinung, ein Re*ʿ, Geburtsname *Sebek ist zufrieden*. Die Bedeutung S.s innerhalb der 13. Dynastie wird durch die für diese Zeit beträchtliche Anzahl erhaltener Denkmäler und ihre Verteilung über einen Großteil Ägyptens deutlich. S. hat mit Sicherheit noch ganz Ägypten und als auswärtigen Besitz Unternubien kontrolliert. Eine fragmentarische Stele S.s aus Theben nennt einen Feldzug des Königs nach Unternubien, bezeugt damit sogar noch eine offensive Außenpolitik. Die Historizität der Mitteilung bei dem griechischen Schriftsteller Artapanos (2. Jh. v. Chr.), nach dem unter S. eine Teilung Ägyptens in verschiedene Königreiche erfolgt sei, wird verschieden beurteilt (zustimmend A. Spalinger, der als weitere Herrschaft die 14. Dynastie in Xois im Delta oder den Beginn eines Hyksosfürstentums im Ostdelta ansetzt, auch W. Helck; ablehnend J. von Beckerath). Eine entsprechende Aufsplitterung der Herrschaft über Ägypten scheint jedoch aufgrund der Quellenlage – S. ist der letzte in ganz Ägypten gut bezeugte König der 13. Dynastie – wenn nicht unter, so doch bald nach S. zu erfolgen.

Ein wichtiges Zeugnis für die Kultpolitik ist ein Dekret S.s aus Karnak. Der König, der gemäß dem Stelentext in Theben geboren wurde und mit dessen Festen vertraut ist, verfügt anläßlich eines Besuches in Theben Stiftungen für den Tempel des Amun von Karnak. Damit befindet sich die Residenz noch in Itjtaʾui südlich von Memphis.

Die Bau- und Kultpolitk S.s ist zudem bezeugt durch drei sekundär nach Tanis verschleppte Kolossalstatuen (davon zwei für den Ptah-Tempel von Memphis, die dritte für den Gott Hemen von Hutsnofru/Asphynis [Asfun el-Mataʿna]), Stiftungen und Restaurationen in Theben (Statue → Mentuhoteps II als Erneuerung älterer Stiftungen → Sesostris' II./III. in Karnak; Weihung einer Osirisfigur Mentuhoteps II. in Deir el-Bahari; Restaurierungsinschrift auf einer Statue Sesostris' III. aus Karnak) und Denkmäler aus Atfih/Aphroditopolis (zwei Sphingen), Abydos (Block aus dem Osiris-Tempel; Stele), Dendera (Steingefäß mit Weihung an Hathor), Karnak (Statue), Edfu (Stelenbruchstück), Kom Ombo (Rollsiegel mit Weihung an Sebek), Wadi el-Hudi (drei Stelen), Argo im Sudan (unter den Äthiopen hierhin verschleppte Sitzstatue; aus Abydos oder Saqqara?), Tell Hizzin bei Baalbek im Libanon (Statuette; sekundär hierhin gekommen?). Von S. stammen weitere kleinere Objekte (Gefäß, Ring, Fayencebecher, Skarabäen).

Aus der Regierung S.s kennen wir eine Anzahl hoher Beamter, u. a. den Wesir Ijmeru-Neferkaʾreʿ und den Obergüterverwalter Nebʿanch, Onkel der Königin Chaʿesnub (Gemahlin des → Jaʿuib oder → Sebekhoteps V.), der »zweifellos einer der wichtigsten Personen des Reiches« ist. (A. Spalinger).

Lit.: W. HELCK, *MDAIK 24* (1969), 194–200; BECKERATH, *Untersuchungen,* 9. 27. 43. 47. 49. 57 f. 70 f. 73–75. 81 f. 84. 86. 89. 93. 98 f. 102. 106. 108. 200. 220. 246–250; M. DEWACHTER, *RdE 28* (1976), 66–73; A. SPALINGER, *RdE 32* (1980), 100 ff.; DERS., *LÄ 5,* 1041–1048; W. V. DAVIES, *JEA 67* (1981), 175–177; L. HABACHI, in: *FS D. Dunham,* 1981, 77–81; D. FRANKE, *Or 57* (1988), 268.

Sebekhotep V.

25. König der 13. Dynastie (1685–1680 v. Chr.), Nachfolger und vermutlich Sohn Sebekhoteps IV. aufgrund der Darstellung eines Prinzen *Sebekhotep* neben Sebekhotep IV. auf einer Inschrift im Wadi el-Hudi.

Mutter S.s ist wohl dessen Gemahlin Tja³n (nach J. von Beckerath Nubhetepti, die jedoch von A. Spalinger als Frau → Sebekhoteps II. betrachtet wird); vgl. für seine Geschwister → Sebekhotep IV. (dazu ein Amenhotep?). Entweder seine Gemahlin oder die des → Ja°uib ist die Königin Cha°esnub.

S. regiert nach dem Turiner Papyrus 4 Jahre, 8 Monate und 29 Tage und wird in der Königstafel von Karnak aufgeführt, doch sind von ihm außer Skarabäen keine zeitgenössischen Zeugnisse bekannt. Sein Thronname ist *Erscheinung des Friedens, ein Re°*.

Lit.: BECKERATH, *Untersuchungen,* 9. 27. 43. 55. 58. 70 f. 220. 250; A. SPALINGER, *RdE 32* (1980), 95–116; D. FRANKE, *Or 57* (1988), 268.

Sebekhotep VI.

König der 13. Dynastie. Identität S.s und Zuweisung der Denkmäler an S. sind nicht unproblematisch. Eine Statue aus der Cachette von Karnak trägt den Eigennamen *Sebekhotep* und den Thronnamen *Der den Frieden liebt, ein Re°* (ägyptisch *Merhetepre°*). Der Thronname allein findet sich im Turiner Königspapyrus, auf der Königstafel aus Karnak, auf der sog. *Stèle juridique* aus Karnak und einer Stele aus Abydos. Letztere Zeugnisse sind vermutlich alle auf den durch die Statuen belegten S. zu beziehen, nicht auf einen nur durch Skarabäen belegten König der 13. (oder 14. ?) Dynastie, der denselben Thronnamen trägt, aber mit seinem Eigennamen → Ani heißt, es sei denn, Ani sei der ursprüngliche, durch *Sebekhotep* ersetzte Geburtsname S.s (vgl. → Neferhotep II., → Ined). Bei einer weiteren Statue eines Sebekhotep aus der Cachette von Karnak ist der Thronname zerstört, so daß auch eine Zuweisung an → Sebekhotep VII. möglich ist. Der Thronname allein erscheint schließlich noch auf einem dem Sebek von Schedet/ Krokodilopolis geweihten Rollsiegel.

Aufgrund der genannten Gleichsetzung wird die im Turiner Papyrus eingetragene Regierungsdauer von 2 Jahren, 2 Monaten und 9 Tagen S. (als 28. König der Dynastie) zugewiesen (so J. von Beckerath; A. Spalinger [LÄ], anders D. Franke: = Ani), der damit 1656–1654 v. Chr. regiert hat.

In der unter dem Namen *Stèle juridique* bekannten Urkunde, in der ein Stadtfürst von Elkab sein Amt an einen Verwandten abtritt (→ Nebiri³ut I.), wird ein älterer Vertrag aus der Zeit des Königs *Merhetepre'* (also vermutlich S.s) zitiert, in dem der damalige Wesir Aj dasselbe Amt einem seiner Söhne überträgt.

Lit.: BECKERATH, *Untersuchungen,* 27. 28. 58. 60. 62. 67. 70. 173. 178. 182 f. 252 f.; A. SPALINGER, *RdE 32* (1980), 114; D. FRANKE, *Or 57* (1988), 268.

Sebekhotep VII.

32. König der 13. Dynastie mit dem Thronnamen *Mit liebendem Ka, ein Re'*, der mit einer Regierungszeit von über zwei Jahren (1646–1644 v. Chr.) im Turiner Papyrus genannt ist und darüber hinaus nur durch die Königstafel von Karnak und eine Statue von dort bezeugt ist (zusätzlich vielleicht noch durch eine sonst → Sebekhotep VI. zuzuweisende Statue). Unter S. ist Ijmeru Wesir; Söhne S.s sind ein Sebekhotep und ein Bebi.

Lit.: BECKERATH, *Untersuchungen,* 27. 61. 70. 178. 254 f.; A. SPALINGER, *LÄ 5,* 1049; D. FRANKE, *Or 57* (1988), 268.

Sebekhotep VIII.

König der ausgehenden 13. Dynastie, den die Königstafel von Karnak aufführt. Er trägt den Thronnamen *Mächtiger, ein Re', der die beiden Länder reich versorgt.* Auf einer (im 3. Pylon des Karnaktempels verbauten) Stele aus seinem 4. Regierungsjahr wird von einer ungewöhnlich hohen Nilüberschwemmung berichtet; der König watet im Tempel im Wasser und erscheint so in der Rolle des Schöpfergottes.

Lit.: BECKERATH, *Untersuchungen,* 27. 66. 70. 259 f.; L. HABACHI, *SAK 1* (1974), 207–214 mit pls. 1–2; J. BAINES, *AcOr 36* (1974), 39–54; DERS., *AcOr 37* (1976), 11–20; N. DAUTZENBERG, *GM 140* (1994), 19–25; C. BENNETT, *GM 143* (1994), 21–28.

Sebekhotep IX.

Nur durch drei Skarabäen und vielleicht eine Bildhauerskizze bezeugter König aus dem Ende der 13. Dynastie mit dem Thronnamen *Gerechter, ein Re'.*

Lit.: BECKERATH, *Untersuchungen,* 85. 268 f.; D. FRANKE, *Or 57* (1988), 257.

Secha'enre'

Thronname *Den Re' inthronisiert hat* des 44. (oder 41.?) Königs der 13. Dynastie, den vermutlich der Turiner Königspapyrus genannt hat und der zeitgenössisch durch mehrere Fragmente aus dem Totentempel

→ Mentuhoteps II. in Deir el-Bahari bezeugt ist (Geburtsname nicht mehr lesbar). Er ist nach 1640 v. Chr. zu datieren.

Lit.: BECKERATH, *Untersuchungen,* 65. 260; D. FRANKE, *Or 57* (1988), 269.

Sechemchet

3. Herrscher der 3. Dynastie, Nachfolger des → Djoser und Vorgänger des → Hudjefaᶜ (II.), dem der Turiner Papyrus 6 Regierungsjahre zuweist (um 2660–2655). Während sein Horusname *Sechemchet* »Mächtiger (Mächtigster) der Götterschaft« bedeutet, überliefert der Turiner Papyrus seinen Eigennamen als *Djeserti,* die Königslisten als *Djoser-Teti.* In der Aufschrift eines Elfenbeintäfelchens aus dem Pyramidenbezirk des S. möchte N. Swelim den Nebti-Namen Djesertiᶜanch des S. erkennen, R. Stadelmann dagegen eine Königin Djesernebtiᶜanchti, W. Helck eine Königin Djeseretnebti.

Das einzige Dokument seiner Regierung außerhalb seines Grabbezirks stellt ein in zweifacher Ausfertigung vorhandenes Relief in Maghara auf dem Sinai dar, das S. beim traditionellen Topos des Niederschlagens der Feinde zeigt.

Der Bezirk der – nach einem hier angebrachten Graffito vielleicht von Djosers Baumeister Imhotep geplanten – Stufenpyramide des S., südwestlich von demjenigen des → Djoser gelegen, wurde nie vollendet und erst 1951 von Z. Goneim entdeckt. Innerhalb einer Umfassungsmauer von zunächst 185 x 262 m, die in einer späteren Phase des Baus erweitert wurde, um die Ausmaße des Djoserbezirks zu erreichen, gelangte nur die unterste Stufe (von sieben geplanten Stufen bei einer Gesamthöhe von 70 m) zum Abschluß. Unter die Stufenpyramide führt ein 80 m langer Gang, an dessen Ende sich in 32 m Tiefe die Grabkammer befindet. Der Sarkophag war bei der Entdeckung versiegelt, aber leer. Aus dem Korridor zweigt ein Gang zu einer Galerie (im Norden, Osten und Westen) mit 132 Kammern ab. Am Boden eines vom Grabkorridor aufsteigenden Schachtes fand sich ein Gründungsdepot mit Schatz (Goldarmreifen; Schminkdose). Eine Mastaba südlich der Stufenpyramide stellt das Südgrab dar, in dem sich aber die Bestattung eines Kindes fand. Von den Kultbauten des Grabbezirks ist bisher nur der Totentempel gesichert.

Eine kultische Verehrung des S. ist bis in die Spät-, ev. Ptolemäerzeit belegt.

Lit.: D. WILDUNG, *Die Rolle ägyptischer Könige im Bewußtsein ihrer Nachwelt,* 1969, 93–100; R. GIVEON, *BASOR 216* (1974), 17–20; N. M. A. SWELIM, *Some Problems on the History of the Third Dynasty,* 1983, passim; STADELMANN, *Pyramiden* 72–75; J. KAHL / N. KLOTH / U. ZIMMERMANN, *Die Inschriften der 3. Dynastie,* 1995 (ÄgAbh 56), 129–137.

Sechemib(-Perenma³ᶜat)
Oberägyptischer König der 2. Dynastie (um 2780 v. Chr.?) nach dem
Verlust der Einheit des Landes (→ Ninetjer), dessen Identität und Ein-
ordnung umstritten ist (→ Peribsen, → Sened). S. erscheint unter diesem
Horusnamen (*Mit mächtigem Willen, der für die Ma 'at hinausgeht*) nicht
in den späteren Listen.

S. ist nur durch Gefäßinschriften aus den Magazinen der Stufenpyra-
ramide des → Djoser mit dem Vermerk »Lieferung des Fremdlandes«
(nach W. Helck vielleicht von einem Handelskontor des Südreiches im
Nordreich) und Siegelabdrücke aus Abydos, im sog. »Fort« (Talanlage
des → Chaᶜsechem[ui]) und im Umgang des Grabes des → Peribsen,
bezeugt. Aus letzterer Fundsituation wird z.T. geschlossen, S. sei der
Nachfolger des Peribsen gewesen, der diesen bestattet habe (W. Helck
[Thinitenzeit], N. Grimal). Nach anderen (E. Drioton / J. Vandier, W.
Wolf) ist »S.« der ursprüngliche Horusname Peribsens, der sich in einer
Reaktion gegen die Bevorzugung des Nordens umbenannt habe (vgl. W.
Kaiser). Nach einer früheren These W. Helcks sind S. und Peribsen iden-
tisch, beide Namen wären gleichzeitig als Horus- bzw. Sethname getra-
gen worden (in seiner *Geschichte des Alten Ägypten*, wo er auch erwägt,
ob S. nicht ein Gegenkönig Peribsens gewesen sein könnte; J. Sainte Fare
Garnot).
Lit.: W. HELCK, *Untersuchungen zur Thinitenzeit*, 1987, 103f.; W. KAISER,
GM 122 (1991), 49–55 (bes Anm. 16); J. VERCOUTTER, *L'Egypte et la Vallée du
Nil*, 1992, 227ff.

Sechemka³reᶜ (?)
Thronname eines Königs der 8. Dynastie, der entweder ›Sechemka³reᶜ‹
Mit mächtigem Ka, ein Re' oder ›ᶜAnchka³reᶜ‹, *Mit lebendigem Ka, ein
Re'* zu lesen ist, erwähnt in einem Brief aus Elephantine (Papyrus Ber-
lin 10523).

Sechemreᶜchuita³ui
3. König der 13. Dynastie (1752–1746 v. Chr.), dem vermutlich die
6 Regierungsjahre eines Eintrags des Turiner Papyrus zuzuweisen sind
(D. Franke, versehentliche Auslassung des Königs). In einem Illahun-
papyrus ist sein 1. und 2. (und 3.?), in den Nilstandsmarken von Semna
am 2. Katarakt sein 2., 3. und 4. Regierungsjahr belegt. Eine Gleichsetzung S.s mit → Sebekhotep II. ist unwahrscheinlich (s. dort). S. ist Nachfolger von → Amenemhe³t V. / Amenemhe³t-Senebef, Vorgänger des
→ Sehetepibreᶜ. Er trägt die Titulatur: Horus *Erscheinung der Macht*,
Nebti *Der die Beständigkeit neu schafft*, (Gold?) *Mit lebensvollen Jahren*,
Thronname *Mächtiger, ein Re', der die beiden Länder schützt*.

S. ist über die erwähnten Belege hinaus bezeugt durch die Königstafel von Karnak, Architravblöcke aus Bubastis, ein Zylindersiegel (mit der ganzen Titulatur) sowie Siegelabdrücke aus der Festung Uronarti am 2. Katarakt, vielleicht auch eine in Kerma im Sudan gefundene Alabasterstatue. In der 3. Zwischenzeit läßt → Scheschonq III. seinen Sarkophag aus einem Block herstellen, der die Horusnamen S.s und des → Hor I. trägt und daher von einem Bauwerk der 13. Dynastie stammen muß. Verschiedene Siegelzylinder mit Weihung an den Gott Sebek von Sumenu (bei Gebelein) können auch → Sebekhotep II. gehören.

Lit.: BECKERATH, *Untersuchungen,* 27. 33–36. 38. 44–47. 70. 93. 105. 227 f.; D. FRANKE, *Or 57* (1988), 251–254. 267.

Sechen → Ka³

Secheperenre⁽

Thronname des 17. Herrschers der 14. Dynastie nach dem Turiner Königspapyrus (*Der von Re⁽ Gestaltete*), für den dort eine Regierungszeit von nur 2 Monaten und 1 Tag genannt wird.

Lit.: BECKERATH, *Untersuchungen,* 65. 266.

»Sedjes« → »Hudjefa³« II.

Segerseni

Nur durch Felsinschriften in Unternubien bei Umbarakab belegter König, vermutlich ein Prätendent aus dem Ende der 11. Dynastie. Er trägt den Goldnamen *Lebendiger Goldfalke* und den Thronnamen *Mit frischem Ka, ein Re⁽* (anders J. von Beckerath: *Mit trefflichem Ka, ein Re⁽*).

Lit.: A. WEIGALL, *The Antiquities of Lower Nubia,* 1907, pl. XIX u. XXI/2, p. 59 f.; BECKERATH, *Handbuch,* 64 f. mit Anm. 14.

Seha³bre⁽

5. König der 14. Dynastie nach dem Turiner Königspapyrus, Vorgänger des auch zeitgenössisch belegten → Merdjefa³re⁽, Nachfolger des → Nebfa³ure⁽, mit dem Vermerk: »er verbrachte im Königtum des Horus drei Jahre, (Zahl zerstört) Monate, 11 Tage«. Der Thronname bedeutet *Der Re⁽ festlich macht.*

Lit.: BECKERATH, *Untersuchungen,* 264.

Sehetepibre⁽

Thronname *Der das Herz des Re⁽ zufriedenstellt* des nach dem Turiner Papyrus (mit einer Regierungszeit von 1 Jahr) 5. Königs der 13. Dynastie, als Nachfolger → Amenemhe³ts V. (bzw. 4. König der Dynastie als Nachfolger des → Sechemre`chuita³ui bei einer Gleichsetzung von → Amenemhe³t V. und Amenemhe³t-Senebef), Vorgänger des → Iuefni (etwa 1743/2 v. Chr.). Von S. stammen ein Rollsiegel, das neben S. den Fürsten von Byblos, Jakinilu, nennt, und das neugefundene Bruchstück einer Stele von den Bleiglanzminen des Gebel Zeit am Roten Meer, das uns den Horusnamen S.s *Der die beiden Länder erweitert* überliefert.

Lit.: R. GIVEON, *RdE 30* (1978), 163; P. MEY, *MDAIK 36* (1980), 304 f. u. Tf. 80 A; D. FRANKE, *Or 57* (1988), 267 mit Anm. 56.

Seka³
In der obersten Zeile des Palermosteins aufgeführter prädynastischer unterägyptischer König, dessen Name *Der Pflüger* zu heißen scheint (vgl. → Niheb; → Nu[-Hor]).

Lit.: P. KAPLONY, *Or 34* (1965), 146 f.; W. HELCK, *Untersuchungen zur Thinitenzeit*, 1987, 95.

Sematauitefnacht
»Schiffsmeister« und Fürst von Herakleopolis (661 bis etwa 630 v. Chr.?) als Nachfolger des → Padiiset, der die Tochter → Psammetichs I. und zukünftige Gottesgemahlin des Amun → Nitokris im 9. Jahr Psammetichs (655) zu ihrer Installation nach Theben bringt. S. amtiert noch im Jahre 633 (nach Papyrus Rylands IX).

Lit.: *TIP* §§ 200–205. 363. 426, Tf. 16 A.

Semenchkare`
11. König der 18. Dynastie (1324–1319 bzw. 1335–1332 v. Chr.) nach dem Tode → Amenhoteps IV. (Echnaton). Herkunft, Regierung und Ende S.s gehören zu den umstrittensten Problemen der Geschichte des neuen Reiches. Gleichzeitig leitet seine Herrschaft die Restauration der alten Kulte und die unter → Tut`anchamun vollzogene Aufgabe Amarnas ein.

Die einzigen datierten Belege aus der Regierung S.s nennen das 1. (Scherbenaufschriften) und als höchstes das 3. Regierungsjahr (Graffito des Pawah).

Außergewöhnlich ist, daß S. offenbar gegen Ende seiner Regierung seinen Eigennamen wechselt: von *Semenchkare`-Djesercheperu* (so die volle Form) = *Mit wohltätigem Ka, ein Re`* (falls in der Art von Thronnamen [→ Mermescha`] aufzufassen, oder *Mit dem wohltätigen Ka des Re` ?), mit heiligen Gestalten* in *Neferneferuaton, Mit der schönsten Schönheit des Aton.* Der letztere Name (zu dem die Epitheta *Geliebter des ›Einzigen des Re`‹, Geliebter Echnatons* und *Herrscher* treten) wurde vor S. von Echnatons Gemahlin Nofretete getragen. Der Thronname S.s ist *Mit lebendigen Gestalten, ein Re`.*

Die Abstammung S.s ist unbekannt; möglicherweise ist er Sohn Echnatons und einer Nebenfrau (R. Krauss u.a.; anders W. Helck: aus einer Seitenlinie der Königsfamilie; Enkel oder Urenkel der Königin Teje [Amenhotep III.] über eine ihrer Töchter). Das Problem ist eng verbunden mit dem in Grab 55 im Tal der Könige gefundenen Skelett (s. unten). Zwischen die Herrschaft → Amenhoteps IV. Echnaton und S. setzt R. Krauss eine Alleinherrschaft der Meritaton, der ältesten Tochter Echnatons, von 1 Jahr und 1 Monat an. Von ihr sind Siegelringe mit dem Thronnamen *Mit lebendigen Gestalten, ein Re*⸍ (identisch mit jenem S.s, aber in der femininen Form) und dem Beinamen *Geliebte des Nefercheperure*⸍ *[Thronname Echnatons],* bzw. *Geliebte des ›Einzigen des Re*⸍‹ bezeugt. Sie erscheint unter der aus dem Thronnamen ⸍*Anchetcheperure*⸍ entstandenen Namensform *Akencheres* auch bei Manetho (vor einem gleichnamigen König = S.). Durch die Heirat Meritatons mit S. hat nach Krauss anschließend letzterer den Thron bestiegen. Meritaton stirbt vermutlich noch vor S., der daraufhin vermutlich ⸍Anchesenpaaton, die nunmehr älteste lebende Tochter Echnatons, heiraten soll, jedoch selber vorzeitig stirbt (Nachfolger wird dann → Tut⸍anchamun).

Die Hypothese Krauss' ist jedoch gegenwärtig nicht allgemein anerkannt. Die Meinungen zur Regierung S.s reichen von einer bloßen 2 jährigen Mitregentschaft mit Echnaton, also keiner separat zu verrechnenden Herrschaft (so zuletzt N. Grimal, *Histoire de l'Egypte ancienne,*1988, 254. 282; A. Dodson) über den Ansatz von Krauss bis zu einer 5 1/2-jährigen Regierung S.s (W. Helck in: *High, Middle or Low,?* I, 1987, 21. 26). Mit der Nachfolgeproblematik zwischen Echnaton und → Aja verbunden ist die vieldebattierte sog. *Dachamunzu-Affäre*: Aus der Kanzlei des hethitischen Königshofes kennen wir eine Anfrage einer nicht namentlich genannten Witwe eines ägyptischen Königs (»Dachamunzu« aus ägyptisch *Tahemetnesu,* »Königsgemahlin«), die, da sie selber keine Söhne als Thronfolger habe, den hethitischen König Schuppiluliuma um die Entsendung eines hethitischen Prinzen bittet, der als ihr Gemahl König Ägyptens werden könne. Der nach Abklärungen Schuppiluliumas geschickte Prinz Zannanza wird jedoch auf dem Weg nach Ägypten, offenbar von der Opposition, in der man zumeist → Aja und → Haremhab vermutet, ermordet (daraufhin Kriegshandlungen Schuppiluliumas gegen Ägypten). Als Identität der Königin wird vorgeschlagen: Die Witwe ⸍Anchesenamun nach dem Tode → Tut⸍anchamuns (E. Hornung, W. Wolf u.a.m.; zuletzt E. Edel), Nofretete nach dem Tode Echnatons (zuletzt C. N. Reeves), Echnatons Nebenfrau Kia nach dem Tode Echnatons (W. Helck), Meritaton nach dem Tode Echnatons (R. Krauss; nach der Ermordung des Zannanza Heirat S.s) oder Meritaton nach dem Tode Semenchkare⸍s (Wilhelm/Boese).

Heftig umstritten ist schließlich das von Ayrton 1907 im Tal der Könige entdeckte Notgrab (KV 55), »ein Fund, der wohl immer geheimnisvoll bleiben wird« (W. Wolf, *Das Alte Ägypten,* ²1978, 135 Anm. 120). Von der hastig zusammengestellten und für den Toten umgeänderten Grabausstattung (die Grabausstattung S.s wurde von → Tut-ʿanchamun übernommen) stammen Sarg und Kanopenkrüge von Kia (nach C. N. Reeves für das Begräbnis Echnatons umgearbeitet; dagegen jedoch u. a. J. P. Allen: für S.), einer Gemahlin Echnatons (so zuerst J. P. Perepelkin, 1968), ein Schrein und andere Objekte von Teje (Hauptgemahlin → Amenhoteps III.) sowie zwei von vier magischen Ziegeln von Echnaton (auch Mumienbänder, Schmuck?). Das Begräbnis wurde von Tutʿanchamun ausgerichtet (Versiegelung des Eingangs). Gesicht des Sarges und Kartuschen sind herausgeschnitten. Die skelettierte Mumie ist (nach den Untersuchungen durch E. S. Smith [1907], D. E. Derry [1931] und R. G. Harrison [1966]) die eines 20jährigen Mannes (anders E. F. Wente / R. Harris: 30–35 Jahre), so daß es sich um die Leiche S.s handeln muß (so auch J. P. Allen und die Mehrheit der Forscher, während zuletzt insbesondere C. N. Reeves wieder für Echnaton votiert und in KV 55 zuerst ein Sekundärgrab für Teje sieht). Die genauen Vorgänge um die Anlage dieses Begräbnisses sind in vielen Punkten noch unklar. Die Untersuchung des Skeletts hat jedoch eine nahe Verwandtschaft mit Tutʿanchamun erwiesen; vermutlich sind beide als Brüder zu betrachten.

Mehrere Objekte aus dem Grabschatz → Tutʿanchamuns waren für S.s Grabausstattung angefertigt worden (Bogen, Armreifen, Kanopensärge, Kasten und Schrein; auch mittlerer Sarg [so A. Dodson]?). Ein Graffito aus dem 3. Jahr mit einem Hymnus an Amun sowie die Anlage eines Totentempels in Theben-West belegen den Ausgleich mit den alten Kulten. Weitere Bezeugungen S.s sind spärlich (Kapellen in Amarna, später in Hermopolis verbaut; Darstellung im Grab des Merireʿ; Siegelabdrücke, Aufschriften u. ä. aus Amarna; Kalksteinblock aus Memphis [mit Nennung der Meritaton]; neuerdings Fund eines Krughenkels mit dem Stempel S.s auf Tell Jerische nahe Jaffa).

Lit.: G. TH. MARTIN, *A Bibliography of the Amarna Period and Its Aftermath,* 1990. Auswahl: R. KRAUSS, *Das Ende der Amarnazeit,* ²1981; DERS., *MDAIK 42* (1986), 67–80; C. N. REEVES, *JEA 67* (1981), 48–55; DERS., *GM 54* (1982), 61–71; DERS., *Valley of the Kings,* 1990, 42–49. 55–60; A. KADRY, *ASAE 68* (1982), 191–194; J. SAMSON, *GM 53* (1982), 51–54 u. 57 (1982), 57ff. 61–67; W. HELCK, *LÄ 5,* 837–841; G. WILHELM / J. BOESE, in: *High, Middle or Low? I,* 1987, 95–105; J. P. ALLEN, *JARCE 25* (1988), 117–126; DERS., in· *Amarna Letters, I,* 1991, 74ff. (nicht gesehen); O. GOLDWATER, *GM 115* (1990), 29–32; A. DODSON, *Atti del Sesto Congresso Internazionale di Egittologia, 1991, I,* 1993, 135–139; H. A. SCHLÖGL, *Echnaton – Tutanchamun,* ⁴1993, 67–73; E. EDEL, *Die ägyptisch-hethitische Korrespondenz aus Boghazköi in babylonischer und hethitischer*

Sprache, 2 Bände, 1994; W. HELCK, *Hethitica 12* (1993), 15–22; A. DODSON, *Amarna Letters 3* (1994), 92–103; J. P. ALLEN, *GM 141* (1994), 7–17; E. L. ERTMAN, in: R. H. WILKINSON (Ed.); *Valley of the Sun Kings,* 1995, 108–119.

Semenenre^c

Thronname *Der von Re*^c *fest Eingesetzte* des nur durch den Turiner Königspapyrus und eine Axt (London) bezeugten 8. Königs der 17. Dynastie (um 1580 v. Chr.).
Lit.: BECKERATH, *Untersuchungen,* 185 f. 195 f. 290; W. V. DAVIES, *JEA 67* (1981), 177 ff. u. pl. XXI. 2; D. FRANKE, *Or 57* (1988), 271 mit Anm. 68.

Semenka³re^c → Nebnun

Semerchet

7. König der 1. Dynastie (um 2890/70 v. Chr.), Nachfolger des → ^cAdjib, Sohn des → Dewen und der Königin Ba³tiiries (?; Lesung umstritten), Vorgänger des → Qa³^ca. Der Horusname S. bedeutet *Gefährte der Götterschaft,* während die ursprüngliche Lesung des Eigennamens (gewöhnlich *Semsu* [Turiner Papyrus: *Semsem,* Manetho *Semempses*]; anders etwa P. Kaplony: *Iri,* Vercoutter: *Irinetjer*) umstritten ist.

Auf dem Kairener Fragment des Annalensteines von Palermo sind für S. acht ganze Regierungsjahre (dazu die Anfangs- und Endmonate seiner Herrschaft) verzeichnet (u. a. Horusgeleit; Herstellung von Statuen; Manetho hat die überhöhte Angabe von 18 Jahren); ein erhaltenes Jahrestäfelchen nennt das Horusgeleit sowie das Fest des »Großen Weißen« (Ahnengottheit) und des Gottes Sokar. Von S. ist eine Wirtschaftsdomäne bekannt. Sein Grab liegt in der Frühzeitnekropole von Abydos; von hier stammt die Grabstele des S. (geringe Reste der Grabausrüstung). Die Mitteilung Manethos, unter S. sei es zu großem Unheil gekommen, ist spätere Legende (anders J. Vercoutter). S. ist durch die Inschrift eines Prinzen und Expeditionsleiters im Wadi Maghara im Sinai bezeugt.
Lit.: J. R. OGDON, *GM 72* (1984), 15–18; P. KAPLONY, *LÄ*, 841 ff.; W. HELCK, *Untersuchungen zur Thinitenzeit,* 1987, 101 f. 116 f. 124. 162 f. 193; J. VERCOUTTER, *L'Egypte et la Vallée du Nil, I,* 1992, 219 f.

Semqen

Nur durch einen Skarabäus mit dem Titel *Herrscher der Fremdländer (Hyksos)* belegter Kleinkönig der 16. Dynastie. Der Name wird von W. Helck als hurritisch ›Schimiqe-eni‹, *Schimiqe ist mein Gott* erklärt, kann jedoch ebensogut semitisch sein.
Lit.: BECKERATH, *Untersuchungen,* 112. 119. 138 f. 279; W. HELCK, in: *Or 62* (1993), 61.

Sena'aib

König vermutlich vom Ende der 13. Dynastie; nur durch eine Stele aus Abydos bezeugt, die neben seinem Eigennamen *Der mit besänftigtem Herzen* auch den Thronnamen *Mit bleibenden Erscheinungen, ein Re*ᶜ nennt. S. steht hier vor dem Gott Min-Horus-der-Starke und trägt offenbar schon die zuerst unter → Neferhotep III. textlich erwähnte Blaue Krone.
Lit.: BECKERATH, *Untersuchungen*, 66. 68 f. 262.

Senachtenreᶜ

13. König der 17. Dynastie (um 1560 v. Chr.), der nur durch die Königstafel von Karnak, in der Aufreihung verstorbener Könige als »Herren des Westens (Grab des Chaᶜbechnet in Deir el-Medina, Opfertafel des Qen aus Theben) sowie (verschrieben) in dem Protokoll der Inspektionskommission zur Untersuchung der Grabräubereien (Papyrus Abbott; zu dieser Zeit war sein Grab intakt) bezeugt ist. Gemahlin S.s ist Tetischeri, ihr Sohn → Seqenenreᶜ.

Mit S. kommt offenbar eine neue, mit den Vorgängern S.s nicht verwandte Familie aus Dendera an die Macht; diese Verdrängung einer älteren Herrscherfamilie hat Nachwirkungen bis zum Aufstand des Tetiᶜan unter → ᶜAhmose (W. Helck). S. hat im Gegensatz zu einer noch häufig vertretenen Meinung nie den Eigennamen *Ta*ᶜ*a*³ getragen und sollte daher auch nicht als »Taᶜa³ I.« gegenüber (Seqenenreᶜ) »Taᶜa³ II.« gezählt werden (C. Vandersleyen).
Lit.: BECKERATH, *Untersuchungen*, 3. 27. 37. 65. 128 ff. 165. 167 ff. 186 ff. 191–195. 197 f. 221. 293; C. VANDERSLEYEN, *GM 63* (1983), 67–70; W. HELCK, *SAK 13* (1986), 125–133; D. FRANKE, *Or 57* (1988), 271; C. BENNETT, *GM 145* (1995), 37–44.

Senebmiiu

41. (oder 44.?) König der 13. Dynastie mit dem Thronnamen *Den Re*ᶜ *beständig macht*, der Eigenname bedeutet *Gesund wie er gekommen ist.* Er gehört etwa in die Jahre nach 1640 v. Chr.

S. ist über die vermutliche Nennung im Turiner Papyrus hinaus durch ein Stelenfragment aus Gebelein, das Bruchstück eines Naos aus dem Totentempel → Mentuhoteps II. in Deir el-Bahari (mit beiden Namen), einen Holzstab, der bei dem Sarg einer »königlichen Favoritin« Nubherredit in Gebelein oder Deir el-Bahari gefunden wurde, und einen Skarabäus belegt.
Lit.: BECKERATH, *Untersuchungen*, 65. 258; D. FRANKE, *Or 57* (1988), 269.

Sened

5. König der 2. Dynastie (um 2790 v. Chr.), der lediglich durch eine Gefäßaufschrift bezeugt ist. In der Zeit des → Chephren ist ein Priester

namens Scheri »Gottesdiener des S.« und »Vorsteher der Ka-Diener des S.« sowie »Vorsteher der Waʿb-Priester des → Peribsen«. Verschiedenste Vorschläge zur Einordnung S.s wurden bisher vorgebracht (→ Peribsen; → Sechemib): S. ist Vorgänger Peribsens (B. Grdseloff), sein Nachfolger (W. Helck), sein Zeitgenosse (N. Grimal), mit ihm identisch (H. Gauthier, D. Wildung, W. Barta). Als wahrscheinlichste Lösung bietet sich die Abfolge Ninetjer – S. – Peribsen – Chaʿsechemui (vor ihm die zeitgenössisch nicht belegten → Neferka³reʿ, → Neferka³sokar, → »Hudjefa³«) an. Nach S. zerfällt Ägypten (→ Peribsen).

In späterer Zeit wird S. als Urkönig betrachtet (Erwähnung in der Funderzählung eines medizinischen Papyrus in Berlin aus dem Neuen Reich; Bronzestatuette des S. aus der Spätzeit).

Lit.: D. WILDUNG, *Die Rolle ägyptischer Könige im Bewußtsein ihrer Nachwelt, I,* 1969, 49 ff.; W. HELCK, *Untersuchungen zur Thinitenzeit,* 1987, 104 f.; W. KAISER, *GM 122* (1991), 49–55.

Seneferka

Horusname *Der den Ka vollkommen macht* eines Königs der 1. oder 2. Dynastie, dessen genaue Einordnung unsicher ist, nach P. Kaplony ausgehende 1. Dynastie.

Lit.: P. KAPLONY, *MDAIK 20* (1965), 3; DERS., *LÄ 3,* 280 Anm. 16.

Septimius Severus

Lucius Septimius Severus, seit 9. April 193 n. Chr. Lucius Septimius Severus Pertinax, römischer Kaiser (193–211 n. Chr.), geboren am 11. April 145 n. Chr. in Leptis Magna (Nordafrika) als Sohn des P. Septimius Geta und der Fulvia Pia, verheiratet mit Paccia Marciana, seit 185 oder 187 mit Julia Domna, Vater des → Caracalla und des → Geta. Seit 195 betrachtet sich S. aufgrund einer vorgegebenen Adoption als Sohn → Marc Aurels.

In den Nachfolgekämpfen nach dem Tod des → Commodus kann sich S., am 9. April 193 als Statthalter des oberen Pannonien zum Kaiser erhoben, gegen → Didius Julianus und v. a. den in Ägypten anerkannten → Pescennius Niger durchsetzen, nachdem ihn der römische Senat am 1. Juni 193 anerkannt hat und er am 9. Juni in Rom eingezogen ist. Zum Mitregenten ernennt er den Legaten Britanniens, Clodius Albinus, und bricht am 9. Juli in den Osten auf; seit Februar 194 ist er in Ägypten anerkannt. Pescennius muß Kleinasien aufgeben und sich nach Byzanz zurückziehen, wird am 31. März 194 bei Issos besiegt und auf der Flucht getötet. Ende 195 fällt Byzanz.

Die Außenpolitik des S. ist von zwei Partherkriegen, vom Kampf gegen den Usurpator Clodius Albinus im Westen des Reiches sowie von einem Besuch Ägyptens geprägt. Nach dem Abfall des römischen Klientelstaates Osrhoene zu den Parthern und der Belagerung Edessas durch ein parthisches Heer eröffnet S. den Partherkrieg (Herbst 194 oder Frühjahr 195) und kann die Parther zurücktreiben. In einem zweiten Partherkrieg der Jahre 197/8 erobert S. die Städte Babylon, Seleukeia und Ktesiphon, dagegen kann Hatra nicht eingenommen werden. Mesopotamien wird neue Provinz des Reiches mit zwei Legionen Besatzung.

Zwischen die Partherzüge fällt die Erhebung des Mitregenten Clodius Albinus, der an der Wende 195/6 von den britischen Legionen zum Kaiser ausgerufen und von Gallien und der Hispania Tarraconensis unterstützt wird, jedoch nicht von den germanischen Legionen. Am 19. Februar 197 n. Chr. wird Albinus bei Lyon, seinem Hauptquartier, geschlagen und getötet, die Stadt gebrandschatzt, die Anhänger des Albinus in Rom verfolgt (über 50 Senatoren hingerichtet).

Am 4. April 196 erhebt S. seinen Sohn Septimius Bassianus (→ Caracalla) zum Caesar. In die Friedensjahre 202–205 fällt die Decennalienfeier des S. (Hochzeit Caracallas mit Plautilla, April 202), ein Besuch Africas (203) und die Ausrichtung der Säkularspiele (204). Die letzten Jahre des S. sind dagegen von inneren Unruhen (Ermordung des Prätorianerpräfekten C. Fulvius Plautianus 205; Bandenkrieg des Bulla Felix in Italien 206/7) und dem Krieg gegen britische Stämme (208–211) geprägt. Am 4. Februar 211 n. Chr. stirbt S. in Eburacum (York) in Britannien; Nachfolger wird sein Sohn → Caracalla.

Bedeutend sind Maßnahmen des S. im Bereich der Verwaltung und Organisation des Reichs (neue Prokuratorenstellen für Ritter; Aufteilung großer Provinzen; Lastenbefreiung für Soldaten; Privilegien an bestimmte Städte; Trennung zwischen Krongut und Privateigentum des Kaisers; Bestimmung der Konsuln und Prätoren durch den Kaiser). Die Zeit ist eine Blüte des kulturellen Lebens (auch wichtige Juristen).

Von Ende 199 bis zum Frühjahr 200 ist S. zuerst in Alexandria und reist dann durch Ägypten. In Alexandria und anderen Städten richtet er wieder einen Stadtrat ein; er erläßt auch verschiedene Bestimmungen (*apocrimata*). Die Bautätigkeit des S. ist bezeugt in Esna (auch Darstellung der Julia Domna), Philae (Geburtshaus) und Qasr Ibrim / Premis.

Lit.: N. LEWIS, *Historia 28* (1979), 253 f.; H. BENGTSON, *Grundriß der römischen Geschichte, I,* ³1982, 384–393; A. MARTIN, *Anagennesis 2* (1982), 83 ff.; H. HALFFMANN, *Itinera principum,* 1986, 216 ff.; A. R. BIRLEY, *Septimius Severus. The African Emperor,* ²1988; KIENAST, *Kaisertabelle,* 156–159.

Seqenenre ʿTa ʿaᶾ

14. König der 17. Dynastie (bis 1545 v. Chr.), Nachfolger und vermutlich Sohn des → Senachtenreʿ (Mutter: Tetischeri), der als Vorgänger des

→ Kaᵌmose vermutlich den Kampf gegen die Hyksosherrschaft initiiert. Er trägt den Horusnamen *Der in Wahrheit erschienen ist* (D. Franke, bisher *Der in Theben erschienen ist* gelesen) und den Geburtsnamen *Taʿaᵌ* (Schreibung für *Djehuti-ʿaᵌ*, *Thot ist groß*). Da → Senachtenreʿ nie den Beinamen *Taʿaᵌ* trug, sollte S. nicht als *Taʿaᵌ II.* bezeichnet werden (so noch N. Grimal).

Gemahlinnen S.s sind ʿAhhotep und Saᵌtdjehuti. Von letzterer stammt eine Prinzessin ʿAhmose, von ersterer ein früh verstorbener Prinz ʿAhmose, der spätere König → ʿAhmose und dessen Gemahlin ʿAhmose-Nefertari sowie weitere Töchter. Ob auch → Kaᵌmose als Sohn S.s betrachtet werden kann, ist ungewiß.

In der in einer Schülerhandschrift der 19. Dynastie überlieferten Erzählung von *Apopi und S.* (Papyrus Sallier I) wird die Auseinandersetzung zwischen Theben und Auaris auf eine Provokation des nur als thebanischen Fürsten bezeichneten S. durch König → Apopi zurückgeführt, der sich über das ihn störende Gebrüll der thebanischen Nilpferde beschwert (religiöser Hintergrund, Grenzstreitigkeiten? Der Ansatz H. Goedickes ist unkorrekt). Da der weitere Gang der Erzählung nicht überliefert ist (vermutlich Wettstreit oder Kampf; Sieg des S.), bleibt die konkrete historische Deutung spekulativ. Anhand der Mumie S.s, die mehrere tödliche Kopfverletzungen aufweist, läßt sich nachweisen, daß der König im Kampf vermutlich gegen ägyptische Vasallen der Hyksos fiel und auf seinem Streitwagen stand, als er zwei Hiebe eines asiatischen Kriegsbeils und einen Schlag einer ägyptischen Schlachtaxt erhielt. Möglicherweise kann deshalb ein erster militärischer Vorstoß S.s nach Mittelägypten postuliert werden. Die Leiche S.s wurde offenbar in Eile, vielleicht in der Nähe des Schlachtfeldes, einbalsamiert. Das noch in der Zeit → Ramses' VI. intakte Grab S.s in Theben-West / Diraʿ Abu el-Nagʿa (Protokoll der Untersuchungskommission der Grabräubereien) ist nicht lokalisiert: Sarkophag und Mumie wurden in der Cachette von Deir el-Bahari gefunden.

S. ist als Bauherr nur durch einen Türsturz vom Tempel in Deir el-Ballas bezeugt. Eine Stele aus Karnak zeigt ihn beim Stoffopfer vor Amun. Sein Name erscheint auf verschiedenen kleineren Objekten königlicher und privater Provenienz (Siegel aus Diraʿ Abu el-Nagʿa; goldener Anhänger; silberne Sphinxfiguren, Kupferhacke, Wurfholz, Kamm, Statue des Prinzen ʿAhmose, Schreiberpalette, Alabasterdeckel und -bruchstück, Leichentuch der Prinzessin ʿAhmose, Stele des Priesters Mose).

Darüber hinaus wird S. mehrfach unter den »Herren des Westens« als verstorbener Herrscher aufgeführt (Gräber des Chaʿbechnet, des Inherchaʿu, des Ijemsibe und des Irdjanen in Theben-West; Opfertafel des

Qen). Aus der Biographie des ʿAhmose, Sohn der Abn aus Elkab, erfahren wir, daß dessen Vater Bebu Offizier unter S. war.

Lit.: BECKERATH, *Untersuchungen,* 3. 27. 109 ff. 127–30. 160. 165. 167 ff. 185–188. 190–95. 198. 204. 209. 216. 221. 293–96; P. KAPLONY, *Beschriftete Kleinfunde in der Sammlung Georges Michailidis,* 1973, nos. 42. 63; M. BIETAK / E. STROUHAL, *Annalen des Naturhistorischen Museums Wien 78* (1974), 29–52; J. PARLEBAS, *GM 45* (1975), 39–43; J. JACQUET, *BIFAO 76* (1976), 141 u. pl. 29; C. BLANKENBERG-VAN DELDEN, *GM 54* (1982), 31–46; C. VANDERSLEYEN, *GM 63* (1983), 67–70; DERS., *LÄ 5,* 864 f.; H. GOEDICKE, *The Quarrel of Apophis and Seqenenre,* 1986; D. FRANKE, *Or 57* (1988), 271 f. m. Anm. 70.

Sesostris I.

2. König der 12. Dynastie (1919–1875/4 v. Chr.), »vielleicht der bedeutendste Herrscher der Dynastie« (W. K. Simpson), Nachfolger → Amenemheʿts I., Vorgänger seines Sohnes → Amenemheʿt II.

S. ist Sohn → Amenemheʿts I. und der Neferetjaʿtenen (?, W. C. Hayes); seine Hauptgemahlin ist Nofru; eine weitere Gemahlin (nach B. Schmitz) Itkaʿjt (I.); Töchter sind Nofruptah und Nofrusobek.

Die Regierungsdauer S.s' beträgt 45 Jahre (so das höchste belegte Datum in einem Graffito südlich von Amada und die Angabe des Turiner Papyrus, während Manetho 46 Jahre verzeichnet). Davon entfallen die ersten 10 Jahre auf die Mitregentschaft mit seinem Vater → Amenemheʿt I.; knapp 3 Jahre am Ende der Herrschaft ist wiederum sein Sohn und Nachfolger → Amenemheʿt II. Mitregent (Doppeldatierung auf einer Stele in Leiden).

Traditionellerweise wird in dem in der *Lehre des Königs Amenemheʿt* geschilderten Attentat auf den Vater S.s' und dem Tod Amenemheʿts gemäß der Einleitung der *Geschichte des Sinuhe* dasselbe Ereignis gesehen, doch hat K. Jansen-Winkeln eine neue Deutung vorgelegt: die außergewöhnliche Schilderung eines damit in das 20. Jahr Amenemheʿts I. zu datierenden Attentats diene dazu, die neue Einrichtung der Mitregentschaft zu legitimieren; bei dem im Sinuhe berichteten Geschehen dagegen handele es sich um den 10 Jahre später erfolgten normalen Tod des Herrschers, nach welchem S. die Herrschaft ergreift.

S. trägt die Titulatur Horus/Nebti/Gold *Mit lebenskräftiger Geburt,* Thronname *Mit Gestalt gewordenem Ka, ein Reʿ,* Eigenname *Mann der Mächtigen (Göttin).*

Während das Hauptverdienst S.s' die innere Organisation Ägyptens darstellt, sind Militäraktionen im Ausland nur selten bezeugt. Ein Schlag gegen Beduinen unter Führung des Nesmonth wird gewöhnlich in das 24. Jahr der Regierung → Amenemheʿts I. gesetzt, damit in die Zeit der Mitregentschaft S.s' (anders, und gegen die Annahme einer Mitregentschaft, C. Obsomer). Ein Feldzug gegen Libyer ergibt sich aus der Einleitung der *Geschichte des Sinuhe*, wonach S. von dort erst in die Residenz zurückeilen muß. Die Sicherung des unternubischen Gebietes bis zum 2. Katarakt fällt offenbar in die frühe Mitregentschaft S.s' mit seinem Vater. Vier Stelen aus Buhen aus dem 5. Jahr S.s' setzen die für den Festungsbau notwendige militärische Sicherung (durch den General Dedu-Antef?) voraus. Im 29. Jahr Amenemhe^{3}ts I (= Jahr 9 S.s') ist eine Militäroperation »um Unternubien niederzuwerfen« durch eine Inschrift in Korosko dokumentiert. Der große Feldzug im 18. Jahr S.s' unter dem General Mentuhotep (Stele in Buhen) greift dann offenbar über Buhen und Semna hinaus nach Süden. Zusätzlich setzt D. B. Redford eine Razzia nach Nubien in Jahr 1, einen Zug nach Palästina in Jahr 4 (und zwischen dem 10. und 16. Jahr?) sowie eine Nubienkampagne in Jahr 7 an (dazu Anspielungen in weiteren Texten; z. T. fraglich).

Zahlreiche Expeditionen führen in das Wadi Hammamat (Jahre 2, 16, 38), das Wadi el-Hudi (Jahre 16, 20, 22, 24, 28, 29), nach Hatnub (22. Jahr; während des 1. Sedfestes im 31. Jahr) und in den Sinai, in die Dioritbrüche bei Abu Simbel und zum ägyptischen Hafen am Roten Meer in Mersa Gawasis (Schrein des ʿAnchu; Stele mit Weisung S.s' an den Wesir Antefoqer, mit Schiffen nach »Bia-Punt« zu fahren).

Äußerst umstritten ist die Interpretation der historischen Inschrift S.s' im Tempel von Tôd, in der vielleicht ein Bürgerkrieg geschildert wird (vgl. dazu W. Helck, D. B. Redford, Barbotin / Clère).

Die Bautätigkeit S.s' ist sehr umfangreich; abgesehen von seinem Pyramidenbezirk ist sie u.a bezeugt in Elephantine (Kapelle für Satis, Gründungsgrube, Weihinschrift, Opfertafel und Stelen; aus der Zeit S.s auch die Anfänge des Heqa^{3}ib-Heiligtums), Edfu (Türsturz), Hierakonpolis (Opfertisch), Elkab (Kolossalstatue), Esna (Block), Gebelein (Statue), Tôd (Neubau des Monthtempels mit historischer Inschrift; Opfertisch; Säulen- und Torfragmente), Armant (Block von Kapelle, 2 Triaden), Karnak (Tempel S.s' mit Statuenpfeilern und Säulenhallen; sog »Weißer Kiosk« mit Gauliste und kleine Stationskapellen; Statuen, Pfeiler, Naos, Grenzstele), Koptos (Reliefblöcke, u.a. mit Sedfestlauf, von Mintempel), Dendera (Erweiterung einer Kapelle → Mentuhoteps II.), Abydos (Arbeiten an Tempel des Chontamenti), Begig (Denkstein zur Erschließung des Fajjums), Memphis (Kolossalstatue, von → Ramses II. usurpiert), Heliopolis (Neubau des Reʿ-Harachte-Tempels; Erweiterung des Atum-Tempels und Errichtung eines Obeliskenpaares), Bubastis (Blöcke) und Qantir/Tanis (Statuen). Von Ramses II. usurpierte Kolossalstatuen in Memphis, Bubastis und Tanis stammen ursprünglich von S. (H. Sourouzian). Ein in Kairo in der Nähe der Al Azhar-Moschee verbauter Block zählt die Bautätigkeit S.s auf.

Weitere Objekte S.s' sind aus Nubien, dem Sudan und Syrien-Palästina belegt.

Der Pyramidenbezirk S.s' liegt 2 km südlich desjenigen → Amenemhe³ts I. in Lischt, nahe der Residenzstadt Itjta³ui. Der nach dem Vorbild eines Pyramidenbezirks des Alten Reiches angelegte Bezirk umfaßt einen gedeckten und dekorierten Aufweg, ein Vestibül, einen Verehrungs- und Totenopfertempel und eine Kultpyramide. Vor der Pfeilerkolonnade des Opferhofes standen 10 Königsstatuen. Die Pyramide besteht aus einem mit Sand und Geröll aufgefüllten Gerüst von Mauern und Kammern, das mit Turakalkstein verkleidet ist. Das unterhalb des Grundwasserspiegels liegende Kammersystem der Pyramide ist unbekannt. Um die Pyramide herum liegen neun Pyramidengräber von Königinnen und Prinzessinnen S.s' (u. a. der Nofru).

Aus der Regierungszeit S.s' sind zahlreiche Beamte (etwa die Wesire Antefoqer, Mentuhotep [ein – so W. K. Simpson – »Patron der Kunst und Architektur«], Neheri und Sesostris) und Gaufürsten bekannt (Ameni im Antilopengau; Sarenput I. von Elephantine; Mentuhotep von Armant [Erwähnung einer Hungersnot im 25. Jahr S.s']; Djefaihapi von Assiut; Uchhotep und Senbi II. von Meir; Thotnacht von el-Berscheh und Amenemhe³t von Beni Hasan).

Wichtige literarische Texte entstammen der Zeit S.s', so die (nach konventioneller Ansicht von S. ausgegebene) *Lehre des Königs Amenemhe³t*, die *Erzählung des Sinuhe* (mit einem Hymnus auf S.), die *loyalistische Lehre*, die Loyalität zum König und eigenes Wohlergehen verknüpft und der *Dramatische Ramesseumspapyrus* (Festspiel unter S.). Dagegen stammt der Bericht der Berliner Lederrolle über die Gründung des Atumtempels von Heliopolis durch S. vielleicht aus dem Neuen Reich und ist als politische Tendenzschrift zu bewerten (Ph. Derchain). Wichtige Dokumente aus dem Bereich der Verwaltung und Arbeitsorganisation sind die Papyri Reisner I–IV.

Während S. → Snofru, → Sa³hure⁽, dem Gaufürsten → Antef und → Mentuhotep III. Denkmäler weiht, wird er im neuen Reich selber vergöttlicht und gilt als Schutzgott der thebanischen Nekropole.

Lit.: H. S. SMITH, *The Fortress of Buhen. The Inscriptions,* 1976, 39 ff. 61 ff.; A. M. A. H. SAYED, *RdE 29* (1977), 138–178; DERS., *JEA 64* (1978), 69–75; D. WILDUNG, *Sesostris und Amenemhet,* 1984; W. HELCK, in: *Ägypten – Dauer und Wandel,* 1985, 45–52; W. KAISER, u. a., *MDAIK 43* (1986), 110; D. B. REDFORD, *JSSEA 17* (1987), 36–57; H. SOUROUZIAN, *MDAIK 44* (1988), 229–254 u. Tff. 62–75; A. GASSE, *BIFAO 88* (1988), 83–93; G. POSENER, in: *FS I. E. S. Edwards,* 1988, 73–77; D. ARNOLD, *The Pyramid of Senwosret I (The South Cemeteries of Lisht I),* 1988; DERS., *The Pyramid Complex of Senwosret I,* 1992; F. ARNOLD, *The Control Notes and Team Marks,* 1990; C. BARBOTIN / J. J. CLÈRE, *BIFAO 91* (1991), 1–33 u. pls. 1–31; W. K. SIMPSON, *MDAIK 47* (1991),

331–340; STADELMANN, *Pyramiden,* 234–237; P. DERCHAIN, *RdE 43* (1992), 35–47; C. OBSOMER, *RdE 44* (1993), 103–140; J. M. GALÁN, *SAK 21* (1994), 65–79; C. OBSOMER, *Sésostris Ier. Etude chronologique et historique du règne,* 1995.

Sesostris II.

4. König der 12. Dynastie (1845/44–1837 v. Chr.), Nachfolger seines Vaters → Amenemhe³t II., dessen Korregent er während drei Jahren ist (Doppeldatierung in Graffito an der Straße Assuan-Philae). Als höchstes Regierungsjahr ist das 8. (oder 9.) auf einer Stele aus den Steinbrüchen von Toschka überliefert, so daß auch die Überlieferung Manethos und die Zuweisung der Zahlen des Turiner Papyrus entsprechend emendiert werden müssen (D. Franke; eine lange Regierung etwa noch M. Bietak).

Gemahlinnen S.s' sind Chenmetneferhedjet I. (so O. Perdu; anders B. Schmitz) und Nofret II., Söhne Sesostris-Senebwer und → Sesostris III., Töchter Ita³ka³jt (II.), Nofret und Hatschepsut (auch Sathathor-Junet? [B. Schmitz]).

S. nimmt folgende Titulatur an: Horus *Der die beiden Länder leitet,* Nebti *Der die Ma'at* (Var. *die beiden Herrinnen) erscheinen läßt,* Gold *Besänftigung der Götter,* Thronname *Mit erschienener (= inthronisierter) Gestalt, ein Re',* Eigenname *Mann der Mächtigen (Göttin).*

Feldzüge S.s' sind bisher nicht bekannt, lediglich Steinbruchexpeditionen in das Wadi Gawasis (1. Jahr), das Wadi el-Hudi, den Sinai, das Wadi Hammamat (2. Jahr) und die Dioritbrüche von Toschqa (8. oder 9. Jahr). In Nubien geht der Bau der Festung von Mirgissa vermutlich auf S. und seinen Vater zurück; bei Assuan errichtet S. eine Schutzmauer entlang der Transportstraße zwischen Anfang und Ende des 1. Kataraktes. Abgesehen von Pyramidenkomplex und Pyramidenstadt S.s' sind Bauten des Königs nicht bezeugt, lediglich Statuen (Karnak, Medamud, Memphis; Statuenpaar der Königin Nofret aus Tanis; Weihung von Statuen für → Djoser und → Mentuhotep II.).

Pyramide und Residenz S.s' liegen wie bei → Amenemhe³t I. am Ausgang des nun wirtschaftlich bedeutenden Fajjum bei Illahun. Der Eingang zu der Ziegelpyramide des Königs (Seitenlänge 107 m, Höhe 48 m) liegt nicht mehr auf der Nordseite, sondern versteckt, 16 m unter dem Boden eines Prinzessinnengrabes, auf der Südseite, von wo der Gang über eine gewölbte Halle (mit tiefem Schacht), eine Gang- und eine Vorkammer in die Grabkammer führt; ein abgehender Gang führt über vier Knicke zusätzlich von Norden in sie hinein (nach R. Stadelmann Idee des Osirisgrabes). Von der geplünderten Bestattung erhielt sich der Sarkophag aus rotem Granit, eine Opferplatte und ein goldener Uräus von dem königlichen Diadem. Zwischen den Umfassungsmauern des Pyramidenbezirks liegen die Pyramide einer Königin Atum(nefer?), Ma-

stabas (u. a. des Pyramidenbaumeisters Inpi) und Prinzessinnengräber
(u. a. der Sa³thathor-Junit mit Goldschmuck und Kronen aus der Zeit
→ Amenemhe³ts III.)

Die Pyramidenstadt namens *Ruhe des Sesostris* um den Taltempel umfaßte auf 350 x 400 m eine Akropolis im Norden mit Palast, sechs Stadt-
palais mit bis zu 70 Räumen sowie Stadtteile anderer Bestimmung
(Arbeitersiedlung, Magazine, Speicher). Es handelt sich hier offenbar um
eine zeitweilige Residenz des Königs, die mit den Illahun-Papyri überaus
bedeutende Dokumente geliefert hat.

Beziehungen zu Palästina-Syrien ergeben sich nur aus der berühmten
Asiatenkarawane unter Führung eines »Herrschers der Fremdländer«
Abischar von Beni Hasan (im Grab des Gaufürsten Chnumhotep II.);
daraus jedoch blühende Beziehungen und Völkerbewegungen Richtung
Ägypten zu erschließen (W. K. Simpson), ist eine Überinterpretation.
Vielleicht stammt die im Grab des Gaufürsten Thothotep in El Bersche
dargestellte Herde aus Palästina; Statuenfragmente dieses Gaufürsten
fanden sich in Megiddo. Bedeutende Gaufürsten in der Provinz sind
Chnumhotep II. von Beni Hasan, Sarenput II. von Assuan, Uchhotep III.
von Meir und Thothotep von el-Berscheh.

Lit.: W. K. SIMPSON, *LÄ 5,* 899–903; D. WILDUNG, *Sesostris und Amenemhet,*
1984; H. GOEDICKE, *JARCE 21* (1984), 203–210; D. KESSLER, *SAK 14* (1987),
147–165; D. FRANKE, *Or 57* (1988), 113–138; STADELMANN, *Pyramiden,* 237–
241; A. B. LLOYD, in: *FS J. G. Griffiths,* 1992, 21–36.

Sesostris III.

5. König der 12. Dynastie (1837 bis 1818 v. Chr.; oder bis 1798?), Nach-
folger → Sesostris' II. und Vorgänger → Amenemhe³ts III. Gemahlinnen
S.s' sind Chenmetneferhedjet II. (O. Perdu, dagegen B. Schmitz) und
Nofrethenut; Töchter Senetsenebtisi, Menet, Sathathor und Merit.

S. trägt die Titulatur: Horus *Mit göttlichen Gestalten,* Nebti *Mit göttlicher Geburt,* Gold *Der Gestalt gewordene Goldfalke,* Thronname *Mit
erschienenen (= zur Herrschaft gelangten) Ka-Kräften, ein Reˁ,* Eigenname *Mann der Mächtigen (Göttin).*

Die Regierungslänge S.s' ist nach wie vor umstritten. Da als höchstes
bisher bekanntes Regierungsjahr auf einem Block aus Uronarti am
2. Katarakt das 19. belegt ist und in den Illahun-Papyri ein Übergang von
einem »Jahr 19« zu einem »Jahr 1« belegt ist, wird häufig (zuletzt M.
Bietak, D. Franke) eine 19jährige Regierung S.s' (unter Emendation der
Angaben bei Manetho und im Turiner Königspapyrus) vertreten. Eine
lange Regierungszeit von 39 Jahren (so vertreten von W. Helck, W. Barta,
J. von Beckerath) würde jedoch durch ein 1994 im Taltempel des Kenotaphs S.s' in Abydos gefundenes Jahresdatum »39« gestützt, falls sich die

Lesung bestätigt (Information B. Schibler). Aus dem 7. Jahr S.s' stammt das früheste aus Ägypten bekannte Sothisdatum (Brief der Illahun-Papyri), das für die absolute chronologische Festlegung des ganzen Mittleren Reiches von kardinaler Bedeutung ist.

In der Außenpolitik S.s' liegt das Gewicht auf dem nubischen Raum, während bisher nur durch die Stele des Chusebek ein Vorstoß nach Palästina in das Gebiet von Sichem – zur Sicherung von Handelswegen? – bezeugt ist (bis zur Entdeckung der Annalenfragmente → Amenemhe³ts II. einziger derartiger Beleg für das gesamte Mittlere Reich). Dagegen sind mindestens vier Nubienfeldzüge in den Jahren 8, 10, 16 und 19 überliefert, in denen die ägyptische Herrschaft bis zum 2. Katarakt endgültig etabliert wird. S. gilt in der 18. Dynastie als Schutzgott Nubiens und bis in die antike Überlieferung als Eroberer dieses Gebietes.

Im 8. Jahr (Inschrift auf Sehel) läßt S. einen Kanal von 150 Ellen Länge, 20 Ellen Breite und 15 Ellen Tiefe durch den 1. Katarakt bei Elephantine ausheben, um die Stromschnellen für Schiffe besser passierbar zu machen, und stößt dann bis nach Semna an den 2. Katarakt vor. Die erste hier aufgerichtete Grenzstele untersagt den Nubiern südlich des 2. Kataraktes, weiter nach Norden vorzudringen (Ausnahmen Handel oder »gute« Absichten). Eine weitere militärische Kampagne in den Süden findet schon im 10. Jahr statt (Felsinschrift zwischen Assuan und Philae), bevor eine dritte im 16. Jahr durch eine zweite Stele in Semne und eine parallele Grenzstele in Uronarti dokumentiert ist. Der berühmte Text dekretiert die Grenze am 2. Katarakt und verpflichtet die Nachfolger, diese Grenze nicht aufzugeben. Nach der Inschrift ist S. »bis zu den Brunnen« der Nubier vorgedrungen, hat ihr Land verwüstet und Gefangene gemacht. U. a. wird auch die Festung von Uronarti nun angelegt (vielleicht auch die Festungen Schalfak, Askut und Semna-Süd). Der Feldzug des 19. Jahres wird durch eine Stele aus Uronarti und die Stelen des Sasatet und Ijchernofret aus Abydos (letztere eine wichtige Quelle für die ›Osirismysterien‹ in Abydos) überliefert. Dabei werden die Schiffe der Armee durch den 2. Katarakt hindurchgeschleppt und die Nubier offenbar in das Gebiet zwischen 2. und 3. Katarakt hinein verfolgt. Eine militärische Unternehmung nach Nubien berichtet auf seiner Stele auch der genannte Chusobek, der noch unter → Amenemhe³t III. auf einer Inspektionsreise in Semna belegt ist. Der südlichste Beleg S.s' ist eine Nilmarke in Dal aus dem 10. Jahr.

Aktivität in Steinbrüchen unter S. ist bezeugt durch Inschriften im Wadi el-Hudi (13. Jahr), im Wadi Hammamat (14. Jahr), in Hatnub und im Sinai (Statuette, Stele, Altar).

Eine entsprechende Bau- und Kultpolitik des Königs ist bezeugt in Amada (Vorgängerbau des Tempels → Thutmosis' III. und Amenho-

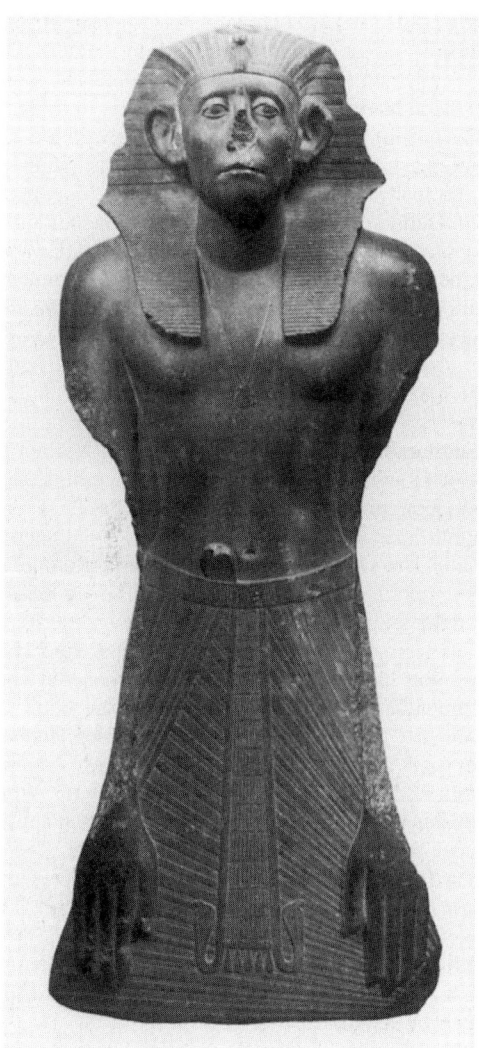

Abb. 31: Sesostris III. als Beter. Statue (Ägyptisches Museum Kairo, RT 18.4.22.4).

teps II.?), Bigga (Sitzstatue), Hierakonpolis (Statue), Armant (Kernbau des Monthtempels), Luxor (Opfertisch), Karnak (Statuen), Deir el-Bahari (Stiftungsdekret für den Totentempel Mentuhoteps II.; Statuen), Medamud (Bau des Monthtempels; Statuen und Reliefs, u.a. Sedfest-Darstellungen), Koptos (Stele), Abydos (Anlage eines gewaltigen Kenotaphs mit Taltempel [laufende amerikanische Ausgrabungen]; Statue), im Fajjum (Blöcke von Tempelwand) und in Herakleopolis Magna (Blöcke und Fragmente); im Delta in Bubastis (Architrav; Tempelbau mit Papyrussäulen?), Leontopolis (Statue), Qantir / Esbet Rushdi (Erweiterung eines Tempels → Amenemhe³ts I.), Tanis, Tell Nebescheh (Statuen).

Der Pyramidenkomplex S.s' in Dahschur nördlich der Pyramide → Amenemhe³ts II. orientiert sich am Komplex des → Djoser. Die heute verfallene Pyramide selber war unter Verzicht auf das Steingerippe der Vorgängerbauten nur aus Ziegeln errichtet und ursprünglich mit Turakalkstein verkleidet. Von dem auf die Westseite verlegten Eingang führt der Gang zu der Grabkammer hinab, in die er von Norden her einknickt (Sarg aus rotem Granit). Im Süden der Königspyramide liegen die drei Pyramiden der Königinnen, im Norden vier untereinander verbundene Prinzessinnenmastabas (reiche Schmuckfunde der Sathathor und Merit). An der Südmauer des Grabbezirkes (mit Totenopfertempel und Nordkapelle; vom Taltempel heraufführender Aufweg) liegen Schiffsgruben mit bei der Auffindung gut erhaltenen Lastschiffen aus Zedernholz.

Ausdruck des Herrschaftsverständnisses der Zeit sind Hymnen auf S. aus den Papyri von Illahun sowie die zahlreich belegte Königsplastik – »aus der Gesamtsituation der Zeit der 12. Dynastie betrachtet, verkehrt sich die angebliche Tragik und Melancholie dieser Herrscher, wie sie immer wieder von den Statuen abgelesen wurde, in machtpolitische Entschlossenheit und ungetrübtes Selbstbewußtsein« (D. Wildung).

Der Niedergang der Gaufürstentümer unter S. ist nicht als plötzliche Eliminierung der Amtsinhaber zu sehen, sondern eher als Prozeß, indem die potentiellen Erben zu Beamten am Königshof berufen werden und sich hier Macht und Reichtum konzentrieren (D. Franke). Wesire sind unter S. Sebekemhe³t und Chnumhotep.

Seit dem Neuen Reich ist S. der vergöttlichte Schutzherr Nubiens (Kapelle in Uronarti; als Gott vor → Thutmosis III. im Südtempel von Buhen; ebenfalls in Semna/Kumma).

S. wird schließlich eine Gestalt der antiken Legende, sogar zu einem ideellen Vorgänger → Alexanders des Großen (zur Überlieferung bei Herodot vgl. C. Obsomer).

Lit.: L. V. ZABKAR, *JEA 61* (1975), 42–44; O. PERDU, *RdE 29* (1977), 68–85; R. D. DELIA, *A Study of the Reign of Senwosret III*, Diss. Columbia Univ. 1980 (mir nicht zugänglich); R. HARI, *BSEG 5* (1981), 15–21; D. WILDUNG, *Sesostris*

und Amenemhet, 1984; W. K. SIMPSON, *LÄ 5,* 903–906; P. DERCHAIN, *CdE 62*
(1987), 21–29; C. OBSOMER, *Les campagnes de Sésostris dans Hérodote,* 1989;
C. J. EYRE, in: *FS Lichtheim I,* 1990, 134–165; D. FRANKE, in: *Middle Kingdom
Studies,* ed. by S. QUIRKE, 1991, 51–67; STADELMANN, *Pyramiden,* 241–244;
S. WEST, *Historia 41* (1992), 117 ff.; *FS Goedicke: J. W. Wells,* in: *Essays in
Egyptology in honor of Hans Goedicke,* 1994, 339–347; F. POLZ, *MDAIK 51*
(1995), 227–254; R. D. DELIA, *BES 11* (1991/2), 5–21.

Sesostris IV.

König der 13. Dynastie, der durch die Königstafel von Karnak, eine
Kolossalstatue sowie ein Stelenbruchstück (aus dem 1. Regierungsjahr)
aus Karnak und einen Block aus Tôd bezeugt ist; die genaue chronologi-
sche Einordnung ist unklar. Er trägt die Titulatur Horus *Der das Leben
erneuert,* Nebti *Der die beiden Länder belebt,* Gold *Mit vollkommenen
Erscheinungen,* Thronname *Der das Herz des Re⁽ erfreut,* Eigenname
Mann der »Mächtigen« [Göttin].
Lit.: BECKERATH, *Untersuchungen,* 27. 62. 178. 255.

Seth I.

Nur im Turiner Königspapyrus überlieferter 20. König der 13. Dynastie,
dessen Thronname nicht ganz erhalten ist (. . .*ib-Re⁽*). Nach einer Vermutung von J. von Beckeraths könnte S. mit dem im memphitischen
Priesterstammbaum genannten König mit dem merkwürdigen Namen
→ ⁽A³qen *Der Esel ist stark* identisch sein, indem der Vollname
S.s ›Sethqen‹, *Seth ist stark,* gelautet hätte und die Bezeichnung ›Seth‹
in der 22. Dynastie, als der Gott verfemt war, durch sein Tier, den Esel
(⁽a³) ersetzt worden wäre. S. dürfte nur kurz regiert haben (um 1709
v. Chr.).
Lit.: BECKERATH, *Untersuchungen,* 53 f. 240; D. FRANKE, *Or 57* (1988), 268.

Seth II.

65. Herrscher der 14. Dynastie nach dem Turiner Papyrus.

Sethnacht

Der Begründer der 20. Dynastie (1190–87 v. Chr.), Vater → Ramses' III.;
seine Gemahlin ist Teje-Mereniset. S. trägt die Titulatur: Horus *Mit großer Kraft,* Nebti *Mit vollkommenen Erscheinungen wie Tatenen,* Gold *Mit
mächtiger Schlagkraft, der seine Feinde überwältigt,* bzw. *Der die
9 Bogen [die Feinde Ägyptens] schlägt, schön im Königtum,* Thronname
*Reich an Erscheinungen, ein Re⁽, Erwählter des Re⁽ (, Geliebter des
Amun),* Eigenname *Seth ist siegreich.*
    Die Ereignisse im Übergang von der 19. Dynastie zu der Herrschaft
des S. werden kontrovers diskutiert. Nach den Hauptquellen – dem Papy-

rus Harris I und einer Stele S.s aus Elephantine – herrschen in Ägypten anarchische Zustände (keine Opfer für die Tempel; Plünderungen), bis der Gott Reʿ S. zum König auserwählt und dieser die Gegner bezwingt, die offenbar von Teilen der ägyptischen Armee unterstützt werden und Truppen aus dem palästinischen Raum anzuwerben versuchen (ev. in diesen Zusammenhang gehört der Hortfund goldener und silberner Gefäße in Bubastis). Nach R. Drenkhahn handelt es sich bei diesen Ereignissen um den Versuch des Ausländers Baj/Arsu, nach dem Tod der → Tausret die Macht zu ergreifen, doch scheint die Meinung H. Altenmüllers überzeugender, nach der → Siptah und sein Regent Baj/Arsu damals nicht mehr lebten und Tausret als Gegnerin S.s gelten muß. S. verfolgt nach über einem Jahr Krieg und dem Tod der Tausret ihr Andenken; nach Aufgabe der für ihn begonnenen Anlage im Tal der Könige (KV 11; von → Ramses III. übernommen) usurpiert er (bzw. Ramses III. für ihn) das Grab der Tausret (KV 14). Die Namen und Darstellungen hier werden für S. umgeändert; Statuen der Königin bewußt zerstört. In der in Medinet Habu dargestellten Statuenprozession anläßlich des Min-Festes folgt S. unter Auslassung Siptahs und Tausrets direkt auf → Sethos II. Nach der Etablierung seiner Alleinherrschaft regiert er jedoch nur 10 Monate. Zunächst in dem usurpierten Grab im Tal der Könige bestattet, wird er in der 21. Dynastie offenbar in das als Versteck dienende Grab → Amenhoteps II. umgebettet (Fund von Fragmenten des Holzsarges).

Von S. werden zwei Kapellen bei Deir el-Medine erbaut, während er sonst ältere Bauten usurpiert, bzw. durch seine Namen ergänzt (Tell Nebescheh, Heliopolis, Memphis, Karnak, Medinet Habu). Weitere Zeugnisse stammen aus Amara-West (Stele des Vizekönigs von Kusch, Hori, Sohn des Kama), dem Sinai (Serabit el-Chadim: Stele des Seti und Amenope), Theben-West (Ostrakon). Wesir während seiner Regierung ist Hori; Hoherpriester des Amun Bakenchons. Verschiedene Denkmäler belegen einen unter → Ramses III. eingerichteten Kult des vergöttlichten S. und der Königin Teje-Mereniset (in Abydos).

Lit.: R. DRENKHAHN, *Die Elephantine-Stele des Sethnacht und ihr historischer Hintergrund,* 1980 (ÄgAbh 36); H. ALTENMÜLLER, *JEA 68* (1982), 107–115; DERS., *GM 84* (1985), 7–17; DERS., in: C. N. REEVES (Ed.), *After Tutʿankhamun,* 1992, 141–164.

Sethos I.

2. König der 19. Dynastie mit einer Regierungszeit von etwas über 11 Jahren (1290–1279 v. Chr.; höchstes Datum Jahr 11 auf Stele vom Gebel Barkal). Er ist Sohn → Ramses' I. und der Satreʿ, verheiratet mit Tuja, Vater der Prinzen Nebenchasetnebet und Ramses (→ Ramses II.) und der

Prinzessin Tia. Die lange für eine Tochter S.s' gehaltene Henutmire᾽ ist in Wahrheit eine zur großen königlichen Gemahlin erhobene Tochter → Ramses' II. (s. dort; Zuweisung durch H. Sourouzian; C. Leblanc).

Hauptquelle für den Werdegang S.s bis zu seiner Thronbesteigung ist der für seinen Vater in Abydos errichtete Denkstein, nach dem der Thronfolger »wie ein Stern an der Seite [Ramses' I.]« war; als Oberkommandierender des Heeres unternimmt er dabei offenbar im letzten Jahr seines Vaters einen Zug nach Palästina (dazu auch Stelen Ramses' I. und S.s' aus Buhen, die die Zuweisung von Sklaven an einen Tempel erwähnen; A. Spalinger). Ob S. als Wesir auf der 400-Jahr-Stele aus Tanis dargestellt ist (und dessen dort genannter Vater, ein Wesir Pareᶜmessu, mit dem Wesir Pareᶜmessu aus Karnak und späteren König → Ramses I. gleichzusetzen ist), bleibt umstritten (dafür sprachen sich etwa W. Helck, M. Bietak, D. Polz aus, dagegen L. Habachi, H. Goedicke, R. Stadelmann).

Nach seiner Thronbesteigung setzt S. eine energische Außenpolitik in die Tat um, die durch Schlachtreliefs S.s' im Tempel von Karnak (nördliche Außenseite des Hypostylsaals) und Stelentexte bekannt ist.

Im ersten Jahr erfolgt ein Schlag gegen sich befehdende Beduinen am Horusweg, der Verbindung zwischen Ägypten und Palästina (Schlachten zwischen Sile und Raphia bzw. bei Gaza), um die Sicherheit des Handels und der Verkehrswege zu gewährleisten. Die erste Siegesstele S.s' aus Beth Schean nennt für das 1. Regierungsjahr die Eroberung der Städte Hammath, Beth Schean und Jenoᶜam am Mittellauf des Jordan (dazu Quader auf den Karnakreliefs), hierher gehört vielleicht auch das Vorgehen gegen die »ᶜApiru von Jarmuth« auf der zweiten Stele von Beth Schean. In beiden Fällen werden lokale Fehden beendet. Eine topographische Liste mit der zusätzlichen Nennung von Akko, Uzu, Tyrus an der Küste, Hazor und Beth ᶜAnat im Inland sowie weiter nördlich Kumidi (nordwestlich von Damaskus) und Ullaza (im Fürstentum Amurru) deutet möglicherweise auf einen Vorstoß nach Norden. Dieser Feldzug nach Kanaan muß nicht mit der Unternehmung gegen Schasu-Beduinen zusammengestellt werden (so W. J. Murnane gegen A. Spalinger).

Die Konfrontation mit dem Hethiterreich erfolgt durch die Syrienfeldzüge S.s (Quellen sind die Reliefs in Karnak, die Siegesstele S.s' aus Qadesch sowie die historischen Präambeln zweier Verträge der hethitischen Könige Hattuschili III. und Tudhalija IV. mit den Fürsten von Amurru). S. erobert dabei Amurru und die Stadt Qadesch (Jahre 3–5; nach A. Spalinger), die allerdings vor der Qadesch-Kampagne Ramses' II. (im Gegensatz zu Amurru) wieder von Ägypten abfällt. Der Verlust von Amurru und Qadesch bewirkt eine Reaktion des Hethiterreiches bzw. seiner syrischen Vasallen, gegen die S. erneut zu Felde zieht (im 7. Jahr (A. Spalinger)? eine mögliche Quelle sind Ortsnamenlisten aus dem Totentempel S.s' in Qurna); allerdings unternimmt Muwatalli keinen eigentlichen Feldzug gegen S. (zu den Gründen W. J. Murnane).

Außerhalb des Raumes Syrien-Palästina unternimmt S. vermutlich einen nur in Karnak aufgeführten Zug gegen die Libyer (spätestens im 6. Jahr nach A. Spalinger) und im 8. Jahr seiner Regierung einen durch Stelen in Sai und Amara-West dokumentierten Feldzug nach Jam im Sudan (unter Leitung des Heqanacht), der der Sicherung der Handelswege und der Beschaffung von Sklaven dient.

Die Baupolitik S.s' erschafft herausragende Werke der ägyptischen Architektur, so in Karnak den (unter → Haremhab und → Ramses I. begonnenen) Großen Säulensaal (hier auch Erneuerung und Weihung der Pylontore und Wiederaufbau der Stationstempel → Thutmosis' III. und → Amenhoteps II. auf der Strecke zum Luxortempel), in Abydos den Totentempel (mit der Königstafel [s. Abb. 3]; farblich sehr gut erhaltene Reliefs; Kapelle für → Ramses I. mit Weihinschrift) mit dem *Osireion* als Scheingrab des Osiris. Die Einkünfte aus den Goldminen von Barramije (östlich von Edfu) werden nach einem Dekret im Felstempel des Wadi Abbad dem Tempel von Abydos zugewiesen, Personal und Besitz des Tempels von Abydos durch das Dekret von Nauri (in Nubien) geschützt. In Luxor läßt S. die große Kolonnade dekorieren.

In Theben-West entsteht das prachtvolle Grab im Tal der Könige (KV 17), das als erste Grabanlage des Neuen Reiches vollständig dekoriert ist (mit u. a. Sonnenlitanei, Amduat, Pfortenbuch; Sarghalle mit astronomischer Decke; Kalzitsarkophag), der Totentempel in Qurna (für S. und → Ramses I.; Votivstele mit Gebet S.s' zur Tempelgründung) als Vorbild der Totentempel der 19. und 20. Dynastie, ein Doppeltempel (für Tuja und ʿAhmes-Nefertari [→ Amenhotep I.]?) nördlich des Ramesseums sowie ein Hathortempel in Deir el-Medine. Der Tempel der Hatschepsut in Deir el-Bahari wird instand gesetzt. In Memphis errichtet S. einen Totentempel am Ptahtempel und eine Isis, Nephthys und Ptah geweihte Kapelle (dazu Bauten und Statuen im Ptahtempel selber; Block mit Sedfest-Darstellungen); in Giza erweitert er den Hauron-Tempel → Amenhoteps II. und weiht der großen Sphinx als Gott Harmachis Stelen. In Heliopolis wird vor den Reʿ-Atum-Tempel ein Pylon mit Obelisken und Sphingen gesetzt (dargestellt auf einem Modell oder Votivobjekt aus Tell el-Jahudije; ein Obelisk jetzt in Rom; von hier auch Torblock, Opfertafel, Statue). S. leitet den Baubeginn an der neuen Deltaresidenz der Ramessiden, der Ramsesstadt, ein; der Sethtempel von Auaris erhält einen neuen Barkensockel. Das Sanktuar des Felsheiligtums der Löwengöttin Pachet in Speos Artemidos wird dekoriert. In dem erwähnten Wadi Abbad auf der Strecke zu den Goldminen legt S. zur besseren Erschließung eine Brunnenstation und einen Felstempel an.

In Nubien baut S. am Amuntempel von Napata/Gebel Barkal am 4. Katarakt und in Buhen (Tempel); er gründet Städte in Akscha und Amara. Stelen und Felsinschriften sind bezeugt aus Napata/Gebel Barkal, Nauri (Nauri-Dekret), Buhen, Sayala, Sai, Amara, Qasr Ibrim, Assuan, el-Dibbabija, Gebel Dosche, Gebel es-Silsile (Dekret zu Nilopferfesten), Karnak, dem Wadi Hammamat, Hermopolis (Dekret) und dem Sinai. Zahlreiche in der Amarnazeit zerstörte Tempel und Darstellungen (→ Amenhotep IV.) werden restauriert.

Für seinen Vater → Ramses I. errichtet S. Kapellen in seinen Totentempeln in Abydos (hier auch Statue und der berühmte Denkstein) und Qurna sowie eine Falkenstatue für Horus von Mesen und R. (aus Qantara).

Aus der Regierung S.s sind administrative Dokumente erhalten (u. a. Rechnungen aus dem Palast in Memphis). Wesire sind Nebamun und Paser, Vizekönige von Kusch Amenemope und Iuni, Speichervorsteher Nefersecheru und Siëse der Ältere, Hohepriester des Amun in Theben Upuautmose und Nebnetjeru.

Das Grab S.s dient in der 21. Dynastie kurzzeitig als Cachette für die hierher gebrachten Mumien → Ramses' I. und → Ramses' II; schließlich wird mit ihnen die Mumie S.s' – eine der besterhaltenen Mumien überhaupt – im 10. Jahr des → Siamun in die Cachette von Deir el-Bahari gebracht.

Lit.: A. J. SPALINGER, *JSSEA 9* (1978–79), 227–240; DERS., *JARCE 16* (1979), 29–47; J. VERCOUTTER, *Livre du Centenaire,* 1980; DERS., *MIFAO 104,* 157–178; H. H. NELSON, *The Great Hypostyle Hall at Karnak, I,* ed. by W. J. MURNANE, 1981; H. GOEDICKE, *BES 3* (1981), 25–42; I. HARARI, *Serapis 7* (1981–82), 23–32; DERS., *AIPHOS 26* (1982), 21–62; DERS., in: *Akten des 4. Internationalen Ägyptologenkongresses München, 4,* 1991, 225–232; A. M. MOUSSA, *ASAE 68* (1982), 115–118 und pl. I; J. J. CLÈRE, *Mélanges Vercoutter* 1985, 51–57; L. KAKOSY, *The Battle Reliefs of King Sety I,* (RIK 4; OIP 107), 1986; A. EL-SAWI, *MDAIK 43* (1987), 225 ff.; R. STADELMANN, *MDAIK 44* (1988), 255–274 u. Tff. 76–82; W. HELCK, *SAK 15* (1988), 143–148; DERS., *SAK 17* (1990), 205–208; C. BROADHURST, *JEA 75* (1989), 229–234; W. J. MURNANE, *The Road to Kadesch,* ²1990, 107–114; H. M. EL-SAADY, *JEA 76* (1990), 186 ff.; DERS., *SAK 19* (1992), 285–294; I. HEIN, *Die ramessidische Bautätigkeit in Nubien,* 1991, 80–87; E. HORNUNG, *The Tomb of Pharaoh Seti I / Das Grab Sethos' I.,* 1991; I. E. HARARI, *Akten des 4. Internationalen Ägyptologenkongresses München, 4,* 1991, 225–232; *Sethos – Ein Pharaonengrab, Katalog Basel* 1991; E. HORNUNG, in: R. H. WILKINSON (Ed.), *Valley of the Sun Kings,* 1995, 70–73.

Sethos II.

König der 19. Dynastie, als dessen Gemahlinnen Tachaʿt, dann → Tausret bezeugt sind; ein Prinz Seti-Merenptah stirbt früh. Die Abstammung S.s' ist bisher nicht geklärt (nach E. F. Wente / J. R. Harris nicht mit der 19. Dynastie verwandt).

Die Regierung dieses Königs der 19. Dynastie ist untrennbar mit der Herrschaft des → Amenmesse verbunden, dessen zeitliche Ansetzung und Interpretation umstritten sind. R. Krauss identifiziert Amenmesse mit dem unter Merenptah und kurz unter S. belegten Vizekönig von Kusch *Messui*, der als Gegenkönig zu S. über Oberägypten geherrscht habe und dessen vierjährige Regierung dann chronologisch nicht gesondert gezählt werden müßte. S. wäre dann als direkter Nachfolger → Merenptahs anzusehen (mit einer Regierung von 5 Jahren, 10 Monaten, 1204–1198). Dieser These ist mehrfach widersprochen worden (J. Osing, L. Habachi, M. Gutgesell / B. Schmitz), sie ist bisher nicht schlüssig beweisbar. Ansonsten wäre A. als unmittelbarer Nachfolger des → Merenptah mit einer selbständigen vierjährigen Regierung zu betrachten (1204–1200; so auch J. von Beckerath, N. Grimal), nach der erst S. an die Macht gelangt wäre. Jedenfalls gilt Amenmesse als Usurpator: die Dekoration seines Grabes im Tal der Könige (KV 10) läßt S. beseitigen, im Papyrus Salt 124 wird eine Kurzform seines Namens mit dem Zeichen des gefallenen Feindes determiniert.

S. trägt die Titulatur: Horus *Starker Stier, mit großer Kraft* (bzw. *Geliebter des Re* bzw. *Beschützer Ägyptens*), Nebti *Mit starker (bzw. mächtiger) Schlagkraft, der die 9 Bogen [die Feinde Ägyptens] bezwingt* (bzw. *Beschützer Ägyptens, der die Fremdländer bezwingt*), Gold *Der große Furcht verursacht in allen Ländern* (bzw. *Mit großen Siegen in allen Ländern*), Thronname *Reich an Gestalten, ein Re, Erwählter des Re / Geliebter Amuns*, Eigenname *Seti, von Ptah Geliebter*.

Die Hauptdenkmäler S.s sind sein Grab im Tal der Könige (KV 15), eine Barkenstation im Hof vor dem 2. Pylon von Karnak (mit Kapellen für Amun, Mut und Chons) und ein Tempeldekret aus Karnak (gegen Bestechung). Der Papyrus Anastasi V belegt den Bau von Festungen. Weiter ist S. u.a. bezeugt in Serabit el-Chadim im Sinai, in Buto (Bronzeschwert), in Per-Ramesse, Athribis (auf Obelisk Ramses' II.), Tell el-Jahudije (Statue), Heliopolis, Atfih (naophore Statue), Hermopolis (Titulaturzeilen auf Pylon und Szenen), Medamud, Karnak (Obelisk, Stele, Statuen, verschiedene Inschriften), Luxor (Inschriften), Deir el-Medine (Stele), Silsila-West und Amada (Stele), Abu Simbel (Orakeltext).

Aus der Regierung S.s' stammen wichtige Papyri (u.a. die Papyri Anastasi IV–VI und der Papyrus d'Orbiney mit dem Brüdermärchen.

S. stirbt offenbar in der Ramsesstadt im Ostdelta und wird nach einem neugefundenen Graffito am 11. Tag des dritten Wintermonats im ersten Jahr des → Siptah begraben (nach H. Altenmüller wird die Mumie S.s'

im 7. Jahr der Tausret in ihr Grab umgebettet und nach dem Herrschaftsantritt des Sethnacht im ursprünglichen Grab neubestattet).

Lit.: R. KRAUSS, *SAK 4* (1976), 161–199; DERS., *SAK 5* (1977), 131–174; DERS.,
GM 45 (1981), 27–33; L. HABACHI, *MDAIK 34* (1978), 57–67; J. OSING,
SAK 7 (1979), 253–271; M. GUTGESELL / B. SCHMITZ, *SAK 9* (1981), 131–141;
H. ALTENMÜLLER, *SAK 10* (1983), 38–61; DERS., *SAK 11* (1984), 37–47; DERS.,
in: C. N. REEVES (Ed.), *After Tut'ankhamun,* 1992, 147 ff.; E. F. WENTE /
J. R. HARRIS, ebd., 2–20; W. HELCK, in: *SAK 17* (1990), 208 ff.; A. EL-SAWI,
MDAIK 46 (1990), 337 ff.; C. N. REEVES, *Valley of the Kings,* 1990, 103 f.;
H. ALTENMÜLLER, *SAK 21* (1994), 19–28.

Severus Alexander

Bassianus Alexianus, seit Juni 221 n. Chr. Marcus Aurelius Alexander,
seit dem 14. März 222 Marcus Aurelius Severus Alexander, römischer
Kaiser (222–235 n. Chr.), geboren am 1. Oktober 208 n. Chr. (?) in Arca
Caesarea in Phönikien als Sohn des Gessius Marcianus und der Julia
Avita Mamaea. Verheiratet ist er mit Sallustia Orbina.

Nach der *Historia Augusta* ist S. »eine helle Lichtgestalt zwischen
Elagabal und dem Barbaren Maximinus Thrax«, in Wirklichkeit jedoch
»ein schwacher, mittelmäßiger Herrscher, der weder auf politischem
noch auf militärischem Gebiet irgend etwas Bemerkenswertes geleistet
hat« (H. Bengtson).

Am 26. (?) Juni 221 wird S. durch → Elagabal als Zugeständnis an die
Armee adoptiert und zum Caesar erhoben, nach dessen Tod am 13. März
222 n. Chr. durch die Armee als Kaiser akklamiert und am folgenden Tag
durch den Senat anerkannt. Die eigentliche Regierung wird durch seine
Großmutter Julia Maesa und seine Mutter Julia Mamaea geführt.

Innenpolitisch werden bedeutende Reformen eingeleitet (Staatsfinanzen, Rechtsprechung [bedeutende Juristen Ulpian und Paulus], Bildung und öffentliche Bauten), andererseits wird die Stabilität durch Mili-
täraufstände bedroht (228 Ermordung des Ulpian; 229 Anschlag auf den
Konsul Cassius Dio; Versuch des Schwiegervaters des S.s, Sallustius
Varius Macrinus, den Kaiser zu stürzen).

Gegen die Westexpansion des Sassanidenreiches unter Ardaschir
bricht S. 231 in den Perserkrieg auf (Beseitigung eines Gegenkönigs
Uranius in Emesa) und kann den persischen Vormarsch in einer Schlacht
im Frühjahr 232 stoppen (Winter 232/3 in Antiochia; Triumph in Rom
am 25. September 233). Ein großer Germaneneinfall am Rhein zwingt S.
in der zweiten Hälfte des Jahres 234 (?) zum Aufbruch in den Germanenkrieg. Am 19. März 235 (oder Februar/März?) wird S. mit seiner
Mutter bei einer Meuterei der Soldaten, die → Maximinus Thrax zum
König ausrufen, bei Mainz ermordet.

Hieroglyphisch ist S. in Esna belegt (J.-C. Grenier).

Sewa³djkare ͨ *(1)*

Lit.: H. BENGTSON, *Grundriß der römischen Geschichte, I,* ³1982, 397–400; J.-C. GRENIER, *CdE 63* (1988), 61 ff.; KIENAST, *Kaisertabelle,* 177 ff.

Sewa³djkare ͨ (1)
Thronname *Mit erfrischendem Ka, ein Re ͨ* des nur im Turiner Papyrus überlieferten 10. Königs der 13. Dynastie (um 1737 v. Chr.).
Lit.: BECKERATH, *Untersuchungen,* 41. 232.

Sewa³djkare ͨ (2)
7. Regent der 14. Dynastie mit dem Thronnamen *Mit erfrischendem Ka, ein Re ͨ*, nur im Turiner Königspapyrus bezeugt.
Lit.: BECKERATH, *Untersuchungen,* 264.

Sewa³djtu
29. König der 13. Dynastie nach dem Turiner Papyrus (vielleicht auch in der Königstafel von Karnak genannt) mit dem Thronnamen *Der von Re ͨ Belebte*, dem Eigennamen *Man [= der König] läßt gedeihen* und einer Regierungslänge von 3 Jahren und 2 Monaten (1654–1651 v. Chr.).
Lit.: BECKERATH, *Untersuchungen,* 27. 60. 70. 91. 253.

Seweserenre ͨ
9. König der 17. Dynastie mit einer Regierungszeit von 12 Jahren (nach dem Turiner Papyrus; etwa 1582–1570 v. Chr.), der aufgrund einer 1984 bei den Bleiglanzminen des Gebel Zeit gefundenen Stele vermutlich mit dem König → Beb ͨanch (Thronname *Seweserenre ͨ*) zu identifizieren ist.
Lit.: BECKERATH, *Untersuchungen,* 27. 65. 168. 185 f. 195. 221. 290; G. CASTEL / G. SOUKIASSIAN, *BIFAO 85* (1985), 291 f. mit pls. 64; D. FRANKE, *Or 57* (1988), 271 mit Anm. 69.

Siamun
6. König der 21. Dynastie (978–959), »im Grunde der aktivste und best-bezeugte König der Dynastie, der leicht mit Psusennes I. rivalisieren kann« (K. A. Kitchen). Die Abstammung S.s ist ungeklärt, insbesondere, ob er vielleicht der Sohn seines Vorgängers → Osochor (Osorkon der Ältere) ist. Zum Problem seines Nachfolgers → Psusennes II.
S. regiert vermutlich 19 Jahre (höchstes belegtes Jahr das 19.; Emendation der Angabe bei Manetho).
S. nimmt folgende Titulatur an (Nebti- und Goldname sind nicht bekannt): Horus *Starker Stier, Geliebter der Ma ͨat (geliebter Sohn des Amun, der aus seinem Leib hervorgegangen ist)*, Thronname *Mit göttlicher Gestalt, ein Re ͨ, Erwählter/Geliebter des Amun*, Eigenname *Sohn des Amun*.
Während im Süden als Hoherpriester des Amun in Theben → Pinudjem II. amtiert und nach dessen Tod als markantes Ereignis der Epoche

430

die Cachette von Deir el-Bahari als Versteck für die Königsmumien angelegt wird, tut sich S. besonders durch seine Bautätigkeit hervor.

In Tanis erweitert der König den Amuntempel durch einen vorgelagerten Pfeilerhof und einen von → Psusennes I. errichteten Schrein durch Triumphszenen, die mit seinem Palästinafeldzug zu verbinden sind. Vermutlich läßt S. → Amenemope in der Grabanlage → Psusennes' I. neu bestatten. In Memphis läßt S. durch den Hohenpriester des Ptah, Pipi, und den Priester des zu verehrenden Gottes, 'Anchefenmut, einen dem »Amun, Herrn des Lapislazuli« geweihten Tempel errichten.

Weitere Zeugnisse von S.s Herrschaft sind eine Bronzesphinx, ein Block aus Khata'na, eine Inschriftzeile auf dem Obelisk → Thutmosis' III. in Heliopolis, eine Stele (Bestätigung eines Landverkaufs durch Ptahpriester), ein Graffito in Abydos und ein Eintrag in den Priesterannalen von Karnak (hier auch Datierung nach Siamun auf Mumienbinden, dem Amunorakel am 10. Pylon, den Dekreten für Henuttaui und Neschons usw.).

Über die Außenpolitik S.s in Palästina unterrichten uns das genannte Triumphrelief aus Tanis und Angaben des Alten Testaments. Nach dem Tod König Davids von Israel kehrt der unter → Osochor nach Ägypten exilierte und dort mit einer Schwester der Königin verheiratete Kronprinz Hadad von Edom nach Edom zurück. Nach dem Regierungsantritt Salomos (etwa 970?) in Israel unternimmt S. einen Feldzug gegen die Philister-Seevölker, die sich nach dem abgewehrten Vorstoß nach Ägypten (→ Ramses III.) an der Küste Südwestpalästinas ansiedelten. Spuren dieses Vorstoßes finden sich in Aschdod (Zerstörung zu dieser Zeit) und Tell Far'a (Skarabäus des S.). Die eroberte Stadt Gezer (Zerstörungsspuren) gehört zu der Mitgift einer Tochter S.s, die Salomo zur Frau gegeben wird (die Verheiratung einer ägyptischen Prinzessin an einen ausländischen König ist noch in der 20. Dynastie undenkbar) und so eine offenbar erzielte Allianz zwischen den beiden Königreichen Ägypten und Israel besiegelt.

Lit.: *TIP* §§ 2 ff. 9. 24. 27. 61. 232–236. 389 f. 417. 431. 433. 445. 474. 505 f., Tf. 1. 2. 7–9. 12; A. R. GREEN, *JBL 97* (1978), 353–367; A. R. SCHULMAN, *JNES 39* (1980), 303-311; A. MALAMAT, *Das davidische und salomonische Königreich und seine Beziehungen zu Ägypten und Syrien* (SBÖAW 407), 1983; DERS., in: *Studies in the Period of David and Solomon*, ed. by T. ISHIDA, 1982, 189–204; A. LOPRIENO, *RivBibl 32* (1984), 111–119.

Sikruhaddu (»Sekerher«)

Bisher unbekannter König wohl der 15. Dynastie der »Großen Hyksos«, dessen Titulatur auf einem 1993 von M. Bietak in Tell ed-Dab'a im Ostdelta gefundenen Türsturz eines Monumentalbaus der Hyksoszeit (als

Spolie verbaut in einem Bau der 18. Dynastie) erscheint. Er heißt dort (Horusname nicht erhalten): Nebti *Der die Bogenvölker bindet,* Gold *Der seine Grenze errichtet hat, Herrscher der Fremdländer Sikru-Haddu* (geschrieben ›Skr-Hr‹, nordwestsemitisch *Gedenken des [Gottes] Hadad*). Die Titulatur bietet damit den ersten Beleg des Titels ›Hyksos‹ auf Steindenkmälern (bisher nur auf Skarabäen bzw. bei → Chalmudi im Turiner Papyrus). Der Name ›S.‹ dürfte in dem *Archles* der manethonischen Überlieferung vorliegen (eigener Vorschlag).
Lit.: *Pharaonen und Fremde. Dynastien im Dunkel, Katalog Wien 1994,* Kat. Nr. 126, 150–152.

Sinu
66. König der 14. Dynastie nach dem Turiner Papyrus, der nach seinem Namen *Der Weise* gewöhnlich als fiktiv betrachtet wird.
Lit.: BECKERATH, *Untersuchungen,* 82.

Siptah
7. König der 9. Dynastie (1198–93 v. Chr.), Sohn vermutlich seines Vorgängers → Sethos' II. und einer syrischen Nebenfrau Sutiraja (nach dem Relief des Louvre). S. wird nach dem Tod des Kronprinzen Sethi-Merenptah designierter Thronfolger seines Vaters. Er regiert 5. Jahre und 9 Monate (oder 6¹/₂ Jahre [Altenmüller]), wobei er in einer ersten Phase seiner Herrschaft (Jahre 1–2) den Eigennamen *Ramses-Siptah (Sohn des Ptah)* und den Thronnamen *Der von Reʿ Inthronisierte, Geliebter des Amun* trägt, vom 3. Jahr an jedoch den Eigennamen *Merenptah-Siptah* und den Thronnamen *Emanation des Reʿ* [vgl. den Namen *Echnaton,* → Amenhotep IV.], *Erwählter des Reʿ.* Der Horusname lautet *Starker Stier, Geliebter des Hapi (, der jedes Land alltäglich durch seinen Ka leben läßt),* bzw. *Mit großer Kraft wie Amun.* Da S. nach Ausweis seiner Mumie mit etwa 20 Jahren gestorben ist, ist als Alter zum Zeitpunkt der Thronbesteigung 14 Jahre anzusetzen.

S. ist v. a. durch Inschriften und Darstellungen in Wadi Halfa und Abu Simbel (Einsetzung des Vizekönigs von Kusch, Sethi, im 1. Jahr) sowie in Sehel, Amada, Assuan und Gebel es-Silsileh belegt. An Denkmälern sind dazu sein Grab und Totentempel (s. unten), zwei durch S. usurpierte Stelen → Amenmesses aus Qurna, zwei Skarabäen aus Palästina und eine Statue (S. auf dem Schoß wohl der → Tausret sitzend) erhalten; S. ist auch durch eine Darstellung im Grab der Tausret, eine weitere mit dem Kanzler Bai in Deir el-Bahari sowie die Anbringung seiner Namen auf dem Sockel des Pylons → Sethos' II. in Hermopolis bezeugt, als Prinz auch auf einem Würfelhocker aus demselben Ort (so R. Drenkhahn; anders R. Krauss).

In seinem 1. Jahr wird mit dem Bau des Königsgrabes (KV 47 im Tal der Könige) begonnen, das unvollendet bleibt; die Kartuschen werden aus unbekanntem Grund getilgt und später wieder eingesetzt. Sarg und Mumie S.s werden in der 21. Dynastie in das Grab → Amenhoteps II. umgebettet. Die Gründungsdepots des über Anfänge offenbar nicht hinausgelangten Totentempels des S. enthielten Plaketten aus Fayence, Gold- und Silberblech, Skarabäen, Ringe usw., darunter viele Objekte (auch Weinkrugaufschriften) des Kanzlers Baj. Letzterer ist Schatzmeister des ganzen Landes, geradezu der »Königsmacher« des Siptah (H. Altenmüller) und neben der Stiefmutter des S., Tausret, die als Regentin fungiert (Stele von Bilge), die beherrschende politische Gestalt der Zeit. Eine Anzahl von Denkmälern bezeugen Baj neben Siptah, mit Siptah und Tausret sowie allein; er besitzt sogar ein Grab im Tal der Könige (KV 13; Aufnahme durch H. Altenmüller) und ein Weingut im Delta; er beansprucht die Teilnahme am königlichen Totenkult und übernimmt königliche Beinamen und Titelfolgen. Im Papyrus Harris (→ Sethnacht) erscheint er als »der Syrer Arsu«. Vermutlich ist Baj noch vor dem Tod S.s gestorben (so H. Altenmüller), während R. Drenkhahn in ihm den Opponenten des → Sethnacht um die Herrschaft erblickt. Neuerdings ist ein Brief des Baj an den ugaritischen König ʿAmmurapi publiziert worden. Im Grab des Baj fanden sich keine Reste seiner Bestattung, die im 4. Jahr des S. stattfand, dagegen im unteren, erst unter → Ramses III. fertiggestellten Grabteil der für Amunherchepeschef, einen Sohn Ramses' III., umgearbeitete Sarkophag der → Tausret und der Sarkophag Mentuherchepeschefs, eines Sohnes → Ramses' IV.

Lit.: H. GOEDICKE, *WZKM 71* (1979), 1–17; R. DRENKHAHN, *Die Elephantine-Stele des Sethnacht und ihr historischer Hintergrund,* 1980 (ÄgAbh 36); J.-M. KRUCHTEN, *AIPHOS 25* (1981), 51–64; H. ALTENMÜLLER, *JEA 68* (1982), 107–115; DERS., *GM 84* (1985), 7–17; DERS., *GM 107* (1989), 43–54; DERS., *SAK 19* (1992), 15–36; J. FREU, *Syria 65* (1988), 395 f.; H. ALTENMÜLLER, *GM 145* (1995), 29–36; DERS., *SAK 21* (1994), 1–18; G. A. LEHMANN, *HZ 262* (1996), 32 f.

»Skorpion« I.

Frühester namentlich bekannter ägyptischer König, der in der als Naqada IIIa2 bezeichneten Epoche, etwa um 3150 v. Chr. lebte. Sein ungewöhnlich großes Grab in Abydos (U-j) wurde erst 1988 durch das Deutsche Archäologische Institut Kairo entdeckt (G. Dreyer). Es mißt 9,1 x 7,3 m, weist 12 Kammern auf und enthielt bei seiner Entdeckung von der Grabausstattung u. a. noch ein Königsszepter, Gefäße für Beigaben, Elfenbeinstäbe und -täfelchen (mit Aufschriften), in der Grabkammer Spuren eines Holzschreines. Insbesondere fanden sich über 400

Weinkrüge, die aus Palästina importiert wurden und einen gut etablierten Handel beweisen. Die Herkunft der Lieferungen ist durch Tintenaufschriften wie *Pflanzung des Skorpion* festgehalten; dadurch kann der Grabeigentümer als ein König »Skorpion« (I.) identifiziert werden. Zusätzlich sind die Etiketten und Tintenaufschriften die bisher frühesten Schriftzeugnisse aus Ägypten.

Lit.: W. KAISER, *MDAIK 46* (1990), 287–299; G. DREYER, in: E. C. M. VAN DEN BRINK (Ed.) *The Nile Delta in Transition: 4th.–3rd. Millenium B. C.*, 1992, 293–299; DERS., *MDAIK 49* (1993), 23–62.

»Skorpion« II.

Frühzeitlicher König der Dynastie »0«, dessen Einordnung umstritten ist. Nach W. Kaiser / G. Dreyer ist er vermutlich Nachfolger des → Ka³ und Vorgänger des → Naʿrmer. Dagegen betrachtet W. Helck, der vier weitere Königsnamen unsicherer Lesung zwischen S. und Naʿrmer setzt, S. als letzten Herrscher einer Dynastie von Hierakonpolis, die durch eine thinitische Herrscherlinie mit → Iri(-Hor) als erstem König abgelöst worden wäre. S. kann möglicherweise ein in Hierakonpolis neu gefundenes Einkammergrab (3,5 x 6,5 m, 2,5 m tief) zugewiesen werden, das durch die C 14-Methode auf 3025 +/– 80 v. Chr. datiert ist (M. A. Hoffman), oder die Anlage B 50 in der Frühzeitnekropole von Abydos (G. Dreyer).

Bedeutendstes S. zugeschriebenes Denkmal ist eine mit Darstellungen versehene Keule aus Hierakonpolis (vgl. die Keule des → Naʿrmer), die den König mit der weißen Krone Oberägyptens und einer Hacke in einer Flußlandschaft zeigt, vor ihm zwei Gestalten mit einem Korb bzw. einer Getreidegarbe (?). Die Deutung ist umstritten (Landwirtschaftsritus?). Mit Blick auf politische Ereignisse ist das oberste Register der Darstellungen am interessantesten, wo an Standarten Kiebitze (die unterlegenen Bewohner Unterägyptens) bzw. Bogen (in der klassischen Zeit Symbol für Ausländer) aufgehängt sind (Darstellung der Unterwerfung des Nordens? Vgl. → Menes, → Naʿrmer). Unsicher ist die Zuschreibung einer weiteren Keule aus Hierakonpolis sowie eines Täfelchens aus Abydos, auf dem ein Skorpion einen Feind erschlägt; dagegen sind S. wohl Gefäßaufschriften aus Tarchan zuzuweisen (P. Kaplony, W. Kaiser, H. Goedicke; dagegen W. Helck).

Lit.: M. A. HOFFMAN, *The Predynastic of Hierakonpolis,* 1982, 43–46; W. KAISER / G. DREYER, *MDAIK 38* (1982), 238 ff.; G. DREYER, *MDAIK 43* (1986), 41 ff., DERS., *MDAIK 46* (1990), 68–71; W. HELCK, *Untersuchungen zur Thinitenzeit,* 1987, 92–95.

Smendes I.

Begründer der 21. Dynastie (1069–1043 v. Chr.), dessen Herkunft, Stellung und historische Einordnung sehr umstritten sind. Traditionell wird davon ausgegangen, S. sei faktischer Machthaber in Unterägypten während der Regierung → Ramses XI. gewesen, da er mit seiner Gemahlin Tentamun als »Pfeiler, die Amun für den Norden des Landes aufgestellt hat« in der Erzählung des Wenamun genannt wird. Von Tanis aus sticht Wenamun mit einem Schiff in See, um in Byblos das Holz für die Barke des Amun in Karnak zu beschaffen; S. leistet auch nach der Beraubung des Wenamun den Kaufpreis. Das 5. Jahr, in dem Wenamun abreist, wird bisher meist auf die Renaissance-Ära unter Ramses XI. bezogen (= sein 23. Jahr); daher könnte S. hier auch nicht König sein (Name auch nicht in Kartuschen). Das genannte ›Jahr 5‹ und das auf Sargetiketten in Theben belegte ›Jahr 6‹ ist jedoch vielleicht auch auf Smendes selber zu beziehen (fehlende Kartuschen in diesem Text nicht relevant); K. Jansen-Winkeln weist sie dagegen → Herihor zu. Vom Status des S. hängt ebenfalls ab, ob Tanis schon zu diesem Zeitpunkt Residenz ist, oder ob S. den Hafen erst später, nach der bislang vermuteten Machtübernahme beim Tode Ramses' XI., anstelle der Ramsesstadt zur Hauptstadt gemacht hat. Die Regierungszeit von 26 Jahren nach Manetho sah man bestätigt durch die Nennung eines »25. Jahres« in der Stele der Verbannten, das man S. zuwies (K. A. Kitchen), doch ist dies fraglich (nach K. Jansen-Winkeln: → Pinudjem I.).

S. ist vielleicht Sohn des → Herihor und der Nedjmet und Schwiegersohn → Ramses' XI. über dessen Tochter Tentamun (umstritten).

S. nimmt folgende Titulatur an: Horus *Geliebter des Re᷾, dessen Schlagkraft Amun gestärkt hat, um die Ma῾at zu erhöhen*, Nebti *Mit mächtiger Kraft, der seine Gegner und die vor ihm Fliehenden schlägt, der (...) umfaßt*, Gold *(...) der den Zorn abwehrt*, Thronname *Mit glänzender Gestalt, ein Re᷾, Erwählter des Re᷾*, Eigenname *Der zum Widder (dem Herrn) von Mendes gehörige*.

Die einzigen Denkmäler des Königs S. sind eine Stele im Steinbruch von Dibabije bei Gebelein, die die von S. veranlaßte Behebung von durch eine Nilflut verursachten Schäden im Bezirk des Luxortempels darlegt, sowie seine Figur mit Name, die in eine Szene → Sethos' I. vom Portal Thutmosis' I. im Vorhof des Month-Tempels eingesetzt wurde. Zu S. gehören vielleicht die Jahreszahlen 1–21 ohne Königsname von zeitgenössischen thebanischen Bestattungen und Graffiti. Auf eine Bestattung des S. in Tanis könnte ein von dort stammender Kanopenkrug des Königs deuten.

Lit.: *TIP* §§ 2 ns. 13 f. 5. 14. 18. 24–27. 38 f. 44 n. 239. 61. 64. 209–217. 372. 375. 379. 381–4. 395. 417. 431. 439–443. 441, Tff. 1. 2. 7–9; BONHÊME, *Noms royaux*, 51–57; K. JANSEN-WINKELN, *ZÄS 119* (1992), 22–27; N. DAUTZENBERG, *GM 142* (1994), 61–66.

Smendes II.
Hoherpriester des Amun (992–990 v. Chr.) als Nachfolger des → Mencheperre', Vorgänger seines Bruders → Pinudjem II., ältester Sohn des Mencheperre' und der Isetemchep (III.), einer Tochter → Psusennes' I. S. hat nur zwei Jahre amtiert und ist daher kaum bezeugt (Stiftung von Armbändern für das Begräbnis → Psusennes' I., mit → Amenemope Ausrichtung des Begräbnisses des Nesbanebdjed). Ein Dekret vom 10. Pylon des Karnaktempels sichert die Besitzrechte seiner Witwe Henuttaui.

Eine 1977 gefundene Steintafel (mit Fußumrissen) aus dem Hof des 10. Pylons trägt die Namen des → Mencheperre', des Sohnes des Pinudjem, der Isetemchep und des S.

Lit.: *TIP* §§ 2–4. 11 ns. 57 f. 13. 22. 24 f. 27. 30. 36 n. 164. 46. 62. 65. 227 f. 378. 387 f. 441. 504; Tff. 1. 2. 7–9; J.-CL. GOYON, *Karnak 7* (1982), 275–280.

Smendes III.
Nur durch Nilstandsmarken in Karnak aus dem 8., 13. und 14. Jahr seines Bruders → Takelot I. und vielleicht eine (von G. Posener jedoch → Smendes II. zugewiesene) Schreibpalette (New York) bezeugter Hohepriester des Amun (884–874 v. Chr.); Sohn → Osorkons I., Bruder seines Vorgängers → Iuwelot.

Lit.: *TIP* §§ 96. 157. 270. 456. 504, Tff. 10. 13 A; G. POSENER, *JEA 68* (1982), 136.

Smendes IV.
Großfürst der Meschwesch-Libyer und Herrscher über das Fürstentum von Mendes (792–777 v. Chr.); bezeugt durch eine Inschrift aus Tell er-Rub'a/Mendes; Sohn und Nachfolger → Harnachts I. und Vorgänger und vermutlich Vater → Harnachts II.

Lit.: *TIP* §§ 98. 302. 306. 311. 428. 446. 449. 519, Tf. 22 A, *22 A; GOMAÀ, *Fürstentümer,* 77 f. 80. 82 f. 85 f. 121; J. CHAPPAZ, *Genava 30* (1982), 71–81.

Smendes V.
Großfürst der Meschwesch-Libyer und Herrscher über das Fürstentum von Mendes (755–730 v. Chr.), bezeugt durch eine in das 21. Jahr Iupets II. datierte Schenkungsstele; Nachfolger und Sohn → Harnachts II.

Lit.: *TIP* §§ 446. 449. 519, Tf. *22 A; GOMAÀ, *Fürstentümer,* 80. 82 f. 85 f. 121; J.-L. CHAPPAZ, *Genava 30* (1982), 71–81.

Snofru
Begründer der 4. Dynastie, die die echte Pyramide als Grabform und Symbol des Gottkönigtums realisiert (um 2670/2620 v. Chr.),»der größte Bauherr Ägyptens« (W. Wolf).

S. ist Sohn der Meres'anch; die Identität des Vaters ist nicht geklärt (oft wird → Huni vermutet [so zuletzt N. Grimal, J. Vercoutter; mit Vorsicht auch R. Stadelmann]). Hauptgemahlin S.s ist Hetepheres, die durch den Fund von Teilen ihrer Grabausstattung 1925 in einem Schachtgrab bei Giza, das bis zur Fertigstellung ihrer Königinpyramide als Notgrab diente, besser bekannt ist. Aus dieser Ehe stammt → Cheops, während Kinder aus der Verbindung S.s mit einer früheren Gemahlin (während der Residenz in Meidum; Gräber auf dem dortigen Königsfriedhof) der unbekannte Prinz der Mastaba M 17, Neferma³ᶜat und Reᶜhotep (Gruppenstatue mit Gemahlin Nofret in Kairo) sind (auch ᶜAnchchaᶜef, der nach R. Stadelmann Sohn des → Cheops ist?). Töchter S.s sind Nefretka³u und Hetepheres II.

Nach einer neugefundenen Datumsaufschrift aus Dahschur (24. Mal der – zweijährlichen – Zählung) regiert S. mindestens 48 Jahre, was auch durch die während seiner Regierung bewältigte Bauleistung gefordert wird (der Turiner Papyrus hat, vielleicht durch ein Mißverständnis aufgrund der später üblichen Zählweise, 24 Jahre). Zweifel an dieser Auffassung hat aufgrund von Graffiti auf Verkleidungsblöcken der Pyramide von Meidum nun P. Posener-Kriéger vorgebracht.

S. trägt die Namen Horus und Nebti *Herr der Maᶜat* und Gold *Goldfalke*. Sein Eigenname, die Kurzform eines Namens (*Der Gott NN*) hat *mich gut/vollkommen gemacht* wurde in späterer Zeit offenbar als »Wohltäter« verstanden und ein Grund für die Verehrung S.s als des guten Herrschers *par excellence*.

Der Palermostein und das Fragment in Kairo nennen – neben dem Bau von Schiffen, der Herstellung von Statuen, der Einrichtung von 35 Wirtschaftsdomänen für den Totenkult und 122 Viehweiden, der Errichtung einer Festung und der Ankunft von 40 Schiffen mit Koniferenholz – v.a zwei große militärische Unternehmungen: einen Feldzug nach Nubien, bei dem angeblich 7 000 Gefangene und 200 000 Stück Vieh erbeutet werden, sowie eine Razzia in Libyen, die 1 100 Gefangene und 13 000 Stück Vieh erbringt. Mit dem Feldzug nach Nubien sind zwei 1966 veröffentlichte Felsinschriften von Khor el-Aquiba/Karanog zu verbinden, die den Zug eines Aufgebotes von 20 000 Soldaten aus zwei Gauen »um Unternubien zu zerhacken« und die Gefangennahme von 17 000 Nubiern nennt. Wie W. Helck wahrscheinlich gemacht hat, werden diese Gefangenen in Ägypten als Arbeitskräfte und zur Kolonisierung von neuem Land benötigt. Gleichzeitig dienen die Züge auch der Offenhaltung der Wege zu den Steinbrüchen und Minen; so hat Snofru offenbar auch den Sinai dauerhaft für Ägypten gesichert (Darstellung und Inschriften im Wadi Maghara; Verehrung S.s im Sinai im Mittleren und Neuen Reich).

Am Ort der anfänglichen Residenz des S. bei Meidum wird die königliche Nekropole und die erste der drei durch den König erbauten Pyramiden errichtet. Innerhalb des fast quadratischen Pyramidenbezirks

mit erstmals ost-westlicher Orientierung (Totentempel nun auf der Ostseite) entsteht ein Kernbau um die auf den Felsgrund aufgesetzte Grabkammer. Es handelt sich um eine Stufenpyramide, die zunächst erweitert
(auf 8 Stufen von 85 m Höhe; Seitenlänge 120,8 m) und später zu einer
echten Pyramide als Symbol des Gottkönigtums umgebaut wird. Dieser
durch die Ausbildung der Pyramidenform in Dahschur veranlaßte Umbau
setzt zwischen dem 29. und 33. Jahr S.s ein und führt zu einer 92,5 m
hohen Pyramide (Böschungswinkel 51,5°, Seitenlänge 144,3 m). Vom
Eingang, 15 m hoch in der Nordseite, führt ein Gang abwärts, dann horizontal; die eigentliche Grabkammer schließlich liegt 6,5 m höher. Der
Pyramidenbezirk umfaßt ein Südgrab (vgl. → Djoser) und im Norden ein
Schachtgrab, in dem vielleicht eine Königin oder die Mutter S.s bestattet
wurde (Skelettreste). Im Osten liegt ein Stelenheiligtum; ein Aufweg mit
Torbau geht von hier ab. Unklar ist, wer in einer großen Mastaba an der
Nordostecke bestattet wurde (Prinz?).

Zwischen dem 12. (Bau der Königsburg *Haus des Snofru*) und dem
15. Jahr (Palastbau) verlegt Snofru vermutlich aus politischen Erwägungen Residenz und Königsnekropole weiter nördlich nach Dahschur, wo er
mit der sog. *Knickpyramide* die erste als solche geplante Pyramide verwirklicht. Während der Bauarbeiten auftretende Senkungen des Unter-
grundes unter der Pyramidenmasse, die zu Schäden im Kammersystem
und schließlich zur Aufgabe der Anlage führen, sind für die Reduktion
des Böschungswinkels in 49,1 m Höhe (von 55° auf 44,3°) verantwortlich, was zu der abgeknickten Form führt (ursprüngliche Höhe etwa 105 m).

Die Pyramide weist ein doppeltes Kammersystem auf. Ein unteres
System ist durch einen von der Nordseite bis 22,5 m unter den Grund
abwärtsführenden Gang zugänglich und besteht aus einer schachtartigen
Vorkammer von 12,6 m Höhe, einer 17,2 m hohen Kammer (unten
5 x 6,3 m) mit Kraggewölbe und einem anschließenden Kamin von
15,3 m Höhe.

Die obere Kammer (8 x 5,3 m, 16,5 m hoch; Kraggewölbe) ist von der
Westseite über einen insgesamt 87,7 m langen Gang mit Fallsteinen zugänglich. Sekundär wurde ein 18,8 m langer Gang geschlagen, der den
zur oberen Kammer führenden Gang mit dem Gewölbe der unteren
Kammer verbindet. Offenbar stellt die obere Kammer das Südgrab, die
untere die eigentliche Grabkammer dar (R. Stadelmann). Erst nach der
Zumauerung der oberen Kammer aufgrund der Bauschäden wird ein
getrenntes Südgrab südlich der Pyramide errichtet.

Die Kultanlagen der Knickpyramide, die später als Ganzes das Südgrab zu der nördlichen *Roten Pyramide* abgibt, werden fertiggestellt (in
der Hälfte des Aufweges großer Tempel [47,6 x 26,2 m] mit 6 Kapellen,
halbplastischen Königsstatuen und Reliefs).

Bestattet wird S. in seiner dritten Pyramide, der aus lokalem roten Kalksandstein erbauten, weiter nördlich gelegenen sog. *Roten Pyramide* (Verkleidung aus Tura-Kalkstein), deren Fundament im 29. Jahr S.s gelegt wird (Seitenlänge 220 m, Böschungswinkel 45°, ursprüngliche Höhe 105 m). Von dem Eingang 28 m hoch in der Nordseite führt der Gang 62,6 m abwärts, dann 7,4 m horizontal in zwei hintereinander liegende Vorkammern (je unten 3,7 x 8,4 m, 12,3 m hoch; Kraggewölbe), in deren zweiter in 8 m Höhe der Eingang zur Grabkammer liegt (4,2 x 8,4 m, 14,7 m hoch; Kraggewölbe). Von der ausgeplünderten Bestattung (Brandspuren) blieben nur geringe Reste der Mumie des Snofru.

Die beim Tod des S. unfertigen Kultbauten werden in Ziegelbauweise rasch hochgezogen (u. a. Totentempel; Umfassungsmauer des Taltempels).

Das von den Baumeistern S.s bewältigte Bauvolumen beträgt 3,6 Mio. m³, damit ein Drittel mehr als jenes der Anlage des Cheops (2,6 Mio. m³). In der 6. Dynastie erläßt Pepi I. ein Schutzdekret für das Personal des Totenkultes des S.

Lit.: D. WILDUNG, *Die Rolle ägyptischer Könige im Bewußtsein ihrer Nachwelt, I,* 1969, 105–152; W. HELCK, *SAK 1* (1974), 215–225; R. STADELMANN, *MDAIK 36* (1980), 437–449; DERS., *MDAIK 43* (1986), 229–239; DERS., *Pyramiden,* 80–105; M. LEHNER, *The Pyramid-Tomb of Hetepheres and the Satellite Pyramid of Khufu,* 1985; E. GRAEFE, in: *FS Lichtheim, I,* 1990, 257–263; P. POSENER-KRIÉGER, in: ALI EL-KHOULI, *Meidum* (The Australian Centre for Egyptology: Reports 3), 1991, 17–21; V. DEBREV, *SEAP 12* (1993), 3 ff.; A. SPALINGER, *SAK 21* (1994), 275–319.

Sogdanios

Ephemerer persischer Großkönig des Jahres 424 v. Chr. (während der 1. Perserherrschaft) zwischen → Xerxes II. und → Dareios II., in Ägypten nicht bezeugt.

Lit.: A. DANDAMAEV, *A Political History of the Achaemenid Empire,* 1990.

Stephinates

Nach Manetho 2. »König« der 26. Dynastie – eigentlich der sog. protosaïtischen Dynastie vor Beginn der 26. Dynastie – als Nachfolger des → Ammeris und Vorgänger des Nechepsos (→ Nekauba) mit einer Regierungszeit von 7 Jahren (695–688 v. Chr.). Der griechischen Namensform scheint ein ägyptisches *Tefnacht, Seine Stärke (ist der Gott NN)* zugrunde zu liegen, so daß S. als Tefnacht II. gezählt werden müßte. Vermutlich ist S. ein lokaler Vasall der 25. Dynastie, von dem bisher keine Denkmäler bekannt sind, nach W. Helck vielleicht ein Sohn des → Bokchoris.

Lit.: W. HELCK, *Geschichte des Alten Ägypten,* 1968, 42; *TIP* §§ 116 ff. 347. 351. 356. 363.

T

Tachos (Teos)

2. König der 30. Dynastie (362–360 v. Chr.), Sohn des → Nektanebis (Nektanebo I.), der ihn 365 vermutlich zum Mitregenten erhebt. T. erscheint so schon vor seinem Herrschaftsantritt als Geldgeber des Königs Agesilaos von Sparta und Förderer der Beziehungen zu Athen. Er ist offenbar maßgeblich an der ägyptischen Außenpolitik während des großen Satrapenaufstandes zu Lebzeiten des Vaters beteiligt und beschließt angesichts des Zerfalls der persischen Macht im Westen nach seiner Übernahme der Regierung die Rückeroberung Palästinas und Syriens, in Wiederaufnahme der zuvor zuletzt von → Apries verfolgten Politik. Der Feldzug wird durch umfassende Rüstungen vorbereitet; T. führt den Oberbefehl, während Agesilaos von Sparta die griechischen Söldner befehligt, der athenische Stratege Chabrias die Flotte. Das im Frühjahr 360 aufbrechende Heer scheint ohne Widerstand vorgestoßen zu sein.

Feldzug und Herrschaft des T. werden jedoch durch den Verrat des Bruders des T., Tjahapimu, der von dem König als Statthalter während seiner Abwesenheit eingesetzt ist, nun jedoch von ihm abfällt und seinen eigenen Sohn → Nektanebos (II.) zum König erhebt, zunichte gemacht. Die Armee schließt sich dem Usurpator an; T. flieht zu dem persischen Großkönig Artaxerxes II. und erhält dort Asyl.

Von T. sind nur wenige Denkmäler bezeugt, darunter eine Kapelle an der Nordwand des Chonstempels in Karnak (ansonsten: Reliefbruchstücke aus Qantir; Block aus Matarije; Fragment aus Athribis; Naosfragment; Steinbruchinschrift aus Tura; Restaurationsinschrift vom Chonstempel in Karnak; Schale aus Memphis; zwei Inschriftfragmente aus Tanis; Gewicht; Topfdeckel; unter T. auch Münzprägung).

Lit: KIENITZ 96 f.; J. P. CORTEGGIANI, *BIFAO 73* (1973), 143 f.; DERS., *BIFAO 75* (1975), 156 f.; C. TRAUNECKER, *Karnak VI,* 1980, 168–196 u. pls. 47–51; K. A. KUHLMANN, *MDAIK 37* (1981), 267–279.

Tacitus

Marcus Claudius Tacitus, römischer Kaiser, geboren um 200 n. Chr. in Interamna, Konsul des Jahres 278, im November/Dezember (?) 275 in Kampanien von der Armee zum Kaiser gewählt. Im Frühsommer 276

besiegt er in Kleinasien die Goten (Annahme des Titels *Gothicus maximus*), stirbt aber im Juli (?) desselben Jahres in Tyana (ermordet?).
Lit.: KIENAST, *Kaisertabelle,* 247 f.

Taharqa

Bedeutendster König der 25. Dynastie (690–664 v. Chr.), Nachfolger → Schebitkus, Sohn des → Pije und der Abale. Schwestergemahlinnen T.s sind u. a. Tekahatamani, Naparaja, Tabaketenamun, Atakhebaskeñ. Als Söhne T.s sind Nisuonuris, ein Prinz Nesschutefnut und Atlanersa, der Begründer der Dynastie von Napata, bekannt, als Töchter → Amenirdis II., Jeturow (Gemahlin des Atlanersa) und Peltaseñ. Nachfolger T.s als letzter kuschitischer Herrscher Ägyptens wird → Tanwetamani.

Die Titulatur T.s lautet: Horus und Nebti *Mit erhabenen Erscheinungen,* Gold *Beschützer der beiden Länder,* bzw. *Goldfalke* und Thronname *Schützling des Nefertem, ein Re˙.*

Die 26jährige Herrschaft des T. ist außenpolitisch geprägt vom Kampf gegen Assyrien unter → Asarhaddon, der mit der Eroberung Ägyptens endet, während in Ägypten selber eine gewaltige Bautätigkeit einsetzt.

Eine Inschrift T.s aus dem 6. Jahr (Versionen aus Kawa, Koptos, Mataʿna, Tanis) nennt die höchste Nilflut des Altertums, in der »das Land wieder Urflut wurde«, und die dennoch von Amun-Reʿ gewährte überragende Ernte, und sie berichtet von einem Besuch der Mutter T.s in Memphis. Rückblickend wird T.s Erwählung durch → Schebitku (anders W. Helck: Sturz Schebitkus durch T. gemäß einer antiken Nachricht) und seine Thronbesteigung nach dessen Tod mitgeteilt sowie der Auftrag Amuns zur Unterwerfung aller Länder (Flut und Thronbesteigung auch auf Gedenkskarabäen festgehalten). Interessant ist in diesem Zusammenhang die 1977 gefundene sog. Laufstele des T. von der Dahschurstraße, die von einem Lauf der Soldaten von Memphis ins Fajjum und zurück und der Inspektion der Truppen durch T. berichtet und den hohen Leistungsstand des Heeres betont.

Anlaß für das assyrische Vorgehen gegen T. bildet dessen antiassyrische Politik in Palästina zur Zeit des Sanherib; Hauptziel ist die Beseitigung der Kuschitenherrschaft in Ägypten (A. Spalinger). 679 stößt ein assyrisches Heer bis nach Arza (südlich von Gaza?) vor, dessen König Asuchili wird gefangen nach Ninive geführt. 677/6 fällt Abdimilkuti von Sidon von Assyrien ab; die Stadt wird erobert, geschleift und neugegründet, die Bevölkerung deportiert. Um die ägyptische Förderung des palästinischen Widerstandes zu beenden, greift Asarhaddon 674 Ägypten selber an, doch kann ihn T. nach der babylonischen Chronik zurückschlagen (die assyrischen Königsinschriften erwähnen den Zug nicht).

Anfang 671 belagert Asarhaddon Tyros, dessen König Baʿal auf die Seite T.s übergangen war, zieht durch den Sinai und führt im 4. Monat drei siegreiche offene Feldschlachten gegen das ägyptische Heer. Vier Tage nach der dritten Schlacht wird Memphis eingenommen; T. flieht, während u. a. sein Sohn Nisuonuris und ein Bruder T.s gefangengenommen werden. Der Einmarsch in Ägypten stelle »eine der größten Errungenschaften der assyrischen Militärmaschinerie« dar (A. K. Grayson). Die in Ninive (Tell Nebu Yunis bei Mossul) zutage gekommenen Statuen T.s stammen vermutlich aus der Kriegsbeute. Ägypten wird administrativ neu organisiert; ägyptische Städte des Deltas erhalten assyrische Namen.

Nach dem Abzug des assyrischen Königs errichtet T. seine Herrschaft wieder, so daß Asarhaddon erneut gegen Ägypten zieht, jedoch unterwegs stirbt. Sein Nachfolger → Assurbanipal schlägt das ägyptische Heer 667/6 und unterwirft Ägypten bis nach Theben. Die ägyptischen Fürsten anerkennen die assyrische Oberhoheit nur vorübergehend und konspirieren nach dem Abzug Assurbanipals mit T.; nach der Aufdeckung der Abfallsbewegung werden die beteiligten Prinzen nach Ninive deportiert und hingerichtet (weitere Hinrichtungen in Sais, Mendes und Pelusium oder Tanis); einzig Necho von Sais, der zur Umsetzung der assyrischen Politik benötigt wird, wird in seiner Herrschaft bestätigt, sein Sohn → Psammetich (I.) unter dem Namen *Nabuschezibanni* in Athribis eingesetzt (665). In die Zeit des assyrischen Vorstoßes von 667/6 gehört vermutlich eine Inschrift des thebanischen Bürgermeisters Montuemhat in einem Raum des Mut-Tempels von Karnak, die Unruhen und Rebellen in Oberägypten erwähnt.

Auseinandersetzungen um ein T. entglittenes Gebiet in Nubien tönt eine fragmentarische Inschrift aus Karnak an.

Die Bautätigkeit T.s ist die umfangreichste seit dem Neuen Reich und erstreckt sich vom Sudan bis ins Delta. An wichtigen Stätten und Denkmälern ist zu nennen (von Süden nach Norden): Gebel Barkal (Bautätigkeit am großen Amuntempel von Napata; Felsabbruch mit gigantischen Königsfiguren?), Sanam (Amun-Reʿ-Tempel), Kawa (Vollendung des Tempels → Tutʿanchamuns und Bau des Amun-Tempels (T) mit Prozessionsstraße, Pylon und Widderstatuen; Hypostylsaal mit Kapelle im Nordosten), Pnubs (Insel Argo; Tempel), Semna-Ost (Ziegeltempel; Barkenuntersatz; Verehrung des vergöttlichten → Sesostris III.), Buhen (Reliefs, Säulen und Kapelle des Südtempels), Gezira-Dabarosa und Faras (Blöcke), Qasr Ibrim (Tempel), Bab Kalabscha (Inschriften des 19. Jahres), Philae (Blöcke und Barkenuntersatz für Amun von Takompso), Elkab (Amulett), Hefat/Asfun-Mataʿna (Stele; Bronzestatuette T. vor dem Falkengott Hemen).

Ein Zentrum der Aktivitäten T.s ist Karnak: Rampe und Gebäude T.s zum Schöpfen des Wassers am Neujahrsfest; sog. Kiosk vor dem 2. Pylon (und ähnliche Bauten im Norden, Süden, Osten); Gründungsdepots am Eingang zum Monthtempel, Fassade des Harpreʿ-Reʿttaui-Tempels; östlichste der Kapellen der Südmauer des Monthbezirks; Kapelle für Osiris-Herrn-der-Ewigkeit mit Schepenupet II., Tordurchgänge zum 2. und 10. Pylon, Inschriften im Hof vor dem 6. Pylon, Bau des Taharqa beim Heiligen See; im Süden des Tempelbezirks Kapelle T.s und → Tanwetamanis für Osiris-Ptah-Herrn-des-Lebens, Tor im Bezirk des Mut-Tempels, verschiedene Blöcke von weiteren Bauten T.s. Im Vorhof des Luxortempels errichtet T. eine Kapelle. Auf der thebanischen Westseite baut T. in Medinet Habu (Umfassungsmauer des Kleinen Tempels, Vollendung der Dekoration des Pylons).

Schlechter bezeugt ist T. nördlich von Theben bis ins Delta: Qûs (Granitlöwe), Memphis (u. a. Sanktuar für Amun-Reʿ-der-den-Tempeln-vorsteht, Bronzetürangel [aus Sais?], Serapeum-Stelen [u. a. Jahr 26]), Athribis (Heiligtum), Tanis (Statue). Eine Stele aus Kawa erwähnt die Umsiedlung von Kindern libyischer Prinzen und Einwohnern Bahrijas von Nubien.

Auch die Königsplastik T.s ist gut bezeugt (Kolossalstatue vom Gebel Barkal; Granitkopf Kairo; Statuen aus Karnak, Kawa und Tanis, Sphinx des T. aus Kawa).

Nicht ganz geklärt ist die Frage nach dem Bestattungsort T.s. In seiner Pyramide, die nicht mehr in El-Kurru, sondern in Nuri liegt, fanden sich offenbar keine Spuren eines Begräbnisses (jedoch 1070 Uschebtis), während ein Pyramidengrab im Westfriedhof von Sedeinga sowohl Blöcke (vermutlich jedoch wiederverwertet) des T. als auch die Bestattung eines etwa 50 Jahre alten Mannes enthielt.

Lit: P. VERNUS, *BIFAO 75* (1975), 26–66; R. PARKER / J. LECLANT / J.–C. GOYON, *The Edifice of Taharqa by the Sacred Lake of Karnak,* 1979; H. ALTENMÜLLER / A. MOUSSA, *SAK* 9 (1981), 57–84; K. MYŚLIWIEC, *MDAIK 39* (1983), 151–157 u. Tff. 36–46; J. LECLANT, in: *FS Westendorf, II,* 1984, 1113–1117; W. H. SHEA, *JBL 104* (1985), 401–418; J. LECLANT, *LÄ 6,* 156–184 (v. a. Bautätigkeit).

Takelot I.

4. König der 22. Dynastie (889–874 v. Chr.), Nachfolger → Osorkons I., Vorgänger und Vater → Osorkons II., »der am wenigsten bekannte König der gesamten Libyerzeit«, eine »völlige Null« (K. A. Kitchen). T. kann bisher kein zeitgenössisches Denkmal mit Sicherheit zugewiesen werden (allenfalls ein Herzskarabäus aus dem Begräbnis → Osorkons II.; in sein 14. Jahr datiert ein Ehevertrag), doch ist ihm nach D. A. Aston das

bisher → Takelot II. zugewiesene Begräbnis in Tanis zuzuschreiben; sein Thronname ist unbekannt. Seine historische Existenz ist gesichert durch seine Nennung in der Genealogie auf der Serapeumstele des Priesters Pasenhor (37. Jahr → Scheschonqs V., 150 Jahre nach T.), nach der er Sohn → Osorkons I. und der Taschedchons ist und seine Gemahlin Kapes. Er kommt nach dem Tod seines Vaters und (noch vor jenem) von dessen Mitregent → Scheschonq II. auf den Thron. Thebanische Hohenpriester des Amun während seiner Regierung sind zwei jüngere Brüder T.s, → Iuwelot und → Smendes III., die in der Datierung der Nilstandsmarken sich auf das 5., 8., 13. und 14. Jahr T.s beziehen, seinen Namen jedoch – in krassem Gegensatz zu Nilmarkendatierungen unter anderen Herrschern – ignorieren. W. Barta (→ Takelot II.) will die Regierung T.s auf ein Jahr reduzieren.

Lit: *TIP* §§ 85. 88. 93–96. 146 f. 157. 159. 185. 270. 298 n. 525. 418 n. 133–453. 456. 460, Tff. 3. 10. 19; *3, *15.

Takelot II.

Die traditionelle Einordnung, wie sie K. A. Kitchen bietet (6. König der 22. Dynastie, Nachfolger Osorkons II., Vorgänger → Scheschonqs III., 850–825 v. Chr.) ist jüngst von D. A. Aston völlig umgestürzt worden, der T. als ersten bekannten König der »thebanischen 23. Dynastie« betrachtet, als Vater → Osorkons III. und Vorgänger → Padibastets I. (und Zeitgenosse → Scheschonqs III.), und ihn etwa 838/3–812/07 v. Chr. ansetzt.

T., »ein träger und ehrgeizloser König« (K. A. Kitchen), trägt den Horusnamen *Der in Theben erscheint* und den Thronnamen *Mit strahlender Gestalt, ein Re῾, Erwählter des Re῾ (Gott, Herrscher von Theben).*

Verheiratet ist T. mit Karomama Merimut II., der Tochter des Hohenpriesters des Amun und Fürsten → Namilt (2) von Herakleopolis; seine Eltern sind nicht sicher bekannt (K. A. Kitchen, D. A. Aston; anders M. L. Bierbrier). Von T.s Politik ist wenig bekannt. Am bedeutendsten in ihren Folgen ist die Einsetzung seines ältesten Sohnes und Kronprinzen → Osorkon als Hoherpriester des Amun in Theben, woraus sich durch die Konfrontation mit dem Hohenpriester → Harsiese ein Bürgerkrieg in Oberägypten (15.–24. Jahr; im Bericht zum 15. Jahr wird z. T. die Erwähnung einer Mondfinsternis angenommen [W. Barta, dagegen K. A. Kitchen]) entwickelt. In das 25. Jahr T.s (höchster sicherer Beleg; ev. auch »Jahr 26« auf Mumienbinde) während der auf den Krieg folgenden kurzen Friedenszeit datiert eine Landschenkung zugunsten der Schwester des Prinzen Osorkon, Karomama. Nach dem 26. Jahr verliert Osorkon durch erneute Unruhen im Süden das Amt des thebanischen Hohenpriesters und die Herrschaft im Süden; in diese Zeit fällt auch der Tod T.s.

Nach Kitchen hätte seine Nachfolge als König der 22. Dynastie jetzt jedoch nicht der im Süden involvierte Osorkon angetreten, sondern vielleicht unter Schaffung vollendeter Tatsachen → Scheschonq III., ein möglicherweise in Tanis anwesender jüngerer Sohn T.s.

Nach dem auch unter Berücksichtigung der genealogischen Verhältnisse plausiblen Modell Astons folgt dagegen auf T. als Herrscher der »thebanischen 23. Dynastie« → Padibastet I., dann → Iupet I. und schließlich → Osorkon III., wobei es sich hierbei vermutlich um den früheren Hohenpriester → Osorkon handelt.

Eine eigentliche Baupolitik T.s ist nicht bekannt, nur Erwähnungen auf anderen Denkmälern (Kartuschen T.s in der Osiriskapelle der → Karomama/Meritmut I. in Karnak; Schenkungsstelen; Begräbnis des Apisstieres im 14. Jahr [zweifelhaft]; Block mit Nennung T.s und des Hohenpriesters von Memphis Merenptah). Auch eine Weinamphore mit Trinkspruch trägt die Kartusche T.s.

Nach der traditionellen Meinung hätte sich T. in Tanis kein eigenes Grab angelegt, sondern wäre in einem Vorraum der Anlage seines Vaters → Osorkon II. bestattet worden; nach D. A. Aston kann es sich hierbei um die Bestattung → Takelots I. handeln.

Lit: *TIP* §§ 68. 73. 86 u. n. 115. 93. 146 ff. 156. 162 f. 184 f. 282. 287–294. 418. 454–460. 472. 484. 514. 516, Tff. 3. 10. 12, *12: 7–9; W. BARTA, *RdE 32* (1980), 3–17; D. A. ASTON, *JEA 75* (1989), 139–153; K. JANSEN-WINKELN, *ZÄS 116* (1989), 143 f.; DERS., *CdE 67* (1992), 249–254; J. VON BECKERATH, *GM 144* (1995), 7–11; K. JANSEN-WINKELN, *JEA 81* (1995), 129–149.

Takelot III.

Hoherpriester des Amun (etwa 775–764 v. Chr.?) und König der 23. Dynastie (764–757 [Kitchen], nach Aston 773/768–766/761 v. Chr.), Sohn → Osorkons III. und der Tentsai. Söhne T.s sind ein 2. Prophet des Amun Djedptahiuefʿanch und ein möglicher Hoherpriester des Amun → Osorkon, Töchter Irbastetudjatjau, Diisetnesit (beide mit Wesiren verheiratet) und Tentsai.

T. ist zuerst Hoherpriester des Herischef in Herakleopolis, Statthalter des Südens und General, dann thebanischer Hoherpriester, schließlich Koregent seines Vaters und ab 759 v. Chr. für zwei Jahre eigenständiger König in Leontopolis (Jahr 29 Osorkons III. = 6. Jahr T.s in Nilstandsinschrift in Karnak). Seine Bautätigkeit ist in Karnak im Tempel des Osiris-Herrschers-der-Ewigkeit bezeugt; weitere Denkmäler sind spärlich (Statuette aus Abydos; aus seinem 7. Jahr Genealogie auf der Dachterrasse des Chonstempels in Karnak [→ Osochor]; als Truppenkommandant etwa auf einem Gefäß mit Trinkspruch genannt).

T. trägt die Titulatur Horus/Nebti/Gold *Gedeihen der beiden Länder u*nd den Thronnamen *Reich an Ma'at, ein Re', Erwählter des Amun.*

In Mittelägypten beanspruchen → Namilt (3) von Hermopolis und → Paieftjauem'auibastet von Herakleopolis königlichen Status, während im Süden → Pije sein Herrschaftsgebiet in die Thebais ausweitet und dort seine Schwester → Amenirdis I. als Gottesgemahlin des Amun einsetzt. Auf T. folgt sein jüngerer Bruder → Rudjamun.

Lit.: *TIP* §§ 70. 72 f., 76 f. 100. 145 f. 157. 164. 184 f. 313 f. 317–321. 330. 419. 437. 448. 450. 484 ff. 521, Tff. 3. 6. 10. 13A. 16A, *3. *6. *12: 11–14.; K. JANSEN-WINKELN, *ZÄS 116* (1989), 151 f.; D. A. ASTON, *JEA 75* (1989), 139–153; DERS. / J. H. TAYLOR, in: *Libya and Egypt c 1300–750 BC*, ed. by A. LEAHY, 1990, 131–154.

Takelot (1)

Sohn → Scheschonqs III. und der Djedbastetiues'anch, der durch eine Schenkungsstele aus dem 18. Jahr seines Vaters in Busiris bezeugt ist und von etwa 810 bis 790 v. Chr. (K. A. Kitchen) Fürst des Fürstentums von Busiris ist.

Lit.: *TIP* §§ 305. 307, Tf. 10. 22C; GOMAÀ, *Fürstentümer,* 61 f. 67. 156.

Takelot (2)

Nach K. A. Kitchen Hoherpriester des Amun (etwa 800–775 v. Chr.), dem eine kleine Kapelle im Bezirk des Karnaktempels zuzuweisen ist, jüngerer Sohn des → Namilt (2; Fürst von Herakleopolis und Hoherpriester des Amun), Enkel → Osorkons II. und Onkel des Prinzen und Hohenpriesters → Osorkon, bezeugt im 23. Jahr → Padibastets I. und im 6. Jahr → Scheschonqs IV. (Nilstandsinschriften in Karnak). Dagegen befürwortet etwa D. A. Aston (zuvor H. Kees; M. L. Bierbrier) die von Kitchen verworfene Ansetzung von zwei Hohenpriestern namens *Takelot,* von denen der erste als Sohn des Namilt auch dessen direkter Amtsnachfolger gewesen wäre (Reliefs des Tempels J in Karnak; unter Osorkon), der zweite erst ein halbes Jahrhundert später unter den Königen Padibastet I. und Scheschonq IV. amtiert hätte.

Lit. *TIP* §§ 68. 86. 98 f. 157. 163. 291. 299. 303, Tf. 13A; D. A. ASTON, *JEA 75* (1989), 147.

Takelot (3)

Hoherpriester des Amun und späterer König → Takelot III.

Tanwetamani (Tanutamun)

Letzter Herrscher der 25. Dynastie, der nach dem Tod des → Taharqa (664; kurze Mitregentschaft?) dessen Nachfolge antritt (664–656 v. Chr.). Nicht geklärt ist seine Abstammung. Gewöhnlich wird er als Sohn des

→ Schebitku betrachtet (K. A. Kitchen; nach den kuschitischen Quellen Sohn der Qalheta, vermutlich Gemahlin des Schebitku), während der assyrische Feldzugsbericht des Rassamzylinders von ihm als »Sohn des Schabaka« spricht (so auch A. Leahy). Gemahlinnen T.s sind Pijearti und vielleicht Malaqaje.

Wichtigstes Dokument seiner Politik ist die sog. *Traumstele des T.*, deren Text von der im Traum T. anbefohlenen Rückeroberung des Nordens und den darauf folgenden Ereignissen berichtet. T. wird in Napata am 4. Katarakt zum König gekrönt und erobert Ägypten zurück, wobei er in der Tradition der der ägyptischen Religion ergebenen Herrscher der 25. Dynastie (vgl. → Pije) in Elephantine dem Chnum, in Theben dem Amun-Re῾ opfert. T. nimmt Memphis und das Delta ein; der dem assyrischen Reich loyale → Necho von Sais wird getötet. Eine Gesandtschaft der übrigen Fürsten des Deltas unter → Pekrur von Pi-Sopdu unterwirft sich daraufhin T.

Der überragende Triumph T.s ist ephemer, da der sofortige Gegenstoß des assyrischen Heeres (offenbar unter Führung der Generäle → Assurbanipals) T. im Jahre 663 nach Theben, dann nach »Kipkipi« (Ortschaft unbekannter Lokalisierung in Nubien) zurückwirft und damit das Ziel der assyrischen Ägyptenpolitik – die Beendigung der Kuschitenherrschaft (A. Spalinger) – erreicht. Dabei wird Theben geplündert, jedoch nicht zerstört (das Ereignis wird in der Forschung meist überschätzt), u. a. sind nach dem Bericht des Rassam-Zylinder zwei Obelisken aus Edelmetall von 2500 Talenten Gewicht nach Assyrien verschleppt worden (assyrische Waffen in Theben-West gefunden). Das Delta bleibt bis zur Rückeroberung durch → Psammetich I. 655 völlig unter assyrischer Kontrolle (alle wichtigeren Städte tragen assyrische Namen); Ägypter in assyrischer Gefangenschaft tauchen in den folgenden Jahren in assyrischen Quellen auf (vgl. I. Eph῾al, R. Zadok).

Oberägypten wird faktisch von dem immer noch amtierenden Bürgermeister Montuemhat (Grabpalast in Theben-West/Asasif) und der Gottesgemahlin des Amun → Schepenupet II. regiert, während man noch bis 656 nach dem »militärisch diskreditierten und abwesenden« (K. A. Kitchen) T. datiert und ihn so formell anerkennt (Einsetzung von Priestern in Luxor im 3. Jahr T.s; Landverkauf im 8. Jahr). 655 v. Chr. erfolgt mit der Einsetzung der Nitokris durch → Psammetich I. auch hier die Wende; über das weitere Schicksal T.s und die Dauer seiner Anerkennung in Nubien wissen wir nichts.

Die bauliche Tätigkeit T.s ist äußerst gering. Von Bauprojekten in Napata (am Ort nicht nachgewiesen, lediglich Statuen) erfahren wir aus der Traumstele, während er neben → Taharqa in der Kapelle des Osiris-Ptah-Neb῾anch in Karnak erscheint (zudem Blöcke in Karnak, Nennung auf

Privatstatuette, Plakette). Weitere Zeugnisse stammen aus Nubien (Statue von Tombos?, Kopf von Amunstatue aus Sanam), v. a. aus seinem Pyramidengrab in El-Kurru (Uschebtis, Kanopenkopf, Malerei, Opfertafeln, Herzskarabäus).

Lit.: K. A. KITCHEN, *CdE 53* (1978), 22–47; I. EPHᶜ AL, *Or 47* (1978), 74–90; A. K. GRAYSON, *JSSEA 11* (1981), 85–88; DERS., *CAH² III/2,* 1991, 103–161; M. ELAT, *JAOS 98* (1978), 20–34; N. C.-GRIMAL, *Quatres stèles napatéennes au Musée du Caire* (MIFAO 106), 1981; W. G. LAMBERT, *JJS 33* (1982), 61–70; A. LEAHY, *GM 83* (1984), 43–45; A. A. GASM EL SEED, *RdE 36* (1985), 67–72; T. SCHNEIDER, *BN 44* (1988), 68 ff.; R. ZADOK, *LingAeg 2* (1992), 139–146; H.-U. ONASCH, *Die assyrischen Eroberungen Ägyptens,* 1994 (ÄAT 27).

Tausret

Königin am Ende der 19. Dynastie (1198–1190; allein 1993–90 v. Chr.). T. ist große königliche Gemahlin → Sethos' II.; aus dieser Zeit stammen zwei Silberarmreife und weitere Schmuckstücke, die T. und Sethos II. gemeinsam nennen, aus einem Schachtgrab im Tal der Könige (KV 56; entweder Ort der Bestattung einer Tochter oder [so H. Altenmüller] letzter Begräbnisplatz der T. selbst). Schon vor dem frühzeitigen Tod Sethos' II. ist auch der designierte Thronfolger, Sethi-Merenptah, verschieden, so daß der von einer Nebenfrau stammende → Siptah, erst etwa 14 Jahre alt, seinem Vater in der Herrschaft nachfolgt. Für das noch unmündige Kind übernimmt seine Stiefmutter T. die Regentschaft (»große Fürstin des ganzen Landes« auf der Bilgai-Stele]; bei ihrer späteren alleinigen Königsherrschaft nach dem Tod des Siptah zählt sie die Jahre der Regentschaft als Regierungsjahre mit, so daß auch Manetho sie (als *Thuoris*) mit 7 Jahren aufführt. Als mächtiger Mann der damaligen Politik, »schillerndste Persönlichkeit und zugleich Schlüsselfigur in der Situation am Ende der 19. Dynastie« (R. Drenkhahn) erscheint der »Große Schatzmeister des ganzen Landes«, der (vermutlich aus Syrien stammende) Baj (zu ihm → Siptah). Das Verhältnis der beiden die Regierung *de facto* führenden Gestalten zueinander ist noch nicht genau greifbar; jedenfalls sind ihre Gräber im Tal der Könige aufeinander abgestimmt und beide auf das Grab des Siptah ausgerichtet. Nach R. Drenkhahn soll Baj gegen T. bzw. gegen Sethnacht versucht haben, seine Ambitionen auf die Königsherrschaft durchzusetzen, doch ist er sehr wahrscheinlich noch vor Siptah gestorben (H. Altenmüller; eine mögliche Bestätigung durch Kartusche im Grab des Baj).

Das Grab der T. im Tal der Könige ist nach neueren Erkenntnissen nicht erst im 2. Jahr des Siptah, sondern noch unter Sethos II. (in dessen 2. Jahr) begonnen worden; es wird später von → Sethnacht usurpiert. Erst zur Zeit ihrer Alleinherrschaft wird der Totentempel der T. südlich des Ramesseums angelegt.

Nach dem Tod des → Siptah ist T. für 1½ Jahre alleinige Königin. Sie trägt den Thronnamen *Von Amun Geliebte* und den Eigennamen *Die Starke* (Kurzform eines Vollnamens?), *die von Mut Geliebte/Erwählte.*

T. ist über Theben (Grab, Totentempel mit Gründungsdepots) hinaus belegt in Bubastis (Gold- und Silbergefäße aus dem Hortfund; → Sethnacht), Memphis (Block), Hermopolis (Namen des Siptah am Sockel des Pylons → Sethos' II. durch T. überschrieben), auf dem Sinai (30 Objekte aus Serabit el-Chadim), Qantir (Ziegel); von ihr stammen auch ein Gefäß aus Deir ʿAlla/Jordanien und Skarabäen. Im Papyrus Turin 32 wird vermeldet, daß in der Zeit der T. ein unter → Ramses II. eingerichteter Statuenkult nicht mehr gewährleistet war. Eine Statuengruppe (München) stellt vermutlich T. (J. von Beckerath, anders R. Drenkhahn: Baj) mit Siptah auf ihrem Schoß dar.

Wie H. Altenmüller zeigen konnte, starb Siptah kurz vor dem Opet-Fest seines letzten Jahres, so daß sich T. anläßlich des Festes durch die Götter in der Thronfolge bestätigen lassen konnte. Am Tag vor dem Opet-Fest werden die Arbeiten am Grab der T. in der ursprünglichen Planung eingestellt, nach dem Fest wird mit der Erweiterung zu einem echten Königsgrab begonnen.

Ihr Ende findet Tausret in der Auseinandersetzung um die Königsherrschaft mit → Sethnacht (so H. Altenmüller; anders R. Drenkhahn), der am 10. Tag des zweiten Sommermonats in ihrem 8. Jahr die Macht ergreift. Ihr Grab wird von Sethnacht (oder von → Ramses III. für ihn) usurpiert. Ob T. selber in dem genannten Schachtgrab beigesetzt wurde (Vermutung H. Altenmüllers), ist sehr zweifelhaft (C. N. Reeves). Der Sarkophag der T. wird unter → Ramses III. für die Bestattung des Prinzen Amunherchepeschef im unteren Teil des Grabes des Baj umgearbeitet.

Lit.: R. DRENKHAHN, *Die Elephantine-Stele des Sethnacht und ihr historischer Hintergrund,* 1980 (ÄgAbh 36); H. ALTENMÜLLER, *JEA 68* (1982), 107–115; DERS., *SAK 10* (1983), 38–61; *SAK 11* (1984), 37–47; DERS., *GM 84* (1985), 7–17; DERS., in: C. N. REEVES (Ed.), *After Tutʿankhamun,* 1992, 141–168; C. N. REEVES, *Valley of the Kings,* 1990, 109 ff., 131 ff.; W. HELCK, *SAK 17* (1990), 208 ff.; H. ALTENMÜLLER, *SAK 21* (1994), 1–18 u. 19–28; DERS., *GM 145* (1995), 29–36.

Tefnacht

Fürst von Sais (740–727 v. Chr.), dann König (727–720) und Begründer der 24. Dynastie, Vorgänger des → Bokchoris, zuerst bezeugt durch Schenkungsstelen im 36. und 38. Jahr vermutlich → Scheschonqs V. T. dehnt seine Macht kontinuierlich aus (Anspruch auf den Titel *Fürst der Libu* [Libyer], → ʿAnchhor; *»Großer Fürst des ganzen Landes«;* Prophet der Neith, Uto und Herrin von Imau, damit Herrscher über Sais, Buto und Kom el-Hisn) und ist bald als Herrscher über das gesamte Westdelta und

bis nach Memphis/Itjtaui de facto mächtiger als die Könige der 22. und
23. Dynastie. Die weitere Expansion nach Süden führt zu der Konfrontation mit → Pije.
Auf den Vorstoß des T. und verbündeter Fürsten (→ Osorkon IV.,
→ Iupet II., → Scheschonq u. a) nach Süden gegen das Reich von Herakleopolis schlagen zuerst oberägyptische Truppen Pijes unter den Generälen Pawerem und Rumersekeni zurück. Als Hauptgegner erscheint dabei anfänglich → Namilt (3) von Hermopolis, der nach dem Bericht der
Stele zu T. überlief, vermutlich aber (mit D. Kessler; anders K. A. Kitchen, A. Spalinger) von Beginn an Verbündeter T.s war. Verschiedene Erfolge der kuschitischen Truppen gegen die Nordkoalition und Namilt
(Schlacht auf dem Nil; Schlachten bei Herakleopolis und Per-Pega; Einnahme von drei Festungen) können die schon fast im Sinne T.s entschiedene Lage nicht wenden, so daß schließlich Pije selber eingreift, Hermopolis belagert und zur Kapitulation zwingt; Namilt unterwirft sich. Die
Belagerung des von → Pajeftjauemʿauibastet regierten Herakleopolis wird
beendet; dann kapitulieren Persechemcheperreʿ, Meidum und Itjtaui.
Memphis, dessen Garnison von 8 000 Mann dem Hilfstruppen organisierenden T. loyal bleibt, leistet Widerstand, wird aber erobert. Pije unterwerfen sich nun → Iupet II. von Leontopolis, → Iukanesch von Sebennytos, → Padiiset von Athribis/Heliopolis, dann auch → Osorkon IV. von
Tanis/Bubastis; in Athribis unterwerfen sich ein Dutzend weitere lokale
Regenten. Nach der Niederschlagung einer Revolte der Stadt Mesed/
Mostai (nördlich von Athribis) unterwirft sich auch T. – der erst nach
dem Zug Pijes den Königstitel annimmt –, bleibt allerdings demonstrativ
in Sais und läßt sich auch dort Treueeid und Tribute von Gesandten Pijes
abnehmen. Nach der Aufgabe der letzten feindlichen Städte (Hut-Sobek/
Krokodilopolis; Atfih) erfolgt ein Besuch der vier Könige Iupet II.,
Osorkon IV., Namilt und Pajeftjauemʿauibastet bei Pije, der jedoch nur
Namilt als rituell rein (die anderen sind »Fischesser« und unbeschnitten)
in den Palast läßt, bevor er mit den Tributen nach Napata zurückkehrt.
    Während D. Kessler betont, der Kampf zwischen Pije und T. sei »das
keineswegs von vornherein geplante Ergebnis der Streitigkeiten rivalisierender Kleinstaaten« gewesen, die Eroberung Ägyptens habe sich also
erst im Verlauf der Kampagne ergeben, wird üblicherweise die Eroberung Ägyptens durch den kuschitischen Herrscher als Resultat einer
planmäßigen Machtpolitik gesehen.
    Nach dem Rückzug Pijes nach Napata etabliert T. seine Herrschaft
nunmehr als König; er heißt Horus *Mit verständigem Herzen* (K. A. Kitchen, R. el-Sayed; anders J. von Beckerath, W. Barta; derselbe Name als
Nebti-Name?), Gold *Goldfalke* Thronname *Der Erhabene, ein Reʿ*
(Schenkungsstele in Athen mit 8. Regierungsjahr).

Die vieldiskutierte Notiz des Alten Testaments (2. Kg 17, 4), nach der Hosea von Israel um Hilfe schickte »an So, den König von Ägypten«, ist (gegen K. A. Kitchen, der → Osorkon IV. hier erwähnt sieht) am ehesten auf T. zu beziehen (»nach Sais, [an] den König von Ägypten«; so J. Day; unwahrscheinlich sind die Vorschläge von W. H. Shea und A. R. W. Green).

Lit: *TIP* §§ 84. 112. 115. 117f. 142. 145. 148f. 316. 324–8. 332f. 425. 459. 526, Tff. 4. 6. 21A. *4. *6; R. EL-SAYED, *Documents relatifs à Sais et à ses divinités,* 1975, 37–53; D. KESSLER, *SAK* 9 (1981), 227–251; zum König »So«: J. DAY, *VT 42* (1992), 289–301; A. R. W. GREEN, *JNES 52* (1993), 99–108; W. H. SHEA, *Andrews University Seminary Studies 30* (1992), 201.

Teti

Nach der ägyptischen Überlieferung erster Herrscher der 6. Dynastie (um 2318–2300 v. Chr.), verheiratet mit Iput, einer Tochter des → Unas (eine weitere Gemahlin ist Chuit). Die Frage nach der Abstammung T.s hat jüngst H. Altenmüller angegangen; danach ist als seine Mutter die »Königsmutter« Seschseschet, als nichtköniglicher Vater Schepsiputah zu vermuten, ein Bruder T.s dürfte Mehu gewesen sein.

Sowohl der Horusname *Der die beiden Länder zufriedenstellt* als auch die angebliche Ermordung T.s gemäß Manetho (oft unbesehen als authentisch akzeptiert; so von W. Helck, H. Goedicke, N. Grimal, J. Vercoutter) werden als Indizien für innere Auseinandersetzungen angesehen, die Verheiratung der Tochter T.s, Seschseschet mit dem Wesir Mereruka³ als Versuch zur Entspannung der Lage. Keines dieser Argumente ist für derart weitreichende Vermutungen tragfähig. Allerdings gelangt nach T. und vor seinem Sohn → Pepi I. zuerst → Userka³reʿ an die Macht. Aus der Regierung T.s ist wenig überliefert. Die Regierungszeit beziffert Manetho auf 30 (Pseudo-Eratosthenes: 33) Jahre, während im Turiner Papyrus die Jahreszahl verloren ist und das höchste zeitgenössische Datum das Jahr nach der 6. (alle zwei Jahre oder schon jedes Jahr durchgeführten?) Zählung nennt. Ein der Hathor von Dendera geweihtes Alabastersistrum T.s ist der älteste Beleg für einen mit diesem Kult verbundenen König. Durch ein Dekret befreit T. den Tempel des *Vordersten-der-Westlichen (Osiris)* und sein Personal von der Besteuerung. Ein Kalksteinfragment und eine Alabasterplatte mit dem Namen T.s fanden sich im syrischen Byblos. Weitere unter T. belegte Wesire außer dem genannten Mereruka³ sind Chnumneti, Ka³gemni (vergöttlicht; an ihn wird eine Weisheitslehre adressiert), Neferseschemreʿ, Neferseschemptah, ʿAnchmaʿhor und Chentika³i.

Die Pyramide T.s namens *Beständig sind die Stätten des T.* in Saqqara-Nord, nördlich der Pyramide des → Userka³f, nahe der vielleicht

→ Menka³uhor zuzuschreibenden sog. *kopflosen Pyramide* hatte ursprünglich eine Höhe von 52,5 m bei einer Seitenlänge von 78,8 m. Das durch einen Eingang in einer Kalksteinkapelle an der Nordseite zugängliche Kammersystem ist nach jenem des → Unas ausgebildet (abwärts führender Gang von 17 m Länge, Gangkammer, 25 m langer horizontaler Gang mit Fallsteinkammer, Vorkammer mit Nischenraum im Osten, Sargkammer [3,5 x 7,9 m] mit Giebeldach). Gangende, Vor- und Grabkammer sind mit Pyramidentexten beschriftet (eine Zeile erstmals auch auf dem Sarg). Der Totentempel (mit Vestibül [gewölbte Sternendecke], offenem Hof mit Pfeilerumgang und Magazinen mit Opfertischen; Querkorridor; Totenopfertempel mit 5-Nischen-Raum und dem Allerheiligsten [hochwertige Reliefs] sowie Opfermagazinen und Sakristeien, Kultpyramide) scheint bedeutende Reliefs besessen zu haben.

Die Königinnen Iput und Chuit besaßen eigene kleine Stufenpyramiden nordöstlich des Bezirks T.s, von denen jene der Iput (mit Nordkapelle und Totentempel) sich erhalten hat (Schacht mit Grabkammer; von der Bestattung Kalksteinsarkophag, Zedernsarg, Reste des Schmucks und Skelett der Königin gefunden).

Lit.: H. GOEDICKE, *Königliche Dokumente aus dem Alten Reich,* 1969, 37 ff.; J. MALEK, in: *FS I. E. S. Edwards,* 1988, 23–34; H. ALTENMÜLLER, in: *FS Bekkerath* (HÄB 30), 1990, 1–20; STADELMANN, *Pyramiden,* 188–193; W. HELCK, in: *Essays in Egyptology in honor of Hans Goedicke,* 1994, 103–112; A. SPALINGER, *SAK 21* (1994), 275–319; R. STADELMANN, in: *Hommages à Jean Leclant, Vol. 1,* 1994, 327–335.

Thamphthis

8. und letzter König der 4. Dynastie als Nachfolger (und Sohn?) des → Schepseska³f, der nur bei Manetho (mit 9 Regierungsjahren), jedoch nicht zeitgenössisch belegt ist. Im Turiner Papyrus ist der Namenseintrag nicht erhalten, sondern nur die Anzahl Regierungsjahre (2; um 2500 v. Chr.). Die griechische Namensform könnte aus ägyptischem *Djedefptah, Er spricht, (nämlich) Ptah* entstanden sein.

Lit.: BECKERATH, *Handbuch,* 53 f. mit Anm. 15; W. HELCK, *Geschichte des alten Ägypten,* 1968, 57, 61.

Thot → Djehuti

Thutmosis I.

3. König der 18. Dynastie (1483–1470 bzw. 1493–1482 v. Chr.), Nachfolger → Amenhoteps I. Mit T., Sohn einer Seniseneb, beginnt die 18. Dynastie im Sinne einer Abstammungslinie, da er offenbar mit seinem Vorgänger nicht verwandt ist; das Thronrecht erlangt er durch Heirat

der Prinzessin ʿAhmose, Tochter seines Vorgängers. Aus der Ehe mit ʿAhmose entstammen die spätere Königin → Hatschepsut und die früh verstorbene Tochter Nofrubiti, der Nachfolger → Thutmosis II. jener mit einer Nebenfrau Mutnefret. Zwei ältere Söhne T.s, Amenmose und Wadjmes (der einen Totentempel in Theben-West erhält) sterben früh.

Die genaue Regierungsdauer T.s' ist nicht sicher. Unumstrittene Daten aus seiner Herrschaft belegen nur das 1. und 3. Jahr, während ein 8. und 9. Jahr auf einem Block aus Karnak zweifelhaft sind (so zuletzt R. Krauss). Falls eine bei Manetho (allerdings unter *Mephres* = → Thutmosis III.) überlieferte Zahl sich ursprünglich auf T. bezog, wären ihm 12 Jahre und 9 Monate zuzuordnen (so W. Helck). R. Krauss ermittelt aufgrund der Skarabäenproduktion und des Denkmälerbefundes eine Regierungszeit von etwas über 10 Jahren. T. nimmt nach seiner Thronbesteigung (die Mitteilung seines Amtsantritts an den Vizekönig von Kusch, Turi, auf zwei Stelen aus Wadi Halfa und Quban überliefert) folgende Titulatur an: Horus *Starker Stier* [dieses Element von nun an kanonisch am Beginn des Horusnamens; letzter Beleg unter → Claudius], *Geliebter der Maʿat* (Var. *Starker Stier des Reʿ* bzw. *Geliebter des Reʿ, der mit der Weißen Krone erscheint [inthronisiert ist]),* Nebti *Der mit/in der Schlangengöttin erscheint, mit großer Kraft* (Var. *Der alle Länder erobert* bzw. *Der Atum preist, mit manifesten Erscheinungen),* Gold *Mit schönen Jahren, der die Herzen leben läßt* (Var. *Der die 9 Bogen [die Feinde Ägyptens] schlägt* bzw. *Mit großer Kraft und reichlicher Schlagkraft, mit gedeihlichen Jahren im großen Haus der Maʿat),* Thronname *Groß an Gestalt und Ka, ein Reʿ* (Beinamen *Von Reʿ Erschaffener/Erwählter/Geliebter/Großgezogener; Zeichen/Plan des Amun),* Eigenname *Thot ist geboren.*

Die ersten Jahre sind von energischen militärischen Vorstößen T.s bis in den Sudan und nach Vorderasien gekennzeichnet. Im 2. Jahr wirft T. zuerst den Aufstand eines nubischen Fürsten nieder, dessen Leiche am Bug des Königsschiffes aufgehängt wird. Quellen sind eine Inschrift in Tombos am 3. Katarakt, die Biographien der Offiziere ʿAhmose, Sohn der Abn, und ʿAhmose Pennechbet, und eine weitere Inschrift in Assuan anläßlich der Rückkehr des Heeres zu Beginn des 3. Jahres. Eine Grenzinschrift in Kurgus zwischen dem 4. und 5. Nilkatarakt und ein Festungsbau zeigen jedoch, daß T. zuvor weit nach Süden vordringt und damit das für den innerafrikanischen Handel, die Schiffahrt und den Zugang zu den Goldminen wichtige Gebiet unter ägyptische Kontrolle bringt (zu dieser Zeit Zusammenbruch des Reiches von Kerma). Das nubische Gebiet wird fortan durch fünf nubische Fürsten verwaltet. Während der Aufenthalte in Assuan wird der Schiffahrtsweg durch die Nilschwellen bei Sehel wiederhergestellt.

Der Syrienfeldzug des T., vielleicht im 4. oder 5. Jahr des Königs, wird nach einer Inschrift im Grab des Uhrmachers Amenemhet »als Vergeltung für das Böse« geführt, damit in Anknüpfung an die Hyksoskriege (vgl. die negative Bewertung der Hyksoszeit durch → Hatschepsut); hier wird zum erstenmal das Mitannireich in ägyptischen Texten erwähnt. T. erreicht den Euphrat, an dem er bei Karkemisch nach nicht genauer präzisierbaren Kämpfen eine Siegesstele errichtet (vgl. → Thutmosis III.; Quellen sind zudem die Biographien der beiden genannten ʿAhmose). Im Gebiet von Nija jagt T. Elephanten, deren Stoßzähne von → Hatschepsut dem thebanischen Amun geweiht werden (Darstellung in ihrem Totentempel in Deir el-Bahari).

Wesir unter T. ist Imhotep (und ʿAcheperreʿseneb?), Vizekönige von Kusch sind Turi und Seni. T. »leitet die eigentliche Glanzzeit Karnaks ein« (D. Arnold), indem er den Tempelbau → Sesostris I. mit einer steinernen Umfassungsmauer umgibt und davor einen pfeilerumstandenen Vorhof und zwei Pylone (4. und 5. nach der heutigen Zählung) erstellt, die einen Hypostylsaal mit Holzdecke einschließen (die Bauleitung hat Ineni). Vor dem 4. Pylon werden zwei Obelisken errichtet. Vielleicht geht auch das von → Thutmosis III. über einem Vorgängerbau erstellte, dem Kult des vergöttlichten Königs dienende *Achmenu* auf T. zurück. T. vollendet das Stationsheiligtum → Amenhoteps I., errichtet ein Tor in Karnak-Nord und ein erst in jüngster Zeit ausgegrabenes »Schatzhaus« außerhalb der Umfassungsmauer des Monthtempels. Ein Stationsheiligtum findet sich in Deir el-Bahari.

Die Bautätigkeit T.s' ist außerhalb Thebens u. a. belegt in Elephantine, Armant, Ombos (Türsturz und -pfosten im Sethtempel), Abydos, el-Hibe, Memphis (Gut und Palast), Giza (Kapelle für Harmachis beim großen Sphinx); in Nubien in Buhen (Beginn der Dekoration des Südtempels), Qasr Ibrim, Sai, Semna (Erneuerung des Dedwen-Tempels aus dem Mittleren Reich) und auf dem Sinai in Serabit el-Chadim.

T. läßt als erster König (soweit gesichert; → Amenhotep I.) sein Grab im Tal der Könige anlegen; der königliche Baumeister Ineni rühmt sich, die Bauarbeiten durchgeführt zu haben, als man »das Felsengrab Seiner Majestät aushob in der Einsamkeit, ungeschaut, ungehört«. Das Grab (KV 38) besitzt eine ovale, dekorierte Sarkophagkammer. Nach J. Romer (auch C. N. Reeves) stellt dieses Grab jedoch eine sekundäre, erst durch → Thutmosis III. für seinen Großvater gebaute Anlage dar, während T.s' erstes Grab das sonst als Grab der Hatschepsut betrachtete (KV 20) gewesen sein soll. Diese These haben jedoch jüngst wieder P. Der Manuelian / C. Loeben bestritten. Danach läßt → Hatschepsut zwischen ihrem 4. und 7. Jahr ihren Vater aus seinem ursprünglichen Grab (KV 38) in ihr neues Grab im Tal der Könige (KV 20) umbetten; ihr Sarkophag wird für

T. umgearbeitet, für sie selber wird ein zweiter hergestellt. Thutmosis III. überführt die Mumie T.s' dann wieder in dessen anfängliches Grab (Neubestattung in neuem Sarkophag), das offenbar in der Ramessidenzeit geplündert und nach einem Graffito der Wende von der 20. zur 21. Dynastie zu dieser Zeit inspiziert wird. Die T. zugeschriebene Mumie fand sich in der Cachette von Deir el-Bahari; daß es sich bei dieser Leiche eines jungen Mannes jedoch um T. handelt, ist mehr als fraglich.

T. oder schon → Amenhotep I. gründet die Siedlung der an den Königsgräbern arbeitenden Handwerker von Deir el-Medineh. Dagegen ist der namentlich bekannte Totentempel T.s archäologisch nicht nachweisbar. Im Totentempel der Hatschepsut besitzt T. einen Totenopfersaal mit Scheintür; sein Kult in Theben-West ist bis in die Ramessidenzeit belegt.

Lit.: J. ROMER, *JEA 60* (1974), 119–133; R. GUNDLACH, in: *ÄAT 1*, 1979, 192–226; H. JACQUET-GORDON, *BIFAO du Centenaire*, 1981, 41–46; DIES., *Le trésor de Thoutmosis Ier, I/II* (FIFAO 30/1–2; 32/1–2), 1983/1988; L. BRADBURY, *Serapis 8* (1985), 1–20; C. LALOUETTE, *Thèbes ou la naissance d'un Empire*, 1986; C. N. REEVES, *Valley of the Kings*, 1990, 13–18; R. KRAUSS, *ÄuL 3* (1992), 86–90; P. DER MANUELIAN / C. E. LOEBEN, *JEA 79* (1993), 121–155; C. BENNETT, *GM 141* (1994), 35–37; C. VANDERSLEYEN, in: R. H. WILKINSON (Ed.), *Valley of the Sun Kings*, 1995, 22–24; A. SPALINGER, *SAK 22* (1995), 271–281.

Thutmosis II.

3. König der 18. Dynastie, der vermutlich lediglich 3 Jahre regiert hat (1470–1467 bzw. 1482–1479 v. Chr.). Das einzige Datum stammt aus dem 1. Jahr, höhere Angaben (angeblich 18 Jahre auf einem Statuenbruchstück, die ›13 Jahre‹ gemäß Manetho, der T. als *Chebron* führt, vermutlich um 10 Jahre überhöht) lassen sich nicht bestätigen (gegen J. von Beckerath u. a.; die kürzere Regierungslänge wird befürwortet von E. Hornung, W. Helck, R. Krauss, L. Gabolde). Eine kurze Regierung wird u. a. durch die geringe Zahl von Denkmälern T.s' und insbesondere das über Anfänge (unbeschrifteter Quarzitsarkophag, nur Ansätze zur Dekoration) nicht hinausgekommene Grab T.s' im Tal der Könige (KV 42 nach E. Hornung; anders, aber unwahrscheinlich, C. N. Reeves) gestützt. R. Krauss ermittelte eine Regierungslänge von knapp über 4 Jahren.

T. ist Sohn von → Thutmosis I. und dessen Nebenfrau Mutnofret. Er wird nach dem Tod zweier älterer Brüder (Amenmose und Wadjmes) Thronfolger (nach J. von Beckerath noch als Kind, wobei dann die T. zugeschriebene Mumie als nicht authentisch betrachtet werden müßte). Hauptgemahlin des Königs ist seine Stiefschwester → Hatschepsut, Mutter der »ältesten Königstochter« Neferure' (daher ist die Existenz einer weiteren jüngeren Prinzessin anzusetzen); Nebenfrauen sind Isis (aus dieser Verbindung stammt → Thutmosis III.) und Mutnofret (II.; so C. Meyer, *LÄ 6*, 539f.).

Mit seinem Herrschaftsantritt nimmt T. folgende Titulatur an: Horus *Reich an Kraft,* Nebti *Mit göttlichem Königtum,* Gold *Mit mächtigen Gestalten,* Thronname *Mit großer Gestalt, der zu Re* ʿ *gehört,* Eigenname *Thot ist geboren.*

Zwei Feldzüge sind für T. belegt: ein erster, ohne persönliche Teilnahme des Königs, in seinem 1. Regierungsjahr (Denkstein am Weg von Assuan nach Philae), durch den der Aufstand eines nubischen Fürsten niedergeschlagen wird (Tötung der männlichen Bevölkerung; Abführung der Überlebenden und eines nicht getöteten Sohnes des nubischen Fürsten in ägyptische Gefangenschaft). Der seit → ʿAhmose in der Armee dienende ʿAhmose Pennechbet beschließt seine Laufbahn als Offizier mit einem Feldzug gegen die Schasu-Beduinen, der viele Gefangenen einbringt. Eine gelegentlich vermutete Militäraktion bis nach Naharina in Syrien (etwa S. Ratié: Inschrift aus Deir el-Bahari; Darstellung aus dem Totentempel) ist sehr zweifelhaft.

Wesire sind ʿAcheperreʿseneb und ʿAhmose, Vizekönig von Kusch Seni (Ehrung durch T.).

Nur spärlich ist aufgrund der kurzen Regierung die Bautätigkeit T.s': sie konzentriert sich auf Theben mit Karnak (Festhof mit Torbau vor dem 4. Pylon, Türsturz, Kapelle [oder mehrere?], zwei Kolossalstatuen vom 8. Pylon, Blöcke eines Naos aus Karnak-Nord) und Theben-West (das genannte unvollendete Königsgrab sowie der Totentempel nördlich von Medinet Habu [von → Thutmosis III. umgebaut]; Naos aus Ebenholz aus Deir el-Bahari). Darüber hinaus ist T. in Nubien in Semna (T. opfert dem Gott Dedwen), Kumme (Chnum-Tempel) und in Buhen (Südtempel), in Oberägypten in Tôd) (Reste zweier Obelisken) und anderen Orten (Elkab, Koptos) belegt, im Sinai in Serabit el-Chadim.

Zwei Statuen T.s' im Sedfestgewand stellen Stiftungen seiner Gemahlin und Nachfolgerin → Hatschepsut an einen Tempel auf Elephantine dar; T. ist auch in ihrem Totentempel in Deir el-Bahari dargestellt.

Lit.: E. HORNUNG, *RdE 27* (1975), 125–131; S. RATIÉ, *La reine Hatchepsout,* 1979, 26–68; B. LETELLIER, in: *Hommages Sauneron I,* 1979 (BdE 81), 51–72; G. DREYER, *SAK 11* (1984), 489 ff.; L. GABOLDE, *SAK 14* (1987), 61–81; DERS., *BIFAO 89* (1989), 127 ff.; DERS., *Akten München, 4,* 1991, 55–62; J. VON BECKERATH, *SAK 17* (1990), 65–74; C. N. REEVES, *Valley of the Kings,* 1990; E. F. WENTE / J. E. HARRIS, in: C. N. REEVES (Ed.), *After Tutʿankhamun,* 1991, 9. 11; R. KRAUSS, *ÄuL 3* (1992), 86–90; L. GABOLDE, *Cahiers de Karnak IX* (1993), 1–100, pls. I–XVIII.

Thutmosis III.

6. König der 18. Dynastie (1467/1445–1413 bzw. 1479/67–1426 v. Chr.), eine der bedeutendsten Herrschergestalten Ägyptens; »derjenige König der 18. Dynastie, der zielbewußt versucht hat, Ägypten zu einer Welt-

macht zu erheben« (W. Helck), ein »großer Feldherr, Staatsmann und Organisator« (W. Wolf). J. H. Breasted charakterisiert T. in seiner *Geschichte Ägyptens* in heroisierender Überzeichnung: »Die Persönlichkeit T.s steht klarer und lebendiger vor uns als die irgendeines anderen Königs im alten Ägypten, mit Ausnahme von Echnaton. Wir sehen in ihm einen Menschen von einer unermüdlichen Energie, wie wir sie bei keinem Pharao der früheren oder späteren Zeit wiederfinden; den Vielgewandten, der in einer Mußestunde Prunkgefäße entwirft, den scharfblickenden Verwalter des Reiches [. . .], den klugen Politiker [. . .], den ersten großen Feldherrn des Orients. Seine Regierung bedeutet eine Epoche nicht nur in der ägyptischen Geschichte, sondern in der Geschichte der ganzen damaligen Welt. Noch nie zuvor hatte ein einziges Hirn die Schicksale eines so großen Volkes geschaffen und seine Hilfsquellen so zentralisiert, so dauerhaft und zugleich beweglich gestaltet, daß sie Jahre hindurch auf einen anderen Kontinent einen unaufhörlichen Einfluß ausüben konnten. Das Genie, welches aus einem obskuren priesterlichen Amt sich aufschwang, um solches zum erstenmal in der Geschichte zu erreichen, erinnert uns an einen Alexander oder Napoleon. T. schuf das erste wirkliche Weltreich und wurde so zu der ersten Persönlichkeit mit universellen Zügen, zu der ersten überragenden Heldengestalt. Von den Festungen Kleinasiens und den Marschgegenden des oberen Euphrat, von den ägäischen Inseln und den Sümpfen Babyloniens, von den fernen Küsten Libyens und den Oasen der Sahara, von den Terrassen der Somaliküste und den Katarakten des oberen Nils haben die Fürsten seiner Zeit seiner Größe ihren Tribut dargebracht. [. . .] Man pflegte bei seinem Namen zu schwören, und noch Jahrhunderte, nachdem sein Weltreich in Stücke zerfallen war, schrieb man seinen mächtigen Namen als ein Zauberwort auf Amulette.« In provokanter Umkehrung dieses konventionellen Bildes hat dagegen W. Helck formuliert: »Der ›König‹ Hatschepsut war sicherlich nur eine Marionette [der eigentlich den Staat führenden hohen Beamten] und der junge Thutmosis III. nicht viel mehr.« (*ZÄS 121* [1994], 41).

T. ist der Sohn → Thutmosis' II. und der Königin Isis; eine Halbschwester (nicht Gemahlin) ist die Prinzessin Neferureʿ. Gemahlinnen T.s' sind Satjaʿh (dieser Ehe entstammt ein früher Kronprinz Amenemhet) und dann seine Halbschwester Meritreʿ-Hatschepsut (II.; aus dieser Verbindung stammt der Nachfolger T.s', → Amenhotep II.). Als Nebengemahlinnen sind eine Nebtu bekannt sowie drei Ausländerinnen Maluta, Manhat und Manawa (Grab mit »Schatz der drei Prinzessinnen« [Schmuck] in einem Wadi in Theben-West). Weitere Kinder T.s' sind Thutmosis, Nefertari, Meritamun und Baket.

Nachdem T. zunächst Inmutef-Priester ist, wird er (nach dem Bericht über seine Erwählung aus dem 42. Jahr seiner Regierung in Karnak)

durch Beschluß des Amun zum Thronfolger bestimmt. Nach dem Tod
→ Thutmosis' II. tritt er zunächst formell die Herrschaft an, doch führt
→ Hatschepsut die Regierungsgeschäfte für den Monarchen, der offenbar
noch ein Kind ist. Nach einem Passus in der Autobiographie des Ineni
trat T. »an seine [Thutmosis' II.] Stelle als König der beiden Länder; er
herrschte auf dem Throne dessen, der ihn erzeugt hatte. Seine Schwester,
die Gottesgemahlin Hatschepsut, sorgte für das Land; die beiden Länder
lebten nach ihren Plänen«. Während aus den ersten Jahren noch eine
Reihe von Zeugnissen den Vorrang T.s bestätigen (u. a. im 2. Jahr Erlaß
über Neubau des Tempels des Gottes Dedwen in Semna, Ernennung von
Priestern im 3. Jahr, Ernennung des Wesirs Useramun im 5. Jahr), usurpiert Hatschepsut vermutlich im 2. Jahr T.s' (so W. Wolf, D. B. Redford,
C. Cannuyer; für das 5./6. bzw. 7. Jahr votieren S. Ratié, W. Helck,
C. Lalouette u. a., zu den Ansätzen → Hatschepsut) den Thron, zählt ihre
Regierungsjahre jedoch seit Beginn der Regentschaft. Zu der umstrittenen Frage nach Zeitpunkt und Ausmaß der Zurückdrängung T.s durch
seine Stiefmutter tritt jene nach Zeitpunkt (mit C. Meyer wahrscheinlich
unmittelbar bei alleinigem Regierungsbeginn, anders D. B. Redford) und
Gründen der Verfolgung des Andenkens der Hatschepsut durch T. Die
traditionelle Deutung, wonach wir nach dem Tod der Königin »den auf-
gestauten Haß ihres Mitregenten hemmungslos hervorbrechen [sehen]«
(W. Wolf), weil er »brennend vor Eifer, seine Truppen nach Asien zu
führen, dazu verurteilt gewesen (war), friedliche Tempeldienste zu ver-
richten« und »zuviel gelitten hatte« (J. H. Breasted) muß vielleicht im
Sinne D. B. Redfords (dadurch Legitimierung seiner eigenen Herrschaft
als Nachfolger der Thutmosiden im Gegensatz zu der als illegitim betrachteten Regierung der Hatschepsut) relativiert werden. Zuletzt hat
J.-L. Chappaz herausgestellt, daß es für eine Feindschaft zwischen den
beiden Persönlichkeiten und eine Zurücksetzung T.s' durch Hatschepsut
keine Anhaltspunkte gibt.

Im 22. Jahr seiner bzw. gleichzeitig Hatschepsuts Herrschaft gelangt T.
nach deren Tod allein an die Macht. Ob das Ende der Königin gewaltsam
erfolgt und das Ergebnis innenpolitischer Parteikämpfe ist, wie oft spe-
kuliert wird, kann nicht gesagt werden. T. läßt die Obelisken der Hatschepsut in Karnak ummauern, ihre Namen aushacken und die Statuen
(etwa in ihrem Totentempel in Deir el-Bahari) zertrümmern. T. trägt während seiner Mit- bzw. Alleinherrschaft verschiedene Titulaturen. Von Jahr
1–21 lautet sie: Horus *Starker Stier, der in Theben erscheint,* Nebti *Mit beständigem Königtum,* Gold *Mit heiligen Erscheinungen,* Thronname *Mit
bleibender Gestalt (und Ka), ein Re*, Eigenname *Thot ist geboren.* Ab
Jahr 22 heißt T.: Horus *Der in Theben erscheint* bzw. *Geliebter des Re*,
mit hoher Weißer Krone bzw. *Starker Stier, der ma'atgemäß erscheint*

[= König ist], Nebti *Mit beständigem Königtum wie Re᾽ im Himmel* bzw. *Der die Ma῾at erscheinen läßt, Geliebter der beiden Länder* bzw. *Vor dem man große Ehrfurcht hat in allen Ländern* bzw. *Lebendes Abbild des Atum, der gestaltet ist als Chepri, mit dessen Ma῾at die Ba-Seelen von Heliopolis zufrieden sind,* Gold *Mit heiligen Erscheinungen und mächtiger Kraft* bzw. *Der mit dem Sieg zufrieden ist (, der die Fürsten der Fremdländer schlägt, die ihn angreifen)* bzw. *Mit großer Schlagkraft, der die 9 Bogen [die Feinde Ägyptens] schlägt* bzw. *Der die Ma῾at darbringt und Re᾽ zufriedenstellt,* Thronname *Mit bleibender Gestalt, ein Re᾽,* Beinamen *Erbe des Re᾽/Von Re᾽ Erschaffener (Erwählter, Geliebter, Großgezogener), Herr von Schlagkraft / Mit siegreicher Schlagkraft / Zeichen (Plan) des Re᾽,* Eigenname *Thot ist geboren* (mit zahlreichen Beinamen).

Die ersten zwanzig Jahre der Alleinherrschaft sind bestimmt von praktisch jährlich stattfindenden Feldzügen T.s' nach Vorderasien. Quellen sind die im 42. Regierungsjahr aufgezeichneten sog. *Annalen* T.s' in Karnak, Stelen (Gebel-Barkal-Stele u.a.), die Biographien einzelner beteiligter Offiziere *(u.a. Amenemhab, Iamunedjeh, Minmesu)* und Ortsnamenlisten.

Schon wenige Wochen nach Antritt seiner Herrschaft greift T. militärisch ein, um einer Koalition syrischer Fürsten (das *Kriegstagebuch* T.s nennt die symbolische Zahl von 330 Regenten) unter Führung des Fürsten von Qadesch entgegenzutreten, nachdem Ägypten nur noch den Brückenkopf Scharuhen in Südpalästina hält. Ob darin eine drohende Rückeroberung Ägyptens durch die Großmacht Mitanni in Anknüpfung an die Herrschaft der Hyksos zu sehen ist und diese Gefahr auch den Sturz der Hatschepsut durch Armeekreise bewirkt habe (so W. Helck), ist doch zweifelhaft.

Über Sile und Gaza rückt die Armee in das Gebiet von Megiddo vor, wo das feindliche Heer steht, und kann durch kluge Strategie (Marsch durch den Engpaß von Aruna, Einschließung Megiddos) siegen bzw. das feindliche Heer zersprengen; die Stadt selber kapituliert nach einer siebenmonatigen Belagerung (Vollmonddaten, die im Schlachtbericht genannt werden, sind für die absolute Chronologie des Neuen Reiches wichtig). Zwei Vorstöße über Megiddo hinaus führen nach Beth Schean, über den See Genezareth hinaus in den Antilibanon, in das Gebiet von Damaskus und Qadesch zur Plünderung von Besitztum des Fürsten von Qadesch. Die Fürsten der antiägyptischen Koalition schwören den Lehnseid auf T. und bleiben so in ihren Positionen. Bedeutsam ist, daß daraufhin offenbar auch das – selber von Mitanni bedrohte – assyrische Reich an T. Geschenke schickt.

Keine Nachricht besitzen wir über 3 Feldzüge der Jahre 24–28, wenn von einem vielleicht in das 25. Jahr zu datierenden Block abgesehen wird. In die Zeit der ersten Kampagne(n) gehört nach W. Helck die in einer Erzählung aus ramessidischer Zeit (Pap. Harris 500 verso) überlieferte Einnahme der Stadt Joppe durch den – zeitgenössisch gut belegten – General Djehuti (zu ihm J. Yoyotte).

Der Aufbau eines Stützpunktsystems an der syrischen Küste ist ein Hauptziel der Kriegspolitik T.s (Zweck: Umgehung von Qadesch, das das Orontes-Tal kontrolliert; Heerestransport zur See direkt an die syrische Küste; Nachschubposten). Auf dem 5. Feldzug im 29. Jahr wird der Hafen Ullaza an der Eleutherosmündung im Gebiet des Fürstentums von Tunip erobert (erneut auf dem 7. Feldzug im 31. Jahr); auf der Rückfahrt werden zwei gegnerische Schiffe aufgebracht. Dazwischen fällt die Kampagne des 6. Jahres in das Gebiet von Qadesch, Simyra und Ardata (Verwüstung des Umlandes, keine Eroberung der Städte selber).

Der »Höhepunkt von T.s militärischer Karriere« (R. Faulkner) ist der 8. Feldzug im 33. Jahr in das Gebiet des Mitannireiches (überliefert in den Annalen, auf den Stelen aus Armant und vom Gebel Barkal, am 7. Pylon von Karnak, auf einem Obelisken, dem genannten Fragment und in der Autobiographie des Amenemhab). T. erreicht und überquert bei Karkemisch (mit in Byblos gezimmerten Booten) den Euphrat, wo er eine Stele neben derjenigen seines Großvaters → Thutmosis I. errichtet (und eine gegnerische Stele beseitigt?). T. fährt ein Stück den Euphrat hinunter, zerstört Ortschaften; feindliche Truppen werden verfolgt, ein Vorstoß ins Hinterland bzw. eine Entscheidungsschlacht mit dem Mitannikönig findet jedoch nicht statt.

In Nija jagt T. auf dem Rückweg 120 Elefanten (Autobiographie des Offiziers Amenemhab, der ihn dabei aus Lebensgefahr rettet); es folgen die Eroberung von Sindjar, Qadesch und 30 Ortschaften im Gebiet Tachsi (nach der Inschrift des Minmesu).

Der 9. Feldzug geringeren Ausmaßes im 34. Jahr führt nach Nuchaschsche östlich des Orontes, während im 10. Feldzug im 35. Jahr Kämpfe (zwei Schlachten?) gegen das Heer des Mitannireiches (bei Aleppo?) stattfinden; ein Vorstoß zum Euphrat gelingt offenbar nicht. Von dem 11. und 12. Feldzug wissen wir nichts. Während des 13. Feldzuges im 38. Jahr finden wieder Kämpfe in Nuchaschsche statt; die Stadt Alalach entrichtet Tribut. Da sich der 14. Feldzug T.s im 39. Jahr gegen Beduinen im Negev richtet und für das 40. und 41. Jahr (in letzterem schickt das Hethiterreich Geschenke nach Ägypten) keine militärischen Operationen bekannt sind, kann das Mitannireich versuchen, in Syrien Einflußgebiet zurückzugewinnen. Darauf antwortet der letzte in den Annalen überlieferte Feldzug, der 16. aus dem 42. Regierungsjahr, in dem Irqata, das Gebiet von Tunip und weitere Städte erobert werden. Aber auch Tunip selber wird gemäß der späteren Nachricht eines Amarnabriefes von T. erobert.

Die Annalen T.s nennen ausführlicher als die eigentlichen Kriegshandlungen die Beute (u.a. Gefangene, Vieh, Streitwagen und Waffen, Edelmetalle) und die Ägypten abgelieferten Tribute. Beute und Tribute gehen an den Palast und den Amuntempel von Karnak. Die eroberten Ländereien werden zu königlichen Domänen unter der Verwaltung ägyptischer Beamter. Kinder vorderasiatischer Fürsten werden als Geiseln nach Ägypten gebracht und dort als Ägypten loyale Thronfolger erzogen. Tributbringer sind neben Syrien (im Jahre 33 auch Erwähnung von »Vögeln, die man nicht kannte; vier Vögel, die täglich gebaren« = erste Erwähnung des Huhns) auch Assur, das Hethiterreich, Babylonien sowie Zypern (bzw. die Hauptstadt Enkomi/Salamis). Ein besonders schönes Denkmal der Syrienzüge ist der sog. *Botanische Garten* T.s im Karnaktempel, der Reliefdarstellungen von Flora und Fauna Palästinas und Syriens bietet.

Abgaben von Nubien (Kusch und Wawat) werden zuerst im 31. Jahr (dann regelmäßig) genannt. Militärische Unternehmungen werden hier offenbar erst gegen Ende der Regierung T.s' durchgeführt. Im 47. Jahr errichtet T. eine Stele am Gebel Barkal, die jedoch insbesondere die Syrienfeldzüge rekapituliert. Eine Stele aus dem Monthtempel von Armant nennt neben der Erlegung von 7 Löwen, 12 Wildstieren und 120 Elefanten in Syrien auch ein in Nubien erlegtes Nashorn, »nachdem er [T.] nach Miu [in Nubien] gefahren war, um in jedem Land den Aufrührer gegen sich zu suchen«. In einer Darstellung mit Inschrift auf dem Pylon T.s' in Armant wird neben den Maßen des Nashorns die Beute T.s' »in den Fremdländern des elenden Kusch auf seinem ersten Feldzug« aufgeführt. Ein Nubienfeldzug ist schließlich für das 50. Jahr durch eine Felsstele auf der Insel Sehel bei Assuan bezeugt; auf der Rückkehr läßt T. die blockierte Schiffahrtsrinne durch den 1. Katarakt wieder freiräumen.

Im 33. Jahr (8. Feldzug) erwähnt der Bericht eine Expedition nach Punt, die Myrrhe und Gold heimbringt. Nach Serabit el-Chadim auf dem Sinai leitet Samonth im 25. Jahr eine Türkisexpedition (weitere Bezeugung im 27. Jahr).

Die Administration Ägyptens unter T. ist gut bekannt. Wesire sind ʿAhmose-ʿAmtju (bis zum 5. Jahr), User(-Amun) und Rechmireʿ, im Norden Neferuben. Die Gräber Useramuns und Rechmireʿs liefern die ältesten Textzeugen der aus dem Mittleren Reich stammenden *Dienstanweisung für den Wesir,* eines der bedeutendsten Dokumente zur ägyptischen Verwaltung. Innerhalb der Armee sind u.a. hervorzuheben der schon erwähnte General Djehuti, der General und Armeeschreiber »Tjanuni«

(korrekte Lesung *Silni* o. ä.) und der Statthalter der nördlichen Länder und Kommandant der Bogentruppen Amenmose. Wichtig sind weiter u. a. der Herold Antef und der Bauleiter Minmose. Vizekönige von Kusch sind Ani, Amunemchu oder Nehi. Hoherpriester des Amun in Karnak ist Mencheperreʿseneb, der die Arbeiten am Amuntempel überwacht.

Parallel zu den zahlreichen militärischen Unternehmungen läuft die umfangreiche Bautätigkeit des Königs mit Karnak als ihrem Schwerpunkt. Im 24. Jahr wird der Grundstein für die Tempelbauten des Königs gelegt (Denkstein); ein späterer Text aus dem 42. Jahr blickt auf die Erwählung T.s durch Amun zurück und nennt Bauten und Stiftungen.

Unter Hatschepsut und T. entsteht in Karnak eine neue, mit Türmen bewehrte Umfassungsmauer; der Heilige See wird von T. erweitert. Hinter dem Tempel → Sesostris' I. erbaut T. das dem Kult des Königs dienende *Achmenu* (mit Festhalle, Amun und Sokar geweihten Räumen, einem Doppelsanktuar, einem Raum für den Sonnenkult sowie dem »botanischen Garten«), das auch eine Kapelle mit der Königstafel von Karnak enthielt (s. oben S. 23). An der Ostwand der Umfassungsmauer wird eine Kapelle (mit Obelisken) errichtet. Der König ersetzt das Barkenheiligtum der Hatschepsut vor dem Tempel Sesostris' I. durch ein neues aus schwarzem Granit; die Holzsäulen des Baues → Thutmosis' I. werden durch Stein ersetzt. Davor liegt der Annalensaal mit den Kriegsberichten T.s'. T. errichtet den 6. Pylon (zwischen 5. Pylon und Barkenschrein) sowie den 7. Pylon in der Querachse (mit zwei Kolossalstatuen und Obeliskenpaar sowie Kiosk zwischen dem 7. und 8. Pylon) und vollendet den 8. Pylon der Hatschepsut. Außerhalb der Umfassungsmauer entsteht ein kleiner Ptah-Tempel. Zwei weitere Obeliksen T.s' standen vor dem 4. Pylon, zwei außerhalb der östlichen Umfassungsmauer, ein letzterer weiter im Osten (Sonnenkultstätte).

In Theben-West errichtet T. seinen Totentempel nördlich des Ramesseums (Terrassentempel mit Pylon) und erhöht über den Anlagen → Mentuhoteps II. und der → Hatschepsut in Deir el-Bahari einen zusätzlichen Tempel (mit Taltempel, Aufweg und Barkenstation sowie einem Höhlenheiligtum der Hathorkuh [komplett mit Bemalung erhaltener Schrein im Ägyptischen Museum Kairo]). In Medinet Habu baut T. am Tempel der Hatschepsut weiter und vollendet die Dekoration.

Die umfangreiche Bautätigkeit T.s ist darüber hinaus bezeugt in (von Süden nach Norden): Gebel Barkal (Siegesstele, Beginn der Errichtung eines festen Außenpostens), Gebel Doscha (Felskapelle), Semna (Neubau des Tempels für Dedwen und → Sesostris III. in Stein), Sai (Festung: Kapelle und Statue durch Nehi errichtet), Kumma (Blöcke von Sanktuar für Chnum von Elephantine und Sesostris III.), Uronarti (Ziegeltempel für Dedwen und Month in der Festung des Mittleren Reiches), Buhen

(Fertigstellung des Südtempels für Horus von Buhen; Siegesstele), Ellesi-ja/Qasr Ibrim (Felskapelle; heute im ägyptischen Museum in Turin), Qasr Ibrim (Schrein des Vizekönigs von Kusch Nehi), Aniba (Türpfosten von Residenz des Nehi), Amada (Tempel für Amun-Reʿ und Reʿ-Harachte aus der Zeit der Mitregentschaft → Amenhoteps II.), Quban (Tempel), Dakka (Vorgängerbau des ptolemäisch-römischen Tempels von → Hatschepsut und T.), Elephantine (Tempel mit Umgang der Hatschepsut und T.s'), Kom Ombo (Tor), Elkab (Tempel; Barkenstation mit Pfeilerumgang), Esna, Tôd (Schrein; Erweiterung des Tempels), Armant (Pylon des Monthtempels mit afrikanischem Beutezug und Erlegung des Nashorns), Medamud (Neubau des Monthtempels), Koptos (Harendotes-Tempel), Dendera, Abydos, Heliopolis (Errichtung von zwei Obelisken vor dem Atumtempel, die 13/12 v. Chr. durch → Augustus in Alexandria vor dem Caesareum aufgestellt wurden und heute in London bzw. New York stehen; Torbau und Umfassungsmauer), Buto (Stele). Die Inschrift des Minmose in Medamud nennt an zusätzlicher Tempelbautätigkeit die Orte Assiut, Atfih, Saqqara, Letopolis, Giza, Sachebu bei Memphis, Kom el-Hisn, Busiris, Bubastis, Tell Balamun und Byblos.

T. feiert drei Sedfeste und ernennt etwas über zwei Jahre vor seinem Tod den Kronprinzen Amenhotep zu seinem Mitregenten (→ Amenhotep II.). Er stirbt am letzten Tag des 7. Monats seines 53. Jahres. Das Grab T.s' im Tal der Könige (KV 34; mit ovaler Sarkophagkammer) wurde offenbar in der 20. Dynastie geplündert (Graffiti eines Schreibers Amenhotep), die Mumie in der 21. Dynastie umgebettet in die Cachette von Deir el-Bahari.

Die Quellen kennzeichnen T. auch als weisen König (der »wie [die Göttin der Schreibkunst] Seschat und [der Gott der Weisheit] Thot« sei; T. wird in Nubien mit Thot identifiziert und verehrt), der alte Urkunden studiert und künstlerische Begabung aufweist.

Lit.: A. SPALINGER, *JNES 27* (1978), 35–41; H. GOEDICKE, *JSSEA 10* (1980), 201–213; J. VON BECKERATH, *MDAIK 37* (1981), 41–49; W. HELCK, *CdE 56* (1981), 241–244; J. YOYOTTE, *BSFE 91* (1981), 33–51; D. B. REDFORD, *JSSEA 12* (1982), 55–74; DERS., *LÄ 6*, 540–548; I. SHIRUN-GRUMACH, in: *Egyptological Studies*, ed. S. Israelit-Groll, 1982, 117–186; A. TULHOFF, *Thutmosis III.*, 1984; C. LALOUETTE, *Thèbes ou la naissance d'un Empire*, 1986, 273–376; M.-P. VANLATHEM, *CdE 62* (1987), 30–37; *Ägyptens Aufstieg zur Weltmacht*, Katalog Hildesheim, 1987; G. P. F. VAN DEN BOORN, *The Duties of the Vizier*, 1988; C. MEYER, in: *Miscellanea Aegyptologica, FS W. Helck*, 1989, 119–126; W. J. MURNANE, *JARCE 26* (1989), 183–189; C. CANNUYER, in: *FS Lichtheim*, 1990, I, 105–115; C. N. REEVES, *Valley of the Kings*, 1990, 19–24; N. BEAUX, *Le Cabinet de Curiosités de Thoutmosis III. Plantes et animaux du »Jardin botanique« de Karnak* (OrLovAn 36), 1990; M. DELLA MONICA, *Thoutmosis III. Le plus grand des pharaons. Son époque, sa vie, sa tombe*, 1991: D. ARNOLD,

Die Tempel Ägyptens, 1992, passim; J.-L. CHAPPAZ, in: *Mél. A. Théodoridis,* 1993, 87–110; J. LIPINSKA, *ASAE 72* (1992–3), 1993, 45–48, pl. I–VI; s. auch → Hatschepsut.

Thutmosis IV.
8. König der 18. Dynastie (1388–1379 bzw. 1400–1390 v. Chr.), Sohn → Amenhoteps II. und der Tiaa. Höchstes belegtes Regierungsjahr ist das 8., Manetho (nach Josephus) gibt 9 Jahre und 8 Monate. Hauptgemahlinnen von T. sind Nefertari und (ab dem 7. Jahr) Iaret, Nebengemahlinnen Mutemwia und eine Tochter Artatamas I. von Mitanni. Brüder des Königs sind Webensenu, Nedjem, Amenhotep, Amenemipet, ʿAhmose, vielleicht auch (falls nicht Söhne von T.) ein weiterer Amenhotep und ʿAcheprureʿ, Söhne die Prinzen Amenemhet, Amenhotep-Merichepesch (die Identität weiterer in thebanischen Privatgräbern genannter Prinzen ist unklar), Töchter Tiaa, Amenemipet, Tentamun, Petepihu (und vielleicht mehrere weitere).

Abb. 32: Block mit der Darstellung Thutmosis' IV. in Karnak.

Die Verheißung des Thrones und göttliche Erwähnung ist Thema der berühmten Sphinxstele – auf der der Gott Harmachis dem sich unter der Sphinx ausruhenden Prinzen das Königtum verspricht, falls er ihn vom Sand befreie – und eines Naos, in dessen Text Amun T. die Herrschaft zuweist. Ob verschiedene Indizien (Text zweier Prinzenstelen aus Giza ausradiert; Nennungen Meritreʿs als Mutter → Amenhoteps II. von T. durch Name der Tiaa ersetzt) auf Auseinandersetzungen um die Thronfolge deuten, ist sehr unsicher. Nach Ausweis seiner Mumie (Tod mit etwa 35 Jahren) besteigt T. mit 25 Jahren den Thron. Er trägt die Titulatur: Horus *Mit vollkommenen Erscheinungen* (Var. *Geliebt von Theben* bzw. *Sohn des Atum*), Nebti *Mit beständigem Königtum wie Atum* bzw. *Mit mächtigen Erscheinungen in allen Ländern*, Gold *Mit reichlicher Schlagkraft, der die 9 Bogen [die Feinde Ägyptens] zurückschlägt* (Var. *Mit beständigem [Königtum o. ä.] wie Harachte*), Thronname *Mit bleibenden Gestalten, ein Re ʿ* (Beinamen *Von Re ʿ Erschaffener/Erwählter, Herrscher der Ma ʿat*), Eigenname *Thot ist geboren.*

Im Gegensatz zu den Regierungen → Thutmosis' III. und → Amenhoteps' II. scheint die Lage in den Außenprovinzen Ägyptens unter T. ruhig zu sein. Eine oder zwei Expeditionen (Jahr 7/8 bzw. zusätzlich Jahr 7), die durch Texte aus Konosso belegt sind, sind als Polizeiaktion zur Sicherung der Wege zu den Minengebieten in der Ostwüste östlich von Edfu/Assuan gegen nubische Überfälle zu werten. Für den vorderasiatischen Raum ist ein »erster siegreicher Feldzug«, allerdings mit zerstörter Ortsangabe, bezeugt (Statue aus Karnak). Beute und nach Ägypten gebrachte Fürstenkinder von Naharina/Mitanni werden im Grab des Standartenträgers Nebamun erwähnt. Eine mögliche Einsetzung des Königs Taku von Nuchaschsche in Syrien (und damit eine Kontrolle über das Gebiet nördlich von Qadesch) bezeugt ein Amarnabrief, ein weiterer erwähnt einen Aufenthalt T.s' in Sidon. Gefangene aus Gezer werden am Totentempel T.s' angesiedelt; es existiert ebenfalls ein Brief vielleicht T.s' an den Fürsten von Gezer. Ugarit ist nach einigen Amarnabriefen vermutlich Vasall Ägyptens. Eine Einigung mit Mitanni ist durch die Heirat mit der Mitanni-Prinzessin deutlich. Im Sinai ist die Öffnung von Minen bei Serabit el-Chadim im 4. und 7. Jahr bezeugt.

Die Bau- und Kulttätigkeit T.s' ist belegt für den Sinai (Zusätze zum Hathortempel), Heliopolis (Instandsetzung des Reʿ-Harachte-Tempels, Bau der Umfassungsmauer [durch den Prinzen ʿAhmose], Obelisken, Säulen), Giza (Sphinxstele als wichtigste historische Inschrift; Freilegung des Sphinx und Bau von Schutzmauern; Naos für Statue des Harmachis; 17 Stelen, die verschiedenen Gottheiten geweiht sind; Türpfosten, Architrav; Relief- und Stelenbruchstücke; zweifelhafte Stele mit Schenkung syrischer Felder an Harmachis), Abusir (Usurpation des Sachmet-Tempels), Memphis und Saqqara (Gründungsdepot; Architrav und Opfertafel eines Statuensanktuars für Ptah [?; spätere Votivstelen], Block von Residenzgebäude?), Fajjum (ursprüngliche Doppelstatue mit Mutter Tiaa), Hermopolis (Reste von Tempel?), Abydos (Kapelle; Statue), Dendera (Block), Medamud (Statue und Bruchstücke von Bautätigkeit [Statuenraum?] am Monthtempel; Felderschenkung und Schutzdekret), Karnak (Abb. 32; Peristylhof vor dem 4. Pylon; Vorhalle und Tor zum 4. Pylon; Barkenschrein aus Alabaster; Statuen; Aufrichtung eines Obelisken → Thutmosis' III. [der seit 357 n. Chr. in Rom befindliche Lateranobe-

Tiberius

lisk]; Tore des Month-Bezirks; verschiedene weitere Blöcke), Luxor (Ko-
lossalstatue; Granitstelen [u.a. Stiftungsstele]), Armant (Blöcke), Tôd
(Reliefblock von Schrein?), Edfu (Türleibung), Elephantine (Architrav;
Dekoration im Chnumtempel; Obelisk), Konosso (Inschriften), Amada
(Umbau des Hofes des Tempels des Reᶜ-Harachte und Amun-Reᶜ zu
überdachter Pfeilerhalle; Inschriften), Buhen, Tabo (Bau eines Amuntem-
pels), Gebel Barkal (Tempelbau). Eine Opferkapelle für T. bestand in
Amarna.

Wesire T.s sind Hepu, Ptahhotep und Ptahmose; Schatzhausvorsteher
und Vermögensverwalter sind Sobekhotep, Merireᶜ, Amenmose und Reᶜ,
Vizekönig von Kusch ist Amenhotep, Hohepriester des Amun sind
Amunemusechet und Ptahmose.

In Theben-West liegen der Totentempel T.s' und sein Grab im Tal der
Könige (KV 43). Eine Neubestattung und Restaurierung des schon zerstörten Begräbnisses erfolgt auf Veranlassung → Haremhabs durch den
Schatzhausvorsteher Maja in Haremhabs 8. Jahr. Die Mumie T.s wird
später in das als Versteck dienende Grab → Amenhoteps II. (KV 35)
umgebettet.

Lit.: CH. F. ALING, *A Prosopographical Study of the Reigns of Thutmosis IV and
Amenhotep III,* 1976; C. N. REEVES, *Valley of the Kings,* 1990, 34–38; B. M.
BRYAN, *The Reign of Thutmosis IV,* 1991 (mit Lit.); R. M. JANSSEN, *SAK 19*
(1992), 217–224; R. B. BIGLER / B. GEIGER, *ZÄS 121* (1994), 11–17.

Tiberius

Tiberius Claudius Nero, seit 4 n. Chr. Titus Iulius Caesar, seit 14 n. Chr.
Tiberius Caesar Augustus, römischer Kaiser (14–37 n. Chr.), geboren am
16. November 42 v. Chr. in Rom als Sohn des Tiberius Claudius Nero
und der Livia Drusilla. Die häufig negative Beurteilung T.s' und seiner
angeblich zwiespältigen Persönlichkeit (so auch H. Bengtson:»eine sehr
problematische Natur«) gründet auf dem antitiberischen Bild, das die
antiken literarischen Quellen vermitteln (P. Schrömbges).

Durch die Heirat seiner Mutter mit Octavius (→ Augustus) im Jahre
38 v. Chr. dessen Stiefsohn, nimmt er im August 29 v. Chr. am Triumph
des Octavius teil, ist 26/25 v. Chr. schon Militärtribun auf dem Kan-
tabrer-Feldzug des Augustus, setzt 20 v. Chr. als Legat des Kaisers Tigra-
nes als König von Armenien wieder ein und nimmt die von den Parthern
erbeuteten römischen Feldzeichen in Empfang. 16/15 v. Chr. ist er Statthalter der Gallia comata (Nordgallien) und führt 15 v. Chr. den Alpen-
feldzug gegen die Raeter. 12 v. Chr. muß er sich von der vier Jahre zuvor
geheirateten Vipsania Agrippina trennen und die Tochter des Augustus,
Iulia, heiraten (11 v. Chr.; Scheidung von ihr 2 v. Chr.). Im Donauraum
besiegt er die Pannonier, Dalmater und Daker (12–9 v. Chr.), im Jahr

8. v. Chr. als Kommandant mit prokonsularischem Imperium die Germanen zwischen Rhein und Elbe. 6 v. Chr. erhält er die tribunizische Gewalt für fünf Jahre; bis 2 n. Chr. zieht er sich auf die Insel Rhodos zurück. Nach dem Tod der von Augustus als Nachfolger ausersehenen Gaius und Lucius Caesar wird T. am 26. Juni 4 n. Chr. von Augustus adoptiert und muß seinerseits Germanicus adoptieren. Er erhält die tribunizische Gewalt auf 10 Jahre und kämpft als Feldherr mit prokonsularischem Imperium in den Jahren 4–6 in Germanien (gegen Cannanefaten, Attuarier, Bructerer, Langobarden) und Böhmen (Reich des Marbod), 6–9 mit 15 Legionen gegen die Pannonier und Dalmater. Nach der Niederlage des Varus 9 n. Chr. geht T. wieder nach Germanien (10–12). Im Jahr 13 n. Chr. erhält T. erneut die tribunizische Gewalt auf 10 Jahre und ein *Imperium proconsulare maius,* wird jedoch nach dem Tod des Augustus am 19. August 14 im Alter von schon 54 Jahren zweiter Kaiser Roms (Erhebung am 17. September).

Ein Aufstand der Truppen in Germanien und Pannonien, die Germanicus zum Kaiser erheben wollen, kann beigelegt werden; der Krieg gegen die Germanen wird in den Jahren 14–16 n. Chr. durch Germanicus weitergeführt, dann eingestellt. 18 n. Chr. ordnet Germanicus im Osten die Lage gegen die expandierenden Parther; als armenischer Klientelkönig wird Artaxias eingesetzt, Kappadokien und Kommagene werden römische Provinzen (weiteres Eingreifen im Osten 35 n. Chr., Einsetzung von Tiridates III. als König von Armenien). Ohne Bewilligung des T. hält sich Germanicus zu Beginn des Jahres 19 n. Chr. in Ägypten auf und erläßt selber Edikte, stirbt jedoch am 10. Oktober bei Antiochia. Ein schwerer Aufstand in Africa unter den Numider Tacfarinas (17–24 n. Chr.) kann durch Q. Iunius Blaesus und Cornelius Dolabella niedergeschlagen werden; weitere Erhebungen gibt es in Gallien, bei den Treverern, Galliern und Thrakern.

In innenpolitischer Hinsicht wird gegenüber T., der 21–22 und seit 26 bis zu seinem Tod 37 n. Chr. nur noch von Capri aus regiert (der Rückzug hierhin ist »eine maßgebliche politische Zensur im tiberischen Prinzipat« [P. Schrömbges]), der Befehlshaber der Prätorianergarde, L. Aelius Seianus, dominierend. Nach dem Tod des Drusus, des Sohnes des T., Mitte September 23 (Ermordung?) strebt er offenbar das Prinzipat an. T. greift nach Warnungen ein, Seianus wird am 18. Oktober 31 zum Tode verurteilt und hingerichtet. Eine Reihe weiterer Majestätsprozesse finden während der Herrschaft des T. statt.

T. stirbt am 16. März 37 n. Chr. in Misenum, sein Nachfolger wird → Caligula.

T. trägt in Ägypten die Horusnamen: *Mit starkem Arm und großer Kraft, vollkommener Jüngling, süß an Beliebtheit, König der Könige,*

*Erwählter des Ptah-Nun, des Vaters der Götter (*Var. nach ›Beliebtheit‹: *Ka der Könige, der Mächtige vor dem ›Morgenhaus‹),* bzw. *Mit starkem Arm, der die Fremdländer schlägt, groß an Kraft, der Held Ägyptens* bzw. *Mit starkem Arm, der Chnum [Schöpfergott] der Länder, der das Verfallene und was zerstört gefunden wird überall erneuert,* bzw. *Mit starkem Arm, der Erbe seines Vaters, der den Leib wohl sein läßt beim Erschaffen seines Leibes.*

Die Bautätigkeit des T. in Ägypten ist bezeugt in Abydos, Philae (Torweg → Ptolemaios' II.; Ptahtempel; Arensnuphistempel), Berenike (Serapis-Tempel), Dakke, Debod (Vollendung des Tempels), Karnak (Tempel des Osiris-von-Koptos; Umfassungsmauer des Muttempels: Stelen), Kom Ombo (Dekoration Säulenhof), Dendera (Umfassungsmauer; Krypta), Medamud (Torbau), Inschrift in Kairo (Bauten in Koptos für Isis, Harpokrates, Pan [Min]), Assuan (dekorierte Blöcke südlich des Isistempels), el-Qasr (Hercules-Kallinikos-Kult), Armant (Buchisstelen), Edfu (Pylon außen), Schanhur (Isistempel). Aus seiner Regierung stammen die ersten Graffiti auf den Memnonskolossen. In Rom läßt T. 19 n. Chr. den Isiskult verfolgen.

Lit.: B. LEVICK, *Tiberius the Politician,* 1976; H. BENGTSON, *Grundriß der römischen Geschichte, I,* ³1982, 291–298; L STORONI MAZZOLANI, *Tiberio o la spirale del potere,* 1981; P. SCHRÖMBGES, *Tiberius und die Res publica romana,* 1986; R. S. BIANCHI, *LÄ 6,* 555 ff.; D. SHOTTER, *Tiberius Caesar,* 1992.

Titaru

Fürst des Westdeltareiches der Libu (Libyer) als Nachfolger des → Niumateped (2) und Vorgänger des → Ker, Sohn eines Didi; bezeugt auf einer aus Kom Firin stammenden Schenkungsstele aus dem 15. (oder 17.) Jahr → Scheschonqs V. K. A. Kitchen setzt seine Regierung in die Jahre 758–750 v. Chr.

Lit.: *TIP* § 311, Tf. 21 A.

Titus

Titus Flavius Vespasianus, römischer Kaiser (79–81 n. Chr.), geboren am 30. Dezember 39 n. Chr. (?) als Sohn des Titus Flavius → Vespasianus und der Flavia Domitilla. Im Sommer 69 n. Chr. wird er von seinem Vater zum Caesar erhoben und Ende des Jahres mit der Weiterführung des Jüdischen Krieges betraut, versehen mit 6 Legionen und 20 Kohorten. Das umzingelte Jerusalem wird im August/September 70 n. Chr. erobert und zerstört; nach Josephus fallen den Kämpfen, Hunger und Seuchen eine Million Juden zum Opfer; gegen 100000 geraten in Gefangenschaft. Ende April 71 ist T. bei Vespasian in Alexandria, im Juni desselben Jahres feiern sie den judäischen Triumph. Das letzte Zentrum des

Widerstandes, die Festung Masada am Toten Meer, fällt erst am 15. April 73 n. Chr. in römische Hände (Selbstmord der Verteidiger). Judaea wird als eigene Provinz (Hauptstadt Caesarea) von Syrien getrennt; den Juden eine Sondersteuer auferlegt (in Ägypten läßt Vespasian den Jahwe-Tempel der jüdischen Gemeinde von Tell el-Jahudija 71 n. Chr. schließen). Nach dem Tod Vespasians wird T. am 24. Juni 79 Kaiser. Seine zwei Regierungsjahre werden von dem Ausbruch des Vesuvs am 24. August 79 n. Chr. (Verschüttung von Pompeji und Herculaneum; u. a. Tod des älteren Plinius) und dem Brand Roms (80 n. Chr.) überschattet. Im Jahre 80 werden das Kolosseum und der Jupitertempel auf dem Kapitol eingeweiht. T. stirbt am 13. September 81 n. Chr. in seiner Villa bei Aquae Cutiliae (Paterno); Nachfolger wird sein Bruder → Domitian.

In Ägypten ist T. belegt in Karnak, Kom Ombo, Esna und Deir el-Hagar (u. a. in Ritualszene vor Seth und Nephthys); er führt den Horusnamen *Schöner Jüngling, süß an Beliebtheit.*

Lit.: B. W. JONES, *The Emperor Titus,* 1984; KIENAST, *Kaisertabelle,* 111f.; J. OSING, *MDAIK 41* (1985), 230f.

Tiu

Auf der obersten Zeile des Palermosteins aufgeführter, prädynastischer unterägyptischer Herrscher. Der Name bedeutet vielleicht *Niedertreter, Zermalmer.*

Trajan

Marcus Ulpius Traianus, seit 97 n. Chr. Caesar Nerva Traianus, römischer Kaiser (98–117 n. Chr.), geboren am 18. September 53 n. Chr. (?) in Italica in Spanien als Sohn des M. Ulpius Traianus und der Marcia, der erste aus Spanien stammende römische Kaiser, »zweifellos eine der glänzendsten Kaisergestalten des ganzen römischen Prinzipats: er war nicht nur ein furchtloser und umsichtiger Feldherr, sondern auch ein Administrator hoher Qualität«, »der größte Feldherr, den Rom seit Julius Caesar hervorgebracht hatte« (H. Bengtson). Verheiratet ist er mit Pompeia Plotina.

Als Legat Obergermaniens wird T. Ende Oktober 97 n. Chr. von → Nerva adoptiert und zum Caesar erhoben; nach dessen Tod ist er seit dem 28. Januar 98 n. Chr. Kaiser und kehrt nach Aufenthalten an der Rheingrenze und an der Donau im Jahre 99 nach Rom zurück (Loblied des Plinius).

Im Zentrum von T.s Regierung steht die Außenpolitik, insbesondere die Sicherung des Donauraumes und der Ostgrenze. Mit einer Streitmacht von 100 000 Soldaten (der größten seit den Bürgerkriegen der ausgehenden Republik) und mehreren hervorragenden Generälen –

L. Licinius Sura, Lusius Quietus, A. Cornelius Palma (Legat von Syrien), Q. Marcius Turbo (Niederwerfung des jüdischen Aufstandes in Ägypten) und P. Aelius → Hadrianus – bricht T. Ende März 101 n. Chr. in den ersten Dakerkrieg auf, dessen Ziel die Besetzung Transsylvaniens ist. Die Daker unter Decebalus können dem Heer bei Tapae Verluste beibringen und fallen mit den Roxolanen im Winter 101/2 in die Provinz Moesia Inferior ein, bevor nach einem Gegenstoß der dakische König kapituliert (Schleifung der Befestigungen; die Eroberungen im Banat werden der Provinz Moesia Superior angefügt). T. nimmt im Herbst 102 den Beinamen *Dacicus* an.

Nach der Zerstörung römischer Lager und der Gefangennahme ihrer Besatzungen durch Decebalus (geplante Eroberung der griechischen Städte am Schwarzen Meer?) bricht T. am 4. Juni 105 n. Chr. zum zweiten Dakerkrieg auf und erobert die dakische Hauptstadt Sarmizegetusa (Selbstmord des Decebalus), die Bevölkerung wird z. T. umgesiedelt, Neusiedler eingelassen, die Hauptstadt als Colonia Ulpia Traiana neugegründet, die östliche Walachei und die südliche Moldau der Provinz Moesia Inferior zugeteilt. Der Donauraum wird durch starke Truppenkonzentrationen (Besatzungstruppen in Dakien; neun Legionslager) gesichert. Monumente des Sieges sind die Trajanssäule in Rom und das dem Mars Ultor geweihte Monument von Adamklissi in der Dobrudscha (109).

Im Osten des Reiches wird 106 n. Chr. das Gebiet der Nabatäer als Provinz *Arabia* dem Reich angeschlossen (Kontrolle des Sinai und des Golfes von Akaba mit Zugang zum Indienhandel; Bau einer durch einen Limes geschützten Straße Damaskus-Ailana am Golf von Akaba).

Die Auseinandersetzungen mit den Parthern um Armenien, dessen römischer Klientelkönig Tiridates dem Partherherrscher (Ch)osroes weichen muß, führen zum Aufbruch T.s in den Partherkrieg am 17. Oktober 113, mit 60 Jahren. Im Frühjahr 114 erfolgt von Antiochia aus der römische Angriff im Gebiet des oberen Euphrats; Armenien wird zurückgewonnen und das nordwestliche Mesopotamien erobert (114/5). Im Jahre 116 erobert T. das Partherreich und seine Hauptstadt Ktesiphon; neu wird die Provinz Assyria eingerichtet. T. fährt bis zur Mündung des Tigris; Attambelus von Charakene unterwirft sich ihm. Der Erfolg im Osten ist nicht von Bestand, da ein Aufstand in Osrhoene ausbricht, die Parther eine Offensive führen und ein parthischer Klientelkönig Roms nach dem Abzug der römischen Truppen untergeht. Eine Anzahl von Eroberungen in Mesopotamien werden jedoch gehalten.

Ein großer Aufstand der Juden in Kyrene, Ägypten, Syrien, Zypern, Mesopotamien und Judaea 115/6 wird durch Q. Marcius Turbo (in Ägypten) und Lusius Quietus erstickt.

T., der am 13. Dezember 115 ein Erdbeben in Antiochia überlebt, stirbt auf dem Rückweg nach Rom am 7. (?) August 117 n. Chr. in Selinus in Kilikien; seine Asche wird im Sockel der Trajanssäule beigesetzt.

Hauptpunkte der Innenpolitik T.s sind das Bemühen, die Rechtsprechung berechenbarer und damit sicherer zu machen, und im weitesten Sinne die Fürsorge für die Bevölkcrung (Verwaltung, Infrastruktur, Urbanisierung; Spenden aus der Kriegsbeute an die Bevölkerung Roms, Lebensmittelversorgung, Garantie des öffentlichen Wohls). Gegenseitige Akzeptanz und das Einvernehmen mit dem Senat, der T. 114 den Titel *optimus princeps* verleiht, sind prägend. Berühmt sind die Briefe zur Provinzialverwaltung an Plinius d. J., in denen T. zur Frage der Christenverfolgung Stellung nimmt.

In Ägypten ist die Regierung T.s »eine von religiöser, künstlerischer und ikonographischer Vitalität« (R. S. Bianchi). Denkmäler der Bau- und Kultpolitik des Kaisers sind: die Festung Babylon, die Neueröffnung des Kanals Nil-Rotes Meer, der Tempel des Asklepios und der Hygieia in Ptolemais, Bezeugungen in Qasr Dusch, Achmim und Deir esch-Schelwit, der Isistempel von Myos Hormos, die Erweiterung des Kalabscha-Tempels, eine Serapis-Kapelle in Luxor, ein Kiosk in Philae, ein Tempel in Elephantine, Reliefs in Dendera (hier wird die Identifizierung Plotina = Nea Aphrodite/Hathor, T. = Ihi und Hapi vollzogen; jüngste Version der Gauprozession), Esna und Kom Ombo.

Lit.: A. KASHER, *JJS 27* (1976), 147–158; M. PUCCI, *Aegyptus 62* (1982), 195–217; DIES., *La rivolta ebraica al tempo di Traiano,* 1981; H. BENGTSON, *Grundriß der römischen Geschichte, I,* ³1982, 345–356; A. FUKS, in: *Social Conflict in Ancient Greece,* 1984, 322–349. 350–356; R. S. BIANCHI, *LÄ 5, 741 ff.;* J. MODRZEJEWSKI MÉLÈZE, in: J. MARX (Ed.), *Problèmes d'histoire et du christianisme,* 1987, 7–31; M. FELL, *Optimus Princeps? Anspruch und Wirklichkeit der imperialen Programmatik Kaiser Trajans,* 1992; F. MASI, *Traiano,* 1993.

Trebonianus Gallus

Caius Vibius Trebonianus Gallus, römischer Kaiser, geboren um 206 n. Chr. (?) in Perusia (?), Sohn des Caius Vibius Veldumnianus (?). T. wird Mitte Juni (?) 251 nach dem Tod des → Decius in der Schlacht bei Abrittus zum Kaiser erhoben, aber schon im August (?) 253 n. Chr. auf dem Zug gegen den Gegenkaiser Aemilianus von seinen Soldaten ermordet. In Ägypten ist T. durch ein Reliefbruchstück bezeugt.

Lit.: J.-C. GRENIER, *CdE 63* (1988), 66–69; KIENAST, *Kaisertabelle,* 207 f.

Tutʿanchamun

Durch die Entdeckung seines unberaubten Grabes mit seinen Schätzen im November 1922 durch Howard Carter der vielleicht berühmteste ägyptische König; 12. Herrscher der 18. Dynastie (1319–1309 bzw. 1332–1323 v. Chr.). Die tatsächliche historische Bedeutung des Kindkönigs ist gering und liegt in dem unter ihm vollzogenen Übergang von der Amarna- in die Nachamarnazeit.

Die Abstammung T.s konnte bisher nicht eruiert werden. Nach einem Block aus Hermopolis, der T. als »leiblichen Sohn des Königs« nennt, dürfte sein Vater doch → Amenhotep IV. Echnaton sein (M. Eaton-Krauss, S. Meltzer; dagegen etwa D. B. Redford); → Amenhotep III. (so E. F. Wente) scheidet wegen der dann erforderlichen langen Korregenz mit Amenhotep IV. aus, die ausgeschlossen werden kann. Die Mutter T.s ist ebensowenig bekannt. Nach zwei Darstellungen in Kammern des Königsgrabes von Amarna, welche die Geburt vermutlich des Thronfolgers T. und den Tod seiner Mutter im Kindbett darstellen, wird als Mutter T.s die Nebengemahlin Echnatons Kija oder seine Tochter Meritaton (G. T. Martin) oder seine Tochtergemahlin Maketaton (R. Krauss) vermutet. Eine enge Verwandtschaft ist medizinisch erwiesen zwischen T. und dem Toten aus Grab 55 im Tal der Könige, bei dem es sich wahrscheinlich um (T.s Halbbruder?) → Semenchkare' handelt (anders C. N. Reeves: Echnaton, was jedoch u. a. durch das Alter dieser Person ausgeschlossen ist). Gemahlin T.s wird 'Aṅchesenpaaton/'Anchesenamun, die 3. Tochter → Amenhoteps IV. und Nofretetes (der Verbindung entstammen vermutlich zwei im Grab T.s mitbestatteten Totgeburten).

Das Alter T.s bei seinem Regierungsantritt, etwa 8 Jahre, ergibt sich aus der Regierungslänge (höchstes belegtes Jahr ist das 9., ein 10. bzw. 14. [J. Perepelkin] sind unsicher) und dem Todesalter, das nach der Untersuchung seiner Mumie auf etwa 18 Jahre bestimmt wird (D. Derry, Harrison/Abdalla, F. F. Leek; höher Wente/Harris: 23–27 Jahre). Die Regentschaft für den unmündigen König führen → Aja und → Haremhab.

Bis in sein 2. Regierungsjahr residiert T. unter dem Eigennamen *Tut'anchaton*, »Lebendiges Abbild des Aton« in Amarna (Kleinfunde; etwa Fayenceringe mit Namen T.s bzw. der 'Anchesenpaaton/amun). Noch vor der Aufgabe Amarnas ändert er seinen Eigennamen in *Tut'anchamun*, »Lebendiges Abbild des Amun«, er trägt nun die Titulatur: Horus *Starker Stier, mit vollkommener Geburt,* Nebti *Mit vollkommenen Gesetzen, der die zwei Länder beruhigt (, der die Götter zufriedenstellt,* Var. *Der Große des Palastes des Amun,* weitere Var. [...] *der Allherr),* Gold *Der die Kronen erhebt, der die Götter zufriedenstellt (*Var. *Der die Kronen seines Vaters Re' erhebt* bzw. *Besitzer der Ma'at, der die Götter zufriedenstellt,* bzw. *Der die Kronen erhebt, der die beiden Länder in [Gerechtigkeit o. ä.] verbindet),* Thronname *Herr an Gestalten, ein Re',* Eigenname *Lebendiges Abbild des Amun, Herrscher des oberägyptischen Heliopolis (Theben/Karnak).*

Noch vor Ende des 2. Jahres wird Amarna verlassen (Abbruch der Bauarbeiten an einem Grab für T.?); neue Residenz wird Memphis, nicht Theben (der Entscheid daher nicht, wie früher vermutet, von der Amunspriesterschaft veranlaßt, eher durch außenpolitische Erwägungen). Im Zentrum der von T. repräsentierten, von seinen Regenten beschlossenen Politik steht die Restauration der Kulte, die durch die sog. Restaurationsstele des Tutʿanchamun aus Karnak (von → Haremhab usurpiert) proklamiert wird (Schilderung des vorherigen Verfalls Ägyptens wegen der Abwendung von den alten Göttern, s. oben S. 39). Schon in Amarna zeigt sich die allmähliche Abwendung von dem allerdings immer noch verehrten Aton (vgl. → Amenhotep IV., → Semenchkareʿ), indem *Tutʿanchaton* etwa Amun und Mut verehrt (Stele in Berlin) oder auf einem seiner Throne als *geliebt von Amun mehr als jeder andere König* bezeichnet wird.

Die Bautätigkeit im Namen T.s konzentriert sich auf Theben. In Luxor wird die Dekoration der Kolonnade des Luxortempels vollendet; im Statuendepot aus dem Tempelhof fand sich 1989 auch eine Sphinxfigur T.s. In Karnak existierten zwei Kapellen T.s, das »Haus des *Herrn-der-Gestalten-ein-Re*ʿ in Theben« und das »Haus des *Herrn-der-Gestalten-ein-Re*ʿ-*geliebt-von-Amun-der-Theben-in-Ordnung-bringt*«. Die Tempel → Amenhoteps IV. Echnatons werden abgebrochen. Ein Hauptanliegen T.s ist die Weiterführung unterbrochener Projekte (Sphinxallee zwischen Karnak und dem Mut-Tempel) und, in Einklang mit dem Programm der Restaurationsstele, Wiederherstellungsarbeiten (Reliefs der Ostseite des 6. Pylons). Aus Karnak stammen verschiedene Stelen und eine große Anzahl Statuen des Königs bzw. des Gottes Amun mit den Gesichtszügen T.s.

In Theben-West ist T. – abgesehen von seinem Grab – durch zwei (von → Aja und → Haremhab usurpierte) Kolossalstatuen seines Totentempels und Objekte aus dem Palast → Amenhoteps III. in Malqatta belegt.

In Memphis und Saqqara ist T. durch zwei Türstürze, eine Königsbüste (?) und das dritte Apis-Begräbnis bezeugt (textlich ist ein memphitischer Tempel *Haus des Herrn-der-Gestalten-ein-Re*ʿ bekannt), in Giza durch ein Tor und eine Stele. Als Bauherr tritt T. auch in Nubien in Kawa (Kapelle für Amun) und Faras (Tempel; Granitgruppe und Kopf) hervor.

Einzelne Objekte fanden sich in Abydos, Medinet Gurâb, im Wadi Abbad (Block), Gebel Barkal im Sudan (Granitlöwe mit Weihinschrift), Arab Abu Tawila (Blöcke) sowie Tell el-Ajjul und Tell el-Safi in Palästina; zudem gibt es königliche Stelen (eine mit Königsdekret für Maj).

Wesire T.s' sind Usermonth und Pentju; Schatzmeister ist Maja, Vizekönig von Kusch Haj, der Hohepriester des Amun Parennefer.

Nach dem unerwartet frühen Tod T.s (z. T. wird Unfall oder Ermordung vermutet), wird T. in einem eilends hergerichteten nichtköniglichen

Grab im Tal der Könige beigesetzt (KV 62). Gemäß J. van Dijk stirbt T. Ende August (etwa zur Zeit der ägyptischen Niederlage in Amqi in Syrien) und wird Anfang November bestattet. Nach C. N. Reeves war als Anlage für T. das später von → Aja übernommene Grab 23 im Westtal vorgesehen. Zur Situation vgl. → Semenchkareʿ. Da der Grabeingang vom Aushub des Grabes → Ramses' VI. verschüttet wird, bleibt der Grabschatz T.s als einziger bis zu seiner Entdeckung durch H. Carter am 4. November 1922 erhalten. Möglicherweise in die Zeit nach dem Tode T.s gehört die sog. Dachamunzu-Episode (dazu → Semenchkareʿ; zur Innen- und Außenpolitik → Aja, → Haremhab).

Lit.: C. N. REEVES, *The Complete Tutankhamun: The King, the Tomb, the Royal Treasure,* 1990; DERS. (Ed.), *After Tutʿankhamun,* 1992; G. T. MARTIN, *A Bibliography of the Amarna Period and Its Aftermath,* 1991 (mit der Lit. bis 1990); T. G. H. JAMES, HOWARD CARTER. *The Path to Tutankhamun,* 1992; H. A. SCHLÖGL, *Echnaton – Tutanchamun,* [4]1993, 74–91; J. VAN DIJK, *The New Kingdom Necropolis of Memphis,* 1993; M. EATON-KRAUSS, *The Sarcophagus in the Tomb of Tutankhamun,* 1993; DIES., *Tutanchamun. Eine Bestandsaufnahme* (angekündigt bei der Wissenschaftl. Buchgesellschaft Darmstadt).

U

Ubenre'

Thronname *Erstrahlender, ein Re'* des 9. Königs der 14. Dynastie nach dem Turiner Königspapyrus.

Unas

9. und letzter König der 5. Dynastie (um 2380/2350 v. Chr.), über dessen Herkunft und Regierungsantritt nichts bekannt ist. Gegensätze zwischen → Djedka³re' Asosi und U. lassen sich nicht ausreichend untermauern; der singuläre Eigenname (nicht erklärt), die ungeklärte Herkunft und seine nichtköniglichen Gemahlinnen könnten auf eine nichtkönigliche Person deuten. Nach dem Turiner Papyrus ist Unas der letzte Herrscher der 5. Dynastie; daß er schon die 6. Dynastie begründet habe (so J. Ph. Lauer, K. Baer), ist wenig wahrscheinlich; nach P. Munro ist er ein »König zwischen den Dynastien«, »eine Persönlichkeit, der die Nachwelt ein in ungewöhlichen Formen sich ausdrückendes Andenken bewahrt hat«.

U. trägt die Namen: Horus *Gedeihen der beiden Länder,* Nebti *Der durch die beiden Herrinnen gedeiht,* Gold *Gedeihender Goldfalke,* Eigenname *Unas.*

Gemahlinnen des U. sind Nebet und Chenut (Bestattung in Doppelmastaba; von Chenut Skelettreste erhalten); daß die Mutter → Tetis, Seschseschet, 3. Gemahlin des U. ist, ist unwahrscheinlich (P. Munro). Töchter des U. sind Iput (vermutlich Gemahlin → Tetis und Mutter → Pepis I., daher problemloser Dynastiewechsel; Tod in mittlerem Alter nach Skelett), Hemetre'/Hemi und Nefrut (sowie eine Chentitka³ues?). Der älteste, vor U. verstorbene Sohn und Kronprinz ist unbekannt, ein weiterer, ebenfalls vor U. gestorbener Prinz ist Unas'anch.

U. dürfte rund 30 Jahre (so der Turiner Papyrus; Manetho schreibt ihm 33 Jahre zu) regiert haben. Eine Vase des Königs aus Byblos bezeugt die traditionellen Handelsverbindungen mit der syrischen Küste; wie schon bei → Sa³hure' haben die ägyptischen Hochseeschiffe eine asiatische Besatzung (M. Bietak). Kämpfe ägyptischer Soldaten gegen Schasu-Beduinen (des Sinai?) werden auf Reliefs des Unas-Aufwegs sowie in zwei Privatgräbern der Zeit dargestellt; auf den Reliefs des Aufwegs auch der Transport von Säulen aus Assuangranit und die berühmte Szene der hungernden Ausländer.

Die Pyramide *Vollkommen sind die Stätten des U.* des Königs, der kein Sonnenheiligtum mehr errichtet, ist mit einer Seitenlänge von 57,8 m, einem Böschungswinkel von 56° und einer einstigen Höhe von 43 m die kleinste des Alten Reiches. Ihr Ostteil liegt über den unterirdischen Anlagen des Galeriegrabes des → Hetepsechemui bzw. → Nebreʿ. Von der Mitte der Nordseite (mit Kapelle) führt ein Gang 14,4 m abwärts in eine Gangkammer, dann horizontal 14,1 m weiter (drei Fallsteine) in eine Vorkammer (3,8 x 3,1 m), von der östlich ein Magazinraum und gegen Westen die Sarkophagkammer (3,1 x 7,3 m; mit Basaltsarkophag; Alabasterverkleidung; Giebeldach mit Sternenhimmel) abgeht. Als erste Pyramide ist diejenige des U. mit den Pyramidentexten beschriftet (Ende des Ganges, Vor- und Grabkammer), dem ältesten religiösen Textgut der Menschheit.

Der mit Reliefs dekorierte Totentempel des U. an der Ostseite der Pyramide gliedert sich nach dem Vorbild der Anlage des → Djedkaʾreʿ Asosi in Vestibül, offenen Hof mit Palmkapitellsäulen, quer liegendem Korridor und anschließendem eigentlichen Totenopfertempel mit Nischenraum, Vorkammer, Totenopfersaal und Magazinen; die Kultpyramide liegt im Südosten. Der 666 m lange, gedeckte Aufweg, der Toten- und Taltempel verbindet, ist dekoriert (außer den genannten Darstellungen etwa auch Tribute mit exotischen Tieren und Handwerkerszenen). Wesire des U. sind Neferseschemeschaʾt, dazu Ijnefret und Ihi (P. Munro), nach N. Strudwick auch ʾAchtihetep/Hemi und Niʿanchbaʾ.

Lit.: G. GOYON, *BIFAO 69*, 1971, 11–42; H. ALTENMÜLLER, in: *SAK I* (1974), 1–18; A. LABROUSSE / J.-PH. LAUER, *Le temple haut du complexe funéraire du roi Ounas*, 1977; P. KAPLONY, *Die Rollsiegel des Alten Reiches, II,* 1981; J. VERCOUTTER, in: *Mél. Mokhtar II*, 1985, 327–337; M. BIETAK, in: *FS I. E. S. Edwards*, 1988, 35–40; P. MUNRO, *Der Unas-Friedhof Nord-West. I. Topographisch-historische Einleitung. Das Doppelgrab der Königinnen Nebet und Khenut*, 1993, 8–25 (mit der älteren Lit.); A. SPALINGER, *SAK 21* (1994), 275–319.

Uni

Auf einem in Ezbet Rushdi im Ostdelta gefundenen Block im Titel eines *Vorstehers der Palastverwaltung des Uni* bezeugter Name eines Königs, vermutlich des Alten Reiches.

Lit: S. ADAM, *ASAE 55* (1958), 323; DERS., *ASAE 56* (1959), 217 u. pl. XI A (nicht bei BECKERATH, *Handbuch*).

Upuʾutemsaʾf

König vermutlich der ausgehenden 13. Dynastie mit dem Eigennamen *Upuaut ist mein Schutz,* nur wenige Jahre vor → Reʿhotep und → Sebekemsaʾf aus der beginnenden 17. Dynastie, die sich in der Bildung ihrer Thronnamen an den seinen *(Ein Starker, ein Re', mit vollkommenen Erscheinungen)* anlehnen. Er ist lediglich durch eine aufgrund der Zeitbedingungen ärmliche Stele aus Abydos und vermutlich ein hieratisches Graffito im Grab des Gaufürsten Amenemhe³t in Beni Hasan bezeugt.

Lit.: BECKERATH, *Untersuchungen*, 66. 68 f. 178, 262.

User'anat

Ein nur durch einen Skarabäus bezeugter Kleinkönig der 16. Dynastie, der vor seinem Eigennamen *Mächtig ist (die syrische Göttin) 'Anat* den Titel *Herrscher der Fremdländer (Hyksos)* führt; nach J. von Beckerath vielleicht ein Kleinfürst in Südpalästina unter der Oberherrschaft der 15. Dynastie.

Lit.: BECKERATH, *Untersuchungen*, 112. 138 f. 280.

Userka³f

Der Begründer der 5. Dynastie (um 2500/2490 v. Chr.), deren Herkunft Zielpunkt der Erzählungen des Papyrus Westcar darstellt. Danach sind U., → Sa³hure' und Kakai (Neferirka³re') Drillinge einer Rudjdjedet und eines Re'user, Priesters des Re' von Sachebu bei Memphis, während nach Manetho die Dynastie aus Elephantine stammt. Das Verhältnis der Fakten dieser Legitimationsschrift zu der aus zeitgenössischen Quellen bekannten Sachlage und das korrekte Verständnis des Dynastiewechsels sind umstritten.

Wichtigste Gestalt im Übergang von der 4. zur 5. Dynastie und »Stammmutter der 5. Dynastie« (L. Borchardt) ist Chentka³ues, die mit der sog. »vierten Pyramide von Giza« (eine Mastaba; aufgedeckt 1932 durch Selim Hassan) und einem Pyramidenbezirk in Abusir (1978/9 durch M. Verner entdeckt) zwei Grabanlagen besitzt und den singulären Titel »Mutter zweier Könige von Ober- und Unterägypten« (so die wahrscheinlichste Lesung) trägt. Nach den Darlegungen M. Verners kann sie als Mutter → Sa³hure's und → Neferirka³re's (I.) gelten (aber nicht von → Schepseska³f), die vor der Vollendung ihres Grabkomplexes in Abusir gestorben, zuerst in Giza bestattet und unter → Niuserre' nach Abusir überführt worden wäre. Doch wird auch noch die ältere These vertreten, nach der es zwei Königinnen des Namens Chentka³ues gegeben habe, von denen die ältere Mutter der genannten Königin und Gemahlin des → Schepseska³f gewesen sei, die jüngere die Gemahlin des → Neferirka³re' (so R. Stadelmann). Die verwandtschaftliche Einordnung U.s ist unbekannt. Er wird als Sohn der Chentka³ues und Bruder Sa³hure's und Neferirka³re's (I.) betrachtet (H. Altenmüller, W. Helck, R. Stadelmann, H. Goedicke; in Übereinstimmung mit dem Papyrus

Westcar), als Gemahl der Chentka³ues (W. C. Hayes, W. C. Smith, H. Junker) oder als Sohn der Neferhetepes, einer Tochter → Djedefreʿs, damit Cousin Sa³hureʿs und Neferirka³reʿs (J. Vandier, A. P. Kozloff, N. Grimal, J. Vercoutter; damit bestünde aber eine verwandtschaftliche Beziehung zur 4. Dynastie). U. trägt den Horusnamen *Der die Maʿat verwirklicht* (ebenso Nebti), den Goldnamen *Der vollkommene Goldfalke* sowie den Thronnamen *Starker seines Ka (?).*

Abb. 33: Kopf des Userka³f (Ägyptisches Museum Kairo, JdE 90 220).

Die Regierungslänge U.s ist unbekannt; der Turiner Papyrus nennt 7, Manetho dagegen 28 Jahre. Von Ereignissen seiner Regierung ist wenig bekannt. Durch den Palermostein und das Kairener Fragment erfahren wir von Ereignissen aus den Jahren 2 (Zuweisung von 70 ausländischen Sklavinnen an die Pyramide U.s), 3 (Opfer- und Landstiftungen; Bau einer Kapelle [?] für Hathor im Pyramidenbezirk), 5 (in Elephantine), 6

(Stiftungen; Bau einer Kapelle in Buto und eines Horustempels) und 7 (Landstiftungen). U. ist durch ein Säulenfragment in Tôd, Siegelabdrücke aus Buhen und ein auf Kythera gefundenes (allerdings wohl später in die Ägäis gelangtes) Steingefäß bezeugt. Im Pyramidenbezirk → Amenemhe³ts I. in Lischt kamen wiederverwendete Blöcke U.s zutage. Hauptzeugnisse seiner Regierung sind sein Pyramidenbezirk in Saqqara und sein Sonnenheiligtum in Abusir.

Der Pyramidenbezirk U.s *Rein sind die Stätten des Userka³f* liegt in Nord-Saqqara, nordöstlich des Djoser-Komplexes, und richtet sich auch in seiner Nord-Süd-Orientierung nach der 3. Dynastie aus. Die bei einer Seitenlänge von 73,3 m und einem Neigungswinkel von 53° einst 49 m hohe Pyramide, mit Turakalkstein verkleidet und unter → Ramses II. von Cha'emwese restauriert, ist durch Steinraub und die unsorgfältige Ausführung des Kernbaus heute stark zerstört. Ein Korridor (Granitverkleidung) führt vom Eingang in der Nordseite 19,4 m abwärts und dann geradeaus weiter 18,5 m (unterbrochen durch einen Fallstein) bis zu Vorkammer und Grabkammer (letztere 7,9 x 3,1 m, Verkleidung aus Turakalkstein, Giebeldach, Basaltsarkophag). Von dem horizontalen Gang geht eine Verbindung zu zwei Magazinkammern (vereinfachter Nischenkorridor der *Mastabat Faraun* des → Schepseska³f?) ab. An der Ostseite der Pyramide liegt der Totenopfertempel (Dreikammerkapelle mit Scheintür; Reliefs), im Süden der Kultbezirk mit Vestibül, Opferhof mit Kolonnade aus Granitpfeilern (Reliefs; Königsstatuen und 5 m hohe Kolossalstatue des U. [Kopf in Kairo; Abb. 33], Pfeilerhalle, Raum mit Kapellennischen und Barkenräumen sowie der Kultpyramide. Die Pyramide der Hauptgemahlin U.s liegt südlich dieses Bezirks (einst 17 m hoch); ihr Name ist allerdings unbekannt (nach A. P. Kozloff wäre es Bunefer, eine Tochter des → Schepseska³f).

Nicht nur durch die Neuerungen in der Einrichtung des Totentempels, sondern auch durch die erstmalige Schaffung eines Sonnenheiligtums *Festung des Re'* in Abusir steht U. »eindeutig am Beginn einer neuen Epoche« (R. Stadelmann). Das Sonnenheiligtum bestand aus einem Hof (mit Opferaltar), dominiert von einem hohen Sockel, auf dem ein Mast (später ein Obelisk) stand (im Sockel sowie nördlich und südlich Kapellen).

Die theologischen Veränderungen (der König nur noch Sohn des Weltgottes Re') führen auch zu Veränderungen im Bereich der Verwaltung, indem nun nicht mehr Prinzen, sondern nichtkönigliche Beamte die Ämter bekleiden.

Lit.: M. VERNER, *SAK 8* (1980), 243–268; J. LECLANT / G. CLERC, *Or 62* (1993), 212 u. fig. 24; A. P. KOZLOFF, *Bulletin of the Cleveland Museum of Art 69,* 1982, 210–223; N. SWELIM, in: *FS I. E. S. Edwards,* 1988, 22; STADELMANN, *Pyrami-*

den, 159–164; P. KAPLONY, *Die Rollsiegel des Alten Reiches, II,* 1981; A. SPALINGER, *SAK 21* (1994), 275–319; H. ALTENMÜLLER, *GS W. Barta,* 1995, 37–48; zu Chentkaus jetzt noch: M. VERNER, in: *GS Korostovtsev,* 420–435; DERS., *Verlorene Pyramiden, vergessene Pharaonen,* 1995, 115–132; DERS., *Abusir III: The Pyramid Complex of Khentkaus,* 1995; P. JÁNOSI, *Die Pyramidenanlagen der Königinnen,* 1996.

Userka³reͨ

2. König der 6. Dynastie, von dem nur der Thronname *Reich an Ka-Kraft, ein Re ͨ* bekannt ist (um 2300 v. Chr.).

Das Auftauchen des Herrschers U. zwischen der Regierung des (nach Manetho angeblich ermordeten) → Teti und jener von Tetis Sohn → Pepi I. ist unklar und wird in der Historiographie des alten Ägypten kontrovers beurteilt. W. Helck sieht in dem mit der 5. Dynastie verbundenen Herrscher den Exponenten einer Opposition, der als Usurpator kurzzeitig die Macht übernommen habe, während N. Grimal ihn als interimistischen König für den noch unmündigen Pepi I., vielleicht gemeinsam mit dessen Mutter Iput, betrachtet. U. wird im Turiner Papyrus und der Königstafel von Abydos aufgeführt, ist jedoch zeitgenössisch nur durch einen Kupferdächsel (mit dem Namen einer Arbeitsmannschaft *U. ist beliebt* aus dem 10. oberägyptischen Gau) und zwei Siegelzylinder bezeugt. Nach P. Munro ist als Mutter U.s vielleicht eine Königsmutter Chenti(tkaͨues?) zu betrachten, von deren Grabanlage → Pepi I. Blöcke in seinem Totentempel verbaut.

Die These einer Usurpation wird vielleicht gestützt durch Beobachtungen N. Kanawatis (ein Seschemnefer wird vermutlich unter U. zum Wesir ernannt und unter → Pepi I. durch Ausradierung seines Namens und seiner Darstellungen verfemt [oder war er an der ersten Verschwörung gegen Pepi I. beteiligt?]; eine Königskartusche – des U.? – ist auf dem Architrav eines Mehi herausgelöst und durch jene des → Teti ersetzt worden).

Lit.: P. KAPLONY, *MDAIK 20* (1965), 36. 38 f.; DERS., *Beschriftete Kleinfunde in der Sammlung Georges Michailidis,* 1973, 24, Tf. 13 Nr. 58; DERS., *Die Rollsiegel des Alten Reiches,* 1981, II, 361 f.; O. BERLEV, in: *Drevnij Vostok 2,* 1980, 56–63; N. KANAWATI, *GM 83,* 1984, 31–38; P. MUNRO, *Der Unas-Friedhof Nord-West. I. Topographisch-historische Einleitung. Das Doppelgrab der Königinnen Nebet und Khenut,* 1993, 21 f. 23 Anm. 152; M. BAUD / V. DOBREV, *BIFAO 95* (1995), 23–92; → Lit. zu Teti.

Usermonth

Geburtsname *Month ist stark* eines Königs der späten 13. Dynastie, der durch das Bruchstück einer dem Kult → Mentuhoteps II. geweihten Stele aus Deir el-Bahari (daher zeitlich ähnlich anzusetzen wie → Dedumose,

→ Senebmiiu und → Secha'enre') und ein ebenfalls aus Deir el-Bahari stammendes Kalksteinbruchstück bekannt ist. Unbekannt ist, mit welchem der nur durch ihre Thronnamen im Turiner Papyrus überlieferten Könige U. identifiziert werden kann und ob allenfalls auch die Erwähnung eines »Königssohnes Usermonth« auf der Stele → Mentuhoteps VII. mit U. verbunden werden kann.

Lit.: BECKERATH, *Untersuchungen,* 70. 261; I. E. S. EDWARDS, *JEA 51* (1965), 26; P. VERNUS, *RdE 40* (1989), 148, 153.

V

Valerian

Publius Licinius Valerianus, römischer Kaiser (253–260 n. Chr.), geboren um 200 n. Chr. V. wird im Sommer 253 in Rätien oder Noricum zum Kaiser proklamiert und zieht in Rom ein; zum Mitregenten erhebt er → Gallienus.

Hauptpunkt der Regierung V.s ist der Krieg gegen die Sassaniden (Aufbruch in den Osten 254 n. Chr.; Rückeroberung Antiochias, Aufenthalt hier 254/5 und 258; 256 (?) Zug nach Kappadokien), zu dem V. Truppen aus dem Gebiet des gesamten Reiches zusammenzieht. Nach einem fehlgeschlagenen Versuch, das von den Persern belagerte Edessa zu entsetzen, gerät V. auf dem Weg zu Waffenstillstandsverhandlungen in persische Gefangenschaft. Diese Gefangennahme des römischen Kaisers durch den Sassanidenherrscher Schapur I. (V. zu dessen Füßen um Gnade bittend auf Felsreliefs dargestellt) bedeutet den »tiefsten Sturz des römischen Imperiums« (H. Bengtson). Schapur I. plündert und verwüstet daraufhin Syrien, Kilikien und Kappadokien, während das palmyrenische Reich unter Odainathos sogar nach Mesopotamien vorstößt.

Nach der Christenverfolgung des → Decius wird eine neue schwere Verfolgung durch zwei Edikte V.s von 257 und 258 n. Chr. dekretiert, die insbesondere die kirchliche Führung treffen wollen. Sie verbieten den Bischöfen und Geistlichen den Gottesdienst (Todesstrafe bei Zuwiderhandlung), den Gläubigen Versammlungen sowie das Betreten der Friedhöfe. Die Bestimmungen richten sich auch an Senatoren und Ritter (Todesstrafe bei Festhalten am Glauben, andernfalls Konfiskation des Vermögens). Erst → Gallienus beendet die Verfolgung, die zahlreiche Opfer fordert. V. ist in Ägypten hieroglyphisch auf einer Buchisstele bezeugt.

Lit.: H. BENGTSON, *Grundriß der römischen Geschichte, I,* [3]1982, 401 f. 404. 409. 413–416. 420. 422; KIENAST, *Kaisertabelle 212 ff.*

Verus

Lucius Ceionius Commodus (seit Mitte 136: Lucius Aelius Commodus, seit 25. Februar 138; Lucius Aelius Aurelius Commodus), römischer Kaiser als Mitregent → Marc Aurels, geboren am 15. Dezember 130 n. Chr. in Rom als Sohn des L. Aelius Caesar und der Avidia Plautia (?).

V. wird am 25. Februar 138 durch Antoninus Pius adoptiert, ist zuerst mit dessen Tochter Annia Galeria Faustina II. verlobt – die jedoch nach dem Tode Hadrians (10. Juli 138) Verlobte und (145) Gemahlin Marc Aurels wird –, dann mit der Tochter Marc Aurels, Annia Galeria Lucilla (Juli 138), die er 163 n. Chr. heiratet.

Bei seiner Thronbesteigung erhebt Marc Aurel am 7. März 161 n. Chr. V., seinen Adoptivbruder, im Interesse einer Konsolidierung der Herrschaft zum Augustus. V., »alles andere als ein Pflichtmensch, an den Staatsgeschäften nur wenig interessiert«, bricht im Frühjahr 162 in den Osten auf (Aufenthalt in Athen; Einweihung in die Mysterien von Eleusis; 162–166 Aufenthalt in Syrien), am 12. Oktober 166 feiert er mit Marc Aurel den Triumph über die Parther. Zusammen mit jenem unternimmt V. 168 eine Inspektionsreise in die Donauprovinzen (Winter 168/9 in Aquileia), stirbt jedoch zu Beginn des Jahres 169 n. Chr. in Altinum.

Unter → Marc Aurel und V. wird ein Antaiosheiligtum in Qaw el-Kebir erneuert. V. ist auch in Philae belegt.

Lit.. KIENAST, *Kaisertabelle, 111ff.*

Vespasian

Titus Flavius Vespasianus, römischer Kaiser (69–79 n. Chr.), geboren am 17. November 9 n. Chr. in Falacrinae als Sohn des Flavius Sabinus und der Vespasia, vor dem Beginn der Herrschaft u. a. 63/4 Proconsul in Afrika, 67–69 Legat des Heeres in Judaea, letzter Kaiser des »Vierkaiserjahres« 68/9 n. Chr., der sich am 1. Juli 69 n. Chr. in Alexandria gegen → Vitellius erhebt. Die Heere in Judaea und Syria schließen sich V. an; am 21. Dezember 69 wird V. vom Senat anerkannt. Bis im August des Jahres 70 n. Chr. ist V. in Alexandria und zieht am 1. Oktober in Rom ein.

Die Regierung V.s ist außenpolitisch, abgesehen von Angriffen der Sarmaten und Geten auf die Provinz Moesia und dem Aufstand des Anicetus in Pontos, durch die Niederschlagung des germanischen Aufstandes der Bataver und Canninefaten am Niederrhein und des Jüdischen Aufstandes geprägt. Dem germanischen Aufstand unter Julius Civilis, dem sich Teile der Rheinarmee, die Friesen sowie gallische und belgische Stämme anschließen (alle Legionslager am Rhein außer Mainz zerstört), tritt ein Heer unter Q. Petillius Cerialis entgegen, das die Aufständischen etwa bei Xanten besiegt. Petillius lehnt an einem Treffen mit den Aufständischen in Reims das Angebot ab, König über einen gallischen Sonderbereich zu werden; die Erhebung wird durch ein Abkommen zwischen Julius Civilis und Rom vor Ende Oktober 70 n. Chr. (?) beendet.

Ende des Jahres 69 n. Chr. übernimmt Titus als Caesar V.s die Bekämpfung des jüdischen Aufstandes mit 6 Legionen und 20 Kohorten.

Das umzingelte Jerusalem wird im August/September 70 n. Chr. erobert und zerstört; nach Josephus fallen den Kämpfen, Hunger und Seuchen eine Million Juden zum Opfer; gegen 100 000 geraten in Gefangenschaft. Im Juni 71 feiern V. und → Titus den judäischen Triumph. Das letzte Zentrum des Widerstandes, die Festung Masada am Toten Meer, fällt erst am 15. April 73 in römische Hände (Selbstmord der Verteidiger). Judaea wird als eigene Provinz (Hauptstadt Caesarea) von Syrien getrennt, den Juden eine Sondersteuer auferlegt. In Ägypten läßt V. den Jahwe-Tempel der jüdischen Gemeinde von Tell el-Jahudija 71 n. Chr. schließen.

In innenpolitischer Hinsicht ist die Neubildung der durch die Kooperation mit Nero diskreditierten, durch den Bürgerkrieg dezimierten und durch Konfiskationen z.T. verarmten Oberschicht durch Neuernennungen (viele *homines novi* aus den Provinzen) von entscheidender Bedeutung. Gegen die republikanische Opposition geht V. gemäßigter vor als später → Domitian (Hinrichtung des Stoikers Helvidius Priscus; Ausweisung der kynischen Bettelphilosophen und Astrologen; allgemeine Vertreibung der Philosophen im Jahre 74 n. Chr.). Eine Neuordnung der Finanzen wird u.a. durch die Annullierung von Steuerprivilegien, die Erschließung neuer Steuerquellen und drei Spezialkassen (judäische, alexandrinische und asiatische) erreicht.

Bedeutend ist V. auch durch seine Bildungs- (Unterstützung von Dichtern und Gelehrten) und Baupolitik (Bau des Kolosseums; Neubau des Jupitertempels auf dem Kapitol 70/71; Bau des Pax-Tempels). Spanien erhält das *latinische Recht* als Vorstufe des römischen Bürgerrechts (Blüte des Städtewesens); im Reich werden zahlreiche Kolonien gegründet.

In Ägypten erscheint V. als Bauherr in der Oase Dachla / Deir el-Hagar (Dekoration des Tempels der thebanischen Triade), in Deir esch-Schelwit (Dekoration Propylon des Isistempels) und Kom Ombo (Szenen im Doppeltempel). Da zeitgleich zu seinem Herrschaftsbeginn (1. Juli 69 n. Chr.) die Nilflut einsetzt, gilt er als rechtmäßiger Pharao und Bringer der Nilflut; zwischen 75 und 79 n. Chr. läßt V. eine Nilstatue im römischen Pax-Tempel aufstellen. Die enge Beziehung zum Isiskult wird darin deutlich, daß V. und Titus die Nacht vor dem judäischen Triumph im Juni 71 n. Chr. im Isistempel auf dem Marsfeld (Iseum Campense) verbringen.

Lit.: J. NICOLS, *Vespasian und die partes Flavianae,* 1978; H. BENGTSON, *Die Flavier. Vespasian-Titus-Domitian,* 1979; O. MONTEVECCHI, *Aegyptus 61* (1981), 155–170; H. BENGTSON, Grundriß der römischen Geschichte, I, ³1982, 332–338; J. OSING, *MDAIK 41* (1985), 231 ff.; KIENAST, *Kaisertabelle,* 108 ff.

Vitellius

A. Vitellius, römischer Kaiser (69 n. Chr.), geboren am 7. (oder 24.?) September 12 (oder 15?) n. Chr., Sohn des Lucius Vitellius und der Sextilia V., der dritte Kaiser des »Vierkaiserjahres« 68/69 nach dem Tod des → Nero, wird am 2. Januar 69 n. Chr. von den sieben germanischen Legionen gegen → Galba zum Kaiser erhoben, während sich in Rom selber am 15. Januar 69 → Otho zum Kaiser erklärt; Galba und sein Mitregent Piso werden ermordet. V., dem sich Gallien, Britannien und Spanien anschließen, lehnt Verhandlungen mit Otho ab; seine Feldherren Caecina Alienus und Fabius Valens, zuerst bei Bedriacum geschlagen, besiegen Otho bei Cremona, dieser begeht am 16. April 69 Selbstmord. Am 19. April erkennt der Senat V. an; Mitte Juli zieht V. in Rom ein (Beschreibung bei Tacitus).

Auch der Osten des Reiches, der mit den Donauprovinzen Otho gefolgt war, bestätigt zunächst V., doch proklamiert der Präfekt Ägyptens, Titus Julius Alexander, am 1. Juli 69 n. Chr. in Alexandria → Vespasian zum Kaiser (nach Verzicht des C. Licinius Mucianus). Ihn unterstützen die Legionen Judäas, Syriens und des Donauraumes.

Während Vespasian in Ägypten verbleibt, wird der Feldzug gegen V. Mucianus übertragen. Vor seiner Ankunft fällt jedoch der Legat der in Pannonien stationierten 7. Legion, M. Antonius Primus, nach Norditalien ein und besiegt V. unter hohen Verlusten in der zweiten Schlacht bei Bedriacum (24./25. Oktober 69; Zerstörung von Cremona). Daraufhin geht der Westen des Reiches zu Vespasian über; das Heer des V. kapituliert am 17. Dezember bei Narnia.

Ein Versuch des V., abzudanken, scheitert am 18. Dezember; vor den Unruhen in Rom zieht sich der Stadtpräfekt Flavius Urbanus, ein Bruder des → Vespasian, auf das Kapitol zurück, bei dessen Erstürmung er getötet wird; das Kapitol gerät in Brand (19. Dezember). Am 20. Dezember 69 n. Chr. nimmt Antonius Primus Rom ein; V. wird ermordet und in den Tiber geworfen.

V. dient der antiken Überlieferung neben → Caligula, → Nero und → Commodus »als Paradigma des verderbten, pervertierten Tyrannen«, während er tatsächlich als »tatkräftiger und verantwortungsbewußter Herrscher« mit »strategischen Fähigkeiten« und »einem erstaunlichen Geschick in staatsrechtlichen Fragen« gesehen werden muß (B. Richter).

Lit.: H. BENGTSON, *Grundriß der römischen Geschichte, I,* ³1982, 326–331; KIENAST, *Kaisertabelle* 106 f.; B. RICHTER, *Vitellius,* 1992; C. L. MURISON, *Galba, Otho and Vitellius,* 1993.

W

Wa³dj

Horusname (Lesung nicht ganz sicher; auch »Schlange« oder Djet sind in Gebrauch) des 4. Königs der 1. Dynastie, Nachfolger des → Djer, Vorgänger des → Dewen (um 2960/2930 v. Chr.). Nach der Rekonstruktion des Annalensteins von W. Helck sind W. 11 Regierungsjahre zuzuweisen, während Manetho 23 bzw. 42 Jahre gibt (W. entspricht dem Itetiu des Turiner Papyrus und der Tafel von Abydos).

Gemahlin des W. ist die Königin Meretneith, die Mutter des → Dewen, die sowohl in Abydos als auch in Saqqara große Grabanlagen neben jenen des W. besitzt. W. gehören Grabanlagen in Abydos (mit Holzkammer in der Grabgrube sowie Magazinen und Nebenkammern) und Saqqara (S 3504); von W. und Meretneith haben sich berühmte Grabstelen erhalten.

Die Regierungsjahre des W. sind auf dem Palermostein nicht erhalten, weshalb an Ereignissen seiner Herrschaft kaum etwas bekannt ist. Ein in zwei Fassungen erhaltenes Jahrestäfelchen spricht u. a. die Errichtung eines Gebäudes an. Ein Graffito des W. im Wadi Schagab in Unternubien deutet vermutlich auf eine frühe Ausbeutung der Goldminen des Wadi Allaqi, während die Nennung W.s in einem weiteren Graffito späterer Zeit im Wadi Schatt er-Rigale zweifelhaft ist.

Von W. ist eine Wirtschaftsanlage Wa³djhor unter Leitung der Beamten Iri⁽a³ui und Sewedjka³ bekannt.

Lit.: W. HELCK, Untersuchungen zur Thinitenzeit, 1987, 101. 125. 155f.; G. GODRON, Etudes sur l'Horus Den et quelques problèmes de l'Egypte archaïque, 1990, passim.

Wa³djed (Wa³dji)

Ein nur durch Skarabäen bezeugter Regent der 16. Dynastie. Der Eigenname ist vermutlich semitisch.

Lit.: BECKERATH, Untersuchungen, 138f. 277.

Wa³djka³re⁽

Thronname Mit frischem Ka, ein Re⁽ eines Königs der 8. Dynastie, der nur im Eigennamen eines Beamten (in dem Dekret des Königs → Demedjibta³ui aus Koptos zum Schutz der Totenstiftung des Vorstehers von Oberägypten Idi) belegt ist. Während J. von Beckerath W. mit eben diesem Demedjibta³ui (Horusname *Der den Willen der beiden Länder vereint*) identifiziert, möchte H. Goedicke in W. (nach K. Sethe) einen Vorgänger des in die 9. Dynastie oder Herakleopolitenzeit zu setzenden Demedjibta³ui sehen. F. Gomaà dagegen identifiziert letzteren (nach W. C. Hayes) mit dem König → Neferirka³re᷾ (II.) der 8. Dynastie, während er den Thronnamen ›W.‹ versuchsweise zu – › Cha᷾ba³u stellt.

Lit.: H. GOEDICKE, *Königliche Dokumente aus dem Alten Reich*, 1967, 215; GOMAÀ, *Zwischenzeit*, 57. 59. 127; BECKERATH, *Handbuch*, 59.

Wa᷾sch

Beischrift zu dem von → Na᷾rmer besiegten unterägyptischen Feind auf der Na᷾rmerpalette; vermutlich der Name des unterägyptischen Königs (mit der Bedeutung *Der Einzige des Seelandes* [vgl. → Itjiesch]?).

Lit.: W. HELCK, *Untersuchungen zur Thinitenzeit*, 1987, 86. 95.

Wega³f

Der Begründer der 13. Dynastie, der nach dem Turiner Papyrus 2 Jahre, 3 Monate und 23 Tage regierte (1759–1757 v. Chr., nach D. Franke). Er trägt die Namen: Horus *Macht der Götter,* Nebti *Erscheinung der Macht,* Gold *Der die beiden Länder liebt,* Thronname *Der die beiden Länder beschützt, ein Re᷾,* Eigenname *Wega³f* (Bedeutung unklar).

Von W. sind nur vier zeitgenössische Denkmäler erhalten: Stele und Bruchstück einer Statue aus Karnak; dem nubischen Gott Dedwen geweihte Sitzfigur aus der Festung von Semna am 2. Katarakt sowie eine 1964/65 in der Festung von Mirgissa am 2. Katarakt gefundene Stele. Die Funde vom 2. Katarakt weisen auf eine noch bestehende Herrschaft Ägyptens in Nubien hin. Von W. sind dazu (über den Turiner Papyrus und die Königstafel von Karnak hinaus) zwei spätere Erwähnungen bekannt: die Nennung W.s auf einem Block → Amenemhe³ts VII. aus dem Month-Tempel von Medamud (zur Legitimierung seiner Herrschaft; verwandtschaftliche Beziehungen?) und eine Schülerübung der Spätzeit (sog. Plaquette Rubensohn; Abschrift eines Denkmals von Elephantine, auf dem W. vermutlich → Sesostris᷾ III. gedachte). Nach A. Leahy ist W. auch ein von → Neferhotep I. usurpiertes Schutzdekret für Abydos zuzuweisen. W. ist vielleicht Bruder der »Königsschwester« Meriestechi, vor seiner Thronbesteigung möglicherweise ein Militärkommandant (D. Franke).

Nachfolger W.s wird → Amenemhe³t V. / Amenemhe³tsenbef.

Lit.: BECKERATH, *Untersuchungen,* 27. 30 ff. 34 f. 15 f. 70, 91–93. 176. 226; J. VERCOUTTER, *RdE* 27 (1975), 222–234 u. pls. 22–23; S. QUIRKE, in: DERS. (Ed.), *Middle Kingdom Studies*, 1987, 131; D. FRANKE, *Or 57* (1988), 249. 267; A. LEAHY, *JEA* 75 (1989), 41–60.

Wenegbu

Auf der obersten Zeile des Palermosteins genannter prädynastischer Herrscher Unterägyptens, dessen Name nicht sicher gelesen und interpretiert ist. Die Lesung *Wenegbu* stammt von J. von Beckerath, während etwa H. Schäfer (Erstedition) *Wa³dj ʿanedj,* W. Helck nur *Wa³dj* liest (oder ist *Wenegbes, [Der Gott] Weneg ist eingetreten* zu verstehen?).

Lit.: BECKERATH, *Handbuch* 45; W. HELCK, *Untersuchungen zur Thinitenzeit,* 1987, 95.

Wenegnebti

4. König der 2. Dynastie, Nachfolger des → Ninetjer, Vorgänger des → Sened (um 2800 v. Chr.). Der Name ist in den Königslisten von Abydos und Saqqara zu ›Wadjlas‹ verlesen, woraus die manethonische Namensform *Tlas ('Outlas)* wurde.

Lit.: W. HELCK, *LÄ* 6, 848; DERS., *Untersuchungen zur Thinitenzeit,* 1987, 103.

Werqa³i

54. König der 14. Dynastie nach dem Turiner Königspapyrus, der aufgrund seines Namens *Groß und hoch* meist als fiktiv betrachtet wird.

Lit.: BECKERATH, *Handbuch,* 77, Anm. 6.

X

Xerxes I.

3. König der 1. Perserherrschaft (27. Dynastie), der nach dem Tod
→ Dareios' I. den persischen Thron besteigt (486–465 v. Chr.). Im Juni
486, noch vor dem Tod des Darius, bricht in Ägypten ein Aufstand aus
(Brief des Chnumemachet an den Garnisonskommandanten Artabanos;
Herodot), der aber offenbar Memphis und die Thebais persischer Kon-
trolle nicht entreißen kann und niedergeschlagen wird, ebenso wie ein
Aufstand in Babylon. Das bisher formell eigenständige Ägypten wird
nun als Satrapie noch enger an Persien angebunden, die Tempel nicht
mehr staatlich unterstützt. Nach der Satrapenstele → Ptolemaios' I. hat
→ Chabbasch dem Tempel der Wadjet in Buto Landbesitz bestätigt, den
Xerxes (oder → Artaxerxes III. oder → Arses?) dem Tempel fortgenom-
men habe.

X. schlägt eine Erhebung Babyloniens 482 nieder. Der Versuch der Eroberung Griechenlands scheitert mit den Niederlagen bei Salamis und
Plataiai (480/79). Im August 465 wird X. ermordet.

Lit.: KIENITZ 67–69; H. GOEDICKE, *BES* 6 (1985), 33–54; A. M. DANDAMAEV, *A*
Political History of the Achaemenid Empire, 1990; J. D. RAY, in: *CAH²* IV, 1988,
254–286; E. BRESCIANI, in: *The Cambridge Ancient History of Iran, II*, 1983,
502–528.

Xerxes II.

Nachfolger → Artaxerxes' I. als persischer Großkönig im Jahre 424, nach
nur 45 Tagen jedoch von seinem Halbbruder → Sogdianos ermordet, der
seinerseits von → Dareios II. abgelöst wird.

Lit.: A. M. DANDAMAEV, *A Political History of the Achaemenid Empire*, 1990.

Chronologische Übersicht

Die folgende chronologische Übersicht umfaßt den in diesem Lexikon behandelten zeitlichen Rahmen, nennt jedoch nur eine Auswahl der im alphabetischen Teil berücksichtigten Herrscher.

Alle Daten vor dem Mittleren Reich sind nur approximativ und können v. a. für die frühere Zeit um Jahrzehnte variieren (vgl. zuletzt die Geschichtsdarstellungen von N. Grimal und J. Vercoutter, die die 1. Dynastie schon 3150 v. Chr. beginnen lassen).

Für die Daten ab der 6. Dynastie (chronologischer Rahmen) bis zum Ende der 2. Zwischenzeit folge ich D. Franke (*Or 57* [1988], 113–138 und 245–274). Neben der hier mitgeteilten kurzen Chronologie, die sich auf die Ergebnisse von R. Krauss stützt, werden jedoch gegenwärtig auch längere Chronologien (etwa von W. Barta, M. Bietak) vertreten, bei denen die Daten des Mittleren Reiches und der 2. Zwischenzeit knapp 50 Jahre höher liegen. Für einen höheren Ansatz s. zuletzt etwa J. von Bekkerath, *Or 64* (1995), 445–449.

Für das Neue Reich biete ich parallel die Kurzchronologie nach W. Helck (in: *High, Middle or Low?* Part 1, Ed. P. Åström, Gothenburg 1987, 18–26; und ders., in: *Ägypten und Levante 3* [1992], 63–67 [kurze Regierung des Haremhab; Sothisdatum des Papyrus Ebers als nichtig betrachtet]) und die längere nach R. Krauss *(Sothis- und Monddaten* [HÄB 20] 1985, 207; ders., *ÄuL 3* [1992], 75–96). S. jetzt J. von Beckerath, *Chronologie des ägyptischen Neuen Reiches* (HÄB 39), 1994.

Für die 3. Zwischenzeit folge ich im allgemeinen K. A. Kitchen *(The Third Intermediate Period in Egypt,* ²1986), für die 22./23. Dynastie noch dem neuen Ansatz von D. A. Aston (*JEA 75* [1989], 139–153).

Die Daten zu den Ptolemäern folgen G. Hölbl *(Geschichte des Ptolemäerreiches,* 1994), jene zu den römischen Kaisern D. Kienast *(Römische Kaisertabelle,* 1990, ²1996).

Prädynastische Könige

Die Namen mehrerer Könige dieser Zeit sind noch nicht lesbar bzw. verständlich und daher in dem vorliegenden Lexikon nicht berücksichtigt.

A. VOR DER DYNASTIE »0«

»Skorpion« I. (um 3150 v. Chr.)

B. DYNASTIE »0« (3050–3000 v. Chr.)

Nu (-Hor)
Ha³thor
Iri (-Hor)
Ka³
»Skorpion« II.
Naᶜrmer

C. UNTERÄGYPTISCHE KÖNIGE

I. Palermostein, oberste Zeile:
. . pu
Seka³
Iucha³
Itjiesch
Niheb
Wenegbu (?)
Imichet
. . .³

II. Naᶜrmerpalette:
Waᶜsch

I. DYNASTIE (3000–2850 v. Chr.)

»Menes«	
ᶜAha³	um 3000/2980
Atoti	um 2980
Djer	um 2980/2960
Wa³dj	um 2960/2930
Dewen	um 2930/2910
ᶜAdjib	um 2910/2890

491

Semerchet	um 2890/2870
Qa³ᶜa	um 2870/2850

2. DYNASTIE	(2850–2740 v. Chr.)

Hetepsechemui	ab 2850
Nebreᶜ	
Ninetjer	
Wenegnebti	
Sened	
Sechemib	
Peribsen	
Neferka³rec	
Neferka³sokar	
»Hudjefa³« I.	
Chaᶜsechem(ui)	bis 2740

Altes Reich und 1. Zwischenzeit

3. DYNASTIE	(2740–2670 v. Chr.)

Nebka³	um 2740–2720
Djoser	um 2720–2700
Sechemchet	um 2700–2695
»Hudjefa³« II.	um 2695 ?
Mesochris	um 2690 ?
Huni	
Sanacht	
Chaᶜba³	bis 2670
Qa³hedjet	

4. DYNASTIE	(2670–2500 v. Chr.).

Snofru	um 2670–2620
Cheops	um 2620–2580
Djedefreᶜ	um 2580–2570
Chephren	um 2570–2530
*Bicheris	um 2530
Mykerinos	um 2530–2510
Schepseskaf	um 2510–2500
Thamphthis	um 2500

5. DYNASTIE	(2500–2350 v. Chr.)
Userka³f	um 2500–2490
Sa³hure'	um 2490–2475
Neferirka³re'	um 2475–2465
Schepseska³re'	um 2465–2460
Neferefre'	um 2460–2455
Niuserre'	um 2455–2420
Menka³uhor	um 2420–2410
Djedka³re'	um 2410–2380
Unas	um 2380–2350

6. DYNASTIE	(2318/2348–2168/2198 v. Chr.)
Teti	um 2318–2300
Userka³re'	um 2300
Pepi I.	um 2295–2250
'Antiemsa³f I.	um 2250–2245
Pepi II.	um 2245–2180
'Antiemsa³f II.	um 2180
Nitokris	um 2180
	bzw. die Daten mit 30 Jahre höherem Ansatz

7. DYNASTIE	(existiert nicht)

8. DYNASTIE	(2168/2198–2131/2161 v. Chr.)
Netrika³re'	
Menka³re'	
Neferka³re'	
usw.	

9. DYNASTIE	(2131/2161–2081 v. Chr.)
10. DYNASTIE	(2081–1990/70 v. Chr.)
Cheti	
Merika³re'	
usw.	

11. DYNASTIE (Thebaner)   (2081–1938 v. Chr.)

Antef I.	2077–2065
Antef II.	2065–2016
Antef III.	2016–2008
Mentuhotep II.	2008–1957
Mentuhotep III.	1957–1945
Mentuhotep IV.	1945–1938

Mittleres Reich und 2. Zwischenzeit
(ab Reichseinigung durch Mentuhotep II.)

12. DYNASTIE   (1938–1759 v. Chr.)
Sollte sich für Sesostris III. ein »Jahr 39« bestätigen, müssen die Daten der vorhergehenden Herrscher um je 20 Jahre angehoben werden.

Amenemhe³t I.	1939/8–1909
Sesostris I.	1919–1875/4
Amenemhe³t II.	1877/6–1843/2
Sesostris II.	1845/4–1837
Sesostris III.	1837–1818
Amenemhe³t III.	1818/7–1773/2
Amenemhe³t IV.	1773–1764/3
Nefrusobek	1763–1759

13. DYNASTIE   (1759–1630 v. Chr.)

Wega³f	1759–1757
Amenemhe³tsenbef	
(= Amenemhe³t V.?)	1757–1752
Sechemreʿchuta³ui	1752–1746
Amenemhe³t V.	
(= Amenemhe³tsenbef?)	1746–1743
Sehetepibreʿ	1743–1742
. . .	. . .
Amenemhe³t VII.	1731–1724
Sebekhotep II.	1724–1718
Chendjer	1718–1712
. . .	. . .
Sebekhotep III.	1708–1705
Neferhotep I.	1705–1694
Sa³hathor	1694

Sebekhotep IV.	1694–1685
Sebekhotep V.	1685–1680
Ja'uib	1680–1670
Aja I.	1669–1656
Ani	1656–1654
Sewadjtu	1654–1651
Neferhotep II.	1651–1648
Hori	1647
Sebekhotep VII.	1646–1644
. . .	. . .

14. DYNASTIE

Nehesi
Merdjefa³re'
usw.

15. DYNASTIE (1630–1522 v. Chr.)

Salitis/Scha³rek
Bnon
Apachnan/Chijaran-Chajran
Iannas/Jinassi'
Archles/Sikruhaddu
Apopi
Chalmudi

16. DYNASTIE (LOKALE KLEINKÖNIGE)

17. DYNASTIE (1625–1539 v. Chr.)

Antef V.	1625–1622
Re'hotep	1622–1619
Sebekemsa³f I.	1619–1603
Djehuti	1602
Mentuhotep VI.	1601
Nebiri³ut	1601–1582
Beb'anch/Seweserenre'	1580–1572
. . .	. . .
Antef VII.	vor 1560
Senachtenre'	um 1560
Seqenenre'	bis um 1545
Ka³mose	um 1545–1539/30

Neues Reich

18. DYNASTIE (1539/0–1292 v. Chr.)

	nach Helck	nach Krauss
ʿAhmose	1530–1504	1539–1514
Amenhotep I.	1504–1483	1514–1493
Thutmosis I.	1483–1470	1493–1482
Thutmosis II.	1470–1467	1482–1479
Hatschepsut	1467–1445	1479–1458
Thutmosis III.	1467–1413	1479–1426
Amenhotep II.	1413–1388	1426–1400
Thutmosis IV.	1388–1379	1400–1390
Amenhotep III.	1379–1340	1390–1353
Amenhotep IV. Echnaton	1340–1324	1353–1336
Meretaton	–	1336–1335
Semenchkareʿ	1324–1319	1335–1332
Tutʿanchamun	1319–1309	1332–1323
Aja	1309–1305	1323–1319
Haremhab	1305–1292	1319–1292

19. DYNASTIE (1292–1190 v. Chr.)

Ramses I.	1292–1290	
Sethos I.	1290–1279	
Ramses II.	1279–1213	
Merenptah	1213–1204	
Sethos II.	1204–1198	
Amenmesse	1203–1200	(oder eigenständige Regierung)
Siptah	1198–1193	
Tausret	1193–1190	

20. DYNASTIE (1190–um 1175 v. Chr.)

Sethnacht	1190–1187
Ramses III.	1187–1156
Ramses IV.	1156–1150
Ramses V.	1150–1145
Ramses VI.	1145–1137
Ramses VII.	1137–1129
Ramses VIII.	1128

Ramses IX.	1127–1109
Ramses X.	1109–1105
Ramses XI.	1105–1076/70?

3. Zwischenzeit und Spätzeit

21. DYNASTIE	(1069–945 v. Chr.)
Smendes	1069–1043 (im Norden 1080–69)
Amenemnesu	1043–1039
Psusennes I.	1039–991
Amenemope	993–984
Osochor	984–978
Siamun	978–959
Psusennes II.	959–945

Hohepriester der ausgehenden 20. und 21. Dynastie (1080–945)

22. DYNASTIE	(945–713 v. Chr.)
Scheschonq I.	945–924
Osorkon I.	924–889
Scheschonq II.	890
Takelot I.	889–874
Osorkon II.	874–850
Harsiese	870–860
Takelot II.	850–825
Scheschonq III.	825–773
Pami	773–767
Scheschonq V.	767–730
Osorkon IV.	730–715/3

23. DYNASTIE	(818–715/710 v. Chr.)
Padibastet I.	818–793
Iupet I.	804/3
Scheschonq IV.	793–787
Osorkon III.	787–759
Takelot III.	764–757
Rudjamun	757–754

Iupet II.   754–720/715
? Scheschonq VI.   720/715–715/710

Neuansatz nach D. A. Aston (dazu J. von Beckerath, *BiOr 49* [1992], 701–705):

A. 22/23. DYNASTIE   (874–713 v. Chr.)

Osorkon II.   874–835/0
Scheschonq III.   835/0–783/778
Scheschonq »Quartus« (IV; nach
A. D. Dodson)
Pami   783/778–777/772
Scheschonq V.   777/772–740/735
Padibastet II.   740/735–730/728
Osorkon IV.   730/728–715/713

B. THEBANISCHE 23. DYNASTIE   (838/3–732/727 v. Chr.)

Takelot II.   838/33–812/807
Padibastet I.   827/22–802/797
Iupet I.   812/807–?
Osorkon III.   796/91–768/63
Takelot III.   773/768–766/761
Rudjamun   766/761–747/742
Ini   747/742–742/737
Pajeftjauemʿauibastet   742/737–732/727

24. DYNASTIE   (727–715 v. Chr.)

Tefnacht   727–720
Bokchoris   720–715

25. DYNASTIE   (728/716–656 v. Chr.)

Alara   780–760
Kaschta   760–747
Pije   747–716
Schabaka   716–702
Schebitku   702–690
Taharqa   690–664
Tanwetamani   664–656

Hohepriester des Amun	(944–550 v. Chr.)
Gottesgemahlinnen	(870–525 v. Chr.)

Lokalkönigtümer	(9.–7. Jh. v. Chr.)
Sais	(770–727)
»Protosaitische Dynastie«	715/3–664
(Ammeris, Stephinates,	
Nekauba, Necho I.)	
Westdelta-Fürstentum	(936; 800–727)
Athribis/Heliopolis	(815–630)
Herakleopolis	(940–630)
Hermopolis	(754–660)
Mendes	(830–665)
Sebennytos	(740–720)
Busiris	(810–650)
Per-Sopdu	(740–660)
Pharbaithos	(820–795)
Tanis	(700–657)

Assyrische Herrschaft	(671–664 v. Chr.)
Asarhaddon	681–669 (in Ägypten ab 671)
Assurbanipal	669–627 (in Ägypten bis 664)

26. Dynastie (Saitenzeit)	(664–525 v. Chr.)
Psammetich I.	664–610
Necho II.	610–595
Psammetich II.	595–589
Apries	589–570
Amasis	570–526
Psammetich III.	526–525

27. Dynastie (1. Perserherrschaft)	(525–402 v. Chr.)
Kambyses	525–522 (in Persien seit 530)
Dareios I.	521–486
Xerxes I.	486–466
Artaxerxes I.	465–424

Xerxes II.	424
Sogdianos	424
Dareios II.	424–404
Artaxerxes II. Memnon	404–402 (–402 in Oberägypten)

28. DYNASTIE	(404–399 v. Chr.)
Amyrtaios von Sais	404–399

29. DYNASTIE	399–380 v. Chr.)

Nepherites I.	399–393
Muthis	393
Achoris	393–380
Psammuthis	393
Nepherites II.	380

30. DYNASTIE	(380–343 v. Chr.)

Nektanebis (Nektanebos I.)	380–363
Tachos	362–360
Nektanebos (II.)	360–343

2. PERSERHERRSCHAFT (»31. DYNASTIE«)	(343–332 v. Chr.)

Artaxerxes III. Ochos	343–338 (in Persien seit 358)
Arses	338–336
Dareios III.	335–332
Chabbasch	337/6–?

Makedonen, Ptolemäer und Römer

ARGEADEN	(332–306 v. Chr.)

Alexander der Große	332–323
Philippos Arrhidaios	323–317
Alexander IV.	317–306

PTOLEMÄER	(306–30 v. Chr.)

Ptolemaios I. Soter	306/4–283/2 (Satrap ab 323)
Ptolemaios II. Philadelphos	282–246 (Mitregent seit 285/4)
Ptolemaios III. Euergetes I.	246–222/1

Ptolemaios IV. Philopator	221–204
Ptolemaios V. Epiphanes	204–180
Harwennefer	206–200
ʿAnchwennefer	200–186
Kleopatra I.	180–176
Ptolemaios VI. Philopator	180–164 und 163–145
(»Ptolemaios VII.«)	
Ptolemaios VIII. Euergetes II.	164 und 145–116
Harsiese	131/130
Ptolemaios IX. Soter II.	116–107 und 88–81
Ptolemaios X. Alexander I.	107–88
(Kleopatra) Berenike III.	81–80
Ptolemaios XI. Alexander II.	80
Ptolemaios XII. Neos Dionysos	80–58 und 55–51
(Kleopatra) Berenike IV.	58–55
Kleopatra VII. Philopator	51–30
RÖMISCHE KAISER	(ab 30/27 v. Chr.)
Augustus	27 v. Chr.–14 n. Chr.
Tiberius	14–37
Caligula	37–41
Claudius	41–54
Nero	54–68
Galba	68–69
Otho	69
Vitellius	69
Vespasian	69–79
Titus	79–81
Domitian	81–96
Nerva	96–98
Trajan	98–117
Hadrian	117–138
Antoninus Pius	138–161
Marc Aurel	161–180
Avidius Cassius	175
Lucius Verus	161–169
Commodus	180–192
Pertinax	192–193
Didius Iulianus	193
Septimius Severus	193–211
Pescennius Niger	193–194

Abkürzungen

AcOr	Acta Orientalia
ADB	Allgemeine Deutsche Biographie
AfO	Archiv für Orientforschung
ÄAT	Ägypten und Altes Testament
ÄgAbh	Ägyptologische Abhandlungen
ÄgFo	Ägyptologische Forschungen
AIPHOS	Annuaire de l'Institut de Philologie et d'Histoire Orientales et Slaves
AncSoc	Ancient Society
ANRW	Aufstieg und Niedergang der Römischen Welt
AoF	Altorientalische Forschungen
ASAE	Annales du Service des Antiquités de l'Egypte
ÄuL	Ägypten und Levante
AV	Archäologische Veröffentlichungen
BACE	The Bulletin of the Australian Centre for Egyptology
BdE	Bibliothèque d'étude
Beckerath, Handbuch	J. von Beckerath, Handbuch der ägyptischen Königsnamen (MÄS 20), 1984
Beckerath, Untersuchungen	J. von Beckerath, Untersuchungen zur politischen Geschichte der Zweiten Zwischenzeit in Ägypten (ÄgFO 23), 1965
BES	Bulletin of the Egyptological Seminar
BIFAO	Bulletin de l'Institut Français d'archéologie orientale
BiOr	Bibliotheca Orientalis
BK	Biblischer Kommentar
BN	Biblische Notizen

Bonhême, Noms royaux	M.-A. Bonhême, Les noms royaux de la Troisième Période Intermédiaire (BdE 98), 1987
BSEG	Bulletin de la Société égyptologique de Genève
BSFE	Bulletin de la Société Française d'Egyptologie
BzS	Beiträge zur Sudanforschung
CAH	Cambridge Ancient History
CdE	Chronique d'Egypte
CRAIBL	Comptes-rendus de l'Académie des Inscriptions et Belles-Lettres, Paris
DE	Discussions in Egyptology
EA	Egyptian Archaeology
EtTrav	Etudes et Travaux
EVO	Egitto e Vicino Oriente
FIFAO	Fouilles de l'Institut Français d'Archéologie Orientale
FS	Festschrift
GM	Göttinger Miszellen
Gomaà, Fürstentümer	F. Gomaà, Die libyschen Fürstentümer des Deltas vom Tod Osorkons II. bis zur Wiedervereinigung Ägyptens durch Psametik I., 1974
Gomaà, Zwischenzeit	F. Gomaà, Ägypten während der Ersten Zwischenzeit, 1980
GS	Gedenkschrift
HÄB	Hildesheimer Ägyptologische Beiträge
HZ	Historische Zeitschrift
ICE	International Congress of Egyptology
JAOS	Journal of the American Oriental Society
JARCE	Journal of the American Research Center in Egypt

JBL	Journal of Biblical Literature
JEA	Journal of Egyptian Archaeology
JHS	Journal of Hellenic Studies
JJS	Journal of Jewish Studies
JNES	Journal of Near Eastern Studies
JSSEA	Journal of the Society for the Study of Egyptian Antiquities
Kienast, Kaisertabelle	D. Kienast, Römische Kaisertabelle. Grundzüge einer römischen Kaiserchronologie, 1990, ²1996
Kienitz	F. Kienitz, Die politische Geschichte Ägyptens vom 7. bis zum 4. Jahrhundert vor der Zeitwende, 1953
KRI	K. A. Kitchen, Ramesside Inscriptions. Historical and Biographical, 7 Vols, 1969–1992
LÄ	Lexikon der Ägyptologie
LD	C. R. Lepsius, Denkmäler aus Ägypten und Äthiopien, Reprint 1972
LingAeg	Lingua Aegyptia
MÄS	Münchner Ägyptologische Studien
MDAIK	Mitteilungen des Deutschen Archäologischen Instituts, Abteilung Kairo
MDOG	Mitteilungen der Deutschen Orient-Gesellschaft
Mél.	Mélanges
MIFAO	Mémoires de l'Institut Français d'archéologie orientale au Caire
OBO	Orbis Biblicus et Orientalis
OIP	Oriental Institute Publications
OLZ	Orientalische Literaturzeitung
Or	Orientalia
OrAnt	Oriens Antiquus
OrLovPer	Orientalia Lovaniensia Periodica

RAC	Reallexikon für Antike und Christentum
RdE	Revue d'Egyptologie
RIK	Recueil des Inscriptions de Karnak
RivBibl	Rivista Biblica
SAK	Studien zur altägyptischen Kultur
SBÖAW	Sitzungsberichte der Österreichischen Akademie der Wissenschaften
SEAP	Studi di egittologia e di antichità puniche
Stadelmann, Pyramiden	R. Stadelmann, Die ägyptischen Pyramiden, ²1991
TIP	K. A. Kitchen, The Third Intermediate Period in Egypt (1100–650 BC), ²1986
TUAT	Texte aus der Umwelt des Alten Testamentes
UF	Ugarit-Forschungen
VA	Varia Aegyptiaca
VT	Vetus Testamentum
VTS	Vetus Testamentum Supplementum
WdF	Wege der Forschung
WZKM	Wiener Zeitschrift für die Kunde des Morgenlandes
ZÄS	Zeitschrift für ägyptische Sprache und Altertumskunde
ZDPV	Zeitschrift des Deutschen Palästina-Vereins
ZPE	Zeitschrift für Papyrologie und Epigraphik

Bildnachweis

Abbildungen des Autors: *Abb. 3, 15, 18, 32.*

Jürgen Liepe, Berlin © 1994: *Abb. 20, 21, 23, 26, 27, 28, 31, 33.*

Bildarchiv preußischer Kulturbesitz, Berlin, © 1994: *Abb. 11.*

Die übrigen Abbildungen stammen aus dem Archiv des Verlags Artemis & Winkler.

Übersichtskarten

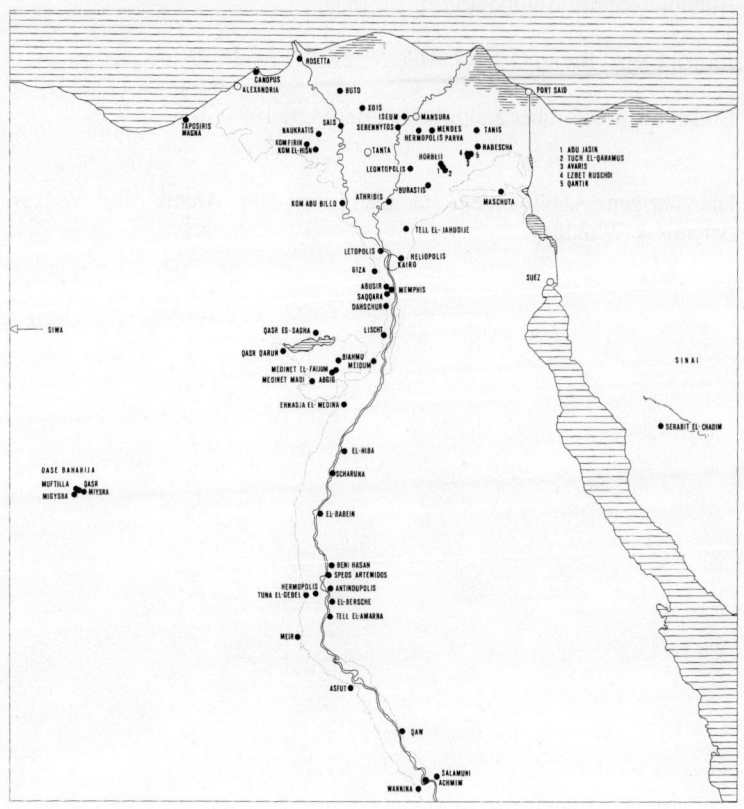

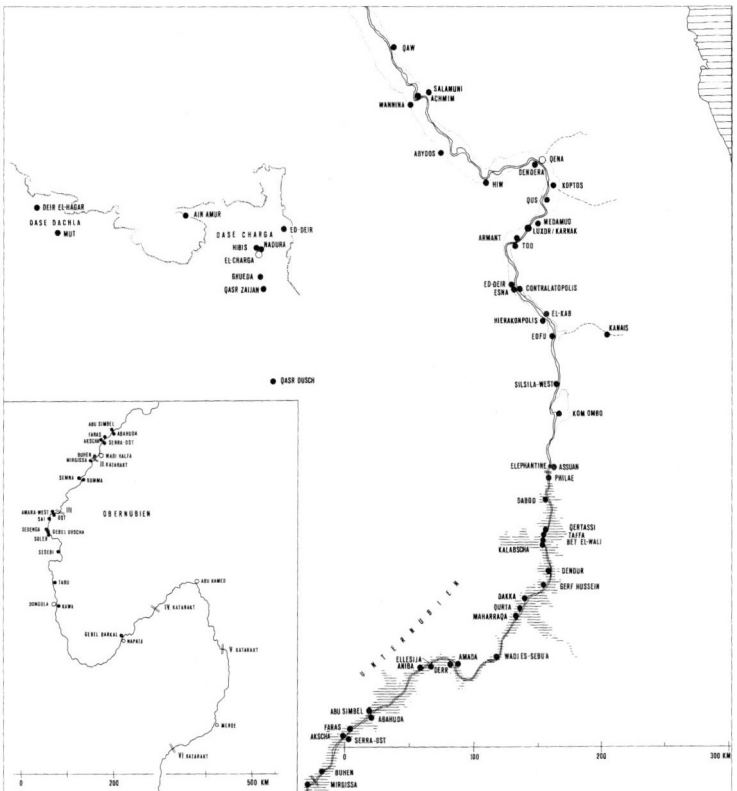

ANTIKE AKTUELL

DIE NEUE REIHE

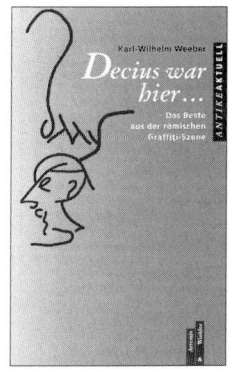

Laura Hermes
**Traum und Traumdeutung
in der Antike**
203 S. ISBN 3-7608-1132-9
Ein wenig bekanntes Kapitel der antiken Mentalitätsgeschichte – eine
wichtige Form der Wahrsagung in der
römischen Kultur, die Vergleiche mit
der heutigen Traumforschung
ermöglicht.

Karl-Wilhelm Weeber
Decius war hier...
Das beste aus der römischen
Graffiti-Szene
176 S. mit 150 Abb. ISBN 3-7608-1131-0
Ein unterhaltsamer und informativer
Querschnitt durch die römische Graffiti-
Szene – die Inhalte der Wandmalereien
haben sich in den letzten 2000 Jahren
wenig verändert.

Von Karl-Wilhelm Weeber
liegt außerdem vor:
Alltag im Alten Rom
447 S. mit 252 Abb. und 26 Farbtafeln
Kart. Sonderausgabe 1997
ISBN 3-7608-1140-X
Mehr als 200 Artikeln informieren über
Freuden und Leiden im Leben der alten
Römer.

A Mittelschiff
B Seitenschiff

**Statisches Gerüst
innen**

1 Arkadenpfeiler
2 Hauptarkade
3 Dienstbündel
4 Gurtbogen
5 Schildbogen
6 Kreuzrippen

Ausfachung

7 Gewölbekappen
8 Fensterzone
9 Triforium

**Statisches Gerüst
außen**

Gotischer Gliederbau, Raum und Raumgerüst

---

dtv-Atlas zur Baukunst
von W. Müller und G. Vogel
Band 1: Allg. Teil. Baugeschichte
von Mesopotamien bis Byzanz
Band 2: Baugeschichte von der
Romanik bis zur Gegenwart
Originalausgabe dtv 3020 / 3021

dtv-Atlas
zur
Baukunst

Tafeln und Texte

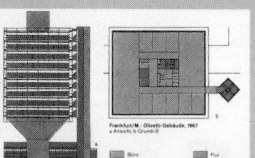

**Baugeschichte
von der Romanik
bis zur Gegenwart**

Band 2